CW01455281

DUMBARTON OAKS
MEDIEVAL LIBRARY

Daniel Donoghue, General Editor

THE MENOLOGION OF BASIL II

DOML 89

The Menologion of Basil II

Edited and Translated by

CHARLES KUPER

DUMBARTON OAKS
MEDIEVAL LIBRARY

HARVARD UNIVERSITY PRESS
CAMBRIDGE, MASSACHUSETTS
LONDON, ENGLAND
2025

Printed in the United States of America

First Printing

EU GPSR Authorised Representative
LOGOS EUROPE, 9 rue Nicolas Poussin, 17000, La Rochelle, France
E-mail: Contact@logoseurope.eu

Library of Congress Cataloging-in-Publication Data available from the Library of Congress at https://lccn.loc.gov/2025003907
ISBN 978-0-674-29102-7 (cloth : alk. paper)

Contents

Introduction

The Menologion of Basil II

The Menologion of Basil II is a liturgical manuscript containing short narrative texts read during the morning office *(orthros)* to commemorate the lives of the saints, the passions of the martyrs, and the other holidays and events that were celebrated throughout the year. In total, it includes 430 entries covering the first half of the Byzantine calendar (September 1–February 28), meaning that there are usually multiple entries for a single day.[1] Unusual among manuscripts of this kind, each narrative text is accompanied by a large, half-page illumination, and for this reason, it ranks among the most recognizable Byzantine manuscripts that have come down to us today. These dazzling illuminations of saints, biblical scenes, and other historical events constitute an immense corpus of Byzantine art that has few parallels.[2] Naturally, these painted images have attracted much scholarly attention and are frequently reproduced in both academic and popular discussions of Byzantine culture. In stark contrast to the images, however, the texts within *The Menologion of Basil II* (or "the *Menologion*" hereafter) have received much less scholarly attention, despite their unique quality. The most recent Greek edition, for example, was published

in 1727 (reprinted in the *Patrologia Graeca* in 1864) and contains many errors and inaccuracies.[3] Similarly, the only full translation available is in Latin, first prepared in 1659 and then updated for the 1727 Greek edition.[4]

This volume is primarily intended to make the texts of the *Menologion* accessible for the first time, with both a reliable edition of the Greek text and a contemporary English translation, so that this important manuscript can be read, studied, and enjoyed as it deserves. Unfortunately, the practical necessity of publishing the *Menologion* in this series has required the extraction of the Greek texts from their multimedia context, thereby obscuring their dialogic relationship with the illuminations. This format, therefore, necessarily contributes to what has been called "the virtual dissection of the book,"[5] that is, the tendency to approach medieval manuscripts from one disciplinary perspective at the exclusion of others. But although it is true that the texts of the *Menologion* can and should be studied on their own, it is also my hope that readers will use this book alongside the online version of the manuscript made available by the Digital Vatican Library[6] to recreate, in their own way, "the intrinsically holistic conception and experience which Byzantines had of their books."[7]

Menologion or Synaxarion

It is important to begin by defining and distinguishing some terms used to refer to collections of Byzantine liturgical texts and their parts, not least because they are sometimes used inconsistently. This is especially true for the *Menologion* because its conventional name is a slight misnomer. Accord-

ing to the standard scholarly idiom, the *Menologion* would be more correctly called a Synaxarion.[8]

A menologion (plural menologia), which is a term derived from the Greek words for "month" *(mēn)* and "catalog" *(logos),* indicates a collection of saints' lives and martyrs' passions, sometimes of great length, organized in calendar order according to their feast days. Menologia are usually divided into twelve individual volumes, one for each month of the year. Related texts like homilies are also sometimes included in these collections.

A synaxary entry (occasionally synaxarion, plural synaxaria), which is derived from the Greek word for "liturgical office" *(synaxis),* refers to a short entry used in the liturgical commemoration of a saint or group of saints, a holiday, or other special event. Every synaxary entry has a notice or title that assigns the entry to a day of the month, names the commemorated person(s) or event, and is usually followed by a short narrative text.[9] They were read during the morning office of *orthros.*

When capitalized, Synaxarion refers to the liturgical book, that is, the physical object containing a collection of synaxary entries. This term is usually reserved for collections that only or at least primarily contain synaxary entries, but it can sometimes refer to any collection that contains synaxary entries within a greater whole. A notable example of this usage is when "Synaxarion" is used to describe menaia, which primarily contain liturgical poems or canons and into which the incorporation of synaxary entries is a later development.[10]

The *Menologion,* which does not include the longer hagiographic texts typical of menologia but short synaxary en-

tries for liturgical use, is properly a Synaxarion. More specifically, it is an important manuscript from an early recension or version of the *Synaxarion of Constantinople,* which was used in the liturgy of the Great Church (Hagia Sophia) in the capital city. Although the origin of the *Synaxarion of Constantinople* is difficult to reconstruct in every detail, it is usually dated to the reign of Constantine VII Porphyrogennetos (r. 913–959 CE), and its fundamental structure can even be attributed to the work of a single individual, a deacon named Evaristos.[11] For more detailed discussion of the relationship of the *Menologion* to the manuscript tradition of the *Synaxarion of Constantinople,* please see the Note on the Text.

Dating *The Menologion of Basil II*

The manuscript's dedicatory epigram, which explicitly names Basil II, securely places the composition of the manuscript sometime during his reign (976–1025 CE), but this fifty-year period can be narrowed further. The latest datable person or event included in the manuscript is Luke the Stylite, who is depicted in an entry for December 11 (238). Although this entry is incomplete, having only an illumination and lacking any accompanying text, the date and the unusual depiction of the stylite's column on a small island leave no doubt about identifying the saint as Luke because his contemporary funeral oration corroborates the date of his death and describes his column in detail. The *Menologion,* therefore, must have been composed after Luke's death, which most scholars place in the year 979.[12]

Determining how late the manuscript could have been composed is more difficult because the only certain bound-

ary is Basil's death in 1025. However, it has been suggested, in part with an argument from silence, that the *Menologion* was most likely composed before 989. The strongest evidence for this hypothesis is as follows. First, the *Menologion* makes no mention of the devastating earthquake that occurred that year, although it is commemorated in some later manuscripts of the *Synaxarion of Constantinople.* Second, Basil himself played an important role in the efforts to rebuild the city after the earthquake, and an opportunity to praise him would thus be missed if the *Menologion* were produced after this event. And third, because Basil spent many of the following years away from Constantinople on campaign, it would make sense for the *Menologion* to have been composed in this period.[13] This evidence is obviously circumstantial, so the period of 979 to 989 constitutes only a plausible dating for the manuscript's production. Under the most conservative reading of the evidence, the temporal boundaries would exclude only the first three years of Basil's reign and would thus date the manuscript to the years 979 to 1025.

The Format and Contents of the *Menologion*

One of the most extraordinary features of the *Menologion* is the layout of its entries. Each entry is allotted a full page with an identical format, comprising the following three elements. First, the notice is prominently written at the top in majuscule (uppercase) letters. It includes the date followed by a title. For example, "The first day in the month of September. The commemoration of our holy father Symeon the Stylite."[14]

Next comes a large, half-page illumination. A shimmer-

ing golden rectangle serves as the foundation for the entire image, and it is surrounded with a blue outer border as well as a red inner border. Then the scenery and figures are painted over the golden background. These striking images are famous in Byzantine art because they are perhaps the earliest surviving manuscript illuminations for which the artists' names are preserved next to their works.[15] The names of the eight illuminators are Pantoleon, Michael of Blachernai, George, Symeon, Michael the Younger, Menas, Nestor, and Symeon of Blachernai.

Finally, there is a sixteen-line Greek text occupying an area the same size as the illumination and written in the minuscule (lowercase) Greek hand known as *Perlschrift* (Pearl Script). It is likely that the entire manuscript was copied by a single scribe, whose hand scholars have identified in another contemporary manuscript associated with Basil II.[16] If this is true, he must have been one of the best scribes in Constantinople. The letter forms, spelling, execution, and craftsmanship are all of the highest quality. Although some squeezing and expanding of letters can found in the final line, the length of these texts is remarkably uniform, and it is clear that they were prepared in advance to fit the space allotted to them.

What has just been outlined is the format for the recto (front) side of each page. Besides the very first entry, which has this same format, the verso (back) side of every subsequent page is identical to this, except that it reverses the placement of the illumination and text to avoid rubbing and to distribute the placement of the paint more evenly on the pages. This means that when the *Menologion* is opened, the left-hand page has the text above the illumination, while the right-hand page has the illumination above the text.

in rendering Greek names with Greek transliterations and keeping Latin names in Latin: for example, Thekla (not Thecla) and Perpetua (not Perpetoua). There are some marginal cases like preferring Priskos over Priscus, and I usually favor the Greek transliteration because the *Menologion* is written in Greek. However, I have retained the anglicized form of common names whose Greek forms would strike most readers as strange: Athens (not Athenai), John (not Ioannes), and Mary (not Maria). In some of these cases, I render the same name in different ways, usually to preserve the conventional, anglicized spelling for a famous figure while using the Greek form for others: for example, Antony the Great (Antonios for others); and Basil the Great, Basil I, and Basil II (Basileios for others). I also occasionally adopt the spelling of the *Oxford Dictionary of Byzantium,* even when it contradicts the principles mentioned above. Because the *Menologion* contains hundreds of proper names, which are derived from many different source languages, I doubt any system would completely satisfy anyone. For Greek words that can be interpreted differently, I often use the illuminations as my guide. For example, the Greek word "*lampades*" (λαμπάδες) can indicate both "torches" and "candles," but I have translated it as "torches" in entry 149 and "candles" in entry 355 according to their corresponding images. Finally, I use the Brenton and NRSV translations for quotations of the Septuagint and New Testament, respectively, although I occasionally modify them to fit the context.

This volume benefitted greatly from the support of my family, friends, colleagues, and students. First of all, I owe a great debt to Stratis Papaioannou, who meticulously read

my edition, translation, and notes in their entirety and whose perceptive comments improved this book immensely. Likewise, Alexander Alexakis, Richard Greenfield, and Nicole Eddy, the Byzantine Greek coeditors and managing editor of DOML, guided me throughout the project, and their diligent, impressive work significantly improved the polish and accuracy of this volume in its final stages. I could not be more grateful for their insights and contributions. Catherine Conybeare shaped me into the scholar that I am today and continues to be a dear mentor, interlocutor, and friend. Robert Ousterhout provided some much-needed encouragement during the early stages of the project. Alice-Mary Talbot's expertise and generosity had a profound impact on me when I was a graduate student, and it was she, with Stratis, who introduced me to the *Menologion.* Alicia Walker has supported me throughout the project and has been indispensable in promoting interdisciplinary dialogue in the field. I am deeply grateful to Laura Surtees, Camilla MacKay, and the Department of Greek, Latin, and Classical Studies at Bryn Mawr College, who provided me with workspace in Rhys Carpenter Library throughout most of the project and during a precarious time in my career. Jude has ever been my faithful companion. Amy Koenig was always ready to share the joy of reading and discussing this marvelous manuscript. I dedicate this book to my beloved parents, Glen and Mary Kuper.

Notes

1 September 16 is the sole exception, but this is almost certainly due to an error of the copyist. See the corresponding note on entry 43.

2 Though they were frequently copied afterward. See Nancy P. Ševčenko,

"The Imperial Menologia and the 'Menologion' of Basil II," in *The Celebration of the Saints in Byzantine Art and Liturgy* (Farnham, 2013), chapter 2.

3 Annibale Albani, *Menologium Graecorum jussu Basilii [II] imperatoris,* 3 vols. (Urbino, 1727); PG 117:9–614. The editorial work has been attributed to Giuseppe Simone Assemani despite Albani's name. See *SynaxConst,* xxiv.

4 Ferdinando Ughelli, ed., *Italia sacra,* vol. 6 (Rome, 1659): 1049–1230. Petrus Arcudius prepared the first translation, which Giuseppe Simone Assemani lightly revised for the edition printed by Albani. See also *SynaxConst,* xxiii–xxiv.

5 See Filippo Ronconi and Stratis Papaioannou, "Book Culture," in *The Oxford Handbook of Byzantine Literature,* ed. Stratis Papaioannou (New York, 2021), 44–75, at 46.

6 The digital version of the manuscript can be found here: https://digi.vatlib.it/view/MSS_Vat.gr.1613. The entry numbers used in the present volume correspond to the page numbers used on the website. For example, entry 5 in this book, "The passion of the great martyr Saint Mamas," is the same as page 5 in the manuscript.

7 Ronconi and Papaioannou, "Book Culture," 46.

8 Nearly every discussion of Byzantine synaxaria, and of the *Menologion,* in particular, begins with a definition of terms. See *SynaxConst,* iii–v; Jacques Noret, "Ménologes, synaxaires, ménées: Essai de clarification d'une terminologie," *Analecta Bollandiana* 86 (1968): 21–24; Andrea Luzzi, "Synaxaria and the Synaxarion of Constantinople," in *The Ashgate Research Companion to Byzantine Hagiography, Volume II: Genres and Contexts,* ed. Stephanos Efthymiadis, 2 vols. (Farnham, UK, 2011–2014), vol. 2, pp. 197–208, at 197–98; and Stratis Papaioannou, "The Philosopher's Tongue: Synaxaria between History and Literature, with an Excursus on the Recension M of the *Synaxarion of Constantinople* and an Edition of BHG 2371n*," in *L'histoire comme elle se présentait dans l'hagiographie byzantine et médiévale | Byzantine and Medieval History as represented in Hagiography,* ed. Anna Lampadaridi, Vincent Déroche, and Christian Høgel, Studia Byzantina Upsaliensia 21 (Uppsala, 2022), 151–97, at 152.

9 Sometimes synaxary entries that contain only notices are called "minor synxaria" *(synaxaria minora)* and those also containing narratives are called "major synxaria" *(synaxaria maiora).*

10 For more on the terminology of these related but distinct books, see

Noret, "Ménologes," 21–24, and Luzzi, "Synaxaria and the Synaxarion," especially 197–98.

11 Evaristos's preface, which outlines his methods for paring down and adapting his longer hagiographical sources, still survives. See *SynaxConst,* xiii–xiv.

12 Hippolyte Delehaye, ed., *Les saints stylites,* Subsidia Hagiographica 14 (Brussels, 1923), 195–237, and compare F. Vanderstuyf, "Vie de saint Luc le stylite (879–979)," in *Patrologia Orientalis* (Paris, 1904–), vol. 11, pp. 145–299.

13 Sirarpie Der Nersessian, "Remarks on the Date of the Menologium and the Psalter Written for Basil II," *Byzantion* 15 (1940–1941): 104–25.

14 This is the notice for entry 2, the first standard entry after the introduction of the indiction.

15 For the classic study, see Ihor Ševčenko, "The Illuminators of the Menologium of Basil II," *Dumbarton Oaks Papers* 16 (1962): 243–76; and more recently, Anna Zacharova, "Los ocho artistas del 'Menologio de Basilio II,'" in *El "Menologio de Basilio II": Città del Vaticano, Biblioteca apostolica vaticana, Vat. gr. 1613; Libro de estudios con ocasión de la edición facsímil,* ed. Francesco D'Aiuto (Vatican City, 2008), 131–95; but see also, Georgi Parpulov, "Two Greek Painters' Signatures," *Zograf* 47 (2023): 187–202, at 193n49.

16 Francesco D'Aiuto, "El 'Menologio de Basilio II' como libro: Un estudio paleografico y codicologico," in D'Aiuto, *El "Menologio de Basilio II,"* 91–130, especially 106–14.

17 Compare Luzzi, "Synaxaria and the Synaxarion," 199, and his corresponding bibliography.

18 For an excellent discussion of this, see Tomas Hägg, "The *Life of St Antony* between Biography and Hagiography," in Efthymiadis, *Ashgate Research Companion,* vol. 1, 17–34.

19 For the reception of some of these texts in the Middle Byzantine period, see Byron David MacDougall, "John of Sardis' Commentary on Aphthonios' *Progymnasmata:* Logic in Ninth-Century Byzantium," *Greek, Roman, and Byzantine Studies* 57, no. 3 (2017): 721–44.

THE MENOLOGION OF BASIL II

Ἐνταῦθα νῦν σκόπησον ὀρθῶς ὁ βλέπων,
ἄριστον ἔργον ἐξ ἀρίστων πραγμάτων,
ἔργον Θεοῦ κάλλιστον ἐκπλῆττον φρένας,
ἔργον τὸ τέρπον πᾶσαν εἰκότως κτίσιν.
Ἄνω γὰρ αὐτὸς ὡς Θεὸς καὶ Δεσπότης,
ἄστρων χορείαις ζωγραφήσας τὸν πόλον,
ὃν οἷα δέρριν ἐξέτεινε τῷ λόγῳ,
κόσμον δᾳδουχεῖ πανσόφῳ προμηθίᾳ,
κάτω δ᾽ ὁ τοῦτον εἰκονίζων τοῖς τρόποις,
ἄναξ ὅλης γῆς, ἥλιος τῆς πορφύρας,
Βασίλειος, τὸ θρέμμα τῆς ἁλουργίδος,
κράτιστος ἀμφοῖν καὶ τροπαίοις καὶ λόγοις,
ὡς ἄλλον ὄντως οὐρανὸν τεύξας βίβλον,
ἐκ δέρρεων ταθεῖσαν ὡς ἔχει φύσις,
φέρουσαν ὡς φωστῆρας ὡραίους τύπους·
πρῶτον μὲν αὐτοῦ τοῦ Θεανθρώπου Λόγου,
ἔπειτα μητρὸς τῆς τεκούσης ἀσπόρως,
σοφῶν προφητῶν, μαρτύρων, ἀποστόλων,
πάντων δικαίων, ἀγγέλων, ἀρχαγγέλων,
τῶν ὀρθοδόξων πᾶσαν εὐφραίνει φρένα,
τέρπει δὲ πᾶσαν τερπνότητι καὶ θέαν.
Ἀλλ᾽ οὗσπερ εἰκόνισεν ἐκ τῶν χρωμάτων,

Epigram

Look here, my friend, and you will see
a wondrous work with wondrous deeds.
God's perfect work astounds the mind,
and brings delight to all the world.
For as the Lord our God did paint
the sky with groups of stars so bright,
by stretching it above like skin,
and all the world was filled with light,
in corresponding likeness here
is Basil, lord of all the earth,
a sun adorned in royal garb,
unmatched in lore and war alike.
A book he's made, a second sky,
composed of skins the world provides
and bearing brilliant shining stars.
We first see God himself in flesh,
his mother next, immaculate,
the prophets, martyrs, and the twelve,
the angels with the righteous saints,
whose image fills us with delight.
Pure joy it is—oh what a sight!
May those here painted ever be

εὕροι βοηθοὺς πάντας ἐκ τῶν πραγμάτων,
κράτους συνεργούς, συμμάχους ἐν ταῖς μάχαις,
παθῶν λυτρωτάς, φαρμακευτὰς τῶν νόσων,
ἐν τῇ κρίσει πλέον δὲ πρὸς τὸν Δεσπότην
θερμοὺς μεσίτας, προξένους καὶ τῆς ἄνω
δόξης ἀφράστου καὶ Θεοῦ σκηπτουχίας.

his counselors in times of need
support in rule, defense in war,
a remedy against disease,
and on that day at end of time,
his loyal friends and advocates
before the Lord our God above.

1 Μὴν Σεπτέμβριος καὶ ἀρχὴ τῆς ἰνδίκτου.

Τὴν ἴνδικτον ἑορτάζει ἡ τοῦ Θεοῦ ἐκκλησία ἀπὸ τῶν ἀρχαίων παραλαβοῦσα, διὰ τὸ νομίζεσθαι ἀρχὴν εἶναι τοῦ χρόνου ἀπὸ ταύτης τῆς ἡμέρας, ἐπειδὴ "ἴνδικτον" λέγουσιν οἱ Ῥωμαῖοι τὴν "ἀρχὴν" καὶ τὸν "ὁρισμόν"· ἔστιν οὖν καὶ ἡ πρώτη ἡμέρα τοῦ Σεπτεμβρίου μηνὸς ὁρισμὸς καὶ ἀρχὴ τοῦ ὅλου ἔτους. Ἐπεὶ δὲ Χριστὸς ὁ Θεὸς ἡμῶν βουληθεὶς ἐπευλογῆσαι τὴν ἀρχὴν τοῦ χρόνου, μᾶλλον δὲ ὅλον τὸν χρόνον, ὃν αὐτὸς πρὸ τῶν αἰώνων ἐποίησεν, εἰσῆλθεν εἰς τὴν συναγωγὴν τῶν Ἰουδαίων· καὶ ἐπεδόθη αὐτῷ βιβλίον Ἡσαΐου τοῦ προφήτου· καὶ ἀνοίξας αὐτὸ εὗρε τὸν τόπον ὅπου ἦν γεγραμμένον, *Πνεῦμα Κυρίου ἐπ' ἐμὲ οὗ εἵνεκεν ἔχρισέ με εὐαγγελίσασθαι πτωχοῖς, ἀπέσταλκέ με κηρύξαι αἰχμαλώτοις ἄφεσιν καὶ τυφλοῖς ἀνάβλεψιν, καλέσαι ἐνιαυτὸν Κυρίου δεκτόν*· καὶ ἀποδοὺς τὸ βιβλίον τῷ ὑπηρέτῃ ἐκάθισεν· ἔκτοτε ἐχαρίσατο ἡμῖν τοῖς Χριστιανοῖς τὴν ἁγίαν ἑορτὴν ταύτην, ἣν καὶ προθύμως ἑορτάζοντες εὐχαριστοῦμεν αὐτῷ.

September

The month of September and the beginning of the indiction. 1

God's church celebrates the indiction, which has been passed down from the ancients, because the beginning of time is thought to have occurred on this day. The Romans use the word "indiction" to mean "beginning" and "boundary," so the first of September is also the limit and the beginning of the whole year. Now, since Christ our God wanted to bless the beginning of the time, or rather, all of time, which he himself created before the ages, he entered the synagogue of the Jews, and a scroll of the prophet Isaiah was given to him. He unrolled it and found the place where it was written, *The Spirit of the Lord is upon me, because he has anointed me to bring good news to the poor. He has sent me to proclaim release to the captives and recovery of sight to the blind, to proclaim the year of the Lord's favor.* Then he returned the scroll to the attendant and sat down. From that moment, he bestowed upon us Christians this holy feast, which we eagerly celebrate in thanksgiving to him.

2 Μηνὶ Σεπτεμβρίῳ α΄. Μνήμη τοῦ ὁσίου πατρὸς ἡμῶν Συμεὼν τοῦ Στυλίτου.

Ὁ ἅγιος Συμεὼν ἐγένετο ἀπὸ Ἀντιοχείας τῆς Συρίας. Νέος δὲ ὤν, προσετάγη παρὰ τῶν γονέων αὐτοῦ βόσκειν πρόβατα. Ἀργήσας δέ ποτε διὰ τὸν χειμῶνα τοῦ μὴ βόσκειν τὰ πρόβατα, ἀπῆλθεν εἰς τὴν ἐκκλησίαν τοῦ Θεοῦ πρὸς τὸ εὔξασθαι. Καὶ κατὰ συγκυρίαν ἤκουσε τοῦ ἁγίου εὐαγγελίου ἀναγινωσκομένου, *Μακάριοι οἱ πτωχοὶ τῷ πνεύματι, ὅτι αὐτῶν ἐστιν ἡ βασιλεία τῶν οὐρανῶν.* Καὶ ἀφῆκε γονεῖς καὶ πάντα. Καὶ ἀπῆλθεν εἰς τὴν Λαύραν τὴν λεγομένην Μάνδραν, καὶ ἐγένετο μοναχὸς ἐπὶ τῆς βασιλείας Λέοντος τοῦ Μεγάλου, ὅπου καὶ τὸ πρῶτον ἀγωνισάμενος, καὶ πάντας τοὺς μοναχοὺς ἐν πάσαις ἀρεταῖς νικήσας καὶ τὸ σῶμα αὐτοῦ δι᾽ ἐγκρατείας καταξηράνας, καὶ γὰρ ἐνήστευεν ἡμέρας τεσσαράκοντα, τὰς μὲν εἴκοσιν ἱστάμενος, τὰς δὲ εἴκοσι καθεζόμενος διὰ τὸν κόπον, ὕστερον ἀνῆλθεν ἐπὶ στῦλον. Καὶ μυρία θαύματα ποιήσας, καὶ μέγας γενόμενος εἰς πάντας ἀνθρώπους, καὶ πολλοὺς τῶν ἀπίστων βαπτίσας, καὶ τεσσαρακονταεπτὰ ἔτη τὸν Θεὸν θεραπεύσας, ἐν εἰρήνῃ ἐτελειώθη.

3 Τῇ αὐτῇ ἡμέρᾳ. Ἡ κοίμησις Ἰησοῦ τοῦ Ναυή.

Οὗτος ὁ Ἰησοῦς ἐγένετο μὲν υἱὸς τοῦ Ναυή, διάδοχος δὲ Μωσέως τοῦ νομοθέτου τῶν Ἑβραίων, ἀνὴρ ἀνδρεῖος καὶ στρατηγικός. Καὶ γὰρ τὴν Ἱεριχὼ πόλιν οὖσαν ἰσχυρὰν τῶν ἀλλοφύλων παρέλαβε. Καὶ τὸν ποταμὸν Ἰορδάνην διὰ ξηρᾶς διεπέρασε μετὰ τοῦ λαοῦ καὶ τῆς κιβωτοῦ τοῦ Θεοῦ.

The first day in the month of September. The commemoration of our holy father Symeon the Stylite. 2

Saint Symeon was from Antioch in Syria. When he was young, his parents had him tend sheep. One time, when he had relief from tending the sheep because of a storm, he went to God's church to pray. By chance he heard the following reading from the holy gospel: *Blessed are the poor in spirit; for theirs is the kingdom of heaven.* So he abandoned his parents and all his possessions. Then he went off to the Lavra, the so-called Sheepfold, and became a monk during the reign of Leo the Great. There he first practiced his asceticism, surpassing all other monks in every virtue, and wearing out his body through self-denial. Indeed, he even fasted for forty days, for twenty of which he remained standing, while for the other twenty, he sat down from exhaustion. Later on, he ascended a pillar. After working countless miracles, becoming great before all humanity, baptizing many of the nonbelievers, and serving God for forty-seven years, he was perfected by death.

On the same day. The repose of Jesus son of Naue. 3

This Jesus was the son of Naue and the successor of Moses, the lawgiver of the Hebrews. Jesus was a brave military leader. In fact, he captured the city of Jericho, which was a powerful city of the foreigners. He crossed the river Jordan through a dry part along with his people and God's ark.

Καὶ τὸν ἀρχιστράτηγον Μιχαὴλ ἐθεάσατο κρατοῦντα ῥομφαίαν. Καὶ γνωρίσας αὐτόν, ἔρριψε τὰ ἴδια ὅπλα καὶ ἔπεσεν εἰς τοὺς πόδας αὐτοῦ εἰπών, "Τί προστάσσεις τῷ σῷ οἰκέτῃ;" Πολεμῶν δὲ τοὺς ἀλλοφύλους καὶ τοῦ ἡλίου πρὸς δύσιν ὄντος, ἔχων ἐπιθυμίαν τοῦ νικῆσαι αὐτούς, ἐθάρρησεν εἰς τὸν Θεὸν καὶ εἶπεν, "Στήτω ὁ ἥλιος." Καὶ εὐθέως ἐστάθη ὁ ἥλιος καὶ οὐκ ἔδυνεν ἕως ἔτρεψε τοὺς ἐχθροὺς αὐτοῦ κατὰ κράτος. Στρατηγήσας δὲ τοῦ λαοῦ καὶ διαγαγὼν αὐτοὺς ἐκ τῆς ἐρήμου καλῶς, καὶ ἀπαγαγὼν εἰς τὴν γῆν τῆς ἐπαγγελίας, ἥτις ἐστὶ τὰ Ἱεροσόλυμα, καὶ κρίνας τὸν λαὸν τοῦ Ἰσραὴλ εἴκοσι καὶ ἑπτὰ ἔτη ἐτελεύτησε· καὶ ἐτάφη ἐντίμως ἐν αὐτῇ τῇ γῇ ὑπὸ τοῦ ἰδίου λαοῦ.

4 Τῇ αὐτῇ ἡμέρᾳ. Ἄθλησις τῶν ἁγίων τεσσαράκοντα παρθένων καὶ Ἀμμὼν διακόνου τοῦ διδασκάλου αὐτῶν.

Τῶν τεσσαράκοντα τούτων παρθένων καὶ μαρτύρων τὸ πλῆθος ἐγένετο ἀπὸ Ἀδριανουπόλεως τῆς Μακεδονίας. Διδάσκαλον δὲ ἔχουσαι τῆς πίστεως Ἀμμὼν τὸν διάκονον, ἔμαθον ὑπ' αὐτοῦ τὰ περὶ τῆς βασιλείας τῶν οὐρανῶν. Διατοῦτο καὶ ἐκρατήθησαν παρὰ τοῦ τῆς αὐτῆς πόλεως ἄρχοντος. Καὶ πολλὰ ἐτιμωρήθησαν διὰ τὸ μὴ προσκυνῆσαι τοῖς εἰδώλοις. Εἶτα ἤχθησαν εἰς Βερόην τοῦ θῦσαι, ἔνθα προσηύξαντο πρὸς τὸν Θεόν· καὶ ἐκρεμάσθη εἰς τὸν ἀέρα ὁ ἱερεὺς τῶν εἰδώλων καὶ πεσὼν ἀπέθανε. Καὶ μετὰ τοῦτο ἐκρεμάσθη ὁ ἅγιος Ἀμμὼν καὶ ἐξέσθη τὰς πλευράς· καὶ κασσίδα πεπυρωμένην ἐδέξατο κατὰ

Then he saw the archangel and general Michael carrying a sword. And as soon as he recognized him, he dropped his own weapons and fell at his feet, saying, "What command do you give your servant?" As he met the foreigners in battle, the sun began to set, but he was filled with the desire to conquer them. Therefore, he confidently addressed God and said, "Let the sun stand still." Immediately, the sun stood still, and it did not set until he routed his enemies. By leading his people well and successfully guiding them out of the desert, he brought them to the promised land, which is Jerusalem, and there he judged the people of Israel for twenty-seven years. Finally, he died and was buried honorably in that land by his own people.

On the same day. The passion of the forty virgins and their teacher, the deacon Ammon. 4

The company of these forty virgins and martyrs was from Hadrianoupolis in Macedonia. Their teacher in the faith was Ammon the deacon, and they learned about the kingdom of heaven from him. Because of this, they were arrested by the governor of that city and endured many torments because they refused to venerate the idols. Then they were brought to Beroe to sacrifice, but they prayed to God there, and the priest of the idols was suspended in the air before he fell to the ground and died. In response to this, Saint Ammon was hung up and his ribs were flayed and he had a helmet heated over the fire placed upon his head. After this,

κεφαλῆς. Εἶτα παρεπέμφθη μετὰ τῶν παρθένων Λικιννίῳ τῷ τυράννῳ. Ὁ δὲ ἔδωκεν ἀπόφασιν κατ' αὐτῶν. Καὶ αἱ μὲν δέκα διὰ πυρὸς ἐτελειώθησαν· αἱ δὲ ὀκτὼ μετὰ τοῦ διδασκάλου αὐτῶν ἀπεκεφαλίσθησαν· καὶ αἱ δέκα, ξίφη κατὰ τοῦ στόματος καὶ τῆς καρδίας δεξάμεναι, ἐτελεύτησαν· αἱ δὲ ἓξ ὑπὸ μαχαιρῶν κατεκόπησαν· καὶ αἱ ἓξ σίδηρα πεπυρωμένα κατὰ στόματος λαβοῦσαι ἀπέθανον.

5 Μηνὶ τῷ αὐτῷ β'. Ἄθλησις τοῦ ἁγίου μεγαλομάρτυρος Μάμαντος.

Μάμας ὁ περιβόητος μάρτυς ἦν μὲν ἐπὶ Αὐρηλιανοῦ Καίσαρος Ῥωμαίων. Ὀρφανὸς δὲ καταλειφθείς, τῶν γονέων αὐτοῦ τελευτησάντων ἐν φυλακῇ διὰ τὸν Χριστιανισμόν, ἀνετράφη παρὰ Ματρώνας τινὸς εὐσεβοῦς συγκλητικῆς. Γενόμενος δὲ τῆς ἐννόμου ἡλικίας, ἠναγκάζετο θύειν τοῖς εἰδώλοις παρὰ τῶν εἰδωλολατρῶν. Μὴ πεισθεὶς δέ, ἀλλ' ὑπὸ θείου ἀγγέλου ἀναβιβασθεὶς ἐν τῷ ὄρει τὰς ἐλάφους ἀμέλγων διετρέφετο. Καὶ μόνος τῷ Θεῷ προσευχόμενος διετέλει. Εἶτα πάλιν κρατηθείς (πολλὴ γὰρ ἐγένετο ἡ περὶ αὐτὸν φήμη), ἠναγκάσθη ὑπὸ τοῦ τῆς Καισαρείας ἄρχοντος προσκυνῆσαι τὰ εἴδωλα. Ἐπεὶ δὲ οὐκ ἐπείσθη, εἰς πῦρ βληθεὶς καὶ ἐξελθὼν ἀβλαβής, καὶ θηριομαχήσας καὶ μηδὲν ἀδικηθείς, τέλος κονταρίῳ πληγεὶς καὶ βαστάζων τὰ ἔντερα αὐτοῦ ταῖς ἰδίαις χερσίν (ἐξεχύθησαν γὰρ ὑπὸ τῆς πληγῆς ἐκ τῆς κοιλίας αὐτοῦ), ἐξῆλθε τῆς πόλεως Καισαρείας. Καὶ μετὰ εὐχαριστίας παρέδωκε Κυρίῳ τῷ Θεῷ τὴν ἁγίαν καὶ μακαρίαν αὐτοῦ ψυχήν. Καὶ ἐτάφη ἐν τῇ αὐτῇ πόλει.

he was handed over with the virgins to Licinius the tyrant, who condemned them to death. Ten of the women were perfected by death through fire; eight and their teacher were beheaded; ten died by having swords thrust into their mouths and hearts; six were cut apart with knives; and six died when they had iron bars heated over the fire thrust into their mouths.

The second day in the same month. The passion of the great martyr Saint Mamas.

The famous martyr Mamas lived under Aurelian, Caesar of the Romans. He became an orphan when his parents died in prison because of their belief in Christianity, so he was then raised by a pious woman named Matrona who was of senatorial rank. When he came of age, he was pressured to sacrifice to the idols by the idolaters. But when he refused, he was transported by an angel to a nearby mountain, where he sustained himself by milking deer. He lived there praying to God in solitude. Later on, he was arrested again (for his fame had spread far and wide), and he was pressured by the governor of Caesarea to venerate the idols. But when he persisted in his refusal, he was thrown into fire but came out unharmed. Then he was set to fight wild beasts but survived unscathed. Finally, he was pierced by a spear, and carrying his intestines in his own hands (for they had oozed out from the wound in his abdomen), he left the city of Caesarea. With a prayer of thanksgiving, he handed over his holy and blessed soul to the Lord God. He was buried in that city.

6 Τῇ αὐτῇ ἡμέρᾳ. Μνήμη τοῦ ὁσίου πατρὸς ἡμῶν Ἰωάννου πατριάρχου Κωνσταντινουπόλεως τοῦ Νηστευτοῦ.

Ὁ ἐν ἁγίοις πατὴρ ἡμῶν Ἰωάννης ὁ ἐπικληθεὶς "Νηστευτὴς" ἐγεννήθη μὲν ἐν Κωνσταντινουπόλει. Ὑπῆρχε δὲ ἐπὶ Ἰουστίνου καὶ Τιβερίου καὶ Μαυρικίου τῶν βασιλέων. Χαράκτης δὲ ὢν τὴν τέχνην, διὰ τὴν πολλὴν αὐτοῦ ἀρετὴν πατριάρχης γέγονε τῆς αὐτῆς μεγαλοπόλεως. Ἐγένετο δὲ φιλόπτωχος καὶ ἐλεήμων καὶ συμπαθής· ἀλλὰ καὶ πολλὰ θαύματα ἐποίησε. Καὶ γὰρ διὰ προσευχῆς βαρβαρικὸν λαὸν ἐκ τῆς Μακεδονίας ἀπεδίωξε καὶ μεγάλου θανατικοῦ τὴν πόλιν ἐρρύσατο. Καὶ πολλοὺς νοσοῦντας ἐθεράπευσε καὶ δαιμονιῶντας ἰάσατο. Καὶ λόγους ψυχωφελεῖς, ὡς ὁ μέγας Χρυσόστομος Ἰωάννης, συνεγράψατο. Ποιμάνας δὲ τὸν λαὸν αὐτοῦ ὁσίως καὶ φιλοθέως, καὶ τὴν ἱερὰν ἐκκλησίαν καλῶς διακυβερνήσας ἐπὶ ἔτη δέκα καὶ τρία καὶ μῆνας πέντε, καὶ εἰς βαθὺ γῆρας ἐλθών, ἐν εἰρήνῃ τὴν μακαρίαν καὶ ἁγίαν αὐτοῦ ψυχὴν παραδοὺς τῷ Κυρίῳ ἐτάφη, ὑπόδειγμα καταλιπὼν πᾶσιν ἀνθρώποις τὸν ἐνάρετον αὐτοῦ βίον καὶ τὰ λοιπὰ κατορθώματα.

7 Μηνὶ τῷ αὐτῷ γʹ. Ἄθλησις τοῦ ἁγίου ἱερομάρτυρος Ἀνθίμου ἐπισκόπου Νικομηδείας.

Ἄνθιμος ὁ ἱερομάρτυς ἦν μὲν ἐπίσκοπος Νικομηδείας ἐπὶ τῶν χρόνων Διοκλητιανοῦ καὶ Μαξιμιανοῦ. Διὰ δὲ τὸν διωγμὸν τῶν Χριστιανῶν, κρυπτόμενος ἐν τῷ ὄρει, καταμηνύεται τῷ Μαξιμιανῷ. Καὶ κρατηθείς, πρῶτα μὲν λίθοις τὸν αὐχένα συντρίβεται. Ἔπειτα σιδήροις πεπυρακτω-

On the same day. The commemoration of our holy father John the Faster, patriarch of Constantinople. 6

Our father among the saints, John who was called "the Faster," was born in Constantinople. He lived during the reigns of the emperors Justin, Tiberius, and Maurice. He was a coin maker by trade, but on account of his great virtue, he became the patriarch of that megalopolis. He was devoted in his love for the poor, he gave alms, and he was compassionate. But he also worked many miracles. In fact, he once drove a host of barbarians from Macedonia through his prayer and saved the city from a great plague. He also healed many of the sick and cured those possessed by demons. Additionally, he composed many edifying works just like the great John Chrysostom. After he shepherded his people piously and devoutly, and guided the holy church prudently for thirteen years and five months, he handed over his blessed and holy soul to the Lord in peace at a very advanced age and was buried. But he left behind his virtuous life and his other accomplishments as a model for all people.

The third day in the same month. The passion of the holy martyr Saint Anthimos, bishop of Nikomedeia. 7

The holy martyr Anthimos was bishop of Nikomedeia during the time of Diocletian and Maximian. On account of the persecution against Christians, he hid himself in the mountains, but he was betrayed to Maximian. After he was arrested, first, his neck was crushed with stones. Then his

μένοις τοὺς ἀστραγάλους διατρυπᾶται. Εἶτα πάλιν εἰς ὄστρακα ὀξέα τίθεται, ῥάβδοις τυπτόμενος ἀκανθίνοις. Καὶ ὑποδήματα σιδηρᾶ πυρακτωθέντα περιβάλλεται μέχρι τῶν μηρῶν. Καὶ μετὰ τοῦτο δεσμεῖται ἐπὶ τροχοῦ. Καὶ ὑπὸ λαμπάδων καίεται. Οὕτω δὲ πικρῶς βασανιζομένου τοῦ ἁγίου, ἐπῆλθον ἄγγελοι θεῖοι, αὐτῷ μὲν τὰς κολάσεις καὶ τὰς βασάνους εὐκόλους ποιοῦντες, τοὺς δὲ δημίους τοὺς τιμωροῦντας αὐτὸν ἀοράτως τύπτοντες. Καὶ λοιπὸν ἀποφάσει Μαξιμιανοῦ τέμνεται τὴν κεφαλὴν μαχαίρᾳ, ἥτις κεῖται μὲν ἐν Νικομηδείᾳ, θαυματουργεῖ δὲ ἄλλα τε πολλά, καὶ δὴ καὶ τὴν τῶν τριχῶν παράδοξον ἔκφυσιν.

8 Τῇ αὐτῇ ἡμέρᾳ. Ἄθλησις τῆς ἁγίας παρθένου καὶ μάρτυρος Βασιλίσσης.

Βασίλισσα ἡ μάρτυς ἦν μὲν ἐπὶ τῶν χρόνων Διοκλητιανοῦ, εἶχε δὲ τὴν οἴκησιν πλησίον τῆς πόλεως Νικομηδείας, ἐννέα ἐτῶν ὑπάρχουσα. Διαβληθεῖσα δὲ ὡς Χριστιανὴ παρέστη Ἀλεξάνδρῳ τῷ ἄρχοντι. Καὶ μετὰ παρρησίας ὁμολογήσασα τὸν Χριστόν, πρῶτα μὲν τύπτεται κατὰ τοῦ προσώπου, καὶ γυμνωθεῖσα ῥαβδίζεται. Εἶτα τρυπᾶται τοὺς ἀστραγάλους. Καὶ κρεμασθεῖσα κατὰ κεφαλῆς ἐπὶ ξύλου, δεδεμένη ἁλύσεσι, μετὰ πίσσης καὶ τεαφίου καὶ μολύβδου καπνίζεται. Καὶ μετὰ τοῦτο ἐμβληθεῖσα εἰς πῦρ καὶ δυσὶ λέουσι παραδοθεῖσα, καὶ διαμείνασα ἀβλαβής, ἔπεισε τὸν ἄρχοντα πιστεῦσαι εἰς τὸν Χριστόν. Καὶ αὐτὸς μὲν καλῶς βιώσας ἐν εἰρήνῃ ἐτελειώθη. Αὐτὴ δὲ ἐξελθοῦσα τῆς πόλεως καὶ διψήσασα ηὔξατο. Καὶ ἐξῆλθεν ὕδωρ ἐκ

ankles were pierced with iron rods heated over the fire. Following that, he was laid upon sharp potsherds and struck with clubs covered in thorns. Next, he was fitted with iron boots heated over the fire that reached up to his thighs. After this, he was put upon the rack, where they scorched him with torches from underneath. While the saint was being horribly tortured, divine angels came who eased his punishments and tortures, but struck those torturing him with invisible blows. Finally, his head was cut off with a sword by the order of Maximian. His head remains in Nikomedeia, where, among the many other wonders that it performs, it even continues growing hair miraculously.

On the same day. The passion of the holy virgin and martyr 8
Basilissa.

The martyr Basilissa lived during the time of Diocletian. Her home was near the city of Nikomedeia and she was nine years old. She was accused of being a Christian, so she was brought before Alexander the governor. Because she openly confessed her belief in Christ, she was first struck in the face before she was stripped of her clothes and beaten with rods. Then her ankles were pierced, and she was hung upside-down on a wooden stake, bound with chains, and exposed to the fumes of pitch, sulfur, and lead. Next, she was thrown into a fire and given over to two lions. But when she remained unharmed, the governor came to believe in Christ. After living a pious life, he was perfected by death in peace. She then left the city, and when she became thirsty, she prayed. Water erupted from the earth, and she drank.

τῆς γῆς, καὶ ἔπιεν. Εἶτα στᾶσα ἐπάνω πέτρας καὶ εὐξαμένη ἐτελεύτησεν, ἔνθα δὴ καὶ ἐτάφη, ἰάματα πᾶσι τοῖς πιστοῖς καθ' ἑκάστην διὰ τῶν ἐκ τῆς γῆς ἀναβλυσάντων ὑδάτων παραδόξως παρέχουσα.

9 Τῇ αὐτῇ ἡμέρᾳ. Ἄθλησις τοῦ ἁγίου ἱερομάρτυρος Ἀριστίωνος ἐπισκόπου Ἀλεξανδρείας.

Ὁ ἅγιος μάρτυς Ἀριστίων ὑπῆρχε μὲν ἐπίσκοπος Ἀλεξανδρείας. Ἐδίδασκε δὲ παρρησίᾳ καὶ ἐκήρυττε τὴν τοῦ Δεσπότου ἡμῶν Ἰησοῦ Χριστοῦ ἔνσαρκον παρουσίαν καὶ τὴν αἰώνιον αὐτοῦ βασιλείαν· ἔτι δὲ τὴν μακαριότητα καὶ χαρὰν τῆς τῶν οὐρανῶν βασιλείας· καὶ ὅπως ἡ μὲν τῶν ἀνθρώπων ἐνταῦθα δόξα καὶ τὰ ἀξιώματα καὶ ὁ πλοῦτος ἐν φθορᾷ ὑπάρχουσι καὶ ἀφανίζονται, ἀδιάφθαρτα δὲ τὰ ἐκεῖθεν ἀγαθὰ καὶ ἡ ζωὴ ἀθάνατος. Οὕτω διδάσκων καὶ πολλοὺς τῶν Ἑλλήνων πείθων καὶ πρὸς τὸν Θεὸν ἐπιστρέφων καὶ βαπτίζων, ἐκρατήθη παρὰ τοῦ τῆς Ἀλεξανδρείας ἄρχοντος. Καὶ ὁμολογήσας τὸν Χριστὸν παρεδόθη πυρί. Καὶ οὕτως ἐν τῇ καμίνῳ, ὥσπερ οἱ τρεῖς ἅγιοι παῖδες, δοξάζων καὶ μεγαλύνων τὸν Θεόν, τὸ μακάριον καὶ ποθούμενον τέλος ἐδέξατο, ἀπολαβὼν τὸν στέφανον τῆς ἀφθάρτου ζωῆς. Καὶ τὸ μὲν τίμιον αὐτοῦ λείψανον παρεδόθη τῇ γῇ, ἡ δὲ ἁγία αὐτοῦ ψυχὴ ἀνελθοῦσα ἐν οὐρανοῖς μετὰ τῶν ἁγίων εὐφραίνεται.

Finally, she stood upon a rock, and after saying a prayer, she died. There, where she was buried, she miraculously provides all the faithful each day with healings through the waters bubbling up from the earth.

On the same day. The passion of the holy martyr Saint Aris- 9
tion, bishop of Alexandria.

The holy martyr Aristion was the bishop of Alexandria. He preached openly and proclaimed the incarnation of our Lord Jesus Christ and his eternal kingdom. Furthermore, he professed the blessedness and joy of the kingdom of heaven. He also demonstrated how human glory, honors, and wealth here on earth are fleeting and pass away; but how heavenly goods are not subject to decay, and life there is eternal. Because he convinced many Hellenes through these teachings to come to God and baptized them, he was arrested by the governor of Alexandria. When he confessed his belief in Christ, he was condemned to the fire. While he was in the furnace, just like the three holy youths, he glorified and magnified God before he received his blessed and desired death, by which he won the crown of eternal life. His venerable remains were buried in the earth, while his holy soul ascended to heaven, where it enjoys the company of the saints.

10 Μηνὶ τῷ αὐτῷ δʹ. Ἄθλησις τοῦ ἁγίου ἱερομάρτυρος Βαβύλα πατριάρχου Ἀντιοχείας καὶ τῶν σὺν αὐτῷ νηπίων.

Ὁ ἅγιος ἱερομάρτυς τοῦ Χριστοῦ Βαβύλας πατριάρχης ἦν Ἀντιοχείας τῆς μεγάλης ἐπὶ Νουμεριανοῦ τοῦ Ῥωμαίων βασιλέως. Θέλοντα δὲ εἰσελθεῖν εἰς τὸν ναὸν τοῦ Θεοῦ τὸν Νουμεριανὸν ὑπαντήσας εἰς τὴν πύλην τῆς ἐκκλησίας, ἐκώλυσε τοῦ εἰσελθεῖν διὰ τὸ ὑπάρχειν αὐτὸν εἰδωλολάτρην. Ὅθεν αἰσχυνθεὶς ὁ βασιλεὺς καὶ ὀργισθείς, ἤγαγεν αὐτὸν ἐπὶ τὴν αὔριον ἐνώπιον αὐτοῦ. Καὶ καταναγκάσας ἀρνήσασθαι τὸν Χριστὸν καὶ μὴ πείσας, ἀλλὰ μᾶλλον ἐλεγχθεὶς ὑπ’ αὐτοῦ, ἐκέλευσε περιτεθῆναι τῷ τραχήλῳ αὐτοῦ σίδηρα βαρέα, καὶ διὰ τῆς μέσης ἄγεσθαι. Καὶ λέγει αὐτῷ, “Μὰ τοὺς θεούς, Βαβύλα, πρέπει σοι ὁ κλοιός.” Ὁ δὲ εἶπεν, “Οὕτω μοι πρέπει, βασιλεῦ, ὡς οὐδέ σοι τὸ διάδημα.” Τότε ἀπεφήνατο ὁ Νουμεριανὸς κατ’ αὐτοῦ καὶ τῶν διδασκομένων ὑπ’ αὐτοῦ παιδίων. Καὶ λαβόντες αὐτοὺς οἱ στρατιῶται ἀπέσφαξαν. Καὶ οὕτως ἐτάφη ὁ ἅγιος παρὰ εὐλαβῶν Χριστιανῶν ἔξω τῆς πόλεως Ἀντιοχείας μετὰ τῶν περικειμένων αὐτῷ κλοιῶν, οὓς διὰ Χριστὸν ἐφόρεσεν.

11 Τῇ αὐτῇ ἡμέρᾳ. Ἄθλησις τῶν ἁγίων μαρτύρων Θεοδώρου, Ὠκεανοῦ, Ἀ<μ>μιανοῦ, καὶ Ἰουλιανοῦ.

Οὗτοι οἱ ἅγιοι μάρτυρες ὑπῆρχον ἐπὶ Μαξιμιανοῦ τοῦ βασιλέως. Κρατηθέντες δὲ καὶ ἐρωτηθέντες, ὡμολόγησαν τὸν Δεσπότην Χριστόν. Καὶ διατοῦτο κρεμασθέντες

The fourth day in the same month. The passion of the holy 10
martyr Saint Babylas, patriarch of Antioch, and the children with him.

Christ's holy martyr Saint Babylas was patriarch of the great city of Antioch under Numerian, emperor of the Romans. When Numerian intended to enter the sanctuary, Babylas met him at the door of the church and prevented his entry because he was an idolater. The emperor was filled with shame and anger, so he had Babylas brought before him the following day. When Numerian pressured him to deny Christ, and not only failed to convince him, but was also rebuked all the more by him, he ordered heavy irons be placed around the saint's neck and for him to be led through the city. The emperor said to him, "By the gods, Babylas, how that collar suits you." But the saint replied, "It suits me, emperor, no more than that diadem suits you." Then Numerian condemned him to death along with the children who were his pupils. So the soldiers took them and slaughtered them. Outside Antioch, pious Christians buried the saint wearing the fetters that he bore for Christ.

On the same day. The passion of the holy martyrs Theodore, 11
Okeanos, Ammianos, and Julian.

These holy martyrs lived during the reign of the emperor Maximian. They were arrested, and when they were interrogated, they confessed their belief in Christ the Lord. Because of this, they were hung up and flayed to their very

ἐξέσθησαν μέχρις ὀστέων. Ἔπειτα ἐνεβλήθησαν εἰς λουτρὸν ἐκπυρωθὲν ἰσχυρῶς καὶ σφραγισθὲν τῇ σφραγῖδι τοῦ βασιλέως διὰ τὸ μὴ ἐξελθεῖν αὐτοὺς ἀπ' αὐτοῦ ἀλλ' ἀποθανεῖν ἐν αὐτῷ. Ἄγγελος δὲ Κυρίου ἐξήγαγεν αὐτοὺς ἀβλαβεῖς, ἠσφαλισμένων καὶ ἐσφραγισμένων τῶν θυρῶν. Καὶ πάλιν κρατηθέντες ἀπάγονται ἔξω τῆς πόλεως ἐν ἐρήμῳ τόπῳ τοῦ πικρῶς φονευθῆναι. Αἰτησάμενοι δὲ ὥραν προσευχῆς χαρίσασθαι αὐτοῖς τοὺς δημίους καὶ τυχόντες τῆς αἰτήσεως, στάντες ἐπὶ πολὺ προσηύξαντο τῷ Θεῷ ὑπὲρ τῆς οἰκουμενικῆς καταστάσεως καὶ τῶν ἁγίων ἐκκλησιῶν. Καὶ εὐχαρίστησαν αὐτῷ ὅτι ἠξιώθησαν τοῦ μαρτυρῆσαι δι' αὐτόν. Καὶ οὕτω κατακοπέντες πάντα τὰ μέλη καὶ τὰ σκέλη συντριβέντες, ἐνεβλήθησαν εἰς πῦρ. Καὶ οὕτως ἐτελειώθησαν.

12 Τῇ αὐτῇ ἡμέρᾳ. Ἄθλησις τῆς ἁγίας μάρτυρος Ἑρμιόνης θυγατρὸς τοῦ ἁγίου Φιλίππου τοῦ ἀποστόλου.

Ἡ ἁγία μάρτυς Ἑρμιόνη ὑπῆρχεν μὲν ἐπὶ Τραϊανοῦ τοῦ βασιλέως. Ἦν δὲ θυγάτηρ Φιλίππου τοῦ ἀποστόλου. Ἦν δὲ αὐτῇ ἀδελφὴ καλουμένη Εὐτυχής. Καὶ παρεγένοντο αἱ δύο εἰς Ἔφεσον προσκυνῆσαι τὸν Θεολόγον Ἰωάννην, καὶ οὐχ εὗρον αὐτόν. Μετετέθη γὰρ ἤδη. Ἐλθὼν δὲ καὶ Τραϊανὸς ὁ βασιλεὺς εἰς Ἔφεσον πρὸς τὸν κατὰ τῶν Περσῶν πόλεμον, εὗρε τὸ ὄνομα τῆς ἁγίας Ἑρμιόνης μέγα ἐπ' εὐσεβείᾳ· καὶ γὰρ ἦν προφητεύουσα. Καὶ κρατήσας αὐτὴν καὶ καταναγκάσας ἀρνήσασθαι τὸν Χριστόν, ὡς οὐκ ἔπεισε, κελεύει τύπτεσθαι αὐτὴν κατὰ τοῦ προσώπου.

bones. Next, they were forced into an overheated bath locked with the emperor's seal, so that they could not leave but must die inside. However, an angel of the Lord led them out unharmed, although the doors remained securely sealed. Yet again they were arrested and taken outside the city to a deserted place where they were to be executed horribly. They asked their executioners to be given some time for prayer, and their request was granted. So they stood for a long time and prayed to God for the state of the whole world and its holy churches. Furthermore, they gave thanks to him because they had received the honor of suffering martyrdom for him. And so after their arms were cut off and their legs were crushed, they were then thrown into a fire. Thus, they were perfected by death.

On the same day. The passion of the holy martyr Hermione, 12
the daughter of Saint Philip the apostle.

The holy martyr Hermione lived under the emperor Trajan. She was the daughter of Philip the apostle. She also had a sister whose name was Eutyches. The two women went to Ephesus to pay their respects to John the Theologian, but they did not find him. For his body had already been transferred to heaven. Then the emperor Trajan also came to Ephesus because of the war against the Persians, and he discovered that Saint Hermione had developed a great reputation for piety. Indeed, she was a prophetess. He thus had her arrested and pressured her to deny Christ, but when she refused, he ordered her to be struck in the face. Then the Lord

Ἐπιφανεὶς δὲ ὁ Κύριος ἐνίσχυσεν αὐτὴν καρτερεῖν πρὸς τὰς βασάνους. Μετὰ ταῦτα δὲ προφητεύουσα περὶ Τραϊανοῦ ὅτι νικήσει τοὺς Πέρσας, τότε μὲν ἀπελύθη. Μετὰ δὲ Τραϊανὸν κρατήσας τῆς βασιλείας ὁ γαμβρὸς αὐτοῦ Ἀδριανὸς κατέσχεν αὐτήν. Καὶ καταναγκάσας ἀρνήσασθαι μὲν τὸν Χριστόν, θῦσαι δὲ τοῖς εἰδώλοις, καὶ μὴ πείσας, προσέταξεν ἀποκεφαλισθῆναι. Ξηρανθεισῶν δὲ τῶν χειρῶν τῶν δημίων, ἐπίστευσαν. Καὶ σὺν αὐτῇ ἀπεκεφαλίσθησαν.

13 Τῇ αὐτῇ ἡμέρᾳ. Μνήμη τοῦ ἁγίου Μωσέως τοῦ νομοθέτου.

Μωϋσῆς ὁ προφήτης καὶ νομοθέτης γέγονεν υἱὸς ἑνὸς τῶν Ἑβραίων, γεννηθεὶς ἐν Αἰγύπτῳ. Ἐπεὶ δὲ πρόσταγμα ἦν τοῦ Φαραὼ βασιλέως Αἰγύπτου, τὰ μὲν θηλυκὰ τῶν Ἑβραϊκῶν βρεφῶν περιποιεῖσθαι, τὰ δὲ ἀρσενικὰ φονεύεσθαι, ἐνέβαλεν εἰς συρτάριον ἡ μήτηρ αὐτοῦ τὸν Μωϋσῆν καὶ ἔρριψεν εἰς ποταμόν. Κατέβη δὲ ἡ θυγάτηρ Φαραὼ λούσασθαι εἰς τὸν ποταμόν. Καὶ ἰδοῦσα τὸ συρτάριον καὶ τὸ παιδίον ἐν αὐτῷ κλαῖον, ἀνελάβετο αὐτὸ εἰς υἱόν. Καὶ ἐδίδαξεν αὐτὸ πᾶσαν σοφίαν Αἰγυπτίων. Αὐξηθέντι δὲ αὐτῷ ἐφάνη ὁ Θεὸς καὶ προσέταξεν ἐξαγαγεῖν τὸν λαὸν τῶν Ἑβραίων ἐκ τῆς Αἰγύπτου. Ἐξαγαγὼν οὖν τὸν λαὸν καὶ πολλὰ σημεῖα καὶ τέρατα ποιήσας καὶ θάλασσαν τεμὼν καὶ διὰ ξηρᾶς περάσας, καὶ πέτραν τῇ ῥάβδῳ κρούσας καὶ ὕδωρ ἐξ αὐτῆς ἀναβλύσαι ποιήσας, καὶ τεσσαράκοντα ἔτη στρατηγήσας, πρὸ ἐτῶν χιλίων τετρακοσίων ὀγδοηκονταπέντε τῆς Χριστοῦ καταβάσεως ἐτελεύτησε. Καὶ ἐτάφη ἐν

appeared to her and gave her the strength to endure her torments. After that, she was granted a reprieve from Trajan since she prophesied that he would be victorious against the Persians. But after Trajan, when his relative by marriage Hadrian became emperor, he arrested her. He pressured her to deny Christ and sacrifice to the idols, but when she refused, he condemned her to be beheaded. When the executioners' hands became withered, they came to believe and were beheaded with her.

On the same day. The commemoration of holy Moses the 13
lawgiver.

The prophet and lawgiver Moses was the son of one of the Hebrews and was born in Egypt. Because there was a decree by Pharaoh, the king of Egypt, that the infant daughters of the Hebrews should be spared but their infant sons be slaughtered, Moses's mother put him in a basket and released it into the river. Pharaoh's daughter happened to come down to the river to bathe. When she saw the basket and the child crying inside it, she raised him as her own son and taught him all the wisdom of the Egyptians. When he became older, God appeared to him and commanded him to lead the Hebrew people out from Egypt. So he led the people out and performed many signs and wonders. He parted the sea and passed through on dry ground. He struck a rock with his staff and made water gush from it. He also served as general for forty years. He died one thousand four hundred eighty-five years before the coming of Christ. He was buried

ὄρει τινὶ τῆς ἐρήμου παρὰ Μιχαὴλ τοῦ μεγάλου ἀρχιστρατήγου τοῦ Θεοῦ.

14 Μηνὶ τῷ αὐτῷ ε΄. Μνήμη τοῦ ἁγίου προφήτου Ζαχαρίου τοῦ πατρὸς Ἰωάννου τοῦ Βαπτιστοῦ.

Ζαχαρίας ὁ ἱερεὺς ὁ πατὴρ Ἰωάννου τοῦ Προδρόμου ὑπῆρχε μὲν καὶ αὐτὸς υἱὸς ἱερέως. Εἰσελθὼν δὲ ἐν τῷ ναῷ τοῦ θυμιάσαι, εἶδεν ἄγγελον Θεοῦ ἑστῶτα πλησίον τοῦ θυσιαστηρίου τοῦ θυμιάματος καὶ μηνύοντα αὐτῷ τὴν σύλληψιν καὶ γέννησιν τοῦ υἱοῦ αὐτοῦ, Ἰωάννου τοῦ Βαπτιστοῦ. Ἀπιστήσας δὲ κωφὸς καὶ ἄλαλος γέγονε. Μετὰ δὲ τὸ γεννηθῆναι τὸν Ἰωάννην ἐλάλησεν. Ἀκούσασα δὲ ἡ μήτηρ Ἰωάννου ὅτι μέλλει Ἡρῴδης ὁ τῶν Ἰουδαίων βασιλεὺς φονεύειν τὰ ἐν Βηθλεὲμ βρέφη, βουλόμενος σὺν αὐτοῖς φονεῦσαι καὶ τὸν Κύριον ἡμῶν Ἰησοῦν Χριστόν, τότε μετὰ μῆνας ἓξ τῆς αὐτοῦ κυήσεως ἔκρυψεν αὐτὸν ἐν τῷ σπηλαίῳ πέραν τοῦ Ἰορδάνου. Ἐπιζητήσας δὲ τοῦτον ὁ Ἡρῴδης καὶ μὴ εὑρών, προσέταξεν σφαγῆναι τὸν πατέρα αὐτοῦ Ζαχαρίαν μέσον τοῦ θυσιαστηρίου (ὅτι ἐκεῖ προσέφυγε φοβηθείς), καὶ χεθῆναι τὸ αἷμα αὐτοῦ εἰς τὸν ναόν. Ἐσφάγη οὖν, καὶ ἔρριψαν αὐτὸν ἐν τῷ κρημνῷ. Οἱ δὲ συγγενεῖς αὐτοῦ ἀναλαβόμενοι τὸ λείψανον αὐτοῦ κατέθεντο ἐν τῷ τάφῳ τῶν πατέρων αὐτοῦ.

15 Τῇ αὐτῇ ἡμέρᾳ. Ἄθλησις τοῦ ἁγίου μάρτυρος Ἀβδιοῦ.

Ὁ ἅγιος μάρτυς Ἀβδιοῦ ἦν μὲν ἐκ τῆς χώρας τῶν Περσῶν. Χριστιανὸς δὲ ὑπάρχων ἐδίδασκε πάντας καὶ διὰ παραινέ-

on a mountain in the desert by Michael, God's great archangel and general.

The fifth day in the same month. The commemoration of the holy prophet Zechariah, the father of John the Baptist. 14

Zechariah the priest, the father of John the Forerunner, was himself the son of a priest. When he entered the temple to offer incense, he saw an angel of God standing by the altar of the offering, and the angel related to him the conception and birth of his son, John the Baptist. But because he did not believe, he became mute and speechless. After John's birth, however, he spoke again. When John's mother heard that Herod, the king of the Jews, intended to slaughter the infants in Bethlehem because he wanted to murder our Lord Jesus Christ among them, she hid John in the cave across the Jordan. This was six months after she had given birth. When Herod searched for him but was unable to find him, he ordered that his father Zechariah be murdered in the middle of the sanctuary (because that is where he had taken refuge in fear), and that his blood be spilled in the temple. Thus, he was slaughtered, and then they threw him over a cliff. His relatives retrieved his body and laid it in the tomb of his forefathers.

On the same day. The passion of the holy martyr Abdias. 15

The holy martyr Abdias was from the country of the Persians. He was a Christian who instructed all around him, and

σεως ἔπειθε προσέρχεσθαι τῇ ἀληθινῇ πίστει τοῦ Σωτῆρος ἡμῶν Ἰησοῦ Χριστοῦ. Κρατηθεὶς δὲ διατοῦτο παρὰ τοῦ ἄρχοντος τῶν μάγων καὶ ἀναγκασθεὶς ἀρνήσασθαι μὲν τὸν Χριστόν, προσκυνῆσαι δὲ τῷ ἡλίῳ καὶ τῷ πυρί (ταῦτα γὰρ εἶχον ὡς θεοὺς οἱ Πέρσαι), καὶ μὴ πεισθείς, τύπτεται κατὰ τῆς κοιλίας καὶ τῶν ψυῶν μετὰ ῥαβδίων ῥοΐνων ἀκαθαρίστων. Καὶ οὕτως ἀπὸ πρωΐας ἕως μεσημβρίας τυπτόμενος καὶ τιμωρούμενος, ἀπῆλθε βασταζόμενος παρὰ τῶν δημίων καὶ ἐτέθη ἐν τῷ οἴκῳ αὐτοῦ ὥσπερ νεκρός. Καὶ μετὰ μικρὸν παρέδωκε τῷ Κυρίῳ τὴν ἁγίαν καὶ μακαρίαν αὐτοῦ ψυχήν, χαίρων καὶ ἀγαλλιώμενος μέχρι τῆς τελευταίας ἀναπνοῆς ὅτι ὑπὲρ τοῦ ὀνόματος τοῦ Κυρίου ἡμῶν Ἰησοῦ Χριστοῦ μαρτυρῆσαι καὶ ἀποθανεῖν κατηξιώθη. Μετὰ δὲ τοῦτο τὸ τίμιον αὐτοῦ λείψανον λαβόντες τινὲς τῶν Χριστιανῶν κατέθεντο ἐν τάφῳ.

16 Τῇ αὐτῇ ἡμέρᾳ. Ἄθλησις τῶν ἁγίων μαρτύρων Θουθαὴλ καὶ Βαβαίας τῆς ἀδελφῆς αὐτοῦ.

Ὁ ἅγιος καὶ πολύαθλος μάρτυς τοῦ Χριστοῦ Θουθαὴλ καὶ Βαβαία ἡ ἀδελφὴ αὐτοῦ Χριστιανοὶ ὄντες, καὶ τὸν Κύριον ἡμῶν Ἰησοῦν Χριστὸν μετὰ παρρησίας ὁμολογοῦντες Θεὸν ἀληθινὸν εἶναι καὶ Κύριον τοῦ παντὸς κόσμου καὶ Δημιουργὸν καὶ Προνοητήν, καὶ πολλοὺς τῶν Ἑλλήνων ἀπὸ τῆς πλάνης τῶν εἰδώλων ἀποστρέφοντες, καὶ πρὸς τὴν ἀληθινὴν πίστιν ἐπιστρέφοντες καὶ βαπτίζοντες, ἐκρατήθησαν παρὰ τῶν δυσσεβῶν εἰδωλολατρῶν. Καὶ πολλὰ παρ’ αὐτῶν τυφθέντες καὶ βασανισθέντες, τελευ-

he persuaded them, through his exhortation, to convert to the true faith of our Savior, Jesus Christ. Because of this, he was arrested by the chief of the magi, who pressured him to deny Christ and venerate the sun and fire (for the Persians considered these to be gods). But when he refused, he was struck in the abdomen and in the loins with untrimmed branches from a pomegranate tree. After he had been beaten and tortured in this way from morning until midday, he was carried by the executioners and laid in his home as if he were a corpse. A short time later, he handed over his holy and blessed soul to the Lord, though he was filled with joy and exultation until his final breath because he received the honor of suffering martyrdom and dying in the name of our Lord Jesus Christ. Afterward, some Christians collected his venerable remains and laid them in a tomb.

On the same day. The passion of the holy martyrs Thouthael 16
and his sister Babaia.

Christ's holy and long-suffering martyr Thouthael and his sister Babaia were Christians. They openly confessed that our Lord Jesus Christ is true God and that he is Lord, Creator, and Protector of all the universe. Because they also turned many Hellenes away from the error of their idolatry, and brought them to the true faith and baptized them, they were arrested by the impious idolaters. After they endured many blows and torments from them, in the end, Saint

ταῖον ὁ μὲν ἅγιος Θουθαὴλ ἐπὶ ξύλου κρεμασθεὶς καὶ δεθείς, ἐσχίσθη εἰς μέσον μετὰ σιδηροῦ πρίονος, καὶ οὕτω παρέδωκε τὴν ψυχήν· ἡ δὲ ἀδελφὴ αὐτοῦ Βαβαία γυμνωθεῖσα πρότερον καὶ τυφθεῖσα ἰσχυρῶς καὶ ξεσθεῖσα μέχρις ὀστέων, ὕστερον μετὰ τοῦ κονταρίου κατὰ τοῦ τραχήλου πληγὴν δεξαμένη ἀποσφάζεται. Τελειωθέντων δὲ οὕτως ἀμφοτέρων, τὰ σώματα αὐτῶν ἀνελόμενοι κρύφα οἱ παρ' αὐτῶν γενόμενοι Χριστιανοὶ ἔθαψαν ἐντίμως εἰς δόξαν τοῦ Κυρίου ἡμῶν Ἰησοῦ Χριστοῦ.

17 Μηνὶ τῷ αὐτῷ ϛʹ. Ἡ ἀνάμνησις τοῦ ἐν Χώναις θαύματος τοῦ μεγάλου ἀρχιστρατήγου τοῦ Θεοῦ.

Ἐν τῇ καλουμένῃ, νῦν μὲν τῶν Χωνῶν πόλει, πρότερον δὲ Κολασσαέων, ὑπῆρχέ τις ἀνὴρ ὄνομα Ἄρχιππος, εὐλαβὴς καὶ φοβούμενος τὸν Θεόν. Οὗτος προσκαθεζόμενος ἐν τῷ ὕδατι τῷ διὰ τῆς ἐπισκέψεως τοῦ μεγάλου ἀρχιστρατήγου ἀναβρύοντι, καὶ διὰ τὰ γινόμενα διὰ τοῦ ὕδατος θαύματα πολλοὺς τῶν ἀπίστων ἐπιστρέφων καὶ βαπτίζων, ἐκίνησε πρὸς φθόνον τοὺς Ἕλληνας, μὴ φέροντας βλέπειν τὰ παράδοξα θαύματα. Βρύχοντες οὖν τοὺς ὀδόντας κατὰ τοῦ σεπτοῦ ἁγιάσματος καὶ τοῦ ὁσίου Ἀρχίππου, συναχθέντες ἄπειρα πλήθη, καὶ δήσαντες δύο μεγάλους ποταμοὺς καὶ μίξαντες ἀμφοτέρους, ἀπέλυσαν ἐξαίφνης τοῦ καταστρέψαι τὸν ναὸν καὶ τὸ ἁγίασμα καὶ τὸν Ἄρχιππον. Ὡς δὲ ἤκουσεν ὁ Ἄρχιππος τοῦ βρυγμοῦ τῶν ὑδάτων παρεκάλεσε τὸν ἀρχιστράτηγον βοηθῆσαι. Καὶ εὐθέως φανεὶς

Thouthael was hung up and bound on a stake. Then he was cut in two with an iron saw and thus handed over his spirit. As for his sister Babaia, first she was stripped of her clothes. Then she was brutally beaten and flayed to her very bones. Finally, she was killed when she received a wound in her throat from a spear. After both of them were perfected by death in this way, the Christians whom they had converted retrieved their bodies in secret and buried them honorably for the glory of our Lord Jesus Christ.

The sixth day in the same month. The celebration of the 17
miracle of God's great archangel and general in Chonae.

In the city that is now called Chonae but was previously called Colossae lived a man named Archippos who was pious and God-fearing. He resided where the water bubbled up miraculously through the archangel and general's agency. By the many miracles worked through the water, Archippos was able to convert many nonbelievers and baptize them. This roused the jealously of the Hellenes who could not bear to see such wondrous miracles. Grinding their teeth against the sacred spring and Saint Archippos, they gathered in great numbers and dammed two large rivers, joining their waters together into one. Then they released the water all at once so that it would destroy the shrine, the holy spring, and Archippos himself. But when Archippos heard the roaring sound of the water, he entreated the archangel and general to come to his aid. He appeared immediately,

ἔκρουσε τὴν πέτραν μετὰ τῆς ῥάβδου, ἧς κατεῖχε, καὶ ἐχώνευσε τὰ ὕδατα ἐν αὐτῇ. Καὶ ἐκλήθη ὁ τόπος ἔκτοτε Χῶναι.

18 Τῇ αὐτῇ ἡμέρᾳ. Ἄθλησις τῶν ἁγίων μαρτύρων Εὐδοξίου, Ῥωμύλου, καὶ τῆς συνοδίας αὐτῶν.

Εὐδόξιος ὁ τοῦ Χριστοῦ μάρτυς ὑπῆρχεν ἐπὶ Τραϊανοῦ βασιλέως Ῥωμαίων, κόμης τὴν τάξιν. Ἔχων δὲ ὑφ᾽ ἑαυτὸν στρατιώτας μυρίους καὶ χιλίους, διέτριβεν ἐν Γαλλίᾳ τῇ χώρᾳ. Ῥωμύλος δὲ ὁ πραιπώσιτος τοῦ βασιλέως συνεβούλευσεν αὐτῷ ἀποστεῖλαι εἰς τὴν Γαλλίαν χώραν καὶ καταναγκάσαι τοὺς στρατιώτας Χριστιανοὺς ὄντας θῦσαι τοῖς θεοῖς. Καὶ τούτου γενομένου οὐκ ἐπείσθησαν θῦσαι. Καὶ διατοῦτο ἐξωρίσθησαν εἰς Μελιτινὴν πόλιν τῆς Ἀρμενίας. Εἶτα μεταμεληθεὶς ὁ Ῥωμύλος καὶ πιστεύσας τῷ Χριστῷ καὶ τὸν Τραϊανὸν ἐλέγξας ἀπεκεφαλίσθη. Μετὰ δὲ ταῦτα κρατήσας τῆς βασιλείας Μαξιμιανὸς καὶ κελεύσας φονεύεσθαι τοὺς Χριστιανούς, προσέταξε διὰ γραμμάτων καὶ τῷ τῆς Μελιτινῆς ἄρχοντι τοὺς τὸν Χριστὸν προσκυνοῦντας ἀνελεῖν. Ὅθεν κρατήσας Εὐδόξιον τὸν κόμητα καὶ τοὺς σὺν αὐτῷ στρατιώτας καὶ καταναγκάσας προσκυνῆσαι τοῖς εἰδώλοις καὶ μὴ πείσας, πολλὰ βασανίσας ἀπεκεφάλισεν.

struck a rock with the staff that he carried, and funneled the waters into it. Since then the place has been called Chonae.

On the same day. The passion of the holy martyrs Eudoxios, Romulus, and their companions. 18

Christ's martyr Eudoxios lived during the reign of Trajan, emperor of the Romans, and he held the rank of *comes*. He was stationed in Gaul, and there were many thousands of soldiers under his command. Romulus was the emperor's *praepositus*, and he advised him to send orders to Gaul forcing the Christian soldiers to sacrifice to the gods. When this happened they refused to sacrifice, and for this reason they were exiled to the city of Melitene in Armenia. Later on, Romulus repented of this decision and himself came to believe in Christ. When he rebuked Trajan, he was beheaded. Later on, when Maximian became emperor and ordered that the Christians be put to death, he also sent a letter to the governor of Melitene commanding him to kill those worshipping Christ. He therefore arrested the *comes* Eudoxios and the soldiers with him. He pressured them to sacrifice to the idols, but when they refused, he had them beheaded after much torture.

19 Τῇ αὐτῇ ἡμέρᾳ. Ἄθλησις τῶν ἁγίων Φαύστου πρεσβυτέρου, Ἀβίβου διακόνου, καὶ τῆς συνοδίας αὐτῶν.

Οἱ ἅγιοι μάρτυρες Φαῦστος καὶ Ἄβιβος ὑπῆρχον ἐπὶ τῆς βασιλείας Δεκίου, ὁ μὲν πρεσβύτερος, ὁ δὲ διάκονος τῆς ἐκκλησίας Ἀλεξανδρείας, ὅτε καὶ Φλαβιανὸς ὁ πατριάρχης Ῥώμης καὶ Ἀλέξανδρος ὁ Ἱεροσολύμων ὑπὲρ Χριστοῦ ἐμαρτύρησαν. Κρατηθέντες δὲ παρὰ τοῦ τῆς πόλεως Ἀλεξανδρείας ἄρχοντος καὶ πολλὰ βασανισθέντες διὰ τὸ μὴ ἀρνήσασθαι τὸν Χριστόν, εἰς φυλακὴν ἐνεβλήθησαν. Καὶ πάλιν ἐκβληθέντες κατηναγκάζοντο θύειν τοῖς θεοῖς. Μὴ πεισθέντες δὲ ἀλλὰ καὶ ἐλέγξαντες τὸν ἄρχοντα, καὶ τὴν τῶν εἰδώλων πλάνην καὶ ματαιότητα ἀτιμάσαντες, τὰς κεφαλὰς ἀπετμήθησαν, τὸν ἀριθμὸν ὑπάρχοντες δέκα καὶ τρεῖς. Καὶ τὰς μὲν ἁγίας αὐτῶν ψυχὰς παρέθεντο εἰς χεῖρας Χριστοῦ τοῦ Θεοῦ ἡμῶν. Ὑπὲρ δὲ ἡμῶν τῶν Χριστιανῶν ἀκαταπαύστως πρεσβεύουσι, καὶ τοὺς πιστοὺς βασιλεῖς ἡμῶν κατὰ τῶν πολεμίων ἰσχυρῶς ἐνισχύουσιν εἰς δόξαν Χριστοῦ, δι' ὃν τὸ αἷμα ἐξέχεαν.

20 Μηνὶ τῷ αὐτῷ ζʹ. Ἄθλησις τοῦ ἁγίου μάρτυρος Σώζοντος.

Μάρτυς ὁ Σώζων ὑπῆρχεν ἐκ τῆς χώρας Λυκίας, ποιμὴν προβάτων γενόμενος. Ἀπελθὼν δέ ποτε εἰς δρῦν μεγάλην, ἔνθα ἦν ὕδωρ, κατέλιπεν ἐν αὐτῇ τρεῖς σαγίτας καὶ τὸ τόξον αὐτοῦ εἰς μνημόσυνον. Καὶ διὰ προσευχῆς αὐτοῦ ἐδέξατο ὁ τόπος ἰαμάτων θείων χαρίσματα. Ἐδίδασκε δὲ τοὺς Ἕλληνας καὶ ἐβάπτιζεν εἰς τὸ ὄνομα τοῦ Πατρὸς καὶ τοῦ

On the same day. The passion of Saint Faustus the priest, Abibos the deacon, and their companions. 19

The holy martyrs Faustus and Abibos lived during the reign of Decius: The former was a priest and the latter a deacon in the church of Alexandria. This was also when Flavianus the patriarch of Rome and Alexander the patriarch of Jerusalem suffered martyrdom on behalf of Christ. They were arrested by the governor of the city of Alexandria and after they were forced to endure many torments because they would not deny Christ, they were thrown into prison. Later they were taken out again and pressured to sacrifice to the gods. But when they refused, and even rebuked the governor and insulted the error and futility of idolatry, they were beheaded, being thirteen in number. Thus, they handed over their holy souls into the hands of Christ our God. But they continue to make intercessions on behalf of us Christians and greatly strengthen our pious emperors against their enemies, for the glory of Christ for whom they poured out their blood.

The seventh day in the same month. The passion of the holy martyr Sozon. 20

The martyr Sozon was from the region of Lycia, and he was a shepherd. Once he went to a large oak tree, where there was some water, and laid three arrows and his bow against it as an offering of commemoration. Through his prayer, the place received the grace of divine healings. He also instructed the Hellenes and baptized them in the name of the

Υἱοῦ καὶ τοῦ Ἁγίου Πνεύματος. Εἶτα εἰσῆλθεν εἰς τὸν ναὸν τῶν εἰδώλων καὶ ἀφείλετο τὴν χρυσῆν χεῖρα τοῦ εἰδώλου, καὶ συντρίψας αὐτὴν διέδωκε τοῖς πτωχοῖς. Ἑτέρων οὖν κρατουμένων διὰ τὴν χεῖρα τοῦ εἰδώλου, αὐτόματος ἐλθὼν ὁ ἅγιος παρέδωκεν ἑαυτὸν Μαξίμῳ τῷ ἄρχοντι. Καὶ ὁμολογήσας τὴν ἀληθινὴν πίστιν τοῦ Χριστοῦ καὶ Θεοῦ ἡμῶν, ὑποδέδεται ὑποδήματα σιδηρᾶ μετὰ ἥλων ὀξέων. Καὶ φορῶν αὐτὰ περιεπάτει, δοξάζων τὸν Θεόν. Εἶτα κρεμασθεὶς εἰς δένδρον καὶ τυφθεὶς ἐτελειώθη. Καὶ ἐνεβλήθη τὸ σῶμα αὐτοῦ εἰς κάμινον πυρός.

21 Τῇ αὐτῇ ἡμέρᾳ. Ἄθλησις τοῦ ἁγίου μάρτυρος Εὐψυχίου.

Εὐψύχιος ὁ μάρτυς ὑπῆρχεν ἀπὸ Καισαρείας τῆς Καππαδοκίας ἐπὶ Ἀδριανοῦ βασιλέως Ῥωμαίων. Μετὰ δὲ τὴν τοῦ πατρὸς τελευτὴν βαπτίζεται ὑπὸ τοῦ ἐπισκόπου τῆς Καισαρείας. Εἶτα διαβληθεὶς παρά τινων ὅτι Χριστιανός ἐστιν, ἐκρατήθη παρὰ τοῦ τῆς Καισαρείας ἄρχοντος καὶ εἰς φυλακὴν ἐνεβλήθη. Καὶ μετὰ ταῦτα ἐξελθὼν τῆς φυλακῆς καὶ πωλήσας τὰ ὑπάρχοντα αὐτῷ, πρῶτον μὲν δέδωκεν ἐξ αὐτῶν τοῖς κατηγόροις ὡς προξένοις γενομένοις αὐτῷ τῆς τῶν οὐρανῶν βασιλείας. Ἔπειτα τὰ λοιπὰ εἰς τοὺς πτωχοὺς διεσκόρπισε καὶ διένειμεν. Καὶ πάλιν κρατηθεὶς παρέστη τῷ ἄρχοντι καὶ κατηναγκάζετο θύειν τοῖς εἰδώλοις. Καὶ μὴ πεισθείς, πρῶτον μὲν κρεμᾶται ἐπὶ ξύλου καὶ ξέεται ἐπὶ τοσοῦτον, ἕως ἐφάνη πάντα τὰ ἔνδον τῶν σπλάγχνων αὐτοῦ. Εἶτα ἀπὸ τοῦ ξύλου καταβιβασθείς, μετὰ τοῦ ξίφους πληγεὶς ἐτελειώθη, παραδοὺς τὸ πνεῦμα τῷ Κυρίῳ.

Father and of the Son and of the Holy Spirit. Then he entered the temple of the idols and removed the golden hand from an idol. He broke it into pieces and distributed them to the poor. Yet when others were arrested on account of the idol's hand, he came forward of his own accord and turned himself in to Maximus the governor. When he confessed the true faith of Christ our God, iron boots fitted with sharp nails were bound to his feet. He walked around glorifying God as he wore them. After that, he was hung from a tree and beaten until he was perfected by death. Then his body was thrown into a fiery furnace.

On the same day. The passion of the holy martyr Eupsychios. 21

Eupsychios the martyr was from Caesarea in Cappadocia and lived during the reign of Hadrian, emperor of the Romans. After the death of his father, he was baptized by the bishop of Caesarea. Later on, when some people reported him for being a Christian, he was arrested by the governor of Caesarea and thrown into prison. After he was released from prison, he sold all his possessions. First, he gave some of the money to his accusers because they had, in a sense, opened the kingdom of heaven to him. Next, he divided the rest and distributed it to the poor. Then he was arrested again and brought before the governor, who pressured him to sacrifice to the idols. But when he refused, they first hung him on a stake and flayed him so brutally that all his internal organs became visible. Then he was removed from the stake, and after he was struck with a sword, he was perfected by death. Thus, he handed over his spirit to the Lord.

22 Μηνὶ τῷ αὐτῷ η′. Τὸ γενέσιον τῆς ὑπεραγίας Δεσποίνης ἡμῶν Θεοτόκου καὶ ἀειπαρθένου Μαρίας.

Ποιήσαντος τοῦ Δημιουργοῦ Θεοῦ ἡμῶν τοὺς ἀνθρώπους ἐπ' ἔργοις ἀγαθοῖς καὶ εἰς τὸ γνωρίζειν μόνον αὐτὸν καὶ ποιεῖν τὸ θέλημα αὐτοῦ, ἐφθόνησεν ὁ διάβολος. Καὶ πρῶτον μὲν παρέπεισε τὸν Ἀδὰμ παραβῆναι ἀπατηθέντα διὰ τῆς αὐτοῦ γυναικὸς Εὔας. Ἔπειτα ἔπεισε καὶ τοὺς λοιποὺς ἀνθρώπους καταλιπεῖν τὸν Θεὸν καὶ προσκυνεῖν τὰ ἄψυχα εἴδωλα. Ἐλεήσας οὖν ὁ Θεὸς τὸ πλάσμα αὐτοῦ, ἔδωκε νόμον καὶ προφήτας. Ἀλλὰ μηδὲν τούτων ὠφελησάντων, ἠβουλήθη ἀποστεῖλαι τὸν Υἱὸν αὐτοῦ καὶ Λόγον, ἀναλαβεῖν ἀνθρώπου μορφὴν καὶ λυτρώσασθαι τοὺς ἀνθρώπους ἐκ τῆς χειρὸς τοῦ διαβόλου. Διατοῦτο ᾠκονόμησε γεννηθῆναι τὴν μέλλουσαν γεννῆσαι σαρκὶ τὸν Υἱὸν αὐτοῦ Μαρίαν, τὴν ἄχραντον Θεοτόκον ἐξ ἁγίων γονέων Ἰωακεὶμ καὶ Ἄννης, οἷς καὶ ὑπέσχετο προσευχομένοις ὁ Θεὸς δοῦναι καρπὸν κοιλίας. Ὅθεν καὶ καλεῖται "γενέσιον" ἡ παροῦσα ἑορτή, ἣν ἑορτάζοντες ἐτησίως εὐχαριστοῦμεν Κυρίῳ τῷ Θεῷ ἡμῶν.

23 Μηνὶ τῷ αὐτῷ θ′. Μνήμη τῶν ἁγίων Ἰωακεὶμ καὶ Ἄννης τῶν γονέων τῆς Θεοτόκου.

Ἐν τῷ λαῷ τῶν Ἰουδαίων ἦν τις ἄνθρωπος Ἰωακεὶμ καλούμενος δίκαιος καὶ πλούσιος. Καὶ κατὰ ἑορτὴν ἐχώριζεν ἐκ τοῦ πλούτου αὐτοῦ μοίρας δύο. Καὶ τὴν μὲν μίαν μοῖραν ἐδίδου τοῖς πτωχοῖς, τὴν δὲ ἑτέραν τῷ Θεῷ. Ἦν δὲ ἄτεκνος. Ἐν μιᾷ οὖν τῶν ἑορτῶν προσέφερε τὰ δῶρα αὐτοῦ

The eighth day in the same month. The nativity of our supremely holy Lady, the Theotokos, the ever-virgin Mary. 22

After God our Creator had made humans for good works, and to know him alone and do his will, the devil was filled with envy. First, he tricked Adam into disobedience after he had been led astray by his wife Eve. Then the devil deluded the rest of humanity into abandoning God and worshiping lifeless idols. But God had compassion upon his creation and provided the law and the prophets. But as this proved fruitless, he willed to send his own Son and Word to take on human form and save humanity from the hand of the devil. Through his providence, therefore, Mary, the undefiled Theotokos, who was to give birth in the flesh to his Son, was born to her holy parents, Joachim and Anna, whom God had promised to grant a child in response to their prayers. This is why today's feast is called a "nativity." We celebrate it annually in thanksgiving to the Lord our God.

The ninth day in the same month. The commemoration of Saints Joachim and Anna, the parents of the Theotokos. 23

Among the people of the Jews there was a man named Joachim who was righteous and rich. During each festival he divided his wealth into two portions: He gave one to the poor and offered the other to God. But he was also without child. During one festival, he made his customary offering

τῷ Θεῷ, καὶ διότι οὐκ εἶχε παιδίον, ὠνειδίσθη παρὰ Ἰουδαίου τινὸς εἰπόντος πρὸς αὐτὸν ὅτι "Οὐ πρέπει σοι δῶρα προσφέρειν τῷ Θεῷ μεθ' ἡμῶν, διότι ὑπάρχεις ἄτεκνος." Ἐλυπήθη δὲ Ἰωακεὶμ καὶ οὐχ ὑπέστρεψεν εἰς τὸν οἶκον αὐτοῦ. Ἀλλ' ἀπελθὼν εἰς τὴν ἔρημον ἐνήστευσεν ἡμέρας τεσσαράκοντα παρακαλῶν τὸν Θεὸν δοῦναι αὐτῷ καρπὸν κοιλίας. Προσηύχετο δὲ καὶ ἡ Ἄννα ἐν τῷ οἴκῳ αὐτῆς τὰ ὅμοια. Καὶ ἐπακούσας αὐτῶν ὁ Θεὸς ἀπέστειλεν ἄγγελον καὶ ὑπέσχετο αὐτοῖς τὴν γέννησιν τῆς ἁγίας Δεσποίνης ἡμῶν Θεοτόκου καὶ ἀειπαρθένου Μαρίας, ὅπερ καὶ γέγονεν ὑπὲρ σωτηρίας ὅλου τοῦ γένους τῶν ἀνθρώπων.

24 Τῇ αὐτῇ ἡμέρᾳ. Ἄθλησις τοῦ ἁγίου μάρτυρος Σευηριανοῦ.

Σευηριανὸς ὁ μάρτυς ὑπῆρχεν ἐκ τῆς πόλεως Σεβαστείας, στρατευόμενος ἐπὶ τῆς βασιλείας Λικιννίου. Ὅτε δὲ ἐκρατήθησαν οἱ ἅγιοι τεσσαράκοντα μάρτυρες καὶ ἀπεκλείσθησαν ἐν τῇ φυλακῇ διὰ τὸν Χριστόν, ἀπῆλθε πρὸς αὐτοὺς καὶ παρεκάλει πρὸς τὸ μαρτύριον. Διαγνωσθεὶς δὲ ἐκρατήθη καὶ παρέστη τῷ κριτηρίῳ Λυσίου τοῦ δουκός. Καὶ ὁμολογήσας παρρησίᾳ τὸν Χριστόν, καὶ τὴν πλάνην ἐλέγξας, καὶ τῷ Λυσίᾳ ἀντιταξάμενος, κρεμασθεὶς ἐτύφθη μετὰ βουνεύρων. Καὶ ξεσθεὶς τὰς πλευρὰς καὶ λαμπάσι καταφλεχθείς, ἐκρεμάσθη ἐπὶ τείχους ὑψηλοῦ σχοινίοις δεθείς. Καὶ ἐδεσμήθη τοὺς πόδας λίθοις μεγάλοις, δεδεμένος καὶ τὰς χεῖρας ὀπίσω. Ἐπὶ πολὺ δὲ κρεμάμενος καὶ ταῖς πληγαῖς δαπανώμενος καὶ τῷ βάρει τῶν λίθων τὰ νεῦρα

to God, but because he did not have a child, he was ridiculed by another Jew who said to him, "It is not right for you to make offerings to God with us because you are without child." Joachim was filled with grief at this and did not return to his home. Instead, he went out to the desert and fasted for forty days where he beseeched God to grant him a child. Anna also said similar prayers in her home. God heard them and sent an angel promising them the birth of our holy Lady, the Theotokos and ever-virgin Mary, which has indeed happened for the salvation of all humanity.

On the same day. The passion of the holy martyr Severianus. 24

Severianus the martyr was from the city of Sebasteia. He served in the army during the reign of Licinius. When the forty holy martyrs were arrested and thrown into prison on account of Christ, he visited them and exhorted them to martyrdom. When this was discovered, he was arrested and brought before the tribunal of Lysias the *doux*. Because he openly confessed his belief in Christ, condemned their idolatry, and publicly opposed Lysias, he was hung up and beaten with whips made from ox tendons. Then, after his ribs were flayed and scorched with torches, he was hung up on a high wall and bound with ropes. Large stones were fastened to his feet, and his hands were tied behind his back. As he hung there for a long time, he was broken by their blows and his sinews were stretched and torn apart by the weight of the

διατεινόμενος καὶ κοπτόμενος, ηὐχαρίστει τῷ Θεῷ καὶ προσηύχετο. Καὶ οὕτω πικρῶς βασανισθεὶς ἐτελεύτησεν, εἰς χεῖρας Θεοῦ τὸ πνεῦμα αὐτοῦ παραθέμενος.

25 Μηνὶ τῷ αὐτῷ ι′. Μνήμη τοῦ ἁγίου Βαριψαββᾶ.

Κατὰ τὸν καιρὸν ὅτε οἱ Ἰουδαῖοι διὰ φθόνον τὸν Κύριον ἡμῶν Ἰησοῦν Χριστὸν ἐσταύρωσαν, ἦν τις Ἰάκωβος ὄνομα παρεστὼς τῷ σταυρῷ. Ὅστις ἰδὼν τὸν στρατιώτην τὸν ἐκκεντήσαντα μετὰ τοῦ κονταρίου τὴν πλευρὰν τοῦ Κυρίου τὴν ἐκβλύσασαν αἷμα καὶ ὕδωρ, δραμὼν ἔλαβε κολόκυνθαν καὶ ἐδέξατο ἐν αὐτῇ τὸ τίμιον αἷμα καὶ κατεῖχε κρύφα. Καὶ τελευτῶν κατέλιπεν αὐτὸ δύο ἐρημίταις ἀνθρώποις. Καὶ κατὰ γενεὰν ἦλθεν εἰς ἄνθρωπον εὐλαβῆ μοναχὸν ὀνόματι Βαριψαββᾶν τὸν δι᾽ αὐτοῦ πολλὰς ἰάσεις ἐπιτελέσαντα. Πρὸ δὲ τῆς τελευτῆς αὐτοῦ λαβὼν αὐτὸ τὸ ἅγιον αἷμα μετὰ τῆς κολοκύνθης περιεπάτει κατὰ πᾶσαν πόλιν καὶ χώραν θαυματουργῶν. Ἰδόντες δὲ αὐτόν τινες τὸν Θεὸν μὴ φοβούμενοι καὶ νομίσαντες ὅτι ἐὰν αὐτὸν φονεύσωσι καὶ λάβωσι τὴν κολόκυνθαν μετὰ τοῦ τιμίου αἵματος, κερδήσουσι χρήματα πολλά, νυκτὸς ἐπελθόντες ἀπέκτειναν. Καὶ ἔλαβον τὴν κολόκυνθαν, μηδὲν ὧν ἤλπισαν εὑρόντες. Καὶ οὕτω θανὼν παρέδωκε τὸ πνεῦμα.

26 Τῇ αὐτῇ ἡμέρᾳ. Ἄθλησις τῶν ἁγίων μαρτύρων καὶ αὐταδέλφων Μηνοδώρας, Νυμφοδώρας, καὶ Μητροδώρας.

Ἡ μάρτυς Μηνοδώρα μετὰ Νυμφοδώρας καὶ Μητροδώρας τῶν ἀδελφῶν αὐτῆς ὑπῆρχεν ἐπὶ τῆς βασιλείας

stones. But he continued to give thanks and offer prayers to God. And so, after this horrible torture he died and handed over his spirit into God's hands.

The tenth day in the same month. The commemoration of 25
Saint Baripsabbas.

At the time when the Jews crucified our Lord Jesus Christ out of envy, there was a man named James standing near the cross. After he saw the soldier pierce the Lord's side with a lance and the blood and water pour out from it, he ran, took up a gourd, collected the precious blood within it, and kept it hidden. When he died, he left it to two hermits. Generation after generation, it came to a pious monk named Baripsabbas who brought about many healings through it. Before his own death, he took the holy blood in the gourd and worked miracles as he passed through every city and country. Some people who did not fear God observed him and thought that they would gain a lot of money if they murdered him and took the gourd with the holy blood. So one night they came upon him and killed him. But when they took the gourd, they discovered nothing of what they had expected. Thus, he died and handed over his spirit.

On the same day. The passion of the holy martyrs and sisters 26
Menodora, Nymphodora, and Metrodora.

The martyr Menodora, along with her sisters Nymphodora and Metrodora, lived under Maximian. They were from the

Μαξιμιανοῦ, ἐκ τῆς χώρας Βιθυνίας κατοικοῦσα ἐν τοῖς Πυθίοις, ἔνθα τὰ θερμὰ ἐξέρχονται ὕδατα. Τὸν Χριστὸν δὲ ἀγαπῶσαι καὶ ἐπὶ τῷ ὀνόματι αὐτοῦ τοὺς Ἕλληνας διδάσκουσαι, ἐκρατήθησαν παρὰ τοῦ τῆς χώρας ἄρχοντος. Καὶ ἐρωτηθεῖσαι ὡμολόγησαν τὸν Χριστόν. Διατοῦτο τύπτεται πρῶτον ἡ πρώτη ἀδελφὴ Μηνοδώρα, καὶ ῥάβδοις συντρίβεται τὰ σκέλη αὐτῆς. Καὶ οὕτω προσευχομένη ἐτελειώθη. Προσέταξε δὲ ὁ ἄρχων τεθῆναι τὸ λείψανον αὐτῆς ἔμπροσθεν τῶν ἄλλων ἀδελφῶν πρὸς τὸ ἐκφοβῆσαι. Καὶ εἶπε πρὸς αὐτάς, "Θύσατε τοῖς θεοῖς ἵνα μὴ τὰ ὅμοια τῇ ἀδελφῇ ὑμῶν πάθητε." Ὡς δὲ οὐκ ἔπεισεν, ἐκέλευσε τοῖς δημίοις καὶ αὐτὰς φονεῦσαι. Καὶ εὐθέως λαβόντες οἱ δήμιοι μοχλοὺς σιδηροῦς, συνέτριψαν πάντα τὰ μέλη αὐτῶν. Καὶ οὕτω τελειωθεῖσαι ἐτάφησαν πλησίον τῶν θερμῶν ὑδάτων, ἰάσεις ἐπιτελοῦσαι.

27 Μηνὶ τῷ αὐτῷ ια'. Ἄθλησις τῶν ἁγίων μαρτύρων Διοδώρου καὶ Διδύμου.

Διόδωρος καὶ Δίδυμος οἱ τοῦ Χριστοῦ μάρτυρες ὑπῆρχον μὲν ἐκ τῆς πόλεως Λαοδικείας τῆς Συρίας. Χριστιανοὶ δὲ ὄντες ἐδίδασκον πάντας ἐπὶ τῷ ὀνόματι Κυρίου τοῦ Θεοῦ ἡμῶν, τοῦ ποιήσαντος τὸν οὐρανὸν καὶ τὴν γῆν καὶ πάντα τὰ ἐν αὐτοῖς, καὶ πολλοὺς τῶν ἀπίστων πρὸς τὸν Χριστὸν ἐπιστρέφοντες ἐβάπτιζον. Διαβληθέντες δὲ παρὰ τῶν δυσσεβῶν Ἑλλήνων τῷ τῆς Λαοδικείας ἄρχοντι, παρέστησαν τῷ κριτηρίῳ αὐτοῦ. Καὶ ἐρωτηθέντες καὶ ἑαυτοὺς Χριστιανοὺς ὁμολογήσαντες, ἰσχυρῶς ἐτύφθησαν. Ἐπὶ πολὺ

region of Bithynia and lived in Pythia, where the hot springs are. Because they loved Christ and instructed the Hellenes in his name, they were arrested by the governor of the region. When they were questioned, they confessed their belief in Christ. Because of this, first the eldest sister Menodora was beaten, and her legs were broken with rods. And thus, she was perfected by death as she prayed. Then the governor ordered her body to be laid before her two sisters to terrify them. He said to them, "Sacrifice to the gods so that you do not suffer the same fate as your sister." When they refused, he commanded the executioners to kill them as well. They immediately took up iron bars and broke all their limbs. Having been perfected by death in this way, they were buried near the hot springs where they continue to provide healings.

The eleventh day in the same month. The passion of the holy martyrs Diodoros and Didymos. 27

Christ's martyrs Diodoros and Didymos were from the city of Laodikeia in Syria. They were Christians, they instructed all in the name of the Lord our God who made heaven and earth and everything within them, and they converted many nonbelievers to Christ and baptized them. They were therefore reported to the governor of Laodikeia by the impious Hellenes and were brought before his tribunal. When they were questioned and confessed themselves to be Christians, they were beaten severely. Although they were tortured for a

δὲ τιμωρηθέντες καὶ τὸν Χριστὸν μὴ ἀρνησάμενοι, ἀλλὰ μᾶλλον τὴν τῶν εἰδώλων πλάνην ἀνδρείως ἐλέγξαντες, καὶ τὸν ἄρχοντα ὡς παράνομον καὶ κακῶς πράττοντα ὀνειδίσαντες, καὶ εἰς τὸ πρόσωπον αὐτοῦ ἐμπτύσαντες ὡς τὸν ἀληθινὸν Θεὸν καταλιπόντα καὶ ψευδέσιν εἰδώλοις προσκείμενον, εὐχαριστοῦντες καὶ τῷ Χριστῷ προσευχόμενοι ἐν αὐταῖς ταῖς βασάνοις ἀπέθανον.

28 Τῇ αὐτῇ ἡμέρᾳ. Ἄθλησις τῆς ἁγίας μάρτυρος Ἴας τῆς ἐν Περσίδι μαρτυρησάσης.

Ἡ τοῦ Χριστοῦ μάρτυς Ἴα ὑπῆρχεν ἀπὸ κάστρου Ῥωμαϊκοῦ πλησίον διακειμένου τῆς χώρας Περσίδος. Ὑπὸ δὲ Σαβωρίου τοῦ βασιλέως Περσῶν ἐκρατήθη αἰχμάλωτος μετὰ χιλιάδων ἐννέα Χριστιανῶν. Καὶ διαγνωσθεῖσα ὅτι τὸν Χριστὸν σέβεται, παρεδόθη τοῖς ἀρχιμάγοις ἐπὶ τῷ τιμωρηθῆναι. Οἵτινες ἀναγκάσαντες αὐτὴν ἀρνήσασθαι τὸν Χριστόν, οὐ μόνον οὐκ ἔπεισαν, ἀλλὰ καὶ κατεγελάσθησαν ὑπ᾽ αὐτῆς. Διατοῦτο ἐνεβλήθη εἰς φυλακήν, χρόνον ὁλόκληρον τῷ λιμῷ καταπονουμένη. Εἶτα ἐκβληθεῖσα τῆς φυλακῆς ἐτύφθη μετὰ ῥαβδίων ῥοΐνων ἀκαθαρίστων. Καὶ πάλιν ἀποκλεισθεῖσα ἐπὶ δεκαπέντε μῆνας, παρέστη τῷ κριτηρίῳ τῶν ἀρχιμάγων. Καὶ δεθεῖσα σχοινίοις λεπτοῖς τὰς χεῖρας καὶ τοὺς μηροὺς καὶ τὰ σκέλη συνεσφίχθη ὑπὸ στυρακίου ἕως τὰ ὀστᾶ αὐτῆς τρισμὸν ἐποίησαν. Καὶ πάλιν ἐτύφθη διὰ λωρίων ὠμοβύρσων τὰς ψύας καὶ τὴν κοιλίαν. Καὶ μετὰ ταῦτα εὐχαριστοῦσα διὰ ξίφους ἐτμήθη τὴν κεφαλήν.

long time, they did not deny Christ. On the contrary, they courageously condemned the error of idolatry, and ridiculed the governor for his lawlessness and his evil conduct. They even spat in his face for abandoning the true God and for worshiping false idols. They died during their tortures as they gave thanks and prayed to Christ.

On the same day. The passion of the holy martyr Ia who suf- 28
fered martyrdom in Persia.

Christ's martyr Ia was from a Roman fort bordering the land of Persia. She was captured, along with nine thousand Christians, by the Persian king Shapur. When it was discovered that she worshiped Christ, she was handed over to the chief magi to be punished. When they pressured her to deny Christ, not only did she refuse, but she also laughed at them. Because of this, she was thrown into prison, where she suffered from malnourishment for an entire year. Then she was taken from prison and beaten with untrimmed branches from a pomegranate tree. After she was imprisoned again for fifteen months, she was brought before the tribunal of the chief magi. Her hands, thighs, and legs were then bound with thin ropes, and she was stretched on a spindle until her bones began to crack. Next, she was beaten again on her loins and her abdomen with rawhide thongs. After this, she was beheaded with the sword as she said prayers of thanksgiving.

29 Τῇ αὐτῇ ἡμέρᾳ. Μνήμη τῆς ὁσίας Θεοδώρας τῆς ἐν Ἀλεξανδρείᾳ.

Ἡ ὁσία Θεοδώρα ὑπῆρχεν ἐπὶ τῆς βασιλείας Ζήνωνος ὡραία τὴν ὄψιν καὶ πλουσίων γονέων θυγάτηρ, ἔχουσα ἄνδρα εὐλαβῆ καὶ φοβούμενον τὸν Θεόν. Ἀνὴρ δέ τις πλούσιος ὑπὸ τοῦ διαβόλου κινηθεὶς ἐπεθύμησεν αὐτῆς. Καὶ χρησάμενος γυναίῳ τινὶ τῶν πρὸς ταῦτα ἐπιτηδείων ἐπλήρωσε τὴν ἁμαρτίαν αὐτοῦ. Μετὰ δὲ τὴν ἁμαρτίαν μεταμεληθεῖσα ἡ Θεοδώρα καὶ μὴ φέρουσα τὸ ὄνειδος, ἐξεδύσατο τὴν στολὴν αὐτῆς καὶ ἐνεδύσατο ἱμάτια ἀνδρεῖα πενιχρά. Καὶ ἀπῆλθεν εἰς ἀνδρεῖον μοναστήριον, μετονομάσασα ἑαυτὴν "Θεόδωρον." Ὁ δὲ ἀνὴρ αὐτῆς δι' αὐτὴν ἦν θρηνῶν καὶ κοπτόμενος. Τοσούτους δὲ πειρασμοὺς ὑπέστη παρὰ τῶν δαιμόνων καὶ τοιούτους ἀγῶνας ἐπεδείξατο ὡς μὴ μόνον τοῦ ἁμαρτήματος λυτρωθῆναι, ἀλλὰ καὶ θαυμάτων ἀξιωθῆναι πολλῶν. Νομίζοντες δὲ οἱ μοναχοὶ ὅτι ἀνήρ ἐστιν (ἐσπούδασε γὰρ λαθεῖν), μετὰ τελευτὴν ἀπολούοντες εὗρον αὐτὴν κατὰ φύσιν γυναῖκα, καὶ ἐδόξασαν τὸν Θεόν.

30 Μηνὶ τῷ αὐτῷ ιβʹ. Ἄθλησις τοῦ ἁγίου ἱερομάρτυρος Αὐτονόμου.

Αὐτόνομος ὁ ἱερομάρτυς ὑπῆρχεν ἐπὶ τῆς βασιλείας Διοκλητιανοῦ, ἐπίσκοπος γενόμενος Ἰταλίας. Διὰ δὲ τὸν κατὰ τῶν Χριστιανῶν διωγμὸν καταλιπὼν τὴν Ἰταλίαν κατέλαβε τὴν Βιθυνίαν. Καὶ ὑπεδέχθη παρὰ Κορνηλίου τινὸς

On the same day. The commemoration of Saint Theodora of Alexandria. 29

Saint Theodora lived during the reign of Zeno. She was beautiful in appearance and the daughter of wealthy parents. She was also married to a pious and God-fearing man. But there was a certain rich man who was goaded by the devil to lust after her. He therefore employed a woman whose business was procuring such things, and he fulfilled his sinful act. Afterward, Theodora repented of her sin and, as she could not bear the disgrace, removed her clothing and put on the clothes of a destitute man. Then she entered a male monastery and changed her name to "Theodore." Her husband was filled with grief and lamented for her. She endured countless attacks from demons and performed such feats of asceticism that not only did she atone for her sin, but she was also granted the grace of working many miracles. The monks believed that she was a man (for she was diligent in concealing her identity), but after her death they discovered that she was a woman while they washed her and glorified God.

The twelfth day in the same month. The passion of the holy martyr Autonomos. 30

The holy martyr Autonomos lived during the reign of Diocletian and was the bishop of Italy. Because of the persecution against the Christians, he left Italy and went to Bithynia, where he was received by a Christian named

Χριστιανοῦ. Κτίσας δὲ ναὸν ἐπὶ τῷ ὀνόματι τοῦ ἀρχιστρατήγου Μιχαὴλ καὶ χειροτονήσας ἐν αὐτῷ ἐπίσκοπον τὸν Κορνήλιον, ἀπῆλθεν εἰς Κλαυδιούπολιν διδάσκων καὶ ἐκεῖ τὸν λόγον τοῦ Θεοῦ. Ὑποστρέψας δὲ καὶ τὸν Κορνήλιον ἐπισκεψάμενος, καὶ λειτουργῶν ἐν τῷ ναῷ τοῦ ἀρχιστρατήγου Μιχαήλ, εἰς μανίαν ἐκίνησε τοὺς Ἕλληνας μὴ φέροντας βλέπειν τὸν μὲν Χριστὸν προσκυνούμενον ὑπ' αὐτοῦ, τὰ δὲ εἴδωλα καταφρονούμενα. Καὶ ἐπιτηρήσαντες τὸν καιρὸν ὅτε ἐλειτούργει, εἰσεπήδησαν εἰς τὴν ἐκκλησίαν. Καὶ τοὺς περὶ αὐτὸν μετὰ μαχαιρῶν καὶ ξύλων εἰς φυγὴν τρέψαντες, ἐν αὐτῷ τῷ θυσιαστηρίῳ τὸν ἅγιον ὠμῶς καὶ ἀπανθρώπως ἐφόνευσαν. Καὶ παρέδωκε τῷ Κυρίῳ τὸ πνεῦμα αὐτοῦ.

31 Τῇ αὐτῇ ἡμέρᾳ. Ἄθλησις τοῦ ἁγίου ἱερομάρτυρος Κουρνούτου.

Κουρνοῦτος ὁ ἱερομάρτυς ἦν μὲν ἐκ τῆς πόλεως Ἰκονίου, πρεσβύτερος εὐλαβὴς καὶ φοβούμενος τὸν Θεόν. Διωγμοῦ δὲ γενομένου κατὰ τῶν Χριστιανῶν, ἀπεστάλη ἄρχων τοῦ Ἰκονίου ὠμὸς καὶ ἀπάνθρωπος εἰς τὸ βασανίσαι τοὺς ἐκεῖ Χριστιανούς. Καὶ πάντων φυγόντων διὰ τὸν φόβον ὁ Κουρνοῦτος μόνος καταλειφθεὶς ὑπήντησε τῷ ἄρχοντι. Καὶ ἐρωτηθεὶς ὑπ' αὐτοῦ, θαρσαλέως τὸν Χριστὸν ὡμολόγησε, καὶ ἑαυτὸν Χριστιανὸν τέλειον ἀνεκήρυξεν, ἐλέγξας καὶ τῶν εἰδώλων τὴν ἀπάτην καὶ τὸν ἄρχοντα μυκτηρίσας. Διατοῦτο κρατηθεὶς καὶ δεθεὶς τοὺς πόδας σχοινίοις λεπτοῖς σύρεται κατὰ τὰς πλατείας καὶ ῥύμας τῆς πόλεως

Cornelius. He built a church in the name of the great archangel and general Michael and ordained Cornelius bishop in it. He then departed for Claudiopolis, where he also proclaimed the word of God. When he returned to visit Cornelius and performed the liturgy in the church of the great archangel and general Michael, he sent the Hellenes into a frenzy because they could not bear to see Christ worshiped by him and their idols neglected. So, they waited for the time when he performed the liturgy, and rushed into the church. After they put those around him to flight with swords and clubs, they savagely murdered the saint in the sanctuary itself. And he handed over his spirit to the Lord.

On the same day. The passion of the holy martyr Kournoutos. 31

The holy martyr Kournoutos was from the city of Ikonion. He was a pious and God-fearing priest. During a persecution against the Christians, the governor of Ikonion, who was a brutal and savage man, was dispatched so that he could torture the Christians there. When everyone else had fled out of fear, Kournoutos alone remained behind and went to meet the governor. He was questioned by him and bravely confessed his belief in Christ. He declared himself a fully initiated Christian, while he condemned the error of idolatry and even mocked the governor. He was arrested because of this. His feet were bound with thin ropes, and he was dragged through the streets and alleys of the city of

Ἰκονίου ἕως τὸ αἷμα αὐτοῦ ἔρρευσε ποταμηδὸν ἐπὶ τὴν γῆν. Καὶ τεθεὶς ὡσεὶ νεκρός, ηὐχαρίστει τῷ Θεῷ προσευχόμενος. Καὶ οὕτω τιμωρηθεὶς ἐπὶ πολύ, καὶ μέχρι τῆς ἐσχάτης ἀναπνοῆς τὸν Χριστὸν ἐπικαλούμενος, προστάξει τοῦ ἄρχοντος ἀπετμήθη τὴν κεφαλήν, παραθέμενος τὴν ψυχὴν τῷ Θεῷ.

32 Τῇ αὐτῇ ἡμέρᾳ. Ἄθλησις τοῦ ἁγίου μάρτυρος Θεοδώρου τοῦ ἐν Ἀλεξανδρείᾳ.

Τοῦτον τὸν ἅγιον μάρτυρα Θεόδωρον, Χριστιανὸν ὄντα εὐλαβῆ καὶ ἐνάρετον, παρρησίᾳ κηρύττοντα τὸν Χριστόν, καὶ Θεὸν ὁμολογοῦντα τοῦ παντὸς καὶ δημιουργόν, ὁ τῶν Ἀλεξανδρέων δῆμος, εἰδωλολάτραι ὄντες, συναχθέντες ἐκράτησαν αὐτὸν καὶ ἐτιμωρήσαντο ἰσχυρῶς. Καὶ πλέξαντες στέφανον ἀκάνθινον περιέθηκαν αὐτοῦ τῇ κεφαλῇ καὶ μετὰ ῥαβδίων ἔτυπτον, καὶ εἰς τὴν πόλιν δέσμιον περιῆγον, χλευάζοντες αὐτὸν καὶ γελῶντες. Μετὰ τοῦτο ἔρριψαν ἐν τῇ θαλάσσῃ. Αὔρα δὲ γαλήνης τοῦτον ἐπὶ τῆς ξηρᾶς σῶον διέσωσε. Καὶ πάλιν κρατηθείς, δεδεμένος παρέστη τῷ ἄρχοντι. Καὶ ἀναγκασθεὶς ἀρνήσασθαι τὸν Χριστὸν καὶ μὴ πεισθείς, αὖθις ἐβασανίσθη. Καὶ δοξάζων τὸν Θεὸν καὶ εὐχαριστῶν τῷ ἁγίῳ αὐτοῦ ὀνόματι ἐν αὐταῖς ταῖς βασάνοις, κατεδικάσθη παρὰ τοῦ ἄρχοντος ἀποκεφαλισθῆναι. Καὶ ἀπαγαγόντες αὐτὸν οἱ στρατιῶται εἰς τὸν τόπον τῶν καταδίκων ἀπεκεφάλισαν. Καὶ οὕτω τελειωθεὶς παρέδωκε τὸ πνεῦμα.

Ikonion until his blood flowed out in streams upon the earth. Even as he lay there like a corpse, he continued to give thanks to God in prayer. Thus, he was tortured for a long time, but he persisted in making intercessions to Christ until his final breath. Then by the order of the governor, he was beheaded and handed over his spirit to God.

On the same day. The passion of the holy martyr Theodore of Alexandria. 32

This holy martyr Theodore was a pious and virtuous Christian who openly proclaimed Christ and confessed him to be God and creator of all. The idolatrous people of Alexandria, however, gathered together, seized him, and severely tortured him. They wove a crown of thorns, placed it upon his head, and beat him with rods. Then they paraded him around the city like a prisoner, while they mocked and jeered at him. After this, they threw him into the sea, but a gentle breeze returned him safely to dry land. When he was arrested again and bound, he was brought before the governor. He was pressured to deny Christ, but when he refused, he was tortured anew. When he continued to glorify God and praise his holy name throughout his tortures, he was condemned by the governor to beheading. The soldiers transported him to the place of the condemned, where they cut off his head. Thus, he was perfected by death, and handed over his spirit.

33 Μηνὶ τῷ αὐτῷ ιγʹ. Ἄθλησις τῶν ἁγίων μαρτύρων Μακροβίου, Γορδιανοῦ, καὶ τῆς συνοδίας αὐτῶν.

Οὗτοι οἱ ἅγιοι μάρτυρες ὑπῆρχον ἐπὶ τῆς βασιλείας Λικινίου. Ὁ μὲν Μακρόβιος ἀπὸ Καππαδοκίας, ὁ δὲ Γορδιανὸς ἀπὸ Παφλαγονίας. Νέοι δὲ ὄντες τὴν ἡλικίαν καὶ ἀνδρεῖοι καὶ σώφρονες, ἦσαν τεταγμένοι δουλεύειν εἰς τὴν τοῦ βασιλέως τράπεζαν, καὶ ἀγαπώμενοι παρ' αὐτοῦ διὰ τὴν ἀρετὴν καὶ τὸ τοῦ προσώπου κάλλος. Ἀλλὰ διαγνωσθέντες εἶναι Χριστιανοί, καί ποτὲ μὲν διὰ παρακλήσεως, ποτὲ δὲ δι' ἀπειλῆς ἀναγκαζόμενοι τὸν Χριστὸν ἀρνήσασθαι, καὶ μὴ πεισθέντες, ἐξωρίσθησαν εἰς τὴν χώραν Σκυθίας. Καὶ φθάσαντες ἐκεῖ, εὗρον τοὺς ἁγίους Ζωτικόν, Λουκιανόν, καὶ Ἠλεὶ ἀγωνιζομένους καὶ ἀθλοῦντας διὰ τὴν εἰς Χριστὸν ὁμολογίαν. Καὶ μετὰ πολλὰς τὰς βασάνους, ὁ μὲν Ζωτικὸς καὶ ὁ Λουκιανὸς ξίφει ἐτελειώθησαν. Αὐτοὶ δὲ μετὰ τοῦ Ἠλεὶ τῇ φυλακῇ παρεπέμφθησαν. Καὶ ὁ μὲν ἀπεκεφαλίσθη, Μακρόβιος δὲ καὶ Γορδιανὸς πυρὶ ἐτελειώθησαν. Ὁ δὲ Οὐαλεριανὸς ἐπὶ τῷ τάφῳ τῶν ἁγίων θρηνῶν ἐξέπνευσεν.

34 Τῇ αὐτῇ ἡμέρᾳ. Ἄθλησις τοῦ ἁγίου ἱερομάρτυρος Ἰουλιανοῦ τοῦ ἐν Ἀγκύρᾳ τῆς Γαλατίας.

Ἐπὶ τῆς βασιλείας Λικιννίου ἦν διωγμὸς μέγας κατὰ τῶν Χριστιανῶν. Ἐγγὺς δὲ Ἀγκύρας τῆς Γαλατίας ὑπῆρχε πρεσβύτερος εὐλαβὴς ὄνομα Ἰουλιανός. Διὰ δὲ τὸν διωγμὸν ἔφυγε καὶ ἀπῆλθεν εἰς ὄρος δασύ. Καὶ κατεκρύπτετο ἐν σπηλαίῳ μετὰ καὶ ἄλλων τεσσαράκοντα καὶ δύο ἁγίων.

The thirteenth day in the same month. The passion of the holy martyrs Makrobios, Gordianos, and their companions. 33

These holy martyrs lived during the reign of Licinius. Makrobios was from Cappadocia, while Gordianos was from Paphlagonia. Since they were young in age, courageous, and chaste, they were assigned to serve at the table of the emperor, and were loved by him for their virtue and for their beautiful appearance. But when he discovered that they were Christians, he sometimes exhorted them, and at other times used threats so that they would deny Christ. When they refused, they were exiled to the land of Scythia. After they arrived there, they discovered that Saints Zotikos, Lucian, and Elias were suffering great trials because of their confession in Christ. After many tortures, Zotikos and Lucian were finally perfected in death by the sword. Makrobios and Gordianos were then imprisoned with Elias. The latter was beheaded, while the former two were perfected in death by fire. Valerianos handed over his spirit as he grieved at the saints' tomb.

On the same day. The passion of the holy martyr Saint Julian of Ankyra in Galatia. 34

During the reign of Licinius, there was a great persecution against the Christians. Near Ankyra in Galatia lived a pious priest named Julian. Due to the persecution, he fled and went to a rugged mountain, where he hid himself in a cave with forty-two other saints. Because the mountain

Ὄντος δὲ πλησίον τοῦ ὄρους εἰδωλείου τῆς θεᾶς τῶν Ἑλλήνων, τῆς λεγομένης Ἑκάτης, καὶ τοῦ τῆς Ἀγκύρας ἄρχοντος ἀπελθόντος ἐκεῖ θῦσαι αὐτῇ, ἀνηρευνῶντο οἱ ἅγιοι κρατηθῆναι. Ἐξήρχοντο δὲ καθ' ἡμέραν, εἷς εἷς, οἱ ἅγιοι καὶ ἐλάμβανον ὕδωρ ἐκ τῆς πλησίον πηγῆς καὶ ἐπότιζον τοὺς λοιπούς. Ἔλαχε δὲ καὶ τῷ ἁγίῳ Ἰουλιανῷ γεμίσαι ὕδωρ. Καὶ ἰδόντες αὐτόν τινες τῶν Ἑλλήνων ἐκράτησαν. Καὶ δήσαντες ἀπήγαγον τῷ ἄρχοντι. Καὶ ἐρωτηθεὶς καὶ περὶ τῶν λοιπῶν καὶ μὴ φανερώσας αὐτούς, ἀλλὰ τὸν Χριστὸν παρρησίᾳ ὁμολογήσας, περιτίθεται ἐπὶ τὴν κεφαλὴν κασσίδα πεπυρακτωμένην. Εἶτα ξεσθεὶς καὶ τιμωρηθεὶς ἰσχυρῶς ἀπεκεφαλίσθη.

35 Μηνὶ τῷ αὐτῷ ιδʹ. Ἡ ἀνάμνησις τῆς Ὑψώσεως τοῦ τιμίου καὶ ζωοποιοῦ Σταυροῦ.

Κωνσταντῖνος ὁ Μέγας καὶ πρῶτος ἐν Χριστιανοῖς βασιλεὺς εἶχέ ποτε πόλεμον, ὡς μέν τινες λέγουσιν, ἐν τῇ Ῥώμῃ κατὰ Μαγνεντίου πρὸ τοῦ κρατῆσαι τῆς βασιλείας, ὡς δ' ἕτεροι, εἰς τὸν Δούναβιν ποταμὸν κατὰ Σκυθῶν. Βλέπων δὲ τοὺς πολεμίους πολλούς, ἐλυπεῖτο καὶ διηπόρει. Ἀλλ' ἐν τῇ νυκτὶ ὁρᾷ τὸν τίμιον σταυρὸν ἐν τῷ οὐρανῷ καὶ γραφὴν δι' ἀστέρων δηλοῦσαν, "Κωνσταντῖνε, ἐν τούτῳ νίκα." Ποιήσας οὖν ὅμοιον σταυρὸν ἐνίκησε τοὺς ἐχθρούς. Καὶ βαπτισθεὶς σὺν τῇ μητρὶ Ἑλένῃ, ἠθέλησεν εὑρεῖν τὸν τίμιον σταυρὸν ἐν ᾧ ἐσταυρώθη ὁ Κύριος. Καὶ ἀπελθοῦσα ἡ μήτηρ αὐτοῦ εἰς τὰ Ἱεροσόλυμα, εὗρεν αὐτὸν φανερωθέντα παρὰ Κυριακοῦ Ἰουδαίου τοῦ γεγονότος ὕστερον

happened to be near a temple of the pagan goddess named Hecate, and the governor of Ankyra came to sacrifice there to her, attempts were made to find and arrest the saints. So each day the saints would go out one by one to fetch water from the nearby spring and share it with the rest. When it was Saint Julian's turn to draw water, he was seen by some of the Hellenes and arrested. They bound him and brought him before the governor. When he was also questioned about his companions and refused to reveal them but instead openly confessed Christ, he was fitted with a helmet heated in the fire. After he was flayed and tortured severely, he was beheaded.

The fourteenth day in the same month. The remembrance 35
of the Exaltation of the precious and life-giving Cross.

Constantine the Great, the first Christian emperor, was once in the middle of waging a war. Some say that this was against Maxentius in Rome before he became sole emperor; others say that it was against the Scythians on the river Danube. When he saw how many enemies there were, he became discouraged and unsure what to do. But that night, he saw the precious cross in the sky and writing among the stars that said, "Constantine, achieve victory through this." He therefore made a likeness of the cross and conquered his enemies. After he was baptized along with his mother Helena, he wanted to find the precious cross upon which the Lord was crucified. His mother set out for Jerusalem, where she found it after it was revealed by the Jew Kyriakos who

ἐπισκόπου. Ἰδὼν δὲ αὐτὸν πᾶς ὁ λαὸς ἐχάρη. Καὶ προσεκύνησεν αὐτὸν ἡ βασίλισσα μετὰ τῆς συγκλήτου καὶ ἠσπάσατο. Ζητῶν δὲ καὶ ὁ λαὸς προσκυνῆσαι καὶ μὴ δυνάμενος διὰ τὸν ἄπειρον ὄχλον, ᾐτήσατο κἂν ἰδεῖν αὐτόν. Τότε ἀνελθὼν εἰς ὑψηλὸν τόπον Μακάριος ὁ ἐπίσκοπος ὕψωσεν αὐτόν. Καὶ ἤρξατο κράζειν ὁ λαός, "Κύριε ἐλέησον," καὶ ἐτυπώθη ἡ Ὕψωσις.

36 Τῇ αὐτῇ ἡμέρᾳ. Ἄθλησις τοῦ ἁγίου μάρτυρος Πάπα.

Ὁ πολύαθλος μάρτυς τοῦ Χριστοῦ Πάπας ἦν ἐπὶ τῆς βασιλείας Μαξιμιανοῦ ἐκ τῆς χώρας Λυκίας. Διδάσκων δὲ τὴν ὀρθὴν πίστιν, καὶ ὁμολογῶν παρρησίᾳ τὸν Χριστόν, καὶ πολλοὺς τῶν Ἑλλήνων πείθων πιστεύειν εἰς αὐτόν, κατεμηνύθη τῷ τῆς χώρας ἄρχοντι. Καὶ κρατηθεὶς παρ' αὐτοῦ, πρῶτον μὲν ἐτύφθη ἰσχυρῶς καὶ συνετρίβη πάντα τὰ ὀστᾶ τοῦ προσώπου. Ἔπειτα κρεμασθεὶς ἐξέσθη ἐπὶ πολύ. Καὶ μετὰ ταῦτα ὑπεδέθη ὑποδήματα σιδηρᾶ ἥλους ἔχοντα μακροὺς καὶ ὀξεῖς. Καὶ ἠλαύνετο τυπτόμενος ἔμπροσθεν ἵππων ἀπὸ τῆς ἰδίας πόλεως ἕως τῆς πόλεως Διοκαισαρείας, καὶ ἀπὸ ταύτης ἕως τῆς Σελευκείας. Τρέχοντι δὲ αὐτῷ ἀπαντήσασά τις γυνὴ ἀπεσπόγγιζε μετὰ λινοῦ τὰ αἵματα αὐτοῦ καὶ ἠσπάζετο αὐτὰ κλαίουσα. Εἶτα τεθεὶς ὑποκάτω συκῆς ἀγρίας καὶ τυφθεὶς ἰσχυρῶς, παρέδωκε τῷ Κυρίῳ τὸ πνεῦμα αὐτοῦ. Μετὰ δὲ θάνατον αὐτοῦ ἐγένετο καρποφόρος ἡ συκῆ.

later became bishop. When the people saw it, they were overjoyed. The empress venerated the cross and kissed it, along with the senators. The people also wanted to venerate the cross but could not because of the immeasurable crowd, so they asked if they could at least see it. The bishop Makarios then ascended to a high place and elevated the cross. The people began to cry out, "*Kyrie eleison,*" and so began the tradition of the Exaltation.

On the same day. The passion of the holy martyr Papas. 36

Christ's long-suffering martyr Papas lived under Maximian and was from the region of Lycia. Because he gave instruction in the true faith and openly confessed Christ, convincing many Hellenes to come to believe in him, he was reported to the governor of that region. After Papas was arrested by him, he was first severely beaten, and all the bones in his face were broken. Then he was hung up and flayed for a long time. After that, he was made to wear iron boots fitted with long, sharp nails. They continuously beat him as he was driven before a team of horses from his own city to the city of Diocaesarea, and then from there to Seleucia. As he was running, a woman approached him, wiped his bloody wounds with a linen cloth, and tearfully kissed them. Next, they laid him under a wild fig tree and severely beat him until he handed over his spirit to the Lord. After his death, the fig tree bore much fruit.

37 Μηνὶ τῷ αὐτῷ ιε΄. Ἄθλησις τοῦ ἁγίου μεγαλομάρτυρος Νικήτα.

Ὁ ἔνδοξος μάρτυς τοῦ Χριστοῦ Νικήτας ὑπῆρχεν ἐπὶ τῆς βασιλείας Κωνσταντίνου τοῦ Μεγάλου, Γότθος τὸ γένος, εὐγενὴς ἐν τοῖς Γότθοις καὶ πλούσιος. Ὑπὸ δὲ Θεοφίλου τοῦ ὁσιωτάτου ἐπισκόπου Γοτθίας τὴν τῶν Χριστιανῶν ἐδιδάχθη πίστιν. Τῶν δὲ Γότθων εἰς δύο μέρη διαχωρισθέντων, καὶ τοῦ μὲν ἑνὸς μέρους ἕνα ἔχοντος ἄρχοντα, τοῦ δὲ ἄλλου ἕτερον, προσέφυγε τοῦ ἑνὸς μέρους ὁ ἄρχων τῷ βασιλεῖ τῶν Ῥωμαίων. Ἐκστρατεύσας δὲ ὁ βασιλεὺς κατὰ τοῦ ἑτέρου ἄρχοντος τῶν Γότθων ἐνίκησεν αὐτὸν καὶ ὑπέταξε τοὺς Γότθους. Καὶ ἀπὸ τότε ἐπληθύνθη τὸ γένος τῶν Χριστιανῶν ἐν αὐτοῖς, πρώτου ὄντος τοῦ ἁγίου Νικήτα καὶ διδάσκοντος παρρησίᾳ τὸν λαὸν τὴν εἰς Χριστὸν πίστιν. Μετὰ δὲ τὴν ὑποστροφὴν τοῦ βασιλέως μανέντες οἱ ἄπιστοι τῶν Γότθων ἐκίνησαν διωγμὸν κατὰ τῶν Χριστιανῶν. Καὶ τοὺς μὲν ἄλλους ἐβασάνισαν διαφόρως, τὸν δὲ ἅγιον Νικήταν πολλὰ τιμωρήσαντες πυρὶ παρέδωκαν.

38 Τῇ αὐτῇ ἡμέρᾳ. Μνήμη τοῦ ὁσίου πατρὸς ἡμῶν Φιλοθέου τοῦ Θαυματουργοῦ.

Φιλόθεος ὁ Θαυματουργὸς ὑπῆρχε μὲν ἀπὸ τοῦ θέματος Ὀψικίου, ἦν δὲ πρεσβύτερος. Πολλὰ δὲ τὸν Θεὸν ἀπὸ νέας ἡλικίας θεραπεύσας, νηστεύων, ἀγρυπνῶν, προσευχόμενος, τὸν πλοῦτον αὐτοῦ σκορπίζων εἰς τοὺς πένητας, ἐν θρήνῳ καὶ κλαυθμῷ τὰς ἡμέρας αὐτοῦ διάγων διὰ τὸ ἐννοεῖν τὰς ἐκεῖθεν τῶν ἁμαρτωλῶν κολάσεις καὶ τὴν

The fifteenth day in the same month. The passion of the great martyr Niketas. 37

Christ's glorious martyr Niketas lived during the reign of Constantine the Great. He was a Goth who was noble among the Gothic people and rich. He was instructed in the Christian faith by Theophilos, the most holy bishop of the Goths. Now the Goths were divided into two factions: One faction had one leader, and the other had another. So the leader of one faction fled to the emperor of the Romans to take refuge. The emperor then campaigned against the other leader of the Goths and defeated him, thereby subjugating the Goths. From that time onward, the Christian population multiplied among them. Saint Niketas was first among them and openly instructed the people in the Christian faith. After the withdrawal of the emperor, however, the nonbelievers among the Goths were filled with uncontrollable rage and incited a persecution against the Christians. They tortured many others in various ways, but after they had subjected Saint Niketas to many torments, they gave him over to the fire.

On the same day. The commemoration of our holy father Philotheos the Wonderworker. 38

Philotheos the Wonderworker was from the theme of Opsikion, and he was a priest. From an early age, he served God in many ways: He fasted, kept vigils, prayed, divided his wealth among the poor, and spent his days in weeping and wailing because he recognized the punishments awaiting

Γέενναν τοῦ πυρὸς καὶ τὸν ἀκοίμητον σκώληκα, καὶ πολλοὺς ὠφελῶν καὶ ἐπιστηρίζων διὰ τῆς αὐτοῦ διδασκαλίας, καὶ ἀμέμπτως τῷ Θεῷ λειτουργῶν, ἐδέξατο χαρίσματα θαυματουργίας, δαίμονας ἐκβάλλειν, ἀσθενοῦντας θεραπεύειν, λεπροὺς καθαρίζειν, ὑετοὺς ἐν ταῖς ἀβροχίαις κατάγειν. *Ποιεῖ γὰρ ὁ Κύριος τὸ θέλημα τῶν φοβουμένων αὐτόν, καὶ τῆς δεήσεως αὐτῶν εἰσακούει.* Οὕτω δὲ θαυματουργῶν καὶ τοῖς προσερχομένοις αὐτῷ ἑτοίμως τὰς αἰτήσεις παρέχων, ἐν εἰρήνῃ ἐτελειώθη. Καὶ ταφεὶς βρύει παραδόξως ἐκ τῶν τιμίων ὀστέων αὐτοῦ ἰάσεων ἔλαιον μέχρι τῆς σήμερον.

39 Τῇ αὐτῇ ἡμέρᾳ. Ἄθλησις τῶν ἁγίων μαρτύρων Μαξίμου, Θεοδότου, καὶ Ἀσκληπιοδότης.

Οὗτοι ἐγένοντο ἐπὶ τῆς βασιλείας Μαξιμιανοῦ τοῦ διώκτου τῶν Χριστιανῶν, ὑπάρχοντες ἀπὸ Μαρκιανουπόλεως τῆς Θρᾴκης. Διδάσκοντες δὲ τὸν λόγον τοῦ Θεοῦ, καὶ κατὰ τὰς ἐντολὰς αὐτοῦ πορευόμενοι νυκτὸς καὶ ἡμέρας, καὶ πολλοὺς ἀπὸ τῆς τῶν εἰδώλων πλάνης ἐπὶ τὸν Κύριον ἡμῶν Ἰησοῦν Χριστὸν μετάγοντες, ἐκρατήθησαν παρὰ τοῦ τῆς Θρᾴκης στρατηγοῦ. Καὶ πρῶτον μὲν ἐτύφθησαν ῥάβδοις καὶ ἐξέσθησαν ἕως ἐφάνη τὰ ὀστᾶ αὐτῶν. Ἔπειτα κοπέντες χεῖρας, πόδας, ὠτία, ἀπερρίφησαν ἐν τῇ γῇ ὡσεὶ νεκροί, καὶ ἀρθέντες ἐπὶ ἁμαξῶν ἤχθησαν εἰς Ἀδριανούπολιν. Καὶ πάλιν κατηναγκάσθησαν παρὰ τοῦ στρατηγοῦ, κἂν λόγῳ μόνῳ, θῦσαι τοῖς εἰδώλοις. Ὡς δὲ οὐκ ἐπείσθησαν τοῦτο ποιῆσαι, ἀλλὰ μᾶλλον ἐμυκτήρισαν τὰ εἴδωλα εἰπόντες ὅτι "*Οἱ θεοὶ τῶν ἐθνῶν δαιμόνιά εἰσι·*

sinners there, the fiery Gehenna and its sleepless worm. He also benefitted many and strengthened them through his teachings. His service to God was impeccable. Because of all this, he received the grace of working miracles: casting out demons, curing the sick, cleansing lepers, and bringing rain during periods of drought. For *the Lord does the will of those who fear him, and he hears their prayer.* So after he worked wonders and eagerly fulfilled the requests of those who came to him, he was perfected by death in peace. After he was buried, healing oil miraculously flowed from his venerable bones, and it continues even to this day.

On the same day. The passion of the holy martyrs Maximus, 39
Theodotos, and Asklepiodote.

These martyrs lived during the reign of Maximian, the persecutor of Christians, and were from Markianopolis in Thrace. Because they taught the word of God, followed his commandments night and day, and converted many from the error of idolatry to our Lord Jesus Christ, they were arrested by the general of Thrace. First, they were beaten with rods and flayed until their bones were visible. Then their hands, feet, and ears were cut off before they were thrown upon the ground like corpses. Next, they were put onto carts and taken to Hadrianoupolis where they were again pressured by the general to sacrifice to idols, even if in word alone. But when they refused to do this and instead mocked the idols saying, "*The pagan gods are demons.* Both they and

καὶ ἐπικατάρατοι ὑπάρχουσι καὶ αὐτοὶ καὶ οἱ σεβόμενοι αὐτούς," τὰς κεφαλὰς ἀπετμήθησαν. Καὶ σὺν αὐτοῖς ἐτελειώθη ἡ μάρτυς Ἀσκληπιοδότη καὶ συγγενὴς αὐτῶν.

40 Τῇ αὐτῇ ἡμέρᾳ. Μνήμη τοῦ ἁγιωτάτου Μαρτίνου πάπα Ῥώμης.

Ὁ ἐν ἁγίοις πατὴρ ἡμῶν καὶ ὁμολογητὴς Μαρτῖνος ὑπῆρχε πάπας τῆς Παλαιᾶς Ῥώμης ἐπὶ τῆς βασιλείας Κωνσταντίνου τοῦ ἐγγόνου Ἡρακλείου. Ἐπεὶ δὲ οὗτος ὁ Κωνσταντῖνος ἦν αἱρετικὸς Μονοθελήτης, ὁμοίως καὶ Παῦλος ὁ Κωνσταντινουπόλεως πατριάρχης, μαθὼν περὶ τούτου ὁ Πάπας Μαρτῖνος ἐδήλωσε διὰ γραμμάτων τῷ βασιλεῖ καὶ τῷ πατριάρχῃ ἀρνήσασθαι τὴν τῶν Μονοθελητῶν αἵρεσιν. Καὶ μὴ πείσας αὐτοὺς συνεκάλεσε τὴν ἐν τῇ Ῥώμῃ σύνοδον καὶ ἀνεθεμάτισε τὴν τοιαύτην αἵρεσιν καὶ τοὺς ταύτῃ προσκειμένους. Εἶτα μετεκλήθη παρὰ τοῦ βασιλέως μαθόντος τοῦτο καὶ δηλώσαντος αὐτῷ ἐλθεῖν εἰς Κωνσταντινούπολιν ἐπὶ τῷ ποιῆσαι πᾶν εἴ τι βούλοιτο. Τὸ δὲ ἦν δόλος. Ἐλθόντα γὰρ τὸν ἅγιον ἠτίμωσαν ὅ τε βασιλεὺς καὶ ὁ πατριάρχης καὶ δημεύσαντες ἀπέκλεισαν εἰς σκοτεινὴν φυλακήν. Εἶτα ἐξωρίσθη εἰς Χερσῶνα τὴν πόλιν. Καὶ ἐν αὐτῇ πολλὰ δεινὰ παθὼν ἐτελειώθη.

41 Τῇ αὐτῇ ἡμέρᾳ. Ἄθλησις τοῦ ἁγίου μάρτυρος Πορφυρίου.

Πορφύριος ὁ μάρτυς ὑπῆρχεν ἐπὶ τῆς βασιλείας Ἰουλιανοῦ τοῦ Παραβάτου, τέρπων ἐπὶ τῆς τραπέζης αὐτοῦ καὶ

whoever worships them are accursed," they were beheaded. The martyr Asklepiodote, who was also their relative, was also perfected by death with them.

On the same day. The commemoration of Martin the most holy pope of Rome. 40

Our father among the saints and confessor Martin was pope of Old Rome during the reign of Constantine, the grandson of Herakleios. This Constantine was a Monothelite, and Paul the patriarch of Constantinople was as well. When Pope Martin learned of this fact, he declared to the emperor and to the patriarch in a letter his rejection of the heresy of Monothelitism. When he failed to persuade them, he called the council in Rome where he anathematized this heresy and its followers. After learning of this, the emperor summoned him and assured him that if he came to Constantinople, he would do whatever he wanted. But this was a ploy. When the saint arrived, the emperor and the patriarch abused him, and, after publicly humiliating him, locked him in a dark prison. Later on, he was exiled to the city of Cherson, where he suffered many terrible things before he was perfected by death.

On the same day. The passion of the holy martyr Porphyrios. 41

The martyr Porphyrios lived during the reign of Julian the Apostate. He provided entertainment for his table, which

ποιῶν ὅσα καὶ οἱ μιμολόγοι. Ὅτε δὲ εἶδεν αὐτὸν ἀρνησάμενον τὸν Κύριον ἡμῶν Ἰησοῦν Χριστὸν καὶ προσκυνήσαντα τὰ εἴδωλα, θεοὺς ἑαυτοῦ ποιησάμενον αὐτά, ζήλῳ θείῳ κινηθεὶς ἤλεγξεν αὐτὸν ἐνώπιον πάσης τῆς συγκλήτου, παραβάτην αὐτὸν εἰπὼν καὶ δυσσεβῆ καὶ παράνομον, καὶ ἀχάριστον τῆς εἰς αὐτὸν γενομένης εὐεργεσίας τοῦ Θεοῦ καὶ βασιλείας. Ὅθεν ὀργισθεὶς ὁ Ἰουλιανός, πρῶτον μὲν ἐτιμωρήσατο αὐτὸν ἀνηλεῶς ἐν πολλαῖς καὶ πικραῖς βασάνοις. Καὶ τὸ σῶμα αὐτοῦ ὅλον κατέξανε ταῖς μάστιξι τύπτων ἕως ἐγυμνώθησαν τὰ ὀστᾶ. Εἶτα προσέταξε τοῖς δημίοις ἀποκεφαλίσαι αὐτόν. Καὶ οὕτω δεξάμενος τὴν ἀπόφασιν ἀπήχθη δέσμιος ἐπὶ τὸν τόπον τῆς σφαγῆς. Καὶ ξίφει πληγεὶς ἐτελειώθη, ἀντὶ τοῦ προσκαίρου βασιλέως κτησάμενος τὸν ἀθάνατον, καὶ ἀντὶ τῆς φθαρτῆς τρυφῆς τὴν αἰώνιον ἀπόλαυσιν.

42 Τῇ αὐτῇ ἡμέρᾳ. Ἄθλησις τῆς ἁγίας μάρτυρος Μελιτινῆς.

Ἡ μάρτυς Μελιτινὴ ὑπῆρχεν ἀπὸ Μαρκιανουπόλεως τῆς Θρᾴκης ἐπὶ Ἀντωνίνου Καίσαρος Ῥωμαίων. Τὸν Χριστὸν δὲ κηρύττουσα ἐκρατήθη παρὰ Ἀντιόχου τοῦ τῆς αὐτῆς πόλεως ἄρχοντος. Καὶ ὁμολογήσασα ἑαυτὴν Χριστιανήν, ἐτύφθη σφοδρῶς. Εἶτα ἠναγκάσθη εἰσελθεῖν εἰς τὸν ναὸν τῶν εἰδώλων καὶ θῦσαι. Καὶ εἰσελθοῦσα ηὔξατο πρὸς τὸν Θεόν· καὶ ἔπεσον τὰ εἴδωλα καὶ συνετρίβησαν. Ἐκ τούτου ἐπίστευσαν τῷ Χριστῷ Ἕλληνες πολλοί, ἀλλὰ καὶ αὐτὴ ἡ τοῦ ἄρχοντος γυνή. Καὶ πάλιν τυφθεῖσα ἐρρίφη εἰς φυλακήν. Καὶ πάλιν τῆς φυλακῆς ἐξελθοῦσα ἐκρεμάσθη γυμνὴ

included everything that actors would do. But when he saw the emperor denying our Lord Jesus Christ, worshiping idols, and making them his gods, he was moved by holy fervor and rebuked the emperor before the entire senate, calling him an apostate, an impious and lawless man who was ungrateful for God's benevolence upon him, which included his imperial reign. Julian became infuriated by this, so he first had him tortured mercilessly with many horrible torments. Then he had him scourged with whips over his entire body, and he was beaten until his bones were exposed. Next, he commanded the executioners to cut off his head. After he was sentenced to die, he was bound and escorted to the place of execution. There he was struck with a sword and perfected by death. And thus, he gained the immortal king in exchange for a fleeting one, and eternal bliss in exchange for temporary pleasure.

On the same day. The passion of the holy martyr Melitene. 42

The martyr Melitene was from Markianopolis in Thrace and lived under Antoninus, Caesar of the Romans. Because she proclaimed Christ, she was arrested by Antiochus, the governor of that same city. When she confessed herself to be a Christian, she was badly beaten. Then she was pressured to enter a temple of the idols and sacrifice. But when she entered, she prayed to God instead, and the idols fell and shattered. Because of this, many Hellenes came to believe in Christ, not least the wife of the governor. She was thus beaten again and thrown into prison. After they brought her out of prison, she was hung up naked, and her ribs were

καὶ ἐξέσθη τὰς πλευράς. Καὶ πάλιν εἰσαχθεῖσα εἰς ἕτερον ναὸν εἰδωλικὸν θῦσαι ηὔξατο, καὶ πεσόντα τὰ εἴδωλα διεσκορπίσθησαν εἰς μικρά. Τότε λαβοῦσα τὴν διὰ ξίφους ἀπόφασιν ἀπεκεφαλίσθη. Τὸ δὲ λείψανον αὐτῆς ἀνελόμενος ἀνὴρ εὐλαβὴς καὶ φοβούμενος τὸν Θεόν, Ἀκάκιος ὄνομα, καὶ ἀπαγαγὼν ἐν τῇ νήσῳ τῆς Λήμνου κατέθετο.

43 Μηνὶ τῷ αὐτῷ ιζʹ. Ἄθλησις τῶν ἁγίων τριῶν παρθένων καὶ ἀδελφῶν Πίστεως, Ἐλπίδος, Ἀγάπης, καὶ τῆς μητρὸς αὐτῶν Σοφίας.

Ἡ μάρτυς τοῦ Χριστοῦ Σοφία μετὰ τῶν τριῶν αὐτῆς θυγατέρων ὑπῆρχεν ἀπὸ τῆς χώρας Ἰταλίας. Ἀγαπῶσα δὲ γενέσθαι Χριστιανή, παραλαβοῦσα τὰς τρεῖς αὐτῆς θυγατέρας, ἐπὶ τῆς Ἀδριανοῦ βασιλείας, ἀπῆλθεν εἰς Ῥώμην. Καὶ ἐβαπτίσθη μετ᾽ αὐτῶν κρύφα ὑπὸ τοῦ τῆς Ῥώμης ἐπισκόπου. Καὶ μετὰ τὸ βαπτισθῆναι ἐδίδασκον καὶ ἄλλους τὰ περὶ τοῦ Χριστοῦ καὶ πολλοὺς ἐπέστρεφον ἐπὶ τὸν Κύριον. Διαγνωσθεῖσαι δὲ ἐκρατήθησαν παρὰ Ἀδριανοῦ καὶ ἐβασανίσθησαν. Καὶ πρῶτον μὲν ἡ ἁγία Πίστις, δώδεκα ἐτῶν ὑπάρχουσα, κρεμασθεῖσα καὶ ξεσθεῖσα ἀπεκεφαλίσθη. Ἔπειτα ἡ δευτέρα ἀδελφὴ Ἐλπίς, δέκα ἐτῶν οὖσα, ῥάβδοις τυφθεῖσα καὶ αὐτὴ ἀπεκεφαλίσθη. Καὶ τρίτον ἡ Ἀγάπη, ἔνατον χρόνον ἄγουσα, ἐν καμίνῳ βληθεῖσα καὶ ἀβλαβὴς ἐξελθοῦσα ξίφει κατεκόπη. Ἡ δὲ μήτηρ αὐτῶν Σοφία εὐχαριστοῦσα τῷ Θεῷ ἐπὶ πᾶσιν ἔθαψεν αὐτάς. Καὶ ἐπὶ τῷ τάφῳ πεσοῦσα καὶ κλαύσασα ἀπέδωκε τὴν ψυχήν.

flayed. Then she was taken into a different idolatrous temple to sacrifice. When she prayed, the idols fell and broke into small pieces. Finally, she was sentenced to death by the sword and was beheaded. A pious and God-fearing man named Akakios took up her remains and transported them to the island of Lemnos, where he buried them.

The seventeenth day in the same month. The passion of the 43
three holy virgins and sisters, Pistis, Elpis, and Agape, and their mother Sophia.

Christ's martyr Sophia, along with her three daughters, was from the region of Italy. She wanted to become a Christian, so she took her three daughters and went to Rome during the reign of Hadrian. She was baptized in secret with them by the bishop of Rome. After their baptism, they also instructed others about Christ and brought many to the Lord. But when this was discovered, they were arrested by Hadrian and tortured. First, Saint Pistis, who was twelve years old, was hung up and flayed before she was beheaded. Then the second sister, Elpis, who was ten years old, was beaten with rods before she also was beheaded. Third, Agape, who was eight years old, was cast into a furnace, but when she emerged unharmed, she was cut apart with a sword. Their mother Sophia gave thanks to God for everything as she buried them. Afterward, she fell upon their tomb and grieved until she handed over her spirit.

44 Τῇ αὐτῇ ἡμέρᾳ. Ἄθλησις τῆς ἁγίας μάρτυρος Ἀγαθοκλίας.

Ἡ μάρτυς Ἀγαθοκλία ὑπῆρχε μὲν Χριστιανή, δούλη δὲ Νικολάου τινὸς καὶ Παυλίνης τῆς γυναικὸς αὐτοῦ, τῶν γεγονότων Χριστιανῶν καὶ μετὰ ταῦτα καταλιπόντων τὸν Χριστιανισμὸν καὶ τὰ εἴδωλα προσκυνούντων. Ἠναγκάζετο οὖν καὶ ἡ μάρτυς ἀρνήσασθαι τὸν Χριστὸν καὶ προσελθεῖν τοῖς εἰδώλοις. Καὶ μὴ πειθομένη ἐτιμωρεῖτο ἐπὶ χρόνοις ὀκτώ, καθ' ἡμέραν διαφόροις ἐξεταζομένη βασάνοις· ποτὲ μὲν μετὰ λίθων τραχέων τυπτομένη κατὰ τοῦ σπονδύλου καὶ τοῦ προσώπου, ποτὲ δὲ μετὰ ῥάβδων κατὰ τῆς κεφαλῆς καὶ τῶν ὤμων. Μὴ πεισθεῖσα δὲ ἀρνήσασθαι τὸν Χριστόν, μετὰ σφηνὸς σιδηρᾶς συντρίβεται καὶ τὴν γλῶτταν ἐκτέμνεται. Καὶ εἰς φυλακὴν ἀποκλείεται, παραγγελίας γενομένης μὴ δοθῆναι αὐτῇ παρά τινος τροφήν. Κατ' οἰκονομίαν δὲ Θεοῦ ὄρνις ἡ λεγομένη ἀηδὼν φέρουσα μικρὰ ἀκρόδρυα διέτρεφεν αὐτήν. Εἶτα εἰσελθοῦσα ἡ κυρία αὐτῆς ἐν τῇ φυλακῇ μετὰ μοχλοῦ σιδηροῦ πεπυρακτωμένου ἀνεῖλεν αὐτήν.

45 Τῇ αὐτῇ ἡμέρᾳ. Ἄθλησις τῶν ἁγίων μαρτύρων Λουκίας τῆς χήρας καὶ Γεμινιανοῦ τοῦ πνευματικοῦ υἱοῦ αὐτῆς.

Ἡ μάρτυς Λουκία ὑπῆρχεν ἐπὶ τῆς βασιλείας Μαξιμιανοῦ ἐν Ῥώμῃ τῇ πόλει. Πλουσία μὲν σφόδρα καὶ περιφανής, χρόνων δὲ οὖσα ἑβδομηκονταπέντε χηρεύσασα ἔτη τριακονταέξ, ἔχουσα δὲ υἱὸν γνήσιον ὀνόματι Εὐτρόπιον εἰδωλολάτρην, οὐκ ἠδυνήθη πεῖσαι αὐτὸν προσελθεῖν τῷ

On the same day. The passion of the holy martyr Agathoklia. 44

The martyr Agathoklia was a Christian and was the slave of a certain Nikolaus and his wife Paulina. Although they had formerly been Christians, they abandoned Christianity and began venerating idols. The martyr, therefore, was pressured, again and again, to deny Christ and worship the idols. But when she refused, she was tortured for eight years. Each day she endured different torments. Sometimes, they struck her neck and her face with jagged stones. At other times, they beat her head and shoulders with rods. Since she persisted in her refusal to deny Christ, she was tortured with an iron wedge, and her tongue was cut out. Then she was locked in prison, where the order was given that she was not to be given food by anyone. But, by God's providence, the bird known as a nightingale brought her small pieces of fruit and fed her. Finally, her mistress entered the prison and killed her with an iron bar that had been heated in the fire.

On the same day. The passion of the holy martyrs Lucia the 45
widow and Geminianus her spiritual son.

The martyr Lucia lived during the reign of Maximian in the city of Rome. She was very rich and well-known. She was seventy-five years old and had been a widow for thirty-six of them. She also had a son through marriage named Eutropios, who was an idolater, and she was unable to convince

Χριστῷ, ἀλλὰ μᾶλλον κατεμηνύθη παρ᾽ αὐτοῦ τῷ Μαξιμιανῷ. Καὶ κρατηθεῖσα καὶ μὴ πεισθεῖσα θῦσαι τοῖς εἰδώλοις ἐνεβλήθη εἰς λέβητα πεπληρωμένον μολύβδου καὶ πίσσης κοχλάζοντα. Καὶ ἐξελθοῦσα ἀβλαβής, περιήρχετο τὴν πόλιν τυπτομένη. Συνήντησε δὲ ὁ ἅγιος Γεμινιανὸς καὶ ἠκολούθησεν αὐτῇ. Καὶ μετὰ μικρὸν βαπτισθεὶς ἐκλήθη αὐτῆς υἱὸς πνευματικός. Καὶ σὺν αὐτῇ ἐλθὼν εἰς πρόσωπον τοῦ βασιλέως ὡμολόγησε τὸν Χριστὸν καὶ ἐτιμωρήθη. Εἶτα ὑπὸ ἁγίου ἀγγέλου ἀπήχθησαν εἰς τὸ Ταυρομένιον. Καὶ ὁ μὲν Γεμινιανὸς παρὰ τοῦ ἄρχοντος ξίφει ἐτελειώθη. Ἡ δὲ Λουκία ἐν εἰρήνῃ ἐκοιμήθη.

46 Μηνὶ τῷ αὐτῷ ιη΄. Ἄθλησις τοῦ ἁγίου ἱερομάρτυρος Συμεὼν ἐπισκόπου Ἱεροσολύμων.

Συμεὼν ὁ ἱερομάρτυς ὑπῆρχεν ἐπὶ τῆς βασιλείας Τραϊανοῦ, δεύτερος ἐπίσκοπος Ἱεροσολύμων γενόμενος μετὰ Ἰάκωβον τὸν ἀδελφὸν τοῦ Κυρίου. Ἦν δὲ ἐξάδελφος αὐτοῦ τε τοῦ Κυρίου καὶ τοῦ Ἰακώβου, υἱὸς γεγονὼς τοῦ Κλωπᾶ· οὗτος γὰρ καὶ Ἰωσὴφ ὁ χρηματίσας κατὰ σάρκα πατὴρ τοῦ Κυρίου, μᾶλλον δὲ ὁ νομισθείς, ἀδελφοὶ νόμιμοι ἦσαν. Οὗτος δὲ ὁ Συμεὼν κατηγορηθεὶς παρὰ τῶν Ἰουδαίων ὡς κηρύττων τὸν Χριστόν, καὶ κρατηθεὶς ὑπὸ τῶν ἀρχόντων τῶν Ἑλλήνων, ἐτύφθη σφοδρῶς. Καὶ πολλαῖς βασάνοις ἐξετασθείς, ἀπεκλείσθη εἰς φυλακὴν λιμῷ καὶ κακουχίᾳ δαπανώμενος. Εἶτα τῆς φυλακῆς ἐκβληθεὶς καὶ πάλιν ἀναγκασθεὶς ἀρνήσασθαι τὸν Χριστὸν καὶ μὴ

him to turn to Christ. On the contrary, she was even betrayed by him to Maximian. After she was arrested and refused to sacrifice to idols, she was thrown into a cauldron filled with molten lead and bubbling pitch. But when she emerged from it unharmed, she was paraded around the city and beaten. Saint Geminianus happened to encounter her, and he followed her. A short time later, he was baptized and became known as her spiritual son. He was brought with her before the emperor, where he confessed his belief in Christ and was tortured for it. Afterward, they were taken by a holy angel to Taormina, where Geminianus was perfected in death through the sword by the governor. But Lucia died in peace.

The eighteenth day in the same month. The passion of the holy martyr Saint Symeon, bishop of Jerusalem. 46

The holy martyr Symeon lived during the reign of Trajan and was the second bishop of Jerusalem after James the brother of the Lord. He was the cousin of both the Lord himself and James because he was the son of Clopas. For Clopas and Joseph, who acted as the father of the Lord in the flesh, or rather, who was believed to be his father, were brothers according to the law. Symeon was accused by the Jews of proclaiming Christ, so he was arrested by the leaders of the Hellenes, who had him badly beaten. After he endured many torments, he was locked in prison, where he wasted away from malnourishment and mistreatment. Then he was removed from prison and again pressured to deny Christ. But

πεισθείς, σταυρῷ προσηλωθεὶς τὸν βίον ἀπέλιπεν, ὑπάρχων ἐτῶν ἑκατὸν εἴκοσι. Καὶ τὸ μὲν ἱερὸν σῶμα αὐτοῦ παρὰ τῶν συγγενῶν αὐτοῦ παρεδόθη τῇ γῇ. Ἡ δὲ μακαρία αὐτοῦ ψυχὴ ἀνελθοῦσα εἰς οὐρανοὺς μετὰ τῶν ἁγίων εὐφραίνεται αἰωνίως ἐν Χριστῷ Ἰησοῦ τῷ Κυρίῳ ἡμῶν.

47 Τῇ αὐτῇ ἡμέρᾳ. Μνήμη τοῦ ὁσίου Εὐμενίου ἐπισκόπου Γορτύνης τοῦ Θαυματουργοῦ.

Εὐμένιος ὁ Θαυματουργὸς ὑπῆρχεν ἀπὸ νέας ἡλικίας Χριστιανὸς εὐλαβὴς καὶ τὸν Θεὸν φοβούμενος. Πλούσιος δὲ ὢν διεσκόρπιζεν εἰς τοὺς πτωχοὺς πάντα τὰ ὑπάρχοντα αὐτῷ. Αὐτὸς δὲ ἦν νηστεύων καὶ προσευχόμενος πάσας τὰς ἡμέρας τῆς ζωῆς αὐτοῦ, ἐκπληρῶν καὶ τὴν τοῦ μεγάλου ἀποστόλου Παύλου παραίνεσιν· καὶ γὰρ *ἔχαιρε μετὰ χαιρόντων καὶ ἔκλαιε μετὰ κλαιόντων*. Ἀεὶ δὲ περιέφερεν ἐπὶ τοῦ προσώπου τὸ δάκρυον. Εἶχε δὲ καὶ τοῦτο ἔργον, τὸ μηδέποτε παραδέξασθαι διαβολὴν κατά τινος ἢ κατακρίναι ἄνθρωπον. Ἀλλ' εἴποτε καὶ ἤκουσε κατὰ ἀνθρώπου τι πταῖσμα, ἐνόμιζεν ὅτι αὐτὸς τοῦτο ἐποίησε. Διὰ οὖν τὰ τοιαῦτα αὐτοῦ κατορθώματα ἐκλεγεὶς παρὰ τοῦ κλήρου καὶ τοῦ λαοῦ, προεχειρίσθη ἐπίσκοπος Γορτύνης τῆς Κρητῶν νήσου. Καὶ ζήσας ἐν τῇ ἀρχιερωσύνῃ χρόνους πολλούς, καὶ πολὺν λαὸν διδάξας τὰ περὶ τῆς βασιλείας τῶν οὐρανῶν, καὶ θαυμάτων πολλῶν χάριν λαβών, ἐκοιμήθη, θαυματουργῶν καὶ μετὰ θάνατον ἕως τοῦ νῦν.

when he refused, he was nailed to a cross and departed from life at the age of one hundred twenty years. His holy body was buried in the earth by his relatives, but his blessed soul ascended into heaven where it enjoys eternal repose among the saints in Christ Jesus our Lord.

On the same day. The commemoration of Saint Eumenios 47
the Wonderworker, bishop of Gortyna.

Eumenios the Wonderworker was a Christian from a very young age, and was pious and God-fearing. Although he was rich, he distributed all his possessions to the poor. He also fasted and prayed all the days of his life. He also fulfilled the exhortation of the great apostle Paul, for he *rejoiced with those rejoicing, and he wept with those weeping.* He always had tears on his face, and he also kept the following practice: never to accept slander against anyone and never to condemn a person. Instead, if he ever heard of some person's failing, he thought of it as if he himself had done it. Because of these achievements, he was chosen by the clergy and the people to be ordained bishop of Gortyna on the island of Crete. During his many years serving as bishop, he taught many people about the kingdom of heaven and received the grace of working many miracles. Then he died, but even after his death, he continues working miracles even until now.

48 Τῇ αὐτῇ ἡμέρᾳ. Ἄθλησις τῆς ἁγίας μάρτυρος Ἀριάδνης.

Ἡ μάρτυς Ἀριάδνη ὑπῆρχεν ἐπὶ Ἀδριανοῦ καὶ Ἀντωνίνου τῶν βασιλέων, Χριστιανὴ μέν, δούλη δὲ πλουσίου τινὸς πρώτου τῆς χώρας Φρυγίας. Ἐν μιᾷ δὲ τῶν ἡμερῶν γενεθλίων τελουμένων τοῦ υἱοῦ τοῦ κυρίου αὐτῆς, ἠναγκάσθη ἐν τῷ ναῷ τῶν εἰδώλων ἀπελθεῖν μετ' αὐτῶν καὶ συνεορτάσαι αὐτοῖς. Μὴ πεισθεῖσα δὲ ἐτύφθη ἀνηλεῶς καὶ ἐνεβλήθη εἰς φυλακήν. Καὶ ἐλιμοκτονήθη ἰσχυρῶς. Εἶτα τῆς φυλακῆς ἐκβληθεῖσα παρεδόθη τῷ τῆς χώρας ἄρχοντι ἐπὶ τῷ τιμωρηθῆναι. Καὶ ὑπ' ἐκείνου πάλιν ἀναγκασθεῖσα θῦσαι τοῖς εἰδώλοις καὶ μὴ πεισθεῖσα, ἐκρεμάσθη καὶ τὰς πλευρὰς ἐξέσθη. Ἀπολυθεῖσα δὲ τῆς βασάνου καὶ εὑροῦσα διωρίαν, πρὸς τὸ ὄρος ἐξέδραμε φεύγουσα. Γνόντες δὲ τοῦτο οἱ στρατιῶται κατεδίωκον αὐτὴν μετὰ ξιφῶν. Καὶ ἰδοῦσα ὅτι καταφθάζεται, ηὔξατο πρὸς τὸν Θεὸν λυτρωθῆναι ἀπ' αὐτῶν. Καὶ σχισθείσης πέτρας προστάγματι Θεοῦ εἰσῆλθεν ἐν αὐτῇ, τῆς πέτρας πάλιν ἀσφαλισθείσης καὶ κρυψάσης αὐτὴν ἔσωθεν. Καὶ οὕτως εὐχαριστοῦσα ἐτελειώθη.

49 Μηνὶ τῷ αὐτῷ ιθ'. Ἄθλησις τῶν ἁγίων μαρτύρων Τροφίμου, Δορυμέδοντος, καὶ Σαββατίου.

Οὗτοι οἱ μάρτυρες ὑπῆρχον ἐπὶ τῆς βασιλείας Πρόβου. Τελουμένου δὲ ἱπποδρομίου εἰς Ἀντιόχειαν τῆς Πισιδίας, εἰσελθόντες εἰς τὸ θέατρον ὁ Τρόφιμος καὶ ὁ Σαββάτιος, καὶ ἰδόντες τοὺς Ἕλληνας θύοντας τοῖς εἰδώλοις, ἐστέναξαν ἐκ ψυχῆς καὶ εἶπον πρὸς τὸν Θεόν, "Κύριε, δὸς τοῖς

On the same day. The passion of the holy martyr Ariadne. 48

The martyr Ariadne lived during the reign of the emperors Hadrian and Antoninus. She was a Christian and a slave of a certain rich and distinguished man in the region of Phrygia. One day, they were celebrating the birthday of her master's son, and she was pressured to accompany them to the temple of the idols and sacrifice with them. But when she refused, she was mercilessly beaten and thrown into prison, where she was severely starved. Later on, she was taken from prison and handed over to the governor of the region to be tortured. He pressured her to sacrifice to the idols a second time. But when she refused, she was hung up, and her ribs were flayed. After she was released from her torment, she found an opportunity to run away and fled to the mountain. The soldiers learned of this and pursued her with swords. When she saw that they were overtaking her, she prayed to God to be saved from them. By God's command, a rock split open, and she entered the fissure, whereupon the rock shut itself again and hid her inside. Thus, she was perfected by death as she said prayers of thanks.

The nineteenth day in the same month. The passion of the holy martyrs Trophimos, Dorymedon, and Sabbatios. 49

These martyrs lived during the reign of Probus. Once, when races were held at the hippodrome in Antioch in Pisidia, Trophimos and Sabbatios entered the stadium. When they observed the Hellenes sacrificing to the idols, they groaned in their souls and said to God, "Lord, help these misguided

πεπλανημένοις ἀνθρώποις τούτοις καταλιπεῖν τὰ εἴδωλα καὶ γνωρίζειν σὲ τὸν μόνον Θεὸν καὶ τὸν μονογενῆ σου Υἱὸν καὶ τὸ Πνεῦμα τὸ Ἅγιον." Τοῦτο δὲ εἰπόντες καὶ γνωσθέντες Χριστιανοὶ εἶναι, ἐκρατήθησαν παρὰ τοῦ ἄρχοντος. Καὶ πρῶτον μὲν ὁ Τρόφιμος τυφθεὶς καὶ ξεσθεὶς ἐνεβλήθη εἰς φυλακήν. Εἶτα ἤχθη καὶ ὁ Σαββάτιος, καὶ τὸν Χριστὸν ὁμολογήσας, βασανιζόμενος καὶ ξεόμενος παρέδωκε τὸ πνεῦμα. Μετὰ ταῦτα ἐκβληθεὶς τῆς φυλακῆς ὁ Τρόφιμος καὶ ὑποδεθεὶς ὑποδήματα σιδηρᾶ, ἀπεστάλη τῷ ἄρχοντι τῆς τῶν Συνάδων πόλεως. Καὶ ὑπ' ἐκείνου τιμωρηθεὶς ἀπεκλείσθη. Ὁ δὲ Δορυμέδων ἀπελθὼν πρὸς τὸν Τρόφιμον ἐγένετο Χριστιανός. Καὶ γνωσθέντες ἀπεκεφαλίσθησαν ἀμφότεροι.

50 Τῇ αὐτῇ ἡμέρᾳ. Ἄθλησις τοῦ ἁγίου ἱερομάρτυρος Ἰαννουαρίου ἐπισκόπου Βενεβενδοῦ καὶ τῆς συνοδίας αὐτοῦ.

Ἰαννουάριος ὁ ἱερομάρτυς μετὰ τῆς συνοδίας αὐτοῦ ἦν ἐπὶ Διοκλητιανοῦ τοῦ βασιλέως, ἐπίσκοπος τῆς πόλεως Βενεβενδοῦ. Διὰ δὲ τὴν εἰς Χριστὸν ὁμολογίαν ἐν δεσμοῖς κατείχετο ἐν Ποτιόλοις μετὰ Σόσσου, Πρόκλου, Εὐτυχίου, καὶ Ἀκουστίου τῶν διακόνων. Ὁ δὲ ἄρχων τῆς χώρας Τιμόθεος ἐλθὼν εἰς Ποτιόλους καὶ εὑρὼν τὸν ἅγιον εἰς τὰ δεσμά, ἐξαγαγὼν τῆς φυλακῆς ἐνέβαλεν εἰς κάμινον. Καὶ ἐξελθόντα αὐτὸν ἀβλαβῆ ἐκ τῆς καμίνου θεασάμενος μᾶλλον ἐμάνη. Καὶ προσέταξε τοῖς δημίοις κόψαι τὰ νεῦρα τῶν ποδῶν αὐτοῦ. Ὑπομείνας δὲ καὶ τὴν τιμωρίαν ταύτην ὁ ἅγιος πάλιν ἀπεδόθη τῇ φυλακῇ. Ἐλθόντες δὲ εἰς

people abandon their idols and come to know you, who are God alone, your only-begotten Son, and the Holy Spirit." Upon speaking these words, they were discovered to be Christians, so they were arrested by the governor. First, Trophimos was beaten and flayed before he was thrown into prison. Next, Sabbatios was also brought, and after he confessed his belief in Christ, he was tortured and flayed until he handed over his spirit. After that, Trophimos was taken from prison and made to wear iron boots. Then he was sent to the governor of the city of Synada, who had him tortured and imprisoned. Dorymedon visited Trophimos and became a Christian. When this was discovered, they were both beheaded.

On the same day. The passion of the holy martyr Januarius, 50
bishop of Benevento, and his companions.

The holy martyr Januarius and his companions lived during the reign of the emperor Diocletian. He was the bishop of Benevento. Because of his confession in Christ, he was held in chains in Puteoli with the deacons Sossos, Proklos, Eutychios, and Akoustios. Timotheos, the governor of that region, came to Puteoli, found the saint in chains, removed him from prison, and threw him into a furnace. But when he saw that Januarius had emerged from the furnace unharmed, he became even more infuriated. He commanded the executioners to sever the tendons in his feet. But when the saint endured even this torment, he was sent back to prison. Then

ἐπίσκεψιν αὐτοῦ ἐκ Βενεβενδοῦ δύο κληρικοί, Φαῖστος καὶ Δεισιδέριος, ἐκρατήθησαν καὶ αὐτοί. Καὶ συνεδέθησαν τῷ ἐπισκόπῳ καὶ τοῖς διακόνοις ἐν τῇ φυλακῇ. Εἶτα ἐκβληθέντες ἐθηριομάχησαν. Καὶ μηδὲν ἀδικηθέντες, προστάξει τοῦ ἄρχοντος τὰς κεφαλὰς ἀπετμήθησαν.

51 Τῇ αὐτῇ ἡμέρᾳ. Ἄθλησις τῶν ἁγίων ρν′ μαρτύρων Νείλου, Πηλέως, Ἠλία, καὶ τῆς συνοδίας αὐτῶν.

Τῶν ἁγίων τούτων μαρτύρων, οἱ μὲν ἑκατὸν ὑπῆρχον ἐκ τῆς Αἰγύπτου Χριστιανοὶ ὄντες καὶ τὸν Χριστὸν παρρησίᾳ κηρύττοντες. Διατοῦτο κρατηθέντες παρὰ τῶν εἰδωλολατρῶν τοὺς δεξιοὺς ἐξωρύχθησαν ὀφθαλμοὺς καὶ τῶν ἀριστερῶν ποδῶν τὰς ἀγκύλας σὺν τοῖς νεύροις ὑπὸ ξίφους διεκόπησαν. Εἶτα ἐμβληθέντες εἰς κάμινον ἐτελειώθησαν. Οἱ δὲ πεντήκοντα ἦσαν ἐκ τῆς Παλαιστίνης. Καὶ διὰ τὸν Χριστὸν τὰ ὅμοια τοῖς ἄλλοις καὶ αὐτοὶ παθόντες παρὰ τοῦ τῆς χώρας ἄρχοντος, ἀπεκλείσθησαν εἰς φυλακήν. Καὶ κατεδικάσθησαν ἐργάζεσθαι μετὰ τῶν λοιπῶν καταδίκων τὴν ἐργασίαν τῶν μετάλλων. Ὕστερον δὲ καὶ αὐτοὶ προσαχθέντες τῷ δουκί, καὶ ποτὲ μὲν παρακλήσεσι, ποτὲ δὲ ἀπειλαῖς, ἀναγκασθέντες ἀρνήσασθαι τὸν Χριστὸν καὶ θῦσαι τοῖς εἰδώλοις, καὶ μὴ πεισθέντες τὴν διὰ τοῦ πυρὸς ἀπόφασιν ἐδέξαντο. Ἀναφθείσης οὖν καμίνου μεγάλης, χαίροντες καὶ δοξάζοντες τὸν Θεὸν εἰσῆλθον ἐν αὐτῇ καὶ ἐτελειώθησαν.

two clerics, named Festus and Desiderius, came to visit him from Benevento. They also were arrested and bound together with the bishop and the deacons in prison. Later on, they were taken from prison and set to fight wild beasts, but when they suffered no harm, their heads were cut off at the governor's command.

On the same day. The passion of the one hundred fifty holy 51
martyrs, Neilos, Peleus, Elias, and their companions.

One hundred of these holy martyrs were from Egypt. They were Christians and openly proclaimed Christ. Because of this, they were arrested by the idolaters. Their right eyes were gouged out, and the ankles of their left feet were cut through, tendons and all, with a sword. Then they were cast into a furnace where they were perfected by death. The other fifty martyrs were from Palestine. On account of Christ, they also suffered torments similar to the others from the governor of the region, and afterward they were locked up in prison. Next, they were condemned to work in the mines with the other convicted criminals. Later on, they were presented to the *doux,* where they were urged, sometimes with exhortations, and sometimes with threats, to deny Christ and sacrifice to the idols. But when they refused, they were sentenced to death by fire. So a great furnace was kindled, and while they rejoiced and gave thanks to God, they entered it and were perfected by death.

52 Μηνὶ τῷ αὐτῷ κʹ. Μνήμη τῆς ὁσιομάρτυρος τοῦ Χριστοῦ Σωσάννης.

Σωσάννα ἡ ὁσιομάρτυς ὑπῆρχεν ἐκ τῆς χώρας Παλαιστίνης, θυγάτηρ ἱερέως τῶν εἰδώλων ὀνόματι Ἀρτεμίου. Μετὰ δὲ τελευτὴν τοῦ πατρὸς αὐτῆς καὶ τῆς μητρός, διδαχθεῖσα τὸν λόγον τῆς ἀληθείας ὑπὸ Σιλβανοῦ πρεσβυτέρου ἐβαπτίσθη. Εἶτα τὸν πλοῦτον αὐτῆς διανείμασα τοῖς πτωχοῖς καὶ καταλιποῦσα τὸν κόσμον, ἀπῆλθεν εἰς μοναστήριον καὶ γέγονε μοναχή, περιβαλομένη σχῆμα ἀνδρεῖον καὶ μετονομασθεῖσα "Ἰωάννης" πρὸς τὸ μὴ γνωρίζεσθαι. Νομιζομένη δὲ ἀνήρ, ἐλοιδορήθη παρὰ γυναικός τινος ὑποβληθείσης παρὰ τοῦ διαβόλου ὅτι τὰ ἀνδρὸς εἰς αὐτὴν διεπράξατο. Καὶ ἐρευνηθεῖσα παρὰ παρθένου καὶ εὑρεθεῖσα φύσει γυνή, ᾔσχυνε τὴν κατήγορον. Εἶτα ἀπελθοῦσα εἰς Ἐλευθερόπολιν διὰ τὴν ἀρετὴν αὐτῆς ἐχειροτονήθη ὑπὸ τοῦ ἐπισκόπου διακόνισσα. Καὶ διὰ τὸ κηρύττειν παρρησίᾳ τὸν Χριστόν, ἐκρατήθη παρὰ τοῦ ἡγεμόνος. Καὶ πολλὰ βασανισθεῖσα καὶ εἰς φυλακὴν ἐμβληθεῖσα πρὸς Θεὸν ἐξεδήμησεν.

53 Τῇ αὐτῇ ἡμέρᾳ. Ἄθλησις τοῦ ἁγίου μεγαλομάρτυρος Εὐσταθίου καὶ τῆς γυναικὸς αὐτοῦ Θεοπίστης καὶ τῶν τέκνων αὐτῶν Θεοπίστου καὶ Ἀγαπίου.

Ὁ μεγαλομάρτυς Εὐστάθιος ὑπῆρχεν ἐν τῇ Ῥώμῃ στρατηλάτης ἐπὶ Τραϊανοῦ τοῦ βασιλέως, λεγόμενος αὐτὸς μὲν Πλακίδας, ἡ δὲ γυνὴ αὐτοῦ Τατιανή. Διὰ δὲ τὴν ἐλεημοσύνην αὐτοῦ, ἠθέλησεν ὁ Θεὸς σῶσαι αὐτόν. Κυνηγοῦντι

The twentieth day in the same month. The commemoration of Christ's holy martyr Susanna. 52

The holy martyr Susanna was from the region of Palestine. She was the daughter of a pagan priest named Artemios. After the death of her father and mother, she was taught the word of truth and baptized by Silvanus the priest. She then distributed her wealth to the poor and renounced this world. Next, she went to a monastery and became a nun, but only after she had put on male clothing and adopted the name "John" to avoid being recognized. As she was believed to be a man, she was falsely accused of rape by a certain woman who was incited to do so by the devil. But when she was inspected by a virgin and discovered to be a woman, her accuser was shamed. Later on, she went to Eleutheropolis, where she was ordained a deaconess by the bishop on account of her virtue. Because she openly proclaimed Christ, she was arrested by the governor. After suffering many torments, she was thrown in prison, where she made her departure to God.

On the same day. The passion of the great martyr Eustathios and his wife Theopiste, and their children Theopistos and Agapios. 53

The great martyr Eustathios was a general in Rome during the reign of the emperor Trajan. He was first called Plakidas and his wife Tatiana. Because of his great acts of charity, God wanted to save him. Christ appeared to him in the form

γὰρ αὐτῷ ἐφάνη ὁ Χριστὸς ἐν σχήματι ἐλάφου ἔχοντος ἐπὶ τῶν κεράτων σταυρὸν λάμποντα ὑπὲρ τὸν ἥλιον, καὶ μέσον εἰκόνα τοῦ Χριστοῦ. Καὶ ἐξῆλθε φωνὴ ἐκ τοῦ ἐλάφου λέγουσα, "Ὦ Πλακίδα, τί με διώκεις; Ἐγώ εἰμι Ἰησοῦς ὁ Χριστός." Πιστεύσας οὖν αὐτῷ καὶ βαπτισθεὶς σὺν τῇ γυναικὶ καὶ τοῖς τέκνοις καὶ πάσῃ τῇ οἰκίᾳ, τοσοῦτον ἐπολεμήθη ὑπὸ τοῦ διαβόλου ὡς μὴ μόνον τὸν πλοῦτον αὐτοῦ ἀπολέσαι, ἀλλὰ καὶ τὴν γυναῖκα αἰχμάλωτον ἰδεῖν καὶ τὰ παιδία ὑπὸ θηρίων ἁρπαγέντα, καὶ ἑαυτὸν γυμνὸν ἐπὶ ξένης μισθαρνοῦντα καὶ τρεφόμενον. Ὁ δὲ Θεὸς πάλιν ἐχαρίσατο αὐτῷ καὶ τὴν γυναῖκα καὶ τὰ τέκνα καὶ τὸν πλοῦτον. Ζητηθεὶς γὰρ παρὰ τοῦ βασιλέως ἀπέλαβε τὸ πρότερον ἀξίωμα. Εἶτα διαγνωσθεὶς εἶναι Χριστιανός, ἐνεβλήθη εἰς χαλκοῦν βοῦν ἐκπυρωθέντα σὺν τῇ γυναικὶ καὶ τοῖς τέκνοις, καὶ ἐτελειώθη.

54 Μηνὶ τῷ αὐτῷ κα'. Μνήμη τῶν ἁγίων πατέρων ἡμῶν Ἰσαακίου καὶ Μελετίου ἐπισκόπων τῆς Κύπρου.

Οἱ ὅσιοι καὶ μακάριοι πατέρες Ἰσαάκιος καὶ Μελέτιος γεγόνασιν ἐπίσκοποι τῆς ἐκκλησίας Κύπρου κατὰ ἄλλους καὶ ἄλλους καιρούς· ὁ μὲν Ἰσαάκιος πρότερον, ὁ δὲ Μελέτιος ὕστερον, εὐλαβεῖς ἀμφότεροι καὶ τοῦ Θεοῦ τὸν φόβον ἐν ἑαυτοῖς ἀεὶ περιφέροντες καὶ τῇ ἀρχιερωσύνῃ καλῶς ἐμπρέποντες, ἀμέμπτως τε τῷ Θεῷ λειτουργοῦντες καὶ τοῖς πτωχοῖς προθύμως διανέμοντες πάντα τὰ ὑπάρχοντα αὐτοῖς, καί, κατὰ τὸν προφήτην, *ὅλην τὴν ἡμέραν ἐλεοῦντες καὶ δανείζοντες* οὐ μόνον τὸν ἄρτον αὐτῶν ἀλλὰ

of a stag while he was hunting. Between its antlers was a cross shining brighter than the sun, and in the middle was an image of Christ. A voice came from the stag, and it said, "Plakidas, why do you persecute me? I am Jesus Christ." He then came to believe in him and was baptized along with his wife, his children, and his entire household. Because of this, the devil waged war against him so severely that not only did he lose his fortune, but he also saw his wife become a captive, his children snatched away by wild animals, and himself stripped naked and forced to work in a foreign land for his nourishment. But God returned his wife, his children, and his fortune to him. For he was recalled by the emperor and was reinstated to his former position. Later on, when he was discovered to be a Christian, he was put, along with his wife and children, into a bronze bull heated over the fire and was perfected by death.

The twenty-first day in the same month. The commemora- 54
tion of our holy fathers Isaakios and Meletios, bishops of Cyprus.

The holy and blessed fathers Isaakios and Meletios were bishops of the church of Cyprus, though at different times. Isaakios was earlier, while Meletios was later. However, they were both pious, always carried the fear of God in themselves, and performed the duties of bishop honorably. They were also blameless in offering the liturgy to God and gladly distributed all their possessions to the poor. They were, to use the words of the prophet, *merciful and generous at all times,* not only with their bread, but *with the faithful word of*

καὶ *τὸν κατὰ τὴν διδαχὴν πιστὸν λόγον,* χηρῶν προϊστάμενοι, ὀρφανοὺς οἰκτείροντες, *ὀλιγοψύχους παραμυθούμενοι, τοῖς πᾶσι τὰ πάντα γινόμενοι ἵνα πάντας κερδάνωσιν.* Οὕτω δὲ βιοῦντες ἠξιώθησαν καὶ θαυμάτων χαρίσματος. Καὶ πολλοὺς καὶ διὰ τῶν ἰάσεων ὠφελήσαντες ἐν βαθυτάτῳ γήρᾳ κατὰ διαφόρους, ὡς εἴρηται, καιροὺς ἐν τῇ αὐτῇ τῇ δι᾽ ἔτους ἡμέρᾳ πρὸς τὸν Θεόν, ὃν ἐκ βρέφους ποθήσαντες ἐθεράπευσαν, ἐξεδήμησαν.

55 Τῇ αὐτῇ ἡμέρᾳ. Ἄθλησις τοῦ ἁγίου μάρτυρος Θεοδώρου τοῦ ἐν Πέργῃ τῆς Παμφυλίας μαρτυρήσαντος.

Θεόδωρος ὁ μάρτυς ὑπῆρχεν ἐπὶ Ἀντωνίνου Καίσαρος Ῥωμαίων προγενέστερος τυγχάνων τοῦ ἁγίου Θεοδώρου τοῦ ἐν Ἀμασείᾳ μαρτυρήσαντος ἔτη ἑβδομηκονταέξ. Ἐστρατεύθη δὲ καὶ αὐτὸς εἰς τὸ τάγμα τῶν τηρώνων διὰ τὸ νέος εἶναι, καὶ τὴν ἡλικίαν μέγας καὶ τὸ πρόσωπον εὔμορφος. Ἀλλὰ ἀναγκαζόμενος θῦσαι τοῖς εἰδώλοις, καταφρονήσας τῆς ἐπιγείου στρατείας καὶ τοῦ φθαρτοῦ βασιλέως, καὶ εἰπών, "Ἐγὼ τῷ ἐπουρανίῳ βασιλεῖ Χριστῷ ἐστρατεύθην ἀφ᾽ οὗ ἐβαπτίσθην. Καὶ τῷ ἐπὶ γῆς βασιλεῖ δουλεύειν οὐ θέλω," ἐκρατήθη παρὰ τοῦ ἄρχοντος καὶ τυφθείς, ἐνεβλήθη εἰς κάμινον καὶ ἐξῆλθεν ἀβλαβὴς μηδὲ τὸ τυχὸν σπάραγμα ἔχων. Ἰδόντες δὲ αὐτὸν δύο στρατιῶται Σωκράτης καὶ Διονύσιος μηδὲν βλαβέντα ἐκ τοῦ πυρός, ἐπίστευσαν τῷ Χριστῷ. Καὶ ἀπεκεφαλίσθησαν σὺν τῇ μητρὶ τοῦ ἁγίου καλουμένῃ Φιλίππᾳ πρὸ ὀλίγου ἐλθούσῃ εἰς ἐπίσκεψιν τοῦ υἱοῦ. Αὐτὸς δὲ πολλαῖς πρότερον βασάνοις

teaching. They supported widows, had compassion on orphans, *encouraged the fainthearted,* and *became all things to all people so that they might benefit all.* By living in this way, they received the grace of working miracles. After they helped many through miraculous healings, at an advanced age and on the same day of the year, though at different times, as has been said above, they made their departure to God, whom they longed to serve from their infancy.

On the same day. The passion of the holy martyr Theodore 55
who was martyred in Perge in Pamphylia.

Theodore the martyr lived under Antoninus, Caesar of the Romans. He happened to be born seventy-six years before Saint Theodore who was martyred in Amaseia. He also served in the army, namely in the division of the recruits because he was young. He was tall in stature and handsome, but when he was pressured to sacrifice to the idols, he spurned the worldly army and its ephemeral emperor. After he said, "From the moment I was baptized, I have served in the army of Christ, the heavenly king. I refuse to serve an earthly king," he was arrested by the governor. Then he was beaten and thrown into a furnace, but he emerged unscathed, without even a scratch on him. When two soldiers named Socrates and Dionysios saw that he remained completely unharmed by the fire, they came to believe in Christ and were beheaded along with the saint's mother, who was called Philippa and had come to visit her son a short time earlier. Theodore then endured many torments before he

ὑποβληθείς, ὕστερον σταυρῷ προσηλωθεὶς πρὸς οὐρανοὺς ἀνέδραμε χαίρων.

56 Τῇ αὐτῇ ἡμέρᾳ. Ἄθλησις τοῦ ἁγίου ἱερομάρτυρος καὶ ἀποστόλου Κοδράτου ἐπισκόπου Μαγνησίας καὶ τῆς συνοδίας αὐτοῦ.

Κοδράτος ὁ θεῖος ἱερομάρτυς καὶ ἀπόστολος τοῦ Χριστοῦ ὑπῆρχεν ἐπὶ Δεκίου καὶ Οὐαλεριανοῦ τῶν βασιλέων, ἐπίσκοπος τῆς πόλεως Μαγνησίας. Ἀκούσας δὲ ὅτι Δέκιος διατρίβει ἐν τῇ πόλει Καισαρείας παρεγένετο ἀπὸ Μαγνησίας εἰς Νικομήδειαν πρὸς τὸ ἐπισκέψασθαι τοὺς ἐν ταῖς φυλακαῖς ἁγίους. Ἐπισκεπτόμενος δὲ αὐτοὺς καὶ παρακαλῶν προθύμως μαρτυρεῖν ὑπὲρ τοῦ Χριστοῦ, διεγνώσθη παρὰ τοῦ τῆς Νικομηδείας ἀνθυπάτου. Καὶ παραστὰς τῷ κριτηρίῳ αὐτοῦ μετὰ τῶν λοιπῶν μαρτύρων, πρῶτος ἤλεγξε τὴν τῶν εἰδώλων πλάνην. Καὶ οἱ μὲν ἄλλοι τυφθέντες πάλιν ἀπεκλείσθησαν. Αὐτὸς δὲ παρεπέμφθη εἰς Καισάρειαν τῷ Δεκίῳ. Καὶ ὑπ' ἐκείνου ἀναγκασθεὶς ἀρνήσασθαι τὸν Χριστὸν καὶ μὴ πεισθεὶς διαφόροις βασάνοις ἐξετασθεὶς καὶ ἐκ πασῶν Θεοῦ χάριτι ῥυσθείς, ὕστερον εἰς κάμινον ἐνεβλήθη ἰσχυρῶς ἐκκαεῖσαν. Ἀλλὰ καὶ ἐκ ταύτης ἀβλαβὴς ἐξελθών, προστάξει τοῦ βασιλέως τὴν ἱερὰν αὐτοῦ ἀπετμήθη κεφαλήν, καὶ οὕτως ἐτελειώθη.

57 Τῇ αὐτῇ ἡμέρᾳ. Ἄθλησις τοῦ ἁγίου μάρτυρος Πρίσκου.

Ὁ μάρτυς τοῦ Χριστοῦ Πρίσκος τὸν Θεὸν ἀγαπῶν καὶ τὸ θεῖον βάπτισμα ἐπιποθήσας, κατέλιπε τὴν πατρικὴν ἀσέ-

was nailed to a cross, whereupon he soared up to heaven rejoicing.

On the same day. The passion of the holy martyr and apostle Saint Kodratos, bishop of Magnesia, and his companions. 56

Kodratos, Christ's divine and holy martyr and apostle, lived under the emperors Decius and Valerian. He was bishop of the city of Magnesia. When he heard that Decius was residing in the city of Caesarea, he traveled from Magnesia to Nikomedeia to visit the saints in prison. While he was visiting them and fervently encouraging them to bear witness for Christ, he was discovered by the proconsul of Nikomedeia. He was brought before his tribunal along with the other martyrs, and he was the first to condemn the error of idolatry. The others were beaten and imprisoned again. But he was sent to Decius in Caesarea. There he was pressured by him to deny Christ, but when he refused, he was subjected to many different torments. As he was protected from all of them by the grace of God, he was then put into a furnace that was burning fiercely. But when he even emerged unscathed from this, by the order of the emperor, his holy head was cut off, and thus he was perfected by death.

On the same day. The passion of the holy martyr Priskos. 57

Christ's martyr Priskos loved God and longed for holy baptism, so he renounced his ancestral impiety and became a

βειαν καὶ γέγονε Χριστιανός. Καὶ διερχόμενος πανταχοῦ ἐκήρυττε παρρησίᾳ τὸν Χριστόν, θαρσοποιῶν μὲν πάντας τοὺς Χριστιανοὺς καὶ πρὸς τὸ μαρτύριον παρακαλῶν, πολλοὺς δὲ καὶ τῶν Ἑλλήνων νουθετῶν καὶ πρὸς τὸν Χριστὸν ἐπιστρέφων καὶ βαπτίζων. Οὕτω δὲ ποιῶν διεβλήθη παρὰ τῶν εἰδωλολατρῶν τῷ τῆς χώρας ἄρχοντι, εἰπόντων πρὸς αὐτὸν ὅτι "Εἰς τοὺς μεγίστους θεοὺς ἐνυβρίζει, καὶ τῶν βασιλικῶν προσταγμάτων καταφρονεῖ, καὶ πάντας ἀναπείθει σέβεσθαι καὶ προσκυνεῖν Θεὸν ἐσταυρωμένον." Ταῦτα ἀκούσας ὁ ἄρχων ὠργίσθη σφοδρῶς. Καὶ μετὰ κραυγῆς εἶπε τοῖς στρατιώταις, "Ἀχθήτω τάχιον ὁ κακοποιὸς Πρίσκος καὶ τιμωρείσθω." Κρατηθεὶς οὖν ἐτύφθη σφοδρῶς. Καὶ κρεμασθεὶς ἐξέσθη τὰς πλευράς, καὶ μετὰ ξιφῶν κατεκεντήθη. Καὶ τέλος τὴν κεφαλὴν ἀποτμηθεὶς πρὸς Θεὸν ἐξεδήμησεν.

58 Μηνὶ τῷ αὐτῷ κβʹ. Ἄθλησις τοῦ ἁγίου ἱερομάρτυρος Φωκᾶ ἐπισκόπου Σινώπης.

Ὁ τοῦ Χριστοῦ ἱερομάρτυς Φωκᾶς ἦν ἐπὶ τῆς βασιλείας Τραϊανοῦ γεννηθεὶς καὶ τραφεὶς ἐν Σινώπῃ τῇ πόλει. Παιδίον δὲ ὑπάρχων ἐδέξατο ἐκ Θεοῦ θαυμάτων χαρίσματα. Καὶ γὰρ δαίμονας ἀπήλασε, νεκροὺς ἤγειρε, καὶ πλοῖα κινδυνεύοντα διέσωσεν. Ἀπελθὼν δὲ ἀπὸ Σινώπης εἰς Ἀμάσειαν τὴν πόλιν, τὰ ὅμοια διεπράξατο. Εἶτα παρεγένετο εἰς Ἀμισόν, θαυματουργήσας καὶ ἐκεῖ καὶ πολλοὺς στηρίξας εἰς τὴν πίστιν τοῦ Χριστοῦ. Μετὰ ταῦτα ὑποστρέψας εἰς Σινώπην, ἐπίσκοπος αὐτῆς προχειρίζεται. Καὶ

Christian. Then he traveled everywhere and openly proclaimed Christ. He encouraged and exhorted all Christians to martyrdom. He also instructed many Hellenes, brought them to Christ, and baptized them. Because of his actions, Priskos was reported by the idolaters to the governor of the region. They said to him, "He dishonors the highest gods and ignores imperial decrees. Furthermore, he convinces everyone to worship and venerate a crucified God." When he heard these words, the governor was filled with rage and shouted to his soldiers, "Arrest the evildoer Priskos immediately and torture him." So he was arrested and badly beaten. Then he was hung up, and his ribs were flayed before he was pierced with swords. Finally, he was beheaded and made his departure to God.

The twenty-second day in the same month. The passion of the holy martyr Saint Phokas, bishop of Sinope. 58

Christ's holy martyr Phokas lived during the reign of Trajan. He was born and raised in the city of Sinope. When he was still a child, he received the grace of working miracles from God. He cast out demons, raised the dead, and saved ships in danger of sinking. He left Sinope for the city of Amaseia, where he performed similar miracles. Next, he traveled to Amisos, where he also performed miracles and strengthened many in their faith in Christ. After this, he returned to Sinope and was ordained its bishop. Through his miracles,

διὰ τῶν θαυμάτων πολλοὺς τῶν Ἑλλήνων πρὸς Χριστὸν ἐπιστρέψας ἐβάπτισεν. Εἶτα ἐμηνύθη διὰ περιστερᾶς τὴν μετάστασιν αὐτοῦ. Εἶδε γὰρ κατ' ὄναρ περιστερὰν ἐλθοῦσαν καὶ καθίσασαν ἐπὶ τῆς κεφαλῆς αὐτοῦ καὶ ἐπιδοῦσαν αὐτῷ στέφανον καὶ εἰποῦσαν, "Δέξαι, Φωκᾶ, τὸ σύμβολον τοῦ τέλους σου." Καὶ μετὰ μικρὸν ἀποστείλας ὁ βασιλεὺς Τραϊανὸς ἐκράτησεν αὐτόν. Καὶ πολλὰ βασανίσας πρότερον, ὕστερον ἀπεκεφάλισεν, εἶτα καὶ πυρὶ παρέδωκεν.

59 Τῇ αὐτῇ ἡμέρᾳ. Μνήμη τοῦ ἁγίου καὶ ἐνδόξου προφήτου Ἰωνᾶ.

Ἰωνᾶς ὁ μέγας καὶ ἔνδοξος προφήτης ὑπάρχων ἐκ τῆς χώρας τῶν Ἰουδαίων, καὶ προσταχθεὶς ὑπὸ Θεοῦ ἀπελθεῖν εἰς Νινευὴ τὴν πόλιν καὶ κηρύξαι ὅτι "*Ἔτι τρεῖς ἡμέραι καὶ Νινευὴ καταστραφήσεται,*" αὐτὸς γινώσκων ὅτι φιλάνθρωπός ἐστιν ὁ Θεὸς καὶ συγχωρήσει τοῖς Νινευΐταις ἐὰν μετανοήσωσι, παρακούσας τοῦ Θεοῦ καὶ ἐμβὰς εἰς πλοῖον ἐπειρᾶτο φυγεῖν. Ἀλλὰ τῷ προστάγματι τοῦ Θεοῦ ἀγριωθεῖσα ἡ θάλασσα ἤθελεν αὐτὸν καταπιεῖν. Καὶ βαλόντες κλήρους οἱ ναῦται καὶ γνόντες ὅτι δι' αὐτὸν κινδυνεύουσι, λαβόντες ἔρριψαν ἐν τῇ θαλάσσῃ. Καὶ αὐτὴ μὲν ἔπαυσεν, αὐτὸν δὲ κατέπιε κῆτος. Καὶ μετὰ τρεῖς ἡμέρας ἐξήγαγεν εἰς τὴν γῆν ἀβλαβῆ. Καὶ τότε ἀπελθὼν εἰς Νινευὴ ἐποίησε τὸ πρόσταγμα τοῦ Θεοῦ. Εἶτα ὑποστρέψας εἰς τὴν γῆν αὐτοῦ καὶ παραλαβὼν τὴν ἰδίαν μητέρα, ἀπῆλθεν εἰς ξένην χώραν. Αἰσχύνην γὰρ εἶχε τὸ κατοικεῖν εἰς τὴν ἰδίαν γῆν διὰ τὸ ψευσθῆναι τὴν προφητείαν αὐτοῦ. Ὁ γὰρ Θεὸς

he converted many Hellenes to Christ and baptized them. Later on, his approaching death was revealed to him by a dove. For he saw in a dream a dove coming to rest on his head. The dove placed a crown upon him and said, "Phokas, receive the sign of your death." Indeed, a short time later the emperor Trajan sent men and arrested him. He subjected him to many torments before he beheaded him, and then handed him over to the fire.

On the same day. The commemoration of the holy and glori- 59
ous prophet Jonah.

Jonah, the great and glorious prophet, was from the land of the Jews. He was commanded by God to travel to the city of Nineveh and proclaim the following words: "*In three days' time, Nineveh will be destroyed.*" But because he knew that God was merciful and would forgive the Ninevites if they repented, he disobeyed God and boarded a ship in an attempt to flee. But by God's command, the sea became violent and threatened to swallow him. When the sailors cast lots and came to understand that they were in danger because of him, they seized him and threw him into the sea. It became calm, but Jonah was swallowed by a sea monster. After three days, it released him on the shore unharmed. He then went to Nineveh and did as God had commanded. Afterward he returned to his own land and taking his mother, he departed for a foreign land. He was ashamed to dwell in his own country because he had spoken a false prophecy. For

ἠλέησε τοὺς Νινευΐτας μετανοήσαντας. Προφητεύσας δὲ καὶ ἄλλα πολλὰ ἐτελεύτησεν.

60 Τῇ αὐτῇ ἡμέρᾳ. Μνήμη τοῦ ὁσίου Ἰωνᾶ τοῦ πατρὸς Θεοδώρου καὶ Θεοφάνους τῶν ὁμολογητῶν.

Πρεσβύτερος ἦν οὗτος ὁ ὅσιος Ἰωνᾶς, εὐλαβὴς καὶ συνετός, πατὴρ Θεοδώρου τοῦ μακαριωτάτου ὁμολογητοῦ καὶ Θεοφάνους τοῦ ποιητοῦ τῶν κανόνων· Θεοδώρου ἐκείνου οὗτινος τὸ πρόσωπον διὰ μέλανος ἐπέγραψε καὶ κατεκέντησε Λέων ὁ Καβα<λ>λῖνος εἰκονομάχος ὤν, διὰ τὸ μὴ πεῖσαι αὐτὸν ἀρνήσασθαι τὴν προσκύνησιν καὶ τὸ σέβας τῶν ἁγίων εἰκόνων, τοῦ τε Χριστοῦ καὶ τῆς ἀσπόρως τεκούσης αὐτὸν Θεοτόκου, καὶ τῶν ἁγίων αὐτοῦ πάντων. Καταλιπὼν οὖν τὸν κόσμον ὁ ῥηθεὶς ὅσιος Ἰωνᾶς καὶ ἀπελθὼν εἰς τὴν τοῦ ἁγίου Σάβα Λαύραν, ἐγένετο μοναχός. Καὶ τοσαύτην ἄσκησιν ἐπεδείξατο, νηστεύων, προσευχόμενος, ἀεὶ δακρύων, θρηνῶν, ἑαυτὸν ταλανίζων ὡς ὑπὸ πάντων θαυμάζεσθαι καὶ πολλοὺς σπουδάζειν μιμεῖσθαι τὸν ἠκριβωμένον καὶ ἐνάρετον βίον αὐτοῦ. Ἐδέξατο δὲ καὶ χαρίσματα ἰαμάτων, δι᾽ ὧν ὠφέλει τοὺς προσερχομένους αὐτῷ. Οὕτω δὲ βιώσας καὶ θαυμαστὸς τοῖς πᾶσι φανείς, πρὸς τὸν Θεὸν ἐξεδήμησεν.

61 Μηνὶ τῷ αὐτῷ κγ′. Ἡ σύλληψις τῆς ἁγίας Ἐλισάβετ ὅτε συνέλαβε τὸν ἅγιον Ἰωάννην τὸν Βαπτιστήν.

Ζαχαρίας ὁ προφήτης καὶ πατὴρ τοῦ Βαπτιστοῦ Ἰωάννου ὑπῆρχεν ἱερεὺς τοῦ Θεοῦ. Καὶ εἰσελθών ποτε ἐν τῷ ναῷ

God had mercy on the Ninevites when they repented. After making many other prophecies, he died.

On the same day. The commemoration of Saint Jonah, the father of the confessors Theodore and Theophanes. 60

This Saint Jonah was a priest and was pious and wise. He was the father of Theodore the most blessed confessor and of Theophanes the hymnographer. This Theodore was the one whose face was tattooed and branded by Leo Kaballinos the iconoclast because he refused to reject the veneration and the honor of the holy icons, namely those of Christ, the Theotokos who bore him as a virgin, and all his saints. Now the aforementioned Saint Jonah renounced the world and traveled to the Lavra of Saint Sabas where he became a monk. He performed such feats of asceticism, fasting, praying, weeping continuously, lamenting, and debasing himself, that all marveled at him, and many desired to imitate his impeccable, virtuous way of life. He also received the grace of healings, and through them he benefitted those who came to him. By conducting his life in this way he appeared wondrous to all. Then he made his departure to God.

The twenty-third day in the same month. The conception of Saint Elizabeth, when she conceived Saint John the Baptist. 61

Zechariah, the prophet and the father of John the Baptist, was a priest of God. Once he entered the temple to offer

τοῦ θυμιάσαι, καὶ τῶν Ἰουδαίων ἑστώτων ἔξω, εἶδε Γαβριὴλ τὸν ἄγγελον τοῦ Θεοῦ ἱστάμενον ἐκ δεξιῶν τοῦ θυσιαστηρίου τοῦ θυμιάματος καὶ ἐφοβήθη. Καὶ ἰδὼν αὐτὸν ὁ ἄγγελος, ὅτι ἐταράχθη, εἶπε πρὸς αὐτόν, "*Μὴ φοβοῦ, Ζαχαρία, διότι εἰσηκούσθη ἡ δέησίς σου. Καὶ ἡ γυνή σου Ἐλισάβετ γεννήσει σοι υἱόν, καὶ καλέσεις τὸ ὄνομα αὐτοῦ Ἰωάννην. Καὶ ἔσται χαρά σοι καὶ ἀγαλλίασις, καὶ πολλοὶ ἐπὶ τῇ γεννήσει αὐτοῦ χαρήσονται.*" Ὁ δὲ Ζαχαρίας εἰδὼς ὅτι αὐτὸς μέν ἐστι γέρων, ἡ δὲ γυνὴ αὐτοῦ γραῦς, εἶπεν, "*Κύριε, πῶς ἔσται μοι τοῦτο;*" Καὶ ἀπεκρίθη πρὸς αὐτὸν ὁ ἄγγελος καὶ εἶπεν, "*Ἐγώ εἰμι Γαβριὴλ ὁ παρεστηκὼς ἐνώπιον τοῦ Θεοῦ, καὶ ἀπεστάλην εὐαγγελίσασθαί σοι ταῦτα. Καὶ ἰδού, ἔσῃ σιωπῶν καὶ μὴ δυνάμενος λαλῆσαι ἕως οὗ γεννηθῇ ὁ υἱός σου.*" Καὶ διέμεινε κωφὸς καὶ ἄλαλος ἕως ἐγεννήθη ὁ Ἰωάννης.

62 Τῇ αὐτῇ ἡμέρᾳ. Ἄθλησις τῆς ἁγίας μάρτυρος Ἰραΐδος.

Ἡ μάρτυς τοῦ Χριστοῦ Ἰραῒς ὑπῆρχεν ἀπὸ τῆς πόλεως Ἀλεξανδρείας, παρθένος οὖσα καὶ μονάζουσα. Ἐξελθοῦσα δὲ τοῦ ἀσκητηρίου πρὸς τὸ κομίσαι ὕδωρ ἐκ τῆς πηγῆς τῇ ἡγουμένῃ αὐτῆς, εἶδεν ἐν τῷ πλοίῳ διερχόμενον εἰς τὸν αἰγιαλὸν τῆς θαλάσσης τὸν ἄρχοντα τῆς πόλεως ἔχοντα μεθ' ἑαυτοῦ πλῆθος Χριστιανῶν δεσμίων, πρεσβυτέρων, διακόνων, ἁγίων γυναικῶν, καὶ παρθένων. Καὶ δραμοῦσα εἶπε πρὸς τὰς παρθένους, "Διατί ἐν δεσμοῖς κατέχεσθε;" Ἐκεῖναι δὲ ἀποκριθεῖσαι εἶπον, "Διὰ τὸν Χριστόν, ὅπως ὑπὲρ αὐτοῦ μαρτυρήσωμεν καὶ σωθῶμεν." Ἀκούσασα δὲ

incense, and while the Jews stood outside, he saw God's angel Gabriel standing to the right of the altar of incense and became afraid. The angel saw that he was terrified and said to him, "*Do not be afraid, Zechariah, for your prayer has been heard. Your wife Elizabeth will bear you a son, and you will name him John. You will have joy and gladness, and many will rejoice at his birth.*" But Zechariah, knowing that he was already old and his wife as well, said, "My lord, how will this happen for me?" And the angel answered him and said, "*I am Gabriel. I stand in the presence of God, and I have been sent to bring you this good news. But now, you will become mute, unable to speak, until your son is born.*" And he remained mute and unable to speak until John was born.

On the same day. The passion of the holy martyr Iraïs. 62

Christ's martyr Iraïs was from the city of Alexandria. She was a virgin and a nun. One day she left the monastery to draw water from the spring for her abbess and saw the governor of the city approaching the seashore in a boat. He had with him a large group of Christians in fetters, including priests, deacons, holy women, and virgins. She ran to the virgins and said to them, "Why are you bound in fetters?" They responded to her, saying, "For Christ, so that we may suffer martyrdom for him and be saved." When Iraïs heard these

ταῦτα Ἰραΐς παρεκάλεσε τοὺς δημίους, καὶ συνέδησαν καὶ αὐτὴν μετὰ τῶν λοιπῶν ἁγίων. Καὶ καταλαβόντες οἱ ἅγιοι τὴν Ἀντινοούπολιν, καὶ πολλὰ τιμωρηθέντες ὑπὸ τοῦ ἄρχοντος, καὶ μὴ πεισθέντες θῦσαι τοῖς εἰδώλοις ἀλλὰ μέχρι θανάτου φυλάξαντες τὴν εἰς Χριστὸν πίστιν, ἀπεκεφαλίσθησαν ἅπαντες, πρώτη μὲν Ἰραΐς, ἔπειτα δὲ καὶ τὸ λοιπὸν πλῆθος.

63 Τῇ αὐτῇ ἡμέρᾳ. Μνήμη τῶν ἁγίων γυναικῶν Ξανθίππης καὶ Πολυξένης.

Ἡ ἁγία Ξανθίππη ἦν μὲν ἐπὶ Κλαυδίου Καίσαρος Ῥωμαίων, γυνὴ τυγχάνουσα Πρόβου τοῦ τῆς Ἰσπανίας ἄρχοντος. Εἶχε δὲ ἀδελφὴν παρθένον Πολυξένην ὄνομα. Ἀπελθόντι δὲ τῷ ἁγίῳ ἀποστόλῳ Παύλῳ εἰς τὴν χώραν Ἰσπανίας καὶ κηρύττοντι τὸν Χριστόν, προσῆλθεν αὐτῷ ἡ Ξανθίππη, καὶ κατηχηθεῖσα ὑπ' αὐτοῦ τὴν πίστιν, πρῶτον μὲν ἐβαπτίσθη αὐτή, ἔπειτα ἔπεισε καὶ τὸν ἄνδρα αὐτῆς Πρόβον γενέσθαι Χριστιανόν. Ὁμοίως καὶ ἡ ἀδελφὴ αὐτῆς Πολυξένη ἐδιδάχθη παρὰ τοῦ αὐτοῦ ἀποστόλου τότε. Μετὰ δὲ τὴν ὑποχώρησιν αὐτοῦ, ἀκούσασα κηρύττειν τὴν πίστιν τῆς ἀληθείας Ἀνδρέαν τὸν μέγαν ἀπόστολον ἐν Πάτραις τῆς Ἀχαΐας, ἀπῆλθε πρὸς αὐτόν. Καὶ μαθοῦσα τὰ περὶ τοῦ Χριστοῦ τελεώτερον ἐβαπτίσθη. Καὶ πάλιν ὑποστρέψασα εἰς τὴν ἰδίαν χώραν εὗρε τὴν ἑαυτῆς ἀδελφὴν Ξανθίππην πάσαις ἀρεταῖς διαλάμπουσαν καὶ μετὰ χαρᾶς ὑποδεξαμένην αὐτήν. Καὶ ἀμφότεραι πολλοὺς διδάξασαι τὴν τοῦ Χριστοῦ πίστιν, ἐτελειώθησαν.

words, she called out to the executioners, and they also bound her with the other saints. When the saints arrived at Antinoöpolis, they suffered many torments from the governor. But when they refused to sacrifice to the idols and remained steadfast in their faith in Christ even until death, they were all beheaded. Iraïs was first, and then all the rest followed.

On the same day. The commemoration of the holy women Xanthippe and Polyxena. 63

Saint Xanthippe lived during the reign of Claudius, Caesar of the Romans and was the wife of Probus, who was the governor of Hispania. She also had a sister named Polyxena, who was a virgin. When Saint Paul the apostle had come to the region of Hispania and was proclaiming Christ, Xanthippe went to him and was instructed in the faith by him. First, she was baptized herself. Then she convinced her husband Probus to become a Christian as well. In the same way, her sister Polyxena was instructed by that apostle at that time. After Paul's departure, Polyxena heard that the great apostle Andrew was proclaiming the faith of truth in Patras in Achaia, so she went to him, learned about Christ more completely, and was baptized. When she returned to her own land, she discovered that her sister Xanthippe was outstanding in every virtue and was received by her with great joy. Together they instructed many in the faith of Christ before they were perfected by death.

64 Μηνὶ τῷ αὐτῷ κδʹ. Ἄθλησις τῆς ἁγίας πρωτομάρτυρος Θέκλης.

Ἡ πρωτομάρτυς Θέκλα γέγονεν ἐκ τῆς πόλεως Ἰκονίου, γυναικός τινος θυγάτηρ εὐγενοῦς καὶ πλουσίας Θεοκλ<ε>ίας ὀνόματι. Ἀπελθόντος δὲ εἰς τὸ Ἰκόνιον τοῦ ἁγίου ἀποστόλου Παύλου, ἤκουσεν αὐτοῦ διδάσκοντος τὰ λόγια τοῦ Θεοῦ ἐν τῷ οἴκῳ τοῦ Ὀνησιφόρου. Ἦν δὲ ὅτε ἐπίστευσεν ἐτῶν δέκα καὶ ὀκτώ. Ἐξεδόθη δὲ πρὸς γάμον ἀνδρὶ πλουσίῳ ὀνόματι Θαμύριδι, ἀλλὰ καταφρονήσασα μητρός, ἀνδρός, πλούτου, ἠκολούθησε τῷ ἀποστόλῳ καὶ μετ᾽ αὐτοῦ ἀπελθοῦσα εἰς Ἀντιόχειαν τῆς Πισιδίας, ἐκδίδοται θηρίοις ὑπὸ τοῦ ἄρχοντος Ἀλεξάνδρου. Καὶ μηδὲν ἀδικηθεῖσα προσεδέθη ταύροις. Ἀλλὰ καὶ τούτων ῥυσθεῖσα Θεοῦ χάριτι, πολλοὺς ἐπέστρεψεν ἐπὶ τὸν Κύριον, συνεργὸν ἔχουσα Τρύφαινάν τινα τὸν Θεὸν φοβουμένην, τὴν ὑποδεξαμένην αὐτήν. Ὑποστρέψασα δὲ πάλιν εἰς τὴν ἰδίαν πατρίδα κατῴκησεν ἐν ὄρει τινὶ ἐγγὺς Σελευκείας ἡσυχάζουσα καὶ θαυματουργοῦσα. Βουληθέντων δὲ πονηρῶν ἀνθρώπων ἀπελθεῖν καὶ μιᾶναι αὐτήν, ἐσχίσθη πέτρα καὶ ὑπεδέξατο, ὑπάρχουσαν ἐτῶν ἐνενήκοντα.

65 Μηνὶ τῷ αὐτῷ κεʹ. Ἡ ἀνάμνησις τῶν φόβων τοῦ μεγάλου σεισμοῦ καὶ τῆς τοῦ παιδὸς ἐν τῷ ἀέρι ἁρπαγῆς.

Ἐπὶ τῆς βασιλείας τοῦ Μεγάλου Θεοδοσίου σεισμὸς ἐγένετο, οἷος οὐδέποτε γέγονεν. Ἐξ οὗ καὶ πᾶς ὁ λαὸς σὺν τῷ

The twenty-fourth day in the same month. The passion of the protomartyr Thekla. 64

The protomartyr Thekla was from the city of Ikonion and was the daughter of a noble and rich woman named Theoklia. When Saint Paul the apostle came to Ikonion, she listened to him teach God's word in the house of Onesiphoros. She was eighteen years old when she came to believe. She was given in marriage to a rich man named Thamyris, but she renounced her mother, her husband, and her wealth. Instead, she followed the apostle, and after she traveled with him to Antioch in Pisidia, she was handed over to wild beasts by Alexander the governor. When she received no injury, she was bound to bulls. But after she was also protected from them by God's grace, she brought many to the Lord and had as her associate a certain God-fearing woman named Tryphaina who had given her shelter. When she returned to her homeland, she settled on a mountain near Seleucia where she lived as a solitary and performed miracles. However, when some wicked people conspired to go and violate her, a rock split in half and received her. She was ninety years old.

The twenty-fifth day in the same month. The remembrance of the terrors of the great earthquake and of the levitation of the child into the air. 65

During the reign of Theodosius the Great, there was an earthquake of a magnitude that had never happened before. As a result, the entire people, along with the emperor and

βασιλεῖ καὶ τῷ πατριάρχῃ ἀφέντες τὴν πόλιν ἐξῆλθον ἐν τῷ κάμπῳ πλησίον τοῦ Ἑβδόμου καὶ ἔμενον ἐκεῖ, διότι ἀκατάπαυστος ἦν ὁ σεισμός. Λιτανευόντων δὲ ἀπὸ τοῦ Ἑβδόμου εἰς τὸν κάμπον πρὸς τὸ τριβουνάλιον, καὶ προστιθεμένου εἰς τὸ "Ἅγιος ὁ Θεός, Ἅγιος ἰσχυρός, Ἅγιος ἀθάνατος," τοῦ "ὁ σταυρωθεὶς δι' ἡμᾶς," ὅπερ ἦν τῆς τῶν Θεοπασχιτῶν αἱρέσεως βλασφημούντων ὅτι καὶ ἡ θεότης ἔπαθεν ἐν τῷ σταυρῷ, ἐξαίφνης παιδίον ἐκ μέσου τοῦ πλήθους ἁρπαγὲν εἰς τὸν ἀέρα ἀνεφέρετο. Πάντων δὲ μετὰ φόβου κραζόντων τὸ "Κύριε ἐλέησον," κατέβη τὸ παιδίον ὡς ὑπὸ νεφέλης ἡσύχως καὶ παρεκελεύσατο τῷ λαῷ σιωπῆσαι. Καὶ εἶπεν ὅτι "Οἱ τῶν ἀγγέλων χοροὶ χωρὶς τῆς προσθήκης τοῦ 'ὁ σταυρωθεὶς δι' ἡμᾶς' ψάλλουσι τὸν Τρισάγιον ὕμνον." Τοῦτο δὲ εἰπόντος τοῦ παιδίου καὶ παραχρῆμα τελευτήσαντος, ἐπαύσατο σὺν τῇ αἱρέσει καὶ ὁ σεισμός. Καὶ ἐθαύμασαν ἅπαντες δοξάζοντες τὸν Θεόν.

66 Τῇ αὐτῇ ἡμέρᾳ. Ἄθλησις τοῦ ἁγίου ὁσιομάρτυρος Παφνουτίου.

Ἡ τοῦ δυσσεβοῦς βασιλέως Διοκλητιανοῦ ὠμότης πολλοὺς τῶν Χριστιανῶν ἀπέδειξε μάρτυρας· οὐ μόνον ἐκ τῶν λαϊκῶν, ἀλλὰ καὶ ἐκ τῶν μοναχῶν, ὧν εἷς ἦν καὶ ὁ ὅσιος Παφνούτιος. Οὗτος γὰρ ἐξ Αἰγύπτου καταγόμενος, καταλιπὼν τὸν κόσμον, τὸν πλεῖστον τῆς ζωῆς αὐτοῦ χρόνον διέτριβεν ἐν ἐρήμοις. Διὰ δὲ τὸ πολλοὺς τῶν Ἑλλήνων ἐπιστρέφειν πρὸς τὸν Χριστόν, ἐζητεῖτο φονευθῆναι παρὰ τοῦ ἄρχοντος. Καὶ πολλῶν κρατουμένων δι' αὐτόν, ὑπὸ

the patriarch, left the city and went to the field near the Hebdomon, and they remained there because the earthquake did not stop. They were singing the Trisagion as they processed from the Hebdomon into the field to the tribunal, and they added "Who was crucified for us" to the words, "Holy God, Holy Mighty, Holy Immortal." This addition was associated with the heresy of the Theopaschites who believed that the divine nature suffered on the cross. Suddenly, a small child was taken from the middle of the crowd and lifted up into the air. As all cried out the "*Kyrie eleison*" in fear, the child descended tranquilly, as if on a cloud, and ordered the people to silence. Then he said, "The choirs of angels sing the Trisagion hymn without the addition of, 'Who was crucified for us.'" As soon as the child had said this, he immediately died, and the earthquake ceased along with the heresy. All were amazed and gave glory to God.

On the same day. The passion of the holy martyr Saint Paphnutios. 66

The brutality of the impious emperor Diocletian made many Christian martyrs, not only among the laity but also among monastics. One of the latter was Saint Paphnutios, who was from Egypt. He renounced the world and spent the majority of his life living in the desert. Because he had converted many Hellenes to Christ, he was sought by the governor so as to be put to death. When many others were arrested on his account, he went and presented himself

θείου ἀγγέλου κελευσθείς, ἀπελθὼν παρέστη τῷ ἄρχοντι. Καὶ τὸν Χριστὸν ὁμολογήσας δεσμεῖται σιδήροις. Καὶ ἐπὶ ξύλου κρεμασθεὶς ἐξέσθη ἕως τὰ ἔντερα αὐτοῦ ἔπεσον ἐπὶ τὴν γῆν. Ἀλλὰ πάλιν γέγονεν ὑγιὴς ἀγγέλου ταῦτα προσαρμόσαντος τῷ σώματι. Ἐκ τούτου πολλοὶ ἐπίστευσαν τῷ Χριστῷ. Καὶ ἰδὼν ὁ ἄρχων πέμπει αὐτὸν σὺν τοῖς πιστεύσασι πρὸς τὸν βασιλέα Διοκλητιανόν. Καὶ παρ' ἐκείνου ἐπὶ φοίνικος σταυρωθεὶς ἐτελειώθη. Κατ' αὐτὴν δὲ τὴν ἡμέραν ἀπεκεφαλίσθησαν πεντακόσιοι μζ' μάρτυρες.

67 Τῇ αὐτῇ ἡμέρᾳ. Μνήμη τῆς ὁσίας Εὐφροσύνης τῆς μετονομασθείσης Σμαράγδου.

Πολλαί εἰσι τῆς σωτηρίας ὁδοί. Καὶ γὰρ ἡ ὁσία Εὐφροσύνη θυγάτηρ οὖσα πλουσίου τινὸς καὶ πρὸς γάμον μέλλουσα ἐκδοθῆναι, γνοῦσα τοῦτο καὶ τοῦ Χριστοῦ νύμφη θέλουσα εἶναι, προσέδραμεν ἑνὶ τῶν ἁγίων γερόντων, καὶ παρ' ἐκείνου ἐγένετο μοναχή. Εἶτα φοβηθεῖσα ἵνα μὴ γνωρισθῇ ὑπὸ τοῦ πατρὸς αὐτῆς, ἐνδυσαμένη ἀνδρεῖα ἱμάτια καὶ μετασχηματισθεῖσα εἰς ἄνδρα καὶ μετονομάσασα ἑαυτὴν Σμάραγδον, ἀπῆλθεν εἰς ἀνδρεῖον μοναστήριον, εἰς ὃ καὶ πρότερον κατὰ συνήθειαν ἀπήρχετο ὁ πατὴρ αὐτῆς. Καὶ μετὰ τοῦτο πάλιν ἀπερχόμενος καὶ τῷ ἡγουμένῳ διηγούμενος τὴν φυγὴν τῆς θυγατρός, ἔβλεπε πολλάκις καὶ αὐτὴν παρισταμένην τῷ ἡγουμένῳ ἐν σχήματι ἀνδρὸς καὶ λυπουμένην δῆθεν διὰ τὴν θυγατέρα αὐτοῦ, ἀλλ' οὐκ ἐγνώριζεν αὐτήν. Διανύσασα δὲ ἐν τῷ μοναστηρίῳ ἔτη δέκα καὶ ὀκτώ, ἠσθένησε. Καὶ προσκαλεσαμένη

before the governor as a holy angel had commanded him. After he openly confessed Christ, he was bound in iron fetters. Then he was hung upon a stake and flayed until his intestines fell out upon the ground. But he became whole again when an angel restored them to his body, and many came to believe in Christ because of this. But when the governor saw this, he sent him, along with those who had come to believe, to the emperor Diocletian. By his order, he was crucified on a palm tree and was perfected by death. On that same day, five hundred forty-seven martyrs were beheaded.

On the same day. The commemoration of Saint Euphrosyne 67
who adopted the name Smaragdos.

There are many paths to salvation. Saint Euphrosyne, for example, was the daughter of a rich man and was going to be given in marriage. When she learned of this and because she desired to be Christ's bride, she fled to a certain old monk and was made a nun by him. But since she feared that she would be recognized by her father, she put on male clothing and disguised herself as a man. She also adopted the name Smaragdos before she entered a male monastery that her father previously had the custom of visiting. Later on, he continued his visits and informed the abbot of his daughter's departure. He often saw his daughter standing near the abbot dressed as a man and feigning sadness about his daughter, yet he never recognized her. After spending eighteen years in the monastery, she became ill, so she called for her

τὸν πατέρα αὐτῆς, εἶπεν, "Ἐγώ εἰμι ἡ θυγάτηρ σου, καὶ μὴ λυποῦ." Καὶ τοῦτο εἰποῦσα ἐκοιμήθη.

68 Μηνὶ τῷ αὐτῷ κϛʹ. Ἡ μετάστασις τοῦ ἁγίου Ἰωάννου τοῦ Θεολόγου καὶ Εὐαγγελιστοῦ.

Ὁ μέγας ἀπόστολος καὶ εὐαγγελιστὴς Ἰωάννης μετὰ τὴν ἀνάληψιν τοῦ Κυρίου καὶ τὴν κοίμησιν τῆς Θεοτόκου, ἦλθεν εἰς Ἔφεσον εὐαγγελιζόμενος τὸν Χριστόν. Καὶ διαβληθεὶς Δομετιανῷ τῷ Ῥωμαίων βασιλεῖ, ἐξωρίσθη εἰς Πάτμον τὴν νῆσον, ἔνθα καὶ τὸ ἅγιον ἔγραψεν Εὐαγγέλιον. Μετὰ δὲ τελευτὴν Δομετιανοῦ, ἀνακληθεὶς πάλιν ἦλθεν εἰς Ἔφεσον. Καὶ μετὰ τὸ πολλοὺς διδάξαι καὶ διὰ τοῦ ἁγίου βαπτίσματος προσαγαγεῖν τῷ Χριστῷ, προέγνω τὴν μετάστασιν αὐτοῦ. Καὶ Κυριακῆς ἡμέρας ἐλθούσης, διδάξας τοὺς ἀδελφοὺς τὰ μεγαλεῖα τοῦ Θεοῦ καὶ παραγγείλας αὐτοῖς φυλάττειν πάντα τὰ διδαχθέντα ὑπ' αὐτοῦ, προσέταξε τῷ μαθητῇ αὐτοῦ παραλαβεῖν ἄνδρας κατέχοντας τὰς πρὸς ὄρυγμα χρείας καὶ ἀκολουθεῖν. Καὶ ἐλθὼν ἐπὶ τὸν τόπον, ἐπέτρεψεν ὀρύξαι ὄρυγμα βαθὺ σταυροειδές. Καὶ προσευξάμενος καὶ εἰπών, "Εἰρήνη ὑμῖν, ἀδελφοί," ἀνεκλίθη ἐν τῷ ὀρύγματι. Τότε καλύψαντες αὐτὸν οἱ μαθηταὶ ἀνεχώρησαν. Καὶ μετὰ τοῦτο ἐλθόντες ἰδεῖν αὐτὸν οὐχ εὗρον.

father and said, "I am your daughter. Do not grieve any longer." After saying this, she found her repose.

The twenty-sixth day in the same month. The departure of 68
Saint John the Theologian and Evangelist.

After the ascension of the Lord and the dormition of the Theotokos, the great apostle and evangelist John went to Ephesus to preach Christ's gospel. He was reported to Domitian the emperor of the Romans, so he was exiled to the island of Patmos, where he also composed his holy gospel. After the death of Domitian, he was recalled and returned to Ephesus. Then after he instructed many and brought them to Christ through holy baptism, he foresaw his coming departure. When Sunday had dawned, he taught the brothers about God's magnificent works and exhorted them to keep all his teachings. Then he ordered his disciple to gather men who had the tools needed for digging a trench and follow him. He went to the place where he had them dig a deep trench in the shape of a cross. After he had prayed and said, "Peace be with you, my brothers," he lay down in the trench. Then his disciples covered him and departed. When they later returned to see him, they could not find him.

69 Μηνὶ τῷ αὐτῷ κζʹ. Ἄθλησις τῆς ἁγίας μάρτυρος Ἐπιχάρεως.

Ἐπίχαρις ἡ τοῦ Χριστοῦ μάρτυς ὑπῆρχεν ἐν τῇ Ῥώμῃ ἐπὶ Διοκλητιανοῦ τοῦ βασιλέως. Ἐκρατήθη δὲ παρὰ Καισαρίου τοῦ ἐπάρχου. Καὶ ὁμολογήσασα παρρησίᾳ τὸν Χριστόν, κρεμᾶται καὶ ξέεται. Εἶτα τύπτεται μετὰ σφυρῶν μολυβδίνων ὑπὸ τεσσάρων στρατιωτῶν, οἵτινες εὐχομένης αὐτῆς ὑπὸ ἀγγέλων ἀνῃρέθησαν. Εἶτα συνεβούλευσε τῷ ἐπάρχῳ ὁ συγκάθεδρος αὐτοῦ ἀποκεφαλίσαι αὐτήν. Λαβούσης δὲ τὴν διὰ ξίφους ἀπόφασιν καὶ προσευχομένης, ἡ εὑρεθεῖσα ὑποκάτω τῶν ποδῶν αὐτῆς πέτρα ὕδατος ἀνέβλυσε πλῆθος. Πληρώσασα δὲ τὴν εὐχὴν καὶ κλίνασα τὸν αὐχένα ἐπλήγη ὑπὸ τοῦ δημίου. Καὶ τὸ μὲν πνεῦμα αὐτῆς ἐναπετέθη εἰς χεῖρας Θεοῦ ζῶντος. *Δικαίων γὰρ ψυχαὶ ἐν χειρὶ Θεοῦ.* Τὸ δὲ τίμιον λείψανον αὐτῆς ἐτάφη ἐντίμως παρὰ Φίληκός τινος συγκλητικοῦ, εὐλαβοῦς Χριστιανοῦ, βρύον ἰάματα πᾶσι τοῖς πιστῶς προσερχομένοις αὐτῷ, πᾶσαν νόσον καὶ πᾶσαν συμφορὰν καὶ λύπην ἑτοίμως ἀποδιώκοντα ἕως τῆς σήμερον.

70 Τῇ αὐτῇ ἡμέρᾳ. Ἄθλησις τοῦ ἁγίου μάρτυρος Καλλιστράτου καὶ τῆς συνοδίας αὐτοῦ τὸν ἀριθμὸν ρπδʹ.

Καλλίστρατος ὁ πολύαθλος μάρτυς ἦν ἐπὶ τῆς βασιλείας Διοκλητιανοῦ ἐν τῇ πόλει Ῥώμῃ, ἀνὴρ σοφὸς καὶ τὸν Χριστὸν σεβόμενος. Κρατηθεὶς δὲ παρὰ τοῦ στρατηλάτου καὶ ἀναγκασθεὶς ἀρνήσασθαι τὸν Χριστὸν καὶ μὴ πεισθείς, ἐτύφθη ἰσχυρῶς. Καὶ δεθεὶς σχοινίοις σύρεται ἐπὶ ὀστρά-

The twenty-seventh day in the same month. The passion of the holy martyr Epicharis. 69

Christ's martyr Epicharis lived in Rome under the emperor Diocletian. She was arrested by Caesarius the prefect. When she openly confessed her belief in Christ, she was hung up and flayed. Next, she was struck with lead hammers by four soldiers until they were killed by angels while she was praying. Then the prefect's colleague advised him to have her beheaded. When she was sentenced to death by the sword, she prayed, and an abundance of water began to gush from the rock beneath her feet. After she finished her prayer, she extended her neck and was struck by the executioner. Her spirit ascended into the hands of the living God. *For the souls of the righteous are in the hand of God.* Her venerable remains were buried honorably by a pious Christian senator named Felix. Her body is the source of miraculous healings to all who visit it in faith, and they immediately dispel every sickness and every suffering and grief, even to this day.

On the same day. The passion of the holy martyr Kallistratos and his one hundred eighty-four companions. 70

The long-suffering martyr Kallistratos lived during the reign of Diocletian in the city of Rome. He was a wise man and worshiped Christ. He was arrested by the general and was pressured to deny Christ. But when he refused, he was severely beaten. Then he was bound with ropes and dragged

κων ὀξέων. Εἶτα ἐμβληθεὶς εἰς σάκκον ἐρρίφη εἰς τὴν θάλασσαν. Καὶ σχισθέντος τοῦ σάκκου ἐξῆλθε τῆς θαλάσσης ἀβλαβής. Καὶ ἰδόντες τὸ θαῦμα στρατιῶται τεσσαρακονταεννέα ἐπίστευσαν τῷ Χριστῷ. Καὶ τυφθέντες παρὰ τοῦ στρατηλάτου ἀπεκλείσθησαν ἐν τῇ φυλακῇ μετὰ τοῦ ἁγίου Καλλιστράτου, ἐρωτῶντες αὐτὸν καὶ διδασκόμενοι ὑπ' αὐτοῦ περὶ κρίσεως, περὶ ἀνταποδόσεως, περὶ ἀναστάσεως, καὶ περὶ ψυχῆς. Εἶτα τῆς φυλακῆς ἐκβληθεὶς μετὰ τῶν στρατιωτῶν καὶ προσευξάμενος, ἔρριψε τὰ εἴδωλα. Καὶ ἰδόντες ἕτεροι στρατιῶται ἑκατὸν τριακονταπέντε τὸ γενόμενον ἐπίστευσαν καὶ αὐτοὶ τῷ Χριστῷ. Καὶ οὕτως ἀπεκεφαλίσθησαν ἅπαντες.

71 Μηνὶ τῷ αὐτῷ κη'. Μνήμη τοῦ ὁσίου πατρὸς ἡμῶν Χαρίτωνος ὁμολογητοῦ γενομένου καὶ καθηγητοῦ τῆς ἐρήμου.

Χαρίτων ὁ ὅσιος πατὴρ ἡμῶν καὶ ὁμολογητὴς τοῦ Χριστοῦ ὑπῆρχεν ἐπὶ τῆς βασιλείας Αὐρηλιανοῦ, ἐκ τῆς πόλεως Ἰκονίου. Κρατηθεὶς δὲ παρὰ τοῦ ἄρχοντος καὶ τὸν Χριστὸν ὁμολογήσας ἐτύφθη σφοδρῶς. Καὶ τεθεὶς ἐπὶ πυρὸς κατεφλέχθη. Εἶτα ἐνεβλήθη εἰς φυλακήν. Τοῦ δὲ βασιλέως Αὐρηλιανοῦ τελευτήσαντος καὶ τοῦ διωγμοῦ παυθέντος, ἀπολυθεὶς ἀπήρχετο πρὸς τὰ Ἱεροσόλυμα. Ἐν δὲ τῇ ὁδῷ κρατηθεὶς ὑπὸ λῃστῶν, ἀπήχθη δεδεμένος εἰς τὸ σπήλαιον. Κατὰ συγκυρίαν δὲ ὄφις εἰσελθὼν εἰς οἰνηρὸν ἀγγεῖον τῶν λῃστῶν ἤμεσε τὸν ἰόν. Καὶ πιόντες οἱ λῃσταὶ τὸν οἶνον ἀπέθανον. Τότε διέδωκε τοῖς πτωχοῖς ὁ ὅσιος Χαρίτων τὰ ἐξ ἁρπαγῆς καὶ φόνων συναχθέντα τοῖς

over sharp potsherds. Next, he was put into a sack and thrown into the sea. But the sack split in half, and he emerged from the sea unharmed. Forty-nine soldiers came to believe in Christ when they saw this miracle. They were also beaten by the general and imprisoned with Saint Kallistratos. There they posed questions to him and were instructed by him about the final judgment, about its punishments and rewards, about the resurrection, and about the soul. Later on, he was taken out of prison along with the soldiers, and after he said a prayer, he threw down the idols. One hundred thirty-five more soldiers also came to believe in Christ after they saw what had happened. And thus they were all were beheaded.

The twenty-eighth day in the same month. The commemo- 71
ration of our holy father Chariton who became a confessor and a founder in the desert.

Our holy father and Christ's confessor Chariton lived during the reign of the emperor Aurelian and was from the city of Ikonion. He was arrested by the governor and, when he confessed his belief in Christ, he was badly beaten. Then he was laid on a fire and burned. Next, he was imprisoned. After the emperor Aurelian died and the persecution had come to an end, he was released and left for Jerusalem. On the road, he was captured by bandits who bound him and took him to their cave. By chance, a snake crawled into the bandits' wine jar and released its venom. The bandits drank the wine and died. Then Saint Chariton distributed to the poor what the bandits had accumulated through theft and

λῃσταῖς πράγματα. Καὶ ἀπῆλθεν εἰς ἕτερον τῆς ἐρήμου σπήλαιον καὶ κατῴκησεν ἐκεῖ, ἐν ᾧ πολλὰ ἀγωνισάμενος πλείστων ἠξιώθη θαυμάτων. Καὶ διὰ τὴν ἀρετὴν αὐτοῦ καὶ τὴν διδασκαλίαν πολλοὺς τῷ Θεῷ προσαγαγὼν ἀνεπαύσατο.

72 Τῇ αὐτῇ ἡμέρᾳ. Ἄθλησις τῶν ἁγίων μαρτύρων Ἀλφειοῦ, Ἀλεξάνδρου, Μάρκου, καὶ τῆς συνοδίας αὐτῶν.

Ἐπὶ τῆς βασιλείας Διοκλητιανοῦ Μάρκος ὁ μάρτυς ἦν ποιμαίνων πρόβατα ἐν ὄρει τινὶ πλησίον Ἀντιοχείας τῆς Πισιδίας. Τοσοῦτον δὲ ἠγωνίσατο εἰς ἀρετήν, ὡς καὶ τὰ θηρία ὑποτάσσειν. Κυνηγοὶ γάρ τινες διώκοντες ἄρκον εἶδον αὐτὴν προσφυγοῦσαν τῷ ἁγίῳ καὶ λείχουσαν τοὺς πόδας αὐτοῦ. Καὶ κατελθόντες ἀνήγγειλαν περὶ αὐτοῦ τῷ ἄρχοντι Ἀντιοχείας. Ὁ δὲ ἀποστείλας τριάκοντα στρατιώτας ἐκράτησε τὸν ἅγιον· οἵτινες διδαχθέντες παρ᾿ αὐτοῦ κατὰ τὴν ὁδὸν ἐπίστευσαν τῷ Χριστῷ. Καὶ γνοὺς τοῦτο ὁ ἄρχων προσέταξεν ἀπαχθέντας εἰς Νίκαιαν ἀποκεφαλισθῆναι. Τὸν δὲ ἅγιον Μάρκον σύρων ἀπὸ πόλεως εἰς πόλιν ἐζήτησε χαλκεῖς ποιῆσαι βασανιστήρια. Καὶ εὑρεθέντες Ἀλφειός, Ἀλέξανδρος, καὶ Ζώσιμος καὶ πειραθέντες χαλκεῦσαι, εὗρον τὸν σίδηρον πυρὶ μὴ μαλασσόμενον. Καὶ ἐπίστευσαν καὶ αὐτοὶ τῷ Χριστῷ καὶ ἀπεκεφαλίσθησαν μετὰ τοῦ ἁγίου Μάρκου. Καὶ σὺν αὐτοῖς Νίκων, Νέων, Ἡλιόδωρος πιστεύσαντες ἀπεσφάγησαν.

murder. After that, he moved to another cave in the desert where he settled. There he engaged in many struggles and was judged worthy of even more miracles. Because of his virtue and his teaching, he led many to God before he found his repose.

On the same day. The passion of the holy martyrs Alpheios, 72
Alexander, Mark, and their companions.

During the reign of Diocletian, the martyr Mark was tending his sheep on a mountain near Antioch in Pisidia. He progressed so far in his virtuous conduct that even the wild beasts obeyed him, for some hunters who were pursuing a bear saw her take refuge with the saint and lick his feet. They went off and told the governor of Antioch about him. He sent thirty soldiers and arrested the saint, but they listened to his teachings on the way and came to believe in Christ. When the governor learned of this, he ordered that they be taken to Nicaea to have their heads cut off. He then had Saint Mark dragged from city to city as he looked for smiths to fashion instruments of torture. He found Alpheios, Alexander, and Zosimos, but when they tried to work the forge, they discovered that the iron remained unaffected by the fire. They also came to believe in Christ and were beheaded along with Saint Mark. With them were Nikon, Neon, and Heliodoros, who were also slaughtered after they had come to believe.

73 Μηνὶ τῷ αὐτῷ κθʹ. Μνήμη τοῦ ὁσίου πατρὸς ἡμῶν Κυριακοῦ τοῦ ἀναχωρητοῦ.

Ὁ ὅσιος πατὴρ ἡμῶν Κυριακὸς ὁ ἀναχωρητὴς ὑπῆρχεν ἀπὸ τῆς πόλεως Κορίνθου ἐπὶ τῆς βασιλείας Θεοδοσίου τοῦ Μεγάλου, υἱὸς Ἰωάννου πρεσβυτέρου τῆς ἐκκλησίας Κορίνθου, τὸν βαθμὸν ἀναγνώστης. Ἀλλὰ τὸν Χριστὸν πλέον πάντων ἀγαπῶν καὶ θέλων σωθῆναι, ἀφῆκε τὸν κόσμον καὶ ἠκολούθησεν αὐτῷ. Δέκα γὰρ καὶ ὀκτὼ ἐτῶν γενόμενος ἀπῆλθεν εἰς τὰ Ἱεροσόλυμα. Καὶ εὐξάμενος εἰς τοὺς ἁγίους τόπους κατήντησεν εἰς τὴν λαύραν τοῦ ἁγίου Εὐθυμίου. Καὶ ὑπ' ἐκείνου περιεβάλετο τὸ ἱερὸν τῶν μοναχῶν σχῆμα. Τοσοῦτον δὲ γέγονεν εὐφυής, ὡς καὶ τοὺς τὰ Ὠριγένους φρονοῦντας ἐλέγχειν καὶ πείθειν εὐκόλως. Πολλὴν δὲ ἐπιδειξάμενος ἄσκησιν καὶ σκληραγωγίαν, καὶ προορατικοῦ χαρίσματος ἀξιωθείς, ὡς καὶ τοὺς κρυφίους τῶν ἀνθρώπων λογισμοὺς γινώσκειν, καὶ πράως καὶ ἡμέρως ἀναμιμνήσκειν αὐτοὺς καὶ τῇ διορθώσει ὠφελεῖν, ἐν βαθυτάτῳ γήρᾳ πρὸς Κύριον, ὃν ἐκ βρέφους ἐπόθησεν, ἐξεδήμησε χαίρων καὶ ἀγαλλόμενος.

74 Μηνὶ τῷ αὐτῷ λʹ. Μνήμη τοῦ ἁγίου ἱερομάρτυρος Γρηγορίου ἐπισκόπου τῆς Μεγάλης Ἀρμενίας.

Ὁ ἱερομάρτυς καὶ πολύαθλος Γρηγόριος ὑπῆρχεν ἐπὶ τῆς βασιλείας Διοκλητιανοῦ, Πάρθος τὸ γένος, συγγενὴς τοῦ τῆς Ἀρμενίας βασιλέως. Χριστιανὸς δὲ ὤν, κρατηθεὶς παρὰ Τηριδάτου καὶ αὐτοῦ βασιλέως Ἀρμενίας, πολλὰς ὑπέμεινε τιμωρίας, μάλιστα μαθόντος ὅτι υἱός ἐστι τοῦ

The twenty-ninth day in the same month. The commemoration of our holy father Kyriakos the anchorite. 73

Our holy father Kyriakos the anchorite was from the city of Corinth and lived during the reign of Theodosius the Great. He was the son of John, a priest of the church in Corinth, and held the rank of lector. But because he loved Christ more than anything and wanted to be saved, he renounced the world and followed him. He was eighteen years old when he went to Jerusalem. After he visited the holy places to pray, he entered the lavra of Saint Euthymios, and from him, he received the sacred habit of the monks. He was so naturally clever that he even refuted the followers of Origen and persuaded them without difficulty. He displayed many feats of asceticism and self-denial and was granted the grace of foresight so that he could recognize the hidden thoughts of others, and would gently and tenderly remind them and help them through his correction. After reaching an advanced age, he departed to the Lord, whom he loved from his youth, with great joy and happiness.

The thirtieth day in the same month. The commemoration of the holy martyr Saint Gregory, bishop of Great Armenia. 74

Gregory, the long-suffering holy martyr, lived during the reign of Diocletian. He was Parthian but was a relative of the king of Armenia. Because he was a Christian, he was arrested by Tiridates, who was himself the king of Armenia. Gregory suffered many torments at his hands, especially

τὸν πατέρα αὐτοῦ δολοφονήσαντος. Διατοῦτο δεσμεῖ αὐτοῦ χεῖρας καὶ πόδας καὶ εἰς λάκκον βαθὺν ἐνέβαλε πεπληρωμένον θηρίων καὶ ἑρπετῶν, ἐν ᾧ διέτριψεν ἔτη δεκαπέντε τρεφόμενος κρύφα παρὰ χήρας τινὸς Χριστιανῆς. Κατ' οἰκονομίαν δὲ Θεοῦ τοῦ Τηριδάτου παραφρονήσαντος καὶ τὰς σάρκας αὐτοῦ κατατρώγοντος καὶ μετὰ τῶν χοίρων ἐν τοῖς ὄρεσι βοσκομένου, εἶδεν ὀπτασίαν ἡ ἀδελφὴ αὐτοῦ μηνύουσαν αὐτῇ ὅτι εἰ μὴ ἐξέλθοι Γρηγόριος τοῦ λάκκου, Τηριδάτης οὐχ ὑγιαίνει. Ἐξελθὼν οὖν ἐβάπτισε τὸν Τηριδάτην καὶ πάντας τοὺς ὑπ' αὐτόν. Καὶ γενόμενος ἐπίσκοπος καὶ πολλὰς ἐκκλησίας συστησάμενος ἐπ' ὀνόματι Χριστοῦ καὶ τῶν ἁγίων ἐτελειώθη.

75 Τῇ αὐτῇ ἡμέρᾳ. Ἄθλησις τῶν ἁγίων μαρτύρων Ῥιψιμίας, Γαϊανῆς, καὶ τῆς συνοδίας αὐτῶν.

Ἡ μάρτυς Ῥιψιμία σὺν τῇ Γαϊανῇ ὑπῆρχον παρθένοι καὶ μονάζουσαι ἐν τῇ χώρᾳ Ἀρμενίας. Καὶ ἡ μὲν Γαϊανὴ ἦν γραῦς· ἡ δὲ Ῥιψιμία νέα, εὐγενής, καὶ εὔμορφος. Μαθὼν δὲ περὶ τοῦ κάλλους αὐτῆς ὁ Τηριδάτης ἐγένετο ἐν ἐπιθυμίᾳ αὐτῆς. Καὶ ἀποστείλας καὶ κρατήσας αὐτήν, ἐβιάζετο πρὸς ἀθέμιτον μῖξιν. Μὴ περιγενόμενος δὲ αὐτῆς τῇ τοῦ Χριστοῦ δυνάμει, λυπηθεὶς ἔκειτο ὡσεὶ νεκρός. Ἐκφυγοῦσαν δὲ τὴν ἁγίαν ἐπιδιώξαντες οἱ στρατιῶται καὶ φθάσαντες ἠνάγκασαν ἀρνήσασθαι τὸν Χριστόν. Καὶ μὴ πεισθείσης διέρρηξαν αὐτῆς τὰ ἱμάτια. Καὶ τὰς χεῖρας ὀπίσω δήσαντες τὴν γλῶσσαν ἀπέτεμον καὶ τοὺς ὀφθαλμοὺς ἐξώρυξαν. Καὶ τὸ σῶμα αὐτῆς εἰς πῦρ ἐνέβαλον. Εἶτα κατὰ

when he learned that Gregory's father was the man who had murdered his own father. Because of this, he bound his hands and feet and threw him into a deep pit full of wild animals and snakes. He lived there for fifteen years, fed in secret by a certain Christian widow. Through God's providence, Tiridates was seized with madness. He devoured his own flesh and was kept among the swine in the mountains. But his sister saw a vision revealing to her that Tiridates would not regain his sanity unless Gregory left the pit. So after he left the pit, he baptized Tiridates along with all his subordinates. Then he became a bishop and founded many churches in the name of Christ and his saints before he was perfected by death.

On the same day. The passion of the holy martyrs Rhip- 75
simia, Gaïana, and their companions.

The martyrs Rhipsimia and Gaïana were both virgins and nuns living in the region of Armenia. Gaïana was an old woman, while Rhipsimia was young, wellborn, and beautiful. After Tiridates learned of her beauty, he began to desire her. He sent men to arrest her and tried to force unlawful intercourse on her. But when he failed to overpower her because of the power of Christ, he lay there like a corpse grieving. As the saint fled, the soldiers pursued her, and after they overtook her, they pressured her to deny Christ. When she refused, they ripped off her clothes. Then they bound her hands behind her back, cut out her tongue, and gouged out her eyes before they threw her body into a fire. After that,

μικρὸν τοῖς ξίφεσι κοπτομένη παρέδωκε τὴν ψυχήν. Καὶ σὺν αὐτῇ ἀπέθανον ἄνδρες Χριστιανοὶ ἑβδομήκοντα καὶ γυναῖκες τριακονταδύο. Ἡ δὲ ἁγία Γαϊανὴ τὸ δέρμα τοῦ σώματος ὅλου ἐκδαρεῖσα καὶ λίθοις τὰ ὀστᾶ συντριβεῖσα, οὕτως ἀπετμήθη τὴν κεφαλήν.

she was slowly carved with swords until she handed over her spirit. Other Christians died with her, seventy men and thirty-two women. The skin of Saint Gaïana's entire body was stripped off, and her bones were broken with stones before she was finally beheaded.

76 Μηνὶ Ὀκτωβρίῳ α΄. Ἄθλησις τοῦ ἁγίου ἱερομάρτυρος καὶ ἀποστόλου Ἀνανίου ἐπισκόπου Δαμασκοῦ.

Ἀνανίας ὁ τοῦ Χριστοῦ μάρτυς καὶ ἀπόστολος ὑπῆρχε μὲν μαθητὴς τῶν μεγάλων ἀποστόλων Πέτρου καὶ Ἀνδρέου, ἐχειροτονήθη δὲ παρ' αὐτῶν ἐπίσκοπος τῆς πόλεως Δαμασκοῦ. Διατρίβων δὲ ἐν τῇ αὐτῇ πόλει καὶ μαθὼν ὅτι Παῦλος, ὁ τότε διώκτης τῆς ἐκκλησίας τοῦ Χριστοῦ, κατέρχεται ἀπὸ Ἱεροσολύμων πρὸς τὸ κρατῆσαι αὐτόν, ἐβουλήθη φυγεῖν. Ἀλλ' ὁ Κύριος ἐμφανισθεὶς αὐτῷ προσέταξε μὴ φυγεῖν ἀλλὰ περιμεῖναι καὶ βαπτίσαι αὐτὸν ὅπως ἀναβλέψῃ. Ἐτυφλώθη γὰρ κατὰ τὴν ὁδὸν φωτὸς ἐπιλάμψαντος αὐτῷ καὶ φωνῆς ἐξελθούσης ἐκ τοῦ φωτὸς καὶ εἰπούσης, "*Σαῦλε, τί με διώκεις; Ἐγώ εἰμι Ἰησοῦς* ὁ Χριστός. Ἀλλ' ἀπελθὼν πρὸς Ἀνανίαν βαπτίσθητι καὶ ἀναβλέψεις." Ποιήσας οὖν τὸ πρόσταγμα τοῦ Κυρίου ὁ Ἀνανίας ἐβάπτισε τὸν Σαῦλον μετονομάσας αὐτὸν Παῦλον. Εἶτα κρατηθεὶς παρὰ τῶν εἰδωλολατρῶν προσήχθη Λουκιανῷ τῷ ἄρχοντι. Καὶ τυφθεὶς καὶ τὰς πλευρὰς ξεσθείς, τέλος ἐκβληθεὶς τῆς πόλεως ἐλιθοβολήθη. Καὶ τελειωθεὶς ἐτάφη ἐν αὐτῇ τῇ πόλει Δαμασκῷ.

October

The first day in the month of October. The passion of the holy martyr and apostle Saint Ananias, bishop of Damascus. 76

Ananias, Christ's martyr and apostle, was the disciple of the great apostles Peter and Andrew, and was ordained bishop of the city of Damascus by them. While he was living in that city, he learned that Paul, who was persecuting Christ's church at that time, was coming from Jerusalem to arrest him, and he intended to flee. But the Lord appeared to him and commanded him not to flee, but to remain and baptize Paul so that he could see again. For he had been blinded on the road when a light appeared to him, and a voice came from the light, saying, "*Saul, why are you persecuting me? I am Jesus* Christ. Go to Ananias, be baptized, and you will see again." Ananias did as the Lord commanded. He baptized Saul and changed his name to Paul. Later on, he was arrested by the idolaters and brought before Lucian the governor. Then he was beaten, and his ribs were flayed. Finally, he was taken outside the city where he was stoned. After he was perfected by death, he was buried in the city of Damascus.

77 Τῇ αὐτῇ ἡμέρᾳ. Ἄθλησις τοῦ ὁσιομάρτυρος Μιχαὴλ καὶ τῶν σὺν αὐτῷ λς′ μοναχῶν.

Ὁ ἅγιος Μιχαὴλ μετὰ τῶν σὺν αὐτῷ τριακονταὲξ μοναχῶν ὑπῆρχε μὲν ἐπὶ τῆς βασιλείας Κωνσταντίνου καὶ Εἰρήνης. Ἡσύχαζε δὲ ἐν μοναστηρίῳ πλησίον Σεβαστουπόλεως. Ἐκστρατεύσας δὲ Ἀλὴμ ὁ ἀμηρᾶς τῶν Σαρακηνῶν κατὰ τῆς χώρας ἐκείνης ἐκράτησε τοὺς ἁγίους καὶ ἠνάγκασεν ἀρνήσασθαι τὸν Χριστὸν καὶ μαγαρίσαι. Οἱ δὲ ὅσιοι πατέρες οὐκ ἐπείσθησαν ἀλλ᾽ ἀντέστησαν αὐτῷ, ἐμπτύσαντες καὶ εἰπόντες, "Οὐ φοβούμεθα τὰς βασάνους, οὐδὲ τὸ θέλημα ὑμῶν ποιοῦμεν ὑπαρχόντων ἐχθρῶν τοῦ σταυροῦ τοῦ Χριστοῦ, ἀλλὰ καταπατοῦμεν τὴν ὑμῶν ἀθεότητα, κραταιούμενοι τῇ δυνάμει τοῦ Δεσπότου ἡμῶν Ἰησοῦ Χριστοῦ." Καὶ σταθεὶς ἐν μέσῳ αὐτῶν Μιχαὴλ ὁ ὁσιώτατος ἡγούμενος παρεκάλεσε πολλὰ τοὺς μοναχοὺς τοῦ μὴ ἀρνήσασθαι τὸν Χριστόν. Καὶ οὕτω πάντες προθυμηθέντες καὶ στηριχθέντες τῇ διδασκαλίᾳ αὐτοῦ, κλίναντες προθύμως τοὺς τραχήλους ἀπεκεφαλίσθησαν. Καὶ ἔσχατος πάντων ὁ πανόσιος Μιχαὴλ ξίφει πληγεὶς ἐτελειώθη.

78 Τῇ αὐτῇ ἡμέρᾳ. Μνήμη τοῦ ὁσίου Ῥωμανοῦ τοῦ ποιητοῦ τῶν κοντακίων.

Ὁ ὅσιος Ῥωμανὸς ὑπῆρχε μὲν ἀπὸ Συρίας διάκονος τυγχάνων τῆς ἐν Βηρυτῷ ἁγίας ἐκκλησίας. Καταλαβὼν δὲ τὴν Κωνσταντινούπολιν ἐπὶ τῶν χρόνων Ἀναστασίου τοῦ βασιλέως, ἀπῆλθε καὶ κατέμενεν ἐν τῷ ναῷ τῆς ὑπεραγίας Θεοτόκου εἰς τὰ Κύρου, ὅπου καὶ τὸ χάρισμα τῶν

On the same day. The passion of the holy martyr Michael and the thirty-six monks with him. 77

Saint Michael, along with the thirty-six monks who were his companions, lived during the reign of Constantine and Irene. He dedicated himself to a life of contemplation at a monastery near Sebastopolis. When Alim, emir of the Saracens, campaigned in that region, he captured these holy men and pressured them to deny Christ and become Muslim. But the holy fathers refused. In fact, they defied him by spitting in his face and saying, "We do not fear your torments nor will we ever do your bidding since you are enemies of Christ's cross. We will trample upon your godlessness because we are strengthened by the power of our Lord Jesus Christ." Then Michael, the most holy abbot, stood among them and passionately exhorted the monks not to deny Christ. They were so inspired and encouraged by his instruction that they eagerly lowered their heads before they were beheaded. All-holy Michael was struck by the sword last of all and was perfected by death.

On the same day. The commemoration of Saint Romanos, the composer of *kontakia*. 78

Saint Romanos was from Syria and was a deacon of the holy church in Berytus. During the time of the emperor Anastasios, he came to Constantinople and went to stay in the church of the supremely holy Theotokos in the district of *ta Kyrou,* where he also received the gift of composing

κοντακίων ἐδέξατο. Ἐν εὐλαβείᾳ γὰρ διάγων καὶ διανυκτερεύων καὶ λιτανεύων ἐν τῇ παννυχίδι τῶν Βλαχερνῶν, ὑπέστρεφε πάλιν εἰς τὰ Κύρου. Ἐν μιᾷ δὲ τῶν νυκτῶν κοιμωμένῳ αὐτῷ ἐφάνη καθ' ὕπνους ἡ ὑπεραγία Θεοτόκος καὶ ἐπέδωκε τόμον χάρτου καὶ εἶπε, "Λάβε τὸν χάρτην καὶ κατάφαγε αὐτόν." Ἐνόμισεν οὖν ὁ ἅγιος ἀνοῖξαι τὸ στόμα καὶ καταπιεῖν τὸν χάρτην. Ἦν δὲ ἡ ἑορτὴ τῶν Ἁγίων Χριστουγέννων. Καὶ εὐθέως ἐγερθεὶς ἐκ τοῦ ὕπνου ἐθαύμαζε καὶ ἐδόξαζε τὸν Θεόν. Εἶτα ἀναβὰς εἰς τὸν ἄμβωνα ἤρξατο τοῦ ψάλλειν, "*Ἡ παρθένος σήμερον τὸν Ὑπερούσιον τίκτει* . . ." Ποιήσας δὲ καὶ ἑτέρων ἑορτῶν κοντάκια, ὡς περὶ τὰ χίλια, πρὸς Κύριον ἐξεδήμησεν.

79 Τῇ αὐτῇ ἡμέρᾳ. Ἄθλησις τοῦ ἁγίου μάρτυρος Δομνίνου.

Ὁ ἅγιος μάρτυς Δομνῖνος ὑπῆρχεν ἀπὸ τῆς πόλεως Θεσσαλονίκης, Χριστιανὸς εὐλαβὴς καὶ τὸν Θεὸν φοβούμενος. Τοῦ δὲ Μαξιμιανοῦ βασίλεια κτίζοντος ἐν Θεσσαλονίκῃ, διαγνωσθεὶς ὡς Χριστιανὸς ἐκρατήθη καὶ παρέστη αὐτῷ. Καὶ εἶπεν ὁ Μαξιμιανὸς μετὰ ὀργῆς πρὸς αὐτόν, "Πῶς ἐμοῦ ἐνταῦθα παρόντος σὺ τολμᾷς Χριστιανὸν σεαυτὸν ἀνακηρύττειν καὶ τοὺς θεοὺς ἀποστρεφόμενος ἕτερον Θεὸν ὁμολογεῖν; Ἀλλὰ θῦσον αὐτοῖς, εἰ βούλει ζῆσαι." Τοῦ δὲ ἁγίου εἰπόντος, "Ἕνα Θεὸν γινώσκειν καὶ αὐτὸν προσκυνεῖν καὶ σέβεσθαι, τῶν δὲ νομιζομένων θεῶν καταφρονεῖν χρὴ πάντα Χριστιανόν," προσέταξεν ὁ Μαξιμιανὸς τοῖς στρατιώταις μάστιξι καταξαίνειν τὸ σῶμα αὐτοῦ. Ὡς δὲ ἔβλεπεν αὐτὸν ἀμετάθετον τὴν γνώμην ἔχοντα

kontakia. He lived a pious life, keeping vigil and performing the litany during the all-night vigil in Blachernai before returning to the church in *ta Kyrou.* While he slept one night, the supremely holy Theotokos appeared to him in a dream, gave him a roll of papyrus, and said, "Take the scroll and eat it." The saint dreamed that he opened his mouth and consumed the scroll. It was the feast of Christmas. As soon as he woke up from his sleep, he was astounded and gave glory to God. He then ascended the ambo and began to sing, "*Today the Virgin gives birth to One beyond all being* . . ." He also composed *kontakia* for other festivals, about a thousand in number, before he departed to the Lord.

On the same day. The passion of the holy martyr Domninos. 79

The holy martyr Domninos was from the city of the Thessalonike. He was a pious and God-fearing Christian. While Maximian was constructing a palace in Thessalonike, Domninos was discovered to be a Christian, so he was arrested and presented to him. Filled with rage, Maximian said to him, "How, while I am present here, do you dare to proclaim yourself a Christian, to abandon our gods, and to confess another God? Sacrifice to them if you want to live." But the saint replied, "To recognize the one God, to honor and worship him, and to reject the other so-called gods is what every Christian must do." Maximian then commanded his soldiers to lacerate his entire body with whips. But when he saw that he remained resolute in his devotion to our Lord

πρὸς τὸν Κύριον ἡμῶν Ἰησοῦν Χριστόν, ἐκέλευσεν ἀπενεχθέντα τῆς πόλεως ἔξω συντριβῆναι τὰ σκέλη. Καὶ οὕτω συνθλασθεὶς ἑπτὰ ἡμέρας ἐκαρτέρησε ζῶν μὴ μετασχὼν τροφῆς. Καὶ μέχρι τέλους εὐχαριστῶν παρέδωκε τὸ πνεῦμα.

80 Μηνὶ τῷ αὐτῷ β′. Ἄθλησις τῶν ἁγίων Κυπριανοῦ καὶ Ἰουστίνης.

Κυπριανὸς ὁ σοφὸς ἱεράρχης ὑπῆρχε μὲν ἐπὶ τῆς βασιλείας Δεκίου ἀπὸ Ἀντιοχείας τῆς Συρίας. Ἦν δὲ φιλόσοφος καὶ μάγος τέλειος. Ἀλλ᾽ ὕστερον γέγονε Χριστιανὸς ἀπὸ ὑποθέσεως τοιαύτης. Παρθένος τις ὑπῆρχεν ἐν αὐτῇ τῇ πόλει, Ἰουστίνα ὄνομα, βαπτισθεῖσα παρὰ Ὀπτάτου τοῦ ἐπισκόπου. Ἀνὴρ δέ τις Ἕλλην Ἶδας καλούμενος ἐπεθύμησεν αὐτῆς. Καὶ μὴ τυχὼν τῆς ἐπιθυμίας, προσέδραμε τῷ Κυπριανῷ παρακαλῶν αὐτὸν διὰ μαγείας πεῖσαι τὴν Ἰουστίναν ὑπακοῦσαι αὐτοῦ. Ἀποστείλας δὲ ὁ Κυπριανὸς ἐκ τρίτου δαίμονας τῆς πορνείας πρὸς τὴν παρθένον, καὶ μὴ πείσας αὐτήν, προσευχομένην τῷ Θεῷ διαπαντός, ἐδαιμονίσθη αὐτός, τοῦ ἐσχάτου δαίμονος στραφέντος καὶ εἰσελθόντος εἰς αὐτόν. Καὶ συνιδὼν ὅτι οὐδὲν ὠφελεῖ ἡ μαγικὴ τέχνη, ἔκαυσε τὰ βιβλία αὐτοῦ καὶ ἐβαπτίσθη. Καὶ τοσοῦτον ἐγένετο ἐνάρετος, ὡς καὶ ἐπίσκοπος γενέσθαι καὶ πολλοὺς διδάξαι τὴν τοῦ Χριστοῦ πίστιν. Ὕστερον δὲ κρατηθεὶς μετὰ τῆς Ἰουστίνης παρὰ τοῦ τῆς Δαμασκοῦ ἄρχοντος ὑπὲρ Χριστοῦ ἀπεκεφαλίσθη.

Jesus Christ, he ordered them to take him outside the city and break his legs. After he was tortured in this brutal way, he persisted in living for seven days, even though he took no nourishment. He gave thanks even to the end, and then he handed over his spirit.

The second day in the same month. The passion of Saints 80
Cyprian and Justina.

The wise hierarch Cyprian was from Antioch in Syria during the reign of Decius. He was an accomplished philosopher and magician, but he became a Christian later on because of the following series of events: There was a virgin named Justina in that city who had been baptized by Optatus the bishop. Now a certain Hellene named Idas began to desire her, but when his advances were rebuffed, he approached Cyprian and asked him to persuade Justina by magic to submit to him. Cyprian sent three demons of fornication to the virgin, one after the other, but when he failed to persuade her because she prayed to God constantly, he became possessed himself as the final demon returned and entered him. Recognizing that magic was worthless, he burned his books and was baptized. He also became so virtuous that he even became bishop and taught many to have faith in Christ. Later on, he was arrested with Justina by the governor of Damascus and was beheaded for Christ.

81 Τῇ αὐτῇ ἡμέρᾳ. Ἄθλησις τοῦ ὁσίου πατρὸς ἡμῶν Θεοφίλου τοῦ ὁμολογητοῦ.

Ὁ ὅσιος πατὴρ ἡμῶν καὶ ὁμολογητὴς τοῦ Χριστοῦ Θεόφιλος ἦν μοναχὸς εὐλαβὴς καὶ φοβούμενος τὸν Θεὸν ἐπὶ τῆς βασιλείας Λέοντος τοῦ Ἰσαύρου. Ὃν ἰδὼν σπουδάζοντα καταστρέψαι τὰς ἁγίας εἰκόνας καὶ πάντας πρὸς τὴν τῶν εἰκονομάχων αἵρεσιν ἐπιστρέψαι, ζήλῳ θείῳ κινηθεὶς ἐστάθη ἐνώπιον αὐτοῦ καὶ μετὰ παρρησίας ἤλεγξεν αὐτόν, παράνομον αὐτὸν εἰπὼν καὶ τοῦ Ἀντιχρίστου πρόδρομον καὶ ἀρνητὴν τῆς ὀρθοδόξου πίστεως. Εἰς θυμὸν οὖν καὶ ὀργὴν κινήσας αὐτόν, πρῶτον μὲν ἐτύφθη σφοδρῶς καὶ εἰς φυλακὴν ἐνεβλήθη. Καὶ ὑπὸ λιμοῦ τὸ σῶμα κατεδαπανήθη. Εἶτα τῆς φυλακῆς ἐκβληθεὶς καὶ πάλιν ἀναγκασθεὶς ἀρνήσασθαι τὴν τῶν ἁγίων εἰκόνων προσκύνησιν καὶ τὸ σέβας, καὶ μὴ πεισθεὶς εἰς ἐξορίαν ἀποστέλλεται. Καὶ ἐκεῖ πολλοὺς πειρασμοὺς ὑπομείνας καὶ μυρία δεινὰ παθών, καὶ ἐπὶ πᾶσι τὸν Θεὸν δοξάζων καὶ τῷ ὀνόματι τῷ ἁγίῳ αὐτοῦ εὐχαριστῶν, πρὸς Χριστὸν χαίρων ἐξεδήμησεν.

82 Μηνὶ τῷ αὐτῷ γʹ. Ἄθλησις τοῦ ἁγίου ἱερομάρτυρος Διονυσίου τοῦ Ἀρεοπαγίτου ἐπισκόπου Ἀθηνῶν.

Ὁ μέγας Διονύσιος ὑπῆρχε μὲν ἐν Ἀθήναις τῇ πόλει, εἷς τῶν ἐνδόξων καὶ πλουσίων καὶ σοφῶν. Ἔκρινε δὲ εἰς τὸν λεγόμενον Ἄρειον Πάγον τὰς δίκας. Ἀπελθόντος δὲ τοῦ ἁγίου ἀποστόλου Παύλου εἰς Ἀθήνας καὶ κηρύττοντος τὸν Χριστόν, ταχὺς ὢν τὴν σύνεσιν ἐπέγνω τὴν ἀλήθειαν καὶ ἐπίστευσεν εἰς Χριστόν. Καὶ βαπτισθεὶς χειροτονεῖται

On the same day. The passion of our holy father Theophilos the confessor. 81

Our holy father and Christ's confessor Theophilos was a pious and God-fearing monk who lived during the reign of Leo the Isaurian. When he saw that the emperor was intent on destroying the holy icons and converting everyone to the heresy of the iconoclasts, he was moved by divine zeal. He stood in his presence and openly condemned him, calling him lawless, the harbinger of the Antichrist, and a betrayer of the orthodox faith. Because he roused the emperor's wrath and fury, he was first badly beaten and thrown into prison, where his body wasted away from starvation. Then he was taken from prison and pressured to deny the veneration and sanctity of the holy icons. But when he refused, he was sent into exile. There he also endured many trials and suffered countless torments. Despite this, he continued to glorify God in all things and give thanks to his holy name until he departed to Christ with joy.

The third day in the same month. The passion of the holy martyr Saint Dionysios the Areopagite, bishop of Athens. 82

The great Dionysios lived in the city of Athens. He was one of the city's distinguished, rich, and wise inhabitants, and he judged cases on what is called the Areopagus. When Saint Paul the apostle went to Athens and preached about Christ, his quick understanding allowed him to grasp the truth and believe in Christ. He was then baptized and consecrated

ἐπίσκοπος Ἀθηνῶν, διδάσκων πολλοὺς τῶν Ἑλλήνων καὶ πρὸς Θεὸν ἐπιστρέφων καὶ βαπτίζων. Ἔμαθε δὲ καὶ τὰ ἀπόρρητα μυστήρια τοῦ Θεοῦ ὑπὸ τοῦ ἁγίου Ἱεροθέου τοῦ ἐπισκόπου καὶ συνεγράψατο βιβλία πολλὰ περὶ τῶν οὐρανίων δυνάμεων. Διαβληθεὶς δὲ τῷ τῶν Ἀθηνῶν ἄρχοντι παρὰ τῶν εἰδωλολατρῶν, ἐκρατήθη μετὰ δύο μαθητῶν αὐτοῦ. Καὶ πολλὰ τιμωρηθέντες, πρῶτον μὲν αὐτὸς ἀπεκεφαλίσθη καὶ δεξάμενος τὴν κεφαλὴν αὐτοῦ ταῖς οἰκείαις χερσὶ περιεπάτησε μίλια δύο· Καὶ οὐ πρότερον ἔθηκεν αὐτὴν ἕως συνήντησε γυναικὶ Χριστιανῇ καὶ ἐπέδωκεν αὐτήν. Ἔπειτα ἀπεκεφαλίσθησαν καὶ οἱ δύο μαθηταὶ αὐτοῦ.

83 Μηνὶ τῷ αὐτῷ δʹ. Ἄθλησις τῶν ἁγίων μαρτύρων Ἀδαύκτου καὶ Καλλισθένης τῆς αὐτοῦ θυγατρός.

Ἄδαυκτος ὁ μάρτυς ὑπῆρχε μὲν ἀπὸ τῆς πόλεως Ἐφέσου. Ἐπεῖχε δὲ τὴν τοῦ δουκὸς ἀξίαν ἐπὶ Μαξιμίνου τοῦ βασιλέως, ἔχων καὶ θυγατέρα παρθένον εὐμορφοτάτην Καλλισθένην ὀνόματι. Ἀκούσας δὲ ὁ Μαξιμῖνος περὶ αὐτῆς ἀπέστειλεν ἐλθεῖν αὐτὴν πρὸς αὐτόν. Ὁ δὲ πατὴρ αὐτῆς ἔκρυψεν αὐτὴν φυγαδεύσας εἰς τὰ μέρη τῆς ἀνατολῆς. Μαθὼν δὲ τοῦτο ὁ Μαξιμῖνος καὶ ὀργισθεὶς ἐκράτησε τὸν Ἄδαυκτον προφάσει τοῦ Χριστιανισμοῦ. Καὶ δημεύσας ἐξώρισεν εἰς Μεσοποταμίαν, γράψας τῷ τῆς Μεσοποταμίας ἄρχοντι, ἀναγκάσαι μὲν αὐτὸν θῦσαι τοῖς εἰδώλοις, μὴ πειθόμενον δὲ φονεῦσαι. Ὁ δὲ ἄρχων μὴ πείσας αὐτὸν ἀπεκεφάλισεν. Εἶτα ἐτάφη παρὰ τῆς γυναικὸς αὐτοῦ καὶ

bishop of Athens, whereupon he instructed many Hellenes, brought them to God, and baptized them. He was also taught the secret mysteries of God by Saint Hierotheos the bishop, and he composed many books about the heavenly powers. After he was reported to the governor of Athens by the idolaters, he was arrested along with two of his students. They endured many torments, but Dionysios was the first to be beheaded. He caught his head in his own hands and walked two miles. He did not set it down until he encountered a certain Christian woman and gave it to her. Then his two students were also beheaded.

The fourth day in the same month. The passion of the holy 83
martyrs Adauktos and his daughter, Kallisthene.

Adauktos the martyr was from the city of Ephesus. He held the rank of *doux* during the reign of the emperor Maximinus. He also had a daughter, a most beautiful virgin named Kallisthene. When Maximinus heard about her, he summoned her to him. But her father concealed her and had her flee eastward. When Maximinus learned of this, he was filled with rage and arrested Adauktos on the pretext of his Christianity. He fined him and sent him into exile in Mesopotamia. He wrote to the governor of Mesopotamia that he should pressure him to sacrifice to the idols and if he refused, to execute him. When the governor failed to persuade him, he had him beheaded. He was then buried by his

τῆς θυγατρός. Τῆς δὲ βασιλείας κρατήσαντος Λικιννίου, προσῆλθεν ἡ Καλλισθένη τῇ βασιλίσσῃ καὶ διηγήσατο πάντα. Καὶ τῇ τῆς βασιλίδος προστάξει μετεκόμισε τοῦ πατρὸς αὐτῆς τὸ λείψανον εἰς Ἔφεσον. Εἶτα καὶ αὐτὴ καλῶς βιώσασα ἐτελειώθη.

84 Τῇ αὐτῇ ἡμέρᾳ. Ἄθλησις τοῦ ἁγίου ἱερομάρτυρος Πέτρου ἐπισκόπου Καπετωλέων.

Ἕλλην ὑπῆρχεν οὗτος ὁ Πέτρος, ἀλλ᾽ ἐπειδὴ τῆς τοῦ Χριστοῦ διδασκαλίας ἐγεύσατο, πιστεύσας ἐβαπτίσθη μετὰ τῆς γυναικὸς καὶ τῶν τέκνων καὶ ὅλου τοῦ οἴκου αὐτοῦ. Εἶτα ἀναγνοὺς καὶ μαθὼν τὴν θείαν γραφήν, τῆς τῶν Καπετωλέων ἐκκλησίας προεχειρίσθη ἐπίσκοπος. Πολλοὺς δὲ τῶν Ἑλλήνων διδάσκων καὶ πρὸς Χριστὸν ἐπιστρέφων, διωγμοῦ κινηθέντος κατὰ τῶν Χριστιανῶν, ἐκρατήθη παρὰ τῶν εἰδωλολατρῶν. Καὶ σφοδρῶς τυφθεὶς καὶ ἁλύσεσι δεθείς, παρεδόθη τῷ ἄρχοντι. Ὁ δὲ ἄρχων μὴ πείσας αὐτὸν θῦσαι τοῖς εἰδώλοις, τοὺς ὀφθαλμοὺς ἐξώρυξε καὶ τὴν γλῶσσαν ἐξέτεμε καὶ τὰ ὠτία ἀπέκοψε καὶ τὰς χεῖρας καὶ τοὺς πόδας ἐνευροκόπησε. Μετὰ δὲ τὸ ποιῆσαι ταύτας τὰς τιμωρίας σταυρὸν εὐτρεπίσας ἐκρέμασε τὸν ἅγιον εὐχόμενον πρὸς τὸν Θεὸν καὶ λέγοντα, "Κύριε, μὴ στήσῃς αὐτοῖς τὴν ἁμαρτίαν ταύτην." Ἔτι δὲ ἐμπνέοντα ἦλθον οἱ στρατιῶται καὶ ἀπεκεφάλισαν αὐτόν. Καὶ οὕτως ἐτελειώθη.

wife and his daughter. After Licinius became emperor, Kallisthene met with the empress and related everything that had happened. By the order of the empress, she arranged for her father's remains to be transferred to Ephesus. Then after living a pious life, she was perfected by death.

On the same day. The passion of the holy martyr Saint Peter, 84
bishop of Capitolias.

This Peter was a Hellene, but after he first tasted the teaching of Christ, he believed and was baptized along with his wife, his children, and his entire household. Later on, after he read and studied the holy scriptures, he was ordained bishop of the church in Capitolias. He instructed many of the Hellenes and brought them to Christ, but when a persecution arose against the Christians, he was arrested by the idolaters. He was badly beaten and bound in fetters before he was handed over to the governor. After he refused to sacrifice to the idols, the governor had his eyes gouged out, his tongue cut out, his ears chopped off, and the tendons in his arms and legs severed. After he subjected him to these torments, he set up a cross and hung the saint on it. Despite all of this, he prayed to God, saying, "Lord, do not account this a sin for them." The soldiers came and cut off his head while he was still breathing. Thus, he was perfected by death.

85 Τῇ αὐτῇ ἡμέρᾳ. Ἡ κοίμησις τοῦ ὁσίου πατρὸς ἡμῶν Παύλου τοῦ Ἁπλοῦ.

Παῦλος ὁ ἐπικληθεὶς διὰ τὸν τρόπον "Ἁπλοῦς" ὑπῆρχε μὲν γεωργός, συνεζεύχθη δὲ γυναικὶ ὡραίᾳ τὴν μορφὴν ἀλλὰ κακοτρόπῳ τὴν γνώμην. Ἐλθὼν δέ ποτε ἀπὸ τοῦ ἀγροῦ εἰς τὸν οἶκον αὐτοῦ, εὗρε τὴν γυναῖκα μετὰ μοιχοῦ ἁμαρτάνουσαν. Καὶ καταλιπὼν καὶ τὸν οἶκον καὶ τὰ παιδία αὐτοῦ, ἐξῆλθεν εἰς τὴν ἔρημον. Καὶ ἀπελθὼν πρὸς τὸν Μέγαν Ἀντώνιον παρεκάλει ποιῆσαι αὐτὸν μοναχόν. Ὁ δὲ ἰδὼν αὐτὸν γέροντα εἶπεν, "Ἑξήκοντα ἐτῶν γέρων πειρασμοὺς ὑπομεῖναι οὐ δύναται." Καὶ ὁ Παῦλος εἶπεν, "Εἴ τι μοι εἴπῃς, ποιῶ." Καὶ ἀποπειράσας αὐτὸν εὗρεν ὅτι πάντα ὑπομένει. Καὶ ἐκούρευσεν αὐτὸν καὶ ἐποίησε μοναχόν. Καὶ κτίσας κελλίον κατ' ἰδίαν εἰς ἕτερον σπήλαιον δέδωκε μένειν ἐκεῖ. Οὕτω δὲ ἠγωνίσατο εἰς ἀρετήν, ὡς καὶ τοῦ θαυματουργεῖν ἀξιωθῆναι. Νεανίσκου γάρ τινος ἔχοντος δαίμονα πρὸς Ἀντώνιον ἐλθόντος, τοῦ Ἀντωνίου παραχωρήσαντος, ἐξέβαλεν αὐτόν. Καὶ μετὰ ταῦτα ἐτελειώθη.

86 Τῇ αὐτῇ ἡμέρᾳ. Ἄθλησις τοῦ ἁγίου ἱερομάρτυρος Διονυσίου πατριάρχου Ἀλεξανδρείας.

Ὁ ἐν ἁγίοις πατὴρ ἡμῶν Διονύσιος ἦν ἐπὶ τῶν χρόνων Οὐαλεριανοῦ καὶ Γαλλιηνοῦ τῶν βασιλέων. Διωγμοῦ δὲ κινηθέντος κατὰ τῶν Χριστιανῶν, μάλιστα δὲ κατὰ τῶν ἐπισκόπων, νομισάντων τῶν βασιλέων ὅτι ἐὰν οἱ ἐπίσκοποι παρασταλῶσιν, εὐκόλως τοὺς λοιποὺς Χριστιανοὺς ὑποχειρίους ποιήσουσι· κρατήσας ὁ τῆς Ἀλεξανδρείας

On the same day. The repose of our holy father Paul the Simple. 85

Paul, who was called "the Simple" because of his character, was a farmer. He was married to a woman who was physically beautiful but who had poor judgment. He came home from the fields one time and found his wife in the act of committing adultery with someone, so he left his home and his children, and went out into the desert. He went to Antony the Great and asked him to make him a monk. When Antony saw that he was an old man, he said, "An old man of sixty years cannot endure temptations." But Paul replied, "I will do whatever you say." Then Antony tested him and discovered that he could bear everything, so he tonsured him and made him a monk. He also constructed a private cell in another cave and allowed him to live there. Paul progressed so far in his struggle for virtue that he was judged worthy of working miracles. For a young man possessed by a demon once came to Antony, but Antony delegated him to Paul, who cast out the demon. Later on, he was perfected by death.

On the same day. The passion of the holy martyr Saint Dionysios, patriarch of Alexandria. 86

Our father among the saints Dionysios lived during the reign of the emperors Valerian and Gallienus. After a persecution arose against the Christians, and especially against the bishops because the emperors believed that they would more easily control the rest of the Christians if they banished the bishops, the governor of Alexandria arrested Saint

ἄρχων τὸν ἅγιον Διονύσιον καὶ πολλὰ καταναγκάσας, ἀρνήσασθαι μὲν τὸν Χριστόν, θῦσαι δὲ τοῖς εἰδώλοις, καὶ μὴ πείσας ἐξώρισεν εἰς τὴν ἐνδοτέραν Αἴγυπτον, προστάξας μὴ βλέπεσθαι αὐτὸν ὑπό τινος τῶν φίλων αὐτοῦ. Ἀπελθὼν δὲ εἰς τὴν ἐξορίαν καὶ διδάσκων τὴν τοῦ Χριστοῦ πίστιν τοὺς προσερχομένους αὐτῷ, οὐ μόνον ἐλιθάσθη παρὰ τῶν εἰδωλολατρῶν καὶ διαφόρως ἐβασανίσθη, ἀλλ' ἐξωρίσθη πάλιν παρὰ τοῦ ἄρχοντος εἰς τραχύτερον τόπον καὶ ἀοίκητον. Ἔνθα πολλοὺς πειρασμοὺς ὑπομείνας, τέλος τὴν ἱερὰν αὐτοῦ κεφαλὴν διὰ ξίφους ἀπετμήθη.

87 Τῇ αὐτῇ ἡμέρᾳ. Ἄθλησις τῶν ἁγίων μαρτύρων καὶ διακόνων Γαΐου, Φαύστου, Εὐσεβίου, καὶ Χαιρήμονος.

Μαθηταὶ ὑπῆρχον οὗτοι οἱ διάκονοι καὶ μάρτυρες τοῦ ἁγίου ἱερομάρτυρος Διονυσίου. Καὶ ὁ μὲν Γάϊος καὶ ὁ Φαῦστος σὺν αὐτῷ ἐξορισθέντες, καὶ πολλὰ βασανισθέντες καὶ ταλαιπωρηθέντες, τὸ διὰ μαρτυρίου τέλος ἐδέξαντο. Ὁ δὲ Εὐσέβιος καὶ ὁ Χαιρήμων μετὰ τὴν τοῦ διδασκάλου αὐτῶν καὶ ἀρχιερέως ἐξορίαν ὑπὸ Θεοῦ δυναμωθέντες, καὶ τοὺς ἐν φυλακαῖς ἁγίους ἐπισκεπτόμενοι καὶ θεραπεύοντες καὶ τὰ τῶν ἁγίων μαρτύρων λείψανα περιστέλλοντες καὶ θάπτοντες, διήρκεσαν ἕως τῆς βασιλείας Δεκίου, μὴ ὑποστελλόμενοι τὸ σύνολον, ἀλλὰ παρρησίᾳ ὁμολογοῦντες τὸν Χριστὸν καὶ τὴν αὐτοῦ σωτήριον ἐνανθρώπησιν τοῖς πᾶσιν ἀνακηρύττοντες. Διατοῦτο κρατηθέντες καὶ αὐτοὶ παρὰ τῶν εἰδωλολατρῶν καὶ δεθέντες ἁλύσεσι σιδηραῖς τῷ τῆς Ἀλεξανδρείας παρεδόθησαν

Dionysios and pressured him to deny Christ and sacrifice to the idols. But when he refused, he exiled him to the interior of Egypt and stipulated that none of his friends could visit him. After he went into exile, he continued to teach those who came to him about faith in Christ. Because of this, he was not only stoned by the idolaters and tortured in other ways, but he was also exiled again by the governor to an even more remote and uninhabitable place. There he endured many trials before his holy head was finally cut off with a sword.

On the same day. The passion of the holy martyrs and deacons Gaius, Faustus, Eusebios, and Chairemon. 87

These deacons and martyrs were disciples of the holy martyr Saint Dionysios. Gaius and Faustus were exiled with him, and after suffering many torments and trials, they received the death of martyrdom. As for Eusebios and Chairemon, after the exile of their teacher and archpriest and through the strength given to them by God, they visited and ministered to the saints who were imprisoned. Furthermore, they attended to and buried the bodies of the holy martyrs. They continued to do this until the reign of Decius, whereupon they did not hold back at all, but openly confessed their belief in Christ and proclaimed his salvific incarnation before everyone. Because of this, they were also arrested by the idolaters and bound with iron fetters before they were handed over to the governor of Alexandria. After

ἄρχοντι. Καὶ πολλαῖς βασάνοις ὑποβληθέντες, τέλος ὁ μὲν Εὐσέβιος ἐπὶ ξύλου κρεμασθεὶς καὶ ξεσθεὶς ἐτελειώθη, ὁ δὲ Χαιρήμων ῥάβδοις τυπτόμενος ἐξέπνευσεν.

88 Τῇ αὐτῇ ἡμέρᾳ. Μνήμη τοῦ ἐν ἁγίοις πατρὸς ἡμῶν καὶ ἱεράρχου Ἱεροθέου.

Ἱερόθεος ὁ μέγας ἱεράρχης ὑπῆρχε μὲν εἷς τῶν ἐννέα βουλευτῶν ἐν Ἀθήναις τῇ πόλει, διδάσκαλος δὲ Διονυσίου τοῦ Ἀρεοπαγίτου. Διδαχθεὶς δὲ τὰ περὶ τοῦ Χριστοῦ παρὰ τῶν ἁγίων ἀποστόλων, ἠκολούθει αὐτοῖς καὶ συνεδοξολόγει, ἐξοδίους ὕμνους συμπλέκων καὶ ψάλλων ἐν τῇ κοιμήσει τῆς ἁγίας ὑπερενδόξου Δεσποίνης ἡμῶν Θεοτόκου καὶ ἀειπαρθένου Μαρίας, καὶ διαπρέπων ἐνώπιον τῶν ἀποστόλων κατὰ πάντα. Εἰς τοσοῦτον δὲ ἔφθασε σοφίας καὶ γνώσεως Θεοῦ, ὡς καὶ τὸν ἅγιον Διονύσιον, μετὰ τὸ πιστεῦσαι εἰς Χριστὸν ὑπὸ τοῦ μεγάλου ἀποστόλου Παύλου, τῇ δυνάμει καὶ συνεργίᾳ τοῦ Παναγίου Πνεύματος διδάξαι τὰ περὶ τῶν οὐρανίων δυνάμεων καὶ τῶν ἀγγελικῶν τάξεων καὶ παντὸς τοῦ οὐρανίου κόσμου. Συνεγράψατο δὲ καὶ ἄλλας βίβλους πολλὰς περὶ μυστηρίων μεγάλων διαγορευούσας. Βιώσας δὲ τὸν ὅλον τῆς ζωῆς αὐτοῦ χρόνον ἐν εὐλαβείᾳ καὶ ἀρετῇ, καὶ τὸν Θεὸν πολλὰ θεραπεύσας, καὶ διατοῦτο καὶ χαρισμάτων πολλῶν ἀξιωθείς, τελειωθεὶς ἀνεπαύσατο.

being subjected to many torments, in the end Eusebios was hung on a stake and flayed until he was perfected by death, while Chairemon was beaten with rods until he breathed his last.

On the same day. The commemoration of our father among the saints, the hierarch Hierotheos. 88

Hierotheos the great hierarch was one of the nine archons in the city of Athens and was the teacher of Dionysios the Areopagite. Having been instructed about Christ by the holy apostles, he followed them and joined them in glorifying him. He composed funerary hymns and sang during the dormition of our holy and supremely glorious Lady, the Theotokos and ever-virgin Mary. He was distinguished among the apostles in every way. He achieved such wisdom and knowledge of God, that, through the power and assistance of the all-Holy Spirit, he also taught Saint Dionysios, after his conversion to Christ through the great apostle Paul, about the heavenly powers, the angelic hosts, and the entire heavenly cosmos. He also wrote many other books describing great mysteries. After living the entire span of his life piously and virtuously, during which he performed many acts of service to God and was judged worthy of many graces because of this, he was perfected by death and found his repose.

89 Τῇ αὐτῇ ἡμέρᾳ. Ἄθλησις τοῦ ἁγίου Δομετίου τοῦ Πέρσου.

Ὁ ἅγιος Δομέτιος ὑπῆρχεν ἐπὶ Κωνσταντίνου τοῦ Μεγάλου ἐκ τῆς χώρας Περσῶν. Διδαχθεὶς δὲ ὑπὸ Χριστιανοῦ τινος τὴν εὐσέβειαν καὶ βαπτισθείς, ἀφεὶς καὶ γονεῖς καὶ πλοῦτον ἀπῆλθεν εἰς τὸ μοναστήριον τῶν Ἁγίων Σεργίου καὶ Βάκχου πλησίον Θεοδοσιουπόλεως καὶ ἐγένετο μοναχός· ἐν ᾧ καὶ διὰ τὴν ἀρετὴν αὐτοῦ χειροτονεῖται διάκονος. Καὶ λειτουργοῦντος τοῦ ἀρχιμανδρίτου, κρατῶν τὸ ῥιπιστήριον πλησίον τῆς ἁγίας τραπέζης, ὁρᾷ τὸ Πνεῦμα τὸ Ἅγιον ἐν εἴδει περιστερᾶς περιπετόμενον ἐπὶ τὰ ἅγια δῶρα καὶ ἐπικαθήμενον αὐτοῖς· τοσοῦτον γὰρ εἶχεν καθαρὰν τὴν ψυχήν, ὡς καὶ τὸ Πνεῦμα τὸ Ἅγιον σωματοειδῶς θεωρεῖν καὶ ὑπ' αὐτοῦ φωτίζεσθαι τὴν διάνοιαν. Βουληθέντος δὲ τοῦ ἀρχιμανδρίτου χειροτονῆσαι αὐτὸν καὶ πρεσβύτερον, φυγὼν ἀπῆλθεν ἔν τινι σπηλαίῳ. Ἔνθα πολλοὺς τῶν προσερχομένων αὐτῷ διδάσκων ὠφέλει. Καὶ μαθὼν τοῦτο Ἰουλιανὸς ὁ Παραβάτης, ἀποστείλας ἐλιθοβόλησεν αὐτόν.

90 Τῇ αὐτῇ ἡμέρᾳ. Μνήμη τοῦ ἁγίου Ἀμοῦν τοῦ Αἰγυπτίου.

Ἀμοῦν ὁ θεοφόρος ἐν ἀσκηταῖς μὲν ἐγένετο θαυμαστός. Ὑπῆρχε δὲ ἀπὸ τῆς Αἰγύπτου, φιλομόναχος ὢν ἀπὸ νεότητος. Κατὰ δὲ τοὺς καιροὺς Μαξιμιανοῦ τοῦ βασιλέως ἀνεχώρησεν εἰς τὴν ἔρημον. Καὶ ἀπελθὼν καταμόνας ἡσύχασεν, ἓν μόνον ἱμάτιον φορῶν νυκτὸς καὶ ἡμέρας καὶ τρεφόμενος ἐκ τῶν φυομένων βοτανῶν. Διήρκεσε δὲ ἡ

On the same day. The passion of Saint Dometios the Persian. 89

Saint Dometios lived during the reign of Constantine the Great and was from the region of Persia. After he received instruction in piety from a certain Christian man and was baptized, he left his parents and their wealth and went off to the monastery of Saints Sergius and Bacchus near Theodosioupolis and became a monk. There he was also ordained a deacon because of his virtue. Once, while the archimandrite was celebrating the liturgy, he was holding the liturgical fan near the holy altar, and he saw the Holy Spirit in the form of a dove hovering around the holy gifts and then coming to rest upon them. Such was the purity of his soul that the Holy Spirit even appeared to him in bodily form and enlightened his understanding. However, when the archimandrite wanted to ordain him also as a priest, he fled and took refuge in a cave. There, through his teachings, he benefitted many who came to visit him. After Julian the Apostate learned of this, he sent men to stone him.

On the same day. The commemoration of Saint Amun the Egyptian. 90

God-bearing Amun was renowned among ascetics. He was from Egypt and yearned for the monastic life from a young age. During the time of the emperor Maximian, he retreated into the desert, where he went off on his own and lived as a hermit. Night and day, he wore only a single cloak and received his sustenance from the plants growing nearby. The

ζωὴ αὐτοῦ μέχρι τῶν ἀγώνων τοῦ Μεγάλου Ἀντωνίου. Ἐξ οὗ καὶ τῆς μακαρίας ψυχῆς τοῦ Ἀμοῦν τοῦ σώματος ἐξελθούσης καὶ πρὸς οὐρανὸν ἀναφερομένης, καθεζόμενος ὁ ἅγιος Ἀντώνιος καὶ διδάσκων τινὰς τῶν ἀδελφῶν ψυχωφελῆ ῥήματα, ἰδὼν τὴν ψυχήν, ἐξαίφνης ἀναστάς, ἔβλεπεν αὐτὴν ὀψικευομένην ὑπὸ ἀγγέλων καὶ ἐδόξαζε τὸν Θεόν. Ἐρωτήσαντες δὲ οἱ παρόντες καὶ μαθόντες τὸ πρᾶγμα ἠκρίβωσαν τὴν ὥραν. Καὶ ἀπελθόντες εἰς Αἴγυπτον μετὰ δεκάτην ἡμέραν εὗρον ὅτι ἐκοιμήθη ὁ ἅγιος Ἀμοῦν κατ' ἐκείνην τὴν ὥραν, ἣν εἶπεν Ἀντώνιος.

91 Μηνὶ τῷ αὐτῷ ε΄. Ἄθλησις τῆς ἁγίας μάρτυρος Μαμέλχθης.

Ἡ ἁγία Μαμέλχθα ὑπῆρχε μὲν ἐκ Περσίδος, ἱέρεια δὲ τοῦ ναοῦ τῆς Ἀρτέμιδος, ἔχουσα καὶ ἀδελφὴν Χριστιανήν. Κατενεχθεῖσα δὲ εἰς ὕπνον εἶδεν ἄγγελον Θεοῦ δεικνύοντα αὐτῇ τὰ μυστήρια τῶν Χριστιανῶν. Καὶ ἀναστᾶσα ἔμφοβος διηγεῖται τῇ ἀδελφῇ. Ἡ δὲ ἄγει αὐτὴν πρὸς τὸν ἐπίσκοπον. Καὶ μαθὼν ὁ ἐπίσκοπος τὰ τῆς ὀπτασίας, εἶπεν αὐτῇ ὅτι "Ὀφείλεις Χριστιανὴ γενέσθαι." Ἣν εὐθέως ἐβάπτισε, καὶ ἐδέξατο αὐτὴν ἡ ἰδία ἀδελφή. Ὅθεν μανέντες οἱ Ἕλληνες ἐτιμωρήσαντο αὐτὴν καὶ ἀπέκτειναν ἐν λίθοις ἔτι τὰ ἐμφώτια τοῦ ἁγίου βαπτίσματος περιβεβλημένην. Καὶ ἔρριψαν εἰς λάκκον βαθύτατον, ἐξ οὗ οἱ Χριστιανοὶ μόλις αὐτὴν ἀνήγαγον. Προσελθὼν δὲ τῷ βασιλεῖ τῶν Περσῶν ὁ ἐπίσκοπος καὶ αἰτήσας ἔλαβεν ἐξουσίαν, τοῦ καταλῦσαι μὲν τὸν ναὸν τῆς Ἀρτέμιδος, οἰκοδομῆσαι δὲ

end of his life overlapped with the labors of Antony the Great. At the moment when Saint Amun's soul departed from his body and was ascending to heaven, Saint Antony was sitting and instructing some of his brother monks with edifying words. When he saw Amun's soul, he immediately stood up, watched as it was guided by angels, and gave glory to God. When those present questioned him and learned what had happened, they took note of the hour. Coming to Egypt ten days later, they discovered that Saint Amun had died at the very hour that Antony had said.

The fifth day in the same month. The passion of the holy 91
martyr Mamelktha.

Saint Mamelktha was from Persia and was a priestess at the temple of Artemis. She also had a sister who was a Christian. Once, after she had fallen asleep, she saw an angel of God who revealed the Christian mysteries to her. She awoke with great fear and told her sister. Her sister then brought her to the bishop. When the bishop learned the details of the vision, he said to her, "You must become a Christian." Then he immediately baptized her, with her own sister as godmother. The Hellenes were filled with rage because of this, so they tortured her before they killed her with stones. She was still wearing the garments of holy baptism. Then they threw her body into a very deep pit, from which the Christians retrieved her only with great difficulty. After that, the bishop went to the king of the Persians to make a petition. He received permission to raze the temple of Artemis and

ἐκκλησίαν ἐπ' ὀνόματι τῆς ἁγίας μάρτυρος· ἣν καὶ κτίσας ἐν αὐτῇ τὸ τίμιον αὐτῆς ἀπέθετο λείψανον.

92 Τῇ αὐτῇ ἡμέρᾳ. Ἄθλησις τῆς ἁγίας μάρτυρος Χαριτίνης.

Ἡ μάρτυς τοῦ Χριστοῦ Χαριτίνη ὑπῆρχεν ἐπὶ Διοκλητιανοῦ τοῦ βασιλέως καὶ Δομετίου κόμητος, δούλη οὖσα Κλαυδίου τινός. Περὶ ἧς ὁ κόμης ἀκούσας γράφει τῷ κυρίῳ αὐτῆς ἀποστεῖλαι πρὸς αὐτὸν αὐτὴν εἰς ἐξέτασιν ὡς Χριστιανὴν ὑπάρχουσαν. Ὁ δὲ κύριος αὐτῆς λυπηθεὶς σάκκον ἐνδυσάμενος ἐθρήνει αὐτήν. Ἡ δὲ παρεμυθεῖτο αὐτὸν λέγουσα, "Μὴ λυποῦ, κύριέ μου. Τὰ γὰρ λείψανά μου ὑπὲρ τῶν ἐμῶν καὶ τῶν σῶν παραπτωμάτων δίδωμι." Ὁ δὲ εἶπεν, "Μέμνησό μου ἐπὶ τοῦ ἐπουρανίου βασιλέως." Τότε ἀπεστάλη τῷ κόμητι. Καὶ Χριστιανὴν ἑαυτὴν ὁμολογήσασα ξυρίζεται τὴν κεφαλὴν καὶ ζέουσαν ἀνθρακιὰν καταπάσσεται. Εἶτα δεσμεῖται λίθῳ βαρεῖ καὶ ῥίπτεται ἐν τῇ θαλάσσῃ. Καὶ ἐδέξατο τὸ ὕδωρ εἰς βάπτισμα καὶ ἐξελθοῦσα ἐνεφανίσθη τῷ κόμητι. Καὶ ἰδόντες αὐτὴν οἱ περιεστῶτες ἐθαύμασαν. Τότε τοὺς ὀδόντας ἐκριζωθεῖσα καὶ τῶν χειρῶν καὶ τῶν ποδῶν τοὺς δακτύλους ἀποκοπεῖσα ἐτελειώθη.

93 Μηνὶ τῷ αὐτῷ ϛʹ. Ἄθλησις τοῦ ἁγίου ἀποστόλου Θωμᾶ.

Μετὰ τὴν ἀνάληψιν τοῦ Κυρίου ἡμῶν Ἰησοῦ Χριστοῦ, ἕκαστος τῶν ἁγίων ἀποστόλων ἀπελθὼν εἰς τὴν λαχοῦσαν αὐτῷ χώραν ἐδίδασκεν. Ἔλαχε δὲ καὶ τῷ ἁγίῳ Θωμᾷ ἡ

construct a church in the name of the holy martyr. After he built it, he placed her venerable body within it.

On the same day. The passion of the holy martyr Charitine. 92

Christ's martyr Charitine lived during the reign of the emperor Diocletian, when Dometios was *comes.* She was the slave of a certain Claudius. When the *comes* heard about her, he wrote to her master so that he would send her to him to be interrogated as a Christian. Her master was filled with grief at this. He put on sackcloth and began to lament for her. But she consoled him, saying, "Do not grieve, master. For I will offer my remains on behalf of my sins and yours." He replied, "Remember me before the heavenly king." Then she was sent to the *comes.* When she confessed herself to be a Christian, her head was shaved and covered in hot coals. Next, she was bound to a heavy stone and thrown into the sea, whose waters she received like the water of baptism. When she emerged from the sea, she was brought before the *comes,* and those present were astounded when they saw her. After that, her teeth were ripped out, and her fingers and toes were cut off before she was perfected by death.

The sixth day in the same month. The passion of Saint Thomas the apostle. 93

After the ascension of our Lord Jesus Christ, each of the holy apostles traveled to the region allotted for him to preach. The region of the Indians was allotted to Saint

τῶν Ἰνδῶν χώρα, καὶ ἀπελθὼν ἐν αὐτῇ ἐκήρυττε τὸν Χριστόν. Πιστευσάσης δὲ διὰ τοῦ λόγου αὐτοῦ τῆς γυναικὸς τοῦ βασιλέως τῶν Ἰνδῶν μετὰ τοῦ υἱοῦ αὐτῆς τῷ Χριστῷ, διεγνώσθη ὁ Θωμᾶς καὶ τῇ τοῦ βασιλέως προστάξει ἀπεκλείσθη εἰς φυλακὴν μετὰ καὶ ἑτέρων δεσμωτῶν. Δόντες δὲ χρήματα τοῖς στρατιώταις ὁ υἱὸς τοῦ βασιλέως καὶ ἡ μήτηρ αὐτοῦ καὶ ἄλλοι οὐκ ὀλίγοι εἰσῆλθον πρὸς αὐτὸν ἐν τῇ φυλακῇ καὶ ἐβαπτίσθησαν. Καὶ μετὰ χρόνον ἱκανὸν ἐξ αὐτῶν ἐχειροτονήθησαν πρεσβύτεροι καὶ διάκονοι, καὶ ἐδίδασκον ἐπὶ τῷ ὀνόματι τοῦ Χριστοῦ. Καὶ γνοὺς τοῦτο ὁ βασιλεὺς καὶ ὀργισθεὶς ἐξήγαγε τὸν ἀπόστολον τῆς φυλακῆς καὶ παραδοὺς αὐτὸν στρατιώταις προσέταξεν ἀποκτεῖναι. Ἀναγαγόντες οὖν εἰς τὸ ὄρος τὸν ἅγιον, μετὰ τῶν κονταρίων πλήξαντες ἀπέκτειναν.

94 Τῇ αὐτῇ ἡμέρᾳ. Μνήμη τοῦ ὁσίου πατρὸς ἡμῶν Νικήτα τοῦ ὁμολογητοῦ.

Ὁ ἐν ἁγίοις πατὴρ ἡμῶν Νικήτας καὶ ὁμολογητὴς τοῦ Χριστοῦ ὑπῆρχε συγγενὴς Εἰρήνης τῆς βασιλίσσης, ἥτις προσελάβετο αὐτὸν οὐ διὰ τὴν συγγένειαν μόνον, ἀλλὰ καὶ διὰ τὴν ἀρετὴν αὐτοῦ. Οὕτως γὰρ ἠγωνίσατο καὶ ἐγένετο ἐνάρετος, ὡς καὶ ἐν τῇ κατὰ Νίκαιαν ἱερᾷ συνόδῳ τὸ δεύτερον ἐκ προσώπου τῆς δεσποίνης ἐξαποσταλῆναι καὶ θεαρέστως ἐν αὐτῇ διαπρέψαι. Ἔχων δὲ πολλὴν ἱκανότητα τιμηθεὶς πατρίκιος, προεχειρίσθη στρατηγὸς Σικελίας. Καὶ καλῶς ἐν αὐτῇ πράξας, καὶ χήρας καὶ ὀρφανοὺς ἐλεήσας, ὑπέστρεψεν. Εὑρὼν δὲ κρατήσαντα τῆς

Thomas, so he went there and proclaimed Christ. After the wife of the king of the Indians and her son came to believe in Christ through his teaching, Thomas became known to the king, and by his order he was imprisoned along with other captives. However, the king's son, his mother, and many others bribed the guards and visited him in prison, where they were baptized. Much later on, priests and deacons were ordained from among them and taught in Christ's name. The king was filled with rage when he learned of this, so he removed the apostle from prison and handed him over to some soldiers with an order to kill him. They led the saint to the mountain where they killed him by piercing him with spears.

On the same day. The commemoration of our holy father 94
Niketas the Confessor.

Our father among the saints and Christ's confessor Niketas was related to the empress Irene. She aided his advancement not only because of their family relationship but also because of his virtue. For he became so esteemed in his struggle for excellence that he was sent to represent the empress at the second holy council in Nicaea, where he distinguished himself for his piety. On account of his great competence, he was granted the rank of *patrikios* and was appointed general of Sicily. After he had done well in this, including giving alms to widows and orphans, he returned to Constantinople. But when he discovered that the iconoclast

βασιλείας τὸν εἰκονομάχον Λέοντα τὸν Ἀρμένιον, καταλιπὼν ἀξίωμα, πλοῦτον, καὶ πᾶσαν δόξαν τοῦ κόσμου γέγονε μοναχός. Καὶ μαθὼν περὶ αὐτοῦ ὁ βασιλεὺς καὶ θέλων αὐτὸν τιμωρήσασθαι, ἐμήνυσεν αὐτῷ ἀποστεῖλαι τὴν εἰκόνα τοῦ Σωτῆρος, ὅπως κατακαύσῃ αὐτήν. Μὴ πεισθέντα δὲ τοῦτο ποιῆσαι ἐξώρισε. Καὶ ἐν τῇ ἐξορίᾳ πολλὰ πειρασθεὶς ἐτελειώθη.

95 Μηνὶ τῷ αὐτῷ ζʹ. Ἄθλησις τῶν ἁγίων μαρτύρων Σεργίου καὶ Βάκχου.

Σέργιος καὶ Βάκχος οἱ ἔνδοξοι τοῦ Χριστοῦ μάρτυρες ὑπῆρχον ἐπὶ Μαξιμιανοῦ τοῦ βασιλέως, ὡραῖοι τὸ εἶδος καὶ τῷ βασιλεῖ περίβλεπτοι. Ὁ μὲν Σέργιος πριμικήριος, ὁ δὲ Βάκχος δεύτερος αὐτοῦ. Ἀμφότεροι δὲ εὐλαβεῖς καὶ σεβόμενοι τὸν Χριστόν. Διατοῦτο καὶ διαβληθέντες τῷ βασιλεῖ ἠναγκάζοντο θῦσαι τοῖς εἰδώλοις. Καὶ μὴ καταδεξάμενοι, πρῶτον μὲν ἀφῃρέθησαν τῶν ἀξιωμάτων αὐτῶν καὶ τῶν μανιακίων, καὶ τὴν ἀνδρικὴν ἐκδυθέντες στολὴν ἐνεδύθησαν ἱμάτια γυναικεῖα δημευόμενοι μέσον τῆς πόλεως. Ἔπειτα ἐπέμφθησαν πρὸς τὸν τῆς Αὐγουστουπόλεως ἄρχοντα ἐπὶ τῷ παρ' ἐκείνου τιμωρηθῆναι. Κατὰ δὲ τὴν ὁδὸν περιεπάτει ἔμπροσθεν αὐτῶν ἄγγελος τοῦ Θεοῦ, ὁδηγῶν αὐτούς. Εἶτα παραστάντες τῷ ἄρχοντι, πρῶτος ὁ Βάκχος ἀγωνισάμενος ἐν αὐταῖς ταῖς βασάνοις ἀπέθανεν, ὁ δὲ Σέργιος ὑποδήμασι σιδηροῖς μετὰ ἥλων ὀξέων τοὺς πόδας καθηλωθεὶς καὶ τρέχειν ἀναγκασθεὶς ξίφει ἐτελειώθη.

Leo the Armenian had become emperor, he renounced his rank, his wealth, and all the glory of the world and became a monk. When the emperor learned of this and because he wanted to punish him, he commanded him to send his icon of the Savior so that he could burn it. He exiled him when he refused to do this. In exile, he suffered many hardships before he was perfected by death.

The seventh day in the same month. The passion of the holy 95
martyrs Sergius and Bacchus.

Christ's glorious martyrs Sergius and Bacchus lived during the reign of the emperor Maximian. They were handsome and held in esteem by the emperor. Sergius was a *primikerios,* and Bacchus was his second-in-command. Both were pious Christians. Because of this, they were reported to the emperor and pressured to sacrifice to the idols. But when they refused, they were first relieved of their positions and their torcs. Then they were stripped of their male clothing and were dressed in women's garments before they were paraded through the center of the city. After that, they were sent to the governor of Augustoupolis to be tortured by him. On their journey there, an angel of God walked before them, leading them. After they were presented to the governor, Bacchus was first tortured until he died from his torments. Next, Sergius had iron boots fitted with sharp nails nailed onto his feet and he was forced to run in them before he was perfected by death with a sword.

96 Τῇ αὐτῇ ἡμέρᾳ. Ἄθλησις τῆς ἁγίας μάρτυρος Πελαγίας.

Πελαγία ἡ μάρτυς ὑπῆρχεν ἐπὶ Διοκλητιανοῦ τοῦ βασιλέως ἐκ τῆς πόλεως Ταρσοῦ. Κλίνου δὲ τοῦ ἐπισκόπου πολλοὺς τῶν Ἑλλήνων βαπτίζοντος, ἡ ἁγία Πελαγία ὁρᾷ κατ᾽ ὄναρ τὸν χαρακτῆρα τοῦ ἐπισκόπου παρακαλοῦντα αὐτὴν πρὸς τὸ βάπτισμα. Καὶ αἰτήσασα τὴν μητέρα ὡς δῆθεν πρὸς τὴν τροφὸν ἀπελθεῖν, ἀπῆλθε πρὸς τὸν ἐπίσκοπον καὶ ἐβαπτίσθη. Καὶ μετὰ τὸ βαπτισθῆναι δέδωκε τῷ ἐπισκόπῳ τὴν πολύτιμον αὐτῆς στολὴν δοῦναι τοῖς πτωχοῖς. Μετὰ ταῦτα ἀπελθοῦσα πρὸς τὴν μητέρα, οὐκ ἐδέχθη παρ᾽ αὐτῆς. Ἀλλ᾽ ἰδοῦσα αὐτῆς τὴν ταπεινὴν στολὴν ἔκλαιε καὶ δραμοῦσα ἀνήγγειλε τῷ υἱῷ Διοκλητιανοῦ τῷ θέλοντι αὐτὴν εἰς γυναῖκα, εἰποῦσα ὅτι "Γέγονε Χριστιανὴ ἡ Πελαγία." Ὁ δὲ ἀκούσας καὶ λυπηθεὶς τῷ ἰδίῳ ξίφει ἑαυτὸν ἀνεῖλεν. Ὀργισθεὶς δὲ ὁ πατὴρ αὐτοῦ Διοκλητιανὸς κατὰ τῆς ἁγίας καὶ κρατήσας αὐτήν, ἐνέβαλεν εἰς χαλκοῦν βοῦν ἐκπυρωθέντα καὶ ἔκαυσεν.

97 Μηνὶ τῷ αὐτῷ η'. Μνήμη ἑτέρας ἁγίας Πελαγίας τῆς παρθένου, τῆς ἐν Ἀντιοχείᾳ.

Ἡ ἁγία Πελαγία ὑπῆρχεν ἐπὶ Νουμεριανοῦ τοῦ βασιλέως ἀπὸ Ἀντιοχείας τῆς Συρίας, γένους ἐνδόξου. Μαθὼν δὲ ὁ ἄρχων τῆς πόλεως ὅτι Χριστιανή ἐστιν, ἀπέστειλε στρατιώτας τοῦ κρατῆσαι αὐτήν. Οἱ δὲ ἀπελθόντες περιεκύκλωσαν τὸν οἶκον αὐτῆς βουλόμενοι τοῦ ἁρπάσαι αὐτήν. Μαθοῦσα δὲ τοῦτο ἡ ἁγία παρεκάλεσε μικρὸν περιμεῖναι ἕως ἂν ἐνδυσαμένη κατέλθῃ. Τῶν δὲ πεισθέντων ἐπὶ τῇ

On the same day. The passion of the holy martyr Pelagia. 96

The martyr Pelagia lived during the reign of the emperor Diocletian and was from the city of Tarsos. At that time, Klinos the bishop was baptizing many of the Hellenes, and Saint Pelagia saw the figure of the bishop exhorting her to baptism in a dream. She then asked her mother for permission to visit her nurse as a pretext, but she actually went to the bishop and was baptized. After her baptism, she donated her lavish attire to the bishop so that he could give it to the poor. Afterward, she returned to her mother, but she was not welcomed by her. Instead, when she saw her humble garment, she began to cry. She ran and told Diocletian's son, who intended to marry her, saying, "Pelagia has become a Christian." When he heard these words, he was filled with grief and killed himself with his own sword. His father Diocletian became incensed at the saint. He arrested her and forced her inside a blazing bronze bull where he burned her.

The eighth day in the same month. The commemoration of another Saint Pelagia, the virgin from Antioch. 97

Saint Pelagia lived during the reign of the emperor Numerian and was from a noble family in Antioch in Syria. After the governor of the city learned that she was a Christian, he sent soldiers to arrest her. They set out and surrounded her house with the aim of apprehending her. When the saint became aware of this, she asked them to wait for a short time until she could dress herself and come out. After they

ὑποσχέσει, ἐκείνη σταθεῖσα πρὸς ἀνατολὰς ἐν τῷ τόπῳ, ἐν ᾧ εἴωθε προσεύχεσθαι, ἀνατείνασα τὰς χεῖρας καὶ τοὺς ὀφθαλμοὺς ἄρασα εἰς τὸν οὐρανόν, προσηύξατο ἐπὶ πολὺ πρὸς τὸν Θεὸν μὴ παραδοθῆναι τοῖς στρατιώταις, ἀλλὰ πρὸ τοῦ κρατηθῆναι πρὸς αὐτὸν ἀπελθεῖν ἁγνὴ καὶ καθαρά. Καὶ ταῦτα εἰποῦσα καὶ σεμνῶς περιστείλασα ἑαυτὴν παρέδωκε τὸ πνεῦμα τῷ Κυρίῳ. Μαθὼν δὲ ταῦτα ὁ ἄρχων μετὰ τῶν σὺν αὐτῷ ἐξεπλάγη καὶ ἐθαύμασεν.

98 Τῇ αὐτῇ ἡμέρᾳ. Μνήμη τῆς ὁσίας Πελαγίας τῆς ἀπὸ ἑταιρίδων.

Ὁ ἁγιώτατος πατριάρχης τῆς μεγάλης Ἀντιοχείας προσεκαλέσατο ἐν ταῖς ἡμέραις ἐκείναις τοὺς ὑπ' αὐτὸν ἐπισκόπους διά τινα χρείαν ἐκκλησιαστικήν. Ἐν οἷς ἦν καὶ Νόννος ὁ ὅσιος ἐπίσκοπος. Τούτου δὲ τοῦ Νόννου διδάσκοντος τὸν λαόν, γυνή τις πόρνη ὄνομα Πελαγία διήρχετο μετὰ τοῦ ὀψικίου αὐτῆς, κοσμουμένη λίθοις καὶ μαργαρίταις καὶ χρυσῷ καὶ τῇ λοιπῇ φαντασίᾳ, ὡς καὶ τὸν ἀέρα πληροῦσθαι μύρου. Τῶν ἄλλων οὖν ἐπισκόπων ἀποστρεψάντων τοὺς ὀφθαλμοὺς μόνος ὁ Νόννος ἔβλεπεν αὐτὴν ἀτενῶς. Εἶτα κλαύσας εἶπεν ὅτι "Ταύτην ὁ Θεὸς μέλλει προσλαβέσθαι φιλάνθρωπος ὤν." Καὶ μετὰ τοῦτο πάλιν διδάσκοντος τοῦ ἐπισκόπου, ἠκροᾶτο καὶ ἡ Πελαγία μετὰ τοῦ λαοῦ. Καὶ οὕτως κατενύγη, ὡς καὶ βαπτισθῆναι καὶ δοῦναι τοῖς πτωχοῖς πάντα τὸν πλοῦτον αὐτῆς. Εἶτα ἀπελθοῦσα εἰς Ἱεροσόλυμα καὶ γενομένη μοναχή, τοσαύτην ἔσχε πρὸς Θεὸν παρρησίαν, ὡς καὶ θαύματα ποιῆσαι καὶ οὕτω τελειωθῆναι.

agreed to her request, she stood facing east in the place where she was accustomed to pray. She stretched out her arms, lifted her eyes to heaven, and prayed to God at great length that she not be handed over to the soldiers but that before she was arrested, she might depart to him still chaste and pure. After she made this prayer, she dressed herself solemnly and handed over her spirit to the Lord. When the governor learned what happened, he and those with him were astounded and amazed.

On the same day. The commemoration of Saint Pelagia the 98
courtesan.

In those days, the most holy patriarch of great Antioch summoned the bishops under his care on some ecclesiastical business. The holy bishop Nonnos was one of them. While Nonnos was teaching the crowd, a courtesan named Pelagia passed by with her retinue. She was adorned with gemstones, pearls, gold, and every other finery so that even the air was filled with perfume. While the rest of the bishops averted their eyes, only Nonnos looked at her intently. Then he began to cry and said, "God will soon receive this woman because he is merciful." When the bishop resumed teaching, Pelagia listened to him along with the crowd. She felt so much compunction that she was baptized and gave all her wealth to the poor. After that, she departed for Jerusalem and became a nun. There, she became so close to God that she also performed miracles before she was perfected by death.

99 Μηνὶ τῷ αὐτῷ θ′. Ἄθλησις τῶν ἁγίων μαρτύρων Ἰουβεντίνου καὶ Μαξίμου.

Οἱ τοῦ Χριστοῦ μάρτυρες Ἰουβεντῖνος καὶ Μάξιμος ὑπῆρχον ἐπὶ τῶν χρόνων Ἰουλιανοῦ τοῦ Παραβάτου, ἔνοπλοι πεζοὶ περιπατοῦντες ἔμπροσθεν αὐτοῦ καὶ ἀγαπώμενοι παρ' αὐτοῦ διὰ τὴν ἀνδρίαν αὐτῶν. Διατρίβοντος δὲ ἐν Ἀντιοχείᾳ τῆς Συρίας καὶ προστάξαντος μιανθῆναι τὰς πηγὰς καὶ τοὺς ποταμοὺς καὶ τὰ πωλούμενα βρώματα τῷ αἵματι τῶν θυσιῶν ὅπως οἱ γευόμενοι αὐτῶν, καὶ μὴ θέλοντες, μετέχωσι τῆς θυσίας τῶν εἰδώλων, ὁρῶντες οἱ ἅγιοι ἐστέναζον δακρύοντες. Εἶτα καὶ ἐπὶ τραπέζης καθήμενοι καὶ ἐσθίοντες θερμότερον ἔκλαυσαν καὶ εἶπον πρὸς τὸν Θεόν, "Ἱνατί, Κύριε, παρέδωκας ἡμᾶς βασιλεῖ ἀποστάτῃ καὶ παρανόμῳ παρὰ πάντα τὰ ἔθνη;" Ταῦτά τις τῶν ὁμοτραπέζων ἀκούσας κατεμήνυσε τῷ Ἰουλιανῷ. Ὁ δὲ ὀργισθεὶς εὐθέως ἀποστείλας ἤγαγε τοὺς ἁγίους ἐνώπιον αὐτοῦ. Καὶ πολλαῖς αὐτοὺς καὶ χαλεπαῖς βασάνοις πρότερον ὑποβαλών, καὶ μὴ πείσας ἀρνήσασθαι τὸν Χριστόν, ὕστερον τὰς κεφαλὰς αὐτῶν ἀπέτεμεν.

100 Τῇ αὐτῇ ἡμέρᾳ. Μνήμη τῆς ὁσίας Ποπλίας τῆς διακόνου.

Καὶ ἡ ἁγία Ποπλία ἐπὶ Ἰουλιανοῦ ὑπῆρχε τοῦ Παραβάτου, εὐγενὴς μὲν οὖσα, διάκονος δὲ τῆς ἐν Ἀντιοχείᾳ τῆς Συρίας ἐκκλησίας, καὶ περιβόητος μὲν εἰς ἀρετήν, πρὸς ὀλίγον δὲ προσομιλήσασα γάμῳ καὶ γεννήσασα Ἰωάννην τὸν ἁγιώτατον πρεσβύτερον. Ἔχουσα δὲ χορὸν παρθένων

The ninth day in the same month. The passion of the holy martyrs Juventinus and Maximus. 99

Christ's martyrs Juventinus and Maximus lived during the time of Julian the Apostate. They were infantry soldiers in his personal guard and were admired by him for their bravery. While Julian was staying in Antioch in Syria, he commanded that the springs, the rivers, and the food sold at the marketplace be contaminated with sacrificial blood so that whoever tasted of them, willing or not, would participate in the sacrifice to the idols. When the saints observed this, they groaned and wept. Later on, while they were sitting down at table and eating, they cried more passionately and said to God, "Lord, why did you hand us over to an apostate emperor more lawless than all the nations?" One of their tablemates heard these words and reported them to Julian. He was filled with rage and immediately had the saints brought before him. First, he subjected them to many terrible torments and, after they refused to deny Christ, he finally had their heads cut off.

On the same day. The commemoration of Saint Poplia the deaconess. 100

Saint Poplia also lived during the reign of Julian the Apostate. She was wellborn and a deaconess of the church of Antioch in Syria. She was renowned for her virtue and engaged, only for a short time, in the intercourse of marriage, from which she gave birth to John, the most holy priest. She also

ἐδοξολόγει τὸν Θεόν. Ἐν μιᾷ οὖν τῶν ἡμερῶν μεγάλῃ τῇ φωνῇ στιχολογούσης τὸν ψαλμὸν τὸν λέγοντα, "*Τὰ εἴδωλα τῶν ἐθνῶν ἀργύριον καὶ χρυσίον, ἔργα χειρῶν ἀνθρώπων. Ὅμοιοι αὐτοῖς γένοιντο οἱ ποιοῦντες αὐτά, καὶ πάντες οἱ πεποιθότες ἐπ' αὐτοῖς,*" διήρχετο ὁ Ἰουλιανὸς καὶ ἀκούσας προσέταξε σιγῆσαι. Ἡ δὲ Ποπλία μᾶλλον μείζονα ἔψαλλε. Τότε ὀργισθεὶς ὁ Παραβάτης καὶ ἀγαγὼν αὐτὴν ἐνώπιον αὐτοῦ, προσέταξε τοῖς στρατιώταις τύπτειν αὐτὴν κατὰ τοῦ προσώπου. Ἡ δὲ ἁγία ἐλέγξασα τὴν ἀθεΐαν αὐτοῦ, ὑπέστρεψεν εἰς τὸν οἶκον αὐτῆς συνήθως ψάλλουσα καὶ δοξολογοῦσα τὸν Θεὸν μετὰ τῶν λοιπῶν παρθένων. Εἶτα καλῶς βιώσασα ἐν εἰρήνῃ ἐτελειώθη.

101 Τῇ αὐτῇ ἡμέρᾳ. Ἄθλησις τοῦ ἁγίου Δωροθέου ἀρχιεπισκόπου πόλεως Τύρου.

Δωρόθεος ὁ ἀοίδιμος ἀνὴρ ἐπίσκοπος γέγονε τῆς πόλεως Τύρου, πᾶσαν γραφικὴν ἐπιστάμενος ἱστορίαν. Καὶ ἦν μὲν φυγὼν διὰ τὸν διωγμόν. Μετὰ δὲ τελευτὴν Διοκλητιανοῦ καὶ Λικιννίου καταλαβὼν πάλιν τὴν Τύρον, διεκυβέρνα τὴν ἁγίαν τοῦ Θεοῦ ἐκκλησίαν μέχρις Ἰουλιανοῦ τοῦ Παραβάτου. Καὶ ἐπειδὴ οὐ φανερῶς ἀλλὰ κρυπτῶς τὸ πρότερον διὰ τῶν ἀρχόντων αὐτοῦ ἐφόνευεν ὁ Ἰουλιανὸς τοὺς Χριστιανούς, ἀκούσας ὁ ἅγιος Δωρόθεος ἀνεχώρησεν ἐκ τῆς Τύρου καὶ κατέλαβε τὴν χώραν τῆς Θράκης. Ἀλλ' οὐδὲ ἐκεῖ τὸν ἐκ τῶν εἰδωλολατρῶν θάνατον διέφυγεν. Κρατηθεὶς γὰρ παρὰ τῶν Ἰουλιανοῦ ἀρχόντων καὶ πολλὰς τιμωρίας ὑπομείνας, καίτοι γέρων ὢν καὶ ἑκατὸν

led a chorus of virgins and sang the glories of God. One day, she was loudly chanting the psalm that says, "*The idols of the barbarians are silver and gold, the works of human hands. Let those who make them be made like them, and all those who trust in them.*" Julian happened to be passing by, and upon hearing these words, he ordered her to be silent. But Poplia sang all the louder. The Apostate became furious, so he summoned her and ordered his soldiers to strike her across the face. But the saint only rebuked his godlessness before she returned to her house, where she continued her customary singing and glorification of God with the other virgins. After living an exemplary life, she was perfected by death in peace.

On the same day. The passion of Saint Dorotheos, arch- 101
bishop of the city of Tyre.

The renowned man Dorotheos was bishop of the city of Tyre and was learned in all historical texts. He fled during the persecution, but after the deaths of Diocletian and Licinius, he returned to Tyre. There he guided God's holy church until the reign of Julian the Apostate. Julian did not execute Christians openly at first but secretly through his officials, so when Saint Dorotheos heard of this, he left Tyre and went to the region of Thrace. Yet even there he did not flee death at the hands of the idolaters. For he was arrested by Julian's officials and endured many torments although he

ἑπτὰ ἐτῶν ὑπάρχων, ἐν αὐταῖς ταῖς βασάνοις διὰ τὴν εἰς Χριστὸν ὁμολογίαν ἀπέθανε. Καὶ παρέθετο τὴν μακαρίαν αὐτοῦ ψυχὴν τῷ Κυρίῳ, πολλὰ καὶ ψυχωφελῆ συγγράμματα πρότερον συνθεὶς καὶ καταλιπών.

102 Τῇ αὐτῇ ἡμέρᾳ. Ἄθλησις τοῦ ἁγίου ἀποστόλου Ἰακώβου τοῦ Ἀλφαίου.

Ἰάκωβος ὁ τοῦ Χριστοῦ ἀπόστολος ὑπῆρχε μὲν υἱὸς τοῦ Ἀλφαίου, ἀδελφὸς δὲ Ματθαίου τοῦ τελώνου καὶ εὐαγγελιστοῦ, κηρύττων δὲ τὸν λόγον τοῦ Χριστοῦ καὶ διδάσκων τὰ περὶ τῆς αἰωνίου βασιλείας αὐτοῦ πάντας τοὺς προσερχομένους αὐτῷ Ἰουδαίους τε καὶ Ἕλληνας, καὶ πολλοὺς βαπτίζων διὰ τῆς διδασκαλίας αὐτοῦ εἰς τὸ ὄνομα τοῦ Πατρὸς καὶ τοῦ Υἱοῦ καὶ τοῦ Ἁγίου Πνεύματος. Μὴ φέροντες οἱ Ἰουδαῖοι, βουλὴν ποιήσαντες, καὶ ἐπισυναχθέντες καὶ κρατήσαντες αὐτόν, καὶ πολλὰ τιμωρήσαντες ὠμῶς καὶ ἀπανθρώπως, τελευταῖον ῥάβδοις πλήξαντες ἐφόνευσαν δοξάζοντα τὸν Κύριον ἡμῶν Ἰησοῦν Χριστὸν μέχρι τῆς ἐσχάτης ἀναπνοῆς καὶ εὐχαριστοῦντα τῷ ἁγίῳ αὐτοῦ ὀνόματι τῷ βοηθήσαντι καὶ συνεργήσαντι αὐτῷ εἰς τὸ καταισχύναι καὶ νικῆσαι τὸν διάβολον καὶ τοὺς ποιοῦντας τὰ θελήματα αὐτοῦ. Καὶ οὕτω παραδοὺς τὴν μακαρίαν αὐτοῦ ψυχὴν ἐτάφη.

was already an old man, being one hundred seven years old. He died for his confession of Christ during these tortures and handed over his blessed soul to the Lord. Before his death, he composed and left behind many edifying books.

On the same day. The passion of Saint James the apostle, the son of Alphaios. 102

Christ's apostle James was the son of Alphaios as well as the brother of Matthew the tax collector and evangelist. He proclaimed Christ's word and taught those who came to him, both Jews and Hellenes, about his eternal kingdom. Through his instruction, he baptized many of them in the name of the Father, and of the Son, and of the Holy Spirit. The Jews could not endure this, so they conspired against him. First, they gathered together and apprehended him. Next, they subjected him to many savage and inhumane tortures. In the end, they killed him by striking him with rods. Yet he glorified our Lord Jesus Christ until his final breath, giving thanks to his holy name because it helped him have the strength to humiliate and defeat the devil along with those doing his bidding. Thus, he handed over his blessed spirit and was buried.

103 Μηνὶ τῷ αὐτῷ ι´. Ἄθλησις τῶν ἁγίων μαρτύρων Εὐλαμπίου καὶ Εὐλαμπίας.

Εὐλάμπιος ὁ μάρτυς τοῦ Χριστοῦ καὶ Εὐλαμπία ἡ αὐτοῦ ἀδελφὴ ὑπῆρχον ἐκ τῆς πόλεως Νικομηδείας ἐπὶ τῆς βασιλείας Μαξιμιανοῦ. Διὰ δὲ τὸν διωγμὸν κατεκρύπτοντο μετὰ καὶ ἄλλων πολλῶν Χριστιανῶν ἐν τῷ ὄρει. Κατελθὼν δὲ ὁ Εὐλάμπιος εἰς τὴν πόλιν πρὸς τὸ ἀγοράσαι τροφὰς καὶ ἰδὼν γράμματα προτεθειμένα εἰς τὴν ἀγορὰν τῶν βασιλικῶν διατάξεων, καὶ ταῦτα σταθεὶς καὶ ἀναγινώσκων ἐκρατήθη παρὰ τῶν εἰδωλολατρῶν καὶ παρέστη τῷ βασιλεῖ. Καὶ ἀναγκασθεὶς εἰσελθεῖν εἰς τὸν ναὸν τῶν εἰδώλων καὶ θῦσαι, εἰσελθὼν προσηύξατο τῷ Χριστῷ. Καὶ πεσόντα τὰ εἴδωλα συνετρίβησαν. Βασανιζομένου δὲ αὐτοῦ διατοῦτο, μαθοῦσα ἡ ἀδελφὴ αὐτοῦ Εὐλαμπία τὸ γινόμενον κατῆλθεν ἐκ τοῦ ὄρους καὶ περιεπλάκη τῷ ἀδελφῷ μέσον τοῦ ὄχλου καὶ συνηγωνίζετο αὐτῷ. Ὅθεν ἐμβληθέντες εἰς λέβητα κοχλάζοντα ἐξῆλθον ἀβλαβεῖς. Καὶ ἰδόντες τὸ θαῦμα διακόσιοι στρατιῶται ἐπίστευσαν τῷ Χριστῷ καὶ σὺν αὐτοῖς ἀπεκεφαλίσθησαν.

104 Τῇ αὐτῇ ἡμέρᾳ. Μνήμη τοῦ ὁσίου πατρὸς ἡμῶν Βασσιανοῦ.

Ὁ ὅσιος πατὴρ ἡμῶν Βασσιανὸς ἦν ἐξ ἀνατολῶν τῆς Σύρων χώρας. Ἐπὶ δὲ Μαρκιανοῦ τοῦ εὐσεβοῦς βασιλέως, εἰσῆλθεν ἐν Κωνσταντινουπόλει. Καὶ διὰ τὴν ἀρετὴν αὐτοῦ γνωρίσας αὐτὸν ὁ βασιλεὺς ἐτίμα αὐτὸν ὡς πατέρα, τοσοῦτον ὅτι καὶ ναὸν ἔκτισεν ἐπὶ τῷ ὀνόματι αὐτοῦ, ὅστις

The tenth day in the same month. The passion of the holy martyrs Eulampios and Eulampia. 103

Christ's martyr Eulampios and his sister Eulampia were from the city of Nikomedeia and they lived during the reign of Maximian. Because of the persecution they hid themselves with many other Christians on the mountain. Once, Eulampios came down into the city to buy food and saw that an imperial decree had been written and displayed prominently in the marketplace. As he stood there reading it, he was arrested by the idolaters and presented to the emperor. He was forced to enter the idolatrous temple and sacrifice, but after he entered, he prayed to Christ instead. The idols fell to the ground and shattered. While he was being tortured because of this, his sister Eulampia learned what was happening, so she came down from the mountain and embraced her brother in the middle of the crowd. Then she was also tormented with him. They were put into a boiling cauldron, but they emerged unharmed. Two hundred soldiers came to believe in Christ when they saw this miracle and were beheaded with them.

On the same day. The commemoration of our holy father Bassianos. 104

Our holy father Bassianos was from the east, from the region of Syria. He came to Constantinople during the reign of the pious emperor Marcian. Because of his virtue, the emperor became acquainted with him and honored him like a father. He admired him so much that he even had a church

μέχρι τῆς σήμερον ὑπάρχει. Τοιοῦτος δὲ ἦν ψυχωφελὴς καὶ διδακτικός, ὡς πολλοὺς πείθειν τὸν κόσμον καταλιμπάνειν καὶ μοναχοὺς γίνεσθαι, ἐξ ὧν ἦν καὶ ἡ ἁγία Ματρῶνα· ἐπληθύνθη γὰρ ὁ ἀριθμὸς τῶν μαθητῶν αὐτοῦ μέχρι τριακοσίων. Ἀλλὰ καὶ θαύματα πολλὰ ἐποίησε. Καὶ τοὺς εἰς πταίσματα περιπεσόντας μεγάλα καὶ εἰς ἀπόγνωσιν ἐρχομένους συμπαθὴς ὤν, τῶν τοῦ διαβόλου χειρῶν ἐλυτροῦτο καὶ διὰ μετανοίας προσέφερε τῷ φιλανθρώπῳ Θεῷ. Ἦν δὲ καὶ προορατικὸς καὶ προλέγων τὰ μέλλοντα ὠφέλει πολλούς. Οὕτω δὲ βιώσας ἐν βαθυτάτῳ γήρᾳ πρὸς Κύριον ἐξεδήμησε. Καὶ ἐτάφη παρὰ τῶν μαθητῶν αὐτοῦ ἐν τῷ δηλωθέντι αὐτοῦ ναῷ.

105 Τῇ αὐτῇ ἡμέρᾳ. Μνήμη τοῦ ὁσίου πατρὸς ἡμῶν Ἰακώβου τοῦ Ἀσκητοῦ.

Ὁ ὅσιος πατὴρ ἡμῶν Ἰάκωβος ἐν ἀσκηταῖς μέγας ἐγένετο, νικήσας μὲν τὸν διάβολον, καὶ νικηθεὶς ὑπ' αὐτοῦ καὶ περιπεσών, ἀλλὰ πάλιν νικήσας αὐτὸν γενναιότερον. Οἰκήσας γὰρ ἐν σπηλαίῳ καὶ ἡσυχάσας ἔτη δεκαπέντε, ἔλαβε παρὰ Θεοῦ ἐξουσίαν τοῦ διώκειν τοὺς δαίμονας. Θέλων δὲ αὐτὸν ὁ διάβολος ῥίψαι εἰς πορνείαν καὶ φόνον, εἰσῆλθεν εἰς θυγατέρα πλουσίου τινὸς καὶ παρεσκεύασεν αὐτὴν ἐπικαλεῖσθαι τὸν ἅγιον. Ἐρευνήσαντες οὖν οἱ γονεῖς τῆς κόρης καὶ εὑρόντες τὸ σπήλαιον ἀπήγαγον αὐτὴν πρὸς αὐτὸν καὶ παρεκάλεσαν θεραπεῦσαι. Ὁ δὲ εὐξάμενος ἐξήλασεν ἐκ τῆς κόρης τὸν δαίμονα. Καὶ φοβηθέντες οἱ γονεῖς αὐτῆς μήπως εἰσέλθῃ πάλιν εἰς αὐτὴν ὁ δαίμων,

built in his name, and it is still there today. His ability as a spiritual mentor and teacher was so great that he convinced many to renounce the world and become monks. Saint Matrona was also one of these. In fact, the number of his disciples increased until it totaled three hundred. He also worked many miracles. Furthermore, through his compassionate nature, he rescued from the devil's clutches and brought back to the benevolent God through repentance those who had fallen into a state of grave sin and utter despair. He also had the gift of foresight and benefitted many by predicting the future. After living in this way, he departed to the Lord at an advanced age. He was buried by his disciples in the previously mentioned church.

On the same day. The commemoration of our holy father James the Ascetic. 105

Our holy father James became great among ascetics. He defeated the devil, and then he was defeated by him and fell. But he defeated him again more nobly. He settled in a cave where he lived as a hermit for fifteen years, and he received the power from God to drive out demons. The devil wanted to goad him into committing fornication and murder, so he entered the daughter of a rich man and made her call for the saint. So her parents searched for him, and when they found the cave, they took her to him and asked him to heal her. He said a prayer and drove the demon from the girl. But her parents feared that the demon would possess her again, so

ἀφῆκαν ἐκεῖ ἕως οὗ τελείως ὑγιάνῃ. Ἔφθειρεν οὖν τὴν κόρην ὁ ἀσκητής. Εἶτα ἐφόνευσε καὶ φοβηθεὶς ἔφυγε. Καὶ κατὰ τὴν ὁδὸν μεταμεληθεὶς εἰσῆλθεν εἰς τάφον κλαίων. Καὶ τοσοῦτον ἐκαθαρίσθη τῆς ἁμαρτίας ὡς ἐν ἀβροχίᾳ δι' εὐχῆς ὑετὸν καταγαγεῖν καὶ οὕτω τελειωθῆναι.

106 Μηνὶ τῷ αὐτῷ ια'. Μνήμη τῶν ἁγίων Ζηναΐδος καὶ Φιλονίλλης τῆς ἀδελφῆς αὐτῆς.

Ἡ ὁσία Ζηναῒς μετὰ τῆς ἀδελφῆς αὐτῆς Φιλονίλλης ὑπῆρχεν μὲν ἐκ τῆς πόλεως Ταρσοῦ συγγενὴς οὖσα τοῦ ἁγίου ἀποστόλου Παύλου. Μετήρχετο δὲ τὴν ἰατρικὴν τέχνην, ἀλλὰ μαθητευθεῖσα ὑπ' αὐτοῦ κατέλιπε καὶ τέχνην καὶ πάντα τὸν πλοῦτον αὐτῆς καὶ τὴν ἀδελφήν. Καὶ ἀνῆλθεν εἰς τὸ ὄρος, καὶ εὑροῦσα σπήλαιον, εἰσῆλθεν ἐν αὐτῷ καὶ ἡσύχασε, τῷ Θεῷ μόνῳ καὶ ἑαυτῇ προσέχουσα καὶ τρεφομένη ἐκ τῶν παραφυομένων τῷ σπηλαίῳ βοτανῶν. Ἐν μιᾷ δὲ τῶν ἡμερῶν ἐξελθοῦσα τοῦ σπηλαίου πρὸς τὸ συναγαγεῖν βοτάνας, ἐπάτησε ἧλον ξύλου ὀξύτατον, ὑπὸ τῆς τοῦ διαβόλου συνεργίας μὴ φέροντος βλέπειν τοὺς καθεκάστην πρὸς αὐτὴν ἐρχομένους κρύφα καὶ πιστεύοντας δι' αὐτῆς τῷ Χριστῷ. Καὶ περιαλγὴς γενομένη καὶ καθίσασα ἐκβαλεῖν τὸν ἧλον, παρέδωκε τὸ πνεῦμα τῷ Κυρίῳ. Ἡ δὲ Φιλονίλλα, ἐν τῷ οἴκῳ μὲν καθεζομένη, μηδὲν δὲ τῆς ἀδελφῆς εἰς ἀρετὴν ἀπολειφθεῖσα, ἀλλὰ τὸν Θεὸν πολλὰ θεραπεύσασα, ἐν εἰρήνῃ ἐκοιμήθη.

they left her there until she was completely healthy. But the ascetic violated the girl. Then he murdered her before fleeing in fear. While on the road, he repented and tearfully entered a tomb. The expiation of his sin was so great that through his prayer he brought rain during a drought, and thus, he was perfected by death.

The eleventh day in the same month. The commemoration of Saints Zenaïs and her sister Philonilla. 106

Saints Zenaïs and her sister Philonilla were from the city of Tarsos and were related to the holy apostle Paul. Zenaïs was trained as a physician, but after she became his disciple, she left her profession, all her wealth, and her sister. Then she went up the mountain where she discovered a cave, entered it, and lived there as a hermit. There she paid heed to God alone and herself, and fed herself from the plants growing around the cave. One day she left the cave to gather plants and stepped on a very sharp thorn whose placement had been contrived by the devil because he could not bear to see those who visited her each day in secret and came to believe in Christ through her. She was struck with terrible pain and upon sitting down to remove the thorn, she handed over her spirit to the Lord. Philonilla remained living at home, but her attainment of virtue was no less than her sister's. Rather, she performed many works of service to God and fell asleep in peace.

107 Τῇ αὐτῇ ἡμέρᾳ. Μνήμη τοῦ ἁγίου ἀποστόλου Φιλίππου τοῦ ἐν ταῖς Πράξεσι τῶν Ἁγίων Ἀποστόλων.

Φίλιππος ὁ τοῦ Χριστοῦ ἀπόστολος ὑπῆρχε μὲν εἷς τῶν ἑπτὰ διακόνων. Ἦν δὲ ἐν τῇ πόλει Ἰόππῃ κηρύττων τὸν Χριστόν. Τῇ δὲ παρακελεύσει τοῦ Παναγίου Πνεύματος πορευόμενος ἀπὸ τῆς Ἰόππης πρὸς Γάζαν τὴν πόλιν, συνήντησε τῷ τῆς βασιλίσσης τῶν Αἰθιόπων δυνάστῃ, εὐνούχῳ μὲν ὑπάρχοντι, Κανδάκῃ δὲ λεγομένῳ, ἐπὶ ἅρματος ἵππων καθεζομένῳ καὶ ἀναγινώσκοντι τὸν προφήτην Ἡσαΐαν. Καὶ προσελθὼν ἠρώτησεν αὐτόν, "*Ἆρα γινώσκεις ἃ ἀναγινώσκεις;*" Ὁ δὲ εἶπε, "*Πῶς ἂν δυναίμην ἐὰν μή τις ὁδηγήσῃ με;*" Καὶ εὐθέως ἀνεβίβασεν αὐτὸν ἐπὶ τοῦ ἅρματος. Καὶ διηρμήνευσεν αὐτῷ ἅπερ ἀνεγίνωσκε, καὶ ὡδήγησεν αὐτὸν εἰς τὴν τοῦ Χριστοῦ πίστιν. Καὶ εὑρόντες ὕδωρ, λέγει ὁ εὐνοῦχος τῷ Φιλίππῳ, "*Ἰδοὺ ὕδωρ. Τί κωλύει με βαπτισθῆναι;*" Καὶ καταβὰς ἀπὸ τοῦ ἅρματος ἐβαπτίσθη. Τὸν δὲ Φίλιππον οὐκ ἔτι εἶδεν, ἡρπάγη γάρ, ἀλλ' ἐπορεύετο τὴν ὁδὸν αὐτοῦ χαίρων. Μετὰ ταῦτα ὁ Φίλιππος ἐν Τράλλῃ τῆς Ἀσίας ἐπίσκοπος γενόμενος ἐτελειώθη.

108 Μηνὶ τῷ αὐτῷ ιβʹ. Ἡ ἀνάμνησις τῆς ἁγίας ἑβδόμης συνόδου τῶν τξζʹ ἁγίων πατέρων.

Ἡ ἁγία ἑβδόμη καὶ οἰκουμενικὴ σύνοδος ἐγένετο ἐν Νικαίᾳ τὸ δεύτερον ἐπὶ τῆς βασιλείας Κωνσταντίνου καὶ Εἰρήνης τῆς αὐτοῦ μητρός, ὑπάρχοντος πατριάρχου Κωνσταντινουπόλεως Ταρασίου τοῦ ἁγιωτάτου καὶ θεοφόρου

On the same day. The commemoration of the holy apostle Philip from the Acts of the Holy Apostles. 107

Christ's apostle Philip was one of the seven deacons. He was in the city of Joppa proclaiming Christ, but by the command of the all-Holy Spirit, he traveled from Joppa to the city of Gaza, where he met the high official of the queen of the Ethiopians, a eunuch named Kandakes, who was riding in a horse-drawn carriage and reading the prophet Isaiah. Philip approached him and asked, "*Do you understand what you are reading?*" *He replied,* "*How can I, unless someone guides me?*" So he immediately invited him into the carriage. Then he explained what he was reading and brought him to faith in Christ through this. When they came upon some water, the eunuch said to Philip, "*Look, here is water. What is to prevent me from being baptized?*" So he came down from the carriage and was baptized. But then he saw Philip no longer, for he was taken away. All the same, he went on his way rejoicing. Later Philip became bishop of Tralles in Asia before he was perfected by death.

The twelfth day in the same month. The remembrance of the seventh holy council of the three hundred sixty-seven holy fathers. 108

The seventh holy ecumenical council was held in Nicaea, the second council there, during the reign of Constantine and Irene his mother, while our most holy and inspired father Tarasios was patriarch of Constantinople. There were

πατρὸς ἡμῶν. Ὄντες δὲ οἱ ἅγιοι πατέρες τὸν ἀριθμὸν τριακόσιοι ἑξηκονταεπτὰ συνῆλθον κελεύσει τοῦ βασιλέως κατὰ τῶν εἰκονομάχων. Καὶ ἀνεθεμάτισαν ἐγγράφως πᾶσαν αἵρεσιν καὶ τοὺς τῶν αἱρέσεων ἀρχηγούς, εἶτα καὶ τοὺς εἰκονομάχους ἅπαντας, πάντες ὁμοφώνως εἰπόντες ὅτι "Ὁ τὰς ἁγίας εἰκόνας μὴ προσκυνῶν ἀλλότριός ἐστι τῆς τῶν ὀρθοδόξων πίστεως," καὶ ὅτι, "*Ἡ τῆς εἰκόνος τιμή*, ὡς ὁ μέγας ἔφησε Βασίλειος, *ἐπὶ τὸ πρωτότυπον διαβαίνει*. Ὁ γὰρ προσκυνῶν τὴν εἰκόνα καὶ τιμῶν, προσκυνεῖ ἐν αὐτῇ καὶ τιμᾷ τοῦ ἐγγραφομένου τὴν ὑπόστασιν." Καὶ οὕτω διαταξάμενοι καὶ τὴν ὀρθόδοξον πίστιν ἐγγράφως βεβαιώσαντες, καὶ παρὰ τοῦ βασιλέως τιμηθέντες, ἕκαστος εἰς τὴν ἑαυτοῦ ἐπισκοπὴν ἀπελύθη.

109 Τῇ αὐτῇ ἡμέρᾳ. Ἄθλησις τῶν ἁγίων μαρτύρων Πρόβου, Ταράχου, καὶ Ἀνδρονίκου.

Οἱ τρεῖς πολύαθλοι μάρτυρες Πρόβος, Τάραχος, καὶ Ἀνδρόνικος ὑπῆρχον μὲν ἐπὶ τῆς βασιλείας Διοκλητιανοῦ. Χριστιανοὶ δὲ ὄντες καὶ τὸν Χριστὸν ὁμολογοῦντες, ἐκρατήθησαν παρὰ τοῦ τῆς Κιλικίας ἄρχοντος. Καὶ πρῶτος μὲν συντριβεὶς τὸ πρόσωπον ὁ Τάραχος ἀπεκλείσθη εἰς φυλακήν. Δεύτερος δὲ τυφθεὶς ὁ Πρόβος καὶ σιδηρωθεὶς παρεδόθη καὶ αὐτὸς τῇ φυλακῇ. Καὶ τρίτος ὁ ἅγιος Ἀνδρόνικος τυφθεὶς καὶ τοὺς μηροὺς ξίφει χαραχθεὶς καὶ τὰς πλευρὰς ξεσθεὶς καὶ μετὰ τοῦ ἅλατος ἀνατριβεὶς ἐνεβλήθη μετὰ τῶν λοιπῶν εἰς τὴν αὐτὴν φυλακήν. Εἶτα ἀπὸ Κιλικίας δεθέντες, ἤχθησαν εἰς Μοψουεστίαν. Καὶ μὴ πεισθέντες

three hundred sixty-seven holy fathers who gathered at the emperor's command against the iconoclasts. They anathematized in writing every heresy and the chief instigators of each, then all the iconoclasts, unanimously stating the following: "Whoever does not venerate the holy images is hostile to the orthodox faith," and "*The honor of an icon,* just as Basil the Great said, *is transferred to the original.* For whoever venerates and honors the icon, venerates and honors the hypostasis of the person depicted." After making these decrees and reaffirming the orthodox faith in writing, they received honors from the emperor before being dismissed, each to his own bishopric.

On the same day. The passion of the holy martyrs Probus, 109
Tarachos, and Andronikos.

The three long-suffering martyrs Probus, Tarachos, and Andronikos lived during the reign of Diocletian. Because they were Christians and confessed Christ, they were arrested by the governor of Cilicia. First, Tarachos was struck in the face and thrown into prison. Second, Probus was beaten and bound in fetters before he was also was put into prison. Third, Saint Andronikos was beaten, his thighs were carved up with a sword, and his ribs were flayed. Then salt was rubbed into his wounds before he was put with the others in the same prison. After that, they were bound and moved from Cilicia to Mopsuestia. But when they refused

ἀρνήσασθαι τὸν Χριστόν, πάλιν ἐβασανίσθησαν, ὁ μὲν Τάραχος τὸ στόμα συνθλασθεὶς καὶ τὴν κεφαλὴν ξυρισθείς, ὁ δὲ Ἀνδρόνικος τὴν γαστέρα ῥάβδοις τυφθείς, ὁ δὲ Πρόβος μετὰ σουβλίων πεπυρωμένων τὰς μασχάλας καὶ τὰ ψύα κατακαείς. Καὶ πλείονας τούτων βασάνους ὑπομείναντες, ὕστερον ἀπεκεφαλίσθησαν.

110 Τῇ αὐτῇ ἡμέρᾳ. Ἄθλησις τῆς ἁγίας μάρτυρος Ἀναστασίας τῆς παρθένου.

Ἡ μάρτυς τοῦ Χριστοῦ Ἀναστασία ὑπῆρχε μὲν ἐπὶ τῆς βασιλείας Δεκίου καὶ Οὐαλεριανοῦ ἐκ τῆς πόλεως Ῥώμης. Ἦν δὲ μονάζουσα μετὰ καὶ ἑτέρων παρθένων ἐν μοναστηρίῳ τινί. Διεβλήθη οὖν τῷ ἄρχοντι. Ὁ δὲ ἀποστείλας ἤγαγεν αὐτὴν πρὸς ἑαυτὸν μετὰ κλοιοῦ σιδηροῦ. Καὶ σταθεῖσα ἔμπροσθεν τοῦ ἄρχοντος καὶ ἐρωτηθεῖσα, ὡμολόγησε τὸ ὄνομα τοῦ Χριστοῦ. Καὶ τύπτεται εἰς τὸ πρόσωπον καὶ γυμνοῦται. Καὶ ὑπὸ πυρὸς κατακαίεται, ἐπιρραινομένων ἐπάνω αὐτῆς πίσσης καὶ ἐλαίου καὶ τεαφίου. Εἶτα κρεμᾶται ἐν τῷ ξύλῳ, καὶ στρεφομένου τοῦ στυρακίου ἔτριζον τὰ ὀστᾶ αὐτῆς. Εἶτα ἀποτέμνεται τοὺς δύο αὐτῆς μασθούς, καὶ τοὺς ὄνυχας ἀνασπᾶται. Καὶ μετὰ ταῦτα κόπτεται τὰς δύο χεῖρας, εἶτα τοὺς δύο πόδας. Καὶ ἐκριζοῦται τοὺς ὀδόντας. Καὶ ἑτέρας τιμωρίας πολλὰς ὑπομείνασα, τελευταῖον τὸ διὰ ξίφους δέχεται τέλος. Καὶ οὕτως παρέδωκε τὸ πνεῦμα αὐτῆς τῷ Κυρίῳ.

to deny Christ, they were tortured again. Tarachos's mouth was shattered, and his head was shaved. Andronikos was beaten in the abdomen with rods. Probus's armpits and loins were burned with skewers that had been heated over the fire. They endured many more tortures than these before they were finally beheaded.

On the same day. The passion of the holy martyr Anastasia 110
the virgin.

Christ's martyr Anastasia lived during the reign of Decius and Valerian and was from the city of Rome. She lived as a nun with other virgins in a monastery. But she was reported to the governor. He summoned her and had her brought before him in an iron collar. When she stood before the governor and was questioned, she confessed Christ's name. She was struck in the face and stripped naked. She was roasted over fire while pitch, oil, and sulfur were poured over her. Next, she was hung on a stake, and as the spindle was rotated, her bones cracked. Then both of her breasts were chopped off, and her nails were ripped out. After that both of her hands were cut off, then both of her feet. Her teeth were also extracted. After she endured many other torments, she finally met her end through the sword. Thus, she handed over her spirit to the Lord.

111 Τῇ αὐτῇ ἡμέρᾳ. Ἄθλησις τῆς ἁγίας μάρτυρος Δομνίνης.

Ἡ μάρτυς τοῦ Χριστοῦ Δομνίνα ὑπῆρχεν ἐπὶ Διοκλητιανοῦ τοῦ βασιλέως ἐκ τῆς Ἀναζάρβου πόλεως. Ἐκρατήθη δὲ ὡς Χριστιανὴ παρὰ δημίων Ἑλλήνων καὶ παρέστη τῷ κριτηρίῳ Λυσίου τοῦ δουκός. Καὶ ὁμολογήσασα μετὰ παρρησίας ἐνώπιον πάντων τὸ ὄνομα τοῦ Κυρίου ἡμῶν Ἰησοῦ Χριστοῦ, καὶ Θεὸν ἀληθινὸν αὐτὸν εἰποῦσα καὶ Ποιητὴν τοῦ Παντός, τοὺς δὲ τῶν Ἑλλήνων θεοὺς ψευδεῖς ἀποδείξασα καὶ λίθους καὶ ξύλα καὶ σαθρὰν ὕλην, τύπτεται ἀνηλεῶς. Καὶ μετὰ σουβλίων πεπυρωμένων τοὺς πόδας διακαίεται. Εἶτα εἰς φυλακὴν ἐμβάλλεται. Στᾶσα δὲ πάλιν εἰς δευτέραν ἐξέτασιν, τύπτεται μετὰ ῥαβδίων ἰσχυρῶς. Καὶ ἐξαρθροῦται διὰ χειρολάβων τὰ ἄρθρα τῶν μελῶν, καὶ πάλιν ῥίπτεται εἰς φυλακήν. Καὶ ἐν αὐτῇ οὖσα εὐχαριστοῦσα καὶ προσευχομένη, παρέθετο τῷ Θεῷ, ὑπὲρ οὗ καὶ ἐμαρτύρησε, τὴν μακαρίαν αὐτῆς ψυχήν. Τὸ δὲ λείψανον αὐτῆς ἐτάφη ἐντίμως.

112 Μηνὶ τῷ αὐτῷ ιγʹ. Ἄθλησις τῶν ἁγίων μαρτύρων Κάρπου, Παπύλου, καὶ τῶν σὺν αὐτοῖς Ἀγαθοδώρου καὶ Ἀγαθονίκης.

Οἱ ἅγιοι μάρτυρες Κάρπος καὶ Πάπυλος ὑπῆρχον ἐπὶ Δεκίου τοῦ βασιλέως. Καὶ ὁ μὲν ἅγιος Κάρπος ἐπίσκοπος ἦν Θυατείρων, ὁ δὲ Πάπυλος διάκονος. Κρατηθέντες οὖν παρὰ τοῦ ἄρχοντος τῆς Ἀσίας καὶ ἐρωτηθέντες, ὡμολόγησαν ἐνώπιον πάντων τὸ ὄνομα τοῦ Δεσπότου Χριστοῦ. Καὶ καταναγκασθέντες θῦσαι τοῖς εἰδώλοις καὶ μὴ

On the same day. The passion of the holy martyr Domnina. 111

Christ's martyr Domnina lived during the reign of the emperor Diocletian and was from the city of Anazarbos. She was arrested for being Christian by Hellene executioners and was brought before the tribunal of Lysias the *doux*. When she openly confessed the name of our Lord Jesus Christ before everyone, calling him the true God and Creator of All, and when she also disparaged the gods of the Hellenes as false, mere stones, pieces of wood, and decaying material, she was beaten mercilessly. Her feet were also burned with skewers heated over the fire. Then she was thrown into prison. She was later subjected to a second examination where she was severely beaten with rods. The joints of her limbs were also dislocated with tongs, and she was again thrown into prison. While she was there, she gave thanks and prayed until she handed her blessed soul over to God, for whom she endured martyrdom. Her remains were buried with dignity.

The thirteenth day in the same month. The passion of the holy martyrs Karpos, Papylos, and their companions, Agathodoros and Agathonike. 112

The holy martyrs Karpos and Papylos lived under the emperor Decius. Saint Karpos was the bishop of Thyatira, and Papylos was a deacon there. They were arrested by the governor of Asia because of this and when they were questioned, confessed the name of Christ the Lord before everyone present. They were then pressured to sacrifice to the

πεισθέντες προσεδέθησαν ἵπποις καὶ περιεπάτουν ἔμπροσθεν τοῦ ἄρχοντος συρόμενοι πρὸς τὰς Σάρδεις. Κἀκεῖ κρεμασθέντες ἐπὶ ξύλων ἐξέοντο. Ὁ δὲ Ἀγαθόδωρος, δοῦλος ὢν τῶν ἁγίων καὶ ἀκολουθῶν αὐτοῖς, βασανισθεὶς ἐτελειώθη. Κρεμώμενος δὲ ὁ ἅγιος Κάρπος ἐμειδίασε. Καὶ εἰπόντος τοῦ ἄρχοντος, "Τίνος χάριν ἐγέλασας, ὦ Κάρπε;" ἀπεκρίθη, "Εἶδον τὴν δόξαν τοῦ Θεοῦ καὶ ἐχάρην." Καταβιβασθέντες δὲ ἀπὸ τῶν ξύλων, ἐνεβλήθησαν εἰς τὸ πῦρ. Καὶ παροῦσα ἡ ἀδελφὴ τοῦ Παπύλου Ἀγαθονίκη εἰσῆλθε χαίρουσα ἀφ' ἑαυτῆς εἰς τὴν κάμινον. Καὶ παρέδωκαν ἀμφότεροι τὰς ψυχὰς τῷ Κυρίῳ.

113 Τῇ αὐτῇ ἡμέρᾳ. Ἄθλησις τοῦ ἁγίου μάρτυρος Φλωρεντίου.

Ὁ μάρτυς Φλωρέντιος ὑπῆρχεν ἐκ τῆς πόλεως Θεσσαλονίκης. Χριστιανὸς δὲ ὢν καὶ ζηλωτὴς τοῦ καλοῦ, ὕβριζε καὶ διέβαλλεν ἐπὶ πάντων τοὺς θεοὺς τῶν Ἑλλήνων καὶ τὴν θρησκείαν αὐτῶν ἀνεθεμάτιζεν. Ἐδίδασκε δὲ πάντας τὴν ἀληθινὴν πίστιν τοῦ Χριστοῦ. Καὶ ἐστήριζε τοὺς Χριστιανοὺς καὶ παρεκάλει πρὸς τὸ ποιεῖν τὰ θελήματα τοῦ Θεοῦ. Οὕτω δὲ ποιῶν, ἐκρατήθη παρὰ τοῦ τῆς χώρας ἄρχοντος. Καὶ ἐρωτηθείς, ὡμολόγησεν ἐνώπιον αὐτοῦ τὸν Κύριον ἡμῶν Ἰησοῦν Χριστὸν εἶναι μόνον Θεόν, τοὺς δὲ τῶν Ἑλλήνων θεοὺς ξύλα ὑπάρχειν καὶ λίθους, καὶ χρυσὸν καὶ ἄργυρον καὶ χαλκὸν καὶ σίδηρον, εἴδωλα ἄψυχα καὶ ἀναίσθητα. Καὶ ταῦτα εἰπὼν καὶ εἰς ὀργὴν κινήσας τὸν ἄρχοντα, τιμωρεῖται διαφόρως. Εἶτα κρεμᾶται ἐπὶ ξύλου

idols, but when they refused, they were bound to horses and made to keep pace before the governor as they were dragged to Sardis. There they were hung on stakes and flayed. Agathodoros, a slave belonging to the saint, had followed them and was also tortured until he was perfected by death. As Saint Karpos was hanging, he began to laugh. The governor asked him, "Karpos, why did you laugh?" He replied, "Because I saw the glory of God and was filled with joy." After this, they were taken down from the stakes and thrown into the fire. Papylos's sister Agathonike was present there and entered the furnace joyfully of her own accord. Together they both handed over their spirits to the Lord.

On the same day. The passion of the holy martyr Florentius. 113

The martyr Florentius was from the city of Thessalonike. He was a Christian and fervently did what is right. He publicly criticized and ridiculed the gods of the Hellenes, and condemned their worship. He also instructed everyone in the true faith of Christ. Furthermore, he supported the Christians and exhorted them to do God's will. He was arrested for his actions by the governor of that region. When he was questioned, he confessed before him that our Lord Jesus Christ is God alone and that the gods of the Hellenes are only wood, stone, gold, silver, bronze, and iron; mere idols, lifeless and inanimate. His words enraged the governor, and he was tortured in various ways. After that, he was hung on a stake and flayed. Finally, a large pyre was kindled,

καὶ ξέεται. Καὶ πυρᾶς ἀναφθείσης μεγάλης, ἐμβάλλεται εἰς αὐτὴν χαίρων. Καὶ ἐν αὐτῇ προσευχόμενος καὶ εὐχαριστῶν τῷ Θεῷ ἐτελειώθη.

114 Μηνὶ τῷ αὐτῷ ιδʹ. Ἄθλησις τῶν ἁγίων μαρτύρων Ναζαρίου, Γερβασίου, Προτασίου, καὶ Κελσίου.

Οὗτοι οἱ ἅγιοι ὑπῆρχον ἐπὶ Νέρωνος τοῦ βασιλέως ἐν τῇ Ῥώμῃ. Ἦν δὲ ὁ Ναζάριος υἱὸς Ἀφρικανοῦ καὶ Περπετούας τῶν βαπτισθέντων παρὰ τοῦ ἁγίου Πέτρου. Αὐτὸς δὲ βαπτισθεὶς ὑπὸ Λίνου πατριάρχου Ῥώμης, καὶ ὑπάρχων χρόνων εἴκοσι, ἀπῆλθεν εἰς τὰς πόλεις Ἰταλίας καὶ ἐκήρυσσε τὸν Χριστόν. Εἶτα ἦλθεν εἰς πόλιν τινά, ἔνθα κατέλαβε Προτάσιον καὶ Γερβάσιον ὄντας εἰς τὴν φυλακὴν διὰ τὴν εἰς Χριστὸν πίστιν ὑπὸ τοῦ τῆς χώρας ἄρχοντος. Τυφθεὶς δὲ καὶ τῆς πόλεως ἐκδιωχθείς, ἀπῆλθεν εἰς ἑτέραν πόλιν. Καὶ προσλαμβάνει Κέλσιον τριῶν χρόνων ὄντα. Εἶτα τὴν πόλιν Μεδιολάνων καταλαβὼν εὑρίσκει πάλιν ἐν τῇ φυλακῇ τοὺς ἁγίους Γερβάσιον καὶ Προτάσιον. Καὶ κρατηθεὶς παραπέμπεται ἐν Ῥώμῃ παρὰ τοῦ ἄρχοντος. Καὶ πάλιν εἰς Μεδιόλανα ὑποστρέψας, τέμνεται τὴν κεφαλὴν ἅμα τοῖς λοιποῖς ἁγίοις καὶ τῷ παιδίῳ Κελσίῳ, ὑπάρχοντι χρόνων ἐννέα καὶ μηνῶν ἑπτά.

115 Μηνὶ τῷ αὐτῷ ιεʹ. Ἄθλησις τοῦ ἁγίου μάρτυρος Λουκιανοῦ.

Λουκιανὸς ὁ μάρτυς ὑπῆρχεν ἀπὸ Ἀντιοχείας τῆς Συρίας ἐπὶ τῆς βασιλείας Διοκλητιανοῦ. Μετὰ δὲ θάνατον τῶν

but he was placed on it with joy. In fact, he continued to pray and give thanks to God on it until he was perfected by death.

The fourteenth day in the same month. The passion of the holy martyrs Nazarius, Gervasius, Protasius, and Celsius. 114

These saints lived during the reign of the emperor Nero in Rome. Nazarius was the son of Africanus and Perpetua, who were baptized by Saint Peter; he was baptized by Linus the patriarch of Rome. When he was twenty years old, he traveled to the cities of Italy and proclaimed Christ. Then he came to a city where he met Protasius and Gervasius, who had been imprisoned by the governor of the region because of their faith in Christ. He was beaten and driven from the city, so he proceeded to another city where he took Celsius, a child of three years, under his care. Then, he went to the city of Milan and again discovered Saints Gervasius and Protasius in prison. But he was arrested and sent to Rome by the governor. When he returned to Milan, he was beheaded along with the other two saints and with the child Celsius, who was then only nine years and seven months old.

The fifteenth day in the same month. The passion of the holy martyr Lucian. 115

The martyr Lucian was from Antioch in Syria and lived during the reign of Diocletian. After the death of his parents,

γονέων δοὺς τὰ ὑπάρχοντα αὐτῷ πτωχοῖς, προσεῖχε τῇ ἀναγνώσει τῶν θείων γραφῶν καὶ πολλοὺς τῶν Ἑλλήνων ἐπέστρεψεν ἐπὶ τὸν Κύριον. Καταλιπὼν δὲ τὴν Ἀντιόχειαν κατέλαβε τὴν Νικομήδειαν, ἔνθα ὁ Διοκλητιανὸς τοὺς Χριστιανοὺς ἐφόνευε. Καὶ ἐπεὶ πολλοὺς εὗρε διὰ φόβον τὸν Χριστιανισμὸν βουλομένους ἀρνήσασθαι, θαρσοποιήσας ἔπεισε μαρτυρῆσαι. Τοσοῦτον δὲ γέγονε δι' ἀρετῆς Θεῷ ὅμοιος ὥστε τὴν πόλιν περιέρχεσθαι, καὶ παρ' ὧν μὲν θέλειν βλέπεσθαι, παρ' ὧν δὲ μὴ θέλειν μὴ ὁρᾶσθαι. Περὶ τούτου μαθὼν ὁ Διοκλητιανὸς καὶ φοβηθεὶς εἰς πρόσωπον αὐτὸν ἀγαγεῖν, μήποτε παρ' αὐτοῦ ἐλεγχθῇ, κρεμάσας βῆλον συνέτυχεν αὐτῷ. Καὶ ἰδὼν τὸ τῆς γνώμης αὐτοῦ ἀμετάθετον καταδικάζει αὐτὸν λιμοκτονηθῆναι. Ἐπὶ πολλὰς δὲ τὰς ἡμέρας μὴ μεταλαβὼν τροφῆς ἐν τῇ φυλακῇ ἐτελειώθη. Καὶ ἐρρίφη ἐν τῇ θαλάσσῃ.

116 Τῇ αὐτῇ ἡμέρᾳ. Μνήμη τοῦ ἐν ἁγίοις πατρὸς ἡμῶν Σαβίνου τοῦ ἐπισκόπου.

Ὁ μακάριος Σαβῖνος διὰ τὴν ὑπερβάλλουσαν αὐτοῦ ἀρετὴν καὶ κατάστασιν ἐγένετο πρότερον ἐπίσκοπος. Εἶτα τοὺς θορύβους τοῦ κόσμου καταλιπὼν διὰ τὸ τῆς ἡσυχίας καλόν, ἐμάκρυνε φυγαδεύων ἐν ταῖς ἐρήμοις. Καὶ τοσοῦτον ἠγωνίσατο πρὸς ἀρετήν, νηστείαις καὶ ἀγρυπνίαις καὶ ἀσκήσεσιν ἑαυτὸν ἐπιδούς, ὡς καὶ θαυμάτων ἀξιωθῆναι πολλῶν, νόσους ἀπελαύνειν, λεπροὺς καθαρίζειν, δαίμονας διώκειν, καὶ προλέγειν τὰ μέλλοντα. Πολλοὺς δὲ ὠφελήσας καὶ πρὸς ἀρετὴν ἐπιδοῦναι ποιήσας διὰ τῆς

he gave all his possessions to the poor. He devoted himself to reading the holy scriptures and brought many Hellenes to the Lord. Then he left Antioch and went to Nikomedeia, where Diocletian was slaughtering the Christians. When he discovered that many were willing to deny their belief in Christ out of fear, he strengthened their resolve and convinced them to endure martyrdom. He became so like God through his virtue, that, when he walked through the city, he was seen by those whom he wanted, and he was invisible to those whom he did not. When Diocletian learned of him, but because he was afraid to meet him face-to-face and be repudiated by him, he hung a curtain to converse with him. After he saw that Lucian's mind could not be changed, he condemned him to death by starvation. After passing many days without food, he was perfected by death in prison. Then his body was thrown into the sea.

On the same day. The commemoration of our father among 116
the saints, Sabinos the bishop.

Blessed Sabinos first became a bishop because of his superlative virtue and character. Later on, he left the troubles of the world behind for the welcome repose of solitude and fled deep into the wilderness. He devoted himself to fasting, keeping vigil, and other forms of ascetic practice so much that he was judged worthy of performing many miracles: He cured diseases, cleansed lepers, cast out demons, and predicted the future. Through his teachings, he benefitted many and brought them to dedicate themselves to virtue.

διδασκαλίας αὐτοῦ (καὶ γὰρ πολλοὶ προσήρχοντο αὐτῷ χάριν ὠφελείας), καὶ πείσας ἀφεῖναι καὶ γονεῖς καὶ ἀδελφοὺς καὶ οἰκίας καὶ τῷ μοναχικῷ βίῳ προσελθεῖν καὶ Χριστῷ δουλεύειν καὶ θεραπεύειν αὐτὸν διὰ καθάρσεως καὶ τῆς τῶν ἐντολῶν ἐργασίας, ἐν εἰρήνῃ ἐτελειώθη, τὸ μὲν ἱερὸν πνεῦμα αὐτοῦ παραδοὺς τῷ Κυρίῳ, τὸ δὲ τίμιον αὐτοῦ λείψανον τῇ συγγενεῖ γῇ, ἔτι καὶ νῦν βρύον ἰάματα.

117 Μηνὶ τῷ αὐτῷ ις′. Ἄθλησις τοῦ ἁγίου μάρτυρος Λογγίνου τοῦ ἑκατοντάρχου.

Ἐπὶ Τιβερίου Καίσαρος ἦν οὗτος ἐκ τῆς χώρας τῶν Καππαδοκῶν, ἑκατοντάρχης ὑπάρχων καὶ στρατευόμενος ὑπὸ Πιλάτῳ τῷ τῆς Ἰουδαίας ἡγεμόνι· ὅστις καὶ προσέταξεν αὐτῷ ὑπηρετῆσαι εἰς τὰ τίμια πάθη τοῦ Χριστοῦ καὶ τὴν σταύρωσιν μετὰ τῶν ὑπ᾽ αὐτὸν ἑκατὸν στρατιωτῶν. Ἀλλ᾽ αὐτὸς ἰδὼν τὰ ἐπὶ τοῦ σταυροῦ τοῦ Χριστοῦ γενόμενα θαύματα, τὸν σεισμόν, τοῦ ἡλίου τὸ σκότος, τοὺς ἀνοιγέντας τάφους, τοὺς ἐγερθέντας νεκρούς, τὰς σχισθείσας πέτρας, ἀνεβόησεν, "*Ἀληθῶς Θεοῦ Υἱὸς ἦν οὗτος.*" Καὶ καταλιπὼν τὴν ἐπικειμένην αὐτῷ στρατείαν καὶ τὴν ἰδίαν χώραν καταλαβών, ἐκήρυττε τὸν Χριστόν. Καὶ μαθόντες τοῦτο οἱ Ἰουδαῖοι ἔδωκαν τῷ Πιλάτῳ χρήματα. Καὶ ὁ Πιλᾶτος ἔγραψε πρὸς Τιβέριον κατὰ τοῦ Λογγίνου. Ὁ δὲ ἀποστείλας ἀπεκεφάλισεν αὐτὸν καὶ τοὺς σὺν αὐτῷ δύο στρατιώτας, ἀποστείλας τὴν κεφαλὴν αὐτοῦ εἰς Ἱερουσαλήμ, ἥτις ἐκρύβη ἐν κόπρῳ. Ὕστερον δὲ γυνή τις ἀπὸ Καππαδοκῶν τυφλὴ ἐκ θείας ὀπτασίας ἀπελθοῦσα εἰς Ἱερουσαλήμ, καὶ εὑροῦσα τὴν κεφαλήν, ἀνέβλεψεν.

Indeed, many came to him for guidance. He convinced them to renounce their parents, their siblings, and their households, to embrace the monastic life, to follow Christ, and to serve him through purity and obedience to his commandments. Finally, he was perfected by death in peace. He handed over his holy spirit to the Lord, and his venerable body to the earth from which it came, where it continues to perform healings even now.

The sixteenth day in the same month. The passion of the 117
holy martyr Longinus the centurion.

This man lived during the reign of Tiberius Caesar and was from the region of Cappadocia. He was a centurion serving in the army under Pilate, the governor of Judea, who also ordered him to oversee Christ's holy passion and crucifixion with the hundred soldiers under his command. But when he saw the miracles that occurred around Christ's cross, that is, the earthquake, the darkening of the sun, the opened tombs, the dead resurrected, and the stones split in half, he cried out, "*Truly, this man was the Son of God.*" Then he left the unit to which he was assigned and returned to his own land where he proclaimed Christ. But when the Jews learned of this, they bribed Pilate. And Pilate wrote a letter to Tiberius condemning Longinus. He then sent men to have him beheaded along with the two soldiers with him and sent his head to Jerusalem where it was hidden in a dung pile. Later on, however, a blind woman from Cappadocia came to Jerusalem because of a divine vision, discovered his head, and regained her sight.

118 Μηνὶ τῷ αὐτῷ ιζʹ. Ἄθλησις τῶν ἁγίων μαρτύρων Χρυσάνθου καὶ Δαρείας.

Οὗτοι ὑπῆρχον ἐπὶ Νουμεριανοῦ τοῦ βασιλέως. Καὶ ὁ μὲν Χρύσανθος ἀπελθὼν ἅμα τῷ ἰδίῳ πατρὶ ἐν Ῥώμῃ συγκλητικῷ ὑπάρχοντι, γίνεται Χριστιανὸς παρά τινος ἐπισκόπου ἐν σπηλαίῳ κρυπτομένου. Ἀλλὰ ταῦτα γνοὺς ὁ πατὴρ αὐτοῦ ἐγκλείει αὐτὸν εἰς σκοτεινὴν φυλακήν. Εἶτα καταναγκάζει λαβεῖν γυναῖκα καὶ δίδωσιν αὐτῷ Δαρείαν τὴν φιλόσοφον. Ὁ δὲ Χρύσανθος ἰδὼν αὐτὴν ἐχρήσατο αὐτῇ ὡς ἀδελφῇ, καὶ συνεβουλεύσαντο τοῦ μέχρι θανάτου μεῖναι παρθένοι. Εἶτα ἐβαπτίσθη καὶ αὐτή. Καὶ ἐδίδασκον ἀμφότεροι τὸν λαὸν περὶ ἁγνείας καὶ σωφροσύνης. Ἠγανάκτησαν οὖν οἱ Ἕλληνες ὅτι τὰς γυναῖκας ἑαυτῶν πείθουσι καταλιμπάνειν αὐτοὺς καὶ μνηστεύεσθαι τῷ Χριστῷ. Καὶ διέβαλον αὐτοὺς τῷ ἐπάρχῳ. Καὶ παραδίδονται Κλαυδίῳ τῷ τριβούνῳ. Καὶ ἄγονται ἔξω τῆς πόλεως καὶ βασανίζονται διαφόρως. Εἶτα βόθρου ὀρυχθέντος βορβορώδους ἐμβάλλονται ἀμφότεροι. Καὶ καταχωσθέντες καὶ καταπατηθέντες τελειοῦνται.

119 Τῇ αὐτῇ ἡμέρᾳ. Μνήμη τοῦ ἁγίου προφήτου Ὠσηέ.

Ὁ προφήτης Ὠσηὲ ὑπῆρχε μὲν ἐκ τῆς χώρας Ἰουδαίας. Τὸν δὲ Θεὸν τοῦ οὐρανοῦ καὶ τῆς γῆς σεβόμενος, καὶ τοὺς τῶν ἐθνῶν θεοὺς μισῶν καὶ ἀποστρεφόμενος, καὶ τῶν ὁμοφύλων Ἰουδαίων τὰ σφάλματα διορθούμενος, ἐδέξατο προφητείας μεγάλα χαρίσματα. Καὶ πολλὰ προφητεύσας κατά τε τοῦ Ἰσραὴλ καὶ κατὰ τῶν ἐθνῶν, ἔδωκε σημεῖον

The seventeenth day in the same month. The passion of the holy martyrs Chrysanthos and Daria. 118

They lived under the emperor Numerian. Chrysanthos came to Rome with his father, who was of senatorial rank, and was made a Christian by a certain bishop who had hidden himself in a cave. But when his father learned of this, he locked him in a dark prison. Then he forced him to take a wife, giving him Daria, who was a philosopher. When Chrysanthos saw her, he treated her like his sister, and together they decided to remain virgins until their death. Then she was also baptized. They both instructed the people in chastity and temperance. But the Hellenes became resentful of them because they were persuading their wives to leave them and betroth themselves to Christ. They therefore reported them to the prefect, who handed them over to the tribune Claudius. Then they were taken outside the city and were tortured in various ways. After that, a pit was dug and filled with mud and they were both thrown into it. As they were buried and trampled upon, they were perfected by death.

On the same day. The commemoration of the holy prophet Hosea. 119

The prophet Hosea was from Judea. Because he worshiped the God of heaven and earth, reviled and rejected the gods of the gentiles, and corrected the failings of his fellow Jews, he received much grace in prophecy. He made many prophecies against Israel and against the gentiles, and he predicted

ἥξειν τὸν Κύριον ἐπὶ τῆς γῆς ἀνθρώποις συναναστρεφόμενον. Καὶ ἔδωκε τέρας ὅτι "Ὅτε δύνῃ ὁ ἥλιος ἐν Σηλώμ, καὶ μερισθῇ ἡ δρῦς ἡ ἐν Σιλωὰμ εἰς δώδεκα μέρη, γενηθήσονται δώδεκα δρύες," τουτέστιν, ὅτε σταυρώσουσι "τὸν ἥλιον" τῆς δικαιοσύνης Χριστὸν οἱ Ἰουδαῖοι, καὶ θανὼν "δύνῃ," "διαμερισθήσονται" αἱ δώδεκα φυλαὶ τοῦ Ἰσραὴλ εἰς πάντα τὰ ἔθνη, καὶ "γενηθήσονται δώδεκα δρύες," ἤτοι οἱ δώδεκα ἀπόστολοι, καὶ διδάξουσι πάντα τὰ ἔθνη πιστεύειν εἰς τὸν Χριστόν. Ταῦτα προφητεύσας ἐν εἰρήνῃ τελειωθεὶς ἐτάφη.

120 Τῇ αὐτῇ ἡμέρᾳ. Ἄθλησις τῶν ἁγίων Ἀναργύρων Κοσμᾶ καὶ Δαμιανοῦ, καὶ τῶν ἀδελφῶν αὐτῶν Ἀνθίμου, Λεοντίου, καὶ Εὐπρεπίου.

Τρεῖς εἰσιν αἱ συζυγίαι τῶν ἁγίων Ἀναργύρων Κοσμᾶ καὶ Δαμιανοῦ ἀμφοτέρων καὶ τοῖς αὐτοῖς ὀνόμασι καλουμένων, καὶ τὴν ἰατρικὴν τέχνην μετερχομένων, καὶ τὴν προσηγορίαν τῆς "Ἀναργυρίας" ἐχόντων. Οἱ μὲν γὰρ ἦσαν υἱοὶ Θεοδότης γυναικὸς εὐλαβοῦς ἐν εἰρήνῃ κοιμηθέντες καὶ κατατεθέντες ἐν τόπῳ καλουμένῳ Φερεμάν. Οἱ δὲ ἐν τῇ Ῥώμῃ διῆγον ἔχοντες διδάσκαλον φθονερόν, ὅστις μετὰ δόλου ἀναγαγὼν αὐτοὺς εἰς ὄρος, ὡς δῆθεν βοτάνας συνάξοντας, λίθοις φονεύει. Οἱ δὲ ὧν καὶ ἡ παροῦσα ἄθλησις ὑπῆρχον ἐκ τῆς χώρας Ἀραβίας. Περιερχόμενοι δὲ κατὰ πᾶσαν πόλιν, ἐθεράπευον ἀναργύρως τοὺς ἀσθενοῦντας. Κατὰ δὲ τοὺς χρόνους Διοκλητιανοῦ παρεγένοντο ἐν τῇ χώρᾳ τῆς Κιλικίας καὶ κρατηθέντες παρέστησαν Λυσίᾳ τῷ

that the Lord would come upon the earth and live among humans. He also gave the following sign: "When the sun sets in Shiloh and the tree in Siloam is divided into twelve parts, twelve trees will rise." This meant that, when the Jews crucified "the sun" of justice, Christ, and he "set" through his death, the twelve tribes of Israel "would be divided" among all the gentiles. Then "twelve trees would rise," that is, the twelve apostles, and they would teach all the gentiles to believe in Christ. After making these prophecies, he was perfected by death in peace and was buried.

On the same day. The passion of Saints Cosmas and Damian 120
the *Anargyroi,* and their brothers Anthimos, Leontios, and Euprepios.

There are three pairs of Saints Cosmas and Damian *Anargyroi.* Each pair had the same two names, practiced medicine, and was known by the same epithet, "*Anargyroi.*" The first two were the sons of a pious woman named Theodote. They died in peace and were laid to rest in a place called Phereman. Another pair lived in Rome, but their teacher was envious of them. He took them to a mountain on the pretext of gathering plants and murdered them with stones. The final pair, whose passion is celebrated today, was from the region of Arabia. They traveled to every city and healed the sick without receiving any payment. During the time of Diocletian, they came to the region of Cilicia, where they were arrested and brought before Lysias the *doux.* He had

δουκί, ὅστις καὶ διαφόρως τιμωρήσας αὐτοὺς ὕστερον ἀπεκεφάλισε σὺν τοῖς ἀκολουθοῦσιν αὐτοῖς τρισὶν ἀδελφοῖς, Ἀνθίμῳ, Λεοντίῳ, καὶ Εὐπρεπίῳ.

121 Μηνὶ τῷ αὐτῷ ιη'. Μνήμη τοῦ ἁγίου ἀποστόλου καὶ εὐαγγελιστοῦ Λουκᾶ.

Λουκᾶς ὁ εὐαγγελιστὴς ὑπῆρχεν ἀπὸ Ἀντιοχείας τῆς μεγάλης, ἰατρὸς τὴν τέχνην καὶ ζωγράφος. Ἀπελθὼν δὲ εἰς Θήβας τῆς Μακεδονίας ἐπὶ Τραϊανοῦ τοῦ βασιλέως διὰ τὸν διωγμὸν ἐνέτυχε τῷ ἁγίῳ ἀποστόλῳ Παύλῳ. Καὶ ὡς ὑπάρχων εἷς τῶν ἑβδομήκοντα ἀποστόλων, ἠκολούθησεν αὐτῷ καὶ σὺν αὐτῷ ἐκήρυσσε τὸν Χριστόν. Καὶ συνήργει εἰς τὴν τοῦ κηρύγματος καὶ τοῦ εὐαγγελίου διακονίαν προθύμῳ γνώμῃ. Συνεγράψατο δὲ πρότερον τὸ κατ' αὐτὸν ἅγιον εὐαγγέλιον πρὸς Θεόφιλόν τινα ἡγεμόνα πιστεύσαντα εἰς τὸν Χριστόν, ὑπαγορεύσαντος αὐτῷ τοῦ ἁγίου Πέτρου τοῦ ἀποστόλου. Ἔπειτα ἐξέθηκε τὰς Πράξεις τῶν Ἀποστόλων πρὸς τὸν αὐτὸν Θεόφιλον. Καὶ ταῦτα πράξας ἐν εἰρήνῃ τὴν ψυχὴν ἀπέδωκε τῷ Θεῷ. Τὸ δὲ ἱερὸν καὶ τίμιον αὐτοῦ λείψανον, ἐτάφη μὲν πρότερον ἐν Θήβαις. Ὕστερον δὲ ἀνακομισθὲν ἀπὸ Θηβῶν ἐν Κωνσταντινουπόλει κατετέθη ἐν τῷ Ναῷ τῶν Ἁγίων Ἀποστόλων.

them tortured in various ways, and after that, he cut off their heads along with their three brothers, Anthimos, Leontios, and Euprepios, who followed them.

The eighteenth day in the same month. The commemoration of Saint Luke the apostle and evangelist. 121

Luke the evangelist was from great Antioch. He was a physician by training and a painter. During the reign of Trajan, he left for Thebes in Macedonia on account of the persecution. There he met Saint Paul the apostle. And since he was one of the seventy apostles, he followed him and preached Christ with him. He was also eager to help him in the ministry of the message and the gospel. First, he composed his holy gospel for Theophilus, a governor who believed in Christ, while Saint Peter the apostle dictated. Then he also wrote the Acts of the Apostles for the same Theophilus. When he had done this, he handed over his spirit in peace to God. His holy and venerable remains were first buried in Thebes, but they were later transferred from Thebes to Constantinople and laid in the Church of the Holy Apostles.

122 Μηνὶ τῷ αὐτῷ ιθʹ. Ἄθλησις τοῦ ἁγίου μάρτυρος Σαδὼθ καὶ τῶν σὺν αὐτῷ ἑκατὸν εἴκοσι ἁγίων.

Σαδὼθ ὁ μάρτυς ὑπῆρχεν ἐπὶ Σαβωρίου βασιλέως Περσῶν. Διὰ δὲ τὴν εἰς Χριστὸν πίστιν κρατηθεὶς καὶ προσαχθεὶς αὐτῷ, καὶ μὴ πεισθεὶς λατρεῦσαι τῷ πυρί, τύπτεται ἀνηλεῶς. Καὶ χαράσσεται τὸ δέρμα ἀπὸ τοῦ μετώπου μέχρι τῶν ποδῶν. Καὶ ἐκδέρεται ἀπὸ τοῦ δέρματος αὐτοῦ λῶρος δακτύλου τὸ πλάτος. Καὶ πάλιν τύπτεται μετὰ βοείων λωρίων. Καὶ ἐπὶ ἀκανθῶν καὶ ξύλων καὶ λίθων ὀξέων σύρεται γυμνός. Εἶτα τέμνεται τοὺς δακτύλους κατὰ ἁρμόν. Καὶ ἐμβληθεὶς εἰς κοχλίαν στυρακίου κατασφίγγεται. Καὶ μετὰ ταῦτα σουβλίοις πεπυρωμένοις τὸ ὑπολειφθὲν σῶμα κατακεντεῖται. Καὶ κρεμασθεὶς κατὰ κεφαλῆς τὴν γλῶσσαν ἐκτέμνεται. Καὶ ἰδόντες τὴν καρτερίαν αὐτοῦ χίλιοι διακόσιοι ἑβδομήκοντα ἄνδρες καὶ ἐννοήσαντες ὅτι εἰ μὴ εἶχε μεγάλας ἐλπίδας, οὐκ ἂν τοιαῦτα ὑπέμενεν, ἐπίστευσαν εἰς τὸν Χριστὸν καὶ παρεδόθησαν τῇ φυλακῇ. Αὐτὸς δὲ εὐχαριστῶν τῷ Θεῷ τὴν κεφαλὴν ἀπετμήθη σὺν ἑτέροις ἁγίοις ἑκατὸν εἴκοσι.

123 Τῇ αὐτῇ ἡμέρᾳ. Μνήμη τοῦ ἐν ἁγίοις πατρὸς ἡμῶν Ἀμφιλοχίου ἐπισκόπου Ἰκονίου.

Οὗτος προχειρίζεται ἐπίσκοπος Ἰκονίου ὑπὸ ἁγίων ἀγγέλων, οὐκ ἀνθρωπίνης χειρός. Συναγωνιστὴς δὲ γενόμενος τῶν ἁγίων πατέρων Βασιλείου τοῦ Μεγάλου, Γρηγορίου τοῦ Θεολόγου, καὶ Γρηγορίου τοῦ Νύσης κατὰ τῶν αἱρετικῶν παρετάξατο Ἀρείου, Εὐνομίου, καὶ τῶν ὁμοίων.

The nineteenth day in the same month. The passion of the holy martyr Sadoth and his one hundred twenty holy companions. 122

The martyr Sadoth lived under Shapur, king of the Persians. He was arrested because of his faith in Christ and brought before him. When he refused to worship the fire, he was beaten mercilessly. His skin was carved from his forehead all the way to his feet. A strip of his skin, a finger length in width, was even cut out. Then he was beaten again with oxhide thongs. He was also dragged naked over brambles and sharp pieces of wood and rock. After that, his fingers were severed at the joints. He was also placed on a spindle screw and choked. Next, what remained of his body was pierced with skewers that had been heated over the fire. He was also hung upside down, and his tongue was cut out. And when one thousand two hundred seventy men saw his perseverance and realized that he would not have endured such terrible torments if he did not have great hopes, they came to believe in Christ and were imprisoned themselves. But Sadoth continued to give thanks to God until he was beheaded along with one hundred twenty other saints.

On the same day. The commemoration of our father among the saints, Amphilochios, bishop of Ikonion. 123

This man was consecrated bishop of Ikonion by holy angels, not by human hands. He was the companion of the holy fathers Basil the Great, Gregory the Theologian, and Gregory of Nyssa in their struggle against the heretics Arius, Euno-

Παρετάθη δὲ ἡ ζωὴ αὐτοῦ μέχρι Θεοδοσίου τοῦ Μεγάλου, ὃν καὶ ἠξίωσε κωλῦσαι τῶν Ἀρειανῶν τὰς ἐν ταῖς πόλεσι συνάξεις. Βαρὺ δὲ νομίσαντος τοῦτο τοῦ βασιλέως διὰ τὴν ταραχήν, τότε μὲν ἡσύχασεν. Ὕστερον δὲ κατά τινα χρείαν εἰσελθὼν πρὸς τὸν βασιλέα καὶ τὸν υἱὸν αὐτοῦ Ἀρκάδιον ἰδὼν τῷ πατρὶ συγκαθήμενον, τὸν μὲν Θεοδόσιον προσεκύνησε, τὸν δὲ υἱὸν παρῆλθε. Τοῦ δὲ βασιλέως εἰπόντος, "Ἱνατί τὸν υἱόν μου παρέδραμες;" ἔφη, "Γνῶθι, βασιλεῦ, ὅτι ὥσπερ σὺ ἠγανάκτησας τοῦ υἱοῦ παραβλεπομένου, οὕτω καὶ ὁ Θεὸς καὶ Πατὴρ τοῦ Υἱοῦ καὶ Λόγου ὑβριζομένου." Ὅθεν πεισθεὶς ὁ βασιλεὺς ἐποίησε τὸ τοῦ ἁγίου θέλημα. Οὕτω δὲ ζήσας εὐσεβῶς πρὸς Κύριον ἐξεδήμησεν.

124 Τῇ αὐτῇ ἡμέρᾳ. Μνήμη τοῦ ἁγίου καὶ ἐνδόξου προφήτου Ἰωήλ.

Οὗτος ὑπῆρχεν ἐκ τῆς Ἰουδαίας χώρας. Ποιῶν δὲ τὸ θέλημα Κυρίου, ἔλαβε προφητείας χάρισμα. Προεφήτευσε δὲ καὶ ἄλλα μὲν πολλά, πλείονα δὲ περὶ τοῦ Χριστοῦ, ὅτι μέλλει γεννηθῆναι ἐκ παρθένου· ἔτι δὲ καὶ περὶ τοῦ Ἁγίου Πνεύματος, ὃ ἔλαβον οἱ ἅγιοι δώδεκα ἀπόστολοι ἐν τῇ μεγάλῃ ἑορτῇ τῆς Πεντηκοστῆς, εἰπὼν ὅτι "*Τάδε λέγει Κύριος· καὶ ἔσται ἐν ταῖς ἐσχάταις ἡμέραις ἐκχεῶ ἀπὸ τοῦ πνεύματός μου ἐπὶ πᾶσαν σάρκα, καὶ προφητεύσουσιν οἱ υἱοὶ αὐτῶν καὶ αἱ θυγατέρες αὐτῶν,* ὃ δὴ καὶ γέγονε. Καθεζομένων γὰρ τῶν ἁγίων ἀποστόλων ἐν τῷ ὑπερῴῳ οἰκήματι ἐν τῇ ἡμέρᾳ τῆς Πεντηκοστῆς, ὥρᾳ τρίτῃ τῆς ἡμέρας

mius, and their ilk. His lifetime overlapped with the reign of Theodosius the Great, whom he asked to prevent the gatherings of the Arians from happening in the cities. But the emperor was worried that this would cause unrest, so Amphilochios kept his peace at that time. Later on, he came to the emperor on account of some business. When he saw the emperor's son Arcadius sitting next to his father, he greeted Theodosius with respect but ignored the son. The emperor then said, "Why have you ignored my son?" He replied, "Emperor, know that just as you are upset because your son was scorned, so also is God the Father when his Son and Word is blasphemed." The emperor's mind was changed by this, and he did as the saint wanted. Thus, he departed to the Lord after living a pious life.

On the same day. The commemoration of the holy and glori- 124
ous prophet Joel.

This man was from the region of Judea. He received the gift of prophecy because he did the Lord's will. He made many other prophecies, but mostly about Christ, such as that he would be born of a virgin, and about the Holy Spirit, which the twelve holy apostles received on the great feast of Pentecost, saying, "*Thus says the Lord, in the last days I will pour out my spirit upon all flesh, and their sons and their daughters will prophesy.*" And so has it happened. For when the holy apostles were sitting in the upper chamber on the day of Pentecost, in the third hour of the morning the Holy

κατῆλθε τὸ Πνεῦμα τὸ Ἅγιον ἐν εἴδει πυρίνων γλωσσῶν. Καὶ ἐκάθισεν ἐφ' ἕνα ἕκαστον αὐτῶν. Καὶ δέδωκε αὐτοῖς χαρίσματα διάφορα καὶ προφητείας, καὶ οὐ μόνον ἐκείνοις ἀλλὰ καὶ τοῖς μετέπειτα. Ταῦτα δὲ προφητεύσας, ἐν εἰρήνῃ ἐκοιμήθη καὶ ἐτάφη ἐν τῇ ἰδίᾳ γῇ.

125 Μηνὶ τῷ αὐτῷ κʹ. Μνήμη τοῦ ἁγίου Κορνηλίου τοῦ ἑκατοντάρχου.

Κορνήλιος ὁ ἑκατοντάρχης ὑπῆρχεν ἀπὸ Καισαρείας τῆς Παλαιστίνης, ἑκατὸν στρατιωτῶν ἄρχων ἐπὶ τῶν χρόνων τῶν ἁγίων ἀποστόλων· ὅστις καὶ πρῶτος ἐξ ἐθνῶν ἐπίστευσε τῷ Χριστῷ. Ἰδὼν γὰρ ὁ Θεὸς τὰς ἐλεημοσύνας αὐτοῦ, ἃς ἐποίει εἰς τοὺς πτωχούς, προσεδέξατο αὐτόν. Καὶ δι' ἀγγέλου παρεσκεύασεν αὐτὸν βαπτισθῆναι παρὰ τοῦ ἁγίου Πέτρου. Εἶτα χειροτονεῖται ἐπίσκοπος Σκαμάνδρου, ἐν ᾗ καὶ κηρύττων τὸν Χριστὸν ἐκρατήθη παρὰ Δημητρίου τοῦ ἄρχοντος, καὶ κατηναγκάσθη εἰσελθεῖν εἰς τὸν ναὸν τῶν εἰδώλων καὶ θῦσαι ἅμα τῷ λαῷ καὶ τῇ γυναικὶ αὐτοῦ καὶ τῷ υἱῷ. Ἀπελθόντος δὲ καὶ προσευξαμένου πρὸς τὸν Θεόν, ἐγένετο σεισμός. Καὶ ἔπεσον τὰ εἴδωλα καὶ ὁ ναός, καὶ συνεκάλυψε τὸν υἱὸν τοῦ ἄρχοντος καὶ τὴν γυναῖκα. Καὶ ἐβόων ζῶντες κάτωθεν ὅτι “Μέγας ὁ Θεὸς Κορνηλίου.” Παρεκάλεσε δὲ αὐτὸν ὁ ἄρχων, καὶ προσηύξατο, καὶ ἐξῆλθον. Καὶ ἐπίστευσαν ὅ τε ἄρχων καὶ ἡ γυνὴ αὐτοῦ καὶ ὁ υἱός, καὶ ἄνδρες σοζʹ. Καὶ οὕτως ἐν εἰρήνῃ ἐτελειώθη.

Spirit descended in the form of tongues of fire. And it came to rest upon each one of them. And it granted them different gifts, including the gift of prophecy, and not only to them, but also those who came after them. After making these prophecies, Joel fell asleep in peace and was buried in his own land.

The twentieth day in the same month. The commemoration 125
of Saint Cornelius the centurion.

Cornelius the centurion was from Caesarea in Palestine. He had authority over one hundred soldiers during the time of the holy apostles. He was also the first of the gentiles to believe in Christ. For God received him when he saw the acts of almsgiving that he made for the poor. Through an angel he arranged for him to be baptized by Saint Peter. After that, he was consecrated bishop of Skamandros, where he was arrested by the governor Demetrios for proclaiming Christ and was pressured to enter the temple of the idols and sacrifice with the people, including the governor's own wife and son. After he came out and prayed to God, there was an earthquake. The idols and the temple collapsed, trapping the governor's son and his wife. But they survived and cried out from underneath, "Great is the God of Cornelius!" The governor begged him, Cornelius prayed to God, and they were able to escape. The governor, his wife, and his son, along with two hundred seventy-seven men came to believe. And thus, he was perfected by death in peace.

126 Τῇ αὐτῇ ἡμέρᾳ. Ἄθλησις τοῦ ἁγίου μάρτυρος Ἀρτεμίου τοῦ Θαυματουργοῦ.

Ἀρτέμιος ὁ πολύαθλος ὑπῆρχεν ἐπὶ τῆς βασιλείας Ἰουλιανοῦ τοῦ Παραβάτου, δοὺξ Ἀλεξανδρείας τῆς Αἰγύπτου, ἐν τοῖς πατρικίοις διαπρέψας ἀπὸ Κωνσταντίνου τοῦ Μεγάλου βασιλέως. Ἀκούσας δὲ ὅτι Ἰουλιανὸς ἐν Ἀντιοχείᾳ τιμωρεῖ τοὺς Χριστιανούς, παρεγένετο πρὸς αὐτὸν τὴν παρανομίαν αὐτοῦ διελέγχων. Τύπτεται οὖν παρ' αὐτοῦ βουνεύροις. Καὶ τριβόλοις ὀξέσι τὰ ψύα ξέεται. Καὶ ὀγκίνοις τὰς πλευρὰς καὶ τὰ βλέφαρα κατακεντεῖται. Καὶ ὑπὸ λιθοξόων πέτρας διακοπείσης μέσον ἐμβάλλεται. Καὶ τῶν δύο μερῶν συναρμοσθέντων συγκρατηθεὶς ἔνδον, τὴν ἀφόρητον ὑπέστη τιμωρίαν ἐκβληθέντων αὐτοῦ τῶν ὀφθαλμῶν καὶ τῶν ἐντέρων κάτω συνελαθέντων. Ἐπεὶ δὲ μετὰ τοσαύτας τιμωρίας οὐκ ἐπείσθη τοῖς λόγοις τοῦ τυράννου, τὴν διὰ ξίφους δέχεται τελευτήν. Τὸ δὲ ἅγιον αὐτοῦ λείψανον ἀνεκομίσθη καὶ κατετέθη ἐν Κωνσταντινουπόλει, παρέχον ἰάματα τοῖς πιστῶς αὐτῷ προσερχομένοις.

127 Μηνὶ τῷ αὐτῷ κα'. Ἄθλησις τῶν ἁγίων μαρτύρων Δασίου, Γαΐου, καὶ Ζωτικοῦ.

Οὗτοι οἱ ἅγιοι μάρτυρες ὑπῆρχον ἐν Νικομηδείᾳ τῇ πόλει. Δημοτελοῦς δὲ τοῖς εἰδώλοις ἑορτῆς τελουμένης, παρρησιασάμενοι τὰ ἐπὶ τῶν βωμῶν κείμενα κατέστρεψαν. Καὶ εὐσεβήσαντες ὡς ἀσεβεῖς παρὰ τῶν ἀφρόνων ἀσεβῶν ἐλογίσθησαν. Ὅθεν κρατηθέντες παρέστησαν τῷ δικάζοντι.

On the same day. The passion of the holy martyr Artemios the Wonderworker. 126

Long-suffering Artemios lived during the reign of Julian the Apostate. He was the *doux* of Egypt in Alexandria and was honored with the rank of *patrikios* from the time of the emperor Constantine the Great. When he heard that Julian was torturing Christians in Antioch, he went to him and condemned his lawlessness. He was therefore beaten with ox-tendon whips at his command. His loins were also flayed with sharp threshing boards. His ribs and his eyelids were pierced with hooks. A rock was also split by stonemasons, and he was placed in the middle. When the two slabs were joined together again, he was crushed between them and he endured that unbearable torment as his eyes were squeezed out and his innards were driven out below. But because he still refused to obey the tyrant's commands after so many terrible torments, he met his end through the sword. His holy remains were transferred and laid to rest in Constantinople and provide healing to those who visit them in faith.

The twenty-first day in the same month. The passion of the holy martyrs Dasios, Gaius, and Zotikos. 127

These martyrs lived in the city of Nikomedeia. During a public festival in honor of the idols, they openly spoke out against it and scattered the offerings on the altars. These pious men were thought to be impious by those impious fools because of this. They were therefore arrested and brought

Ὁ δὲ πᾶσαν πεῖραν αὐτοῖς βασάνων προσήγαγε. Καὶ γὰρ ἔτυψεν αὐτοὺς ἀνηλεῶς. Καὶ ἐπὶ ξύλων ἐκρέμασεν. Καὶ πληγὰς ἐνεποίησε. Καὶ τὰς πλευρὰς αὐτῶν ταῖς μάστιξι διέρρηξε. Καὶ τρυχίνοις ὑφάσμασι τὰς σάρκας αὐτῶν κατέξανε. Καὶ ἐπεὶ ἑώρα καταφρονοῦντας μὲν τῶν βασάνων, ἐλέγχοντας δὲ τὴν τῶν εἰδώλων ματαιότητα, μεγάλῃ δὲ τῇ φωνῇ κηρύττοντας τὸν Χριστὸν Θεὸν μόνον εἶναι ἀληθινόν, λίθους μεγάλους τοῖς τραχήλοις αὐτῶν περιθεὶς εἰς τὸν βυθὸν κατηκόντισεν. Ἔνθα καὶ τὸ τέλος τῆς μαρτυρίας ἐδέξαντο, εὐχαριστοῦντες Χριστῷ τῷ βασιλεῖ τῶν αἰώνων μέχρι θανάτου ὅτι ἠξιώθησαν ὑπὲρ αὐτοῦ ἀποθανεῖν.

128 Τῇ αὐτῇ ἡμέρᾳ. Μνήμη τοῦ ὁσίου πατρὸς ἡμῶν Ἱλαρίωνος πρεσβυτέρου γενομένου καὶ ἀναχωρητοῦ τῆς ἐρήμου.

Ὁ ὅσιος Ἱλαρίων ὑπῆρχεν ἐπὶ τῆς βασιλείας Κωνσταντίνου τοῦ Μεγάλου ἐκ τῆς πόλεως Γάζης τῆς Παλαιστίνης. Ἐπιθυμίᾳ δὲ τοῦ μαθεῖν γράμματα, παρεγένετο εἰς Ἀλεξάνδρειαν τῆς Αἰγύπτου. Καὶ τῇ τοῦ Θεοῦ χάριτι ἀμφοτέρων ἔλαβε τὴν γνῶσιν, τῶν τε γραμμάτων καὶ τῶν εἰς τὴν Χριστοῦ πίστιν ἁρμοζόντων. Εἶτα ἐβαπτίσθη. Καὶ ἀκούσας περὶ τῆς πολιτείας τοῦ Μεγάλου Ἀντωνίου, ἀπῆλθε πρὸς αὐτὸν καὶ γέγονεν αὐτοῦ μαθητής, μανθάνων ἐπί τινα χρόνον τὰ τῆς ἀρετῆς ἔργα. Ὑποστρέψας δὲ ἐν τῇ πατρίδι καὶ τοὺς γονεῖς αὐτοῦ εὑρὼν τελευτήσαντας, τὸν πλοῦτον αὐτοῦ πάντα διέδωκε τοῖς πτωχοῖς. Καὶ φορέσας ἱμάτιον τρύχινον καὶ δέρμα προβάτου, καταλαμβάνει τὴν ἔρημον.

before the magistrate, who subjected them to every type of torment. For he beat them mercilessly. He also hung them on stakes. Then he beat them again. He also tore apart their ribs with whips. Then he ripped their flesh with coarse garments. Finally, when he saw that they were unmoved by their torments, and that they continued to condemn the vanity of the idols and loudly proclaimed Christ as the one true God, he tied large stones around their necks and hurled them into the depths. There they completed their martyrdom and gave thanks to Christ their eternal king until death because they were judged worthy of dying for him.

On the same day. The commemoration of our holy father 128
Hilarion who became a priest and a hermit in the wilderness.

Saint Hilarion lived during the reign of Constantine the Great and was from the city of Gaza in Palestine. Because of his desire to study literature, he went to Alexandria in Egypt. By the grace of God, he gained an understanding of both kinds, that is, traditional literature and that appropriate to faith in Christ. Then he was baptized. When he heard about the conduct of Antony the Great, he went to him and became his disciple. He stayed with him for some time learning the practice of virtue. He returned to his homeland, and when he learned that his parents had died, he donated all his wealth to the poor. Then he put on a coarse garment and a sheepskin before entering the wilderness.

Καὶ καλῶς μονάσας ἐδέξατο χάριν θαυμάτων. Θέλων δὲ φεύγειν τοὺς ἀνθρώπους διὰ τὴν ἡσυχίαν, ἀπήρχετο ἀπὸ τόπου εἰς τόπον συχνότερον. Ζήσας δὲ ἔτη ὀγδοήκοντα καὶ πληρώσας ἐν τῇ μοναδικῇ πολιτείᾳ ἔτη ἑβδομήκοντα, πρὸς Κύριον ἐξεδήμησεν.

129 Μηνὶ τῷ αὐτῷ κβʹ. Μνήμη τοῦ ἁγίου καὶ ἰσαποστόλου πατρὸς ἡμῶν Ἀβερκίου ἐπισκόπου Ἱεραπόλεως.

Ὁ ἐν ἁγίοις πατὴρ ἡμῶν Ἀβέρκιος ἦν ἐπὶ τῆς βασιλείας Μάρκου, ἐπίσκοπος γενόμενος Ἱεραπόλεως παρὰ τῶν ἁγίων ἀποστόλων. Ἦν δὲ καὶ θαυματουργὸς περιβόητος. Θέλων δὲ αὐτὸν ὁ δαίμων πειράσαι, εἰσῆλθεν εἰς τὴν τοῦ βασιλέως θυγατέρα, ἥτις καὶ ἐζήτει τὸν ἅγιον ἵνα θεραπεύσῃ αὐτήν. Διὸ καὶ διὰ γραμμάτων βασιλικῶν πρὸς τὴν Ῥώμην ὥρμησε. Προσέταξε δὲ τῷ ὑπουργῷ αὐτοῦ βαλεῖν εἰς ἀσκὸν ἕνα ὄξος καὶ γάρον καὶ ἔλαιον. Καὶ ὅτε μὲν αὐτὸς ἐξ αὐτῶν τι ἐζήτησεν, ἐξήρχετο κεχωρισμένον ἓν ἕκαστον. Ὅτε δὲ ὁ ὑπουργὸς αὐτοῦ ἠβουλήθη λάθρα ἐκβαλεῖν, ἐξήρχοντο μεμιγμένα. Κατελθὼν δὲ εἰς Ῥώμην, τὴν μὲν θυγατέρα τοῦ βασιλέως ἰάσατο, τῷ δαίμονι δὲ προσέταξε τὸν πλησίον κείμενον βωμόν, λίθον μέγαν ὄντα, ἀγαγεῖν εἰς Ἱεράπολιν, εἰπὼν ὅτι "Σὺ μὲν παρεσκεύασάς με κοπιᾶσαι εἰς Ῥώμην. Ἐγὼ δὲ προστάσσω σοι ἀγαγεῖν τὸν λίθον καὶ θεῖναι ἐπάνω τοῦ τάφου μου," ὃ καὶ γέγονε. Βιώσας δὲ ἐν ὁσιότητι τὸ λοιπὸν τῆς ζωῆς πρὸς Κύριον ἐξεδήμησεν.

Through his exemplary practice of asceticism, he received the gift of performing miracles. But because he yearned to escape the presence of others for a life of solitude, he frequently moved from place to place. After living for eighty years and spending seventy as a hermit, he departed to the Lord.

The twenty-second day in the same month. The commemoration of our holy father who was equal to the apostles, Aberkios, bishop of Hierapolis. 129

Our father among the saints Aberkios lived during the reign of the emperor Marcus, and he was consecrated bishop of Hierapolis by the holy apostles. He was also renowned as a miracle worker. Because the demon wanted to tempt him, he possessed the emperor's daughter, who then asked for the saint so that he might treat her. He was summoned by a letter from the emperor, so he set off for Rome. He commanded his servant to put vinegar, garum, and oil into a single wine skin. When he himself wanted something from within it, each one came out separately. But when his servant tried to take some in secret, what came out was all mixed together. After he arrived in Rome, he cured the emperor's daughter. He also commanded the demon to carry a nearby altar, which consisted of a large stone, back to Hierapolis. He said, "Because you made my journey to Rome so toilsome, I command you to take the stone and place it on my tomb," which has in fact happened. After living out the rest of his life in holiness, he departed to the Lord.

130 Τῇ αὐτῇ ἡμέρᾳ. Ἄθλησις τοῦ ἁγίου ἱερομάρτυρος Ἀλεξάνδρου καὶ τῶν σὺν αὐτῷ Ἡρακλείου, Ἄννης, Θεοδότης, καὶ Γλυκερίας.

Ἀλέξανδρος ὁ ἱερομάρτυς ἐπίσκοπος ὢν καὶ παρρησίᾳ τὸν Χριστὸν κηρύττων καὶ τῇ διδασκαλίᾳ αὐτοῦ πολλοὺς ἔκ τε τῶν Ἰουδαίων καὶ τῶν Ἑλλήνων πρὸς τὴν πίστιν ἐπιστρέφων καὶ βαπτίζων, ἐκρατήθη παρὰ τοῦ τῆς χώρας ἄρχοντος. Καὶ πολλὰ τιμωρηθεὶς καὶ ξεσθεὶς καὶ καταναγκασθεὶς θῦσαι τοῖς εἰδώλοις, οὐκ ἐπείσθη. Ἰδὼν δὲ τὴν καρτερίαν αὐτοῦ στρατιώτης τις, Ἡράκλειος ὄνομα, ἐπίστευσε τῷ Χριστῷ. Καὶ πλεῖστα τιμωρηθεὶς καὶ αὐτός, ἀπετμήθη τὴν κεφαλήν. Θαυματουργήσας δὲ μετὰ τοῦτο ὁ ἅγιος Ἀλέξανδρος (καὶ γὰρ ἰάθη τὰς πληγὰς τῇ τοῦ Κυρίου ἐπισκέψει), ἐπεσπάσατο πρὸς τὴν τῶν Χριστιανῶν πίστιν καὶ γυναῖκας τρεῖς, Ἄνναν, Θεοδότην, καὶ Γλυκερίαν· αἵτινες σταθεῖσαι ἐνώπιον τοῦ ἄρχοντος, ἤλεγξαν αὐτὸν καὶ τὴν τῶν εἰδώλων θρησκείαν ψευδῆ ἀπεκάλεσαν. Τότε θυμωθεὶς ὁ ἄρχων, πρῶτον μὲν ἀπεκεφάλισε τὸν ἅγιον Ἀλέξανδρον, ἔπειτα βασανίσας τὰς ἁγίας ἀπέτεμε καὶ αὐτῶν τὰς κεφαλάς. Καὶ οὕτως ἐτελειώθησαν.

131 Μηνὶ τῷ αὐτῷ κγʹ. Ἄθλησις τοῦ ἁγίου ἱερομάρτυρος καὶ ἀποστόλου Ἰακώβου ἀδελφοῦ τοῦ Κυρίου.

Ὁ ἅγιος Ἰάκωβος πρῶτος ἐπίσκοπος ἐν Ἱεροσολύμοις ἐγένετο παρ' αὐτοῦ τοῦ Κυρίου χειροτονηθείς. Καὶ πρῶτος τὴν θείαν λειτουργίαν ἔγραψε, παρὰ τοῦ Χριστοῦ αὐτὴν

On the same day. The passion of the holy martyr Saint Alexander and his companions, Herakleios, Anna, Theodote, and Glykeria. 130

The holy martyr Alexander was a bishop. Because he brought many, both Jews and Hellenes, to the faith through his open proclamation of Christ and his teaching and baptized them, he was arrested by the governor of the region. He endured many torments and was flayed. He was also pressured to sacrifice to the idols, but he refused. When a soldier named Herakleios saw his perseverance, he came to believe in Christ. He also endured many torments and was beheaded. After this, Saint Alexander worked miracles (for his wounds had been healed through a visitation from the Lord), and he guided three women, Anna, Theodote, and Glykeria, to the Christian faith. When these women were brought before the governor, they condemned him and denounced his false worship of the idols. The governor became enraged at this, so he first had Saint Alexander beheaded, and then he had the holy women tortured before he also cut off their heads. Thus, they were perfected by death.

The twenty-third day in the same month. The passion of the holy martyr and apostle Saint James, the brother of the Lord. 131

Saint James was the first bishop of Jerusalem and was ordained by the Lord himself. He was also the first to compose the holy liturgy, which he learned from Christ. Later on,

διδαχθείς. Ἀλλ' ὕστερον συντομωτέραν αὐτὴν ἐποίησεν ὁ Μέγας Βασίλειος, εἶτα ὁ Χρυσόστομος διὰ τὴν τῶν ἀνθρώπων ἀσθένειαν. Πολλοὺς δὲ διδάσκων ὁ ἅγιος Ἰάκωβος ἐκ τῶν Ἰουδαίων καὶ ἐκ τῶν Ἑλλήνων καὶ ἐπιστρέφων αὐτοὺς ἐπὶ τὸν Κύριον, εἰς ὀργὴν ἐκίνησε τοὺς Ἰουδαίους. Συναχθέντες οὖν καὶ κρατήσαντες αὐτόν, ἔρριψαν ἀπὸ τοῦ ἄκρου τοῦ ἱεροῦ καὶ ἀπέκτειναν. Περὶ δὲ τοῦ λέγεσθαι "Ἀδελφόθεος," φέρεται λόγος τοιοῦτος ἐκ παραδόσεως· τοῦ μνήστορος Ἰωσὴφ μερίζοντος τὴν γῆν αὐτοῦ τοῖς υἱοῖς αὐτοῦ τοῖς ἐκ τῆς προτέρας γυναικός, καὶ βουλομένου μερίδα ποιήσασθαι καὶ τῷ τῆς ἁγίας Παρθένου Υἱῷ καὶ Θεῷ, οἱ μὲν ἄλλοι οὐ κατεδέξαντο, ὁ δὲ Ἰάκωβος παραλαβὼν αὐτὸν εἰς τὴν αὐτοῦ μερίδα συγκληρονόμον, ἐκλήθη οὐ μόνον "Ἀδελφόθεος" ἀλλὰ καὶ "Δίκαιος."

132 Τῇ αὐτῇ ἡμέρᾳ. Ἄθλησις τῶν ἁγίων μαρτύρων Θεοδότης καὶ Σωκράτους πρεσβυτέρου.

Ἡ ἁγία Θεοδότη ὑπῆρχεν ἐπὶ Ἀλεξάνδρου τοῦ βασιλέως, εὐγενῶν μὲν γονέων ὑπάρχουσα, οὖσα δὲ ἐκ τῆς χώρας τοῦ Πόντου. Ἐν ἀσκητηρίῳ δέ τινι ἀπελθοῦσα καὶ ἡσυχάζουσα, διεγνώσθη. Καὶ κρατηθεῖσα παρὰ τοῦ ἄρχοντος διὰ τὸν Χριστόν, ἐκ δευτέρου κρεμασθεῖσα ξέεται. Καὶ εἰς φοῦρνον ἐκπυρωθέντα ἐμβάλλεται. Τῇ τοῦ Χριστοῦ δὲ χάριτι τούτου ῥυσθεῖσα, ἄγεται παρὰ τοῦ ἄρχοντος ἐπὶ τὸ Βυζάντιον, εἶτα ἐν Ἀγκύρᾳ, ἔνθα ὁ πρεσβύτερος Σωκράτης, τῶν Ἑλλήνων πάνδημον ἑορτὴν τελούντων τοῖς δαίμοσι καὶ προσκυνούντων τοῖς εἰδώλοις, εὐλαβὴς ὢν καὶ

however, Basil the Great shortened it, and then Chrysostom did likewise on account of human weakness. Saint James instructed many Jews and Hellenes and brought them to the Lord, which infuriated the Jews. After they gathered together and apprehended him, they killed him by throwing him from the top of the temple. Regarding the title "Brother of God," the following story has been handed down: When Joseph, Mary's betrothed, was distributing his land to his sons from his previous wife and wanted to give a share to the Son and God of the holy Virgin, his other sons would not tolerate this, but James made him coheir of his own share. This is why he was not only called "Brother of God" but also "the Just."

On the same day. The passion of the holy martyrs Theodote and Socrates the priest. 132

Saint Theodote lived under the emperor Severus Alexander. Her parents were wellborn, and she was from the region of the Pontus. She went to live a life of solitude in a hermitage, but she was discovered. After she was arrested by the governor on account of Christ, she was hung up and flayed two separate times. Then she was thrown into a blazing furnace. But when she was protected from it by Christ's grace, she was taken by the governor to Byzantion and then to Ankyra. The Hellenes were celebrating a public festival for the demons and were venerating idols there. Socrates the priest, because he was pious and openly confessed our Lord Jesus

τὸν Κύριον ἡμῶν Ἰησοῦν Χριστὸν ὁμολογῶν, ζήλου πλησθεὶς καὶ τὸν βωμὸν καταστρέψας τῶν θυσιῶν, ἐτμήθη τὴν κεφαλήν. Καὶ οὕτω παρέδωκε τὸ πνεῦμα. Ἡ δὲ ἁγία Θεοδότη ἀναγκασθεῖσα θῦσαι τοῖς εἰδώλοις καὶ μὴ πεισθεῖσα ἐνεβλήθη εἰς τήγανον μετὰ κοχλάζοντος ἐλαίου. Καὶ τῇ τοῦ Θεοῦ χάριτι τοῦ τηγάνου ἐξελθοῦσα ἀβλαβής, διὰ ξίφους ἐτελειώθη καὶ αὐτή.

133 Τῇ αὐτῇ ἡμέρᾳ. Ἡ ἀνάμνησις τῆς φανερώσεως τῶν ἁγίων ἑπτὰ παίδων τῶν ἐν Ἐφέσῳ.

Οὗτοι οἱ ἅγιοι Μαξιμιλλιανός, Ἰάμβλιχος, Μαρτινιανός, Διονύσιος, Ἰωάννης, Κωνσταντῖνος, καὶ Ἀντωνῖνος ὑπῆρχον ἐπὶ Δεκίου τοῦ βασιλέως ἐν Ἐφέσῳ. Διὰ δὲ τὸν Χριστὸν κρατηθέντες προσήχθησαν τῷ βασιλεῖ. Καὶ καιρὸν αἰτησάμενοι τοῦ σκέψασθαι, ἔτυχον τούτου. Εἶτα φυγόντες ἀνῆλθον ἐν ὄρει τινὶ καὶ εἰσῆλθον εἰς σπήλαιον καὶ ἐν αὐτῷ ἐκοιμήθησαν. Εἶτα ἀνεφράγη τοῦ σπηλαίου ἡ εἴσοδος. Καὶ τριακοσίων οβʹ ἐτῶν παρελθόντων, ἐπὶ τῆς βασιλείας Θεοδοσίου τοῦ Μικροῦ δόγμα ἐκινήθη παρὰ τῶν αἱρετικῶν λεγόντων μὴ εἶναι ἀνάστασιν. Καὶ τοῦ βασιλέως περὶ ταύτης φροντίζοντος, θέλων ὁ Θεὸς πληροφορῆσαι πάντας ὅτι ἔστιν ἀνάστασις, εὐδόκησεν ἀνοιγῆναι τὸ σπήλαιον καὶ ἀναστῆναι ζῶντας. Ἐξ ὧν Ἰάμβλιχος λαβὼν νόμισμα ἐκ τῶν ἐπὶ τοῦ Δεκίου καὶ κατελθὼν ἐν τῇ πόλει ἀγοράσαι τροφήν, ὡς ἤδη χθὲς κοιμηθείς, ἐπεγνώσθη. Καὶ ἀχθεὶς πρὸς τὸν ἐπίσκοπον ἀνεδίδαξε πᾶσαν τὴν ἀλήθειαν. Ἐγένοντο οὖν μάρτυρες τῆς ἀναστάσεως καὶ πάλιν θανόντες ἐτέθησαν ἐν τῷ σπηλαίῳ.

Christ, was filled with zeal and overturned the altar for the sacrifices. He was beheaded for this, and thus, he handed over his spirit. Saint Theodote was pressured to sacrifice to the idols, but when she refused, she was put into a large pan full of boiling oil. By the grace of God, she escaped from the pan unharmed, so she was also perfected by death with the sword.

On the same day. The remembrance of the appearance of 133
the seven holy youths in Ephesus.

These saints, whose names were Maximilian, Iamblichos, Martinianus, Dionysios, John, Constantine, and Antoninus, lived in Ephesus under the emperor Decius. They were arrested on account of Christ and brought before the emperor. They requested some time for deliberation, and when their request was granted, they fled, climbed a mountain, entered a cave, and fell asleep in it. Then the entrance to the cave was closed. Three hundred seventy-two years later, during the reign of Theodosius the Younger, a heretical belief that denied the existence of the resurrection was circulating. While the emperor was considering what to do about it, God wanted to assure everyone that there is a resurrection, so the cave was opened through his providence, and those inside rose and lived. When one of them, namely Iamblichos, took a coin from the era of Decius and went to the city to buy food, as if he had only slept for one day, he was recognized. When he was brought before the bishop, he told the entire truth of the matter. They therefore became witnesses to the resurrection, and after they died again, they were buried in the cave.

134 Τῇ αὐτῇ ἡμέρᾳ. Μνήμη τοῦ ἐν ἁγίοις πατρὸς ἡμῶν Ἰγνατίου πατριάρχου Κωνσταντινουπόλεως.

Ὁ ἐν ἁγίοις πατὴρ ἡμῶν Ἰγνάτιος γέγονε μὲν υἱὸς Μιχαὴλ βασιλέως, ἀδελφὸς δὲ Θεοφίλου καὶ ἔγγων Νικηφόρου τῶν βασιλέων. Εὐνοῦχος δὲ γεγονώς, εἶτα καὶ μοναχός, γέγονε καὶ ἡγούμενος τῆς Μονῆς τοῦ Ἀρχαγγέλου τοῦ τότε μὲν ἐπιλεγομένου Ἀνατέλλοντος, νῦν δὲ Σατύρου. Εἶτα προεχειρίσθη καὶ πατριάρχης Κωνσταντινουπόλεως καὶ ἐκράτησεν ἔτη ἕνδεκα μῆνας πέντε. Καὶ μετὰ ταῦτα ἐξεβλήθη ὑπὸ Μιχαὴλ βασιλέως ἀντ᾽ αὐτοῦ πατριάρχην ποιήσαντος Φώτιον γενόμενον πρότερον μοναχόν. Εἶτα ἐξεβλήθη καὶ αὐτὸς ὑπὸ Βασιλείου βασιλέως, καὶ ἀντικατέστη Ἰγνάτιος πάλιν. Καὶ ἐπεσκόπησεν ἔτη ἕνδεκα καὶ πάλιν ἐξεβλήθη. Καὶ ἐγένετο πατριάρχης Στέφανος ὁ ἐν ἁγίοις υἱὸς Βασιλείου βασιλέως. Ὁ δὲ ἅγιος Ἰγνάτιος ἀπελθὼν ἐν τῷ τοῦ Σατύρου Μοναστηρίῳ καὶ καλῶς βιώσας ἐν εἰρήνῃ ἐτελειώθη.

135 Μηνὶ τῷ αὐτῷ κδʹ. Ἄθλησις τοῦ ἁγίου μάρτυρος Ἀρέθα καὶ τῆς συνοδίας αὐτοῦ.

Οὗτος ἦν πρῶτος τῆς πόλεως Νεγρᾶς ἐν Αἰθιοπίᾳ ἐπὶ τῆς βασιλείας Ἰουστίνου, τῆς μὲν Αἰθιοπίας βασιλεύοντος Ἐλεσβαᾶ τοῦ Χριστιανικωτάτου, τῶν δὲ Ὁμηριτῶν Ἑβραίου τινός. Ἡ δὲ τοιαύτη χώρα παρὰ μὲν τῇ θείᾳ γραφῇ λέγεται “Σαβᾶ,” παρὰ δὲ Ἕλλησιν “Εὐδαίμων Ἀραβία.” Τοῦ δὲ Ἐλεσβαᾶ τὸν Ἑβραῖον ὑποτάξαντος καὶ

On the same day. The commemoration of our father among the saints Ignatios, patriarch of Constantinople. 134

Our father among the saints Ignatios was the son of the emperor Michael, and he was the brother of Theophilos and the grandson of Nikephoros, who were also emperors. First, he was made a eunuch and then a monk before he became the abbot of the Monastery of the Archangel, which was then called the Eastern Monastery, but which is now called the Monastery of Satyros. Next, he was appointed patriarch of Constantinople, and he held this position for eleven years and five months. After this, he was removed by the emperor Michael, who made Photios, who had become a monk beforehand, patriarch instead of him. Then he too was removed by the emperor Basil, and Ignatios was reinstated. He served as patriarch for eleven years until he was removed again. Then Stephen, the son among the saints of the emperor Basil, became patriarch. Saint Ignatios returned to the Monastery of Satyros and after living a good life was perfected by death in peace.

The twenty-fourth day in the same month. The passion of the holy martyr Arethas and his companions. 135

This man was the leader of the city of Najran in Ethiopia during the reign of Justin. At this time, Elesboam, the most devout of Christians, ruled Ethiopia, and a certain Hebrew ruled the Homerites. This is the region that is called "Saba" in holy scripture, but "Arabia Felix" among the Hellenes. Elesboam had overpowered the Hebrew and stationed a

φύλακας ἐν τῇ πόλει αὐτοῦ καταστήσαντος, ἐπαναστὰς ὁ Ἑβραῖος ἀνεῖλεν αὐτοὺς καὶ πρὸς τὴν Νεγρὰν πόλιν ἐξέδραμεν· ἥντινα ἐπολιόρκησεν, οὐ δυνάμει ἀλλ' ἐπιορκίαις. Ὅθεν τοὺς ἐν αὐτῇ Χριστιανοὺς πάντας ἄνδρας τε καὶ γυναῖκας ἐφόνευσεν. Ἔνθα ὁ ἅγιος Ἀρέθας γέρων ὢν καὶ μὴ δυνάμενος περιπατῆσαι ἔκειτο. Ἐξ οὗ ὅτε ἦγον αὐτὸν ἀποκεφαλίσαι ὑπὸ ἑτέρων ἐβαστάζετο. Ἀχθεὶς οὖν ἀπεκεφαλίσθη εὐχαριστῶν τῷ Θεῷ μετὰ τῶν λοιπῶν Χριστιανῶν τῶν ἐν τῇ πόλει Νεγρᾷ. Καὶ οὕτως ἐτελειώθησαν.

136 Τῇ αὐτῇ ἡμέρᾳ. Μνήμη τοῦ ἐν ἁγίοις πατρὸς ἡμῶν Πρόκλου πατριάρχου Κωνσταντινουπόλεως.

Ὁ ἐν ἁγίοις πατὴρ ἡμῶν Πρόκλος εὐλαβὴς ὢν καὶ σοφὸς καὶ ἐνάρετος, ἐχειροτονήθη παρὰ τοῦ ἁγίου Σισιννίου πατριάρχου Κωνσταντινουπόλεως ἐπίσκοπος Κυζίκου. Ἀπελθὼν δὲ καὶ μὴ δεχθεὶς παρὰ τῶν ἐκεῖ κληρικῶν αἱρετικῶν ὄντων, ὑπέστρεψεν ἐν Κωνσταντινουπόλει, τὸν μεταξὺ σχολάζων χρόνον καὶ προσέχων ἑαυτῷ τε καὶ τῇ ἀναγνώσει. Τελευτήσαντος δὲ Μαξιμιανοῦ τοῦ πατριάρχου, ἔτι τοῦ λειψάνου αὐτοῦ κειμένου ἐν τῷ ἱερατείῳ τῆς ἁγιωτάτης τοῦ Θεοῦ Μεγάλης Ἐκκλησίας προχειρίζεται πατριάρχης Κωνσταντινουπόλεως. Καὶ ἐνθρονίζεται κατ' αὐτὴν τὴν Μεγάλην Ἑβδομάδα ἐν τῇ Ἁγίᾳ Πέμπτῃ τοῦ σωτηρίου Πάθους τοῦ Κυρίου ἡμῶν Ἰησοῦ Χριστοῦ. Καὶ καλῶς πολιτευσάμενος καὶ μετὰ τὴν χειροτονίαν καὶ πολλοὺς διὰ τῆς διδασκαλίας αὐτοῦ ὠφελήσας, ἐπεσκόπησεν ἔτη δώδεκα καὶ μῆνας τρεῖς. Καὶ τελειωθεὶς ἀνεπαύσατο.

garrison in his city, but the Hebrew rebelled and slaughtered the guards. Then he went to the city of Najran, which he captured not through force but by deceit. As a result he murdered all the Christians in the city, both the men and the women. Saint Arethas was also there. He was old and could not walk on his own, so he was lying down. This is why he was carried by others when they took him and cut off his head. So when he was taken to be beheaded, he gave thanks to God along with the other Christians of the city of Najran. Thus, they were perfected by death.

On the same day. The commemoration of our father among 136
the saints Proklos, patriarch of Constantinople.

Our father among the saints Proklos was pious, wise, and virtuous. He was ordained bishop of Kyzikos by Saint Sisinnios, the patriarch of Constantinople. When he arrived there, he was not accepted by the local clergy because they were heretics, so he returned to Constantinople where he spent the interim in study, devoted to himself and his reading. After Maximianus the patriarch died, but while his body still lay in the sanctuary of God's most holy Great Church, Proklos was ordained patriarch of Constantinople. He was enthroned during Holy Week, on Holy Thursday of the salvific Passion of our Lord Jesus Christ. After his consecration, he continued to conduct himself well and benefited many through his teaching. He served as patriarch for twelve years and three months before he was perfected by death and found his repose.

137 Μηνὶ τῷ αὐτῷ κε΄. Ἄθλησις τῶν ἁγίων μαρτύρων καὶ νοταρίων Μαρκιανοῦ καὶ Μαρτυρίου.

Οὗτοι μαθηταὶ καὶ νοτάριοι ὑπῆρχον τοῦ ἁγίου Παύλου τοῦ Ὁμολογητοῦ πατριάρχου γεγονότος Κωνσταντινουπόλεως ἐπὶ τῆς βασιλείας Κωνσταντίου. Ἐπεὶ οὖν ὁ ἐν ἁγίοις Παῦλος παρ' αὐτοῦ τοῦ βασιλέως διὰ τὸ μὴ καταδέχεσθαι τὴν τῶν Ἀρειανῶν αἵρεσιν ἢ κοινωνίαν, ἀλλὰ τούτους ἀποκηρύττειν, ὑπερόριος ἐν Ἀρμενίᾳ γέγονεν, ἔνθα καὶ τὸ μακάριον ἐδέξατο τέλος, ἀποπνιγεὶς παρὰ τῶν Ἀρειανῶν διὰ τὴν ὀρθόδοξον ὁμολογίαν. Καὶ οὗτοι τὰ ὅμοια φρονοῦντες τῷ διδασκάλῳ τοὺς Ἀρειανοὺς ἤλεγχον. Καὶ ἐκρατήθησαν παρὰ Φιλίππου τοῦ ἐπάρχου Ἀρειανοῦ ὄντος καὶ πολλὰ τιμωρηθέντες, ἀπεκλείσθησαν εἰς σκοτεινὴν φυλακήν, λιμῷ καὶ σκότει βασανιζόμενοι. Ἐκβληθέντες δὲ τῆς φυλακῆς, ἠναγκάζοντο συνελθεῖν εἰς τὴν τῶν Ἀρειανῶν αἵρεσιν. Καὶ μὴ πεισθέντες ἀπάγονται ἐν τῷ ἄκρῳ τοῦ τείχους καὶ σφάζονται μετὰ μαχαιρῶν. Ἔνθα καὶ τὰ λείψανα αὐτῶν κατετέθησαν.

138 Τῇ αὐτῇ ἡμέρᾳ. Ἄθλησις τοῦ ἁγίου μάρτυρος Οὐάρου καὶ τῶν σὺν αὐτῷ ἑπτὰ ἁγίων.

Ὁ ἅγιος μάρτυς Οὔαρος ὑπῆρχεν ἐπὶ Μαξιμιανοῦ τοῦ βασιλέως, στρατευόμενος ἐν Αἰγύπτῳ, γένους ὢν ἐπισήμου καὶ εὐσεβοῦς. Κρατηθέντων δέ τινων ὁσίων ἀνδρῶν τῶν πρότερον μὲν ἐν ὄρεσι καὶ σπηλαίοις ἐπὶ χρόνοις πολλοῖς διατριψάντων, εἶτα τῇ φυλακῇ παραδοθέντων διὰ τὸν Χριστόν, εἰσήρχετο ὁ ἅγιος Οὔαρος λύων αὐτοὺς τῶν

The twenty-fifth day in the same month. The passion of the holy martyrs and notaries Marcian and Martyrios. 137

These men were disciples and notaries of Saint Paul the Confessor, who was patriarch of Constantinople during the reign of Constantius. Because Paul among the saints did not accept the Arian heresy or communion with them, but rather spoke out against them, he was exiled by the emperor himself to Armenia, where he met his blessed end when he was strangled by the Arians because of his orthodox confession. These two men, who were of the same mind as their teacher, also condemned the Arians. They were therefore arrested by Philip the prefect, who was an Arian, and after enduring many torments, they were locked in a dark prison, where they were tortured by starvation and the darkness. Then they were taken from the prison and pressured to accept the Arian heresy. But when they refused, they were brought to the top of the wall and slaughtered with knives. This is also where their bodies were buried.

On the same day. The passion of the holy martyr Varus and the seven saints with him. 138

The holy martyr Varus lived under the emperor Maximian. He served in the army in Egypt and was from a distinguished and pious family. Some holy men had been arrested. They had previously lived in the mountains and caves for many years, but they were later imprisoned on account of Christ. Saint Varus visited them, unbound their shackles, and took

ἁλύσεων καὶ τούτων ἐπιμελούμενος· οἵτινες καὶ ἔλεγον αὐτῷ παρρησιάσασθαι καὶ μὴ κεκρυμμένως σέβεσθαι τὸν Χριστόν. Ἐπεὶ οὖν εἷς τῶν ἑπτὰ ἐν αὐτῷ τῷ δεσμωτηρίῳ ἀπέθανεν, ἐνέταξεν ἑαυτὸν ἀντ᾽ ἐκείνου ὁ ἅγιος Οὔαρος. Καὶ διαγνωσθέντος τούτου τῷ ἡγεμόνι, ἤχθη ἐνώπιον αὐτοῦ μετὰ τῶν λοιπῶν. Καὶ φανερῶς τὸν Χριστὸν ὁμολογήσας τύπτεται ῥάβδοις, καὶ κρεμασθεὶς ξέεται τὰς πλευράς. Ὁμοίως καὶ οἱ λοιποὶ ἓξ ἅγιοι σὺν αὐτῷ κρεμασθέντες ἐξέοντο μετὰ σιδηρῶν ὀνύχων. Καὶ οὕτω ξεόμενοι καὶ ῥάβδοις τυπτόμενοι ἐπὶ πέντε ὥραις, παρέδωκαν τὰ πνεύματα αὐτῶν τῷ Κυρίῳ.

139 Μηνὶ τῷ αὐτῷ κϛʹ. Ἄθλησις τοῦ ἁγίου μεγαλομάρτυρος Δημητρίου.

Ὁ πανένδοξος τοῦ Χριστοῦ μάρτυς Δημήτριος ὑπῆρχεν ἐπὶ τῆς βασιλείας Μαξιμιανοῦ ἐκ τῆς Θεσσαλονικέων πόλεως, εὐσεβὴς ὢν καὶ τῆς εἰς Χριστὸν διδάσκαλος πίστεως. Ἀπελθὼν δὲ ὁ Μαξιμιανὸς ἐν τῇ Θεσσαλονίκῃ καὶ μαθὼν περὶ τοῦ ἁγίου Δημητρίου ὅτι Χριστιανός ἐστιν, ἐκράτησεν αὐτὸν καὶ βασανίσας ἀπέκλεισεν. Εἶχε δὲ τότε ὁ Μαξιμιανὸς μονομάχον τινὰ ὀνόματι Λύαιον. Καὶ ἐκαυχᾶτο ἐπ᾽ αὐτῷ λέγων ὅτι "Οὐ μὴ εὑρεθῇ τις νικῆσαι τὸν Λύαιον." Καὶ μαθὼν τοῦτο νεανίσκος τις ὀνόματι Νέστωρ ἐζήλωσεν. Καὶ ἀπελθὼν ἐν τῇ φυλακῇ πρὸς τὸν ἅγιον Δημήτριον, ἔλαβε παρ᾽ αὐτοῦ εὐχήν. Καὶ νικήσας τὸν Λύαιον ἐφόνευσεν αὐτόν. Ἐλυπήθη δὲ ὁ Μαξιμιανὸς διὰ τὸν θάνατον τοῦ μονομάχου. Εἶτα μαθὼν ὅτι αἴτιος τοῦ θανάτου

care of them. In turn, they told him to confess Christ openly and not to worship him in secret. So after one of the seven died in that prison, Saint Varus took his place. But when this was made known to the governor, Varus was brought before him along with the others. Because of his open confession of Christ, he was beaten with rods and was hung up, and his ribs were flayed. Likewise, the other six saints with him were hung up and flayed with iron hooks. Thus, they were flayed and beaten with rods for five hours until they handed over their spirits to the Lord.

The twenty-sixth day in the same month. The passion of the 139
great martyr Demetrios.

Christ's illustrious martyr Demetrios lived during the reign of Maximian and was from the city of Thessalonike. He was pious and taught the faith in Christ. When Maximian went to Thessalonike and learned that Saint Demetrios was a Christian, he had him arrested. After he tortured him, he had him imprisoned. Now at that time, Maximian had a gladiator named Lyaios and boasted about him, saying, "No one will ever be found to defeat Lyaios." A certain young man named Nestor learned of this and was inspired to challenge him. First, he visited Saint Demetrios in the prison, where he received his blessing. Then, he defeated Lyaios and killed him. Maximian was filled with grief because of the gladiator's death. When he learned that Demetrios was

αὐτοῦ ὁ Δημήτριος ἐγένετο, ἀποστείλας ἐν τῇ φυλακῇ ἐφόνευσεν αὐτόν, τῶν στρατιωτῶν ἀπελθόντων ἐν τῇ φυλακῇ μετὰ τῶν κονταρίων καὶ κατακεντησάντων αὐτόν. Ἔνθα κείμενος βρύει ἰάματα.

140 Τῇ αὐτῇ ἡμέρᾳ. Ἄθλησις τῶν ἁγίων μαρτύρων Μάρκου, Σωτηρίχου, καὶ Οὐαλεντίνης.

Οὗτοι οἱ ἅγιοι μάρτυρες ἐν πάσῃ εὐσεβείᾳ ζῶντες πρότερον, καὶ τὸν Χριστὸν τοῖς πᾶσι κηρύττοντες καὶ πολλοὺς τῶν ἀπίστων πρὸς Κύριον ἐπιστρέφοντες καὶ βαπτίζοντες εἰς τὸ ὄνομα τοῦ Πατρὸς καὶ τοῦ Υἱοῦ καὶ τοῦ Ἁγίου Πνεύματος, ἐκρατήθησαν παρὰ τῶν δυσσεβῶν Ἑλλήνων. Καὶ πολλὰ τιμωρηθέντες ἥλοις μακροῖς τὰ σώματα κατεκεντήθησαν. Καὶ οὕτως ἑλκόμενοι καὶ συρόμενοι καὶ καταπατούμενοι ἀνηλεῶς ἐπὶ τὴν γῆν ὑπὸ ἀνδρῶν καὶ γυναικῶν καὶ παίδων παρέθεντο τῷ Θεῷ τὰς ἁγίας καὶ μακαρίας αὐτῶν ψυχάς. Χριστιανὸς δέ τις ἀνὴρ εὐλαβὴς καὶ τὸν Θεὸν φοβούμενος, καὶ τοὺς ὑπὲρ αὐτοῦ μαρτυροῦντας, ζῶντας μὲν θαρσοποιῶν πρὸς τὸ μαρτύριον, τελειωθέντας δὲ ἀγαπῶν καὶ τιμῶν, λαβὼν ἀπὸ τῆς Ἀσίας τὰ τίμια λείψανα τῶν ἁγίων καὶ μετακομίσας εἰς Θάσον τὴν νῆσον κατέθετο ἐντίμως. Καὶ βρύουσι μέχρι τῆς σήμερον ἰάματα τοῖς πιστοῖς. Ἐκαλεῖτο δὲ ὁ μετακομίσας αὐτὰ πιστὸς ἀνὴρ Τερεντιανός.

responsible for his death, he sent soldiers to the prison to execute him, so the soldiers went to the prison with their spears and they pierced him with them. Miraculous healings abound where he now lies.

On the same day. The passion of the holy martyrs Mark, So- 140
terichos, and Valentina.

These holy martyrs previously lived a life of complete piety but, because they proclaimed Christ before all and guided to the Lord many who did not believe and baptized them in the name of the Father and of the Son and of the Holy Spirit, they were arrested by the impious Hellenes. After they endured many torments, their bodies were pierced with long nails. Then they were mercilessly pulled, dragged, and trampled on the ground by men, women, and children before they handed over their holy and blessed souls to God. There was a certain pious and God-fearing Christian man who encouraged the martyrs to persevere in their martyrdom for God while they were still living. He also loved and honored them after they were perfected by death, taking the venerable remains of the saints from Asia and transferring them to the island of Thasos, where he gave them a proper burial. Still today, they bestow healings upon the faithful. The faithful man who transferred their remains was named Terentianus.

141 Τῇ αὐτῇ ἡμέρᾳ. Ἄθλησις τοῦ ἁγίου μάρτυρος Νέστορος.

Ὁ μάρτυς Νέστωρ ὑπῆρχεν ἐκ τῆς πόλεως Θεσσαλονίκης ἐπὶ τῆς βασιλείας Μαξιμιανοῦ. Χριστιανὸς δὲ ὢν ἀπήρχετο πρὸς τὸν ἅγιον Δημήτριον ἐν ᾧ ἐκαθέζετο τόπῳ καὶ ἐδίδασκε, καὶ ἐμάνθανεν ἀκριβέστερον παρ' αὐτοῦ τὸν λόγον τῆς ἀληθείας. Παρατυχόντος δὲ τοῦ Μαξιμιανοῦ ἐν τῇ Θεσσαλονίκῃ καὶ ἱπποδρομίαν ἐπιτελοῦντος καί τινα ἔχοντος ἄνδρα ἐθνικὸν Λύαιον ὀνόματι μονομάχον, ὑπερμεγέθη καὶ ἰσχυρόν, καὶ πολλοὺς τῶν ἀνθισταμένων αὐτῷ ἀναιροῦντα ἐν τῷ θεάτρῳ, ἰδὼν ὁ ἅγιος Νέστωρ ἐπλήσθη θεϊκοῦ ζήλου. Καὶ ἐπεὶ ἤκουσε τοῦ Μαξιμιανοῦ λέγοντος, "Εἴ τις θέλει, πολεμησάτω καὶ νικησάτω Λύαιον," τρέχει πρὸς τὸν ἅγιον, καὶ βουλεύεται αὐτῷ περὶ τούτου. Καὶ παρ' ἐκείνου στηριχθεὶς καὶ δυναμωθεὶς τῇ δυνάμει τοῦ Κυρίου ἡμῶν Ἰησοῦ Χριστοῦ, ἀνεῖλε ξίφει τὸν Λύαιον. Θυμωθεὶς οὖν ὁ βασιλεὺς διατοῦτο ἀπεκεφάλισε τὸν Νέστορα. Καὶ οὕτως ἐτελειώθη νικήσας καὶ τὸν διάβολον καὶ τὸν Λύαιον.

142 Τῇ αὐτῇ ἡμέρᾳ. Ἡ ἀνάμνησις τοῦ μεγάλου σεισμοῦ.

Τῷ εἰκοστῷ τετάρτῳ ἔτει τῆς βασιλείας Λέοντος τοῦ Ἰσαύρου, ἰνδικτιῶνος ἐνάτης μηνὶ Ὀκτωβρίῳ εἰκάδι ἕκτῃ ἐν τῇ μνήμῃ τοῦ ἁγίου Δημητρίου, ἐγένετο σεισμὸς μέγας καὶ φοβερὸς ἐν Κωνσταντινουπόλει. Καὶ κατέπεσον πάντα τὰ οἰκήματα καὶ αἱ ἐκκλησίαι, καὶ πολλοὶ ἀπέθανον συγχωσθέντες τῇ συμπτώσει. Ὅθεν τὴν ἀνάμνησιν τοῦ τοιούτου φοβεροῦ σεισμοῦ ἑορτάζοντες λιτανεύομεν καὶ

On the same day. The passion of the holy martyr Nestor. 141

The martyr Nestor was from the city of Thessalonike and lived during the reign of the emperor Maximian. He was a Christian, so he went to where Saint Demetrios lived and taught, and achieved a deeper understanding of the word of truth from him. When Maximian was in Thessalonike and was completing the construction of the hippodrome, he had a certain foreign man, a gladiator named Lyaios, who was extremely tall and strong, and who had killed many opposing him in the arena. When Saint Nestor saw him, he became filled with divine fervor. Since he heard Maximian saying, "Whoever wants, let him fight and defeat Lyaios," he hurried to the saint and asked his advice about this matter. After he was encouraged by him and strengthened by the power of our Lord Jesus Christ, he killed Lyaios with the sword. The emperor was infuriated by this and had Nestor beheaded. Thus, he was perfected by death after defeating both the devil and Lyaios.

On the same day. The remembrance of the great earthquake. 142

In the twenty-fourth year of the reign of Leo the Isaurian, during the ninth indiction, on the twenty-sixth day in the month of October, on the commemoration of Saint Demetrios, there was a great and terrible earthquake in Constantinople. All the buildings and churches fell down, and many people died, crushed by the collapse. This is why, in celebrating the memory of this terrible earthquake, we make

ἀπερχόμεθα ἐν τῷ τῆς παναχράντου ὑπερενδόξου δεσποίνης ἡμῶν Θεοτόκου καὶ ἀειπαρθένου Μαρίας μεγάλῳ καὶ ἱερῷ ναῷ τῷ ἐν Βλαχέρναις, ἱκετεύοντες καὶ δυσωποῦντες αὐτὴν ἐκτενῶς καὶ τὸν ἐξ αὐτῆς ἀσπόρως καὶ ἀφθόρως γεννηθέντα δι' ἡμᾶς τοὺς ἁμαρτωλοὺς Κύριον ἡμῶν Ἰησοῦν Χριστόν, παρακαλοῦντες ῥύσασθαι ἡμᾶς τῆς δικαίας αὐτοῦ καθ' ἡμῶν κινουμένης ὀργῆς. Ἔκτοτε οὖν μεμνημένοι τῆς τοιαύτης ἀνάγκης, εὐχαρίστως ἑορτάζομεν ἐτησίως τὴν παροῦσαν ἑορτήν, εὐχόμενοι μὴ τοιαύτῃ περιπεσεῖν ἀπειλῇ.

143 Μηνὶ τῷ αὐτῷ κζʹ. Ἄθλησις τῆς ἁγίας μάρτυρος Καπετωλίνης καὶ Ἐρωτηΐδος τῆς οἰκέτιδος αὐτῆς.

Ἡ μάρτυς Καπετωλίνα ἦν μὲν ἐπὶ Διοκλητιανοῦ βασιλέως. Ὑπῆρχε δὲ ἐκ τῆς χώρας Καππαδοκίας, εὐγενὴς πάνυ. Κρατηθεῖσα δὲ καὶ παραστᾶσα τῷ ἄρχοντι, ἠρωτήθη ὄνομα καὶ πόλιν καὶ γονεῖς. Καὶ ἀπεκρίθη εἰποῦσα ὅτι "Χριστιανὴ μὲν καλοῦμαι. Πόλιν δὲ ἔχω τὴν ἄνω Ἱερουσαλήμ, καὶ πατέρας τοὺς διδασκάλους τῶν Χριστιανῶν, μεθ' ὧν καὶ τὸν μέγαν Φιρμιλιανὸν τὸν Καισαρείας τῆς Καππαδοκίας ἐπίσκοπον." Γενναίως οὖν τὸν Χριστὸν ἀνακηρύξασα καὶ ἐλέγξασα τὴν ψευδώνυμον πλάνην τῶν εἰδώλων, ἐδέθη καὶ ἀπεκλείσθη ἐν τῇ φυλακῇ. Ἡ δὲ ταύτης δούλη Ἐρωτηῒς ἀκούσασα ἀπῆλθεν ἐν τῇ φυλακῇ καὶ κατεφίλει τὰ δεσμὰ τῆς κυρίας αὐτῆς. Ὅθεν ἡ μὲν ἁγία Καπετωλίνα τὴν κεφαλὴν ἀποτέμνεται. Ἡ δὲ ἁγία Ἐρωτηῒς πρότερον ἐν πυρὶ βληθεῖσα καὶ ὑγιὴς ἐξελθοῦσα, καὶ

our way in procession to the great and holy church of our immaculate and glorious mistress, the Theotokos and ever-virgin Mary, in Blachernai, and we beseech and petition her with great fervor. We also entreat for us sinners our Lord Jesus Christ who was born from her without seed or corruption, that he preserve us from his righteous anger when it is stirred against us. From that time, therefore, we remember that great tribulation, and we celebrate the present feast annually with thanksgiving, praying that we do not experience another catastrophe like it.

The twenty-seventh day in the same month. The passion of 143
the holy martyr Capitolina and her slave Eroteïs.

The martyr Capitolina lived under the emperor Diocletian. She was from the region of Cappadocia, from a very noble family. She was arrested and brought before the governor, who questioned her about her name, her city, and her parents. She replied, saying, "I am called a Christian. My city is the heavenly Jerusalem. My parents are the Christian teachers, among whom is the great Firmilian, the bishop of Caesarea in Cappadocia." After she courageously proclaimed Christ and condemned the false error of the idols, she was bound and imprisoned. When her slave, whose name was Eroteïs, heard about this, she went to the prison and kissed the fetters of her mistress. Saint Capitolina was beheaded because of this. Then Saint Eroteïs was first thrown into a fire, but she emerged unharmed. Next, she was pressured to

καταναγκασθεῖσα θῦσαι τοῖς εἰδώλοις καὶ μὴ πεισθεῖσα, ὕστερον καὶ αὐτὴ ξίφει πληγεῖσα ἐτελειώθη.

144 Μηνὶ τῷ αὐτῷ κη΄. Ἄθλησις τοῦ ἁγίου ἱερομάρτυρος Κυριακοῦ τοῦ φανερώσαντος τὸν τίμιον σταυρὸν ἐπὶ τῆς ἁγίας Ἑλένης.

Οὗτος μετὰ τὸ φανερῶσαι τὸν τίμιον καὶ ζῳοποιὸν σταυρὸν καὶ βαπτισθῆναι, γέγονεν ἐπίσκοπος Ἱεροσολύμων καὶ παρέτεινεν ἡ ζωὴ αὐτοῦ μέχρι τῆς βασιλείας Ἰουλιανοῦ τοῦ Παραβάτου, ὅστις κατὰ τῶν Περσῶν πορευόμενος ἀπῆλθε καὶ εἰς Ἱερουσαλήμ. Καὶ μαθὼν περὶ τοῦ ἁγίου, καὶ ἀποστείλας καὶ κρατήσας αὐτόν, παρέστησε τῷ ἰδίῳ κριτηρίῳ. Καὶ ἀναγκάσας αὐτὸν θῦσαι τοῖς εἰδώλοις ἠλέγχθη ὑπ' αὐτοῦ. Ὅθεν ἐκέλευσε κοπῆναι τὴν δεξιὰν αὐτοῦ χεῖρα, εἰπὼν ὅτι "Σὺ πολλὰς ἐπιστολὰς γράψας μετὰ τῆς χειρὸς ταύτης, πολλοὺς ἀπέστρεψας ἀπὸ τῶν θεῶν." Εἶτα ἐξέχεε μόλυβδον ἐν τῷ στόματι αὐτοῦ. Καὶ μετὰ ταῦτα ἐτέθη ἐπὶ κραββάτου χαλκοῦ πυρωθέντος. Ἐλθοῦσα δὲ πρὸς αὐτὸν ἡ μήτηρ αὐτοῦ, ἐκρατήθη καὶ αὐτή. Καὶ κρεμασθεῖσα ἐκ τῶν τριχῶν καὶ ξεομένη ἀπέθανεν. Εἶτα ἐμβληθεὶς καὶ αὐτὸς εἰς λέβητα, ἐπλήγη μετὰ τοῦ κονταρίου καὶ ἐτελειώθη.

145 Τῇ αὐτῇ ἡμέρᾳ. Μνήμη τοῦ ὁσίου Ἰωάννου τοῦ Χοζεβίτου.

Οὗτος γέγονεν ἀπὸ Θηβῶν τῆς Αἰγύπτου πλουσίων γονέων υἱός. Ἀνὴρ δὲ γενόμενος καθ' ἡλικίαν ἀκοινώνητος

sacrifice to the idols, but when she refused, she was also struck with the sword and was perfected by death.

The twenty-eighth day in the same month. The passion of the holy martyr Kyriakos, who revealed the precious cross during the time of Saint Helena. 144

After Kyriakos revealed the precious and life-giving cross and was baptized, he became bishop of Jerusalem. His lifetime extended into the reign of Julian the Apostate, who also went to Jerusalem when campaigning against the Persians. When he learned about the saint, he sent men to arrest him and bring him before his own tribunal. He pressured him to sacrifice to the idols but was castigated by him. In response, he ordered Kyriakos's right hand to be cut off and said, "By writing many letters with that hand, you turned many away from the gods." Then he had molten lead poured into his mouth. After that, he was laid upon a bronze slab that had been heated in the fire. His mother, who had come to him, was also arrested. She was hung up by her hair and flayed until she died. Finally, after he was placed inside a cauldron, he was pierced with a spear and was perfected by death.

On the same day. The commemoration of Saint John of Choziba. 145

This man was from Thebes in Egypt, the son of wealthy parents. However, when he came of age, he remained outside

ἔμενε τῆς καθολικῆς Ἐκκλησίας διὰ τὴν ἐν Χαλκηδόνι Σύνοδον. Ἐπεθύμησε δέ ποτε ἀπελθεῖν καὶ προσκυνῆσαι τοὺς σεβασμίους τόπους. Καὶ ὁρᾷ καθ' ὕπνους ἑαυτὸν μὲν πολλὰ κοπιῶντα καὶ ἀγωνιζόμενον εἰσελθεῖν καὶ προσκυνῆσαι τὸν τίμιον σταυρόν, μὴ δυνάμενον δὲ θύραν εὑρεῖν. Ἀναγκαζομένῳ δὲ ἦλθεν αὐτῷ φωνὴ λέγουσα, "Τοὺς μὴ κοινωνοῦντας τῇ καθολικῇ Ἐκκλησίᾳ ὁ σταυρὸς οὐ παραδέχεται." Ὁ δὲ ἔξυπνος γενόμενος ἐκοινώνησε τῇ καθολικῇ Ἐκκλησίᾳ. Καὶ παραυτὰ ἐξῆλθεν εἰς τὰς πλησίον ἐρήμους, καὶ ἔμεινεν ἐν τῷ ὄρει τοῦ Χοζεβᾶ ἕως τέλους, πᾶσαν ἄσκησιν ἐπιδεικνύμενος. Καὶ θαύματα ἐπιτελέσας καὶ πολλοὺς διδάξας μιμεῖσθαι τὴν ἐνάρετον αὐτοῦ πολιτείαν καὶ τὴν ἄσκησιν ἐτελειώθη, ταφεὶς ἐν αὐτῷ τῷ ὄρει τῆς ἐρήμου.

146 Μηνὶ τῷ αὐτῷ κθ'. Μνήμη τοῦ ὁσίου πατρὸς ἡμῶν Ἀβραμίου.

Ὁ ὅσιος Ἀβράμιος ἦν μὲν Χριστιανῶν υἱός. Συνεζεύχθη δὲ ἀβουλήτως γυναικί. Διὰ δὲ τὸν Χριστὸν καταλιπὼν αὐτὴν καὶ ἀναχωρήσας ἀπέκλεισεν ἑαυτὸν εἰς μικρὸν οἴκημα. Καὶ μετὰ χρόνους δέκα, χειροτονεῖται πρεσβύτερος. Τελευτήσαντος δὲ τοῦ ἀδελφοῦ αὐτοῦ καὶ καταλιπόντος παιδίον θηλυκὸν ὡσεὶ χρόνων ἑπτά, ἀνελάβετο αὐτὸ ὁ ἅγιος, καὶ πλησίον τοῦ κελλίου αὐτοῦ εἰς ἕτερον κελλίον ἀπέκλεισεν. Ἐν τῷ εἰκοστῷ δὲ χρόνῳ τῆς ἡλικίας αὐτῆς συνέβη φθόνῳ τοῦ δαίμονος περιπεσεῖν αὐτὴν πορνείᾳ, εἶτα καὶ ἐν πανδοχείῳ ἀπελθεῖν μετὰ πορνῶν. Γνοὺς δὲ ὁ

communion with the catholic Church on account of the Council of Chalcedon. On one occasion he wanted to visit the holy places and venerate them. But then he saw himself in a dream struggling mightily and in great distress because he could not find the door to enter and venerate the precious cross. In his distress, a voice came to him saying, "The cross does not receive those who are not in communion with the catholic Church." As soon as he awoke, he entered into communion with the catholic Church. Then he immediately departed to the wilderness nearby, and he remained on the mountain of Choziba until the end, practicing every form of asceticism. After he performed miracles and guided many to imitate his virtuous conduct and asceticism, he was perfected by death and was buried on that mountain in the wilderness.

The twenty-ninth day in the same month. The commemora- 146
tion of our holy father Abramios.

Saint Abramios was the son of Christian parents. He was forced to marry a woman against his will. But he left her on account of Christ, withdrew from the world, and enclosed himself in a small dwelling. Ten years later, he was ordained a priest. After his brother died and left behind a young daughter, who was about seven years old, the saint adopted her and enclosed her in another cell near to his own. When she was twenty years old, the envy of the devil caused her to fall into the sin of fornication, and she went to live with prostitutes in an inn. When the saint realized this, he disguised

ἅγιος καὶ στρατιώτου σχῆμα φορέσας, καὶ τοῦ κελλίου αὐτοῦ ἐξελθὼν καὶ ἐπιβὰς ἵππου, τοῦ πτώματος ταύτην ἐξήρπασε καὶ τῷ ἰδίῳ κελλίῳ ἀποκατέστησε. Καὶ τοιαύτην μετάνοιαν ἐπεδείξατο, ὡς καὶ σημεῖα ποιῆσαι καὶ οὕτω τελειωθῆναι. Ἐκοιμήθη δὲ καὶ ὁ ὅσιος Ἀβράμιος ἐν βαθυτάτῳ γήρᾳ.

147 Τῇ αὐτῇ ἡμέρᾳ. Ἄθλησις τῶν ἁγίων ματύρων Κλαυδίου, Ἀστερίου, Νέωνος, καὶ Θεονίλλης.

Οὗτοι ὑπῆρχον ἐπὶ Διοκλητιανοῦ τοῦ βασιλέως καὶ Λυσίου ἡγεμόνος τῆς Κιλικίας, νέοι μὲν τὴν ἡλικίαν, ἀδελφοὶ δὲ νόμιμοι. Μητρυὰν οὖν ἔχοντες, καὶ τὴν γονικὴν αὐτῶν ὕπαρξιν ζητοῦντες ἀπῆλθον ἐν Μοψουεστίᾳ τῇ πόλει δικάσασθαι ἐπὶ τοῦ ἡγεμόνος. Ἡ δὲ μητρυὰ μὴ θέλουσά τι ἀποδοῦναι αὐτοῖς, διέβαλεν αὐτοὺς ὡς Χριστιανούς. Καὶ κρατηθέντες καὶ ἐρωτηθέντες ὡμολόγησαν τὸ ὄνομα τοῦ Χριστοῦ παρρησίᾳ. Ὅθεν εἰσαχθέντες ἐν τῷ θεάτρῳ καὶ γυμνοὶ κρεμασθέντες ἐτιμωρήθησαν καὶ ἐξέσθησαν ἰσχυρῶς. Εἶτα μετὰ πολλὰς πικρὰς καὶ διαφόρους βασάνους, δήσαντες αὐτοὺς οἱ στρατιῶται εἰς μίαν ἅλυσιν, ἀπήγαγον ἔξω τοῦ τείχους τῆς πόλεως, καὶ ἐπὶ ξύλων κρεμάσαντες, καὶ ἥλοις προσηλώσαντες ἐφόνευσαν. Εἶτα προσήχθη καὶ ἡ ἁγία Θεονίλλα. Καὶ κρεμασθεῖσα καὶ αὐτὴ ἀπὸ τῶν τριχῶν, καὶ τυπτομένη ῥάβδοις ἐπὶ πολλαῖς ταῖς ὥραις ἀπέδωκε τὸ πνεῦμα αὐτῆς τῷ Κυρίῳ.

himself as a soldier, left his cell, mounted a horse, and rescued her from sin and returned her to her own cell. Her acts of repentance were so great that she even began to work miracles, and thus she was perfected by death. Saint Abramios fell asleep at a very advanced age.

On the same day. The passion of the holy martyrs Claudius, 147
Asterios, Neon, and Theonilla.

These people lived during the reign of the emperor Diocletian, when Lysias was governor of Cilicia. They were young and were biological siblings. Since they had a stepmother, when they were seeking their family inheritance, they went to the city of Mopsuestia to bring a case before the governor. Their stepmother, however, did not want to give them anything and accused them of being Christians. When they were arrested and questioned, they openly confessed the name of Christ. As a result they were brought into the arena, where they were hung up naked, and severely tortured and flayed. Then after many different horrible torments, the soldiers bound them together with a single chain and led them outside the wall of the city. There they hung them up on stakes, pierced them with nails, and killed them. Afterward, Saint Theonilla was taken. She was hung up by her hair and beaten with rods for many hours until she handed over her spirit to the Lord.

148 Μηνὶ τῷ αὐτῷ λʹ. Ἄθλησις τοῦ ἁγίου μάρτυρος Ἐπιμάχου.

Ἐπίμαχος ὁ μάρτυς ἦν μὲν ἀνὴρ ἰδιώτης, ὡραῖος δὲ τῇ ὄψει, ὑπάρχων ἐκ τῆς χώρας Αἰγύπτου. Χριστιανὸς δὲ ὤν, καὶ θεωρῶν τὸν τῆς χώρας ἄρχοντα βασανίζοντα τοὺς ἁγίους μάρτυρας ἐν Ἀλεξανδρείᾳ τῇ πόλει ἐλυπεῖτο. Ἐν μιᾷ οὖν τῶν ἡμερῶν καταναγκάζοντος τοῦ ἄρχοντος τοὺς ἁγίους θῦσαι τοῖς εἰδώλοις, καὶ τοῦ βωμοῦ προκειμένου, ζήλου θεϊκοῦ πλησθεὶς ὁ Ἐπίμαχος ὥρμησε καταστρέψαι τὸν βωμόν. Ὅθεν κρατηθεὶς παρεδόθη τῇ φυλακῇ, ἀλλὰ καὶ ἐκεῖ παρεκάλει τοὺς ἁγίους προθύμως ὑπὲρ Χριστοῦ μαρτυρεῖν. Ἐκβληθέντων δὲ τῶν ἁγίων τῆς φυλακῆς, καὶ τὸν ἄρχοντα ἐλεγξάντων, ἠρώτησεν ὁ ἄρχων ὅτι πόθεν ἐκτήσαντο τὴν παρρησίαν. Καὶ μαθὼν ὅτι ἐκ τοῦ Ἐπιμάχου, κρεμάσας αὐτὸν ἔξεεν. Ἱσταμένης δὲ κάτωθεν μονοφθάλμου κόρης καὶ βλεπούσης αὐτὸν καὶ θρηνούσης, ἐπέσταξεν αἷμα εἰς τὸν ἐσβεσμένον αὐτῆς ὀφθαλμόν, καὶ εὐθὺς ἀνέβλεψε. Καὶ θυμωθεὶς ὁ ἄρχων ἀπεκεφάλισεν αὐτόν. Καὶ οὕτως ἐτελειώθη.

149 Τῇ αὐτῇ ἡμέρᾳ. Ἄθλησις τῆς ἁγίας μάρτυρος Εὐτροπίας.

Ἡ μάρτυς Εὐτροπία ἦν ἀπὸ Ἀλεξανδρείας τῆς Αἰγύπτου. Ἐπεὶ δὲ πλῆθος μαρτύρων ἐν τῇ φυλακῇ τῆς αὐτῆς πόλεως ἀποκέκλειστο, ἐλεοῦσα αὐτούς, ποτὲ μὲν ἀπήρχετο καὶ ἐπεσκέπτετο, ποτὲ δὲ ἀπέστελλεν αὐτοῖς τὰ πρὸς τὴν χρείαν. Οὕτω δὲ ποιούσης, διεβλήθη τῷ ἡγεμόνι Ἀπελλιανῷ. Ὁ δὲ κρατήσας αὐτὴν ἐνέκλεισεν εἰς φυλακήν. Εἶτα ἐκβαλὼν αὐτήν, παρέστησε τῷ βήματι αὐτοῦ.

The thirtieth day in the same month. The passion of the holy martyr Epimachos. 148

The martyr Epimachos was a commoner from the region of Egypt and was handsome. Because he was a Christian, he was filled with grief when he saw the governor of that region torturing the holy martyrs in the city of Alexandria. One day, when the governor was pressuring the saints to sacrifice to the idols, and the altar stood nearby, Epimachos was filled with divine zeal, so he rushed forward and overturned the altar. He was arrested and imprisoned for this. But even there he exhorted and encouraged the saints to endure martyrdom for Christ. When they were taken from prison, they defied the governor, so the governor asked them where they had obtained such audacity. When he learned that it was from Epimachos, he had him hung him up and flayed. Now there was a young girl, blind in one eye, standing below him and weeping as she looked upon him. By chance, his blood dripped onto her blind eye, and she immediately regained her sight. The governor became enraged by this, so he had him beheaded. Thus, he was perfected by death.

On the same day. The passion of the holy martyr Eutropia. 149

The martyr Eutropia was from Alexandria in Egypt. After a group of martyrs had been imprisoned in that city, she took pity on them. Sometimes she went to visit them, and at other times, she sent them what they needed. She was reported for her actions to the governor Apellianos. He arrested and imprisoned her. Later on, he released her and summoned her before his tribunal. When she confessed her

Καὶ ὁμολογήσασαν τὸν Χριστὸν ἐκρέμασε καὶ λαμπάσι κατέκαιεν· ἥτις καιομένη ἐβόα πρὸς τοὺς τιμωροῦντας δημίους καὶ ἔλεγε, "Μεγάλη ἡ ψυχρότης τοῦ ὕδατος τούτου, ὅπερ μοι ἐπιχέετε." Τὰς γὰρ φλόγας ὡς ὕδωρ ἐλογίζετο. Καὶ διεβεβαιοῦτο ὁρᾶν ἄνδρα φοβερὸν ὅμοιον Υἱῷ Θεοῦ, ὅντινα καὶ οἱ στρατιῶται ἔβλεπον καὶ πάντες οἱ παρεστῶτες. Τοιαῦτα λέγουσα καὶ εὐχαριστοῦσα Χριστῷ, δι' ὃν τὰς τοιαύτας ἀλγηδόνας προθύμως ὑπέμενε, παρέδωκεν αὐτῷ τὴν μακαρίαν αὐτῆς ψυχήν.

150 Μηνὶ τῷ αὐτῷ λα'. Ἄθλησις τοῦ ἁγίου ἱερομάρτυρος Ζηνοβίου καὶ τῆς ἀδελφῆς αὐτοῦ Ζηνοβίας.

Ὁ μάρτυς Ζηνόβιος ὑπῆρχε μὲν ἐπὶ τῆς βασιλείας Διοκλητιανοῦ, υἱὸς Ζηνοδότου καὶ Θέκλης Χριστιανῶν ὑπαρχόντων. Εἶχε δὲ καὶ ἀδελφὴν καλουμένην Ζηνοβίαν. Προκόψας δὲ εἰς ἡλικίαν καὶ εἰς τὴν κατὰ Θεὸν γνῶσιν καὶ εὐσέβειαν, ἐπίσκοπος προχειρίζεται τῆς Αἰγαίων πόλεως, ἐν ᾗ καὶ ἐγεννήθη. Πλείστας δὲ ἰάσεις ἐπετέλει ἐν τῷ ὀνόματι τοῦ Χριστοῦ, ὡς καὶ τὰ παρὰ τῶν ἰατρῶν ἀπηγορευμένα πάθη θεραπεύειν. Οὗτος κρατηθεὶς παρέστη τῷ ἡγεμόνι Λυσίᾳ. Καὶ μαθοῦσα τοῦτο ἡ ἀδελφὴ αὐτοῦ Ζηνοβία ἐπέδωκεν ἑαυτὴν ἑκουσίως. Τύπτονται οὖν καὶ ἐπὶ κλίνης σιδηρᾶς πεπυρακτωμένης ἐφαπλοῦνται. Καὶ εἰς λέβητα ζέοντα καὶ γέμοντα πίσσης ἐμβάλλονται. Ῥυσθέντες δὲ τῇ τοῦ Θεοῦ χάριτι τῶν τοιούτων βασάνων, πάλιν ἀναγκάζονται θῦσαι τοῖς ἀκαθάρτοις δαίμοσιν ἀπονοίᾳ τοῦ δικάζοντος. Μὴ πεισθέντες δὲ τὴν διὰ ξίφους ἐδέξαντο τελευτήν. Καὶ οὕτως ἐτελειώθησαν.

belief in Christ, he had her hung up and burned with torches. As she was being burned, she cried out to the executioners torturing her, saying, "How cool and refreshing is the water that you are pouring over me!" For she thought the flames were water. She also declared that she saw a frightening man who looked like the Son of God, and the soldiers and all the bystanders also saw him. As she spoke these words and gave thanks to Christ, for whom she eagerly endured such agonies, she handed her blessed spirit over to him.

The thirty-first day in the same month. The passion of the holy martyr Saint Zenobios and his sister Zenobia.

The martyr Zenobios lived during the reign of Diocletian and was the son of Zenodotos and Thekla, who were both Christians. He also had a sister named Zenobia. After he grew in age and also in knowledge of God and piety, he was ordained bishop of the city of Aegae, which was also the city of his birth. He performed numerous healings in the name of Christ and even succeeded in curing many illnesses considered hopeless by the doctors. He was then arrested and brought before the governor Lysias. When his sister Zenobia learned of this, she handed herself over voluntarily. So they were beaten and stretched out on an iron slab heated over the fire. After that, they were put into a cauldron filled with bubbling pitch. But when they were protected from these torments by the grace of God, they were again pressured, through the judge's insanity, to sacrifice to the impure demons. But when they refused, they met their end through the sword. Thus, they were perfected by death.

151 Τῇ αὐτῇ ἡμέρᾳ. Μνήμη τῶν ἁγίων ἀποστόλων Στάχυος, Ἀμπλία, Οὐρβανοῦ, καὶ τῆς συνοδίας αὐτῶν.

Ὁ ἅγιος ἀπόστολος Στάχυς ἐπίσκοπος προχειρίζεται τοῦ Βυζαντίου παρὰ Ἀνδρέου τοῦ ἁγιωτάτου ἀποστόλου, κτίσαντος ἐκκλησίαν πέραν ἐν Ἀργυροπόλει, ἐν ᾗ καὶ συνηθροίζοντο Χριστιανοὶ τὸν ἀριθμὸν δισχίλιοι. Καὶ διδάσκων αὐτούς, ἐκράτησεν ἐπὶ ἔτη δεκαέξ, καὶ ἐκοιμήθη ἐν εἰρήνῃ. Ὁ δὲ Ἀμπλίας ἐπίσκοπος τῆς Ὀδυσσοῦ πόλεως ἐγένετο χώρας Μακεδονίας ἀναιρεθεὶς ὑπὸ Ἑλλήνων. Ὁ δὲ Οὐρβανὸς ἐπίσκοπος Μακεδονίας ἐγένετο φονευθεὶς καὶ αὐτὸς ὑπό τε Ἰουδαίων καὶ Ἑλλήνων μετὰ καὶ ἑτέρων πολλῶν. Καὶ οὕτως ἐν ἡμέρᾳ μιᾷ, οὕτω συμβάντος, διαφόρως βασανισθέντες ἐν διαφόροις τόποις καὶ ἔθνεσι καὶ πόλεσι παρὰ τῶν μὴ γινωσκόντων τὸν Θεόν, Ἑλλήνων τε καὶ ἐθνῶν, παρέδωκαν τὰς μακαρίας αὐτῶν ψυχὰς τῷ Κυρίῳ. Τὰ δὲ τίμια λείψανα αὐτῶν ὕστερον μετακομισθέντα ἐν Κωνσταντινουπόλει ἐτέθησαν ἐν ταῖς λεγομέναις Πηγαῖς.

On the same day. The commemoration of the holy apostles Stachys, Amplias, Urban, and their companions. 151

The holy apostle Stachys was consecrated bishop of Byzantion by the most holy apostle Andrew, who founded the church over in Argyropolis, where two thousand Christians used to gather. He taught them and served as bishop for sixteen years before he died in peace. Amplias became the bishop of the city of Odessos in the region of Macedonia and was killed by the Hellenes. Urban became bishop of Macedonia and was also murdered, along with many others, by the Jews and the Hellenes. And so, on the same day, it happened that they suffered different torments in different places, among different peoples, and in different cities at the hands of those who do not know God, both Hellenes and gentiles. Thus, they handed over their blessed souls to the Lord. Their venerable relics were later transferred to Constantinople and were laid to rest in the so-called Pegai.

152 Μηνὶ Νοεμβρίῳ α΄. Ἡ κοίμησις τῶν ἁγίων Ἀναργύρων Κοσμᾶ καὶ Δαμιανοῦ τῶν υἱῶν τῆς ἁγίας Θεοδότης.

Κοσμᾶς καὶ Δαμιανὸς οἱ ἅγιοι Ἀνάργυροι ὑπῆρχον υἱοὶ γυναικός τινος Χριστιανῆς ὀνόματι Θεοδότης, διδαχθέντες παρὰ μὲν αὐτῆς τὴν ὀρθὴν πίστιν καὶ τὰ ἱερὰ γράμματα, παρὰ δὲ τοῦ Ἁγίου Πνεύματος τὴν ἰατρικὴν τέχνην, καὶ ἰάτρευον οὐ μόνον ἀνθρώπους, ἀλλὰ καὶ κτήνη, μισθὸν παρά τινος μὴ λαμβάνοντες. Ἐθεράπευσαν δὲ καὶ γυναῖκά τινα ὀνόματι Παλλαδίαν, ἥτις κρύφα προσδραμοῦσα τῷ ἁγίῳ Δαμιανῷ προσέφερεν ᾠὰ τρία, καὶ ὥρκισε κατὰ τοῦ ὀνόματος τοῦ Θεοῦ λαβεῖν αὐτά. Καὶ τοῦτο ἀκούσας ὁ ἅγιος Κοσμᾶς παρήγγειλε μὴ τεθῆναι τὸ λείψανον Δαμιανοῦ ἐν τῇ τελευτῇ αὐτοῦ μετ᾽ αὐτοῦ. Ἐκοιμήθη δὲ πρότερον ὁ ἅγιος Κοσμᾶς. Καὶ μετὰ ταῦτα τελευτήσαντος Δαμιανοῦ, διελογίζετο ὁ λαὸς ποῦ θάψει αὐτόν. Καὶ ἐξαίφνης κάμηλος δραμοῦσα ἡ κλασθεῖσα παρὰ τοῦ διαβόλου καὶ ἰαθεῖσα παρὰ τῶν ἁγίων, ἐλάλησεν ἀνθρωπίνῃ φωνῇ τεθῆναι τὸ λείψανον μετὰ τοῦ ἁγίου Κοσμᾶ ὅτι οὐκ εἰς μισθὸν ἔλαβε τὰ ᾠά, ἀλλὰ διὰ τὸν ὅρκον. Καὶ οὕτως ἐτέθησαν ἀμφότεροι.

November

The first day in the month of November. The repose of Saints Cosmas and Damian the *Anargyroi,* the sons of Saint Theodote. 152

Cosmas and Damian, the holy *Anargyroi,* were the sons of a Christian woman named Theodote. From her, they learned the orthodox faith and the holy scriptures, but from the Holy Spirit, the craft of medicine. They healed not only humans but even domestic animals, and they accepted nothing as payment. Once they cured a woman named Palladia who approached Saint Damian in secret and offered him three eggs. She made him swear an oath in the name of God to accept them. When Saint Cosmas heard of this, he declared that Damian's body was not be interred with him in death. Saint Cosmas died first. Afterward, when Damian died, the people debated about where they would bury him. But suddenly, a camel came running. This was the camel that had been injured by the devil and healed by the saints, and it said with a human voice that his remains should be interred with Saint Cosmas because he accepted the eggs not as payment, but on account of his oath. Thus, they were buried together.

153 Τῇ αὐτῇ ἡμέρᾳ. Ἄθλησις τῶν ἁγίων μαρτύρων γυναικῶν Κυριαίνης καὶ Ἰουλιανῆς.

Κυριαίνη ἡ μάρτυς ὑπῆρχεν ἐπὶ Μαξιμιανοῦ τοῦ βασιλέως ἐκ πόλεως Ταρσοῦ τῆς Κιλικίας. Ἥτις ὑπὸ τοῦ ἡγεμόνος τῆς αὐτῆς πόλεως κρατηθεῖσα καὶ πολλὰ ἀναγκασθεῖσα ἀρνήσασθαι τὸν Χριστὸν καὶ θῦσαι τοῖς εἰδώλοις καὶ μὴ πεισθεῖσα, ξυρίζεται τὴν κεφαλὴν σὺν ταῖς ὀφρύσι· καὶ πιττάκιον ὕβρεων γέμον περιτίθεται ἐν τῷ μετώπῳ, ὄνῳ τε ἐπιβιβασθεῖσα μετὰ ναρθηκίων ὑπὸ σχολητῶν παίδων ἐτύπτετο. Καὶ ὑπὸ μίμων καὶ ἀτάκτων στρατιωτῶν τὴν Ταρσῶν πόλιν γυμνὴ περιήγετο. Εὐξαμένη δὲ μὴ ὁρᾶσθαι γυμνή, ὑπὸ θείας χάριτος ἐσκεπάσθη καὶ οὐκ ἐβλέπετο τοῖς εἰδωλολάτραις. Μετὰ δὲ τὸ οὕτως τιμωρηθῆναι, ἀχθεῖσα ἐν πόλει Ῥαιδεστῷ μετὰ καὶ ἑτέρας γυναικὸς Χριστιανῆς Ἰουλιανῆς καλουμένης καὶ ἐκ τῆς αὐτῆς πόλεως ὑπαρχούσης πυρὶ παρεδόθη. Καὶ ἀμφότεραι ἐν τῇ καμίνῳ δοξάζουσαι τὸν Θεὸν καὶ εὐχαριστοῦσαι αὐτῷ, τὰς μακαρίας αὐτῶν ἀφῆκαν ψυχάς.

154 Τῇ αὐτῇ ἡμέρᾳ. Ἄθλησις τῶν ἁγίων μαρτύρων Ἰωάννου ἐπισκόπου καὶ Ἰακώβου πρεσβυτέρου τοῦ ἐπικαλουμένου "Ζηλωτοῦ."

Οὗτοι ὑπῆρχον ἐπὶ Σαβωρίου τοῦ Περσῶν βασιλέως, ἐν Περσίδι διδάσκοντες τὸν λόγον τῆς πίστεως καὶ πολλοὺς ἐπιστρέφοντες ἀπὸ τῶν εἰδώλων ἐπὶ τὸν Κύριον. Ἐν μιᾷ οὖν τῶν ἡμερῶν ἐθεάσατο ὁ ἐπίσκοπος Ἰωάννης καθ' ὕπνους ἄνδρα τινὰ δήμιον κατέχοντα σπαθίον, ὅπερ ἐν τῷ

On the same day. The passion of the holy martyrs, the 153
women Kyriaina and Juliana.

Kyriaina the martyr lived under the emperor Maximian and was from the city of Tarsos in Cilicia. She was arrested by the governor of that city, and was put under great pressure to deny Christ and to sacrifice to the idols. But when she refused, her head was shaved along with her eyebrows. Then a sign covered in abuses was attached to her forehead before she was put onto a donkey and beaten by school children with small rods. Next, she was paraded naked through the city of Tarsos by mimes and disorderly soldiers. But when she prayed that she not be seen naked, she was protected by divine grace and became invisible to the idolaters. After she was abused in this way, she was taken to the city of Rhaidestos with another Christian woman named Juliana who was from the same city and was put into a fire. Both of the women gave glory to God and gave him thanks in the furnace until they handed over their blessed souls.

On the same day. The passion of the holy martyrs John the 154
bishop and James the priest, who was called "the Zealot."

These men lived during the reign of Shapur king of the Persians. In Persia, they taught about the faith and thereby turned many from the idols to the Lord. One day, bishop John saw in a dream an executioner holding a sword at

ἄκρῳ εἶχε στέφανον. Ὅστις δήμιος δραμὼν ἐπὶ τὸν ἐπίσκοπον ἐπέθηκεν ἐν τῇ κεφαλῇ αὐτοῦ τὸν στέφανον, εἰπών, "Λάβε, ὦ ἐπίσκοπε, στέφανον, οὗ ἐπεθύμησας." Καὶ μετ' ὀλίγας ἡμέρας ἐκρατήθη παρὰ τῶν ἀπίστων καὶ αὐτὸς καὶ Ἰάκωβος ὁ πρεσβύτερος. Καὶ πολλὰ τιμωρηθέντες πρότερον καὶ διαφόροις βασάνοις προσομιλήσαντες, ὕστερον διὰ ξίφους ἐτελειώθησαν, εὐχαριστοῦντες Κυρίῳ τῷ Θεῷ ἡμῶν μέχρι θανάτου ὅτι ὑπὲρ αὐτοῦ θανεῖν ἠξιώθησαν. Καὶ ἀπέβη τῷ ἐπισκόπῳ τὰ τοῦ ὀνείρου, ἀπολαβόντι τὸν στέφανον τῆς ἀφθάρτου ζωῆς. Ἐτάφησαν δὲ ἐντίμως ἐν ταὐτῷ ὑπὸ πιστῶν καὶ εὐλαβῶν ἀνδρῶν.

155 Μηνὶ τῷ αὐτῷ β'. Ἄθλησις τῶν ἁγίων μαρτύρων Ἀκινδύνου, Πηγασίου, Ἀφθονίου, Ἀνεμποδίστου, Ἐλπιδηφόρου, καὶ τῆς συνοδίας αὐτῶν.

Τούτων τῶν ἁγίων, ὁ μὲν Ἀκίνδυνος, Πηγάσιος, καὶ Ἀνεμπόδιστος ὑπῆρχον ἐπὶ τοῦ Μεγάλου Κωνσταντίνου ἐκ τῆς χώρας Περσῶν. Ἐν ἰδιάζοντι δὲ κελλίῳ καθεζόμενοι ἐδίδασκον τὸν λόγον τοῦ Θεοῦ. Καὶ κρατηθέντες ὑπὸ Σαβωρίου τοῦ Περσῶν βασιλέως ἐβασανίζοντο. Ἀλλὰ διὰ προσευχῆς ἄλαλον ποιοῦσι τὸν βασιλέα καὶ πάλιν θεραπεύουσιν. Εἶτα ἐνεβλήθησαν εἰς λέβητας γέμοντας μολύβδου καὶ κοχλάζοντας, καὶ ἐξῆλθον ἀπαθεῖς. Ἀφθόνιος δὲ στρατιώτης ὤν, ἰδὼν τὸ θαῦμα ἐπίστευσε τῷ Χριστῷ καὶ ἔξω τειχῶν ἀπεκεφαλίσθη. Εἶτα ἐμβάλλονται εἰς θυλάκους βοείους καὶ ῥίπτονται εἰς θάλασσαν. Καὶ φανεὶς ὁ ἅγιος Ἀφθόνιος σὺν ἀγγέλοις ἐξήγαγεν αὐτοὺς ἐπὶ τῆς

whose end hung a crown. This executioner ran to the bishop, placed the crown upon his head, and said, "Bishop, take the crown that you have desired." A few days later, both he and James the priest were arrested by the nonbelievers. They were tortured at great length and experienced various torments before they were perfected in death by the sword. Until their death, they continued to give thanks to the Lord our God because they were judged worthy of dying for him. Thus, the events from the dream came to pass for the bishop, who received the crown of eternal life. They were both given an honorable burial in the same place by faithful and pious men.

The second day in the same month. The passion of the holy 155
martyrs Akindynos, Pegasios, Aphthonios, Anempodistos, Elpidephoros, and their companions.

Among these saints, Akindynos, Pegasios, and Anempodistos lived during the reign of Constantine the Great and were from the region of Persia. They lived in a secluded cell and taught the word of God. They were then arrested by Shapur, the king of the Persians, and tortured. But through their prayers, they made the king lose his ability to speak before restoring it again. Next, they were put into cauldrons full of molten lead, but they emerged from them unharmed. When Aphthonios, who was a soldier, observed this miracle and came to believe in Christ, he was taken outside the walls and beheaded. After that, they were put into leather sacks and thrown into the sea, but Saint Aphthonios appeared with angels and brought them back to the shore. Because they

ξηρᾶς. Καὶ διότι ἐξῆλθον, χειροκοποῦνται οἱ ῥίψαντες αὐτοὺς στρατιῶται. Ὁ δὲ συγκλητικὸς Ἐλπιδηφόρος ἰδών, ἀντέστη τῷ βασιλεῖ. Καὶ σὺν αὐτῷ ἐπίστευσαν ἑπτακισχίλιοι ἄνδρες καὶ ἀπεκεφαλίσθησαν. Ὑπελείφθησαν δὲ ἕτεροι κη′ μετὰ τῆς μητρὸς Σαβωρίου πιστευσάσης καὶ πυρὶ παρεδόθησαν.

156 Τῇ αὐτῇ ἡμέρᾳ. Ἄθλησις τῶν ἁγίων μαρτύρων Ἀττικοῦ, Εὐδοξίου, Ἀγαπίου, καὶ τῆς συνοδίας αὐτῶν.

Οὗτοι οἱ ἅγιοι στρατιῶται ὑπῆρχον ἐν τῇ πόλει Σεβαστείᾳ ἐπὶ Λικιννίου τοῦ βασιλέως· οἵτινες συνεβούλευον πάσῃ τῇ στρατιᾷ ἐμμένειν τῇ πίστει τοῦ Χριστοῦ. Διὸ βασανίζονται ὑπὸ Μαρκέλλου τοῦ δουκός. Εἶτα ἐμβάλλονται εἰς φυλακήν. Ἐκβληθέντες δὲ τύπτονται κατὰ νώτου καὶ κοιλίας βουνεύροις ὠμοῖς. Εἶτα ἐκριζοῦνται τοὺς ὀδόντας. Τιμωρουμένων δὲ ἔλεγεν ὁ δοὺξ πρὸς τὸν ἅγιον Καρτέριον ὅτι "Σὺ μόνος ἀπέστησας τὸν λαὸν τῆς τοῦ βασιλέως ὑποταγῆς." Ὁ δὲ ἔλεγεν ὅτι "Οὐ συνεβούλευσα τῷ λαῷ ἐπαναστῆναι τῷ βασιλεῖ, ἀλλὰ προσελθεῖν τῷ ἀθανάτῳ βασιλεῖ Χριστῷ." Μετὰ ταῦτα ἄγεται Στυράκιος καὶ ὁμολογεῖ τὸν Χριστόν· καὶ αὖθις Τωβίας· εἶτα Νικοπολιτιανός· καὶ κατακρίνονται ξύλοις συντριβῆναι. Καὶ μετὰ ταύτην τὴν βάσανον καὶ ἑτέρας πλείονας ἀλγηδόνας ὑπομείναντες μετὰ καὶ ἄλλων πολλῶν τῶν πιστευσάντων εἰς Χριστόν, τέλος τὴν διὰ τοῦ πυρὸς ἀπόφασιν ἔλαβον. Καὶ οὕτως ἐτελειώθησαν.

escaped, the soldiers who threw them in had their hands cut off. When Elpidephoros, a man of senatorial rank, saw what had occurred, he opposed the king. Seven thousand men came to believe with him and were beheaded. Another twenty-eight remained with Shapur's mother, who had come to believe herself, and they were thrown into a fire.

On the same day. The passion of the holy martyrs Attikos, 156
Eudoxios, Agapios, and their companions.

These saints were soldiers in the city of Sebasteia under the emperor Licinius. They encouraged the entire army to remain steadfast in their faith in Christ. Because of this, they were tortured by Marcellus the *doux*. Then they were thrown into prison. When they were taken from prison, their backs and abdomens were brutally beaten with rawhide ox tendons. After that, their teeth were ripped out. While they were being tortured, the *doux* said to Saint Karterios, "You alone turned the army from obedience to the emperor." He responded, "I did not advise the army to revolt against the emperor, but to surrender to Christ, the immortal emperor." After this, Styrakios was brought forward and confessed his belief in Christ. Tobias and Nikopolitianos also did likewise. They were all condemned to be beaten with clubs. After they endured this torment and many more agonies along with many others who believed in Christ, they were finally sentenced to death through fire. Thus, they were perfected by death.

157 Μηνὶ τῷ αὐτῷ γʹ. Ἄθλησις τῶν ἁγίων μαρτύρων Ἀκεψιμᾶ ἐπισκόπου, Ἰωσὴφ πρεσβυτέρου, καὶ Ἀειθαλᾶ διακόνου.

Καὶ οὗτοι οἱ ἅγιοι ἐν Περσίδι ἐμαρτύρησαν ὑπὸ Σαβωρίου τοῦ τυράννου ἐπὶ Κωνσταντίνου τοῦ Μεγάλου βασιλέως Ῥωμαίων. Ἦν οὖν ὁ ἅγιος Ἀκεψιμᾶς ἐπίσκοπος λευκὸς τὴν τρίχα, γέρων γεγονὼς ἐτῶν ὀγδοήκοντα, συνεστὼς ἔτι ἔχων τὸ σῶμα εὐμήκης καὶ ὄρθιος, περιουσίαν κεκτημένος πολλήν. Κρατηθεὶς δὲ μετὰ τῶν σὺν αὐτῷ καὶ παραστὰς τῷ ἀρχιμάγῳ, καὶ μὴ πεισθεὶς θῦσαι τῷ ἡλίῳ καὶ τῷ Ἄρεϊ, ἀλλὰ μᾶλλον ἐξυβρίσας εἰς αὐτούς, τύπτεται ἰσχυρῶς καὶ δεσμεῖται. Εἶτα ἄγεται Ἰωσὴφ ἐκ τῆς αὐτῆς χώρας ὑπάρχων καὶ αὐτὸς γηραιός. Καὶ ἀντιστὰς τῷ ἀρχιμάγῳ, τείνεται καὶ μαστίζεται, ὡς διακοπῆναι τὰς σάρκας αὐτοῦ μέχρι τῶν ὀστέων. Καὶ συνδεσμεῖται τῷ ἁγίῳ Ἀκεψιμᾷ. Εἶτα ἄγεται καὶ Ἀειθαλᾶς καὶ δεσμεῖται τὰς χεῖρας ὑπὸ τὰ γόνατα καὶ ἐξαρθροῦται πάσας τὰς τοῦ σώματος ἁρμονίας. Μετὰ ταῦτα ὁ μὲν Ἀκεψιμᾶς τυπτόμενος ἐτελειώθη. Ὁ δὲ Ἰωσὴφ κατὰ κεφαλῆς κρεμασθεὶς ἐλιθοβολήθη. Ὁ δὲ Ἀειθαλᾶς καὶ αὐτὸς κατὰ κεφαλῆς κρεμασθεὶς παρέδωκε τὸ πνεῦμα.

158 Τῇ αὐτῇ ἡμέρᾳ. Μνήμη τοῦ ὁσίου πατρὸς ἡμῶν Ἰωαννικίου τοῦ Θαυματουργοῦ.

Ὁ μέγας πατὴρ ἡμῶν Ἰωαννίκιος ὑπῆρχεν ἐκ τῆς χώρας Βιθυνίας ἐπὶ τῆς βασιλείας Κωνσταντίνου τοῦ Καβαλλίνου. Διὰ δὲ τὴν ἀνδρίαν αὐτοῦ, ἐστρατεύθη εἰς τὴν τῶν ἐκσκουβίτων στρατείαν, καὶ ἠνδραγάθει ἐν πᾶσι πολέμοις,

The third day in the same month. The passion of the holy martyrs Akepsimas the bishop, Joseph the priest, and Aeithalas the deacon. 157

These saints also suffered martyrdom in Persia at the hands of Shapur the tyrant during the reign of Constantine the Great, emperor of the Romans. Saint Akepsimas was a bishop whose hair was white, as he was an old man of eighty years, but he was still in good physical condition, standing tall and straight. He also possessed much wealth. He was arrested with his companions and presented to the archmagus. When he refused to sacrifice to the sun and Ares, but insulted them instead, he was severely beaten and bound. Next, Joseph, who was from the same region and was old himself, was brought forward. When he defied the archmagus, he was stretched out and scourged so that his flesh was cut through to the bone. He was then bound to Saint Akepsimas. Then Aeithalas was also brought forward. His hands were bound behind his knees, and all the joints in his body were dislocated. After that, Akepsimas was beaten until he was perfected by death. Joseph was hung upside down and stoned. Aeithalas was also hung upside down and handed over his spirit.

On the same day. The commemoration of our holy father Ioannikios the Wonderworker. 158

Our great father Ioannikios was from the region of Bithynia and lived during the reign of Constantine Kaballinos. On account of his courage, he served as a member of the palace guards and fought valiantly in every war, slaying the Bulgar-

κατακόπτων τὸ τῶν Βουλγάρων ἔθνος. Ἐν μιᾷ δὲ πολέμου γενομένου, ἰδὼν πολλοὺς τῶν συστρατιωτῶν σφαγέντας καὶ λυπηθείς, κατέλιπε τὴν στρατείαν. Καὶ κατέλαβε τὸ τοῦ Ὀλύμπου ὄρος καὶ ἡσύχαζεν. Εἶτα γνωρισθεὶς παρὰ συστρατιώτου τινός, φυγὼν ἀπῆλθεν ἐν τῷ τῆς Λυκίας ὄρει, ἐν ᾧ πολλὰ θαύματα ποιήσας, δι' ἀποκαλύψεως ἦλθεν εἰς τὴν μονὴν Ἐριστῆς καὶ γίνεται μοναχός. Καὶ ἀπὸ ὄρους εἰς ὄρος μεταβαίνων, ἐθαυματούργει καὶ δαίμονας ἐφυγάδευεν. Ἐδέξατο δὲ καὶ προορατικὰ χαρίσματα, καὶ βασιλέων ἐναλλαγὰς προεῖπε καὶ πατριαρχῶν. Ἐξ οὗ καὶ μετὰ τὸ γενέσθαι τὸν ἅγιον Μεθόδιον πατριάρχην περὶ οὗ προεφήτευσε, μετὰ τρίτην ἡμέραν ἐκοιμήθη.

159 Μηνὶ τῷ αὐτῷ δ′. Ἄθλησις τοῦ ἁγίου μάρτυρος Πορφυρίου.

Πορφύριος ὁ μάρτυς ὑπῆρχεν ἐπὶ τῆς βασιλείας Αὐρηλιανοῦ ἐκ τῆς πόλεως Ἐφέσου, εἷς ὢν τῆς θυμέλης καὶ ἐν τῇ ὀρχηστικῇ εὐδοκιμῶν. Τούτου τοῖς παιγνίοις τερφθεὶς ὁ τῆς Καισαρέων κόμης Ἀλέξανδρος προσελάβετο αὐτὸν καὶ ἤγαγεν εἰς Καισάρειαν. Ἑορτῆς δὲ τοῖς δαίμοσι τελουμένης, καὶ τῶν παιγνίων γινομένων, διεπαίζοντο καὶ οἱ τῶν Χριστιανῶν τύποι. Καὶ προσήχθη Πορφύριος παρὰ τοῦ δῆθεν εἰς τύπον ἐπισκόπου σχηματισθέντος βαπτισθῆναι. Ἐνεχθέντος οὖν ὕδατος, γυμνωθεὶς εἰσῆλθεν ἐν αὐτῷ, τοῦ ψευδοεπισκόπου, ὡς οἱ Χριστιανοί, λέγοντος, “Εἰς τὸ ὄνομα τοῦ Πατρὸς καὶ τοῦ Υἱοῦ, καὶ τοῦ Ἁγίου Πνεύματος,” βαπτίζεται Πορφύριος. Καὶ τούτου γενομένου,

ian people. One day, however, during a battle where he saw many of his comrades killed, he was filled with grief and left the army. He went to Mount Olympos and lived as a hermit. But when he was recognized by one of his fellow soldiers, he fled and went to the mountain in Lycia, where he performed many miracles. Through divine revelation, he went to the Monastery of Eriste and became a monk. Then he traveled from mountain to mountain, performing miracles and casting out demons. He also received the grace of prophetic visions and predicted the successors for emperors and for patriarchs. Three days after Saint Methodios became patriarch, which he had predicted, he found his repose.

The fourth day in the same month. The passion of the holy 159
martyr Porphyrios.

Porphyrios the martyr lived during the reign of Aurelian and was from the city of Ephesus. He was an actor and was renowned for his pantomime. Alexander, the *comes* of Caesarea, was captivated by his performances, so he summoned him and took him to Caesarea. During the celebration of a festival for the demons, which included theatrical performances, there were also mock stagings of Christian rites. Porphyrios was brought forward in order to be baptized by someone dressed like a bishop. After the water was produced, Porphyrios took off his clothes and entered it. While the false bishop said, just as the Christians do, "In the name of the Father, and of the Son, and of the Holy Spirit," Porphyrios was baptized. Just as this happened, angels appeared

ἦλθον ἄγγελοι καὶ ἐνέδυσαν στολὴν λευκὴν τὸν Πορφύριον, μετὰ λαμπάδων ψάλλοντες, "*Ὅσοι εἰς Χριστὸν ἐβαπτίσθητε, Χριστὸν ἐνεδύσασθε, ἀλληλούϊα.*" Ἰδόντες οὖν τὸ θαῦμα πολλοὶ ἐπίστευσαν ἐπὶ τὸν Κύριον. Ὁ δὲ κόμης αἰσχυνθεὶς ὑπεχώρησε. Καὶ τῇ ἐπαύριον ἀγαγὼν αὐτὸν καὶ ὡς γόητα διαβαλών, ἀπεκεφάλισεν.

160 Τῇ αὐτῇ ἡμέρᾳ. Μνήμη τῶν ἁγίων ἀποστόλων ἐκ τῶν ο' Πατροβᾶ, Ἑρμᾶ, Λίνου, Γαΐου, καὶ Φιλολόγου.

Οὗτοι πάντες ὑπῆρχον ἐκ τῶν ἑβδομήκοντα μαθητῶν καὶ ἀποστόλων. Καὶ ὁ μὲν Πατροβᾶς, οὗ καὶ ὁ μέγας Παῦλος ἐν ταῖς ἑαυτοῦ ἐπιστολαῖς μέμνηται, ἐπίσκοπος Ποτιόλων ἐγένετο, πολλοὺς βαπτίσας καὶ προσαγαγὼν τῷ Χριστῷ. Ὁ δὲ Ἑρμᾶς, οὗ καὶ αὐτοῦ ὁ αὐτὸς μέγας ἀπόστολος μέμνηται ἐν τῇ πρὸς Ῥωμαίους ἐπιστολῇ, ἐπίσκοπος Φιλιππουπόλεως ἐγένετο. Ὁ δὲ Λῖνος μετὰ Πέτρον τὸν ἁγιώτατον ἀπόστολον τῆς μεγάλης Ῥώμης ἐπίσκοπος ἐχρημάτισεν. Ὁ δὲ Γάϊος, οὗ καὶ αὐτοῦ ὁ αὐτὸς ἀπόστολος μέμνηται, μετὰ τὸν ἅγιον Τιμόθεον ἐπίσκοπος Ἐφέσου ἐγένετο. Ὁ δὲ Φιλόλογος, οὗ καὶ αὐτοῦ ὁ αὐτὸς ἀπόστολος μέμνηται, ἐπίσκοπος Σινώπης ἐγένετο ὑπὸ Ἀνδρέου τοῦ Πρωτοκλήτου τῶν ἀποστόλων. Καὶ ἐπισκοπήσαντες ἐν ταῖς δηλωθείσαις πόλεσι καὶ πλείστους πειρασμοὺς καὶ θλίψεις διὰ τὸν τῆς εὐσεβείας λόγον ὑπομείναντες, καὶ πολλοὺς διδάξαντες καὶ τῷ Χριστῷ προσαγαγόντες λαούς, ἐτελειώθησαν.

and placed a white garment upon Porphyrios. They were holding candles and sang, "*All you who have been baptized into Christ, have been clothed in Christ, alleluia.*" Many who saw this miracle came to believe in the Lord. The *comes* was embarrassed by this and slipped away. On the following day, he summoned Porphyrios, condemned him as a magician, and had him beheaded.

On the same day. The commemoration of the holy apostles 160
from the seventy, Patrobas, Hermas, Linus, Gaius, and Philologos.

All these men were from the seventy disciples and apostles. Patrobas, whom the great Paul also mentioned in his own epistles, became bishop of Puteoli, where he baptized many and brought them to Christ. Hermas, whom the same great apostle also mentioned in his epistle to the Romans, became bishop of Philippopolis. Linus bore the title of bishop of the great city of Rome after the most holy apostle Peter. Gaius, whom the same apostle also mentioned, became bishop of Ephesus after Saint Timothy. Philologos, whom the same apostle also mentioned, became bishop of Sinope under Andrew, the First Called of the apostles. After they served as bishops in the aforementioned cities, where they endured many trials and tribulations for preaching the true faith, and where they instructed many peoples and brought them to Christ, they were perfected by death.

161 Μηνὶ τῷ αὐτῷ ε′. Ἄθλησις τῶν ἁγίων Γαλακτίωνος καὶ Ἐπιστήμης.

Ὁ ἅγιος Γαλακτίων ὑπῆρχεν ἐκ τῆς πόλεως Ἐμέσης, γεννηθεὶς ἐκ προρρήσεως μοναχοῦ τινος Ὀνουφρίου τοῦ καὶ τοὺς γονεῖς αὐτοῦ βαπτίσαντος. Τελευτησάσης δὲ τῆς μητρός, ὁ πατὴρ ἐμνηστεύσατο αὐτῷ γυναῖκα πάνυ ὡραίαν ὀνόματι Ἐπιστήμην, ἔτι ἄπιστον οὖσαν. Καὶ μετὰ τὸν γάμον ἀπερχόμενος ὁ Γαλακτίων πρὸς αὐτήν, οὐκ ἠσπάζετο αὐτήν. Ἐρωτησάσης δὲ ἐκείνης ὅτι "Διατί οὕτω ποιεῖς;" εἶπεν, "Διότι οὐχ ὑπάρχεις Χριστιανή." Ἡ δὲ ἀκούσασα εὐθέως συνέθετο γενέσθαι Χριστιανή. Πρεσβυτέρου δὲ μὴ ὄντος διὰ τὸν διωγμόν, ἐβαπτίσθη παρὰ τοῦ Γαλακτίωνος. Εἶτα συνέθεντο ἀλλήλοις καὶ διένειμον τὸν πλοῦτον αὐτῶν τοῖς πένησι. Καὶ ἀνῆλθον εἰς ὄρος καὶ ἐμόνασαν ἰδίως εἰς μοναστήρια. Ἐγένετο δὲ διωγμὸς τότε κατὰ τῶν Χριστιανῶν. Καὶ μαθὼν ὁ τῆς χώρας ἄρχων περὶ αὐτῶν, ἀπέστειλε καὶ ἐκράτησε τὸν Γαλακτίωνα. Καὶ τούτου συρομένου, ἔφθασεν αὐτὸν ἡ Ἐπιστήμη καὶ συνεκρατήθη. Καὶ παρὰ τοῦ ἄρχοντος κοπέντες χεῖρας καὶ πόδας ἀπεκεφαλίσθησαν.

162 Τῇ αὐτῇ ἡμέρᾳ. Ἄθλησις τοῦ ἁγίου Δομνίνου καὶ τῶν σὺν αὐτῷ Θεοτίμου, Τιμοθέου, Φιλοθέου, Δωροθέου, Καρτερίου, καὶ Σιλβανοῦ.

Οὗτοι ὑπῆρχον ἐπὶ Μαξιμίνου τοῦ βασιλέως. Διδάσκοντες δὲ τὸν λόγον τοῦ Θεοῦ καὶ πολλοὺς τῶν ἀπίστων ἐπιστρέφοντες ἐπὶ τὸν Κύριον, διεβλήθησαν τῷ Μαξιμίνῳ.

The fifth day in the same month. The passion of the holy martyrs Galaktion and Episteme. 161

Saint Galaktion was from the city of Emesa. His birth was foretold by a certain monk named Onuphrios, who also baptized his parents. After the death of his mother, his father arranged a marriage for him with a very beautiful woman named Episteme who was still a nonbeliever. After their marriage, Galaktion went to her, but he would not embrace her. She asked him, "Why are you acting like this?" He responded, "Because are you not a Christian." When she heard these words, she immediately agreed to become a Christian. But as there was no priest present on account of the persecution, she was baptized by Galaktion. After that, they decided together to distribute their wealth to the poor. Then they went off to a mountain and entered separate monasteries. It so happened that there was a persecution against the Christians at that time. When the governor of that region learned about them, he sent men and arrested Galaktion. As he was being dragged away, Episteme ran to him and was also arrested. Their arms and legs were cut off at the governor's command before they were beheaded.

On the same day. The passion of Saint Domninos and those with him, Theotimos, Timotheos, Philotheos, Dorotheos, Karterios, and Silvanus. 162

These men lived under the emperor Maximinus. Because they taught the word of God and brought many of the nonbelievers to the Lord, they were reported to Maximinus.

Καὶ κρατηθέντες ἐτιμωρήθησαν ἰσχυρῶς. Εἶτα κατεδικάσθησαν ταλαιπωρεῖσθαι ἐν τοῖς τοῦ χαλκοῦ μετάλλοις. Καὶ μετὰ χρόνον πολύν, ἐκβληθέντες τοῦ χαλκείου καὶ παραστάντες τῷ παρανόμῳ βήματι, καὶ καταναγκασθέντες θῦσαι τοῖς εἰδώλοις, καὶ μὴ πεισθέντες ἐκρεμάσθησαν καὶ ἐξέσθησαν ἀνηλεῶς. Ὁρῶν δὲ τὴν καρτερίαν αὐτῶν Πάμφιλός τις ἀνὴρ καὶ λογισάμενος ὅτι εἰ μὴ εἶχον οὗτοι μεγάλας καὶ βεβαίας τὰς ἐλπίδας, οὐκ ἂν τοιαύτας τιμωρίας ὑπέμενον, ἐπίστευσε τῷ Χριστῷ καὶ σὺν αὐτῷ γυναῖκες παρθένοι τρεῖς. Καὶ τούτου γενομένου, αἰσχυνθεὶς ὁ Μαξιμῖνος ἔδωκεν ἀπόφασιν κατ' αὐτῶν. Καὶ πάντες ἀποκεφαλισθέντες παρέδωκαν τῷ Κυρίῳ τὰς ἁγίας καὶ μακαρίας αὐτῶν ψυχάς.

163 Μηνὶ τῷ αὐτῷ ϛʹ. Ἄθλησις τοῦ ἁγίου Παύλου τοῦ Ὁμολογητοῦ πατριάρχου Κωνσταντινουπόλεως.

Οὗτος ὑπῆρχεν ἐκ τῆς Θεσσαλονίκης, νοτάριος Ἀλεξάνδρου τοῦ ἁγιωτάτου πατριάρχου καὶ διάκονος τῆς ἐν Κωνσταντινουπόλει ἐκκλησίας, ὃν οἱ ὀρθόδοξοι μετὰ τελευτὴν Ἀλεξάνδρου προχειρίζονται πατριάρχην. Κωνστάντιος δὲ ὁ βασιλεὺς Ἀρειανὸς ὤν, ὑποστρέψας ἀπὸ Ἀντιοχείας ἐκβάλλει τοῦ θρόνου καὶ ἀντ' ἐκείνου προεχειρίσατο Εὐσέβειον τὸν Νικομηδείας. Ὁ δὲ καταλαμβάνει τὴν Ῥώμην, εὑρὼν καὶ τὸν Μέγαν Ἀθανάσιον ἐκβεβλημένον τοῦ οἰκείου θρόνου. Καὶ διὰ γραμμάτων τοῦ βασιλέως Κώνσταντος ἀπολαμβάνουσι τοὺς οἰκείους θρόνους. Καὶ πάλιν ἐκβάλλονται παρὰ Κωνσταντίου συμβουλῇ τῶν Ἀρειανῶν.

They were arrested and severely tortured. Then they were sentenced to hard labor in the copper mines. After a long time, they were recalled from the copper mine and brought before the lawless tribunal. There they were pressured to sacrifice to the idols, but when they refused, they were hung up and flayed mercilessly. When a certain man named Pamphilos saw their endurance and realized that they would not endure such torments if they did not have hope in something great and secure, he and three virgins with him came to believe in Christ. Maximinus was put to shame when this happened, so he sentenced them to death. All were beheaded and handed over their holy and blessed spirits to the Lord.

The sixth day in the same month. The passion of Saint Paul 163
the Confessor, patriarch of Constantinople.

This man was from Thessalonike. He was the most holy patriarch Alexander's notary and a deacon of the church in Constantinople. The orthodox ordained him patriarch after Alexander's death. But when Constantius, who was Arian, returned from Antioch, he removed him from his throne and appointed Eusebios from Nikomedeia in his place. Paul then went to Rome, where he discovered that Athanasios the Great had also been removed from his own throne. Through a letter from the emperor Constans, they reacquired their thrones. But they were again deposed by Constantius on the recommendation of the Arians. Constans

Τότε γράφει Κώνστας πρὸς τὸν ἀδελφὸν Κωνστάντιον ὅτι "Εἰ μὴ ἀπολάβοιεν τοὺς θρόνους ἑαυτῶν, ἐλεύσομαι μετὰ ὅπλων κατὰ σοῦ." Ἀπέλαβεν οὖν τὸν θρόνον ὁ Παῦλος τὸ τρίτον. Καὶ μετὰ θάνατον Κώνσταντος ἐξορίζεται εἰς Κουκουσὸν τῆς Ἀρμενίας. Καὶ ἀποκλεισθεὶς ἐν οἰκήματι, λειτουργῶν ἀπεπνίγη παρὰ τῶν Ἀρειανῶν μετὰ τοῦ ἰδίου ὠμοφορίου.

164 Τῇ αὐτῇ ἡμέρᾳ. Ἡ ἀνάμνησις τῆς πεσούσης ἐκ τοῦ οὐρανοῦ κόνεως ἤτοι τέφρας ἢ στακτῆς.

Ἐπὶ Λέοντος τοῦ Μεγάλου βασιλέως τοῦ ἐπιλεγομένου Βέσσου, περὶ τὰ τελευταῖα τῆς αὐτοῦ βασιλείας, ὥρᾳ ἕκτῃ τῆς ἡμέρας, γέγονε συννεφὴς ὁ οὐρανός. Καὶ τὴν συνήθη τῶν ὀμβροφόρων νεφῶν μελανίαν εἰς πυρώδη θέαν μεταβαλών, ἐδόκει τὰ πάντα καταφλέγειν, ὡς νομίζειν ἅπαντας ὡς εἰ καὶ βροχὴ κατενεχθείη ἐκ τοιούτων νεφῶν, πάντως πῦρ ἔσται καὶ φλὸξ κατακαίουσα ὡς πάλαι τὰ Σόδομα. Πάντων δὲ τῶν ἱερέων καὶ τῶν εὐλαβῶν μετὰ δακρύων προσφυγόντων ταῖς ἐκκλησίαις καὶ τὸν Θεὸν καὶ τὴν πανάχραντον Θεοτόκον δυσωπούντων, ὁ μὴ θέλων τὸν θάνατον τῶν ἁμαρτωλῶν φιλάνθρωπος Κύριος, κεράσας τῇ τιμωρίᾳ τὴν ἀγαθότητα, ἐκέλευσε ταῖς νεφέλαις βρέχειν ὑετὸν παράδοξον. Ἀπὸ γὰρ τῆς ἑσπέρας ἤρξατο καὶ μέχρι μεσονυκτίου ἔβρεχε. Τὸ δὲ κατερχόμενον ἦν στακτὴ ζέουσα ὡς ἀνθρακιά, ἥτις καὶ κατέκαυσε πάντα τὰ φυτά, ἐπὶ τῶν κεράμων τεθεῖσα τὸ ὕψος ὡς ἀνδρὸς σπιθαμή.

then wrote to his brother Constantius, "Unless they are reinstated to their thrones, I will take up arms against you." Paul therefore reacquired his throne a third time. But after the death of Constans, he was exiled to Koukousos in Armenia. After he was locked up in a small chamber, he was strangled by the Arians with his own omophorion while he was performing the liturgy.

On the same day. The remembrance of the dust, that is, the ash or cinders that fell from the sky. 164

During the time of the emperor Leo the Great, who was called "the Bessian," near the end of his reign, at the sixth hour of the day, the sky became overcast. Then the customary darkness associated with rain clouds turned to a fiery red, and the entire sky seemed to be ablaze so that everyone believed that if rain had come down from such clouds, it would have certainly been fire and flame, burning everything just like Sodom long ago. All the priests and the faithful took refuge in the churches, where they wept and beseeched God and the immaculate Theotokos for mercy. The Lord, who loves humanity and does not wish for the death of sinners, mixed his goodness with his punishment and commanded the clouds to release a strange rain. This rain began that evening and continued until midnight. What fell was an ash glowing like charcoal, which consumed all the plants. The accumulation upon the rooftops reached the depth of a man's open palm.

165 Μηνὶ τῷ αὐτῷ ζʹ. Ἄθλησις τῶν ἁγίων μαρτύρων Ἀντωνίου καὶ τῶν γονέων αὐτοῦ Μελασίππου καὶ Κασίνης.

Οὗτοι ὑπῆρχον ἐπὶ τῆς τυραννίδος Ἰουλιανοῦ τοῦ Παραβάτου ἐν Ἀγκύρᾳ τῇ πόλει. Ἐκρατήθησαν δὲ παρ' αὐτοῦ. Καὶ ὁ μὲν Ἀντώνιος εἰς φυλακὴν ἐμβάλλεται. Οἱ δὲ γονεῖς αὐτοῦ κρεμασθέντες ἐξέοντο καὶ πυρὶ κατεκαίοντο. Εἶτα ἡ μὲν Κασίνη τέμνεται τοὺς μαστούς. Ὁ δὲ Μελάσιππος τοὺς πόδας ἀπὸ τῶν γονάτων. Ἀχθεὶς δὲ καὶ ὁ Ἀντώνιος, καὶ ἰδὼν τοὺς γονεῖς αὐτοῦ κρεμαμένους καὶ τὰ ἐκκοπέντα μέλη αὐτῶν ἐπὶ γῆς κείμενα, κατεφίλησεν αὐτά. Καὶ λαβὼν ἐκ τοῦ ἀποστάζοντος αἵματος ἤλειψεν ἑαυτόν. Κρεμάμενοι δὲ οἱ γονεῖς αὐτοῦ πρὸς Κύριον ἐξεδήμησαν. Ὁ δὲ Ἀντώνιος χρόνων δεκατριῶν ὑπάρχων, ἐμπτύσας εἰς τὸ πρόσωπον τοῦ Παραβάτου, κρεμασθεὶς ξέεται. Καὶ τρυπᾶται τοὺς ἀστραγάλους καὶ ξυρᾶται τὴν κεφαλήν. Εἶτα πέμπεται Ἀγριππίνῳ τῷ δουκί. Καὶ εἰς φοῦρνον βληθεὶς ἐξῆλθεν ὑγιής. Ἰδόντα δὲ αὐτὸν παιδία τεσσαράκοντα ἐπίστευσαν, καὶ σὺν αὐτῷ προθύμως τὸ διὰ τοῦ ξίφους τέλος ἐδέξαντο.

166 Τῇ αὐτῇ ἡμέρᾳ. Ἄθλησις τοῦ ἁγίου Ἱέρωνος καὶ τῶν σὺν αὐτῷ τριακονταδύο μαρτύρων τῶν ἐν Μελιτινῇ μαρτυρησάντων.

Οἱ ἅγιοι μάρτυρες Ἱέρων, Νίκανδρος, Ἡσύχιος, καὶ οἱ σὺν αὐτοῖς ἕτεροι τριάκοντα ὑπῆρχον ἐπὶ Μαξιμιανοῦ καὶ Διοκλητιανοῦ τῶν παρανόμων βασιλέων ἐν Μελιτινῇ πόλει τῆς Ἀρμενίας. Διωγμοῦ δὲ καθολικοῦ γενομένου κατὰ

The seventh day in the same month. The passion of the holy martyrs Antonios and his parents Melasippos and Kasina. 165

These people lived during the tyranny of Julian the Apostate in the city of Ankyra. They were arrested by him. Antonios was put into prison. His parents were hung up, flayed, and burned with fire. Then Kasina's breasts were cut off. Melasippos likewise had his legs severed at the knees. Anthony was brought before them, and when he saw his parents hanging there and their body parts lying upon the ground, he kissed them. He also took some of the dripping blood and anointed himself with it. His parents departed for the Lord as they hung there. Although he was only thirteen years old, Antonios spit in the Apostate's face, so he was also hung up and flayed. Then his ankles were pierced, and his head was shaved. After that, he was sent to Agrippinus the *doux.* He was thrown into a furnace, but he emerged unscathed. When forty children saw him do this, they came to believe and eagerly accepted death through the sword with him.

On the same day. The passion of Saint Hieron and the thirty-two martyrs who were martyred with him in Melitene. 166

The holy martyrs Hieron, Nikandros, Hesychios, and their thirty companions lived under the lawless emperors Maximian and Diocletian in the city of Melitene in Armenia. Since there was at that time a universal persecution against

τῶν Χριστιανῶν καὶ πανταχοῦ ἀναιρουμένων, ἐκρατήθησαν καὶ αὐτοὶ παρὰ τοῦ τῆς Μελιτινῆς ἡγεμόνος. Καὶ πολλὰ τιμωρηθέντες ἀρνήσασθαι τὸν Χριστὸν καὶ θῦσαι τοῖς ἀκαθάρτοις εἰδώλοις, καὶ μὴ πεισθέντες τοῦτο ποιῆσαι, ἀλλὰ μᾶλλον μεγάλῃ τῇ φωνῇ τὸν Χριστὸν ὁμολογήσαντες Θεὸν εἶναι ἀληθινὸν καὶ δημιουργὸν οὐρανοῦ καὶ γῆς καὶ πάντων τῶν ἐν αὐτοῖς, πρῶτον μὲν γυμνωθέντες ἐτύφθησαν ἕως ἐφάνη πάντα τὰ σπλάγχνα αὐτῶν. Ἔπειτα ἀπεκλείσθησαν ἐν τῇ φυλακῇ πάσης ἐπιμελείας ἐστερημένοι. Καὶ μετὰ τὸ ταλαιπωρηθῆναι ἱκανῶς, ἐκβληθέντες τῆς φυλακῆς καὶ πάλιν ἀναγκασθέντες θῦσαι τοῖς εἰδώλοις καὶ μὴ πεισθέντες, ξίφει τὰς κεφαλὰς ἀπετμήθησαν.

167 Τῇ αὐτῇ ἡμέρᾳ. Ἄθλησις τῶν ἁγίων μαρτύρων Αὔκτου, Ταυρίωνος, καὶ Θεσσαλονίκης.

Ἡ μάρτυς Θεσσαλονίκη ὑπῆρχε θυγάτηρ Κλέωνός τινος ἱερέως τῶν εἰδώλων. Χριστιανὴ δὲ γενομένη, ἠναγκάσθη παρὰ τοῦ πατρὸς ἀρνήσασθαι τὸν Χριστόν. Μὴ πεισθεῖσα δὲ γυμνωθεῖσα τύπτεται σφοδρῶς καὶ ξύλοις τὰς πλευρὰς συντρίβεται. Εἶτα ἐκδιώκεται τῆς πατρικῆς οὐσίας καὶ μικρὸν κτῆμα λαβοῦσα ἐκ τῆς μητρῴας κληρονομίας ἐκεῖ κατῴκει. Ἰδόντες δὲ τὸ γινόμενον ἄνδρες δύο Χριστιανοὶ εὐλαβεῖς, Αὔκτος καὶ Ταυρίων καλούμενοι, ἠγανάκτησαν κατὰ τοῦ Κλέωνος. Ὁ δὲ διέβαλεν αὐτοὺς τῷ τῆς χώρας ἄρχοντι. Καὶ κρατηθέντες τύπτονται. Εἶτα λιθοβολοῦνται καὶ εἰς πῦρ ἐμβάλλονται. Καὶ ἐξελθόντες κατατοξεύονται. Καὶ αὖθις εἰς λίμνην ῥιπτοῦνται καὶ ἐξελθόντες ἀποκεφαλίζονται. Ἡ δὲ Θεσσαλονίκη μετὰ ταῦτα τὸν Χριστὸν

Christians who were being murdered everywhere, they were also arrested by the governor of Melitene. They were then subjected to many tortures so that they would deny Christ and sacrifice to the profane idols. When they refused to do this and instead proclaimed in a loud voice that Christ is true God and the creator of heaven and earth and all that is contained within them, they were first stripped naked and beaten until their internal organs were visible. Next, they were locked up in prison, where they were deprived of any provisions whatsoever. After a long period of great suffering, they were taken from prison and again pressured to sacrifice to the idols. But when they refused, their heads were cut off with the sword.

On the same day. The passion of the holy martyrs Auktos, 167
Taurion, and Thessalonike.

The martyr Thessalonike was the daughter of a certain Kleon who was a priest of the idols. When she became a Christian, she was pressured by her father to deny Christ. But when she refused, she was stripped naked and severely beaten, and her ribs were broken with clubs. After that, she was driven out of her father's household, so she took a small property from her maternal inheritance and lived there. When two pious Christian men named Auktos and Taurion saw what happened, they angrily confronted Kleon. In response, he reported them to the governor of that region. They were arrested and beaten. Then they were stoned and thrown into a fire. When they emerged, they were shot with arrows. Next, they were cast into a lake, but when they also emerged from there, they were beheaded. Thessalonike did not cease confessing her belief in Christ after this and was

ὁμολογεῖν μὴ παύσασα, ἐν εἰρήνῃ ἐτελειώθη. Τὸ δὲ τίμιον αὐτῆς λείψανον κατετέθη ἐν Ἀμφιπόλει μετὰ τῶν λοιπῶν ἁγίων ἐντίμως καὶ μεγαλοπρεπῶς.

168 Μηνὶ τῷ αὐτῷ η'. Ἡ σύναξις τῶν ἀρχαγγέλων.

Βουληθεὶς ὁ πανάγαθος καὶ φιλάνθρωπος Θεὸς τοῦτον τὸν κόσμον δημιουργῆσαι, πρότερον ἐνενόησε τὰς οὐρανίους δυνάμεις καὶ τοὺς ἁγίους ἀγγέλους. Καὶ τὸ ἐννόημα γέγονεν ἔργον. Ἔταξε δὲ ἑκάστῃ τάξει ταξιάρχην καὶ ἀρχιστράτηγον. Εἷς δὲ τῶν ταξιαρχῶν, ὁ τότε μὲν Σαμαὴλ καλούμενος, μετὰ δὲ τὴν ἔκπτωσιν ὀνομασθεὶς διάβολος, ὑπερηφανευσάμενος καὶ ἑαυτὸν νομίσας θεόν, ἐξέπεσε τῆς ἀξίας αὐτοῦ ῥιφεὶς ἐκ τῶν οὐρανῶν μετὰ τοῦ ὑπ' αὐτὸν τάγματος. Ὑπάρχων δὲ ἑτέρας ἀγγελικῆς τάξεως ἀρχιστράτηγος ὁ ἀρχάγγελος Μιχαήλ, καὶ τὸν ἀποστάτην ἰδὼν πεσόντα, συνήγαγε τοὺς τῶν ἀγγέλων χοροὺς καὶ εἰπών, "Πρόσσχωμεν," ὕμνησε μετὰ φωνῆς τὸν τῶν ὅλων Θεόν, ὡσανεὶ λέγων ὅτι "Πρόσσχωμεν, ἡμεῖς οἱ κτιστοὶ γεγονότες καὶ τῷ μεγάλῳ καὶ μόνῳ Θεῷ παριστάμενοι, τί πεπόνθασιν οἱ μεθ' ἡμῶν μέχρι τοῦ νῦν φῶς ὄντες καὶ ἄρτι γενόμενοι σκότος." Ἡ τοιαύτη οὖν συγκρότησις ὠνομάσθη "σύναξις," τουτέστι προσοχή, ὁμόνοια, καὶ ἕνωσις.

169 Τῇ αὐτῇ ἡμέρᾳ. Μνήμη τῆς ὁσίας Ματρώνης.

Αὕτη ἦν ἐπὶ τῆς βασιλείας Λέοντος τοῦ Μεγάλου. Ὑπῆρχε δὲ ἐκ Πέργης τῆς Παμφυλίας. Συναφθεῖσα δὲ ἀνδρὶ καὶ γεννήσασα μίαν θυγατέρα ἔρχεται ἐν Κωνσταντινουπόλει

perfected by death in peace. Her venerable remains were laid to rest with due honor and respect in Amphipolis along with the other saints.

The eighth day in the same month. The assembly of the archangels. 168

When God, who is supremely good and loves humanity, willed to create this world, he first conceived of the heavenly powers and the holy angels. And his conception then became reality. To each host he assigned a taxiarch and a chief general. One of the taxiarchs, who was then known as Samael, but after his fall was called "the devil," was very arrogant and even believed himself to be a god, so he fell from his rank and was cast out from heaven along with the group under his command. When the chief general and archangel Michael, who commanded another angelic host, saw that the rebel had fallen, he summoned the choirs of angels, and after saying, "Attention," he praised the God of all with a strong voice, as if saying, "Let us, who were created and stand by the great and only God, pay attention to what has happened to those who were previously light with us but have now become darkness." This sort of assembly has been called a "synaxis," that is, attention, concord, and unity.

On the same day. The commemoration of Saint Matrona. 169

This woman lived during the reign of Leo the Great. She was from Perge in Pamphylia. After she married a man and had given birth to a daughter, she and her husband went to

μετὰ τοῦ οἰκείου ἀνδρὸς δεκαπέντε οὖσα ἐτῶν. Καὶ γενομένη συνήθης παρθένῳ τινὶ ὀνόματι Εὐγενίᾳ καὶ τὴν αὐτῆς ζηλώσασα πολιτείαν οὐκ ἀφίστατο τῶν ἐκκλησιῶν τοῦ Θεοῦ. Ἔχουσα δὲ τὸν πρὸς Θεὸν ἔρωτα αὐτῆς θερμότερον καὶ ἀκούσασα τοῦ θείου εὐαγγελίου, "*Ὅστις θέλει ὀπίσω μου ἐλθεῖν,* λέγοντος, *ἀπαρνησάσθω ἑαυτὸν καὶ ἀράτω τὸν σταυρὸν αὐτοῦ καὶ ἀκολουθείτω μοι,*" τὴν μὲν θυγατέρα παρέδωκε γυναικί τινι εὐλαβεῖ παρ' ἐκείνης ἀνατρέφεσθαι, τὸν δὲ ἄνδρα καταλιποῦσα καὶ στολὴν ἀνδρικὴν ἐνδυσαμένη, ἀπῆλθεν εἰς τὴν μονὴν τοῦ ὁσίου Βασσιανοῦ καὶ ἐγένετο μοναχή. Εἶτα γνωσθεῖσα γυνὴ εἶναι πέμπεται εἰς Ἱεροσόλυμα παρὰ τοῦ ὁσίου. Καὶ μετὰ χρόνους ἐλθοῦσα πάλιν εἰς Κωνσταντινούπολιν καὶ ἰδίως ἡσυχάσασα ἐτελειώθη.

170 Μηνὶ τῷ αὐτῷ θʹ. Ἄθλησις τοῦ ἁγίου μάρτυρος Ἀλεξάνδρου τοῦ ἐν Θεσσαλονίκῃ.

Ἀλέξανδρος ὁ μάρτυς ὑπῆρχεν ἐπὶ Μαξιμιανοῦ τοῦ βασιλέως. Καὶ κρατηθεὶς ἠναγκάσθη θῦσαι τοῖς εἰδώλοις. Ὁ δὲ μὴ πεισθείς, ἀλλὰ μᾶλλον θείῳ ζήλῳ κινηθεὶς καὶ ἰδὼν τὴν τράπεζαν τῶν θυσιῶν ἱσταμένην, ὥρμησε καὶ τῷ ποδὶ κρούσας ἀνέτρεψεν αὐτὴν καὶ τὰς θυσίας ἐξέχεε. Καὶ ὀργισθεὶς ὁ Μαξιμιανὸς ἔδωκε τὴν κατ' αὐτοῦ ἀπόφασιν τοῦ διὰ ξίφους ἀποθανεῖν. Καὶ λαβὼν αὐτὸν ὁ σπεκουλάτωρ καὶ ἐκβαλὼν τὸ ξίφος πρὸς τὸ ἀποκεφαλίσαι, ἵστατο ἐκπεπληγμένος. Καὶ εἶπεν ὁ βασιλεὺς πρὸς αὐτόν, "Τί ἕστηκας καὶ οὐ πληροῖς τὸ προσταχθέν σοι;" Ὁ δὲ ἔφη,

Constantinople when she was fifteen years old. There she became acquainted with a virgin named Eugenia and was inspired to emulate her lifestyle, so she was always in God's churches. She had a passionate love for God, so when she heard the divine words of the gospel that say, "*If any want to become my followers, let them deny themselves and take up their cross and follow me,*" she entrusted her daughter to a pious woman to be raised by her, left her husband, put on men's clothing, went to the monastery of Saint Bassianos, and became a nun. When it was discovered that she was a woman, she was sent to Jerusalem by the holy man. Some years later, she returned to Constantinople and lived in solitude on her own until she was perfected by death.

The ninth day in the same month. The passion of the holy 170
martyr Alexander of Thessalonike.

Alexander the martyr lived during the reign of the emperor Maximian. He was arrested and pressured to sacrifice to the idols. But he refused, and indeed, he was filled with divine fervor when he saw the sacrificial altar standing there, so he rushed forward and kicked it, overturning the altar and spilling the libations. Maximian became enraged at this, so he sentenced him to death by the sword. The executioner then took hold of him, but when he drew his sword to cut off his head, he was struck with fear and froze. The emperor said to him, "Why are you standing there and not doing what you were ordered to do?" He replied, "I am seeing a

“Ὀπτασίαν θεωρῶ καί εἰμι ἔντρομος.” Αἰτησάμενος δὲ ὁ ἅγιος ὥραν προσευχῆς καὶ λαβών, ηὔξατο. Καὶ εὐθέως ἐπλήγη ὑπὸ τοῦ σπεκουλάτορος. Εἶδε δὲ ὁ βασιλεὺς τέσσαρας ἀγγέλους ὀψικεύοντας τὴν ψυχὴν τοῦ ἁγίου. Καὶ διατοῦτο δέδωκε τοῖς αἰτησαμένοις θάψαι τὸ λείψανον αὐτοῦ ἐν πόλει Θεσσαλονίκῃ.

171 Τῇ αὐτῇ ἡμέρᾳ. Ἄθλησις τοῦ ἁγίου μάρτυρος Ἀντωνίνου.

Ἀντωνῖνος ὁ μάρτυς ὑπῆρχεν ἐκ τῆς τῶν Σύρων χώρας, λιθοτόμος τὴν τέχνην. Ἰδὼν δὲ τοὺς Ἕλληνας ἀπερχομένους εἰς τὸν ναὸν τῶν εἰδώλων καὶ θύοντας τοῖς εἰδώλοις, παρῄνεσεν αὐτοῖς ἀποστῆναι αὐτῶν. Ὡς δὲ οὐκ εἰσηκούσθη, λυπηθεὶς ἀνεχώρησεν εἰς ἔρημον τόπον. Καὶ εὑρίσκει δοῦλον τοῦ Θεοῦ ἀναχωρητὴν ὀνόματι Θεότιμον. Καὶ σὺν αὐτῷ διατρίψας ἔτη δύο καὶ λαβὼν τὰς εὐχὰς αὐτοῦ, κατῆλθε πάλιν πρὸς τὸν πεπλανημένον λαὸν τοῦ χωρίου αὐτοῦ. Καὶ εὑρὼν αὐτοὺς ἑορτὴν ἐπιτελοῦντας τοῖς δαίμοσιν, εἰσελθὼν εἰς τὸν ναὸν αὐτῶν, συνέτριψε πάντα τὰ εἴδωλα. Εἶτα κρατηθεὶς καὶ τυφθεὶς ἰσχυρῶς, ἀπῆλθεν εἰς Ἀπάμειαν τῆς Συρίας. Καὶ δεηθεὶς τοῦ ὁσιωτάτου ἐπισκόπου λαβεῖν ἐξουσίαν τοῦ κτίσαι ναὸν ἐπ’ ὀνόματι τῆς Ἁγίας Τριάδος, ἤρξατο κτίζειν. Καὶ τοῦτο μαθόντες οἱ συγχωρῖται αὐτοῦ, νυκτὸς ἐπιτεθέντες τοῖς ξίφεσι μεληδὸν κατέκοψαν. Καὶ οὕτω τὸ πνεῦμα τῷ Θεῷ παρέθετο.

vision, and I am terrified." The saint then asked for time to pray. His request was granted, so he prayed. Immediately afterward, he was struck by the executioner. The emperor saw four angels escorting the saint's soul. Because of this, he gave his remains to those who asked to bury them in the city of Thessalonike.

On the same day. The passion of the holy martyr Antoninos. 171

The martyr Antoninos was from the region of Syria and was a stonemason by trade. When he saw the Hellenes entering the temple of the idols and sacrificing to the idols, he encouraged them to stop what they were doing. But when they did not heed his words, he was filled with grief and departed into the wilderness. There he came upon a servant of God, an anchorite named Theotimos. After spending two years with him, he received his blessing and returned to the misguided people of his village. He saw that they were celebrating a festival for the demons, so he entered their temple and destroyed all the idols. After he was arrested and severely beaten because of this, he traveled to Apameia in Syria. He requested permission from its most holy bishop to build a church dedicated to the Holy Trinity, and so he began construction. When his fellow villagers learned of this, however, they attacked him at night and cut him limb from limb with their swords. Thus, he handed over his spirit to God.

172 Τῇ αὐτῇ ἡμέρᾳ. Ἄθλησις τοῦ ἁγίου μάρτυρος Ὀρέστου.

Ὁ μάρτυς Ὀρέστης ἦν ἐκ τῆς πόλεως Τυάνων χώρας Καππαδοκίας. Καταφρονῶν δὲ τῶν εἰδώλων καὶ τὸν Χριστὸν παρρησίᾳ κηρύττων, ἐκρατήθη παρὰ Μαξίμου ὑπὸ Διοκλητιανοῦ νεωστὶ προχειρισθέντος ἡγεμόνος τῆς χώρας. Καὶ καταναγκασθεὶς προσκυνῆσαι τοῖς εἰδώλοις καὶ μὴ πεισθείς, τύπτεται μετὰ ῥαβδίων ἰσχυρῶς ἕως ἐφάνη τὰ ἔσωθεν τῶν σπλάγχνων αὐτοῦ. Μετὰ δὲ τὸ τυφθῆναι ἀπήχθη εἰς τὸν ναὸν τῶν εἰδώλων καὶ πάλιν κατηναγκάζετο προσκυνῆσαι αὐτοῖς. Ὁ δὲ τὸν Χριστὸν ἐπικαλεσάμενος καὶ ἐμφυσήσας εἰς τὰ εἴδωλα συνέτριψεν αὐτὰ καὶ ἐλέπτυνεν ὡσεὶ κονιορτόν. Καὶ τότε παρεδόθη τῇ φυλακῇ. Καὶ μετὰ ἑπτὰ ἡμέρας ἐκβληθεὶς τῆς φυλακῆς, παρέστη τῷ Μαξίμῳ. Καὶ πάλιν ἠναγκάζετο θύειν, καὶ μὴ πεισθεὶς ἥλοις μακροῖς ἐτρυπήθη τοὺς ἀστραγάλους. Καὶ προσδεθεὶς ἀγρίῳ ἵππῳ μετὰ ἁλύσεων τρέχοντι, συρεὶς μίλια εἰκοσιτέσσαρα ἀπὸ τῆς πόλεως Τυάνων, παρέδωκε τὸ πνεῦμα.

173 Μηνὶ τῷ αὐτῷ ι΄. Ἄθλησις τῶν ἁγίων ἀποστόλων ἐκ τῶν ο΄, Ὀλυμπᾶ, Ῥωδίωνος, Σωσιπάτρου, Τερτίου, Ἐράστου, καὶ Κουάρτου.

Τούτων τῶν ἁγίων ἀποστόλων, ὁ μὲν Ὀλυμπᾶς καὶ ὁ Ῥωδίων ἀκολουθοῦντες τῷ ἁγίῳ ἀποστόλῳ Πέτρῳ, ἀμφότεροι ἐν Ῥώμῃ τῇ πόλει ὑπὸ Νέρωνος τὰς κεφαλὰς ἀπετμήθησαν. Ὁ δὲ Σωσίπατρος οὗτινος ἐν τῇ πρὸς Ῥωμαίους ἐπιστολῇ ὁ ἅγιος ἀπόστολος μέμνηται Παῦλος, ἐπίσκοπος

On the same day. The passion of the holy martyr Orestes. 172

The martyr Orestes was from the city of Tyana in the region of Cappadocia. He publicly condemned the idols and proclaimed Christ, so he was arrested by Maximus, who had been recently appointed governor of that region by Diocletian. Orestes was pressured to venerate the idols and, when he refused, was severely beaten with rods until his internal organs were visible. After this beating, he was taken to the temple of the idols and was again pressured to venerate them. Instead, he called upon Christ, and when he breathed upon the idols, he broke them into pieces and crushed them until they were like dust. He was put in prison for this. After seven days, he was removed from prison and brought before Maximus. Again he was pressured to sacrifice and when he refused, his ankles were pierced with long nails. Then he was bound with chains to a wild horse that was goaded to run and was dragged twenty-four miles from the city of Tyana before he handed over his spirit.

The tenth day in the same month. The passion of the holy 173
apostles from the seventy: Olympas, Rhodion, Sosipater, Tertius, Erastos, and Quartus.

From these holy apostles, Olympas and Rhodion were followers of Saint Peter the apostle and were both beheaded in the city of Rome under Nero. Sosipater, whom Saint Paul the apostle mentioned in his epistle to the Romans, became

Ἰκονίου γενόμενος ἐν εἰρήνῃ ἐτελειώθη. Ὁ δὲ Τέρτιος ὁ καὶ τὴν πρὸς Ῥωμαίους γράψας ἐπιστολὴν ὑπὸ τοῦ ἁγίου Παύλου ἐκδοθεῖσαν, μετὰ Σωσίπατρον δεύτερος ἐπίσκοπος Ἰκονίου γενόμενος, πρὸς Κύριον ἐξεδήμησεν. Ὁ δὲ Ἔραστος, οὗ καὶ αὐτοῦ ἐν τῇ αὐτῇ ἐπιστολῇ μέμνηται ὁ ἅγιος Παῦλος, οἰκονόμος τῆς ἐν Ἱεροσολύμοις ἐκκλησίας γεγονώς, καὶ μετὰ ταῦτα ἐπίσκοπος Πανεάδος, ἐν εἰρήνῃ ἐτελειώθη. Ὁ δὲ Κούαρτος ἐπίσκοπος τῆς πόλεως Βηρυτοῦ γενόμενος, καὶ πολλὰ παθὼν ὑπὲρ τῆς εὐσεβείας, πλείστους τε τῶν Ἑλλήνων ἐπιστρέψας ἐπὶ τὸν Κύριον, τέλει βίου ἐχρήσατο.

174 Μηνὶ τῷ αὐτῷ ια'. Ἄθλησις τῶν ἁγίων μαρτύρων Μηνᾶ, Βίκτωρος, Βικεντίου, καὶ Στεφανίδος.

Ὁ μὲν ἅγιος μεγαλομάρτυς Μηνᾶς ὑπῆρχεν ἐπὶ Μαξιμιανοῦ τοῦ βασιλέως ἐκ τῆς Αἰγυπτίων χώρας, στρατιώτης ὢν τοῦ νουμέρου ἐν Κοτυαείῳ πόλει Φρυγίας. Γνωσθεὶς δὲ Χριστιανὸς εἶναι τύπτεται σφοδρῶς καὶ ξέεται. Καὶ μετὰ ταῦτα πυρὶ καταφλέγεται καὶ σύρεται ἐπάνω τριβόλων ὀξέων. Εἶτα τὴν διὰ ξίφους δέχεται τελευτήν. Ὁ δὲ ἅγιος Βίκτωρ ὑπῆρχεν ἐπὶ Ἀντωνί<ν>ου βασιλέως καὶ Σεβαστιανοῦ δουκὸς ἐν Ἰταλίᾳ. Κρατηθεὶς δὲ καὶ ἀναγκασθεὶς ἀρνήσασθαι τὸν Χριστόν, καὶ μὴ πεισθεὶς ἐξαρθροῦται τοὺς δακτύλους καὶ βάλλεται εἰς κάμινον. Εἶτα ποτίζεται δηλητήρια φάρμακα παρὰ μάγου. Καὶ μηδὲν ἀδικηθείς, ποιεῖ τὸν μάγον Χριστιανόν. Ὀρυχθεὶς δὲ τοὺς ὀφθαλμούς, τὴν κεφαλὴν ἀποτέμνεται. Ἡ δὲ ἁγία

bishop of Ikonion and was perfected by death in peace. Tertius, who actually wrote down the epistle to the Romans as it was dictated by Saint Paul, became the second bishop of Ikonion after Sosipater, and then he departed to the Lord. Erastos, whom Saint Paul also mentioned in the same epistle, became steward of the church in Jerusalem, and later bishop of Panias before he was perfected by death in peace. Quartus became bishop of the city of Berytus and, after suffering many torments for the faith and bringing many of the Hellenes to the Lord, met the end of his life.

The eleventh day in the same month. The passion of the 174
holy martyrs Menas, Victor, Vicentius, and Stephanis.

The great martyr Saint Menas lived in the region of Egypt under the emperor Maximian. He was a soldier stationed in the city of Kotyaeion in Phrygia. When he was discovered to be a Christian, he was severely beaten and flayed. After these torments, he was burned with fire before he was dragged over sharp threshing boards. Finally, he met his end through the sword. Saint Victor lived under the emperor Antoninus, while Sebastian was *doux* in Italy. He was arrested and pressured to deny Christ. But when he refused, his fingers were dislocated, and he was thrown into a furnace. Then he was made to drink poisonous concoctions prepared by a magician. But when he remained unharmed, he converted the magician to Christianity. Finally, his eyes were gouged out, and his head was cut off. When Saint

Στεφανὶς ὁρῶσα ταῦτα, καὶ μακαρίσασα τὸν ἅγιον, ἐκρατήθη. Καὶ δεθεῖσα δύο φοίνιξιν ἐπικλιθεῖσιν ἀλλήλοις, εἶτα ἀπολυθεῖσι διεμερίσθη εἰς δύο. Ὁ δὲ ἅγιος Βικέντιος κατ' αὐτὴν τὴν ἡμέραν κρατηθεὶς ὡς Χριστιανὸς ἐν Αὐγουστίᾳ τῇ πόλει παρὰ τοῦ τῆς πόλεως ἄρχοντος τὴν κεφαλὴν ἀπετμήθη.

175 Τῇ αὐτῇ ἡμέρᾳ. Μνήμη τοῦ ὁσίου πατρὸς ἡμῶν Θεοδώρου ἡγουμένου τῆς εὐαγεστάτης Μονῆς τῶν Στουδίου.

Ἐπὶ τῆς βασιλείας Κωνσταντίνου τοῦ Καβαλλίνου ἦν οὗτος ἐν Κωνσταντινουπόλει γεννηθείς. Πᾶσαν δὲ γνῶσιν τῶν μαθημάτων ἐκμαθὼν ἐπὶ τῆς βασιλείας Εἰρήνης, ἀπελθὼν ἐν τῇ τοῦ Σακκουδίωνος Μονῇ ὑπὸ τοῦ θείου αὐτοῦ Πλάτωνος γέγονε μοναχός. Καὶ παρὰ Ταρασίου πατριάρχου χειροτονεῖται πρεσβύτερος. Εἶτα τριακονταέτης ὢν γίνεται καὶ ἡγούμενος τῆς ὑπ' αὐτὸν μονῆς. Ἐξωρίσθη δὲ εἰς Θεσσαλονίκην διὰ τὸ μὴ συνθέσθαι τῇ μοιχείᾳ τοῦ βασιλέως, ἀλλ' ἀνεκλήθη πάλιν παρὰ τῆς βασιλίσσης Εἰρήνης. Καὶ διὰ τὴν τῶν Σαρακηνῶν ἔφοδον τὴν βασιλεύουσαν καταλαμβάνει καὶ τὴν Μονὴν τοῦ Στουδίου παραλαμβάνει. Καὶ πάλιν ἐξορίζεται παρὰ Νικηφόρου βασιλέως τοῦ σφαγέντος ἐν Βουλγαρίᾳ ἐπὶ τῇ ὁμοίᾳ ὑποθέσει. Εἶτα ἐξορίζεται διὰ τὰς ἁγίας εἰκόνας ἐπὶ Λέοντος τοῦ Εἰκονομάχου. Καὶ πολλὰ τιμωρηθεὶς ὑπὲρ τῆς εὐσεβείας καὶ ἀγωνισάμενος, καὶ ὕμνους εἰς Θεὸν συγγραψάμενος ἐν βαθυτάτῳ γήρᾳ πρὸς Κύριον ἐξεδήμησεν.

Stephanis saw what had happened and praised the saint's blessed death, she was arrested. She was then tied between two palm trees that had been tethered together. When they were released, she was torn in two. On that day, Saint Vicentius was arrested for being Christian in the city of Augustia by the governor of the city, and his head was cut off.

On the same day. The commemoration of our holy father 175
Theodore, the abbot of the most pure Monastery of Stoudios.

This man was born in Constantinople during the reign of Constantine Kaballinos. After he thoroughly studied every subject of knowledge during the reign of Irene, he went to the Monastery of Sakkoudion and became a monk through his uncle Plato. He was later ordained a priest by the patriarch Tarasios. When he was thirty years old, he also became the abbot of his monastery. He was exiled to Thessalonike because he would not accept the adultery of the emperor, but he was recalled by the empress Irene. Because of the incursion of the Saracens, he returned to the capital city and took the Monastery of Stoudios under his care. But he was exiled again for the same reason by the emperor Nikephoros who was killed in Bulgaria. After that, he was exiled on account of the sacred images during the reign of Leo the Iconoclast. After having suffered much torture and many hardships on account of the orthodox faith, and after composing hymns to God, he departed to the Lord at a very advanced age.

176 Μηνὶ τῷ αὐτῷ ιβʹ. Μνήμη τοῦ ὁσίου πατρὸς ἡμῶν Μαρτίνου ἐπισκόπου Φραγγίας.

Οὗτος ἦν ἐπὶ Γρατιανοῦ βασιλέως, ἐκ τῆς Ῥώμης στρατηλάτης πρότερον ὑπάρχων. Ποτὲ δὲ ἐν πολέμῳ ἰδὼν πλῆθος ἄπειρον ἐδειλίασε. Καὶ θεασάμενος πτωχὸν γυμνὸν κόψας τὸ ἥμισυ τῆς χλανίδος αὐτοῦ δέδωκεν αὐτῷ. Καὶ τῇ αὐτῇ νυκτὶ παρέστη αὐτῷ ὁ Κύριος ἐν εἴδει τοῦ πτωχοῦ λέγων, "Μὴ ἀθύμει· ὥσπερ σὺ γυμνὸν οὐ παρεῖδές με, οὕτω κἀγὼ ἔσομαι μετὰ σοῦ καὶ νικήσεις τοὺς ἐχθρούς σου." Νικήσας οὖν καὶ ἀποδεχθεὶς παρὰ τοῦ βασιλέως, εὐχαριστήσας τῷ Θεῷ γέγονε μοναχός. Ἕβδομον δὲ διανύσας χρόνον καὶ πᾶσαν γραφὴν μελετήσας, χειροτονεῖται ἐπίσκοπος Φραγγίας. Καὶ ἐποίει θαύματα πολλά. Ἐν μιᾷ γὰρ εἶδε δανειστὴν κρατοῦντα νεκρὸν καὶ μὴ συγχωροῦντα ταφῆναι ἀλλὰ λέγοντα ὅτι "Χρεωστεῖ μοι οὗτος χρυσίον," καὶ τῆς γυναικὸς τοῦ θανόντος λεγούσης ὅτι "Ἐπληρώθη." Προσευξάμενος ὁ ἅγιος ἀνέστησε τὸν νεκρόν, καὶ ἔδειξε τὸν συκοφάντην ψευδόμενον. Ποιήσας δὲ καὶ ἕτερα θαύματα πολλὰ ἐτελειώθη.

177 Τῇ αὐτῇ ἡμέρᾳ. Μνήμη τοῦ ὁσίου πατρὸς ἡμῶν Ἰωάννου τοῦ Ἐλεήμονος πατριάρχου Ἀλεξανδρείας.

Κύπριος ἦν οὗτος τὸ γένος, υἱὸς Ἐπιφανίου τοῦ τότε τῆς νήσου ἄρχοντος. Γυναικὶ δὲ προσομιλήσας κατὰ βούλησιν τοῦ πατρὸς καὶ τέκνων πατὴρ γεγονώς, ἐπεὶ τὸν βίον ἀπέλιπον ἥ τε γυνὴ καὶ τὰ τέκνα αὐτοῦ, πᾶσαν τὴν ἔφεσιν αὐτοῦ πρὸς Θεοῦ ἀρέσκειαν ἔτρεψε. Καὶ διὰ λαμπρότητα

On the twelfth day in the same month. The commemoration of our holy father Martin, bishop of Francia. 176

This man lived under the emperor Gratian and was first an army commander from Rome. Once during a war, he saw the endless masses of the enemy and was filled with fear. Then he saw a poor man without clothes, so he cut off half of his military cloak and gave it to him. That night, the Lord appeared to him in the form of the poor man and said, "Do not despair. Just as you did not overlook me naked, so will I be with you, and you will conquer your enemies." So he defeated them and was then received by the emperor. After that, he gave thanks to God and became a monk. After spending seven years studying all of scripture, he was ordained bishop of Francia. He also performed many miracles. One day he saw that a moneylender had taken custody of a corpse and was preventing its burial; he kept saying, "This one owes me money," while the wife of the deceased responded, "The debt was paid." The saint prayed and raised the dead man, and he revealed the swindler's deceit. After performing many other miracles, he was perfected by death.

On the same day. The commemoration of our holy father John the Almsgiver, patriarch of Alexandria. 177

This man's family was Cypriot, and he was the son of Epiphanios, who was then the governor of the island. At his father's wish, he married a woman and fathered children. However, after his wife and children departed from this life, he dedicated himself entirely to serving God. On account of

βίου, ὑπὸ Ἡρακλείου τοῦ βασιλέως, αἰτησαμένου τοῦ δήμου τῶν Ἀλεξανδρέων αὐτόν, πατριάρχης Ἀλεξανδρείας καθίσταται, κανονικῶς τὴν χειροτονίαν δεξάμενος. Διαπρέψας δὲ ἐν τῇ ἀρχιερωσύνῃ ἔτη πολλά, καὶ μυρία ποιήσας θαύματα, καὶ τοῖς δεομένοις ἀφθόνως χορηγήσας τὰ πρὸς τὴν χρείαν, καὶ διὰ τὴν πολλὴν ἐλεημοσύνην, τὴν τοῦ "Ἐλεήμονος" ἐπίκλησιν λαβών, καὶ πᾶσιν αἰδέσιμος καταστὰς ὡς ἡ περὶ αὐτὸν βίβλος κατὰ πλάτος δηλοῖ, καὶ πολλοὺς τῶν ἀπίστων ἐπιστρέψας ἐπὶ τὸν Κύριον, ἐν γήρᾳ βαθεῖ τὴν γῆν ἀφείς, πρὸς οὐρανὸν ἀνέδραμε χαίρων.

178 Μηνὶ τῷ αὐτῷ ιγʹ. Ἡ ἀνάμνησις τῆς ἐξορίας τοῦ ἐν ἁγίοις πατρὸς ἡμῶν Ἰωάννου τοῦ Χρυσοστόμου.

Ἐπιτελεῖται ἡ μνήμη αὕτη νῦν ἀντὶ τῆς κοιμήσεως αὐτοῦ διὰ τὸ ταύτην ἐν τῇ Ὑψώσει τοῦ Τιμίου συμβαίνειν Σταυροῦ. Οὗτος δὲ ὑπῆρχεν ἐκ πόλεως Ἀντιοχείας τῆς Συρίας. Εὐθὺς οὖν ἐν ἀρχῇ τοῦ βίου πολὺν περὶ τοὺς λόγους ἐκτήσατο ἔρωτα. Καὶ μετῆλθεν ἐν τάχει πᾶσαν γραφὴν Ἑλλήνων τε καὶ Χριστιανῶν. Καὶ δι' ἀρετήν, παρὰ μὲν Μελετίου πατριάρχου Ἀντιοχείας γίνεται κληρικός, παρὰ δὲ Φλαβιανοῦ διάκονος καὶ πρεσβύτερος. Πᾶσαν δὲ τὴν ἁγίαν ἑρμηνεύσας γραφήν, ἐπεὶ Νεκτάριος ὁ τῆς Κωνσταντινουπόλεως πατριάρχης τὸν βίον ἀπέλιπε, ψήφῳ τῶν ἐπισκόπων καὶ τῇ τοῦ βασιλέως Ἀρκαδίου προστάξει, ἐκ τῆς Ἀντιοχείας μεταπεμφθείς, ἀρχιερεὺς τῆς βασιλίδος καθίσταται πόλεως. Τὴν πλεονεξίαν δὲ ἐλέγχων προσέκρουσε τῇ βασιλίδι Εὐδοξίᾳ καὶ ὑπ' ἐκείνης ἀδίκως ἐξορισθεὶς ἐν Κουκουσῷ τῆς Ἀρμενίας ἐκεῖ τελειοῦται.

his exemplary conduct, he was appointed patriarch of Alexandria by the emperor Herakleios, who was petitioned by the inhabitants of Alexandria, and his consecration followed the ecclesiastical norms. He fulfilled his duties as patriarch with distinction for many years, and he performed countless miracles and gave generously to those who were in need. Because of his great almsgiving, he received the epithet "the Almsgiver," and was respected by all, just as the well-known book about him makes clear in detail. After bringing many of the nonbelievers to the Lord, he departed the earth at an advanced age and soared into heaven with joy.

The thirteenth day in the same month. The remembrance 178
of the exile of our father among the saints John Chrysostom.

This commemoration is celebrated today instead of the day of his repose because that coincides with the Exaltation of the Precious Cross. This man was from the city of Antioch in Syria. From the very beginning of his life, he possessed a great love of learning, and in a short time, he had studied all pagan and Christian literature. Because of his virtue, he became a cleric under Meletios, the patriarch of Antioch, and then he became a deacon and a priest under Flavianus. He interpreted all of scripture, and after Nektarios, the patriarch of Constantinople, departed this life, by the vote of the bishops and by order of the emperor Arcadius, John was summoned from Antioch and became the high priest of the capital city. In his rebuke of lavishness, he came to offend the empress Eudoxia and was unjustly exiled by her to Koukousos in Armenia, where he was perfected by death.

179 Τῇ αὐτῇ ἡμέρᾳ. Ἄθλησις τῶν ἁγίων μαρτύρων Μίλη ἐπισκόπου καὶ τῶν μαθητῶν αὐτοῦ, Ἐβόρη, Πάπα, καὶ Σεβόη διακόνου.

Οὗτοι ὑπῆρχον ἐκ Περσίδος. Ὁ δὲ ἅγιος Μίλης στρατηγὸς τὸ πρότερον ἦν. Καταλιπὼν δὲ τὸ στρατηγεῖν καὶ τῷ Θεῷ δουλεύσας, προεχειρίσθη ἐπίσκοπος ἐν πόλει Περσικῇ, ἔνθα ὁ προφήτης Δανιὴλ τὰς ὀπτασίας ἐθεάσατο. Διωχθεὶς δὲ ὑπὸ τῶν ἀπίστων ἐκεῖθεν, ἦλθεν εἰς Ἱεροσόλυμα, εἶτα εἰς Ἀλεξάνδρειαν, πρὸς τὸν μακάριον Ἀντώνιον. Καὶ αὖθις ὑπέστρεψεν ἐν Περσίδι, ἔνθα παρὰ Μισθοφάρη τοῦ βασιλίσκου καὶ τοῦ ἀδελφοῦ αὐτοῦ ξίφει κατὰ καρδίας πληγεὶς τελειοῦται διὰ τὸ μὴ θῦσαι τῷ ἡλίῳ καὶ τῷ πυρί. Ἔτι δὲ ἐμπνέων, ἔφη πρὸς τὸν βασιλίσκον καὶ τὸν ἀδελφὸν αὐτοῦ ὅτι "Αὔριον κατὰ τήνδε τὴν ὥραν ὑπ' ἀλλήλων φονευθήσεσθε." Ταῦτα εἰπόντος, ὀργισθέντες ὅ τε βασιλίσκος καὶ ὁ ἀδελφὸς αὐτοῦ μετὰ ξύλων τύπτοντες ἀνηλεῶς τοὺς μαθητὰς τοῦ ἁγίου ἐφόνευσαν. Καὶ οὕτως παρέδωκαν τὰς ψυχὰς αὐτῶν τῷ Κυρίῳ. Κατὰ δὲ τὴν πρόρρησιν τοῦ ἁγίου μανέντες οἱ δύο ἀδελφοὶ κατ' ἀλλήλων, ἀλλήλους ἐφόνευσαν.

180 Τῇ αὐτῇ ἡμέρᾳ. Ἄθλησις τῶν ἁγίων μαρτύρων Ἀντωνίνου, Νικηφόρου, Γερμανοῦ, καὶ τῆς συνοδίας αὐτῶν.

Ἀντωνῖνος ὁ μάρτυς ὑπῆρχε τὴν ἡλικίαν προβεβηκώς, ὁ δὲ Νικηφόρος καὶ ὁ Γερμανὸς νέοι. Κρατηθέντες δὲ ὑπὸ τοῦ τῆς χώρας ἄρχοντος καὶ καταναγκασθέντες θῦσαι τοῖς εἰδώλοις, καὶ μὴ πεισθέντες ἀλλ' ὁμολογοῦντες τὸν

On the same day. The passion of the holy martyrs Miles the 179
bishop and his disciples, Ebores, Papas, and Seboes the deacon.

These men were from Persia. Saint Miles was first a general in the army, but after he left his position and dedicated himself to serving God, he was ordained bishop in the Persian city where the prophet Daniel saw his visions. He was driven from there by the nonbelievers, so he went to Jerusalem and then to Alexandria, to blessed Antony. After that, he returned to Persia, where he was perfected by death after being struck in the heart with a sword by Misthophares the prince and his brother because he would not sacrifice to the sun and to fire. While he was still breathing, he said to the prince and his brother, "Tomorrow, at this very hour, you will each be killed by the other." After he had spoken these words, the prince and his brother became enraged, so they mercilessly beat the saint's disciples with clubs and killed them. Thus, they handed over their spirits to the Lord. According to the saint's prediction, the two brothers were driven mad and killed each other.

On the same day. The passion of the holy martyrs Antoninos, 180
Nikephoros, Germanus, and their companions.

The martyr Antoninos was advanced in age, while Nikephoros and Germanus were young. They were arrested by the local governor and were pressured to sacrifice to the idols. But when they refused and confessed their belief in Christ,

Χριστόν, τὰς κεφαλὰς ἐν Καισαρείᾳ ἀπετμήθησαν. Παρθένος δέ τις Μανεθὼ λεγομένη ὑπῆρχεν ἐκ Σκυθοπόλεως. Καὶ κρατηθεῖσα καὶ ἀνὰ πᾶσαν τὴν πόλιν θριαμβευθεῖσα γυμνή, εἶτα τιμωρηθεῖσα ἐν διαφόροις τόποις πικραῖς βασάνοις, καὶ ἐκ πάντων Θεοῦ χάριτι ῥυσθεῖσα καὶ ἀβλαβὴς διαμείνασα, μυρία τε θαυματουργήσασα καὶ πολλοὺς τῶν ἀπίστων κατηχήσασα τὸν λόγον τοῦ Θεοῦ καὶ ἐπιστρέψασα ἐπὶ τὸν Κύριον, τελευταῖον κατεκρίθη πυρὶ τελειωθῆναι. Καὶ τῆς καμίνου ἀναφθείσης, εὐξαμένη καὶ εὐχαριστήσασα, εἰσῆλθεν ἐν αὐτῇ. Καὶ ἐν τῇ καμίνῳ ἐπὶ πολλαῖς ταῖς ὥραις προσευχομένη, τὸ ἱερὸν αὐτῆς παρέθετο πνεῦμα εἰς χεῖρας Θεοῦ ζῶντος.

181 Μηνὶ τῷ αὐτῷ ιδʹ. Ἡ κοίμησις τοῦ ἐν ἁγίοις πατρὸς ἡμῶν Ὑπατίου τοῦ Θαυματουργοῦ ἐπισκόπου Γαγγρῶν.

Οὗτος ὑπῆρχεν εἷς ἐκ τῶν τριακοσίων δέκα καὶ ὀκτὼ πατέρων τῶν ἐν Νικαίᾳ συνελθόντων κατὰ Ἀρείου τοῦ ματαιόφρονος ἐπὶ τῆς βασιλείας Κωνσταντίνου τοῦ Μεγάλου. Ἐποίησε δὲ θαύματα πολλά, ἐξ ὧν ἓν ὑπάρχει καὶ τοῦτο. Δράκοντος μεγάλου ἐν τῷ ταμιείῳ τῶν βασιλικῶν χρημάτων ποθὲν εἰσερπύσαντος καὶ εἰσελθεῖν μὴ συγχωροῦντός τινι, προσεκλήθη παρὰ τοῦ βασιλέως. Καὶ ποιήσας εὐχήν,. ἐθανάτωσεν αὐτόν, προστάξας ἐν τῷ φόρῳ γενέσθαι πυράν, καὶ ἀπὸ τοῦ ταμιείου τὸν δράκοντα ἀγαγών, δακόντα τὸ ἄκρον τοῦ ῥαβδίου αὐτοῦ καὶ ἀκολουθοῦντα, καὶ βαλὼν ἐν αὐτῇ καὶ κατακαύσας. Ὅθεν ἐν τῇ εἰσόδῳ τοῦ ταμιείου ὁ βασιλεὺς τὴν εἰκόνα τοῦ ἁγίου

their heads were cut off in Caesarea. There was a virgin named Manetho from Scythopolis. She was arrested and paraded around the entire city naked. Then she was tortured with horrible torments in different places. But since she was protected from all of them by God's grace and remained unharmed, she worked countless miracles, instructed many of the nonbelievers in the word of God, and turned them to the Lord before she was finally sentenced to be perfected in death by fire. When the furnace had been kindled, she prayed and gave thanks, and then entered it. Even inside the furnace, she continued to pray for many hours until she handed over her blessed spirit to the hands of the living God.

The fourteenth day in the same month. The repose of 181
our father among the saints, Hypatios the Wonderworker, bishop of Gangra.

This man was one of the three hundred eighteen fathers who gathered against demented Arius in Nicaea during the reign of Constantine the Great. He worked many miracles, one of which was this. When a great serpent had slithered into the imperial treasury from somewhere and would not allow anyone to enter, Hypatios was summoned by the emperor. After saying a prayer, he put it to death in the following way: He ordered a fire to be kindled in the forum and brought the serpent out of the treasury; the serpent followed him while it bit the end of his staff. He then threw it into the fire and burned it. The emperor had the saint's image painted in the entrance to the treasury because of this.

ἐζωγράφησεν. Ὑποστρέψαντα δὲ εἰς τὴν οἰκείαν ἐκκλησίαν ἐφόνευσαν οἱ αἱρετικοὶ Ναυατιανοί. Γυνὴ γὰρ ῥίψασα λίθον κατὰ κεφαλῆς αὐτοῦ, τῆς ἐνθάδε μὲν ζωῆς ἀπήλλαξε, προεξένησε δὲ αὐτῷ βασιλείαν οὐρανῶν.

182 Τῇ αὐτῇ ἡμέρᾳ. Μνήμη τοῦ ἁγίου ἀποστόλου Φιλίππου ἑνὸς τῶν δώδεκα ἀποστόλων.

Φίλιππος ὁ εἷς τῶν δώδεκα ἀποστόλων ἦν ἐκ τῆς Γαλιλαίας *ἀπὸ Βησθαϊδᾶ*. Μετὰ δὲ τὴν ἀνάληψιν τοῦ Κυρίου, πολλὰ θαύματα ποιήσας, ἐπὶ Τραϊανοῦ τοῦ βασιλέως παρεγένετο καὶ εἰς Ἱεράπολιν μετὰ τῶν ἑπτὰ θυγατέρων αὐτοῦ καὶ Μαριάμνης τῆς ἀδελφῆς αὐτοῦ καὶ Βαρθολομαίου τοῦ ἀποστόλου, διδάσκων τὸν λόγον τοῦ Χριστοῦ καὶ πείθων τοὺς ἀπίστους ἀποστῆναι ἀπὸ τῆς πλάνης τῶν εἰδώλων. Εἶχον γὰρ ὡς θεὸν τὴν ἔχιδναν· ἐν οἷς ἦν καὶ Νικάνορα γυνὴ τοῦ ἀνθυπάτου τοῦ καὶ τιμωρήσαντος αὐτούς. Εἶτα κρεμᾶται ὁ Βαρθολομαῖος καὶ ὁ Φίλιππος κατὰ κεφαλῆς ἀπὸ τοῦ τείχους. Κρεμαμένου δὲ τοῦ Φιλίππου καὶ προσευχομένου, ἐξαίφνης ἠνοίχθη ἡ γῆ καὶ κατέπιε τοὺς ἀθέους καὶ τὸν ἀνθύπατον καὶ τὴν ἔχιδναν καὶ τοὺς ἱερεῖς αὐτῆς. Εἶτα διὰ Χριστοῦ ἀνήχθησαν πλὴν τοῦ ἀνθυπάτου καὶ τῆς ἐχίδνης. Ἐλύθη δὲ καὶ Βαρθολομαῖος καὶ ἡ Μαριάμνη τῶν δεσμῶν. Ὁ δὲ Φίλιππος ἐτελειώθη.

But after he returned to his own church, he was murdered by the heretical followers of Novatian. For when a woman threw a stone at his head, he departed from life here on earth but secured his entrance into the kingdom of heaven.

On the same day. The commemoration of Saint Philip the 182
apostle, who was one of the twelve apostles.

Philip, one of the twelve apostles, was *from Bethsaida* in Galilee. After the ascension of the Lord, he performed many miracles. During the reign of the emperor Trajan, he went to Hierapolis with his seven daughters, his sister Mariamne, and Bartholomew the apostle, where he taught the word of Christ and convinced many of the nonbelievers to reject the error of the idols. For they held the echidna to be a god. Among them was Nikanora, the wife of the proconsul, who had also tortured them. Then Bartholomew and Philip were hung upside down from the walls. As Philip hung there, he prayed, and suddenly, the earth split open and swallowed the godless people, including the proconsul, the echidna, and its priests. Then they were all restored through Christ, except for the proconsul and the echidna. Bartholomew and Mariamne were released from their bonds, but Philip was perfected by death.

183 Μηνὶ τῷ αὐτῷ ιε΄. Ἄθλησις τῶν ἁγίων ὁμολογητῶν Γουρία, Σαμωνᾶ, καὶ Ἀβίβου, μαρτυρησάντων ἐν Ἐδέσῃ τῇ πόλει.

Οὗτοι ὑπῆρχον ἐπὶ Διοκλητιανοῦ τοῦ βασιλέως καὶ Ἀντωνίνου δουκός, ᾧτινι καὶ διαβληθέντες ὡς τοὺς ἐν τῇ φυλακῇ Χριστιανοὺς θεραπεύοντες παρέστησαν, Γουρίας καὶ Σαμωνᾶς ἐκ τῆς αὐτῆς πόλεως ὄντες καὶ ἐν τάξει ἱερέων ὑπάρχοντες. Μὴ πεισθέντες οὖν θῦσαι τοῖς εἰδώλοις, κρεμῶνται ἕκαστος ἀπὸ τῆς μιᾶς χειρὸς ἐπὶ πέντε ὥραις. Εἶτα κατενεχθέντες καὶ ἐπιμένοντες τῇ ὁμολογίᾳ, πάλιν κρεμῶνται ἀπὸ τῶν ποδῶν. Εἶτα ἐν λάκκῳ σκοτεινῷ ἀμφότεροι βάλλονται. Καὶ μετὰ τοῦτο τὰς κεφαλὰς ἀποτέμνονται. Ὁ δὲ ἅγιος Ἄβιβος διάκονος ὤν, ἐμαρτύρησεν ἐπὶ Λικιννίου, διαβληθεὶς ὅτι κατὰ τὰς κώμας περιερχόμενος ὑπαναγινώσκει τοῖς πιστοῖς τὰς ἱερὰς βίβλους ἐπιστηρίζων αὐτούς. Ὅθεν προστάξει τοῦ παρανόμου καὶ δυσσεβοῦς βασιλέως εἰς κάμινον φρυγάνοις πολλοῖς ἀναφθεῖσαν ἐμβληθείς, χαίρων ἐτελειώθη.

184 Τῇ αὐτῇ ἡμέρᾳ. Ἄθλησις τοῦ ἁγίου μάρτυρος Δημητρίου τοῦ εἰς Δαβουδὴν μαρτυρήσαντος.

Ὁ μάρτυς Δημήτριος ὑπῆρχεν ἐπὶ Μαξιμιανοῦ καὶ Μαξιμίνου τῶν βασιλέων ἀπὸ χωρίου Δαβουδὴ καλουμένου· ὅστις διαβληθεὶς ὑπὸ τῶν εἰδωλολατρῶν ὡς Χριστιανός, ἐκρατήθη ὑπὸ τοῦ ἡγεμόνος Πουπλίου. Καὶ ἐρωτηθείς, ἀνεκήρυξε παρρησίᾳ τὴν εἰς Χριστὸν τὸν Θεὸν ἡμῶν πίστιν. Καὶ ὑπὸ τοῦ Ἁγίου Πνεύματος συνεργούμενος,

The fifteenth day in the same month. The passion of the holy confessors Gurias, Samonas, and Abibos, who were martyred in the city of Edessa. 183

These men lived under the emperor Diocletian and Antoninos the *doux*. They were reported to the *doux* for supporting Christians in prison, so they were summoned before him. Gurias and Samonas were from this city and were both priests. When they refused to sacrifice to the idols, they were each hung up and suspended by one arm for five hours. After that, they were taken down, but when they persisted in their confession, they were hung up again by their feet. Next, they were both thrown into a dark pit. Finally, they were beheaded. Saint Abibos was a deacon. He suffered martyrdom during the reign of Licinius when he was reported for traveling around the villages and reading the holy scriptures to the faithful to encourage them. By the command of the lawless and impious emperor, he was thrown into a furnace fueled by much wood. There he rejoiced as he was perfected by death.

On the same day. The passion of the holy martyr Demetrios, who was martyred in Dabude. 184

The martyr Demetrios lived under the emperors Maximian and Maximinus and was from a place called Dabude. He was reported by the idolaters for being a Christian, so he was arrested by the governor Publius. When he was questioned, he openly proclaimed his faith in Christ our God. Then, by the strength granted to him by the Holy Spirit, he instructed

ἐδίδασκε τοὺς παρεστῶτας περί τε τῆς ἐνανθρωπήσεως τοῦ Κυρίου ἡμῶν Ἰησοῦ Χριστοῦ καὶ τῆς ἀρρήτου οἰκονομίας, καὶ τῆς ὅλης ἀγαθότητος αὐτοῦ καὶ φιλανθρωπίας, εἶτα τὰ περὶ τῶν εἰδώλων ἀπατηλὰ σεβάσματα καὶ ὅτι κωφά εἰσι καὶ αὐτὰ καὶ οἱ σεβόμενοι αὐτά. Διὸ εἰς ὀργὴν καὶ θυμὸν κινήσας τὸν ἡγεμόνα, ξίφει τὴν κεφαλὴν ἀποτμηθεὶς ἐτελειώθη, ἀπολαβὼν οὐράνιον στέφανον παρὰ Χριστοῦ, ὃν ποθήσας ἐμαρτύρησε. Τὸ δὲ τίμιον αὐτοῦ λείψανον ἐτάφη παρὰ πιστῶν καὶ εὐλαβῶν ἀνδρῶν, βρύον ἰάματα τοῖς προσερχομένοις αὐτῷ.

185 Τῇ αὐτῇ ἡμέρᾳ. Ἡ σφαγὴ τοῦ ἁγίου Ἰακώβου ἀδελφοῦ τοῦ ἁγίου Ἰωάννου τοῦ Θεολόγου.

Ἰάκωβος ὁ ἀπόστολος ὑπῆρχε μὲν ἐκ τῶν δώδεκα ἀποστόλων. Ἦν δὲ ἀδελφὸς τοῦ ἁγίου Ἰωάννου τοῦ Θεολόγου, υἱὸς Ζεβεδαίου τοῦ ἀπὸ τῆς Γαλιλαίας· οὓς καὶ ἰδὼν ὁ Κύριος μετὰ Ζεβεδαίου τοῦ πατρὸς αὐτῶν παρὰ τὴν λίμνην Γεννησαρὲτ καταρτίζοντας τὰ δίκτυα αὐτῶν, ὡς ἁλιεῖς, ἐκάλεσεν αὐτούς. Καὶ *εὐθέως ἀφέντες ἅπαντα καὶ τὸν πατέρα αὐτῶν, ἠκολούθησαν αὐτῷ.* Καὶ ἦσαν παρ' αὐτῷ μαθητευόμενοι. Μετὰ δὲ τὴν ἀνάληψιν τοῦ Κυρίου καὶ τὴν κοίμησιν τῆς ἁγίας Θεοτόκου, ὁ μὲν Ἰωάννης κατέλαβε τὴν Ἔφεσον διδάσκων ἐν αὐτῇ, ὁ δὲ Ἰάκωβος ὑπολειφθεὶς εἰς τὰ Ἱεροσόλυμα καὶ τὰς δώδεκα φυλὰς τοῦ Ἰσραὴλ διελθών, εὐαγγελιζόμενος τὸν Κύριον ἡμῶν Ἰησοῦν Χριστόν, ἐκρατήθη παρὰ Ἡρῴδου τοῦ τετράρχου ἐν Καισαρείᾳ τῆς Παλαιστίνης. Καὶ ὑπ' αὐτοῦ σφαγεὶς ἐν μαχαίρᾳ,

those present about the incarnation of our Lord Jesus Christ and his ineffable providence. He also taught them about his perfect goodness and his love for humanity; and then about the deceptive veneration of the idols, and how both the idols themselves and those who worship them are senseless. This roused the wrath and fury of the governor, so his head was cut off with the sword, and he was perfected by death. He thus received the heavenly crown from Christ, for whom he longed to suffer martyrdom. His venerable remains were buried by pious and faithful men and continue to bestow healings upon those who visit them.

On the same day. The murder of Saint James, the brother of 185
Saint John the Theologian.

James the apostle was one of the twelve apostles. He was the brother of Saint John the Theologian and the son of Zebedee from Galilee. When the Lord saw them mending their nets with their father Zebedee near the lake of Gennesaret, since they were fishermen, he called them. *They immediately left* everything behind, *including their father, and followed him.* They were also his disciples. After the ascension of the Lord and the dormition of the holy Theotokos, John went to Ephesus to teach there. James, however, remained behind in Jerusalem, where he went among the twelve tribes of Israel and preached the gospel of our Lord Jesus Christ. He was arrested for this by Herod, the tetrarch of Caesarea in Palestine, and was slaughtered with a knife by him, whereupon

ἀνέδραμε πρὸς οὐρανὸν συμβασιλεύσων τῷ Κυρίῳ καὶ διδασκάλῳ Χριστῷ τῷ φιλανθρώπῳ Θεῷ ἡμῶν.

186 Μηνὶ τῷ αὐτῷ ις'. Τοῦ ἁγίου ἀποστόλου καὶ εὐαγγελιστοῦ Ματθαίου.

Ματθαῖος ὁ ἀπόστολος ὑπῆρχε μὲν καὶ αὐτὸς τῶν δώδεκα ἀποστόλων εἷς. Ἦν δὲ τελώνης, ἀδελφὸς Ἰακώβου τοῦ ἐπιλεγομένου Ἀλφαίου. Καθεζόμενον δὲ αὐτὸν ἐπὶ τὸ τελώνιον ἰδὼν ὁ Κύριος διερχόμενος ἐκάλεσεν ἐλθεῖν ὀπίσω αὐτοῦ, καὶ ἀναστάντα καὶ ἀκολουθήσαντα ἐποίησε καὶ αὐτὸν μαθητήν. Ὅστις μετὰ τὴν τοῦ Κυρίου ἀνάληψιν καὶ μετὰ ἐτῶν ὀκτὼ παρέλευσιν συνεγράψατο τὸ κατ' αὐτὸν ἐπιπνοίᾳ τοῦ Ἁγίου Πνεύματος ἅγιον εὐαγγέλιον τῇ Ἑβραΐδι διαλέκτῳ καὶ παρέδωκεν αὐτὸ τῇ ἐν Ἱεροσολύμοις ἁγίᾳ ἐκκλησίᾳ. Εἶτα ἀπῆλθεν εἰς πολλὰς ἐθνῶν χώρας διδάσκων τὸν λόγον τοῦ Χριστοῦ. Ἔτι δὲ καὶ εἰς τοὺς ἀνθρωποκτόνους, οὓς τινες λέγουσιν "ἀνθρωποφάγους." Ἐν οἷς πολλὰ βασανισθεὶς καὶ ἐπίσκοπον ποιήσας Πλάτωνα λεγόμενον καὶ καταλιπὼν ἐκεῖσε ἀπῆλθεν εἰς Ἱεράπολιν τῆς Συρίας. Κἀκεῖ διδάξας πολλοὺς τὸν λόγον τοῦ Χριστοῦ καὶ βαπτίσας τελειοῦται.

187 Τῇ αὐτῇ ἡμέρᾳ. Ἄθλησις τοῦ ἁγίου μάρτυρος Βαρλαάμ.

Βαρλαὰμ ὁ μάρτυς ὑπῆρχεν ἀπὸ Ἀντιοχείας τῆς Συρίας. Γέρων δὲ τὴν ἡλικίαν ὑπάρχων, διὰ τὴν εἰς Χριστὸν ὁμολογίαν προσήχθη τῷ ἄρχοντι. Καὶ μὴ πεισθεὶς θῦσαι τοῖς εἰδώλοις, τύπτεται μετὰ βουνεύρων. Καὶ τοὺς ὄνυχας

he soared up to heaven to reign with his Lord and teacher, Christ our God who loves humanity.

The sixteenth day in the same month. The commemoration 186
of the apostle and evangelist Matthew.

Matthew the apostle was himself also one of the twelve apostles. He was a tax collector, the brother of James the son of Alphaios. While he was sitting at the tax collector's booth, the Lord saw him as he passed by and called upon him to follow after him, and when he stood up and followed him, he also made him his disciple. After the ascension of the Lord and then after the passing of eight more years, he composed, through the inspiration of the Holy Spirit, his holy gospel in the Hebrew language, and he gave it to the holy church in Jerusalem. After that, he traveled to the lands of many peoples and taught them Christ's word. This also included the human-killers, whom some call the "cannibals." Among these people, he suffered many torments. After he appointed someone named Plato bishop, he departed from there for Hierapolis in Syria. After he also instructed many there in Christ's word and baptized them, he was perfected by death.

On the same day. The passion of the holy martyr Barlaam. 187

The martyr Barlaam was from Antioch in Syria. He was an old man when he was brought before the governor for his confession of Christ. When he refused to sacrifice to the idols, he was beaten with ox-tendon whips. His nails were

ἐκριζοῦται. Εἶτα τῷ βωμῷ προσαχθείς, βιαίως ἡπλώθη τὴν χεῖρα, καὶ πῦρ ἐπ' αὐτῇ καὶ λιβανωτὸν δέχεται. Ἐνόμισε γὰρ ὁ ἄρχων ὅτι εἰ τοὺς ἄνθρακας μετὰ τοῦ λιβανωτοῦ τῷ βωμῷ ἐπιρρίψει, δόξει θυσίαν προσαγαγεῖν τοῖς θεοῖς. Ὁ δὲ ἀνένδοτος ἵστατο καὶ ἄτρεπτος, εὐτονωτέρας αὐτῷ χαλκοῦ καὶ σιδήρου φανείσης τῆς δεξιᾶς ἕως τὴν ὑποκειμένην σάρκα τὸ πῦρ δαπανῆσαν εἰς τὴν γῆν ἐξέπεσε, διατρυπηθείσης αὐτοῦ τῆς χειρός. Καὶ τούτου γινομένου, οὐδὲ ὅλως ἐπεστράφη πρὸς τὸν βωμόν, ἀλλ' ᾑρετίσατο κατακαῆναι τὴν χεῖρα ἢ λίβανον τῷ βωμῷ ἐμβαλεῖν. Καὶ οὕτω μετὰ γενναίου καὶ στερροῦ φρονήματος παρέδωκε τὴν μακαρίαν αὐτοῦ ψυχὴν τῷ Κυρίῳ.

188 Μηνὶ τῷ αὐτῷ ιζʹ. Μνήμη τοῦ ἐν ἁγίοις πατρὸς ἡμῶν Γρηγορίου ἐπισκόπου Νεοκαισαρείας τοῦ Θαυματουργοῦ.

Οὗτος ἦν ἐπὶ Αὐρηλιανοῦ τοῦ βασιλέως, υἱὸς ὑπάρχων Ἑλλήνων. Αὐτὸς δὲ γεγονὼς Χριστιανός, καὶ τὸ τῆς πίστεως μυστήριον διδαχθεὶς διὰ ὀπτασίας παρὰ τῆς ὑπεραγίας Θεοτόκου καὶ τοῦ Θεολόγου Ἰωάννου, ἔλαβε καὶ τὸ τῶν θαυματουργιῶν χάρισμα καὶ ἐκλήθη "Θαυματουργός," ποιῶν θαύματα πολλά, ἐξ ὧν εἰσι καὶ ταῦτα. Εἰς γὰρ Ἀλεξάνδρειαν ἀπελθὼν καὶ κατηγορηθεὶς ὑπὸ πόρνης, ἐπιπέμπει αὐτῇ δαίμονα καὶ πάλιν ἰᾶται. Εἶτα μὴ παρὼν ἐν Ἀμασείᾳ, ὅμως διὰ τὴν αὐτοῦ ἀρετὴν χειροτονεῖται ἐπίσκοπος ὑπὸ Φαιδίμου τοῦ Ἀμασείας. Λίθον δὲ μέγα<ν> ποιήσας περιπατῆσαι, ἐβάπτισε τὸν προσμονάριον τῶν εἰδώλων. Ἀδελφῶν δὲ δύο διὰ λίμνην μαχομένων, ἐξήρανεν

also ripped out. After that, he was taken to the altar, where his hand was forcibly opened, and burning incense was placed on it. This was because the governor believed that if he threw the hot coals with the incense onto the altar, he would appear to make a sacrifice to the gods. But he stood resolute and firm. His right hand seemed more unyielding than bronze and iron as the fiery coals consumed the flesh beneath and fell upon the ground after burning a hole through his hand. As this was happening, he made no movement at all to the altar but preferred to let his hand burn than to throw incense on the altar. Thus, with his admirable resolve, he handed over his blessed spirit to the Lord.

The seventeenth day in the same month. The commemora- 188
tion of our father among the saints Gregory the Wonderworker, bishop of Neocaesarea.

This man lived under the emperor Aurelian and was the son of Hellenes. But he became a Christian after he learned the mystery of the faith from the most holy Theotokos and John the Evangelist in a vision. He also received the grace of performing miracles and was therefore called "Wonderworker." Some of the many miracles that he performed are the following: When he visited Alexandria, he was falsely accused by a prostitute, so he sent a demon into her and later healed her. Then, although he was not physically present in Amaseia, he was nevertheless ordained bishop by Phaidimos of Amaseia on account of his virtue. He also made a large stone move on its own and baptized the caretaker of the idols. When two brothers were arguing over a lake, he made it run

αὐτήν. Καὶ τὴν ῥάβδον πήξας, ἔστησε ποταμόν, ἥτις καὶ ἐγένετο εἰς δένδρον μέγα. Καὶ ἄλλα μυρία ποιήσας, ἐν τῷ μέλλειν ἐκδημεῖν εὐχαρίστει τῷ Θεῷ ὅτι ἐν τῇ αὐτοῦ πόλει τοσούτους ἀπίστους κατέλιπεν, ὅσους εὗρε Χριστιανούς. Καὶ οὕτως ἐτελειώθη.

189 Μηνὶ τῷ αὐτῷ ιη΄. Ἄθλησις τοῦ ἁγίου μάρτυρος Πλάτωνος.

Πλάτων ὁ μάρτυς ὑπῆρχεν ἀπὸ Ἀγκύρας τῆς Γαλατίας, ἀδελφὸς τοῦ ἁγίου μάρτυρος Ἀντιόχου. Διὰ δὲ τὴν ἐς Χριστὸν ὁμολογίαν ἐκρατήθη παρὰ Ἀγριππίνου τοῦ ἡγεμόνος, ἔτι νέος ὢν τὴν ἡλικίαν. Καὶ μὴ πεισθεὶς θῦσαι τοῖς εἰδώλοις, τύπτεται ὑπὸ δώδεκα στρατιωτῶν μετὰ ῥαβδίων. Καὶ πάλιν ἁπλωθεὶς ἐπὶ κραβάττου σιδηροῦ πεπυρακτωμένου ῥαβδίζεται. Καὶ σφαίραις σιδηραῖς πεπυρακτωμέναις τὰς μασχάλας καὶ τὰς πλευρὰς καταφλέγεται ὡς καὶ τὴν φλόγα διὰ τῶν ῥινῶν αὐτοῦ σὺν καπνῷ ἐξερχομένην ὁρᾶσθαι. Εἶτα ἐλωροτομήθη ἀπὸ τῆς κεφαλῆς μέχρι τῶν πτερνῶν τὰς ψύας αὐτοῦ· ἐξ ὧν λαβὼν ὁ ἅγιος ἕνα λῶρον ἀπέρριψεν εἰς τὸ πρόσωπον Ἀγριππίνου, διελέγχων αὐτοῦ τὴν ὠμότητα. Εἶτα ἐμβάλλεται εἰς φυλακὴν καὶ νηστεύει ἡμέρας ὀκτώ. Τοῖς δὲ προσάγουσιν αὐτῷ ἄρτον καὶ λέγουσιν ὅτι "Φάγε" καὶ χλευάζουσιν ἀπεκρίνατο, "Ἐμὲ τρέφει ὁ λόγος τοῦ Χριστοῦ μου." Καὶ πάλιν ἐκβληθεὶς τῆς φυλακῆς καὶ βασανισθείς, χαίρων ἀπεκεφαλίσθη.

dry. He also fixed his staff into the ground and made a river stand still. This staff even grew into a large tree. After he performed countless other miracles, he gave thanks to God when he was about to depart that he left the same number of nonbelievers in his city as the number of Christians he found when he arrived. Thus, he was perfected by death.

The eighteenth day in the same month. The passion of the 189
holy martyr Plato.

The martyr Plato was from Ankyra in Galatia. He was the brother of the holy martyr Antiochus. Although he was still young, he was arrested by Agrippinus the governor for his confession of Christ. When he refused to sacrifice to the idols, he was beaten with rods by twelve soldiers. Then he was laid upon an iron slab that had been heated over the fire and was beaten again. His ribs and his armpits were burned so severely with heated iron balls that flames and smoke could be seen coming out of his nose. Next, strips of flesh were cut from his body, starting from his head, through his loins, and down to his ankles. The saint picked up one of these strips and threw it into the face of Agrippinus to condemn his savagery. After that, he was thrown into prison, where he fasted for eight days. When they came to offer him bread, said, "Eat!" and mocked him, he responded, "The word of my Christ is what nourishes me." Finally, he was taken from prison and tortured. He continued to rejoice until he was beheaded.

190 Τῇ αὐτῇ ἡμέρᾳ. Ἄθλησις τοῦ ἁγίου μάρτυρος Ῥωμανοῦ καὶ τοῦ σὺν αὐτῷ νηπίου.

Ἐπὶ Μαξιμιανοῦ τοῦ παρανόμου καὶ οὗτος ἐμαρτύρησε. Καθ' ὁδὸν γὰρ συναντήσας τῷ ἐπάρχῳ Ἀσκληπιάδῃ εἰς τὸν τῶν εἰδώλων ἀπερχομένῳ ναόν, ζηλώσας ἐπειράθη κωλῦσαι αὐτόν, εἰπὼν ὅτι "Οὐκ εἰσὶ τὰ εἴδωλα θεοί, ἀλλ' εἷς Θεός, ὁ τῶν Χριστιανῶν." Ὅθεν τύπτεται παρ' αὐτοῦ εἰς τὸ στόμα καὶ κρεμασθεὶς ξέεται. Ξεόμενος δὲ ἔλεγεν ὅτι "Εἷς Θεός, ὁ τῶν Χριστιανῶν, ὃν καὶ τὰ νήπια ἐπίστανται." Ἠνέχθη δὲ καὶ παιδίον προστάξει τοῦ ἁγίου εἰς ἔλεγχον τοῦ ἐπάρχου. Καὶ ἔφη πρὸς αὐτὸ ὁ ἔπαρχος, "Ποῖον θεὸν σέβεις;" Τὸ δὲ εἶπεν, "Ὧι οἱ Χριστιανοὶ πιστεύουσι. Καὶ τοῦτο ἐδιδάχθην ὑπὸ τῆς μητρός μου." Εἶτα τυπτόμενον τὸ παιδίον τῆς μητρὸς παρεστώσης ἐδίψησε καὶ ἐζήτησεν ὕδωρ. Ἡ δὲ μήτηρ εἶπε, "Μὴ πίῃς, τέκνον, ἐκ τοῦ ὕδατος τούτου, ἀλλ' ἄπελθε, πίε ἐκ τοῦ ζῶντος ὕδατος." Καὶ οὕτως ἀπεκεφαλίσθη. Ὁ δὲ ἅγιος ἐκτμηθεὶς τὴν γλῶσσαν καὶ πάλιν λαλῶν ἐνεβλήθη εἰς φυλακήν. Καὶ τῇ προστάξει τοῦ Μαξιμιανοῦ ἐν αὐτῇ ἀποπνιγεὶς τὸν τοῦ μαρτυρίου στέφανον ἔλαβεν.

191 Μηνὶ τῷ αὐτῷ ιθʹ. Ἄθλησις τοῦ ἁγίου μάρτυρος καὶ θαυματουργοῦ Ἄζη.

Ἐκ τῆς χώρας τῶν Ἰσαύρων οὗτος γενόμενος ἐστρατεύθη παρὰ Λικιννίου τοῦ δυσσεβοῦς. Καταλιπὼν δὲ τὴν στρατείαν, ἀπελθὼν ἐν ταῖς ἐρήμοις ἐμόνασε, σχολάζων εὐχαῖς καὶ ἀγρυπνίαις. Ἔνθα πολλὰς ἰάσεις καὶ θαυμάτων

On the same day. The passion of the holy martyr Romanos and the child with him. 190

This man also endured martyrdom under the lawless Maximian. While on the road, he happened to meet the prefect Asklepiades, who was about to enter the temple of the idols. Filled with fervor, Romanos tried to stop him, saying, "The idols are not gods. There is only one God, the God of the Christians." For this affront, he was struck in the mouth by him, and then he was hung up to be flayed. While he was being flayed, he continued to say, "Even children recognize that there is only one God, the God of the Christians." At the saint's direction, a child was even brought forth to refute the prefect. The prefect said to the child, "Which god do you worship?" He replied, "The God in whom the Christians believe. I was taught this by my mother." After this, the child was beaten while his mother stood nearby. He was thirsty and asked for water, but his mother said, "Do not drink, my child, from this water, but go and drink from the living water." And thus, his head was cut off. Saint Romanos had his tongue cut out, but when he persisted in speaking, he was thrown into prison. By the order of Maximian, he was strangled there and received the crown of martyrdom.

The nineteenth day in the same month. The passion of the holy martyr and wonderworker Azes. 191

This man was from Isauria and served in the army under the impious Licinius. He left the army and went off to the desert, where he lived in solitude, devoting his time to prayer and vigils. There, he also performed many healings and other miraculous deeds. It so happened that some

ἐνεργείας ἐξετέλει. Κυνηγετῶν δὲ διὰ θήραν ἀποσταλέντων ἐν τῷ ὄρει, φανερὸς ὁ Ἄζης τῷ Διοκλητιανῷ γίνεται. Ὁ δὲ πέμψας στρατιώτας καὶ κρατήσας αὐτόν, παρέστησε τῷ βήματι αὐτοῦ σὺν τοῖς ἑκατὸν πεντήκοντα στρατιώταις πιστεύσασι καὶ αὐτοῖς· διὰ γὰρ προσευχῆς ὕδωρ κατὰ τὴν ὁδὸν ἄνυδρον οὖσαν ἐξαγαγὼν καὶ ποτίσας αὐτούς, ἐπεσπάσατο πρὸς τὴν πίστιν. Ὀργισθεὶς δὲ Διοκλητιανὸς παρέδωκεν αὐτοὺς τιμωρηθῆναι Ἀκυλίνῳ τῷ ἐπάρχῳ. Ὁ δὲ ἐκ τριχῶν κρεμάσας τὸν ἅγιον καὶ μετὰ σιδηρῶν ὀνύχων ξέσας, ἐνέβαλεν εἰς κάμινον πυρός. Καὶ ἰδοῦσα αὐτὸν ἡ γυνὴ τοῦ ἐπάρχου μετὰ τῆς θυγατρὸς ἀβλαβῆ ἐξελθόντα ἐπίστευσαν. Ὀργισθεὶς δὲ ὁ ἔπαρχος ἀπεκεφάλισεν αὐτάς, καὶ τοὺς στρατιώτας καὶ τὸν ἅγιον.

192 Τῇ αὐτῇ ἡμέρᾳ. Μνήμη τοῦ ἁγίου προφήτου Ἀβδιοῦ.

Ὁ ἅγιος προφήτης Ἀβδιοῦ ἐγένετο ἐκ τῆς γῆς Συχέμ, χώρας τῆς Παλαιστίνης. Ἐδούλευε δὲ τῷ βασιλεῖ τῶν Ἑβραίων Ἀχαάβ. Ὅτε δὲ ἀπέστειλεν ὁ αὐτὸς βασιλεὺς τῶν Ἑβραίων ὁ Ἀχαὰβ πρὸς τὸν ἅγιον Ἠλίαν τὸν ἔνδοξον καὶ μέγαν προφήτην τοὺς δύο πεντηκοντάρχους εἰπεῖν αὐτῷ κατελθεῖν ἀπὸ τοῦ ὄρους πρὸς αὐτόν, καὶ διὰ προσευχῆς τοῦ προφήτου κατεκάησαν μετὰ τοῦ λαοῦ ἑαυτῶν, πεσόντος πυρὸς ἐξ οὐρανοῦ καὶ καταφαγόντος αὐτούς, ἀπέστειλε καὶ τοῦτον τρίτον ἵνα καλέσῃ αὐτὸν καὶ ἀγάγῃ πρὸς αὐτόν. Καὶ ἀπελθὼν πρὸς τὸν προφήτην ἔπεσεν εἰς τοὺς πόδας αὐτοῦ καὶ ἐδεήθη αὐτοῦ ἵνα μὴ κατακαῇ. Καὶ οὐ κατεκάη. Τότε ἦλθε πρὸς τὸν βασιλέα ὁ προφήτης. Καὶ

hunters were led to the mountain as they pursued their quarry, and through them Azes became known to Diocletian. He sent soldiers to arrest him and summoned him before his tribunal along with the one hundred fifty soldiers who had also come to believe. For by his prayer Azes had made water come forth on their waterless journey and allowed them to drink, thereby converting them to the faith. Diocletian was infuriated by this and handed them over to the prefect Aquilinus to be tortured. He hung the saint up by his hair and had him flayed with iron hooks before he threw him into a fiery furnace. When the prefect's wife and daughter saw him emerge unharmed, they also came to believe. The prefect was enraged at this and had them beheaded with the soldiers and the saint.

On the same day. The commemoration of the holy prophet 192
Obadiah.

The holy prophet Obadiah was from the land of Shechem, which is in the region of Palestine. He was a servant of Ahab, the king of the Hebrews. After Ahab, the king of the Hebrews, had sent two centurions to the holy, glorious, and great prophet Elijah to tell him to come down from the mountain to him, and after they were reduced to ashes along with their cohorts by fire that came down from heaven through the prophet's prayer and consumed them, the king sent Obadiah as a third messenger to persuade him to come to him. So he went to the prophet, fell down before his feet, and begged him that he not be incinerated. He was not incinerated. The prophet then went to the king. From that

ἀπὸ τότε καταλιπὼν τὸν βασιλέα ὁ Ἀβδιοῦ ἠκολούθει τῷ ἁγίῳ Ἠλίᾳ. Καὶ γενόμενος αὐτοῦ μαθητὴς καὶ προφητεύσας πολλά, ἀπέθανε καὶ ἐτάφη ἐν τῷ τάφῳ τῶν πατέρων αὐτοῦ.

193 Μηνὶ τῷ αὐτῷ κʹ. Ἄθλησις τοῦ ἁγίου μάρτυρος Δασίου τοῦ ἐν Δοροστόλῳ.

Ἐν τῇ αὐτῇ πόλει τοιοῦτον ἔθος ἦν τοῖς Ἕλλησι· τῷ Κρόνῳ ἐπετέλουν ἑορτὴν ἐτησίως. Πρὸ τριάκοντα δὲ ἡμερῶν τῆς τοιαύτης μυσαρᾶς ἑορτῆς, ἐπελέγοντο ἕνα τινὰ τῶν στρατιωτῶν νέον καὶ εὐειδῆ. Καὶ εὐτρέπιζον πρὸς θυσίαν, ἐνδύοντες αὐτὸν ἱμάτια βασιλικὰ καὶ προτρέποντες ἀποπληροῦν πᾶσαν ἐπιθυμίαν αὐτοῦ, ὡς μετὰ τριάκοντα ἡμέρας μέλλοντα ἑαυτὸν ἐπισφάξαι τῷ βωμῷ τοῦ Κρόνου. Ἐλθόντος δὲ τοῦ κλήρου καὶ ἐπὶ Δάσιον τὸν στρατιώτην, καὶ τῶν συστρατιωτῶν περιστάντων αὐτῷ καὶ πρὸς τὰ ὅμοια ἐκβιαζομένων, ἐκεῖνος ἀγαθῷ λογισμῷ χρησάμενος, ἐσκόπησε τὸ συμφέρον, εἰπὼν ὅτι "Ἐπεὶ μέλλω θανεῖν, κρεῖττόν μοί ἐστιν ὡς Χριστιανῷ ὑπὲρ τοῦ Χριστοῦ μου ἀποθανεῖν." Ὅθεν παραστὰς τῷ τοῦ ἄρχοντος βήματι, Διοκλητιανοῦ καὶ Μαξιμιανοῦ τοῦτο μαθόντων καὶ προσταξάντων, καὶ πολλὰ τιμωρηθείς, τελευταῖον τὴν διὰ ξίφους ἐδέξατο τελευτήν.

time, Obadiah left the king and followed holy Elijah. After he had become his disciple and made many prophecies, he died and was buried in the tomb of his fathers.

The twentieth day in the same month. The passion of the 193
holy martyr Dasios of Dorostolon.

In that city the Hellenes had the following custom: They celebrated annually a festival for Kronos. Thirty days before that wicked festival, they chose at random a soldier who was young and handsome. They would prepare him for sacrifice, clothing him in regal garments and encouraging him to fulfill his every desire, since in thirty days he would sacrifice himself on the altar of Kronos. The lot then fell to the soldier Dasios. When his fellow soldiers closed in around him and forced him to act in the customary way, he practiced good judgment and saw what he should do. He said, "Since I am going to die, it is better for me to die as a Christian for my Christ." He therefore stood before the tribunal of the governor, and when Diocletian and Maximian learned about this, they gave their directions. He was subjected to many torments before he finally met his end through the sword.

194 Τῇ αὐτῇ ἡμέρᾳ. Ἄθλησις τῶν ἁγίων τῶν ἐν Περσίδι μαρτυρησάντων, Νηρσᾶ ἐπισκόπου καὶ Ἰωσὴφ μαθητοῦ αὐτοῦ.

Οὗτοι οἱ ἅγιοι κατῴκουν ἐν Περσίδι, ἐπιμελόμενοι ἀρετῆς καὶ φοβούμενοι τὸν ἀληθινὸν Θεόν, τὸν ποιήσαντα τὸν οὐρανὸν καὶ τὴν γῆν καὶ τὴν θάλασσαν καὶ πάντα τὰ ἐν αὐτοῖς, καὶ πορευόμενοι κατὰ τὰς ἐντολὰς αὐτοῦ. Καὶ ὁ μὲν Νηρσᾶς γεγονὼς πρότερον ἐπίσκοπος, ἐδίδασκε τὸν λαὸν τὴν εὐσέβειαν, πολλοὺς μαθητὰς ποιησάμενος· ἐν οἷς ἦν καὶ Ἰωσήφ, ὁ ὕστερον διὰ πολλὴν ἀρετὴν προχειρισθεὶς ὑπὸ τοῦ Νηρσᾶ ἐπίσκοπος. Ὅτε δὲ διὰ τὸ ἐπιστρέφειν τὸν λαὸν ἀπὸ τῆς πλάνης ἐπὶ τὴν ἀλήθειαν, ἐκρατήθησαν ὑπὸ τῶν ἀθέων Περσῶν, ὑπῆρχεν ὁ μὲν Νηρσᾶς ἐτῶν ὀγδοήκοντα, ὁ δὲ Ἰωσὴφ ὀγδοηκονταπέντε. Παραστάντες οὖν τῷ βασιλεῖ, ἔφησαν αὐτῷ ὅτι "Εἰ δύνασαι, βασιλεῦ, μετὰ τὸ θανατῶσαι ἡμᾶς ἑπτάκις ἀναστῆσαι, οὐδὲ οὕτως ἡμᾶς χωρίσεις ἀπὸ τῆς ἀγάπης τοῦ Χριστοῦ." Καὶ ταῦτα εἰπόντες, τὴν διὰ τοῦ ξίφους προθύμως ἐδέξαντο τελευτήν.

195 Τῇ αὐτῇ ἡμέρᾳ. Ἄθλησις τῶν ἁγίων Ἰωάννου, Σαβωρίου, καὶ Ἰσαακίου τῶν ἐπισκόπων καὶ Παπίου καὶ Ἰσαακίου τῶν πρεσβυτέρων.

Καὶ οὗτοι οἱ ἅγιοι ἐν Περσίδι ἐτύγχανον ἐπίσκοποι χρηματίζοντες. Ἐπεὶ δὲ τὸν λαὸν ἐδίδασκον, τὴν πλάνην τῶν Περσῶν καταλῦσαι σπουδάζοντες, διὰ λόγων ἰσχυρῶν ἀποδεικνύοντες μηδὲν εἶναι τὰ εἴδωλα, μήτε τὸν ἥλιον ἢ τὸ πῦρ θεούς, ἀλλὰ κτίσματα καὶ δοῦλα οὐ μόνον τοῦ

On the same day. The passion of the holy martyrs in Persia, Narses the bishop and Joseph his disciple. 194

These saints lived in Persia, where they devoted themselves to virtue, they feared the true God who made heaven, and earth, and the sea, and all that is contained within them, and they obeyed his commandments. First, Narses became bishop and instructed the people in the faith, making many disciples. Among them was Joseph, who was later ordained bishop by Narses because of his great virtue. Since they had turned the people away from their error to the truth, they were arrested by the godless Persians. Narses was eighty years old, and Joseph was eighty-five. After they were brought before the king, they said to him, "King, if you could put us to death and bring us back to life seven times over, even then you would not separate us from our love of Christ." After speaking these words, they gladly accepted death through the sword.

On the same day. The passion of Saints John, Saborios, and Isaakios the bishops, and Papias and Isaakios the priests. 195

These saints also lived in Persia and served as bishops. Because they had taught the people through their earnest desire to eradicate the error of the Persians and demonstrated with convincing arguments that the idols amount to nothing, and that the sun and fire are not gods but merely things

Θεοῦ ἀλλὰ καὶ τῶν ἀνθρώπων (διὰ γὰρ ἡμετέραν ὑπηρεσίαν ἔφασκον ταῦτα γενέσθαι, εἷς δὲ μόνος Θεὸς ὁ ταῦτα παραγαγών), διεβλήθησαν τῷ βασιλεῖ. Ὁ δὲ μετὰ θυμοῦ μεγάλου καὶ ὀργῆς πέμψας στρατιώτας ἐκράτησεν αὐτούς, οἵτινες δέσμιοι παρέστησαν τῷ βήματι αὐτοῦ. Καὶ γυμνωθέντες διαφόρως ἐμαστίζοντο καὶ κατεξαίνοντο. Ἐπεὶ δὲ τὸν Κύριον ἡμῶν Ἰησοῦν Χριστὸν οὐ μόνον οὐκ ἠρνήσαντο, ἀλλὰ καὶ Θεὸν ἀληθινὸν καὶ τῆς τῶν Περσῶν πλάνης καταλύτην ἀνωμολόγουν, προστάξει τοῦ τυράννου, τῆς πόλεως ἔξω σὺν τῷ ἁγίῳ Ὠνὰμ τῷ ἀσκητῇ ἐλιθοβολήθησαν.

196 Τῇ αὐτῇ ἡμέρᾳ. Ἄθλησις τῶν ἁγίων Βοηθαζὰτ τοῦ εὐνούχου καὶ Σασάνους καὶ τῶν σὺν αὐτοῖς ἁγίων ἀνδρῶν καὶ γυναικῶν.

Ὁμοίως καὶ οὗτοι ἐν τῇ δυσσεβεστάτῃ καὶ κατειδώλῳ χώρᾳ τῶν παρανόμων Περσῶν ἐτύγχανον. Καὶ ὁ μὲν Βοηθαζὰτ Χριστιανὸς ἐκ βρέφους ὤν, κρατηθεὶς καὶ μὴ πεισθεὶς θῦσαι τῷ ἡλίῳ καὶ τῷ πυρί, προστάξει τοῦ Περσῶν βασιλέως ἅμα τοῖς ἁγίοις μετὰ πολλὰς βασάνους καὶ τιμωρίας ἀνῃρέθη. Μεθ' ὧν καὶ γυναῖκες ἅγιαι ἀσκήτριαι, Θέκλα καὶ Ἄννα καὶ ἕτεραι πολλαί, πλεῖστα ὑπὲρ Χριστοῦ παθοῦσαι καὶ στερρῶς ἐλέγξασαι τὴν ὠμότητα τοῦ δυσσεβοῦς βασιλέως καὶ παραφροσύνην ἀπεκεφαλίσθησαν. Ὁμοίως καὶ τρεῖς παρθένοι μαχαίραις κατεκόπησαν. Ὅπου δὲ ἔρρευσε τὸ αἷμα αὐτῶν, συκῆ ἀναβλαστήσασα ἰαμάτων χάριν παρεῖχε τοῖς πιστοῖς, θεραπεύουσα πᾶσαν νόσον καὶ

created to serve not only God but also humans (for they asserted that these were created in service to us and that the one and only God made them), they were reported to the king. Filled with great anger and wrath, he sent soldiers to arrest them, and they were bound and brought before his tribunal. Then they were stripped naked and were whipped and lacerated in various ways. But when they not only refused to deny our Lord Jesus Christ but even confessed him to be true God and the destroyer of the Persians' blasphemy, by the order of the tyrant they were taken outside the city with Saint Onam the ascetic and were stoned.

On the same day. The passion of Saints Boëthazat the eunuch, Sasanes, and the holy men and women with them. 196

Likewise, these people also lived in the most impious and idolatrous land of the lawless Persians. Boëthazat was a Christian from birth. He was arrested, and when he refused to sacrifice to the sun and fire, by the order of the king of the Persians, he was executed along with the other saints after many tortures and torments. There were also holy women ascetics among them, namely, Thekla, Anna, and many others who endured much suffering on account of Christ and were steadfast in their condemnation of the impious king's brutality and insanity until they were finally beheaded. Similarly, three virgins were also cut apart with knives. Where their blood flowed upon the ground, a fig tree grew, and it bestowed miraculous healings upon the faithful by curing every sickness and infirmity. Later on, the

πᾶσαν μαλακίαν. Ὕστερον δὲ φθονήσαντες τῇ τῶν θείων θαυμάτων ἐνεργείᾳ οἱ ἄθεοι καὶ ἀσεβεῖς Μανιχαῖοι ἐξέκοψαν τὴν τοιαύτην συκῆν.

197 Τῇ αὐτῇ ἡμέρᾳ. Μνήμη τοῦ ἁγίου Γρηγορίου τοῦ Δεκαπολίτου.

Γρηγόριος ὁ Δεκαπολίτης ὑπῆρχεν ἐκ τῆς ἐπαρχίας Ἰσαυρίας Δεκαπόλεως ἐπὶ τῶν χρόνων τῶν δυσσεβῶν Εἰκονομάχων. Εἰς ἡλικίαν δὲ ἐλθών, βουληθέντων τῶν γονέων πρὸς γάμον ἐκδοῦναι αὐτόν, φυγὼν γέγονε μοναχός. Καὶ εἰσῆλθεν εἰς σπήλαιον, ἐν ᾧ δαίμονες πολλοὶ κατῴκουν· οἳ καὶ τύψαντες τὸν ἅγιον τελευταῖον διὰ προσευχῆς αὐτοῦ ἐφυγαδεύθησαν. Εἶτα ὑπὸ θείας ὀπτασίας τὸ σπήλαιον ἀφείς, καὶ ἀπὸ πόλεως εἰς πόλιν ἀπερχόμενος, κατήντησεν εἰς Συράκουσαν πόλιν τῆς Σικελίας, εἰσελθὼν εἰς ἕνα τῶν πύργων τοῦ τείχους, ἐν ᾧ θαύματα πολλὰ καθεκάστην ἐπετέλει. Εἶτα ἀπῆλθεν εἰς Θεσσαλονίκην· εἶτα εἰς τὸ Βυζάντιον κατὰ θέαν τοῦ θείου αὐτοῦ Συμεῶνος ἐκεῖσε δεσμώτου ὄντος διὰ τὴν εὐσέβειαν. Ὤιτινι καὶ συνδιατρίψας ἱκανῶς καὶ τὰ περὶ ψυχῆς συμφιλοσοφήσας, μετ' ὀλίγον πρὸς Κύριον ἐξεδήμησεν.

198 Μηνὶ τῷ αὐτῷ κα'. Τὰ εἰσόδια τῆς Θεοτόκου ὅτε προσηνέχθη ἐν τῷ ναῷ καὶ εἰσῆλθεν εἰς τὰ Ἅγια τῶν Ἁγίων.

Μετὰ τὸν παράδοξον τόκον τῶν ἁγίων Ἰωακεὶμ καὶ Ἄννης πληρωθέντος διετοῦς χρόνου ἀπὸ τῆς σεπτῆς γεννήσεως

godless and impious Manichaeans became envious of the power of the divine healings, so they chopped down this fig tree.

On the same day. The commemoration of Saint Gregory of Dekapolis. 197

Gregory of Dekapolis was from the province of Isaurian Dekapolis, and he lived during the time of the impious Iconoclasts. When he came of age, his parents wanted to arrange a marriage for him, but he fled and became a monk. He entered a cave, where many demons were living. They beat the saint until he finally put them to flight through prayer. Later on, he left the cave on account of a divine vision and traveled from city to city before arriving at the city of Syracuse in Sicily. He lived in one of the towers along the city wall, and there, day after day, he performed many miracles. Then he departed for Thessalonike, and after that, he went to Byzantion on account of a vision of his uncle Symeon, who was imprisoned there because of his orthodox faith. He spent a great deal of time with him, and they discussed the nature of the soul together. A short time later, he departed to the Lord.

The twenty-first day in the same month. The entrance of the Theotokos when she was brought into the temple and entered the Holy of Holies. 198

After the miraculous birth of a child to Saints Joachim and Anna, and when two years had passed from the holy nativity

τῆς ἐνδόξου Θεοτόκου καὶ ἀειπαρθένου Μαρίας, εἶπεν Ἰωακεὶμ τῇ γυναικὶ αὐτοῦ Ἄννῃ, "Ἀπαγάγωμεν αὐτὴν ἐν τῷ ναῷ Κυρίου καθὼς ὑπεσχόμεθα." Καὶ εἶπεν Ἄννα, "Μείνωμεν τὸ τρίτον ἔτος, μήποτε ζητήσῃ πατέρα ἢ μητέρα, καὶ οὐ κατευθυνθήσεται ἐνώπιον Κυρίου." Καὶ μετὰ τρία ἔτη εἶπεν Ἰωακείμ, "Καλέσωμεν τὰς θυγατέρας τῶν Ἑβραίων τὰς ἀμιάντους, καὶ λαβέτωσαν ἀνὰ λαμπάδα καὶ ἔστωσαν αἱ λαμπάδες καιόμεναι, μήποτε στραφῇ ἡ παῖς εἰς τὰ ὀπίσω καὶ αἰχμαλωτισθῇ ἡ διάνοια αὐτῆς ἐν ναῷ Κυρίου." Καὶ ἐποίησαν οὕτως. Καὶ ἐδέξατο αὐτὴν Ζαχαρίας καὶ εἶπεν αὐτῇ, "Μεγαλύναι Κύριος τὸ ὄνομά σου." Καὶ ἐκάθισεν αὐτὴν ἐπὶ τοῦ βαθμοῦ τοῦ θυσιαστηρίου. Καὶ ἦν τρεφομένη ὑπὸ ἀγγέλου ἕως ἐγένετο ἐτῶν δώδεκα. Καὶ φθάσαντος τοῦ καιροῦ τῆς μνηστείας παρέλαβεν αὐτὴν Ἰωσὴφ ἀπὸ τῶν ἀρχιερέων ἐκ ναοῦ Κυρίου.

199 Μηνὶ τῷ αὐτῷ κβʹ. Ἄθλησις τῶν ἁγίων μαρτύρων Μάρκου καὶ Στεφάνου.

Ἐπὶ τῆς βασιλείας τοῦ παρανόμου Διοκλητιανοῦ καὶ οὗτοι οἱ ἅγιοι τὸν τῆς ἀθανασίας ὑπὲρ τοῦ Χριστοῦ διήθλησαν ἀγῶνα. Ὑπάρχοντες γὰρ ἐκ τῆς πόλεως Ἀντιοχείας τῆς Πισιδίας, καὶ πανταχοῦ παρρησίᾳ τοῖς προσερχομένοις τὸν τῆς ἀληθείας λόγον κηρύττοντες, καὶ τὸν Χριστὸν Θεὸν ἀληθινὸν ὁμολογοῦντες καὶ Κύριον τοῦ παντός, διεβλήθησαν Μάγνῳ τῷ ἡγεμόνι. Καὶ κρατηθέντες καὶ πλεῖστα βασανισθέντες, καὶ μὴ πεισθέντες ἀρνήσασθαι τὸν Χριστόν, συνεδέθησαν τῷ μετὰ τῶν ἁγίων μαρτύρων

of the glorious Theotokos, the ever-virgin Mary, Joachim said to his wife Anna, "Let us take her to the temple of the Lord as we promised." But Anna replied, "Let us wait for a third year so that she will not look for her father or mother and will devote herself fully to the Lord." And after three years, Joachim said, "Let us call the chaste daughters of the Hebrews. Let them take up candles, and let these candles be illuminated there so that our daughter will not turn aside from her path, and so that her attention will not waver in the temple of the Lord." And this is what they did. Zechariah welcomed her and said to her, "May the Lord magnify your name." Then he installed her on the steps before the sanctuary, where she was nourished by an angel until she was twelve years old. When she became old enough to be married, Joseph received her out of the temple from the high priests.

The twenty-second day in the same month. The passion of 199
the holy martyrs Mark and Stephen.

It was during the reign of lawless Diocletian that these saints also contended in the struggle for immortality on behalf of Christ. They were from the city of Antioch in Pisidia. Everywhere they went, they openly proclaimed the word of truth to those who came to them and confessed Christ to be true God and Lord of all. They were reported to Magnus the governor because of this. After they were arrested and endured many torments, and when they refused to deny Christ, they were bound to another person named Mark,

τῶν λεγομένων Καλυντηνῶν ὡς φωστῆρι ἐκλάμποντι Μάρκῳ καὶ αὐτῷ καλουμένῳ. Καὶ διαφόρως συναθλήσαντες αὐτῷ καὶ πολλὰ τιμωρηθέντες, καὶ μὴ πεισθέντες θῦσαι τοῖς ἀκαθάρτοις δαίμοσιν, ἀπετμήθησαν τὰς τιμίας αὐτῶν κεφαλὰς προστάξει τοῦ Μάγνου. Καὶ κατετέθησαν ἐν τῇ χώρᾳ τῆς Πισιδίας, ἐξ ἧς καὶ ἐγένοντο.

200 Μηνὶ τῷ αὐτῷ κγ'. Ἄθλησις τῶν ἁγίων μαρτύρων Ἀρχίππου μαθητοῦ Παύλου τοῦ ἀποστόλου καὶ Φιλήμονος τοῦ στρατιώτου.

Οὗτοι ὑπῆρχον ἐπὶ Νέρωνος τοῦ βασιλέως. Μαθηταὶ δὲ γεγονότες τοῦ ἁγίου Παύλου, ἐμαρτύρησαν ἐν Χώναις πόλει τῆς Φρυγίας, ἥτις ἐστὶ πλησίον Λαοδικείας. Ἑορτῆς γὰρ ἀγομένης τῇ μυσαρᾷ Ἀρτέμιδι ἐν τῷ ταύτης ναῷ τῷ ἐν Χώναις παρὰ τῶν πεπλανημένων Ἑλλήνων, οὗτοι οἱ ἅγιοι τὴν δοξολογίαν ἀνέπεμπον τῷ Θεῷ ἐν τῇ ἁγιωτάτῃ ἐκκλησίᾳ μετὰ τῶν Χριστιανῶν. Εἶτα ἐπιθέμενοι αὐτοῖς οἱ εἰδωλολάτραι (τῶν μὲν λοιπῶν φυγόντων, μόνων δὲ Ἀρχίππου καὶ Φιλήμονος καὶ Ἀμφίας ὑπομεινάντων), κρατήσαντες αὐτοὺς ἤγαγον πρὸς Ἀνδροκλέα τὸν σιτοφύλακα Ἐφέσου. Τύπτεται οὖν παρ' αὐτοῦ ὁ Ἄρχιππος, καὶ μὴ πεισθεὶς θῦσαι τῷ εἰδώλῳ εἰς βόθρον ἐμβάλλεται καὶ χώννυται μέχρι τοῦ ὀμφαλοῦ. Καὶ ὑπὸ παίδων σχολιτῶν γραφείοις κατακεντηθεὶς ὅλον τὸ σῶμα πρότερον, ὕστερον ἐλιθοβολήθη. Εἶτα καὶ ὁ ἅγιος Φιλήμων μετὰ ξύλων τυφθεὶς ἀνηλεῶς τελειοῦται.

who shone like a star among the holy martyrs known as the Kalyntenai. They endured various trials with him and were subjected to much torture. But when they still refused to sacrifice to the profane demons, their venerable heads were cut off at the command of Magnus. They were buried in the region of Pisidia, which was the place of their birth.

The twenty-third day in the same month. The passion of the 200
holy martyrs Archippos, the disciple of the apostle Paul, and Philemon the soldier.

These men lived under the emperor Nero. They had become disciples of Saint Paul and suffered martyrdom in the city of Chonae in Phrygia, which is near Laodikeia. When the foolish Hellenes were celebrating a festival for the loathsome Artemis in her temple in Chonae, these saints offered prayers of praise to God in the most holy church with the other Christians. When the idolaters came to seize them (for all the others fled, while only Archippos, Philemon, and Amphia remained behind), they arrested them and brought them before Androkles, the supervisor of the grain in Ephesus. Archippos was beaten at Androkles's command, and when he refused to sacrifice to the idol, he was thrown into a pit and buried up to his waist. He was first stabbed all over his body by school children with their pens before he was stoned to death. Later on, Saint Philemon was beaten mercilessly with clubs and was perfected by death.

201 Μηνὶ τῷ αὐτῷ κδʹ. Ἄθλησις τῆς ἁγίας μάρτυρος Κικιλίας καὶ τῶν σὺν αὐτῇ ἁγίων Βαλεριανοῦ καὶ Τιβουρτίου.

Ἡ μάρτυς Κικιλία ὑπῆρχεν ἐκ τῆς πόλεως Ῥώμης, πλουσίων γονέων θυγάτηρ. Μνηστευθεῖσα δὲ Βαλεριανῷ, τοῦτον ἐπὶ τὴν εἰς Χριστὸν πίστιν μετήγαγεν ἐξ ἐπιφανείας ἀγγέλου, ὃν καὶ ὑπέδειξεν αὐτῷ. Ὁ δὲ Βαλεριανὸς ἔπεισε βαπτισθῆναι Τιβούρτιον τὸν ἀδελφὸν αὐτοῦ. Οἱ τρεῖς δὲ ἐδιδάσκοντο παρὰ Οὐρβανοῦ ἐπισκόπου τῆς πόλεως. Τοσαύτης δὲ ἠξιώθη χάριτος ὁ Τιβούρτιος ὡς καὶ ἀγγέλοις καθεκάστην προσομιλεῖν. Οὗτος τὰ σώματα τῶν ἐναθλούντων μαρτύρων θάπτων μετὰ τοῦ Βαλεριανοῦ, διαβάλλεται τῷ ἐπάρχῳ τῆς πόλεως. Καὶ παρ' αὐτοῦ κρατηθέντες καὶ τιμωρηθέντες, παρεδόθησαν Μαξίμῳ καπικλαρίῳ καὶ παρ' αὐτοῦ τὰς τιμίας αὐτῶν ἀπετμήθησαν κεφαλάς, ἐπισπασάμενοι καὶ τὸν καπικλάριον Μάξιμον εἰς τὴν πίστιν, ὅστις ὑπὸ τοῦ ἐπάρχου τιμωρούμενος ἐτελειώθη. Ἡ δὲ Κικιλία εἰς λουτρὸν ἐκπυρωθὲν ἐμβληθεῖσα καὶ τρεῖς ἡμέρας διανύσασα καὶ μηδὲν βλαβεῖσα, ἐτμήθη τὴν κεφαλήν.

202 Τῇ αὐτῇ ἡμέρᾳ. Ἄθλησις τοῦ ὁσίου πατρὸς ἡμῶν ἱερομάρτυρος Σισιννίου ἐπισκόπου Κυζίκου.

Ὁ ἅγιος ἱερομάρτυς Σισίννιος ὑπῆρχεν ἐπὶ Διοκλητιανοῦ τοῦ βασιλέως ἐπίσκοπος Κυζίκου. Διδάσκων δὲ τὰ πλήθη τῶν Ἑλλήνων τὴν εἰς Χριστὸν πίστιν, καὶ ἐπιστρέφων ἀπὸ τῆς πατροπαραδότου πλάνης τῶν εἰδώλων ἐπὶ τὸν Κύριον, καὶ βαπτίζων εἰς τὸ ὄνομα αὐτοῦ, τοὺς δὲ πιστοὺς

The twenty-fourth day in the same month. The passion of the holy martyr Cecilia and her companions Saints Valerian and Tiburtius. 201

The martyr Cecilia was from the city of Rome and was the daughter of rich parents. After she was betrothed to Valerian, she brought him to faith in Christ through an appearance of an angel, which she also revealed to him. Valerian then convinced his brother Tiburtius to be baptized. The three of them were instructed by Urban, the bishop of the city. Tiburtius was judged worthy of so much grace that he conversed with angels every day. Along with Valerian, he buried the bodies of the bravely suffering martyrs and was reported to the prefect of the city because of this. They were arrested by him and subjected to torture before they were handed over to the prison warden Maximus, who cut off their venerable heads. But they also succeeded in converting the prison warden Maximus to the faith. He was tortured by the prefect in turn and perfected by death. Cecilia was put in a bath heated to an extreme temperature. After she endured for three days and remained unharmed, her head was cut off.

On the same day. The passion of our holy father, the holy martyr Sisinnios, bishop of Kyzikos. 202

The holy martyr Saint Sisinnios lived under the emperor Diocletian and was bishop of Kyzikos. He taught great crowds of Hellenes about the faith in Christ, he turned them to the Lord and away from their ancestral error of the idols, and he baptized them in his name. He supported the

στηρίζων καὶ ἑδραιοτέρους ποιῶν ταῖς παραινέσεσιν, ἔτι δὲ καὶ τοὺς κρατουμένους διὰ τὸ ὄνομα τοῦ Χριστοῦ καὶ ἐν φυλακαῖς ὄντας καὶ βασάνοις ἐπισκεπτόμενος καὶ θεραπεύων καὶ ἐπαλείφων πρὸς τὸ μαρτύριον, διεβλήθη τῷ Διοκλητιανῷ. Καὶ κρατηθείς, πρῶτον μὲν μαστιγοῦται καὶ τύπτεται ἰσχυρῶς. Καὶ κρεμασθεὶς ξέεται τὰς πλευράς. Ἔπειτα παραδίδοται φυλακῇ, καὶ λιμῷ προσπαλαίει καὶ δίψει καὶ ἑτέραις μυρίαις θλίψεσιν. Εἶτα τῆς φυλακῆς ἐκβληθείς, καὶ πάλιν ἀναγκασθεὶς ἀρνήσασθαι τὸν Χριστὸν καὶ μὴ πεισθείς, τὸ διὰ ξίφους χαίρων ἐδέξατο τέλος.

203 Τῇ αὐτῇ ἡμέρᾳ. Μνήμη τοῦ ἁγίου Γρηγορίου ἐπισκόπου τῆς Ἀκραγαντίνων πόλεως.

Ἐπὶ τῆς βασιλείας Ἰουστινιανοῦ τοῦ Ῥινοτμήτου, Χαρίτων τις καὶ Θεοδότη ἡ σύμβιος αὐτοῦ φιλόξενοι ἄνθρωποι ὑπῆρχον ἐν τῇ πόλει Ἀκραγαντίνων· ἐξ ὧν ἐγεννήθη Γρηγόριος οὗτος, ὃν ἐκ τοῦ ἁγίου βαπτίσματος δεξάμενος ὁ ἐπίσκοπος ἀνέθρεψεν. Εἶτα καὶ κληρικὸν πεποίηκεν. Ὀκτωκαίδεκα δὲ ἐτῶν γενόμενος, ἀπῆλθε προσκυνήσων τοὺς ἁγίους τόπους. Καὶ γίνεται διάκονος ὑπὸ Μακαρίου ἐπισκόπου Ἱεροσολύμων. Εἶτα ὑπέστρεψεν εἰς τὸ Βυζάντιον, εἶτα εἰς Ῥώμην, ἐν ᾗ καὶ προχειρίζεται ἐπίσκοπος Ἀκραγαντίνων. Ὅθεν φθονήσαντες αὐτῷ Σαβῖνος καὶ Κρισκεντῖνος μυρίους πειρασμοὺς ἐπήγαγον. Καὶ θαυματουργήσας διαφόρως Θεοῦ χάριτι κατῄσχυνεν αὐτούς. Καὶ μέλανας ἐποίησεν ὥστε καὶ μέχρι τῆς σήμερον οὕτω φαίνεσθαι κατὰ γενεάν. Καὶ οὕτω παραλαβὼν τὴν

faithful and made them more steadfast through his exhortations. Furthermore, he visited and ministered to those who were arrested, imprisoned, and tortured on account of Christ's name, encouraging them to martyrdom. For all of this, he was reported to Diocletian. After he was arrested, he was first whipped and severely beaten. Then he was hung up, and his ribs were flayed. Next, he was imprisoned, where he struggled against hunger, thirst, and countless other difficulties. Finally, he was taken from prison and again pressured to deny Christ. But when he refused, he joyfully received his end by the sword.

On the same day. The commemoration of Saint Gregory, 203
bishop of the city of Akragas.

During the reign of Justinian Rhinotmetos, a certain Chariton and his wife Theodote, who were welcoming people, lived in the city of Akragas. This Gregory was born to them, and the local bishop received him after his holy baptism and raised him. Sometime later, he made him a cleric. When he was eighteen years old, he traveled to venerate the holy places, and he was made a deacon by Makarios, the bishop of Jerusalem. Then he returned to Byzantion, then to Rome, where he was ordained bishop of Akragas. Sabinus and Crescentinus envied him because of this and made countless attempts to undermine him. But by the grace of God, he worked many different miracles and put them to shame. In fact, he turned them black, and their descendants continue to look like this even today. Thus, after he received his

ἐκκλησίαν καὶ μυρία ἐργασάμενος θαύματα, ἐν βαθυτάτῳ γήρᾳ τὸν βίον ἀπέλιπεν.

204 Μηνὶ τῷ αὐτῷ κε΄. Ἄθλησις τοῦ ἁγίου ἱερομάρτυρος Κλήμεντος ἐπισκόπου Ῥώμης.

Κλήμης ὁ σοφώτατος ὑπῆρχε μαθητὴς καὶ διάδοχος τῶν ἁγίων ἀποστόλων. Ἀπὸ κινδύνου γὰρ θαλάσσης ποτὲ διασωθεὶς καὶ τῷ ἀποστόλῳ Πέτρῳ ἐντυχών, ὑπ᾽ ἐκείνου διδάσκεται τὴν εἰς Χριστὸν ἀλήθειαν, ἐπιστάμενος καὶ τὴν Ἑλληνικὴν γνῶσιν. Κήρυξ δὲ τοῦ εὐαγγελίου γεγονὼς καὶ τὰς τῶν ἀποστόλων διατάξεις συγγραψάμενος, κατέστη καὶ Ῥώμης ἐπίσκοπος. Ἀλλὰ παρὰ Δομετιανοῦ βασιλέως κρατηθεὶς τιμωρεῖται. Εἶτα ἐν Ἀγκύρᾳ τῆς Γαλατίας παραπέμπεται, ἐν ᾗ καὶ ἐν τοίχῳ τινὶ ἀποκλείεται, ἀναφραγείσης τῆς αὐτοῦ θύρας ἐκ λίθων. Ὅθεν καὶ ὀσπρίοις μόνοις ἐτρέφετο. Οὕτω δὲ στενούμενος τέλει βίου ἐχρήσατο. Ὕστερον δέ, ὥς φασιν, πιστοί τινες ἀναλαβόμενοι τὸ τίμιον αὐτοῦ λείψανον ἀπεκόμισαν ἐν Χερσῶνι· ὅπερ ἐναπερρίφη τῇ θαλάσσῃ ὑπὸ τῶν εἰδωλολατρῶν, μυρία θαύματα ἐνεργοῦν μέχρι καὶ σήμερον εἰς δόξαν Χριστοῦ.

205 Τῇ αὐτῇ ἡμέρᾳ. Ἄθλησις τοῦ ἁγίου ἱερομάρτυρος Πέτρου Ἀλεξανδρείας.

Πέτρος ὁ ἱερομάρτυς ὑπῆρχεν ἐπὶ Μαξιμιανοῦ τοῦ βασιλέως ἐπίσκοπος Ἀλεξανδρείας. Κρατηθεὶς δὲ ἔμελλεν ἀποκεφαλισθῆναι. Καὶ ἀκούσας τοῦτο ὁ αἱρετικὸς Ἄρειος, ὃν εἶχεν ὁ ἅγιος ἔξω τῆς ἐκκλησίας, ἦλθε συγχώρησιν

church and performed countless miracles, he departed from this life at a very advanced age.

The twenty-fifth day in the same month. The passion of the holy martyr Saint Clement, bishop of Rome. 204

The supremely wise Clement was the disciple and the successor of the holy apostles. For he once happened to be saved from danger at sea, and by chance met Peter the apostle, from whom he learned the truth about Christ, while he was already knowledgeable in Greek learning. As he had become a preacher of the gospel and recorded the commands of the apostles in writing, he was made the bishop of Rome. But he was arrested by the emperor Domitian and subjected to torture. Afterward, he was sent to Ankyra in Galatia, where he was enclosed by a wall whose door was covered over with stones. His only sustenance there consisted of beans. He met the end of his life enclosed like this. According to tradition, some faithful people later took up his venerable body and moved it to Cherson, but his body was thrown into the sea by the idolaters. Despite this, it continues to work countless miracles, even until today, for the glory of Christ.

On the same day. The passion of the holy martyr Saint Peter of Alexandria. 205

Peter the holy martyr lived under the emperor Maximian and was the bishop of Alexandria. He was arrested and was going to be beheaded. When the heretic Arius, whom the saint had excommunicated from the church, heard about

αἰτούμενος. Τὸν δὲ ἅγιον Πέτρον μὴ συγχωρῆσαι αὐτῷ, ἀλλ' εἰπεῖν ὄναρ ἰδεῖν, τὸν Κύριον αὐτὸν ἐν σχήματι νεανίσκου περικείμενον χιτῶνα διερρηγμένον ἀπὸ κεφαλῆς ἄχρι ποδῶν, καὶ ὅτι ἐρωτήσαντα, "Κύριε, τίς σου τὸν χιτῶνα διέρρηξεν;" ἀκοῦσαι ὅτι "Ἄρειος, ἀλλὰ τοῦτον εἰς κοινωνίαν μὴ δέξῃ· Ἄρειος γὰρ οὔτε ἐν τῷ νῦν αἰῶνι οὔτε ἐν τῷ μέλλοντι συγχωρηθήσεται" (ἐδήλου δὲ ὁ διερρηγμένος χιτὼν τὴν εἰς τὴν Ἁγίαν Τριάδα διαίρεσιν τῆς τοῦ Ἀρείου βλασφημίας). Ταῦτα εἰπών, καὶ τὸν διάδοχον αὐτοῦ φανερὸν ἐξ ὀνόματος ποιήσας, ὁμοίως καὶ τὸν ἐκείνου, ἠκολούθησε τοῖς δημίοις. Καὶ κατὰ τὴν τοῦ Μαξιμιανοῦ πρόσταξιν τὴν κεφαλὴν ἀπετμήθη.

206 Τῇ αὐτῇ ἡμέρᾳ. Ἄθλησις τοῦ ἁγίου μάρτυρος Μερκουρίου.

Ὁ μάρτυς Μερκούριος γέγονεν ἐπὶ Δεκίου καὶ Βαλεριανοῦ τῶν βασιλέων, ἐκ τῆς ἀνατολῆς στρατιώτης ὤν. Ἀνδραγαθήσας δέ ποτε κατὰ τῶν βαρβάρων ἐνδυναμωθεὶς ὑπὸ ἀγγέλου, προεβλήθη στρατηλάτης παρὰ τῶν βασιλέων. Ἀγαπήσας δὲ τὸν Χριστόν, ἐγένετο Χριστιανός. Καὶ τοῦτο μαθὼν ὁ βασιλεὺς ἐπικράνθη. Καὶ κρατήσας αὐτὸν ἔδησεν ἐπὶ τὴν γῆν εἰς τέσσαρας πάλους. Καὶ μετὰ μαχαιρῶν κατέκοπτε τὰ μέλη αὐτοῦ. Καὶ ὑποκάτω αὐτοῦ ἧψε πῦρ. Καὶ ἀπὸ τοῦ πολλοῦ αἵματος ἐσβέσθη τὸ πῦρ. Καὶ μετὰ τοῦτο προσέδησαν εἰς τὸν τράχηλον αὐτοῦ λίθον βαρὺν καὶ ἐκρέμασαν αὐτὸν κατὰ κεφαλῆς. Εἶτα ἔδειραν αὐτὸν μετὰ μαγλαβίων χαλκῶν. Καὶ δήσαντες ἀπήγαγον

this, he came to seek forgiveness. But Saint Peter did not forgive him. He told him that in a dream he had seen the Lord himself in the form of a young boy wearing a garment torn from head to foot. When he asked him, "Lord, who tore your garment?" he heard in response, "It was Arius. Do not receive him back into communion. For Arius, neither now nor in the future, will be forgiven" (the torn garment signified the rending done to the Holy Trinity by the blasphemy of Arius). After saying this, Peter made his own successor known by name as well as the one after him. Then he followed the executioners, and by the order of Maximian, his head was cut off.

On the same day. The passion of the holy martyr Mercurius. 206

The martyr Mercurius lived under the emperors Decius and Valerian and was a soldier from the east. Once he performed acts of great valor against the barbarians because he was strengthened by an angel, and he was put forward for a position of command by the emperors. But he came to love Christ and became a Christian. When the emperor learned of this, he bristled with anger. He had him arrested and tied to the ground between four stakes. Then his limbs were hacked with knives. They also kindled a fire underneath him. But the flames were extinguished by the great quantity of his blood. Next, they tied a heavy stone around his neck and hung him upside down. After that, they scourged him with bronze-tipped whips. Finally, they bound him again

εἰς Καισάρειαν τῆς Καππαδοκίας καὶ ἀπεκεφάλισαν. Ὅπου καὶ ἐτέθη τὸ λείψανον αὐτοῦ ἰάματα πᾶσι τοῖς πιστοῖς παρέχον μέχρι τῆς σήμερον.

207 Τῇ αὐτῇ ἡμέρᾳ. Ἄθλησις τῆς ἁγίας μεγαλομάρτυρος Αἰκατερίνης.

Ἡ μάρτυς Αἰκατερίνα ἐγένετο ἀπὸ Ἀλεξανδρείας, θυγάτηρ βασιλίσκου τινός πλουσίου καὶ ἐνδόξου, εὔμορφος πάνυ. Εὐφυὴς δὲ ὑπάρχουσα, ἔμαθεν Ἑλληνικὰ γράμματα καὶ ἐγένετο σοφή, λαλοῦσα καὶ γλώσσας πάντων τῶν ἐθνῶν. Ἐπετελεῖτο δὲ ἑορτὴ τοῖς εἰδώλοις παρὰ τῶν Ἑλλήνων. Καὶ θεωροῦσα τὰ ζῷα σφαζόμενα ἐλυπήθη. Καὶ ἀπῆλθεν εἰς τὸν βασιλέα Μαξέντιον καὶ ἐφιλονείκησεν αὐτόν, εἰποῦσα ὅτι "Διατί ἐγκατέλιπες Θεὸν ζῶντα καὶ προσκυνεῖς εἰδώλοις ἀψύχοις;" Ἐκεῖνος δὲ ἐκράτησεν αὐτὴν καὶ ἐτιμωρήσατο ἰσχυρῶς. Καὶ μετὰ τοῦτο ἔφερεν ὁ βασιλεὺς πεντήκοντα ῥήτορας καὶ εἶπεν αὐτοῖς ὅτι "Διαλέχθητε πρὸς τὴν Αἰκατερίναν καὶ πείσατε αὐτήν. Ἐὰν γὰρ μὴ νικήσητε αὐτήν, πάντας ὑμᾶς κατακαύσω πυρί." Ἐκεῖνοι δὲ ἰδόντες ὅτι ἐνικήθησαν, ἐβαπτίσθησαν καὶ οὕτως ἐκάησαν. Ἀπεκεφαλίσθη δὲ καὶ αὐτή.

208 Μηνὶ τῷ αὐτῷ κς'. Μνήμη τοῦ ὁσίου πατρὸς ἡμῶν Ἀλυπίου.

Ὁ ἐν ἁγίοις πατὴρ ἡμῶν Ἀλύπιος ἠγωνίζετο ἐπὶ τῆς βασιλείας Ἡρακλείου. Ἐγένετο δὲ ἀπὸ Ἀδριανουπόλεως τῆς

and took him to Caesarea in Cappadocia, where they beheaded him. This is also where his body was buried, and it continues to provide miraculous healings for all the faithful, even until today.

On the same day. The passion of the holy and great martyr Aikaterina. 207

The martyr Aikaterina was from Alexandria, was the daughter of a local ruler who was rich and distinguished, and was very beautiful. As she was also very intelligent, she studied Greek literature and became learned. She also spoke the languages of all the nations. The Hellenes were celebrating a festival honoring the idols, and she was filled with grief when she observed the slaughter of the animals. She then went to the emperor Maxentius and rebuked him, saying, "Why have you abandoned the living God and instead worship lifeless statues?" He arrested her and had her severely tortured. Afterward, the emperor brought together fifty scholars and said to them, "Debate Aikaterina and refute her. If you do not defeat her, I will burn you all with fire." When they saw that they were defeated, they were baptized and consequently burned. She was then beheaded.

The twenty-sixth day in the same month. The commemoration of our holy father Alypios. 208

Our father among the saints Alypios performed his labors during the reign of Herakleios. He was from Hadrianoupo-

Παφλαγονίας. Πρὸ τοῦ γεννηθῆναι δὲ αὐτὸν εἶδεν ἡ μήτηρ αὐτοῦ ὄνειρον τοιοῦτον· εἶδεν ὅτι ἐβάσταζεν εἰς τὰς ἀγκάλας αὐτῆς ἀρνίον ὡραῖον ἔχον εἰς τὰ κέρατα αὐτοῦ κηρία ἅπτοντα. Καὶ ἐκ τούτου ἐνενόησεν ὅτι τὸ παιδίον, ὃ μέλλει γεννῆσαι, ἐνάρετον γενήσεται, ὃ καὶ γέγονεν. Γεννηθεὶς γὰρ ἐγένετο κληρικός, εἶτα διάκονος. Καὶ ἀφῆκε τὸν κόσμον. Καὶ ἀνῆλθεν εἰς κίονα καὶ ἐγένετο στυλίτης, ἄσκεπος γυμνὸς ἱστάμενος. Καὶ πολλὰ θαύματα ποιῶν ἐπεβουλεύθη ὑπὸ τῶν δαιμόνων. Ἐκεῖνος δέ, ἕως οὗ ἠδύνατο, προσηύχετο ὀρθὸς ἱστάμενος. Ὅτε δὲ μετὰ λίθου ἀπολυθέντος ἐβλάβη παρὰ τῶν δαιμόνων, κατέπεσεν ἐπὶ πλευροῦ ἔτη δεκατρία ἕως ἐτελεύτησεν, ὑπάρχων χρόνων ἑκατὸν ὀκτώ.

209 Μηνὶ τῷ αὐτῷ κζʹ. Ἄθλησις τοῦ ἁγίου καὶ πολυάθλου μάρτυρος Ἰακώβου τοῦ Πέρσου.

Ὁ πολύαθλος μάρτυς Ἰάκωβος ἐγένετο ἐκ Περσίδος ἐπὶ Θεοδοσίου βασιλέως Ῥωμαίων. Ἀνδρεῖος δὲ ὢν καὶ ἔνδοξος, ἐτιμᾶτο παρὰ τοῦ βασιλέως τῶν Περσῶν. Ὢν δὲ πρότερον Χριστιανός, καὶ γυναῖκα ἔχων Χριστιανήν, καὶ μητέρα καὶ πατέρα ὁμοίως Χριστιανούς, ὅμως διὰ τὴν τοῦ βασιλέως τιμὴν ἠρνήσατο τὸν Χριστόν. Καὶ προσεκύνει τῷ ἡλίῳ καὶ τῷ πυρί, καὶ ἔσεβεν αὐτὰ ὡς θεούς. Μαθοῦσαι δὲ τοῦτο ἡ μήτηρ αὐτοῦ καὶ ἡ γυνὴ ἔγραψαν πρὸς αὐτὸν μετὰ λύπης καὶ ἔπεισαν αὐτὸν πάλιν γενέσθαι Χριστιανόν. Τότε διαγνωσθεὶς παρὰ τοῦ βασιλέως καὶ κρατηθείς, πικρότατον ὑπέστη θάνατον. Ἔκοπτον γὰρ ἓν ἓν μέλος καὶ

lis in Paphlagonia. Before he was born, his mother had the following dream: She saw that she was carrying in her arms a beautiful ram that had burning candles on its horns. From this dream she realized that the child she would bear would be virtuous. And this is indeed what happened. After he was born, Alypios became a cleric and then a deacon before he renounced the world. He then ascended a pillar and became a stylite, where he stood uncovered and naked. After performing many miracles, he was plotted against by the demons. As long as he could, he said his prayers standing upright. But after he received a wound from a stone hurled by the demons, he fell on his side for thirteen years until he died at the age of one hundred eight.

The twenty-seventh day in the same month. The passion of 209
the holy and long-suffering martyr, James of Persia.

The long-suffering martyr James was from Persia and lived under Theodosius, emperor of the Romans. He was courageous and distinguished, and he was honored by the king of the Persians for this. He was initially a Christian, had a Christian wife, and a mother and father who were likewise Christians. But despite all of this, he denied Christ on account of the king's favor. He then began to venerate the sun and fire, and worship them like gods. When his mother and his wife learned of this, they wrote him a grief-filled letter and convinced him to become a Christian again. When this was discovered by the king, he was arrested and suffered a most gruesome death. They used knives to cut off his limbs

μέρος τοῦ σώματος μετὰ μαχαιρῶν ἕως κατελείφθη μόνον τὸ σῶμα μετὰ τῆς κεφαλῆς καὶ τῆς κοιλίας. Καὶ κατὰ μίαν μίαν τομὴν ηὐχαρίστει τῷ Θεῷ. Καὶ οὕτως κελεύσει τοῦ βασιλέως, μετὰ μαχαίρας ἐκόπη καὶ ἡ κεφαλὴ αὐτοῦ.

210 Μηνὶ τῷ αὐτῷ κη΄. Ἄθλησις τοῦ ὁσιομάρτυρος Στεφάνου τοῦ Νέου καὶ τῶν σὺν αὐτῷ μαρτυρησάντων Πέτρου καὶ Ἀνδρέου.

Κωνσταντῖνος ὁ βασιλεὺς ὁ ἐπιλεγόμενος Καβαλλῖνος αἱρετικὸς ὢν καὶ τὰς ἁγίας εἰκόνας μισῶν, ἔμαθε περὶ τούτων τῶν ἁγίων Στεφάνου, Πέτρου, καὶ Ἀνδρέου, ὅτι οὐ ποιοῦσι τὸ θέλημα αὐτοῦ, ἀλλὰ προσκυνοῦσι τὰς εἰκόνας καὶ ἀποκαλοῦσιν αὐτὸν αἱρετικόν. Καὶ ἀποστείλας ἐπίασεν αὐτούς. Καὶ ἐτιμωρήσατο πρῶτον ἰσχυρῶς. Εἶτα τὸν μὲν ἅγιον Στέφανον προσέταξε δεθῆναι μετὰ σχοινίου καὶ σύρεσθαι μέσον τῆς πόλεως. Καὶ συρόμενον τοῦτον λαβών τις μέγα ξύλον ἔπληξε κατὰ τῆς κεφαλῆς. Καὶ ἐσχίσθη ἡ κεφαλὴ αὐτοῦ εἰς δύο καὶ ἐτελεύτησε. Καὶ ἐτάφη ἐν τόπῳ ἐν ᾧ καὶ κατάκειται. Ὁμοίως καὶ ὁ ὅσιος Ἀνδρέας καὶ αὐτὸς δεθεὶς καὶ συρόμενος ἐτελεύτησεν. Ὁ δὲ ἅγιος Πέτρος πρῶτον ἀποκλεισθεὶς εἰς φυλακήν, καὶ μετὰ τοῦτο, ἐκβληθεὶς καὶ τυπτόμενος, παρέδωκε τὸ πνεῦμα αὐτοῦ τῷ Θεῷ.

and other pieces of his body, one by one, until only his torso, head, and abdomen remained. Yet he gave thanks to God at every chop and every cut. By the order of the king, his head was finally cut off with a knife.

The twenty-eighth day in the same month. The passion of 210
the holy martyr Stephen the Younger and those who were martyred with him, Peter and Andrew.

The emperor Constantine, who was called Kaballinos, and who was a heretic and despised the holy images, learned that these Saints Stephen, Peter, and Andrew were not doing his will but were venerating the images and denouncing him as a heretic. He sent men and seized them. First, he had them severely tortured. Then he gave the command for Saint Stephen to be bound with a rope and dragged through the middle of the city. As he was dragged, someone took up a large club and struck him on the head. His head split in two, and he died. He was buried in the place where he lay. Likewise, Saint Andrew was also bound and dragged until he died. Saint Peter was first locked up in prison, and later, he was removed from prison and beaten until he handed over his spirit to God.

211 Τῇ αὐτῇ ἡμέρᾳ. Ἄθλησις τῶν ἁγίων τῶν σὺν τῷ ἁγίῳ Στεφάνῳ τῷ Νέῳ ὑπὲρ τῶν ἁγίων εἰκόνων μαρτυρησάντων.

Πολλοὶ τῶν στρατιωτῶν τότε ὀρθοδόξων ὄντων, ἀποταξάμενοι τῷ βίῳ γεγόνασι μοναχοί. Τοὺς τοιούτους δὲ ὁ παράνομος βασιλεὺς τιμωρησάμενος ἐφόνευσε. Καὶ γὰρ τὸν ἕνα, Βασίλειον καλούμενον, ἐκτυφλώσας, εἶτα τὴν προσκύνησιν τῶν ἁγίων εἰκόνων λαλοῦντα ἀκούσας, λακτίσας ἐξήνεγκε τὰ ἔντερα αὐτοῦ· καὶ οὕτως ἐξορισθεὶς μετὰ ὀδύνης ἐτελεύτησεν. Ἄλλος ἔγκλειστος ἐν τῷ Σωσθενίῳ ῥινοκοπηθεὶς ἐν Χερσῶνι ἐξωρίσθη. Καὶ μέλλων φονευθῆναι, ἔφυγεν εἰς Χαζαρίαν, ἐν ᾗ καὶ ἐπίσκοπος ἐγένετο, καὶ ὕστερον ἐτελειώθη. Ἄλλος δὲ Στέφανος ὀνόματι εἰς Σουγδίαν ἐξορισθεὶς καὶ πολλοὺς ὠφελήσας, τέλος ἔσχε τοῦ βίου. Ὁμοίως καὶ Γρηγόριοι δύο σὺν πολλοῖς ἄλλοις ἐξορισθέντες ἀπέθανον. Ἀλλὰ καὶ Ἰωάννης ὁ ἀπὸ λεγαταρίων εἰς Δαφνουσίαν ἐξορισθεὶς καὶ τῇ τοῦ βασιλεύοντος κελεύσει δερόμενος κατὰ καιρὸν συχνῶς τὸν βίον ἀπέλιπεν.

212 Τῇ αὐτῇ ἡμέρᾳ. Ἄθλησις τοῦ ἁγίου μάρτυρος Εἰρηνάρχου.

Εἰρήναρχος ὁ μάρτυς ἐγένετο ἀπὸ τῆς πόλεως Σεβαστείας. Νέος δὲ ὢν τὴν ἡλικίαν, δήμιος τὴν τάξιν ὑπῆρχεν. Καὶ τιμωρουμένων τῶν ἁγίων μαρτύρων, αὐτὸς καθυπούργει. Ἐξεταζομένων δὲ γυναικῶν Χριστιανῶν ἐπὶ τῆς βασιλείας Διοκλητιανοῦ, παρὰ Μαξίμου ἄρχοντος τῆς Σεβαστείας, φωτίζεται τὴν ψυχὴν ὁ Εἰρήναρχος ὑπὸ τῆς θείας

On the same day. The passion of the saints who were martyred with Saint Stephen the Younger on behalf of the holy images. 211

Many of the soldiers who were orthodox at that time left their secular lives to become monks. The lawless emperor had such people tortured and put to death. He had the eyes of a man named Basileios gouged out and then, when he heard him speaking about the veneration of the holy images, he kicked him until his intestines were forced out. Even in such a state, he was exiled, where he died in great pain. Another hermit, who lived in Sosthenion, had his nose cut off and was exiled to Cherson. Just before he was to be killed, he escaped to Khazaria, where he also became bishop and was later perfected by death. Another man named Stephen was exiled to Sougdaia, where he benefitted many before the end of his life. Similarly, two Gregorys were exiled along with many others and died. Finally, John, who had been a *legatarius,* was exiled to Daphnusia. By the order of the emperor, he was also skinned for a long time until he passed from this life.

On the same day. The passion of the holy martyr Eirenarchos. 212

The martyr Eirenarchos was from the city of Sebasteia. When he was young, he held the position of executioner. He performed his duties while the holy martyrs were tortured. But during the reign of the emperor Diocletian, when some Christian women were being interrogated by Maximus, the governor of Sebasteia, Eirenarchos's soul was

χάριτος τοῦ Χριστοῦ, ἐξ ὧν ἔβλεπε τὰς γυναῖκας ὑπὲρ φύσιν ἀνδριζομένας καὶ καταισχυνούσας τὸν τύραννον ἐπὶ τοῖς παρ' αὐτῶν γινομένοις θαύμασιν. Ὅθεν παρρησίᾳ ὁμολογήσας τὸν Χριστὸν καὶ ἑαυτὸν ἀνακηρύξας Χριστιανόν, πρῶτον μὲν τῇ τοῦ ἄρχοντος προστάξει ἀπερρίφη ἐν τῇ λίμνῃ. Ἔπειτα ἐκ τῆς λίμνης ζῶν ἐξελθών, εἰς κάμινον ἐμβάλλεται πυρός. Καὶ ἐκ ταύτης διασωθεὶς παραδόξως, ἀπεκεφαλίσθη. Καὶ τὸ μὲν πνεῦμα αὐτοῦ ἀνῆλθεν ἐν τοῖς οὐρανοῖς, τὸ δὲ λείψανον ἀπεδόθη τῇ γῇ.

213 Μηνὶ τῷ αὐτῷ κθ'. Μνήμη τοῦ ὁσίου πατρὸς ἡμῶν Ἰωάννου τοῦ Δαμασκηνοῦ.

Οὗτος ὑπῆρχεν ἐπὶ τῆς βασιλείας Λέοντος τοῦ Ἰσαύρου καὶ Κωνσταντίνου τοῦ υἱοῦ αὐτοῦ, ἐκ τῆς πόλεως Δαμασκοῦ, γένους περιφανοῦς καὶ ἐνδόξου καὶ πιστοῦ. Ἔτυχε δὲ φιλαρέτου πατρὸς καὶ ἐξεπαιδεύθη πᾶσαν τὴν Ἑλληνικὴν παίδευσιν ἀλλὰ καὶ τὴν θείαν γραφήν. Διὰ δὲ τὴν εἰς Χριστὸν πίστιν, τὸν πατρικὸν πλοῦτον καταλιπὼν γέγονε μοναχὸς μετὰ καὶ Κοσμᾶ, οὗτινος πολὺς ὁ λόγος τῶν ἐν ταῖς ἁγίαις ἑορταῖς ποιημάτων καὶ μελῳδιῶν, καὶ μάλιστα ἐν τῇ ἁγίᾳ μεγάλῃ ἑβδομάδι τοῦ Ἁγίου Πάσχα. Ὁ οὖν ὅσιος Ἰωάννης τῇ τῶν λόγων αὐτοῦ δυνάμει καὶ ταῖς ἐκ τῶν γραφῶν ἀποδείξεσι κατῄσχυνε τὴν τῶν Εἰκονομάχων αἵρεσιν. Ὅθεν καὶ διαφόρως ἐξορισθεὶς παρὰ τῶν αἱρετικῶν βασιλέων, καὶ φυλακαῖς παραδοθεὶς καὶ ἐν αὐταῖς τῇ κακουχίᾳ ταλαιπωρηθείς, ἐν καλῇ ὁμολογίᾳ ἐτελειώθη, ταφεὶς ὑπὸ τοῦ μαθητοῦ αὐτοῦ.

illuminated by the divine grace of Christ. With this insight, he observed the women displaying courage beyond their nature and putting the tyrant to shame through the miracles that were worked through them. When he therefore openly confessed his belief in Christ and proclaimed himself to be a Christian, by the order of the governor, he was first thrown into the lake. But when he emerged from the lake alive, he was thrown into a fiery furnace. Yet when he was preserved from this beyond all expectation, he was beheaded. His spirit ascended to heaven, and his body was returned to the earth.

The twenty-ninth day in the same month. The commemora- 213
tion of our holy father John of Damascus.

This man lived during the reign of Leo the Isaurian and his son Constantine. He was from the city of Damascus, and his family was illustrious, distinguished, and faithful. His father was a lover of virtue, so John was taught all of Greek learning as well as the divine scriptures. Because of his faith in Christ, he renounced his father's wealth and became a monk along with Kosmas, who is very famous for hymns and melodies for the holy feasts, especially for the great holy week of Holy Pascha. Saint John, therefore, used the power of his rhetoric and arguments from the holy scriptures to refute the shameful heresy of the Iconoclasts. For this reason, he was exiled to various places by the heretical emperors. He was imprisoned, where he was forced to endure harsh mistreatment until he was perfected by death in good confession and was buried by his disciple.

214 Τῇ αὐτῇ ἡμέρᾳ. Ἄθλησις τοῦ ἁγίου μάρτυρος Φιλουμένου.

Φιλούμενος ὁ μάρτυς ἦν ἐπὶ Αὐρηλιανοῦ τοῦ βασιλέως ἀπὸ χώρας τῆς Λυκαονίας, πραγματευόμενος καὶ σῖτον κομίζων ἐν τῇ χώρᾳ τῆς Ἀγκύρας τῆς Γαλατίας. Χριστιανὸς δὲ ὤν, διαβάλλεται τῷ ἄρχοντι Ἀγκύρας. Καὶ παραστὰς τῷ κριτηρίῳ αὐτοῦ καὶ τὸν Χριστὸν ὁμολογήσας Θεὸν εἶναι τοῦ παντὸς καὶ Κύριον, πρῶτον μὲν ἡλοῦται τοὺς πόδας καὶ τὰς χεῖρας ἥλοις σιδηροῖς καὶ βασανίζεται. Ἔπειτα κρεμασθεὶς μετὰ τοῦ σπαθίου ξέεται. Καὶ τοῦ ξύλου ἀποκαταβιβασθεὶς εἰς φοῦρνον ἐκπυρωθέντα ἐμβάλλεται. Ἐκ τούτων δὲ τῇ τοῦ Θεοῦ δυνάμει ἀβλαβὴς διαφυλαχθείς, καθηλοῦται αὖθις τοὺς πόδας καὶ τὰς χεῖρας καὶ τὴν κεφαλὴν καὶ ἐπὶ τριάκοντα σταδίους ἐλαύνεται, ἕως λιποψυχήσας ἀπὸ τοῦ πολλοῦ δρόμου καὶ τοῦ τοσούτου κόπου τὴν μακαρίαν αὐτοῦ ψυχὴν παρέδωκε τῷ Θεῷ, δι' ὃν ἐμαρτύρησεν.

215 Μηνὶ τῷ αὐτῷ λ΄. Ἄθλησις τοῦ ἁγίου καὶ πανευφήμου ἀποστόλου Ἀνδρέου ἀδελφοῦ τοῦ μεγάλου Πέτρου.

Οὗτος ἀδελφὸς γνήσιος ὑπάρχων τοῦ μεγάλου ἀποστόλου Πέτρου, μετὰ τὴν ἀνάληψιν τοῦ Κυρίου ἡμῶν Ἰησοῦ Χριστοῦ ἐκήρυξεν εἰς πᾶσαν τὴν παράλιον τῆς Βιθυνίας καὶ τοῦ Πόντου καὶ τῆς Θρᾴκης καὶ τῆς Σκυθίας. Μετὰ δὲ ταῦτα ἀπῆλθεν ἐν Σεβαστουπόλει τῇ μεγάλῃ· ἐν ᾗ παρεμβάλλουσιν ὁ Ψάρος καὶ ὁ Φάσις οἱ ποταμοί, οὕτινος Φάσιδος ἐσώτεροι οἱ Αἰθίοπες κατοικοῦσιν. Εἶτα ἀπῆλθεν

On the same day. The passion of the holy martyr Philoumenos. 214

The martyr Philoumenos lived under the emperor Aurelian and was from the region of Lykaonia. He was a merchant who procured grain in the region of Ankyra in Galatia. He was also a Christian, so he was reported to the governor of Ankyra. When he was brought before his tribunal and confessed Christ to be God of all and Lord, his feet and his hands were first pierced with iron nails, and he was tortured. Then he was hung up and flayed with a sword. After that, he was taken down from the stake and thrown into a blazing furnace. But when he was preserved from these by the power of God, his feet, hands, and head were again pierced with nails, and after he was forced to walk for thirty stades until he collapsed from the great distance and effort, he handed over his blessed spirit to God, for whom he suffered martyrdom.

The thirtieth day in the same month. The passion of the holy and renowned apostle Andrew, the brother of the great Peter. 215

This man was the true brother of the great apostle Peter. After the ascension of our Lord Jesus Christ, he preached along the entire coast of Bithynia, the Pontus, Thrace, and Scythia. After this, he went to the great Sebastopolis, at the meeting of the rivers Psaros and Phasis. It is inside the Phasis where the Ethiopians live. Next, he traveled to Patras in

ἐν Πάτραις τῆς Ἀχαΐας εἰς Πελοπόννησον. Καὶ ἐσταυρώθη ὑπὸ Αἰγεάτου τοῦ ἀνθυπάτου καὶ οὕτως ἐτελειώθη. Τὸ δὲ ἱερὸν αὐτοῦ λείψανον τότε μὲν ἐτέθη ἐν Πάτραις τῆς Ἀχαΐας. Ὕστερον δὲ ἀνακομισθὲν προστάξει τοῦ βασιλέως Κωνσταντίνου παρὰ τοῦ ἁγίου Ἀρτεμίου ἐν Κωνσταντινουπόλει κατετέθη μετὰ τῶν ἁγίων ἀποστόλων Λουκᾶ καὶ Τιμοθέου ὑπὸ τὴν ἱερὰν τράπεζαν τῶν Ἁγίων Ἀποστόλων, βρύον ἰαμάτων χάριν.

Achaía, in the Peloponnese. He was crucified there by Aigeates the proconsul, and thus he was perfected by death. His holy remains were laid to rest at that time in Patras in Achaia. Later they were brought back by Saint Artemios on the order of the emperor Constantine and laid to rest in Constantinople with the holy apostles Luke and Timothy under the holy altar of the Holy Apostles. There they abound in the grace of healing.

216 Μηνὶ Δεκεμβρίῳ αʹ. Μνήμη τοῦ ἁγίου καὶ ἐνδόξου προφήτου Ναούμ.

Ὁ μέγας καὶ ἔνδοξος προφήτης Ναοὺμ ἐγένετο ἀπὸ τῆς φυλῆς Συμεὼν ἐκ τῆς χώρας τῶν Ἰουδαίων. Εὐλαβὴς δὲ ὢν ἐδέξατο παρὰ Θεοῦ προφητείας χάρισμα. Καὶ προεφήτευσε κατὰ Νινευὴ τῆς πόλεως μετὰ τὸ προφητεῦσαι κατ' αὐτῆς πρότερον τὸν Ἰωνᾶν. Καὶ εἶπεν ὅτι "Μέλλει ἡ Νινευὴ ὑπὸ ὑδάτων γλυκέων καὶ πυρὸς ἀφανισθῆναι," ὃ καὶ γέγονε. Τῇ γὰρ κελεύσει τοῦ Θεοῦ διὰ τὰς ἁμαρτίας αὐτῶν, ἡ περιέχουσα τὴν Νινευὴ λίμνη, σεισμοῦ γενομένου, κατεπόντισεν αὐτήν. Καὶ πῦρ ἐκ τῆς ἐρήμου ἐπελθόν, τὸ ἐναπομεῖναν μέρος αὐτῆς κατέκαυσε. Καὶ μετὰ τὸ προφητεῦσαι πάντα ταῦτα ἀπέθανε. Καὶ ὑπὸ τῶν συγγενῶν αὐτοῦ ἐτάφη τὸ λείψανον αὐτοῦ ἐντίμως ἐν τῇ γῇ αὐτοῦ. Ἦν δὲ ὅτε ἐτελεύτησεν ἐτῶν τεσσαράκοντα καὶ πέντε. Εἶχεν δὲ γένειον μὲν στρογγύλον, ἰσχνὸν πρόσωπον, ἁπλᾶς τρίχας. Ἦν δὲ καὶ ὑποφάλακρος, καὶ τὴν κεφαλὴν ἔχων ἐπιμήκη.

December

The first day in the month of December. The commemoration of the holy and glorious prophet Nahum. 216

The great and glorious prophet Nahum was from the tribe of Symeon, from the region of the Judeans. Because of his piety, he received the gift of prophecy from God. He prophesied against the city of Nineveh after Jonah had previously prophesied against it. He said, "Nineveh will be destroyed by fresh water and fire." And this is what happened. By the command of God and because of their sins, there was an earthquake, and the lake surrounding Nineveh submerged it. Fire also came from the desert and burned down the remaining part of it. After he had made all these prophecies, he died. His remains were honorably buried by his relatives in his homeland. He was forty-five years old when he died. He had a round beard, thin face, and straight hair. He was somewhat bald and had an oval head.

217 Τῇ αὐτῇ ἡμέρᾳ. Ἄθλησις τοῦ ἁγίου μάρτυρος Ἀνανίου.

Ἀνανίας ὁ μάρτυς ἐγένετο μὲν ἀπὸ τῆς χώρας τῶν Περσῶν. Ἦν δὲ λαϊκὸς ἀλλὰ Χριστιανός. Καὶ διατοῦτο πιάσαντες αὐτὸν οἱ Πέρσαι ἐβασάνισαν ἰσχυρῶς. Καὶ ἀπὸ τοῦ πολλοῦ δαρμοῦ ἐγένετο ὡς νεκρὸς ὀλίγον ἀναπνέων. Καὶ κείμενος, ἤνοιξε τοὺς ὀφθαλμοὺς αὐτοῦ καὶ εἶπε πρὸς τοὺς παρατυχόντας ἐκεῖ, "Ἐγέρθητε καὶ ποιήσατε πρὸς τὸν Θεὸν εὐχάς. Ἰδοὺ γὰρ θεωρῶ σκάλαν φθάνουσαν εἰς τὸν οὐρανὸν καὶ πυροειδεῖς ἐπ' αὐτὴν ἄνδρας λέγοντάς μοι, 'Ἐλθὲ μεθ' ἡμῶν, καὶ εἰσαγάγωμέν σε εἰς πόλιν πεπληρωμένην χαρᾶς καὶ εὐφροσύνης καὶ φωτός.'" Καὶ ταῦτα εἰπών, ἐξέπνευσε. Καὶ ἡ μὲν ἁγία αὐτοῦ ψυχὴ ἀνῆλθεν εἰς τὴν ἄνω πόλιν καθὼς ἐθεάσατο. Τὸ δὲ λείψανον αὐτοῦ κατάκειται ἐν Περσίδι ἐκδεχόμενον τὴν φοβερὰν καὶ τελευταίαν ἀνάστασιν ὅτε καὶ αὐτὸ μέλλει ἀναστῆναι μετὰ πάντων, καὶ ἀπολαῦσαι τῆς ἀθανάτου βασιλείας Χριστοῦ τοῦ Θεοῦ ἡμῶν.

218 Μηνὶ τῷ αὐτῷ β'. Μνήμη τοῦ ἁγίου καὶ μακαρίου Φιλαρέτου τοῦ Ἐλεήμονος.

Ἐπὶ τῆς βασιλείας Εἰρήνης τῆς εὐσεβεστάτης γέγονεν οὗτος ἀπὸ τῆς χώρας Παφλαγονίας. Πλούσιος δὲ ὢν ἐκ τοῦ καμάτου αὐτοῦ, ὑπὸ φθόνου διαβολικοῦ ἐπτώχευσε μέν, τῆς δὲ ἐλεημοσύνης οὐκ ἐπελάθετο. Ἀπὸ ἑνὸς δὲ πράγματος, ὃ ἐποίησεν, δείξομεν αὐτὸν εἰς πάντα ἐλεήμονα. Ἀπέτυχέ ποτε τοῦ γείτονος αὐτοῦ ὁ βοῦς. Καὶ

On the same day. The passion of the holy martyr Ananias. 217

The martyr Ananias was from the land of the Persians. He was a layperson, but he was Christian. The Persians seized him and severely tortured him because of this. From the great amount of flogging, he became like a corpse, barely breathing. As he lay there, he opened his eyes and said to those standing nearby, "Rise and say prayers to God. For behold, I see a ladder stretching to the heavens, and upon it are men with a fiery appearance saying to me, 'Come with us. Let us take you to a city full of joy, happiness, and light.'" After he said this, he breathed his last. His holy soul ascended to the city up above, just as he had seen. His remains rest in Persia, where they await the fearsome resurrection at the end times when they will rise again with all the rest and enjoy the eternal kingdom of Christ our God.

The second day in the same month. The commemoration of 218
the holy and blessed Philaretos the Merciful.

This man lived during the reign of the most pious Irene and was from the region of Paphlagonia. He had become rich from his labors, but because of the devil's envy, he fell into abject poverty. Yet he still did not lose sight of giving alms. From just one deed that he performed, I will show how he was merciful in all matters. Once, his neighbor's ox was lost.

ἀπῆλθε πρὸς αὐτὸν ὁ γείτων καὶ εὗρεν αὐτὸν εἰς τὸ χωράφιον αὐτοῦ σπέροντα μετὰ τοῦ ζευγαρίου αὐτοῦ. Καὶ ἰδὼν αὐτὸν λυπούμενον, ἔλυσε τὸ ἓν βοΐδιον καὶ ἔδωκεν αὐτῷ. Καὶ αὐτὸς ὑπεμβὰς τὸν ζυγὸν μετὰ τοῦ ἑνὸς βοϊδίου, ἀπῆλθεν εἰς τὸν οἶκον αὐτοῦ. Ἰδὼν δὲ ὁ Θεὸς τὴν ἀρετὴν αὐτοῦ, ἐποίησεν τὴν βασίλισσαν, καὶ ἐπῆρε τὴν ἐγγόνην αὐτοῦ Μαρίαν νύμφην εἰς τὸν υἱὸν αὐτῆς Κωνσταντῖνον. Καὶ ἀπὸ τότε ἐπλούτησεν ἡ γενεὰ αὐτοῦ. Αὐτὸς δὲ ἐλεῶν τοὺς πτωχοὺς καὶ ῥογεύων μέχρι γήρως, ἀπέθανε καὶ ἐτέθη ἐν τῇ μονῇ τῆς Κρίσεως.

219 Τῇ αὐτῇ ἡμέρᾳ. Μνήμη τοῦ ἁγίου προφήτου Ἀμβακούμ.

Καὶ οὗτος ἐκ τῆς γενεᾶς τοῦ Συμεὼν γέγονεν, ἀπὸ τῆς χώρας τῶν Ἰουδαίων. Προεφήτευσε δὲ περὶ τῆς αἰχμαλωσίας καὶ καταστροφῆς τῆς Ἱερουσαλὴμ πόλεως τῶν Ἑβραίων καὶ τῆς σφαγῆς καὶ δουλείας τοῦ λαοῦ. Ὅτε δὲ Ναβουχοδονόσορ ὁ βασιλεὺς τῶν Περσῶν ἦλθε κατὰ τῆς Ἱερουσαλήμ, ἔφυγε καὶ ἀπῆλθεν εἰς ξένην γῆν. Ὡς δὲ ὑπέστρεψαν οἱ Πέρσαι καὶ οἱ ἀπομείναντες Ἰουδαῖοι κατέβησαν εἰς Αἴγυπτον, ἦλθε καὶ αὐτὸς εἰς τὴν γῆν αὐτοῦ καὶ ἐδούλευε θερισταῖς τοῦ χωραφίου. Ἔλαβε δὲ τὸ ἄριστον ἀπαγαγεῖν τοῖς θερισταῖς καὶ εἶπε τοῖς ἰδίοις αὐτοῦ, "Ἐγὼ ὑπάγω μακράν, καὶ ἐὰν βραδύνω, κομίσατε τροφὴν τοῖς θερισταῖς." Ταῦτα εἰπών, ὑπὸ ἀγγέλου ἀπῆλθεν εἰς Βαβυλῶνα, μίλια διακόσια ἑξηκονταπέντε, καὶ ἔδωκε τὴν τροφὴν τῷ προφήτῃ Δανιὴλ ἐγκεκλεισμένῳ ἐν τῷ λάκκῳ. Καὶ πάλιν ἔφθασε καὶ ἀπεκόμισε τοῖς θερισταῖς ἕτερον

This neighbor came to him and found him sowing his small farm with his pair of oxen. When Philaretos saw his grief, he unyoked one of his oxen and gave it to him. Then he took its place under the yoke and returned with the other ox to his own home. When God saw his virtuous conduct, he had the empress choose his granddaughter Maria as the bride for her own son Constantine. From that time onward, his family became rich. But he continued to have compassion on the poor and spent his time giving alms until an advanced age, whereupon he died and was buried in the Krisis monastery.

On the same day. The commemoration of the holy prophet 219
Habakkuk.

This man was also from the tribe of Symeon, from the land of the Judeans. He prophesied about the capture and the sack of Jerusalem, the city of the Hebrews, and about the slaughter and enslavement of its people. When Nebuchadnezzar, the king of the Persians, marched against Jerusalem, he fled and departed for a foreign land. When the Persians returned, and the Judeans who had remained behind went down to Egypt, he instead returned to his own land. There he entered the service of harvesters at a small farm. He received the midday meal to take to the harvesters and said to members of his household, "I am going a long way. If I am delayed, bring food to the harvesters." After he said this, he was taken by an angel to Babylon, which is two hundred sixty-five miles away, and gave the food to the prophet Daniel, who had been shut up in the den. Then he returned and brought another midday meal to the harvesters, telling no

ἄριστον, μηδενὶ εἰπὼν τὸ γεγονός. Προφητεύσας δὲ καὶ ἕτερα πολλὰ ἐτελεύτησε καὶ ἐτάφη.

220 Τῇ αὐτῇ ἡμέρᾳ. Ἄθλησις τοῦ ἁγίου μάρτυρος Ἀβίβου.

Ἐπὶ τῆς βασιλείας Λικιννίου τοῦ βασιλέως ὑπῆρχεν οὗτος διάκονος καὶ διδάσκαλος τῆς τοῦ Χριστοῦ ἐκκλησίας διδάσκων πάντας τοὺς προσερχομένους αὐτῷ τὸν λόγον τῆς ἀληθείας. Τοῦτο μαθὼν ὁ βασιλεὺς καὶ ὀργισθείς, ἀποστείλας ἐκράτησεν αὐτὸν καὶ ἐβασάνισεν. Εἶτα ἀνάψας κάμινον μεγάλην, ἐν αὐτῇ ἐνέβαλεν· ἐν ᾗ καὶ ψάλλων καὶ εὐχαριστῶν ὁ ἅγιος τὸ τέλος ἐδέξατο. Ὃν οἱ Χριστιανοὶ κρύφα λαβόντες καὶ μετὰ μύρων καὶ θυμιαμάτων ἀλείψαντες, *ἐν ψαλμοῖς καὶ ὕμνοις καὶ ᾠδαῖς πνευματικαῖς* κατέθηκαν μετὰ τῶν ἁγίων ὁμολογητῶν Γουρία καὶ Σαμωνᾶ, τῶν τὸ θαῦμα ποιησάντων τῆς κόρης, ἣν ὁ Γότθος ἀπατήσας καὶ πλανήσας δι' ὅρκων ἔχειν γυναῖκα πεποίηκε δούλην, εἶτα καὶ εἰς τάφον ζῶσαν ἐνέβαλεν. Ἀλλ' οὗτοι οἱ ἅγιοι, ἐπειδὴ ἠντιφώνησαν αὐτήν (εἰς γὰρ τὸν ναὸν αὐτῶν ὤμοσεν ὁ Γότθος καὶ οὕτως ἔλαβε τὴν κόρην), ἐλυτρώσαντο αὐτὴν τοῦ θανάτου.

221 Μηνὶ τῷ αὐτῷ γʹ. Ἄθλησις τοῦ ἁγίου μεγαλομάρτυρος Θεοδώρου ἐπισκόπου Ἀλεξανδρείας.

Οἱ ἐν Ἀλεξανδρείᾳ τῆς Αἰγύπτου ἄνθρωποι, καὶ μάλιστα οἱ Ἕλληνες καὶ ἄπιστοι, πικροὶ καὶ δύσκολοι καὶ ὠμοὶ ἐγένοντο εἰς τοὺς ἁγίους. Καὶ διατοῦτο καὶ πολλοὺς μάρτυρας ἀπειργάσαντο· ἐξ ὧν ἁγίων μαρτύρων ἐγένετο καὶ

one what had happened. After he had made many other prophecies, he died and was buried.

On the same day. The passion of the holy martyr Abibos. 220

During the reign of the emperor Licinius this man was a deacon and a teacher of Christ's church. He instructed in the word of truth all who came to him. The emperor was infuriated when he learned of this, so he sent men, and arrested and tortured him. Then he kindled a great furnace and threw him into it. Even inside it, the saint continued to sing and give thanks until he met his end. Some Christians retrieved his body in secret, anointed it with myrrh and incense, and after singing *psalms, hymns, and songs from the Spirit,* laid him with the holy confessors Gurias and Samonas, who performed the miracle for the young girl whom the Goth had deceived and tricked through oaths that he would take her for his wife, but made her a slave instead. Then he buried her alive in a tomb. But these saints answered her (for the Goth had sworn his oath and had taken her as his wife in their shrine) and rescued her from death.

The third day in the same month. The passion of the great martyr Saint Theodore, bishop of Alexandria. 221

The inhabitants of Alexandria in Egypt, especially the Hellenes and nonbelievers, were cruel, vicious, and savage to the saints, and they created many martyrs because of this. Also counted among these holy martyrs was this Saint

οὗτος ὁ ἅγιος Θεόδωρος. Μαθόντες γὰρ ὁ τῶν Ἀλεξανδρέων λαὸς ὅτι οὗτος ὁ ἅγιος Θεόδωρος ὁμολογεῖ τὸν Χριστὸν καὶ πιστεύει εἰς αὐτὸν καὶ διδάσκει τοὺς Ἕλληνας ἔχειν αὐτὸν Θεόν, μετὰ πικρίας συνέδραμον πρὸς αὐτόν. Καὶ πιάσαντες αὐτόν, πρῶτον μὲν ἐτιμωρήσαντο ἰσχυρῶς. Ἔπειτα πλέξαντες στέφανον ἐξ ἀκανθῶν ἐστεφάνωσαν αὐτὸν καὶ ἔτυπτον εἰς τοὺς ὀφθαλμοὺς αὐτοῦ. Καὶ διεγελᾶτο καὶ ἐνεπαίζετο. Εἶτα δεθεὶς ἐρρίφη ἐν τῇ θαλάσσῃ. Καὶ ἐξ αὐτῆς ὑγιὴς ἐξελθών, τῇ προστάξει τοῦ ἄρχοντος ἀπεκεφαλίσθη. Καὶ τὸ μὲν ἱερὸν καὶ μακάριον αὐτοῦ πνεῦμα ἀνῆλθεν ἐν τοῖς οὐρανοῖς. Τὸ δὲ τίμιον λείψανον κατετέθη ἐν αὐτῇ τῇ πόλει Ἀλεξανδρείας, ἰάματα παρέχον τοῖς προσερχομένοις αὐτῷ ἕως τοῦ νῦν.

222 Τῇ αὐτῇ ἡμέρᾳ. Μνήμη τοῦ ἁγίου καὶ ἐνδόξου προφήτου Σοφονίου.

Καὶ οὗτος ὁ ἅγιος καὶ ἔνδοξος προφήτης Σοφονίας ἐκ τοῦ γένους ἦν τοῦ Συμεών, τοῦ υἱοῦ τοῦ πατριάρχου Ἰακώβ, ἀδελφοῦ δὲ τοῦ Ἰωσὴφ τοῦ παγκάλου. Ποιῶν δὲ τὸ θέλημα τοῦ Θεοῦ καὶ πορευόμενος ἐν ταῖς ἐντολαῖς αὐτοῦ, ἐδέξατο προφητείας χάρισμα. Καὶ προεφήτευσε περὶ τῆς ἁλώσεως καὶ ἐρημώσεως τῆς Ἱερουσαλήμ, καὶ περὶ τοῦ τέλους καὶ τῆς καταλύσεως τῶν Ἰουδαίων, καὶ ὅτι, ἐξολοθρευθέντων τῶν Ἑβραίων, γενήσεται περιούσιος λαὸς τοῦ Θεοῦ ἐξ ἐθνῶν, καὶ ἔσται αἰσχύνη μὲν τῶν ἀσεβῶν, δόξα δὲ τῶν δικαίων, καὶ γενήσεται κριτὴς καὶ βασιλεὺς πάσης πνοῆς Χριστὸς ὁ Κύριος, καὶ ἀνταποδώσει ἑκάστῳ κατὰ

Theodore. When the people of Alexandria learned that this Saint Theodore confessed Christ, believed in him, and taught the Hellenes to hold him as God, they attacked him violently. After they took hold of him, they severely tortured him. Then they wove a crown out of thorns, placed it upon his head, and struck him in the eyes. They also ridiculed and mocked him. After that, he was bound and thrown into the sea. But when he emerged unscathed, he was beheaded by the order of the governor. His holy and blessed spirit ascended into heaven. His venerable remains were interred in the city of Alexandria, where they provide healing to those who visit them, even now.

On the same day. The commemoration of the holy and glori- 222
ous prophet Sophonias.

This holy and glorious prophet Sophonias was also from the tribe of Symeon, who was the son of the patriarch Jacob and the brother of righteous Joseph. Because he did the will of God and followed his commandments, he received the gift of prophecy. He prophesied about the sack and desolation of Jerusalem, about the end and the destruction of the Jews, and that, after the obliteration of the Hebrews, a chosen people of God would rise from the gentiles. He also prophesied that the impious would be put to shame, that the righteous would be glorified, and that there would be a judge and a king over every soul, Christ the Lord, who will reward

τὰ ἔργα αὐτοῦ. Οὗτος μετὰ τὸ ταῦτα πάντα προφητεῦσαι ἀποθανὼν ἐτάφη ἐν τῷ οἴκῳ αὐτοῦ, καὶ κατάκειται τὸ σῶμα αὐτοῦ, ἐκδεχόμενον τὴν τελευταίαν ἀνάστασιν. Ἦν δὲ ὅμοιος Ἰωάννῃ τῷ Θεολόγῳ, μικρὸν τὸ γένειον στρογγυλώτερον ἔχων.

223 Τῇ αὐτῇ ἡμέρᾳ. Μνήμη τοῦ ὁσίου Θεοδούλου.

Ὁ ὅσιος Θεόδουλος γέγονεν ἀπὸ Κύπρου τῆς νήσου. Παιδιόθεν δὲ τὸν κόσμον καταλιπὼν καὶ τὸν Χριστὸν ἀγαπήσας ἀπὸ ψυχῆς, ἐγένετο μοναχός. Καὶ τοσοῦτον τοῦ Χριστοῦ τὴν πτωχείαν ἠγάπησε καὶ τὴν ταπείνωσιν καὶ τὴν ἀκτημοσύνην ὥστε ἀντὶ στρωμάτων ἁπαλῶν λίθους ἔχειν καὶ ἐν αὐτοῖς ἐπαναπαύεσθαι. Οὕτως δὲ καταδαπανῶν τὸ σῶμα αὐτοῦ ἀπὸ τῆς πολλῆς ἐγκρατείας καὶ τῆς χαμευνίας, ἐδέξατο καὶ χαρίσματα πνευματικά· καὶ πρῶτον χάρισμα, τὸ προγινώσκειν πάντων τῶν ἀνθρώπων τοὺς λογισμούς. Ἐὰν γάρ τις προσῆλθεν αὐτῷ ἄλλα ἀντὶ ἄλλων λέγων, ἤλεγχεν αὐτὸν καὶ τὸ ἀπόκρυφον τοῦ λογισμοῦ αὐτοῦ ἔλεγεν αὐτῷ. Σχηματισάμενος δὲ ἑαυτῷ μωρίαν, ἤλεγχεν ἑκάστου τὰς πράξεις καὶ ἐπέστρεφε πρὸς μετάνοιαν. Οὕτω βιώσας καὶ πολλοὺς σώσας διὰ τοῦ τρόπου καὶ τῆς διδασκαλίας αὐτοῦ, ἐν εἰρήνῃ ἀπέθανε. Καὶ ἐτέθη τὸ λείψανον αὐτοῦ ἐν τῇ Κύπρῳ βρύον ἰάματα.

or punish each person according to their deeds. After he had made all these prophecies, he died and was buried in his own house. There his body lies waiting for the final resurrection. He looked like John the Theologian, but had a beard that was a little rounder.

On the same day. The commemoration of Saint Theodou- 223
los.

Saint Theodoulos was from the island of Cyprus. While still a child, he renounced the world and had a deep love of Christ, so he became a monk. In fact, he had so much admiration for Christ's poverty, meekness, and denial of worldly possessions that he had stones instead of soft bedding and took his rest on them. Thus, he exhausted his body through much self-denial and sleeping on the ground, and in return, he received spiritual gifts. The first gift was the ability to recognize the thoughts of all others in advance. For if ever someone approached him and said one thing while thinking another, Theodoulos chastised him and revealed his hidden thought. He also played the fool, and through this he censured the deeds of others and brought them to repentance. By living in such a way, he saved many through his actions and his teachings. Then he died in peace, and his remains were buried on Cyprus, where they continue to grant healings in abundance.

224 Μηνὶ τῷ αὐτῷ δʹ. Ἄθλησις τῆς ἁγίας μάρτυρος Βαρβάρας.

Ἡ ἁγία μάρτυς Βαρβάρα ἐγένετο ἀπὸ τῆς ἀνατολῆς, θυγάτηρ Διοσκόρου τινὸς Ἕλληνος, ἐπὶ τοῦ Μαξιμιανοῦ τοῦ παρανόμου βασιλέως. Ὁ δὲ πατὴρ αὐτῆς διὰ τὸ εἶναι αὐτὴν εὔμορφον, ἵνα μὴ ἁρπάσῃ τις αὐτήν, ἐποίησε πύργον ὑψηλὸν καὶ ἀπέκλεισεν αὐτὴν ἐν αὐτῷ. Καὶ ἔδωκεν αὐτῇ καὶ εἴδωλα ἵνα προσκυνῇ. Ἐκείνη δὲ τὰ εἴδωλα συντρίψασα, τὸν Χριστὸν ἐπόθει καὶ ἐσέβετο. Ἐξ οὗ καὶ λουτρὸν κτίζοντος τοῦ πατρὸς αὐτῆς καὶ διαταξαμένου τοῖς τεχνίταις μίαν θυρίδα ποιῆσαι, ὑποχωρήσαντος αὐτοῦ, ἐκείνη ἀπὸ τοῦ πύργου παρακύψασα, τρεῖς θυρίδας διετάξατο γενέσθαι εἰς τὸ ὄνομα τοῦ Πατρὸς καὶ τοῦ Υἱοῦ καὶ τοῦ Ἁγίου Πνεύματος. Διαγνωσθεῖσα οὖν παρὰ τοῦ πατρὸς ὡς Χριστιανή, παρεδόθη τῷ ἄρχοντι καὶ ἐτιμωρήθη. Εἶτα φυγοῦσα ἀνῆλθεν εἰς τὸ ὄρος. Καὶ καταδραμὼν αὐτὴν ὁ πατὴρ αὐτῆς καὶ εὑρών, οἰκείαις χερσὶν ἀπεκεφάλισε. Κατερχόμενος δὲ ἐκ τοῦ ὄρους κατεκάη ὑπὸ πυρὸς ἐκ τοῦ οὐρανοῦ κατελθόντος.

225 Μηνὶ τῷ αὐτῷ εʹ. Μνήμη τοῦ ὁσίου πατρὸς ἡμῶν Σάβα.

Ἐπὶ τῆς βασιλείας Θεοδοσίου τοῦ Μικροῦ ἐγένετο οὗτος ὁ ἅγιος Σάβας ἀπὸ τῆς χώρας Καππαδοκίας, υἱὸς Ἰωάννου καὶ Σοφίας. Μικρὸς δὲ ὢν ἔτι τὴν ἡλικίαν καταλιπὼν καὶ τοὺς γονεῖς καὶ τὸν κόσμον, ἀπελθὼν ἐγένετο μοναχός. Ἐπιθυμῶν δὲ πλειόνων ἀγώνων καὶ μείζονος ἀρετῆς, ἀπῆλθε καὶ εἰς τὸν Μέγαν Εὐθύμιον, καὶ παρ᾽ ἐκείνου

The fourth day in the same month. The passion of the holy 224
martyr Barbara.

The holy martyr Barbara was from the east. She was the daughter of a Hellene named Dioskoros and lived under the lawless emperor Maximian. On account of her superlative beauty, her father constructed a tall tower and enclosed her in it to prevent anyone from abducting her. He also gave her idols to venerate. She smashed the idols, however, because she longed for and worshiped Christ. Later on, when her father was constructing a bath for her, he stipulated to the builders that they make a single window. But when he departed, she leaned out from the tower and commanded that there be three windows instead, in the name of the Father, and of the Son, and of the Holy Spirit. When she was discovered by her father to be Christian, she was handed over to the governor and tortured. But she escaped and went to the mountain. Her father followed and, when he found her, cut off her head with his own hands. But as he descended the mountain, he was consumed by fire raining down from heaven.

The fifth day in the same month. The commemoration of 225
our holy father Sabas.

This Saint Sabas lived during the reign of Theodosius the Younger. He was from the region of Cappadocia and was the son of John and Sophia. While he was still young, he renounced his parents and the world, and went off to become a monk. But because he desired to reach greater heights in virtue through more difficult trials, he traveled to meet

πέμπεται εἰς τὸ κάτω μοναστήριον πρὸς τὸν ἅγιον Θεόκτιστον. Καὶ τοσοῦτον ἠγωνίσατο εἰς ἀρετὴν ὡς μὴ μόνον νικῆσαι πάντας τοὺς μονάζοντας, ἀλλὰ καὶ γνώριμος γενέσθαι τοῖς βασιλεῦσιν Ἀναστασίῳ καὶ Ἰουστινιανῷ· καὶ γὰρ καὶ εἰς αὐτοὺς ἀπεστάλη μεσίτης παρὰ τῶν πατριαρχῶν Ἱεροσολύμων. Πολλοὺς δὲ διδάξας τὴν ἀρετήν, καὶ πολλὰ μοναστήρια συστησάμενος καὶ θαύματα οὐκ ὀλίγα ἐργασάμενος, ὡς καὶ ὕδωρ τῆς γῆς ἐξαγαγεῖν, ὀγδοηκονταπέντε ἐτῶν γενόμενος, πρὸς Κύριον ἐξεδήμησεν.

226 Μηνὶ τῷ αὐτῷ ς′. Μνήμη τοῦ ὁσίου πατρὸς ἡμῶν Νικολάου ἀρχιεπισκόπου Μύρων τῆς Λυκίας.

Ἐπὶ τῆς βασιλείας τοῦ Μεγάλου Κωνσταντίνου ἐγένετο οὗτος ὁ μέγας ἀρχιερεὺς καὶ θαυματουργός, ἐπίσκοπος εἰς τὰ Μύρα Λυκίας, πρότερον γενόμενος μοναχὸς καὶ πολλὰ ἀγωνισάμενος εἰς ἀρετήν. Ἐπεὶ δὲ ἐπίσκοπος προεχειρίσθη, πολλὰ θαύματα ἐποίησεν. Ἠλευθέρωσε δὲ καὶ τρεῖς ἄνδρας ἐκ τοῦ θανάτου. Ἐλοιδορήθησαν γὰρ οὗτοι καὶ ἐδέθησαν καὶ ἔμελλον ἀποκεφαλίζεσθαι. Ἀλλ' αὐτὸς ἔδραμε καὶ ἐκράτησε τὸ σπαθίον· καὶ ἐπῆρεν αὐτὸ ἐκ τῶν χειρῶν τοῦ δημίου καὶ ἀπέλυσεν αὐτούς. Καὶ ἄλλοτε πάλιν ἐλοιδορήθησαν ἄλλοι τρεῖς εἰς τὸν βασιλέα Κωνσταντῖνον ὑπὸ τοῦ ἐπάρχου Ἀβλαβίου ὡς ἐπίβουλοι, καὶ ἀπεκλείσθησαν εἰς τὸ πραιτώριον. Καὶ ὅτε ἔμελλον ἀποκεφαλισθῆναι, παρεκάλεσαν τὸν ἅγιον Νικόλαον. Καὶ ἦλθεν ἐν Κωνσταντινουπόλει ἐν ὀνείρῳ, καὶ παρήγγειλε τῷ βασιλεῖ καὶ τῷ ἐπάρχῳ, καὶ ἀπέλυσαν αὐτούς. Καὶ ἄλλα πολλὰ θαύματα ποιήσας ἐν εἰρήνῃ ἐτελειώθη.

Euthymios the Great and was then sent by him to the lower monastery, to Saint Theoktistos. His feats of ascetic virtue were so great that not only did he surpass all the monks, but he also became known to the emperors Anastasios and Justinian. In fact, he was sent by the patriarchs of Jerusalem as an emissary to them. After he instructed many in virtuous conduct, founded many monasteries, and worked numerous miracles such as drawing water from the earth, he departed to the Lord at the age of eighty-five.

The sixth day in the same month. The commemoration of our holy father Nicholas, the archbishop of Myra in Lycia. 226

This great high priest and wonderworker lived during the reign of Constantine the Great. He was the bishop of Myra in Lycia. First, he became a monk and performed many feats of ascetic virtue. After he was ordained bishop, he worked many miracles. He even freed three men from death. For they were falsely accused, bound, and were about to be beheaded. But Nicholas ran to them and seized the sword. In fact, he took it from the hands of the executioner and released them. At another time, three different men were also falsely accused of insurrection against the emperor Constantine by the prefect Ablabius and were imprisoned in the praetorium. And when they were about to have their heads cut off, they made intercessions to Saint Nicholas. He came to Constantinople in a dream and pleaded on their behalf with the emperor and the prefect, and they released them. After he performed many other miracles, he was perfected by death in peace.

227 Μηνὶ τῷ αὐτῷ ζʹ. Μνήμη τοῦ ὁσίου πατρὸς ἡμῶν Ἀμβροσίου ἐπισκόπου Μεδιολάνων.

Ἀμβρόσιος ὁ θαυμαστὸς ἐγένετο ἐκ τῆς πόλεως Ῥώμης συγκλητικὸς ἐπὶ τῶν χρόνων τῶν υἱῶν τοῦ Μεγάλου Κωνσταντίνου, Κωνσταντίου καὶ Κώνσταντος. Διὰ δὲ τὴν πολλὴν αὐτοῦ ἀρετὴν καὶ δικαιοσύνην, ἐπίσκοπος ἐγένετο Μεδιολάνων. Καὶ διήρκεσεν ἕως τῶν χρόνων τοῦ Μεγάλου Θεοδοσίου. Ζῆλον δὲ ἔχων θεϊκὸν καὶ ἐλευθέραν ψυχήν, ὅτε εἶδε τὸν Μέγαν Θεοδόσιον πικρανθέντα καὶ ἀποστείλαντα στρατὸν καὶ σφάξαντα τὸν ἐν Θεσσαλονίκῃ λαόν, ἐπειδὴ ἔπταισαν εἰς τὸν βασιλέα, εἶτα ἐλθόντα εἰς τὴν ἑορτὴν τῶν Χριστουγέννων ἵνα εἰσοδεύσῃ καὶ εὔξηται καὶ κοινωνήσῃ τῶν ἀχράντων μυστηρίων, ἐκώλυσεν αὐτὸν καὶ οὐκ ἀφῆκεν εἰσελθεῖν εἰς τὸ βῆμα, εἰπὼν ὅτι "Φονέας, καὶ μάλιστα τοσούτων ὁμοφύλων Χριστιανῶν, ἡ ἐκκλησία τοῦ Θεοῦ οὐ δέχεται." Τὸν δὲ ἅγιον ἐθαύμασεν ὁ βασιλεύς. Καὶ ἐτίμησε καὶ ὑπεχώρησεν εἰπὼν ὅτι "Ἀληθῶς ἀρχιερεὺς ἔνι." Πολλὰ δὲ καὶ ἄλλα μνήμης ἄξια ποιήσας, θανὼν ἐτάφη.

228 Μηνὶ τῷ αὐτῷ ηʹ. Ἄθλησις τοῦ ἁγίου μάρτυρος Ἀθηνοδώρου.

Οὗτος ὁ ἅγιος ἐγένετο ἀπὸ Μεσοποταμίας τῆς Συρίας μοναχὸς εὐλαβὴς καὶ φοβούμενος τὸν Θεὸν ἐπὶ Διοκλητιανοῦ τοῦ βασιλέως. Διαβληθεὶς δὲ παρὰ τῶν εἰδωλολατρῶν ὅτι τὸν Χριστὸν ἔχει Θεόν, ἐκρατήθη παρὰ Ἐλευσίου ἄρχοντος. Καὶ δεθεὶς μετὰ σχοινίων μέσον δύο

The seventh day in the same month. The commemoration of our holy father Ambrose, bishop of Milan. 227

The wondrous Ambrose was from the city of Rome and of senatorial rank. He lived at the time of the sons of Constantine the Great, Constantius, and Constans. On account of his great virtue and righteousness, he became bishop of Milan and continued in this position until the time of Theodosius the Great. He was filled with divine zeal and freedom of spirit, so when he saw Theodosius the Great grow embittered, dispatch his army, and slaughter the people in Thessalonike because they had insulted the emperor, and then saw him arriving on the feast of Christmas to lead the procession, pray, and participate in the divine mysteries, he prevented him and did not allow him to enter the sanctuary, saying, "God's church does not receive murderers, especially murderers of so many kindred Christians." The emperor marveled at the saint. He praised him and yielded to his censure, saying, "He is truly a high priest." After performing many other deeds worthy of memory, he died and was buried.

The eighth day in the same month. The passion of the holy martyr Athenodoros. 228

This saint was from Mesopotamia in Syria. He was a pious and God-fearing monk and lived under the emperor Diocletian. He was reported by the idolaters because he held that Christ was God, so he was arrested by Eleusios the governor. He was bound with ropes between two pillars and was

στύλων ὑπὸ κηρίων ἁπτόντων κατεκάη. Εἶτα σίδηρα στρογγύλα πυρώσαντες ὑπέβαλον εἰς τὰς μασχάλας αὐτοῦ. Καὶ μετὰ τοῦτο ἐπύρωσαν πέταλον χαλκοῦν μέγα ἴσον θύρᾳ, καὶ ἥπλωσαν αὐτὸν ἐπ' αὐτό. Καὶ αὖθις ἐν βοϊδίῳ χαλκῷ πυρακτωθέντι ἐμβάλλεται. Λυτρωθεὶς δὲ ἐκ πάντων τούτων ὑπὸ Θεοῦ ἀγγέλων, ἐπεσπάσατο πρὸς τὴν τοῦ Χριστοῦ πίστιν ὀγδοήκοντα ἄνδρας καὶ ἐποίησε πάντας Χριστιανούς. Προσέταξε δὲ ὁ ἄρχων ἀποκεφαλισθῆναι αὐτόν. Καὶ τοῦ δημίου τὸ σπαθίον γυμνώσαντος καὶ θέλοντος αὐτὸν ἀποκεφαλίσαι, ἡ χεὶρ αὐτοῦ ἀπὸ τοῦ ὤμου κοπεῖσα ἡ κρατοῦσα τὸ σπαθίον μετὰ τοῦ σπαθίου ἔπεσεν ἐπὶ τὴν γῆν. Ἑτέρου δὲ μὴ τολμήσαντος ἐγγίσαι αὐτῷ, αὐτὸς ἐτελειώθη.

229 Μηνὶ τῷ αὐτῷ θ'. Ἡ σύλληψις τῆς ἁγίας Ἄννης τῆς μητρὸς τῆς Θεοτόκου.

Ὁ Κύριος ἡμῶν καὶ Θεὸς θέλων ἑτοιμάσαι ἑαυτῷ ναὸν ἔμψυχον καὶ οἶκον ἅγιον εἰς κατοικίαν ἑαυτοῦ, τὸν ἄγγελον αὐτοῦ ἀπέστειλε πρὸς τοὺς δικαίους Ἰωακεὶμ καὶ Ἄνναν, ἐξ ὧν ἠθέλησε προελθεῖν τὴν κατὰ σάρκα μητέρα αὐτοῦ. Καὶ προεμήνυσε τὴν σύλληψιν τῆς ἀγόνου καὶ στείρας ἵνα βεβαιώσῃ τῆς παρθένου τὴν γέννησιν. Ὅθεν συνελήφθη ἡ ἁγία παρθένος Μαρία καὶ ἐγεννήθη, οὐχὶ ὡς λέγουσί τινες, ὅτι ἑπτὰ μηνῶν ἢ ὅτι χωρὶς ἀνδρός, ἀλλὰ τελείως ἐννέα μηνῶν ἐγεννήθη, καὶ ἐξ ἐπαγγελίας μέν, ἐκ συναφείας δὲ ἀνδρός. Μόνος γὰρ ὁ Κύριος ἡμῶν καὶ Θεὸς Ἰησοῦς ὁ Χριστὸς ἄνευ ἀνδρὸς καὶ χωρὶς συναφείας καὶ

burned with lit candles. Then they heated iron balls over the fire and placed them under his armpits. After that, they heated over the fire a large slab of bronze, the size of a door, and laid him upon it. Next, they forced him inside a bronze bullock that had been heated over the fire. But when he was preserved from all these torments by God's angels, he converted eighty men to faith in Christ and made them all Christians. The governor therefore commanded that he be beheaded. But when the executioner drew his sword and moved to cut off Athenodoros's head, his arm, which was holding the sword, was severed from his shoulder and fell to the ground along with the sword. When no one else dared to approach him, he was perfected by death.

The ninth day in the same month. The conception of Saint 229
Anna, the mother of the Theotokos.

Our Lord and God wanted to prepare for himself a living temple and a sacred home for his dwelling place, so he sent his angel to righteous Joachim and Anna, from whom he wanted his mother according to the flesh to be born. He foretold the conception by a barren and sterile woman in order to instill confidence in the birth of the virgin. The holy virgin Mary was therefore conceived and born, but not as some say, that she was born after only seven months or was conceived without a man. She was, in fact, born after the full nine months, and it was both promised, and from intercourse with a man. For our Lord and God Jesus Christ alone was born from the holy virgin without a man, without

σπορᾶς ἐγεννήθη ἐκ τῆς ἁγίας παρθένου ἀπορρήτως καὶ ἀνερμηνεύτως, ὡς οἶδεν ἐκεῖνος μόνος. Καὶ τέλειος ὑπάρχων Θεός, πάντα τὰ αὐτοῦ τῆς κατὰ σάρκα οἰκονομίας τέλεια προσελάβετο, καθὼς καὶ τὴν τῶν ἀνθρώπων φύσιν ἐδημιούργησε καὶ ἔπλασε τὸ καταρχάς.

230 Τῇ αὐτῇ ἡμέρᾳ. Μνήμη τοῦ ὁσίου πατρὸς ἡμῶν Ἰωάννου γενομένου πρότερον ἐπισκόπου, εἶτα ἡσυχαστοῦ τῆς Λαύρας τοῦ ἁγίου Σάβα.

Ἰωάννης ὁ τοῦ Χριστοῦ θεράπων ἐγένετο ἀπὸ Νικοπόλεως τῆς Ἀρμενίας. Μετὰ δὲ θάνατον τῶν γονέων αὐτοῦ, ἐπὶ τῆς βασιλείας Μαρκιανοῦ, ἔδωκε τὸν πλοῦτον αὐτοῦ τοῖς πτωχοῖς καὶ ἐγένετο μοναχός. Διὰ δὲ τὴν ἀρετὴν αὐτοῦ ἐποίησεν αὐτὸν ἐπίσκοπον Κολωνείας ὁ ἀρχιεπίσκοπος Σεβαστείας, καὶ ἐπεσκόπησεν ἔτη δέκα. Εἶτα ἀφεὶς τὴν ἐπισκοπὴν αὐτοῦ ἀπῆλθεν εἰς τὰ Ἱεροσόλυμα καὶ ἡσύχασεν εἰς τὴν Λαύραν τοῦ ἁγίου Σάβα. Τοσοῦτον δὲ ἐγένετο ἐνάρετος, ὅτι ποτὲ περιπατῶν καὶ κοπιάσας, ἐπήρθη ὑπὸ δυνάμεως Θεοῦ καὶ εὑρέθη ἐξαίφνης εἰς τὸ κελλίον αὐτοῦ, τῆς ἐν μέσῳ ὁδοῦ ἐχούσης μίλια πέντε. Ἀλλὰ καὶ ὅτε ἦλθον οἱ Πέρσαι κατὰ τῆς χώρας ἐκείνης καὶ ἀπῆλθον καὶ εἰς τὴν Λαύραν, ἐτυφλώθησαν καὶ οὐκ ἔβλεπον τὸ κελλίον αὐτοῦ. Ἠιτήσατο δὲ τὸν Θεὸν ἰδεῖν πῶς χωρίζεται ἡ ψυχὴ ἀπὸ τοῦ σώματος, καὶ ἔδειξεν αὐτῷ. Ζήσας δὲ τὰ πάντα ἔτη ἑκατὸν τέσσαρα ἐτελειώθη.

intercourse, and without seed, an ineffable and incomprehensible mystery known to him alone. Although he remained perfectly God, he assumed perfectly everything pertaining to the constitution of the flesh, in the same way that he formed and created the nature of humanity in the very beginning.

On the same day. The commemoration of our holy father 230
John, who first became a bishop, and then later lived as a hermit in the Lavra of Saint Sabas.

Christ's servant John was from Nikopolis in Armenia. After the death of his parents, which was during the reign of Marcian, he donated his wealth to the poor and became a monk. On account of his virtuous conduct, the archbishop of Sebasteia ordained him bishop of Koloneia, and he served as bishop for ten years. But then he left his episcopacy and traveled to Jerusalem, where he lived as a hermit in the Lavra of Saint Sabas. He was so advanced in his virtue that once he collapsed from exhaustion while he was walking, but he was lifted up by the power of God and suddenly found himself in his cell, despite the distance of five miles that lay between the two places. Furthermore, when the Persians marched against this region and came also to the Lavra, their vision was clouded, and they could not see his cell. He also entreated God to see how the soul is separated from the body, and this was revealed to him. After living for one hundred four years in all, he was perfected by death.

231 Τῇ αὐτῇ ἡμέρᾳ. Μνήμη τῶν ἁγίων ἀποστόλων ἐκ τῶν ἑβδομήκοντα, Σωσθένους, Ἀπολλώ, Κηφᾶ, Τυχικοῦ, Ἐπαφροδίτου, Καίσαρος, καὶ Ὀνησιφόρου.

Τούτων τῶν ἁγίων ἀποστόλων, ὁ μὲν Σωσθένης, οὗτινος καὶ ὁ ἅγιος ἀπόστολος Παῦλος μέμνηται, ἐπίσκοπος Κολοφῶνος ἐγένετο. Ὁ δὲ Ἀπολλώς, οὗτινος καὶ αὐτοῦ ὁ αὐτὸς ἀπόστολος μέμνηται ἐν τῇ πρὸς Κορινθίους πρώτῃ ἐπιστολῇ, ἐπίσκοπος Καισαρείας ἐγένετο. Ὁ δὲ Τυχικός, οὗ καὶ αὐτοῦ ὁ αὐτὸς ἀπόστολος μέμνηται, δεύτερος ἐπίσκοπος μετὰ Σωσθένην Κολοφῶνος ἐγένετο. Ὁ δὲ Ἐπαφρόδιτος, οὗτινος καὶ αὐτοῦ ὁ αὐτὸς ἀπόστολος μέμνηται, ἐπίσκοπος Ἀδριάκης ἐγένετο. Ὁ δὲ Καῖσαρ, οὗ καὶ αὐτοῦ ὁ ἀπόστολος μέμνηται, ἐπίσκοπος Κορώνης γέγονεν. Οὗτοι πάντες καλῶς πολιτευσάμενοι καὶ ὁσίως ποιμάναντες καὶ κυβερνήσαντες τὰς λαχούσας αὐτοῖς ἐκκλησίας καὶ τὸν λαόν, καὶ πολλοὺς πειρασμοὺς καὶ βασάνους ὑπομείναντες ὑπὲρ Χριστοῦ παρὰ τῶν εἰδωλολατρῶν, ἐτελειώθησαν, παραδόντες τὰς ψυχὰς αὐτῶν τῷ Κυρίῳ, ὑπὲρ οὗ προθύμως ἐσφάγησαν.

232 Τῇ αὐτῇ ἡμέρᾳ. Μνήμη τοῦ ὁσίου πατρὸς ἡμῶν Παταπίου.

Ὁ ὅσιος πατὴρ ἡμῶν Πατάπιος ἦν ἀπὸ Θηβῶν τῆς Αἰγύπτου. Γενόμενος δὲ μοναχός, ἀπῆλθεν εἰς τὴν ἔρημον καὶ ἡσύχασε πολλοὺς χρόνους. Εἶτα τὴν ἔρημον καταλιπών, παρεγένετο εἰς Κωνσταντινούπολιν, ἔνθα πολλὰ κατειργάσατο θαύματα. Τυφλοὺς ἀναβλέψαι διὰ προσευχῆς

On the same day. The commemoration of the holy apostles from the seventy, Sosthenes, Apollos, Cephas, Tychicus, Epaphroditus, Caesar, and Onesiphoros. 231

From these holy apostles, Sosthenes, whom Saint Paul the apostle also mentions, became the bishop of Colophon. Apollos, whom the same apostle also mentions in the first epistle to the Corinthians, became the bishop of Caesarea. Tychicus, whom the same apostle also mentions, became the second bishop of Colophon after Sosthenes. Epaphroditus, whom the same apostle also mentions, became the bishop of Andriake. Caesar, whom the same apostle also mentions, became the bishop of Korone. All these men lived virtuous lives, piously shepherding and guiding the churches and the congregations allotted to them. After they endured many trials and torments for Christ at the hands of the idolaters, they were perfected by death, whereupon they handed over their souls to the Lord, for whom they were eagerly slaughtered.

On the same day. The commemoration of our holy father Patapios. 232

Our holy father Patapios was from Thebes in Egypt. After he became a monk, he went out into the desert and lived as a hermit for many years. Then he left the desert and traveled to Constantinople, where he worked many miracles: He made the blind see through his prayers, he cured someone

ἐποίησε, καὶ ὑδρωπικὸν διὰ χρίσεως ἁγίου ἐλαίου ἐθεράπευσε, καὶ ἕτερον ἔχοντα καρκῖνον ἰάσατο, ὅπερ, ὡς οἱ ἰατροὶ λέγουσιν, ἔνι πάθος ἀνίατον. Καὶ δαίμονας οὐ μόνον ἐξ ἀνθρώπων, ἀλλὰ καὶ ἐκ τόπων πολλῶν βλάπτοντας τοὺς ἀνθρώπους ἀπήλασε καὶ ἐδίωξε. Καὶ ἄλλα πολλὰ θαύματα ἐποίησε μνήμης καὶ συγγραφῆς ἄξια. Τοιοῦτος δὲ γενόμενος, καὶ παρὰ βασιλέων καὶ πατριαρχῶν τιμώμενος, καὶ ὑπὸ πάντων διὰ τὴν ἀρετὴν αὐτοῦ ἀγαπώμενος, ἐν εἰρήνῃ τὸ τέλος τοῦ παρόντος βίου ἐδέξατο. Καὶ παρέδωκε τὴν μακαρίαν αὐτοῦ ψυχὴν τῷ Κυρίῳ. Τὸ δὲ τίμιον αὐτοῦ λείψανον κατετέθη ἐν Κωνσταντινουπόλει.

233 Τῇ αὐτῇ ἡμέρᾳ. Μνήμη τοῦ ὁσίου πατρὸς ἡμῶν Σωφρονίου ἐπισκόπου Κωνσταντίας τῆς Κύπρου.

Ὁ ὅσιος πατὴρ ἡμῶν Σωφρόνιος ἐγένετο ἀπὸ τῆς Κύπρου τῆς μεγάλης νήσου, Χριστιανῶν καὶ εὐλαβῶν γονέων υἱός. Ἦν δὲ δι᾽ εὐφυΐαν πολυμαθής, ἀναγνοὺς ἐπιμελῶς τὴν ἁγίαν γραφὴν καὶ μελετήσας τὰ λόγια Κυρίου νυκτὸς καὶ ἡμέρας. Τοσοῦτον δὲ ἐγένετο ἐνάρετος καὶ εὐλαβὴς ὥστε καὶ μεγάλων χαρισμάτων ἀξιωθῆναι καὶ πολλὰ θαύματα ποιῆσαι. Διὸ καὶ μετὰ θάνατον Δαμιανοῦ τοῦ ἁγιωτάτου ἀρχιεπισκόπου Κύπρου, ὑπὸ τοῦ λαοῦ παντὸς καὶ τῶν ἐπισκόπων προχειρίζεται ἀρχιεπίσκοπος τῆς ἐν Κύπρῳ ἁγιωτάτης ἐκκλησίας. Παραλαβὼν δὲ τὴν ἐκκλησίαν, ἐγένετο πενήτων χορηγός, ὀρφανῶν βοηθός, χηρῶν προστάτης, καταπονουμένων λυτρωτής, γυμνῶν σκέπη. Οὕτως δὲ ἐν ὅλῳ τῷ βίῳ αὐτοῦ ἀπρόσκοπος καὶ ἄμεμπτος

of dropsy by anointing him with holy oil, and he healed another person who had cancer, which, as the doctors attest, is an incurable disease. Furthermore, he not only cast out demons from people, but he also drove them away from many places where they harassed people. He also performed many other miracles worth remembering and committing to writing. Because of such conduct, he was esteemed by the emperors and the patriarchs, and he was loved by all on account of his great virtue. Then he received the end of his life in peace and handed over his blessed spirit to the Lord. His venerable remains were buried in Constantinople.

On the same day. The commemoration of our holy father 233
Sophronios, bishop of Constantia in Cyprus.

Our holy father Sophronios was from the great island of Cyprus and was the son of pious Christian parents. He was naturally inclined to learning, so he meticulously read the holy scriptures and studied the sayings of the Lord night and day. He became so advanced in virtue and piety that he was judged worthy of great gifts and performed many miracles. Therefore, after the death of Damian, the most holy archbishop of Cyprus, he was ordained archbishop of the most holy church in Cyprus by the entire people and the bishops. When he arrived at his church, he became a champion of the poor, a defender of orphans, an advocate for widows, a savior of the downtrodden, and shelter for the naked. Thus, he lived his entire life purely and blamelessly before

φανεὶς τῷ Θεῷ καὶ πάσας τὰς ἐντολὰς αὐτοῦ κατὰ δύναμιν ἐκπληρώσας, ἐν βαθυτάτῳ γήρᾳ πρὸς Κύριον ἐξεδήμησεν.

234 Μηνὶ τῷ αὐτῷ ι′. Ἄθλησις τῶν ἁγίων μαρτύρων Μηνᾶ, Ἑρμογένους, καὶ Εὐγράφου.

Ὁ ἅγιος μάρτυς Μηνᾶς ἦν ἐπὶ Μαξιμιανοῦ τοῦ βασιλέως. Ἐγένετο δὲ εἰς Ἀλεξάνδρειαν ζήτησίς τινων πραγμάτων, καὶ ἀπεστάλη παρὰ τοῦ βασιλέως ἵνα λύσῃ τὴν φιλονεικίαν, ὡς σοφὸς καὶ ῥήτωρ. Ἀπελθὼν δὲ εἰς Ἀλεξάνδρειαν, καὶ τὴν φιλονεικίαν διέλυσε, καὶ τοὺς Χριστιανοὺς προθυμοτέρους ἐποίησε, καὶ πολλοὺς τῶν ἀσθενούντων ἰάσατο. Ἀκούσας δὲ ταῦτα ὁ βασιλεὺς ἀποστέλλει Ἑρμογένην τὸν ἔπαρχον ἵνα βασανίσῃ τὸν ἅγιον Μηνᾶν καὶ μεταστήσῃ αὐτὸν ἀπὸ τῆς τῶν Χριστιανῶν πίστεως. Ὁ δὲ ἀπελθών, ἐτύφλωσε τὸν ἅγιον καὶ τὴν γλῶσσαν αὐτοῦ ἔκοψεν. Ὡς δὲ εἶδεν αὐτὸν πάλιν ὑγιάναντα, ἐπίστευσε καὶ αὐτός. Καὶ παρὰ μὲν τοῦ ἁγίου Μηνᾶ ἐβαπτίσθη, παρὰ δὲ τῶν συνελθόντων ἐπισκόπων ἐχειροτονήθη ἐπίσκοπος. Ἀκούσας δὲ ὁ βασιλεύς, αὐτὸς ἀπελθὼν ἐτιμωρήσατο αὐτοὺς ἅμα τῷ νοταρίῳ αὐτοῦ Εὐγράφῳ πιστεύσαντι. Καὶ τέλος μαχαίραις κατακόψας αὐτοὺς ἀνεῖλεν.

235 Τῇ αὐτῇ ἡμέρᾳ. Ἄθλησις τοῦ ἁγίου καὶ πολυάθλου Γεμέλλου τοῦ Παφλαγόνος.

Ἐκ τῆς χώρας Παφλαγονίας ἦν οὗτος ὁ ἅγιος. Καὶ ἀκούσας ὅτι Ἰουλιανὸς ὁ Παραβάτης εἰς Ἄγκυραν ἔνι τῆς Γαλατίας, ἀπῆλθε πρὸς αὐτόν. Καὶ σταθεὶς ἔμπροσθεν αὐτοῦ,

God and followed all his commandments with all his strength until he departed to the Lord at an advanced age.

The tenth day in the same month. The passion of the holy martyrs Menas, Hermogenes, and Eugraphos. 234

The holy martyr Menas lived under the emperor Maximian. There was a judicial suit concerning certain matters in Alexandria, so he was sent by the emperor to resolve the controversy because he was a wise man and an orator. When he arrived in Alexandria, he resolved the controversy, he increased the fervor of the Christians, and he also healed many of those who were sick. When the emperor learned of this, he sent the prefect Hermogenes to torture Saint Menas and to steer him away from the faith of the Christians. After he arrived, he blinded the saint and cut out his tongue. But when Hermogenes saw him restored to health again, he also came to believe. He was baptized by Saint Menas. He was also ordained bishop by the bishops who had gathered together there. When the emperor learned of this, he came himself and tortured them along with his notary Eugraphos, who had also come to believe. Finally, he cut them apart with knives and killed them.

On the same day. The passion of the holy and long-suffering Gemellus from Paphlagonia. 235

This saint was from the region of Paphlagonia, and when he heard that Julian the Apostate was in Ankyra in Galatia, he went to him. He stood before him and called him an

ἐκάλεσεν αὐτὸν παραβάτην καὶ ἐχθρὸν τοῦ Χριστοῦ. Καὶ τότε ἐπικράνθη ὁ Ἰουλιανὸς καὶ ἤρξατο τιμωρεῖν αὐτόν. Καὶ πρῶτον μὲν ἔζωσεν αὐτὸν μετὰ σιδηρᾶς ζώνης πεπυρακτωμένης. Καὶ καιόμενος καὶ τὸ αἷμα ῥέων, ἠκολούθει τῷ Παραβάτῃ περιπατοῦντι. Καὶ ὅτε ἔφθασεν εἰς Ἔδεσαν πόλιν, πάλιν ἐπύρωσε σουβλία καὶ ἐτρύπησε τοὺς ὤμους αὐτοῦ. Καὶ μετὰ τοῦτο ἐποίησεν ἥλους σιδηροῦς καὶ κατέπηξεν αὐτοὺς εἰς τὴν κεφαλὴν τοῦ ἁγίου. Εἶτα ἥπλωσεν αὐτὸν ἐπὶ τὴν γῆν καὶ ἔδησεν ἐκ τεσσάρων. Καὶ ἐξέδειρε τὸ δέρμα αὐτοῦ ἀπὸ τῶν ποδῶν ἕως τῆς κεφαλῆς. Καὶ μετὰ ταῦτα σταυρωθεὶς καὶ ἥλοις τοὺς πόδας καὶ τὰς χεῖρας ἡλωθεὶς ἐτελειώθη, εὐχαριστῶν τῷ Χριστῷ μέχρι τῆς τελευταίας ἀναπνοῆς.

36 Μηνὶ τῷ αὐτῷ ια΄. Ἄθλησις τῶν ἁγίων μαρτύρων Ἀειθαλᾶ καὶ Ἀψεϊ.

Ἐκ τῆς τῶν Περσῶν χώρας ἐγένοντο οὗτοι οἱ ἅγιοι. Ὁ δὲ Ἀειθαλᾶς ἱερεὺς τῶν εἰδώλων ὑπάρχων, ἐπιγινώσκει τὴν εἰς Χριστὸν πίστιν ἀπὸ αἰτίας τοιαύτης. Ἠσθένησε καὶ ἐνεθυμήθη ἀπελθεῖν εἰς τὸν ἐπίσκοπον τῶν Χριστιανῶν ἵνα θεραπευθῇ. Καὶ εὐθέως ὑγίανεν. Εἶτα ἀπήρχετο εἰς τὴν ἰδίαν πόλιν ἵνα τοὺς συγγενεῖς αὐτοῦ διδάξῃ γενέσθαι Χριστιανούς. Καὶ μαθὼν τοῦτο ὁ ἄρχων ἐπίασεν αὐτὸν καὶ κόψας τὰ ὠτία αὐτοῦ ἐνέβαλεν εἰς φυλακήν. Ὁ δὲ ἅγιος Ἀψεῒς ὑπῆρχε διάκονος. Καὶ κρατηθεὶς καὶ αὐτὸς καὶ τὸν Χριστὸν ὁμολογήσας, τιμωρεῖται ἰσχυρῶς. Εἶτα παραπέμπεται τῷ ἀρχιμάγῳ μετὰ τοῦ ἁγίου Ἀειθαλᾶ. Ὁ δὲ

apostate and an enemy of Christ. Then Julian bristled with rage and began to torture him. First, he fitted him with an iron belt that had been heated over the fire. While he was being burned and was bleeding profusely, he also followed the Apostate as he walked about. When he came to the city of Edessa, Julian again heated skewers in the fire and pierced his shoulders with them. After that, he made iron nails and stuck them into the saint's head. Next, he spread him out on the ground and bound him in four directions. He also stripped off the skin from his feet to his head. After that, Gemellus was crucified, his feet and hands were pierced with nails, and he was perfected by death, though he continued to give thanks to Christ until his final breath.

The eleventh day in the same month. The passion of the holy martyrs Aeithalas and Hapseïs. 236

These saints were from the land of the Persians. Aeithalas was a priest of the idols, but he came to recognize the faith in Christ in the following way: He had fallen ill and made up his mind to visit the Christian bishop to be healed. And indeed, he was immediately cured. Then he traveled to his own city to convince his relatives to become Christians. When the governor learned of this, he seized him and, after cutting off his ears, threw him into prison. Saint Hapseïs was a deacon. He was also arrested and, when he confessed his belief in Christ, was severely tortured. Then he was brought before the archmagus along with Saint Aeithalas.

ἀρχιμάγος εἰσάγει αὐτοὺς πρὸς τὸν βασιλέα. Καὶ ἠρωτήθησαν παρόντος τοῦ ἀρχιμάγου καὶ παρὰ τοῦ βασιλέως. Καὶ κατηναγκάσθησαν ἀρνήσασθαι τὸν Χριστόν. Καὶ ἰδὼν αὐτοὺς ὁ βασιλεύς, ὅτι οὐκ ἀρνοῦνται τὸν Χριστόν, ἀπεκεφάλισεν αὐτούς. Καὶ οὕτως ἐτελειώθησαν.

237 Τῇ αὐτῇ ἡμέρᾳ. Μνήμη τοῦ ὁσίου πατρὸς ἡμῶν Δανιὴλ τοῦ Στυλίτου τοῦ ἐν τῷ Ἀνάπλῳ.

Οὗτος ὑπῆρχε μὲν ἐπὶ τῆς βασιλείας Λέοντος τοῦ Μεγάλου. Ἐγένετο δὲ ἀπὸ Μεσοποταμίας τῆς Συρίας. Πενταέτης δὲ γενόμενος ἀπῆλθεν ἐν μοναστηρίῳ καὶ ἐγένετο μοναχός. Καὶ μετὰ τοῦτο παρεγένετο καὶ πρὸς τὸν μέγαν Συμεὼν τὸν Στυλίτην καὶ εὐλογήθη παρ᾽ ἐκείνου. Ἐκ Θεοῦ δὲ ἀποκαλύψεως ἦλθεν ἐν τῷ Ἀνάπλῳ, καὶ ἀπέκλεισεν ἑαυτὸν ἐν ναῷ τῶν εἰδώλων πολλοὺς πειρασμοὺς ὑπομείνας ὑπὸ τῶν δαιμόνων. Καὶ μετὰ τοῦτο ἀνῆλθεν εἰς κίονα καὶ ἐγένετο στυλίτης. Καὶ οὔτε ψῦχος, οὔτε καῦμα, οὔτε ἄνεμος ἐνίκησεν αὐτοῦ τὴν καρτερίαν. Ἐποίησεν οὖν πολλὰ θαύματα καὶ προεῖπε καὶ ἐμπρησμοὺς τῆς πόλεως καὶ μεταλλαγάς. Ἠγαπήθη δὲ παρὰ πάντων καὶ τοσοῦτον ἐγένετο θαυμαστὸς ὡς καὶ τὸν βασιλέα Λέοντα πρὸς αὐτὸν ἀπέρχεσθαι χάριν εὐχῆς καὶ παρ᾽ ἐκείνου πολλὰ εἰς ψυχὴν ὠφελεῖσθαι καὶ φιλάνθρωπον γίνεσθαι τοῖς πταίουσιν. Οὕτω δὲ βιώσας ἐτελειώθη.

The archmagus escorted them to the king. They were then questioned, in the presence of the archmagus, by the king. They were pressured to deny Christ. But when the king saw that they did not deny Christ, he had them beheaded. Thus, they were perfected by death.

On the same day. The commemoration of our holy father Daniel the Stylite who lived in Anaplous. 237

This man lived during the reign of Leo the Great. He was from Mesopotamia in Syria. When he was five years old, he entered a monastery and became a monk. Later on, he traveled to meet the great Symeon the Stylite and was blessed by him. Then through God's revelation, he went to Anaplous and enclosed himself in a temple of the idols, where he endured many trials from the demons. After this, he ascended a column and became a stylite. Neither the cold, nor the heat, nor the wind could weaken his resolve. In fact, he performed many miracles and predicted fires within the city as well as successions. He was beloved by all and became so renowned that even the emperor Leo visited him for his blessing, received much spiritual edification from him, and become more compassionate toward wrongdoers. After living in this way, he was perfected by death.

238 <Τῇ αὐτῇ ἡμέρᾳ. Μνήμη τοῦ ὁσίου πατρὸς ἡμῶν Λουκᾶ τοῦ Στυλίτου τοῦ ἐν τῷ Εὐτροπίου Μοναστηρίῳ>.

239 Μηνὶ τῷ αὐτῷ ιβʹ. Μνήμη τοῦ ἐν ἁγίοις πατρὸς ἡμῶν Σπυρίδωνος ἐπισκόπου Τριμιθοῦντος τῆς Κύπρου.

Ὁ ὅσιος πατὴρ ἡμῶν Σπυρίδων ἐγένετο ἐπὶ Κωνσταντίου τοῦ βασιλέως, τὸν τρόπον ἁπλοῦς, τὴν καρδίαν ταπεινός. Ἐποίμαινε δὲ πρόβατα. Καὶ γυναῖκα λαβών, καὶ θυγατέρα γεννήσας, ἐπεὶ ἐκείνη ἀπέθανεν, ἐγένετο ἐπίσκοπος. Γέγονε δὲ καὶ θαυματουργός. Καὶ γὰρ ἐν ἀβροχίᾳ, προσηύξατο, καὶ ἔβρεξε. Καὶ ἀπὸ λιμοῦ, εὐθηνίαν ἐποίησε. Καὶ ὄφιν μετέβαλεν εἰς χρυσοῦν, καὶ πάλιν τὸν χρυσόν, μετὰ τὸ δοθῆναι ἐνέχυρον καὶ δανείσασθαι τὸν πτωχὸν καὶ ζῆσαι, μετεποίησεν εἰς ὄφιν καὶ ἀπέλυσε. Καὶ ποταμὸν τρέχοντα ἔστησεν. Ἦλθε δὲ καὶ εἰς τὴν ἐν Νικαίᾳ σύνοδον καὶ κατῄσχυνε τοὺς αἱρετικούς. Γυνὴ δέ τις ἔδωκε τῇ θυγατρὶ αὐτοῦ παρακαταθήκην. Εἶτα ἀπέθανεν ἡ θυγάτηρ αὐτοῦ, καὶ μὴ εὑρισκομένης τῆς παρακαταθήκης, ἠρώτησεν ὁ γέρων τὴν νεκράν. Καὶ ἀποκριθεῖσα εἶπεν, "Ἐν τῷδέ ἐστι τῷ τόπῳ." Καὶ ἕτερα πολλὰ ποιήσας, ἐν εἰρήνῃ ἐτελειώθη.

240 Τῇ αὐτῇ ἡμέρᾳ. Ἄθλησις τοῦ ἁγίου μάρτυρος Συνετοῦ.

Ὁ μάρτυς Συνετὸς γέγονεν ἐκ τῆς Παλαιᾶς Ῥώμης. Νέος δὲ ὑπάρχων τὴν ἡλικίαν, παρεδόθη τῷ ἐπισκόπῳ Ῥώμης ὑπὸ τῶν γονέων αὐτοῦ ἵνα μάθῃ παρ' αὐτοῦ τὰ ἱερὰ γράμματα. Καὶ μετὰ ταῦτα, γίνεται καὶ ἀναγνώστης τῆς ἐν

On the same day. The commemoration of our holy father Luke the Stylite from the Monastery of Eutropios. 238

The twelfth day in the same month. The commemoration of our father among the saints Spyridon, bishop of Trimythous in Cyprus. 239

Our holy father Spyridon lived under the emperor Constantius. He was humble in character and meek of heart. He was a shepherd. He had married and had a daughter, but after his wife died, he became a bishop. He also became a miracle worker. In fact, when there was a drought, he prayed, and it rained. When there was a famine, he produced an abundance. He also turned a snake into gold and then, later on, after the gold had been given by the poor man as a pledge to secure his loan and his livelihood, he transformed it back into a snake and let it go. He also made a running river stand still. Furthermore, he attended the council in Nicaea and put the heretics to shame. A certain woman gave his daughter a deposit for safekeeping. Then his daughter died, and when the deposit could not be found, the aged man asked the corpse about it. And she answered, saying, "It is in that place." After doing many other things, he was perfected by death in peace.

On the same day. The passion of the holy martyr Synetos. 240

The martyr Synetos was from Old Rome. When he was still young, he was entrusted by his parents to the bishop of Rome so that he could learn the holy scriptures from him. After this, he became a lector of the most holy church in

Ῥώμῃ ἁγιωτάτης ἐκκλησίας. Ἐνάρετος δὲ γενόμενος καὶ διδάσκων πολλοὺς τὴν εὐσέβειαν καὶ τὴν ἀληθῆ πίστιν, τοὺς δὲ τῶν Ἑλλήνων θεοὺς διαβάλλων καὶ καθυβρίζων, καὶ τοὺς τὰ εἴδωλα προσκυνοῦντας ἀθλίους καὶ πεπλανημένους ἀποκαλῶν, διεβλήθη τῷ βασιλεῖ Αὐρηλιανῷ. Καὶ κρατηθεὶς παρ' αὐτοῦ, καὶ ἐρωτηθεὶς καὶ ὁμολογήσας τὸν Χριστὸν παρρησίᾳ, βασανίζεται ἰσχυρῶς καὶ τιμωρεῖται ἀπανθρώπως καὶ ἀνηλεῶς. Ὡς δὲ οὐκ ἐπείσθη ἀρνήσασθαι τὸν Χριστόν, μετὰ πολλὰς τὰς τιμωρίας τὴν ἱερὰν αὐτοῦ κεφαλὴν ἀπετμήθη. Καὶ οὕτω τελειωθείς, παρέδωκε τὴν μακαρίαν αὐτοῦ ψυχὴν τῷ Κυρίῳ.

241 Μηνὶ τῷ αὐτῷ ιγ'. Ἄθλησις τῶν ἁγίων μαρτύρων Εὐστρατίου, Αὐξεντίου, Εὐγενίου, Μαρδαρίου, καὶ Ὀρέστου.

Ἐπὶ τῆς βασιλείας Μαξιμιανοῦ καὶ Διοκλητιανοῦ, διωγμὸς ἦν τῶν Χριστιανῶν. Καὶ κρατηθεὶς ὁ ἅγιος Εὐστράτιος παρὰ Λυσίου τοῦ δουκός, καὶ βασανισθεὶς πλεῖστα, καὶ ὑποδήματα σιδηρᾶ μετὰ καὶ ἥλων ὀξέων ὑποδεθείς, περιεπάτει τυπτόμενος. Ὁ δὲ ἅγιος Αὐξέντιος τιμωρηθεὶς ἰσχυρῶς, ἀπεκεφαλίσθη. Ἡ δὲ κεφαλὴ αὐτοῦ οὐχ εὑρίσκετο. Εἶτα εὑρέθη εἰς δένδρον κειμένη, κορώνης ἑστώσης ἐπάνω καὶ κρωζούσης. Ἀλλὰ καὶ ὁ ἅγιος Μαρδάριος τιμωρίας μυρίας ὑποστάς, οὐκ ἔλεγεν ἕτερον εἰ μὴ "Χριστιανός εἰμι." Εἶτα τοὺς ἀστραγάλους διατρυπηθείς, καὶ κατὰ κεφαλῆς κρεμασθείς, καὶ τὰ ὀπίσθια μέρη κατακαείς, ἐτελεύτησεν. Ὁ δὲ ἅγιος Εὐγένιος τὴν γλῶτταν καὶ τὰς δύο χεῖρας ἐκκοπείς, συνθλασθεὶς δὲ καὶ τὰ σκέλη ῥάβδοις

Rome. Because he became very virtuous, and instructed many in piety and the true faith, and ridiculed and reproached the gods of the Hellenes, and denounced idol worshipers as wretched and misguided, he was reported to the emperor Aurelian. He was arrested by him, and when he was questioned and confessed Christ openly he was tortured severely and subjected to inhumane and merciless torments. But when he refused to deny Christ and after he endured many more torments, his holy head was cut off. Thus, he was perfected by death and handed over his blessed soul to the Lord.

The thirteenth day in the same month. The passion of the holy martyrs Eustratios, Auxentios, Eugenios, Mardarios, and Orestes. 241

During the reign of Maximian and Diocletian, there was a persecution against the Christians. Saint Eustratios was arrested by Lysias the *doux* and was tortured in a great many ways. He was forced to wear iron boots fitted with sharp nails and walked around as they beat him. Saint Auxentios was severely tortured and beheaded. His head, however, could not be found. It was later discovered resting in a tree, where a crow stood above it, cawing. Saint Mardarios also endured a myriad of torments, but he said nothing except, "I am a Christian." Then his ankles were pierced, he was hung upside down, and his backside was burned until he died. Saint Eugenios had his tongue and both of his hands cut off. His legs were also shattered with clubs before he

ἐξέπνευσεν. Ἀλλὰ καὶ ὁ ἅγιος Ὀρέστης, τοῦ κεκρυμμένου σταυρίου αὐτοῦ, ὅπερ ἐφόρει, ἀναφανέντος, ἐκρατήθη. Καὶ τεθεὶς ἐπὶ σιδηροῦ πεπυρακτωμένου κραβάττου, πρὸς Κύριον ἐξεδήμησεν. Ἐτελειώθη δὲ καὶ ὁ ἅγιος Εὐστράτιος μετὰ πολλὰς τὰς τιμωρίας εἰσαχθεὶς εἰς κάμινον.

242 Τῇ αὐτῇ ἡμέρᾳ. Ἄθλησις τῆς ἁγίας Λουκίας τῆς παρθένου.

Ἡ μάρτυς Λουκία ἐγένετο ἀπὸ Σικελίας τῆς μεγάλης νήσου ἐκ πόλεως Συρακούσης. Εἶχε δὲ μητέρα ἀσθενοῦσαν τὸ τῆς αἱμορροίας πάθος. Καὶ ἀναλαβοῦσα αὐτήν, ἀπῆλθεν εἰς τὴν πόλιν Κατάνης ἵνα παρακαλέσῃ τὴν ἁγίαν μάρτυρα Ἀγάθην καὶ θεραπεύσῃ αὐτήν. Ἡ δὲ ἁγία μάρτυς Ἀγάθη καὶ τὴν μητέρα τῆς Λουκίας ἐπεσκέψατο καὶ περὶ αὐτῆς προεφήτευσεν ὅτι μέλλει μαρτυρῆσαι ὑπὲρ Χριστοῦ. Ὑποστρέψασαι δὲ εἰς τὸν οἶκον ἑαυτῶν, τὸν πλοῦτον αὐτῶν ἔδωκαν τοῖς πτωχοῖς. Ἐπεὶ δὲ παρθενεύειν ἐσπούδαζεν, ὁ βιαζόμενος αὐτὴν πρὸς γάμον κατεμήνυσε τῷ ἄρχοντι τῆς πόλεως. Καὶ κρατηθεῖσα ἠναγκάζετο ἀρνήσασθαι τὸν Χριστόν. Ὡς δὲ οὐκ ἐπείθετο, ἐκέλευσεν ὁ ἄρχων εἰς τὸ πορνεῖον αὐτὴν ἀπενεχθῆναι. Ἀλλ' ἔμεινε Θεοῦ χάριτι καθαρὰ καὶ ἐν τῷ τοιούτῳ τόπῳ, τοῦ Θεοῦ φυλάττοντος αὐτήν. Εἶτα ἀνῆψαν μεγάλην κάμινον καὶ ἐνέρριψαν αὐτὴν εἰς τὴν πυράν. Καὶ μὴ ἀδικηθεῖσα, ἀπεκεφαλίσθη παρ' αὐτῶν.

breathed his last. Saint Orestes was also arrested after the hidden cross that he wore was discovered. After he was laid upon an iron slab that had been heated with fire, he departed to the Lord. After enduring many torments, Saint Eustratios was thrown into a furnace, where he was perfected by death.

On the same day. The passion of the holy virgin Lucia. 242

The martyr Lucia was from the city of Syracuse on the great island of Sicily. Her mother suffered from hemorrhages. So she took her and went to the city of Catania in order to ask the holy martyr Agatha to heal her. The holy martyr Agatha visited Lucia's mother and also prophesied about Lucia, that she would be martyred on behalf of Christ. When they returned to their own home, they gave their wealth to the poor. After Lucia dedicated herself to a life of virginity, the man who was trying to force her into marriage reported her to the governor of the city. She was arrested and pressured to deny Christ. But when she refused, the governor commanded her to be taken to a brothel. By God's grace, she remained chaste even in such a place because God protected her. Then they kindled a great furnace and threw her into the fire. When she remained unharmed, she was beheaded by them.

243 Μηνὶ τῷ αὐτῷ ιδʹ. Ἄθλησις τῶν ἁγίων μαρτύρων Θύρσου καὶ Λευκίου.

Ἐπὶ Δεκίου τοῦ βασιλέως, Κουμβρίκιος ὁ ἡγεμὼν διωγμὸν μέγαν ἐκίνησε κατὰ τῶν Χριστιανῶν ἐν τοῖς μέρεσι Νικομηδείας, χύνων τὰ τῶν ἀνθρώπων αἵματα καθ' ἑκάστην ὡς ὕδωρ. Λυπηθεὶς δὲ ὁ Λεύκιος Χριστιανὸς ὑπάρχων καὶ φοβούμενος τὸν Θεόν, ἀπῆλθεν εἰς τὸν ἡγεμόνα λέγων, "Κύων ἀκόρεστε, ἕως πότε ἐκχέεις τὸ τῶν ἀνθρώπων αἷμα ὥσπερ ὕδωρ, καταναγκάζων αὐτοὺς προσκυνεῖν λίθους καὶ ξύλα ἄψυχα καὶ ἀναίσθητα;" Ὀργισθεὶς δὲ ὁ ἡγεμών, ἐκρέμασεν αὐτὸν καὶ ἔξεσε τὰς σάρκας αὐτοῦ. Εἶτα ἀπεκεφάλισεν αὐτόν. Καὶ ὑπήντησε τῷ ἡγεμόνι ὁ ἅγιος Θύρσος καὶ ὠνείδισεν αὐτῷ ὡς ἐπιχαίροντι τοῖς αἵμασι τῶν ἀνθρώπων. Καὶ ἐκρατήθη καὶ αὐτὸς καὶ ἐδέθη χεῖρας καὶ πόδας. Καὶ ἐξεκεντήθη τοὺς ὀφθαλμούς, καὶ συνετρίβη τὰ σκέλη. Εἶτα ἐδέθη ἵνα σχισθῇ μέσον μετὰ τοῦ πρίονος, καὶ πρὸ τοῦ σχισθῆναι καὶ διχοτομηθῆναι, παρέδωκε τὴν ψυχήν.

244 Τῇ αὐτῇ ἡμέρᾳ. Ἄθλησις τῶν ἁγίων μαρτύρων Φιλήμονος, Ἀπολλωνίου, καὶ τῆς συνοδίας αὐτῶν.

Οὗτοι οἱ ἅγιοι ἐγένοντο ἀπὸ Θηβῶν τῆς Αἰγύπτου ἐπὶ Διοκλητιανοῦ τοῦ βασιλέως. Ἦσαν δὲ ἅπαντες τριακονταέξ. Ἐπεὶ δὲ ἐκρατήθησαν, εἷς ἐξ αὐτῶν καλούμενος Ἀπολλώνιος, κληρικὸς ὤν, ἔδωκε νομίσματα τῷ φυλάττοντι αὐτούς, Φιλήμονι τῷ κιθαριστῇ. Καὶ παρεκάλεσεν αὐτὸν φορέσαι τὰ ἱμάτια αὐτοῦ καὶ ἀντὶ αὐτοῦ προσκυνῆσαι καὶ θῦσαι τοῖς εἰδώλοις. Ὁ δὲ Φιλήμων φορέσας

The fourteenth day in the same month. The passion of the holy martyrs Thyrsos and Leukios. 243

During the reign of the emperor Decius, the governor Cumbricius led a great persecution against the Christians who lived in the area of Nikomedeia and spilled human blood like water every day. Leukios was filled with grief from this because he was a God-fearing Christian, so he went to the governor and said, "You insatiable dog, how long will you spill human blood like water and force them to venerate stones and lifeless and inanimate pieces of wood?" The governor became infuriated at this, so he hung him up and flayed his flesh. Then he beheaded him. Saint Thyrsos also confronted the governor and reproached his thirst for human blood. He was also arrested, and his hands and feet were bound. His eyes were pierced, and his legs shattered. Then he was tied down to be cut in half by a saw, but he handed over his spirit before he was cut and split in half.

On the same day. The passion of the holy martyrs Philemon, Apollonios, and their companions. 244

These saints were from Thebes in Egypt and lived under the emperor Diocletian. They were thirty-six in total. After they were arrested, one of them, a cleric whose name was Apollonios, bribed a musician named Philemon who was their guard. He asked him to put on his clothes and then to venerate and sacrifice to the idols in his place. Philemon put

τὰ ἱμάτια τοῦ Ἀπολλωνίου, ὅτε ἀπῆλθε θῦσαι, ὡμολόγησε τὸν Χριστόν. Ὁ δὲ ἡγεμὼν μὴ γνωρίσας αὐτόν, εἶπεν, "Καλέσατε τὸν κιθαριστὴν Φιλήμονα ἵνα κιθαρίσῃ καὶ τῇ μελῳδίᾳ πείσῃ τοὺς Χριστιανοὺς θῦσαι." Καὶ τότε γνωρισθεὶς ὁ Φιλήμων ἐτιμωρήθη μετὰ τῶν ἄλλων παρὰ τοῦ ἡγεμόνος. Ὕστερον δὲ ἐπίστευσε καὶ ὁ ἡγεμὼν καὶ οἱ σὺν αὐτῷ πάντες. Καὶ μαθὼν ταῦτα ὁ Διοκλητιανὸς ἐτιμωρήσατο αὐτὸν μετὰ καὶ Ἀρριανοῦ πλουσίου τινός. Εἶτα δεσμήσας πάντας καὶ ἐμβαλὼν εἰς σάκκους, ἔρριψεν ἐν τῇ θαλάσσῃ.

245 Περὶ τῆς εὑρέσεως τῶν λειψάνων τοῦ ἁγίου Ἀρριανοῦ καὶ τῶν προτικτόρων.

Μετὰ τὸ βασανίσαι τοὺς ἁγίους διαφόροις βασάνοις ὁ Διοκλητιανὸς ἐνέρριψε καὶ τὸν ἅγιον Ἀρριανὸν εἰς βαθὺν βόθρον τῆς γῆς δεδεμένον καὶ ἐσκέπασε τὸν βόθρον μετὰ τοῦ χώματος. Καὶ ἔστησεν ἐπάνω τὸν θρόνον αὐτοῦ καὶ ἐπέτρεψε παίζειν τοὺς στρατιώτας, λέγων, "Ἴδωμεν εἰ ἔλθῃ ὁ Χριστὸς τοῦ Ἀρριανοῦ καὶ ἐκβάλῃ αὐτὸν ἐκ τοῦ βόθρου τούτου." Καὶ ἀπελθὼν εἰς τὰ βασίλεια, ἔδραμεν εἰς τὴν κλίνην αὐτοῦ, καὶ βλέπει τὰ σίδηρα καὶ τὸν λίθον, ἃ ἐφόρει ὁ Ἀρριανός, κρεμώμενα εἰς τὴν κλίνην καὶ τὸν Ἀρριανὸν κείμενον ἐπ' αὐτῆς. Καὶ ἐφοβήθη, ὑπολαβὼν αὐτὸν μάγον εἶναι. Τότε ἔρριψεν αὐτὸν ἐν τῇ θαλάσσῃ μετὰ τῶν συμπιστευσάντων αὐτῷ στρατιωτῶν. Καὶ οἱ δελφῖνες λαβόντες τὰ λείψανα εἰς πέντε σάκκους ἐμβληθέντα ἐξήγαγον εἰς τὸν αἰγιαλὸν Ἀλεξανδρείας. Καὶ

on Apollonios's clothes, but when he went to sacrifice, he instead confessed his belief in Christ. The governor did not recognize him and said, "Call the musician Philemon so that he may play the cithara and make the Christians sacrifice with his song." But when Philemon was recognized, he was tortured along with the others at the governor's command. Later on, however, the governor came to believe himself, along with all his companions. When Diocletian learned of this, he tortured him with a certain rich man named Arrianos. Then he had all of them bound and enclosed in sacks before he threw them into the sea.

Concerning the discovery of the remains of Saint Arrianos 245
and the bodyguards.

After the saints were tortured with various torments, Diocletian also bound Saint Arrianos and threw him into a deep pit in the ground before he filled in the pit with earth. Then he set his throne on top of it and commanded his soldiers to relax, saying, "Let us see if this Christ of Arrianos will come and take him from this pit." When he returned to the palace and promptly went to bed, he saw the shackles and stone that Arrianos had worn hanging on his bed, and Arrianos himself lying on it. He was terrified because he thought that he was a magician. So then he threw him into the sea with the soldiers who had come to believe with him. Dolphins retrieved their remains, which had been enclosed in five sacks, and carried them to the shore of Alexandria.

γνωρίσαντες αὐτὰ οἱ δοῦλοι τοῦ Ἀρριανοῦ κατέθηκαν αὐτὰ ἐν Ἀλεξανδρείᾳ ἐντίμως.

246 Μηνὶ τῷ αὐτῷ ιε'. Ἄθλησις τοῦ ἁγίου ἱερομάρτυρος Ἐλευθερίου.

Ὁ ἅγιος ἱερομάρτυς Ἐλευθέριος ἦν ἀπὸ τῆς μεγαλοπόλεως Ῥώμης. Νέος δὲ τὴν ἡλικίαν ὑπάρχων, ἐγένετο ἐκ πατρὸς ὀρφανός. Μητέρα δὲ ἔχων ὀνόματι Ἀνθίαν, παρ' ἐκείνης ἐδιδάχθη τὴν τοῦ Χριστοῦ πίστιν, προδιδαχθείσης αὐτῆς ὑπὸ τοῦ μεγάλου Παύλου τοῦ ἀποστόλου. Ὁ δὲ ἐπίσκοπος Ἀνίκητος τοῦτον δεξάμενος, τὰ τῶν Χριστιανῶν ἐδίδαξε γράμματα καὶ ἐποίησε κληρικόν. Εἶτα χειροτονεῖται διάκονος καὶ πρεσβύτερος, εἶτα ἐπίσκοπος τοῦ Ἰλλυρικοῦ. Ἐπὶ δὲ Ἀδριανοῦ βασιλέως κρατηθείς, τιμωρεῖται ἰσχυρῶς. Εἶτα ἐναπορρίπτεται εἰς φοῦρνον ἐκπυρωθέντα διατάξει τοῦ ἐπάρχου. Καὶ ἰδὼν αὐτὸν ὁ ἔπαρχος, ὅτι ἐξῆλθεν ὑγιής, ἐπίστευσε καὶ αὐτὸς καὶ εἰσῆλθεν εἰς τὸν φοῦρνον καὶ ἐξῆλθε μηδὲν ἀδικηθείς. Τότε ὁ μὲν ἔπαρχος ἀποκεφαλίζεται καὶ ὅσοι ἄλλοι ἐπίστευσαν. Ὁ δὲ ἅγιος Ἐλευθέριος κατεκόπη τοῖς σπαθίοις ὑπὸ τῶν δημίων. Καὶ οὕτως παρέδωκε τὸ πνεῦμα.

247 Μηνὶ τῷ αὐτῷ ις'. Ἄθλησις τοῦ ἁγίου μάρτυρος Μαρίνου.

Ἐπὶ τῆς βασιλείας Μακρίνου τοῦ βασιλέως γέγονεν οὗτος. Εὐγενὴς δὲ ὑπάρχων, ἐγένετο συγκλητικός. Νέαν δὲ ἄγων τὴν ἡλικίαν, ἐκρατήθη ὡς Χριστιανὸς καὶ ἠναγκάζετο

Arrianos's slaves recognized them and buried them in Alexandria with great respect.

The fifteenth day in the same month. The passion of the holy martyr Saint Eleutherios. 246

The holy martyr Saint Eleutherios was from the great city of Rome. When he was still young, his father died, leaving him an orphan. But he still had his mother, whose name was Anthia, and was taught the faith in Christ by her. For she had been instructed in the faith herself by the great apostle Paul. The bishop Aniketos took him into his care, educated him in the Christian writings, and made him a cleric. Then he was ordained a deacon and a priest, and finally bishop of Illyricum. He was arrested under the emperor Hadrian and severely tortured. Next, he was thrown into a fiery furnace at the command of the prefect. But when the prefect saw that he emerged unscathed, he also came to believe himself, entered the furnace, and came out unharmed. Then the prefect and all the others who had come to believe were beheaded. Saint Eleutherios was cut apart with swords by the executioners, and thus, he handed over his spirit.

The sixteenth day in the same month. The passion of the holy martyr Marinos. 247

This man lived during the reign of the emperor Macrinus. He was of a noble family and of senatorial rank. While he was still young, he was arrested for being a Christian and

θῦσαι τοῖς εἰδώλοις. Ὡς δὲ οὐκ ἐπείθετο, ἐκρεμάσθη καὶ μετὰ τῶν σπαθίων ἐξέετο. Εἶτα ἐτέθη ἐπὶ τοῦ πυρός. Εἶτα ἐνεβλήθη ἐς τήγανον καιόμενον, καὶ αὖθις εἰς λέβητα κοχλάζοντα. Καὶ ἐκ πάντων τούτων τῇ τοῦ Θεοῦ χάριτι ἐξῆλθεν ὑγιής. Εἶτα ἀπελύθησαν ἐπ᾽ αὐτὸν θηρία, λέοντες καὶ ἄρκοι, καὶ ἐλυτρώθη καὶ ἐξ αὐτῶν. Ἀναγκαζόμενος δὲ ἀπελθεῖν εἰς τὸν ναὸν τῶν εἰδώλων καὶ θῦσαι, εἶπε πρὸς τὸν βασιλέα, "Ἄγωμεν εἰς τὸν ναὸν τῶν εἰδώλων." Ἐχάρη δὲ ὁ βασιλεὺς τοῦτο ἀκούσας. Καὶ ἀπελθὼν μετὰ τοῦ λαοῦ παντός, προσηύξατο, καὶ κατέπεσον τὰ εἴδωλα καὶ συνετρίβησαν. Τότε πικρανθεὶς ὁ βασιλεὺς ἀπεκεφάλισεν αὐτόν. Καὶ οὕτω παρέδωκε τὸ πνεῦμα αὐτοῦ τῷ Κυρίῳ, δι᾽ ὃν προθύμως ἐμαρτύρησεν.

248 Τῇ αὐτῇ ἡμέρᾳ. Μνήμη τοῦ ἁγίου προφήτου Ἀγγαίου.

Οὗτος ἐγένετο ἐκ τῆς φυλῆς τοῦ Λευΐ. Ἐγεννήθη δὲ εἰς Βαβυλῶνα ἐπὶ τῆς αἰχμαλωσίας, ὅτε αἰχμάλωτοι ἀπήχθησαν οἱ Ἰουδαῖοι παρὰ τῶν Περσῶν εἰς τὴν αὐτὴν Βαβυλῶνα, τοῦ Θεοῦ τοῦτο συγχωρήσαντος διὰ τὰ εἰς αὐτὸν ἁμαρτήματα τοῦ λαοῦ. Καὶ νέος ὤν, ἦλθεν ἀπὸ Βαβυλῶνος εἰς Ἱερουσαλὴμ καὶ προεφήτευσε μετὰ Ζαχαρίου ἔτη τριακονταέξ. Προέλαβον δὲ οὗτοι οἱ προφῆται ὅ τε Ἀγγαῖος καὶ ὁ Ζαχαρίας τὴν ἐνανθρώπησιν τοῦ Χριστοῦ ἔτη τετρακόσια ἑβδομήκοντα. Ὁ δὲ Ἀγγαῖος φανερῶς περὶ τῆς ἐπιστροφῆς τοῦ λαοῦ προεφήτευσε καὶ εἶδεν ἀρξαμένην καὶ τὴν οἰκοδομὴν τοῦ ναοῦ τοῦ ἐν Ἱεροσολύμοις. Καὶ ἕτερα πολλὰ προειπὼν ἀπέθανε. Καὶ ἐτάφη πλησίον τοῦ τάφου

was pressured to sacrifice to the idols. When he refused, he was hung up and flayed with swords. Then he was put into the fire. Next, he was thrown into a burning hot frying pan, and after that, into a boiling cauldron. By the grace of God, he emerged from all these torments unscathed. Then, wild beasts, that is, lions and bears, were set loose upon him, but he was saved from these as well. When he was pressured to enter the temple of the idols and sacrifice, he said to the emperor, "Let us go into the temple of the idols." The emperor was filled with joy when he heard this. So Marinos went, accompanied by all the people, and began to pray, whereupon the statues fell down and shattered into pieces. Then the emperor became enraged and beheaded him. Thus, he handed over his spirit to the Lord, for whom he eagerly endured martyrdom.

On the same day. The commemoration of the holy prophet 248
Haggai.

This man was from the tribe of Levi. He was born in Babylon during the time of captivity, when the Jews were taken to Babylon as captives by the Persians, which God allowed on account of his people's sins against him. While he was still young, he left Babylon for Jerusalem and prophesied with Zechariah for thirty-six years. These prophets, namely Haggai and Zechariah, lived four hundred seventy years before Christ's incarnation. Haggai prophesied clearly about the return of the people. He also saw the beginning of construction on the temple in Jerusalem. After making many other predictions, he died and was buried near the tomb of the

τῶν ἱερέων ἐνδόξως καὶ μεγαλοπρεπῶς ὡς ἐκεῖνοι, ἐπειδὴ καὶ αὐτὸς ἐκ τοῦ ἱερατικοῦ γένους κατήγετο. Ὑπῆρχε δὲ πολιὸς τὴν τρίχα στρογγύλον ἔχων τὸ γένειον, τιμώμενος ὑπὸ πάντων δι' ἀρετήν, ὡς Θεοῦ ἔνδοξος καὶ μέγας προφήτης.

249 Τῇ αὐτῇ ἡμέρᾳ. Μνήμη τῆς μακαρίας Θεοφανοῦς, γυναικὸς Λέοντος τοῦ ἀοιδίμου καὶ σοφωτάτου βασιλέως ἡμῶν γινομένου.

Ἡ μακαρία δέσποινα Θεοφανὼ ὑπῆρχε τῆς Κωνσταντινουπόλεως καὶ θρέμμα καὶ βασίλισσα. Ἐγένετο γὰρ θυγάτηρ Κωνσταντίνου ἰλλουστρίου, συγγενοῦς βασιλέων τριῶν. Ἡ δὲ μήτηρ αὐτῆς ἐκαλεῖτο Ἄννα. Ἦν δὲ καὶ αὐτὴ στεῖρα καὶ ἄγονος, ὡς ἡ πρώην Ἄννα ἡ μήτηρ τοῦ προφήτου Σαμουήλ. Ἀλλὰ πυκνῶς ἀπερχομένη καὶ παρακαλοῦσα μετὰ τοῦ ἀνδρὸς τὴν ἁγίαν δέσποιναν ἡμῶν Θεοτόκον, τὴν ἐν τοῖς Βάσσου τιμωμένην, συνέλαβεν ἐν γαστρὶ τὴν ἁγίαν Θεοφανώ. Καὶ γεννήσασα, ἐξέθρεψεν ἐναρέτως, διδάξασα αὐτὴν καὶ γράμματα. Καὶ ἐπεὶ Βασίλειος ὁ περιβόητος βασιλεὺς γυναῖκα ἐβουλεύσατο δοῦναι τῷ υἱῷ αὐτοῦ Λέοντι τῷ σοφωτάτῳ βασιλεῖ, παρὰ ταύτην κρείττονα μὴ εὑρών, δέδωκεν αὐτῷ ταύτην. Στεφθεῖσα δὲ καὶ βασιλεύσασα, ὅμως τῶν πτωχῶν οὐκ ἐπελάθετο. Ἀλλὰ τῆς συνήθους ἐχομένη ἀρετῆς καὶ ἐλεημοσύνης, ἐθεράπευε τὸν Θεόν, τὸν αὐτῇ δωρησάμενον βασιλείαν οὐρανῶν.

priests with great pomp and circumstance, just as they were, since he was also born of the priestly tribe. His hair was gray, and he had a round beard. He was honored by all as a great and glorious prophet of God because of his virtue.

On the same day. The commemoration of blessed Theophano, the wife of Leo our most wise emperor of eternal memory. 249

The blessed lady Theophano was both a native and an empress in Constantinople. She was the daughter of Constantine, who held the rank of *illustris,* and was related to three emperors. Her mother was named Anna. She was also barren and without children, just as Anna, the mother of the prophet Samuel, had been before. But she was tireless, along with her husband, in visiting and beseeching our holy mistress the Theotokos in her church at Bassou until she conceived Saint Theophano. After she gave birth to her, she raised her in a pious fashion and even taught her how to read and write. When the renowned emperor Basil decided to find a wife for his son, the most wise emperor Leo, he could find no one more fitting than her, so he gave her to him. She was crowned empress, but she did not forget the poor. On the contrary, she continued her customary virtue and almsgiving as she served God, who granted her the kingdom of heaven.

250 Μηνὶ τῷ αὐτῷ ἐν ἡμέρᾳ Κυριακῇ ὅτε λάχῃ. Μνήμη τῶν ἁγίων πατέρων Ἀβραάμ, Ἰσαάκ, καὶ Ἰακώβ.

Περὶ τούτων τῶν ἁγίων πατέρων ἡμῶν ὁ μέγας Μωϋσῆς ἐν τῇ βίβλῳ τῆς Γενέσεως ἀκριβῶς ἔγραψεν. Ὀλίγα δὲ καὶ ἡμεῖς ἐξ αὐτῆς τῆς βίβλου διηγησόμεθα. Οὗτος ἀπὸ Χαλδίας γέγονεν ἀστρονόμος ἄκρος. Εἶχε δὲ πατέρα εἰδωλολάτρην. Αὐτὸς δὲ κατανοήσας ὅτι οὐδὲ ἓν ἐκ τῶν εἰδώλων ἐστὶ θεός, κατακαύσας αὐτά, ἤκουσε παρὰ τοῦ ἀληθινοῦ Θεοῦ, "*Ἄβραμ, ἔξελθε ἐκ τῆς γῆς σου καὶ ἐκ τῆς συγγενείας σου καὶ ἐκ τοῦ οἴκου τοῦ πατρός σου, καὶ ἐλθὲ εἰς γῆν, ἣν ἐγώ σοι δείξω.*" Ἀφῆκεν οὖν πάντα καὶ ἀνελάβετο τὴν γυναῖκα αὐτοῦ Σάραν καὶ τὸν ἀνεψιὸν αὐτοῦ Λώτ, καὶ ἐξενίτευσεν ἀκολουθῶν τῷ Θεῷ, βλέπων αὐτόν, ὡς ἠδύνατο, καὶ προστασσόμενος ὑπ' αὐτοῦ. Ἐγέννησε δὲ τὸν Ἰσαὰκ ἐν γήρᾳ. Καὶ δοκιμάζων αὐτὸν ὁ Θεὸς προσέταξε σφάξαι αὐτόν. Καὶ ἰδὼν αὐτὸν ὑπακούοντα ἐκώλυσεν. Ὁ δὲ Ἰσαὰκ ἐγέννησε τὸν Ἰακώβ. Ὧν τὴν μνήμην ἐπιτελοῦμεν πρὸ τῆς Χριστοῦ γεννήσεως διὰ τὸ γεννηθῆναι κατὰ σάρκα τὸν Χριστὸν ἐξ αὐτῶν.

251 Μηνὶ τῷ αὐτῷ ιζʹ. Ἄθλησις τῶν ἁγίων τριῶν παίδων Ἀνανία, Ἀζαρία, καὶ Μισαήλ.

Οἱ ἅγιοι τρεῖς παῖδες ἐγένοντο ἀπὸ Ἱερουσαλὴμ τῆς πόλεως, υἱοὶ Ἐζεκίου τοῦ βασιλέως Ἰουδαίων. Ὅστις Ἐζεκίας ἐτόλμησεν εἰπεῖν τῷ Θεῷ φυλάξαι τὰ ἀρεστὰ ἐνώπιον αὐτοῦ· καὶ ἀσθενήσας μέχρι θανάτου, εἶτα μετανοήσας ἔλαβε προσθήκην ἐτῶν δεκαπέντε. Τῆς δὲ Ἱερουσαλὴμ

On whatever day Sunday falls in the same month. The commemoration of the holy fathers Abraham, Isaac, and Jacob. 250

The great Moses wrote in detail about our holy fathers in the book of Genesis. I will narrate only a few events from this book. This man was from Chaldea and was very learned in astronomy. His father worshiped idols. When he realized that not even one of the idols was really a god, he set them on fire. Then he heard the following from the true God: "*Abram, leave your country, your relatives, and the house of your father, and go to the land that I will show you.*" So he left everything behind, took his wife Sarah and his nephew Lot, and traveled to a foreign land with God as his guide, seeing him insofar as he could and receiving commands from him. He had Isaac in his old age. God tested him by commanding him to slaughter him. But when he saw that he was obedient, he stopped him. Isaac then had Jacob. We celebrate their commemoration before Christmas because Christ was descended from them in his birth according to the flesh.

The seventeenth day in the same month. The passion of the three youths, Hananiah, Azariah, and Mishael. 251

The three holy youths were from the city of Jerusalem, sons of Hezekiah, the king of Judah. This was the Hezekiah who dared to say to the Lord that he had kept his commandments before him, and later, when he became deathly ill, repented and lived for fifteen more years. When Jerusalem

ὑπὸ τοῦ βασιλέως τῶν Ἀσσυρίων Ναβουχοδονόσορ πολιορκηθείσης, ἀπῆλθον αἰχμάλωτοι εἰς Βαβυλῶνα. Καὶ διὰ τὴν ἀρετὴν αὐτῶν, ἐγένοντο ἄρχοντες τῆς χώρας ἐκείνης. Εἶτα μὴ πεισθέντες προσκυνῆσαι τὴν χρυσῆν εἰκόνα, ἣν ἐποίησεν ὁ βασιλεύς, ἐνεβλήθησαν εἰς κάμινον. Καὶ κατέβη ἄγγελος καὶ διεφύλαξεν αὐτοὺς ὑγιεῖς. Καὶ ὁ βασιλεὺς ἐτίμησε καὶ τοὺς παῖδας, καὶ ὡμολόγησε καὶ τὸν Θεὸν τοῦ οὐρανοῦ μέγαν εἶναι. Ἦλθε δὲ βασιλεὺς ἕτερος καὶ εὑρὼν τοὺς ἁγίους τρεῖς παῖδας πιστεύοντας εἰς τὸν Θεόν, ἀποκεφαλισθῆναι αὐτοὺς προσέταξε. Καὶ δεξάμενος ἕτερος τοῦ ἑτέρου τὴν κεφαλήν, ἔσχατος δὲ ὁ Δανιὴλ τοῦ Ἀνανίου ἐτελειώθησαν.

252 Τῇ αὐτῇ ἡμέρᾳ. Ἄθλησις τοῦ ἁγίου Δανιὴλ τοῦ προφήτου.

Οὗτος ὁ ἅγιος Δανιὴλ μετὰ τῶν τριῶν παίδων ᾐχμαλωτίσθη. Καὶ ἀπῆλθεν ἀπὸ Ἱερουσαλὴμ εἰς Βαβυλῶνα καὶ προεφήτευσεν ἔτη ἑβδομήκοντα. Προέλαβε δὲ τὴν γέννησιν τοῦ Χριστοῦ ἔτη τετρακόσια ἑξήκοντα. Ἐγένετο δὲ ἀνὴρ σώφρων καὶ νηστευτής, μὴ γευόμενος τροφῆς ἄλλης εἰ μὴ ὀσπρίων. Διατοῦτο ἠγαπήθη παρὰ τοῦ Θεοῦ. Καὶ ἀπεστάλη ἄγγελος καὶ ἐδίδαξεν αὐτὸν τὰ μυστήρια τὰ ἀπόκρυφα. Ὅθεν καὶ τοὺς ὀνείρους τοῦ βασιλέως ἔλυσε καὶ ἡρμήνευσεν. Καὶ περὶ τῶν βασιλειῶν ἑκάστου ἔθνους, Μήδων, Ἀσσυρίων, Περσῶν, Μακεδόνων, Ῥωμαίων, προεφήτευσε καὶ ὅτι καταλυθήσονται πᾶσαι αἱ βασιλεῖαι, καὶ κρατήσει ἡ βασιλεία τῶν Ῥωμαίων καὶ τῶν Χριστιανῶν, αὐτοῦ Χριστοῦ βασιλεύοντος ἕως αἰῶνος. Ἐβλήθη δὲ εἰς

was besieged by Nebuchadnezzar, the king of the Assyrians, they were taken as prisoners to Babylon. On account of their virtue, however, they became chiefs in that land. Later on, when they refused to venerate the golden statue constructed by the king, they were thrown into a furnace. But an angel descended from heaven and kept them safe from harm. The king even came to revere the youths and also confessed that the God of heaven is great. But when a new king came and discovered that the three holy youths believed in God, he commanded them to be beheaded. Each youth received the head of the other, with Daniel catching Hananiah's head last. Thus, they were perfected by death.

On the same day. The passion of the holy prophet Daniel. 252

This Saint Daniel was taken captive along with the three youths. He left Jerusalem for Babylon and made many prophecies over the course of seventy years. He preceded the birth of Christ by four hundred sixty years. He was a wise man, and he fasted, tasting no other foods but lentils. He was loved by God because of this. So an angel was sent to instruct him in the hidden mysteries. With this insight, he made sense of the king's dreams and interpreted them. He prophesied about every ruling nation, that is, the Medes, the Assyrians, the Persians, the Macedonians, and the Romans, that all other kingdoms would come to an end, and that the kingdom of the Romans and the Christians would rule, with Christ himself reigning forever. He was then put

τὸν λάκκον τῶν λεόντων καὶ ἐξῆλθεν ὑγιής. Καὶ ἐτιμήθη ἴσα τοῦ υἱοῦ τοῦ βασιλέως Βαλτάσαρ. Ὕστερον δὲ ἀπεκεφαλίσθη παρὰ Ἀττικοῦ βασιλέως μετὰ τῶν τριῶν παίδων.

253 Τῇ αὐτῇ ἡμέρᾳ. Ἄθλησις τοῦ ἁγίου μάρτυρος Βάκχου τοῦ Νέου.

Ἐκ τῆς χώρας τῆς Παλαιστίνης ὑπῆρχεν οὗτος ἐπὶ τῆς βασιλείας Εἰρήνης καὶ Κωνσταντίνου. Ἦσαν δὲ οἱ γονεῖς αὐτοῦ ἐκ προγόνων Χριστιανοί· ἀλλ' ὁ πατὴρ αὐτοῦ ὑπὸ δαιμόνων πλανηθεὶς πρὸς τὴν τῶν Σαρακηνῶν μετετέθη αἰσχρὰν πίστιν καὶ ἐμαγάρισεν. Ἐποίησε δὲ παιδία ἑπτὰ καὶ ἀνέτρεφεν αὐτὰ ἐπὶ τῇ ὁμοίᾳ κακῇ πίστει. Εἶτα ἀπέθανε, καὶ κατελείφθησαν τὰ παιδία μετὰ τῆς μητρὸς αὐτῶν. Ἐξ ὧν ὁ εἷς Γελάσιος καλούμενος τὰ Ἱεροσόλυμα κατέλαβεν. Εἶτα ἦλθεν εἰς τὴν Λαύραν τοῦ ἁγίου Σάβα καὶ γίνεται μοναχός, Βάκχος ὀνομασθείς. Καλῶς δὲ πολιτευσάμενος, ἀπεστάλη παρὰ τοῦ ἡγουμένου φυγεῖν ἵνα μὴ νοηθῇ ὅτι Σαρακηνὸν ἐβάπτισε. Καὶ ἐλθὼν εἰς τὰ οἰκεῖα τοὺς μὲν πέντε ἀδελφοὺς ἐβάπτισεν, ὁ εἷς δὲ μὴ βαπτισθείς, ἐλοιδόρησε τὸν Βάκχον εἰς τὸν ἀμηράν. Καὶ ὁ ἀμηρᾶς ἀπεκεφάλισεν αὐτόν. Καὶ οὕτως ἐτελειώθη.

254 Μηνὶ τῷ αὐτῷ ιη′. Μνήμη τοῦ ὁσίου πατρὸς ἡμῶν καὶ ἱεράρχου Φλώρου.

Ἐπὶ τῆς βασιλείας Ἰουστίνου τοῦ Νέου καὶ Τιβερίου καὶ Μαυρικίου, ἦν οὗτος ὁ ἅγιος Φλῶρος, ἔχων πατέρα Φλῶρον καὶ αὐτὸν καλούμενον καὶ μητέρα ὀνομαζομένην

into the lions' den and emerged unscathed. He was also treated like a son by Belshazzar the king. Later on, he was beheaded by King Attikos with the three youths.

On the same day. The passion of the holy martyr Bakchos the Younger. 253

This man was from the region of Palestine and lived during the reign of Irene and Constantine. His parents were both from a Christian family. But his father was seduced by demons, converted to the shameful faith of the Saracens, and became a Muslim. He had seven children, whom he raised in the same evil faith. But then he died, and they were left alone with their mother. One of them, whose name was Gelasios, traveled to Jerusalem, where he entered the Lavra of Saint Sabas and became a monk, taking the name of Bakchos. He conducted himself well, but he was ordered by the abbot to leave the monastery so that no one would discover that he had baptized a Saracen. He therefore returned to his family and baptized five of his brothers. However, one brother refused baptism and reported Bakchos to the emir. The emir then beheaded him. Thus, he was perfected by death.

The eighteenth day in the same month. The commemoration of our holy father Florus the hierarch. 254

This Saint Florus lived during the reigns of the emperors Justin the Younger, Tiberius, and Maurice. His father was also named Florus, and his mother's name was Euphemia.

Εὐφημίαν. Ἐδίδαξαν δὲ αὐτὸν οἱ γονεῖς αὐτοῦ καὶ τὴν τῶν Ἑλλήνων γραφὴν καὶ τὴν τῶν Χριστιανῶν. Εἶτα ἐγένετο νοτάριος τῶν βασιλέων, εἶτα πατρίκιος. Καὶ λαβὼν καὶ γυναῖκα, ἐποίησε καὶ παῖδας. Ἀποθανούσης δὲ καὶ τῆς γυναικὸς καὶ τῶν παιδίων ἐκ τῆς λοιμικῆς νόσου, αὐτὸς λυπηθεὶς καὶ ἀφορμὴν εὑρὼν ἵνα σωθῇ, ἀπῆλθεν εἰς ἓν τῶν κτημάτων αὐτοῦ ἐν τῷ Ἀνάπλῳ καὶ ἐκαθέσθη. Εἶτα διὰ τὴν πολλὴν ἀρετὴν αὐτοῦ, ἐπίσκοπος προχειρίζεται Ἀμισοῦ. Ἐν αὐτῇ δὲ τῇ Ἀμισῷ ἀπελθών, καὶ καλῶς τὸ καταπιστευθὲν αὐτῷ ποίμνιον ποιμάνας, καὶ διδάξας τὸν λαὸν ὀρθῶς περιπατεῖν καὶ ὀρθοδόξως, καὶ ποιεῖν τοῦ Θεοῦ τὰ θελήματα καὶ τὰς ἐντολάς, ἐκοιμήθη, θαυματουργῶν ἕως τῆς σήμερον ἐν τῷ τάφῳ αὐτοῦ.

255 Μηνὶ τῷ αὐτῷ ιθʹ. Ἄθλησις τῶν ἁγίων μαρτύρων Πρόμου, Ἄρεως, καὶ Ἠλία.

Οὗτοι Αἰγύπτιοι μὲν ὑπῆρχον τὸ γένος, Χριστιανοὶ δέ. Ζῆλον δὲ ἔχοντες θεϊκόν, ἀπήρχοντο εἰς τὰς φυλακὰς καὶ ἐπεσκέπτοντο τοὺς ὑπὲρ Χριστοῦ ἐναθλοῦντας ἁγίους μάρτυρας καὶ ἐθεράπευον. Ἀπῆλθον δὲ καὶ εἰς τὴν χώραν τῆς Κιλικίας. Καὶ μέλλοντες εἰσελθεῖν εἰς Ἀσκάλωνα τὴν πόλιν, ἐκρατήθησαν εἰς τὴν πύλην παρὰ τῶν φυλάκων, ἀνδρῶν βαρβάρων καὶ ἀγρίων, νομισάντων ὅτι προδόται εἰσί. Καὶ παρεδόθησαν τῷ ἄρχοντι Φιρμιλιανῷ. Ἐπειδὴ δὲ παρέστησαν αὐτῷ καὶ ἐρωτηθέντες Χριστιανοὺς ἑαυτοὺς ὡμολόγησαν, τιμωροῦνται καὶ βασανίζονται ἰσχυρῶς. Καὶ ὁ μὲν Ἄρης πρότερον μυρίοις βασάνοις τιμωρηθείς,

His parents taught him both Greek and Christian literature. He then became a notary for the emperors, and later a *patrikios.* He also married a woman and had children. When his wife and children died during the plague, he was filled with grief but took this as an opportunity to be saved. So he left for one of his properties in Anaplous and settled there. Because of his great virtue, he was ordained bishop of Amisos. He went to this Amisos, where he admirably guided the flock entrusted to him. After he taught his people to live justly, to follow the orthodox faith, and to do God's will and obey his commandments, he found his repose and continues to work miracles at his tomb to this day.

The nineteenth day in the same month. The passion of the holy martyrs Promos, Ares, and Elias. 255

These men were Egyptian and also Christian. Filled with holy zeal, they went to the prisons to visit and minister to the holy martyrs who were fighting on behalf of Christ. Then they also went to the region of Cilicia. When they were about to enter the city of Ascalon, they were arrested at the gates by the barbarous and savage guards who thought that they were traitors. They were therefore handed over to the governor Firmilian. After they were brought before him and confessed themselves to be Christians under questioning, they were severely tortured and tormented. Ares suffered countless torments before he was perfected in death

ὕστερον διὰ πυρὸς ἐτελειώθη. Ὁ δὲ ἅγιος Πρόμος καὶ αὐτὸς πολλὰ ἐξετασθεὶς καὶ τὸν Χριστὸν μὴ ἀρνησάμενος ἀπεκεφαλίσθη. Μετὰ τοῦτο δὲ καὶ ὁ ἅγιος Ἠλίας πολλὰ βασανισθείς, ξίφει τὴν κεφαλὴν ἀπετμήθη.

256 Τῇ αὐτῇ ἡμέρᾳ. Ἄθλησις τοῦ ἁγίου μάρτυρος Τιμοθέου τοῦ διακόνου.

Τιμόθεος ὁ ἱερομάρτυς ὑπῆρχε μὲν ἐν Μαυριτανίᾳ τῇ χώρᾳ. Ἐχειροτονήθη δὲ παρὰ τοῦ ἐκεῖσε ἐπισκόπου διάκονος τῆς ἐν τῇ χώρᾳ ἐκείνῃ ἐκκλησίας. Διδάσκων δὲ τὸν λαὸν τὴν εἰς Χριστὸν πίστιν καὶ τὴν τῶν οὐρανῶν βασιλείαν, καὶ διατοῦτο πολλοὺς βαπτίζων καὶ τὴν τῶν Ἑλλήνων πλάνην ὡς ψευδῆ διαβάλλων, ἐκρατήθη παρὰ τοῦ τῆς χώρας ἄρχοντος εἰδωλολάτρου ὄντος. Καὶ πολλὰ τιμωρηθεὶς καὶ βασανισθείς, καὶ ἐν φυλακαῖς ἀποκλεισθείς, καὶ λιμῷ καὶ δίψει ταλαιπωρηθείς, καὶ μὴ πεισθεὶς ἀρνήσασθαι τὸν Χριστὸν καὶ θῦσαι τοῖς ἀκαθάρτοις δαίμοσι, τέλος γενομένης πυρᾶς μεγάλης, ἐκεῖ ἐνεβλήθη. Ἔνθα καὶ εἰσελθών, καὶ εὐχαρίστως ψάλλων καὶ προσευχόμενος, παρέδωκε τὸ πνεῦμα αὐτοῦ τῷ Κυρίῳ. Τὰ δὲ ὑπολειφθέντα τίμια λείψανα αὐτοῦ κατετέθησαν ἐν αὐτῇ τῇ χώρᾳ Μαυριτανίας ὑπὸ πιστῶν καὶ εὐλαβῶν ἀνδρῶν εἰς δόξαν Χριστοῦ τοῦ Θεοῦ ἡμῶν.

by fire. Saint Promos also endured much torture, and when he refused to deny Christ, he was beheaded. After this, Saint Elias was also subjected to many torments until his head was cut off with a sword.

On the same day. The passion of the holy martyr Timotheos the deacon. 256

Timotheos the holy martyr was from the region of Mauritania, and he was ordained a deacon of the church in that region by its bishop. Since he taught the people about the faith in Christ and the kingdom of heaven, and baptized many and decried the beliefs of the Hellenes as false, he was therefore arrested by the governor of that region, who was an idolater. After enduring many torments and afflictions, he was locked in prison, where he suffered from starvation and thirst. But in the end, when he refused to deny Christ and sacrifice to the profane demons, a great pyre was kindled, and he was put upon it. Even after this, he continued to give thanks in song and prayer until he handed over his spirit to the Lord. His venerable remains were taken and buried in the region of Mauritania by faithful and pious men for the glory of Christ our God.

257 Τῇ αὐτῇ ἡμέρᾳ. Ἄθλησις τοῦ ἁγίου μάρτυρος Πολυεύκτου τοῦ ἐν Καισαρείᾳ.

Ὁ μάρτυς Πολύευκτος ὑπῆρχεν ἐν Καισαρείᾳ. Χριστιανὸς δὲ ὤν, καὶ τὸν Χριστὸν κηρύττων καὶ πάντας διδάσκων τὴν εἰς αὐτὸν πίστιν, καὶ πολλοὺς τῶν Ἑλλήνων ἀπὸ τῆς πλάνης ἐπιστρέφων ἐπὶ τὴν εὐσέβειαν, ἐλοιδορήθη εἰς τὸν ἄρχοντα τῆς πόλεως Καισαρείας. Ὁ δὲ ἄρχων ἀποστείλας στρατιώτας ἐκράτησεν αὐτὸν καὶ ἔβαλεν εἰς φυλακήν, παραγγείλας τῷ δεσμοφύλακι ἀσφαλῶς τηρεῖν αὐτόν. Ὅτε δὲ εὐκαίρησεν ἀπὸ τῶν πολιτικῶν πραγμάτων, πέμψας εἰς τὴν φυλακὴν ἤγαγε τὸν ἅγιον ἔμπροσθεν αὐτοῦ. Καὶ κατηνάγκασεν αὐτὸν ἀρνήσασθαι τὸν Χριστὸν καὶ θῦσαι τοῖς εἰδώλοις. Ὁ δὲ μὴ πεισθείς, πρῶτον μὲν ξέεται ὅλον τὸ σῶμα μετὰ σιδηρῶν ὀνύχων. Εἶτα ἐκριζοῦται τοὺς ὀδόντας. Καὶ τότε γενομένης καμίνου μεγάλης ἐνεβλήθη εἰς αὐτὴν χαίρων καὶ ἀγαλλόμενος. Καὶ οὕτως παρέδωκε τὸ πνεῦμα αὐτοῦ τῷ Κυρίῳ.

258 Μηνὶ τῷ αὐτῷ κʹ. Ἄθλησις τοῦ ἁγίου ἱερομάρτυρος Ἰγνατίου πατριάρχου τῆς μεγάλης Ἀντιοχείας.

Τραϊανὸς ὁ βασιλεὺς ἀπήρχετο πρὸς τὸ πολεμῆσαι τοὺς Πάρθους. Καὶ διερχόμενος εἰς Ἀντιόχειαν τῆς Συρίας, ἔμαθε περὶ τοῦ ἁγίου Ἰγνατίου, ὅτι πολλοὺς τῶν Ἑλλήνων ποιεῖ Χριστιανούς. Καὶ ἀποστείλας εὐθὺς ἐκράτησεν αὐτὸν καὶ ἀπέκλεισεν. Εἶτα ἐκβαλὼν κατεδίκασεν αὐτὸν ἀπελθεῖν εἰς Ῥώμην ἵνα καταφάγωσιν αὐτὸν τὰ θηρία. Ὅθεν παρέδωκεν αὐτὸν δέκα στρατιώταις ἵνα ἀπαγάγωσιν αὐτὸν εἰς Ῥώμην. Οἵτινες κατὰ τὴν ὁδὸν πολλὰ κακὰ

On the same day. The passion of the holy martyr Polyeuktos of Caesarea. 257

The martyr Polyeuktos lived in Caesarea. Since he was a Christian, and proclaimed Christ and taught everyone to have faith in him, and also turned many of the Hellenes from their error to piety, he was reported to the governor of the city of Caesarea. The governor sent soldiers to arrest him and put him in prison with the command that the warden keep a careful watch over him. When he found a break from his duties, he sent word to the prison to have the saint brought before him. He pressured him to deny Christ and to sacrifice to the idols. But when he refused, his entire body was first flayed with iron nails. Then his teeth were ripped out. Finally, a great furnace was kindled, and he continued to exult and rejoice as he was put inside of it. Thus, he handed over his spirit to the Lord.

The twentieth day in the same month. The passion of the holy martyr Saint Ignatios, the patriarch of great Antioch. 258

The emperor Trajan was on his way to wage war against the Parthians. As he passed through Antioch in Syria, he learned that Saint Ignatios had made many Hellenes into Christians. He immediately sent men to arrest and imprison him. Later on, he recalled him and condemned him to travel to Rome, where he would be devoured by wild beasts. He therefore handed him over to ten soldiers to take him to Rome. These soldiers abused him badly during the journey, and when they

ἐνεδείξαντο εἰς αὐτόν. Καὶ τελευταῖον ἀπαγαγόντες εἰς Ῥώμην, παρέδωκαν τῇ συγκλήτῳ. Ἡ δὲ σύγκλητος κατὰ τὴν γραφὴν τοῦ βασιλέως παρέδωκεν αὐτὸν θηρίοις. Τοῦτο γὰρ καὶ ηὔχετο ὁ ἅγιος, ὑπὸ θηρίων βρωθῆναι ἵνα ὡς ἄρτος καθαρὸς φανῇ τῷ Θεῷ· ὅπερ καὶ γέγονεν. Ἦν δὲ διάδοχος ὁ ἅγιος τῶν ἁγίων ἀποστόλων, μαθητὴς τοῦ ἁγίου Ἰωάννου τοῦ Θεολόγου.

259 Τῇ αὐτῇ ἡμέρᾳ. Ἄθλησις τῶν ἁγίων μαρτύρων Εὐγενίου καὶ Μακαρίου.

Ἐπὶ τῆς βασιλείας Ἰουλιανοῦ τοῦ Παραβάτου, ἦλθον οὗτοι οἱ ἅγιοι καὶ ἔστησαν ἔμπροσθεν αὐτοῦ καὶ εἶπον αὐτῷ, "Ἀσεβέστατε καὶ παράνομε, διατί κατέλιπες τὸν ἀληθινὸν Θεὸν καὶ προσῆλθες τοῖς ἀκαθάρτοις δαίμοσιν;" Ὁ δὲ πικρανθεὶς ἐνέβαλεν αὐτοὺς εἰς λάκκον, ὅπου ἦσαν ἑρπετὰ πολλά, ὄφεις καὶ σκώληκες καὶ λοιπὰ εἴδη θηρίων. Καὶ διαφυλαχθέντας ἐξ αὐτῶν ἀβλαβεῖς, δεσμίους παρέπεμψεν εἰς τὴν χώραν τῆς Μαυριτανίας, εἰς πόλιν λεγομένην Ἀνδηδόνα. Ἀλλὰ τοὺς ἐν τῇ πόλει ἐκείνῃ ἀνθρώπους εἰδωλολάτρας ὄντας καταφωτίσαντες, καὶ διάφορα ποιήσαντες θαύματα, καὶ ἔσχατον πάντων τὸν ἐν τῷ ὄρει καταμένοντα δράκοντα καὶ πολλοὺς καταβλάπτοντα διὰ προσευχῆς ἀποκτείναντες, πολλοὺς ἔπεισαν πιστεῦσαι τῷ Χριστῷ. Εἶτα ἐν ἀνέσει διάγοντες, κατὰ διαφόρους καιρούς, ἐν εἰρήνῃ τὰς ἑαυτῶν παρέδωκαν ψυχάς, ἀπολαβόντες τὸν ὑπὲρ τῆς ὁμολογίας τοῦ Χριστοῦ στέφανον.

finally arrived in Rome, they in turn handed him over to the senate. The senate then handed him over to the beasts according to the emperor's written command. In fact, the saint prayed for this very thing, that he be devoured by beasts, so that he might appear like an offering of pure bread to God. And this is what happened. This saint was the successor of the holy apostles and the disciple of John the Theologian.

On the same day. The passion of the holy martyrs Eugenios and Makarios. 259

During the reign of Julian the Apostate, these saints went and stood before him, saying, "Most impious and lawless emperor, why have you abandoned the true God and turned to the profane demons?" He became infuriated at this, so he threw them into a pit containing many serpents, worms, and other sorts of wild creatures. But when they had received no harm from them, he sent them as captives to the city called Andedon in the region of Mauritania. However, when they enlightened the idolatrous inhabitants of that city, performed different miracles, and last of all, slew through their prayers a large serpent that lived on the mountain and had injured many people, they convinced many to believe in Christ. They lived their lives in tranquility after this until they handed over their souls at different times in peace and received the crown for their confession on behalf of Christ.

260 Τῇ αὐτῇ ἡμέρᾳ. Ἄθλησις τοῦ ἁγίου μάρτυρος Βονιφατίου.

Οὗτος ἐπὶ τῆς βασιλείας Διοκλητιανοῦ, δοῦλος ὑπῆρχε γυναικός τινος ὀνόματι Ἀγλαΐδος, θυγατρὸς Ἀκακίου τοῦ ἀνθυπάτου Ῥώμης. Ὅμως δὲ δοῦλος ὤν, τῇ κυρίᾳ αὐτοῦ συνεφθείρετο εἰς σωματικὴν μῖξιν. Ἦν δὲ μέθυσος ἀλλὰ ἐλεήμων. Ὁμοίως καὶ ἡ κυρία αὐτοῦ καὶ ἐλεήμων καὶ φιλόμαρτυς. Ἐν μιᾷ οὖν τῶν ἡμερῶν, εἶπε τῷ Βονιφατίῳ, "Εἰ ἤθελες, εἶχες ἀπελθεῖν εἰς τὴν ἀνατολήν, ὅπου μαρτυροῦσιν οἱ ἅγιοι καὶ κομίσαι λείψανα ἁγίων ἵνα ἔχωμεν αὐτὰ εἰς ψυχικὴν σωτηρίαν." Ὁ δὲ Βονιφάτιος γελῶν εἶπεν, "Ἐὰν φέρω τὸ ἐμὸν λείψανον, τί;" Ἡ δὲ γελάσασα καὶ μέθυσον αὐτὸν εἰποῦσα ἀπέστειλε. Καὶ ἀπελθὼν μετὰ δούλων δώδεκα καὶ χρυσίου πολλοῦ εἰς Κιλικίαν, ὅπου ἐβασανίζοντο οἱ ἅγιοι, ἔστη ἔμπροσθεν τοῦ ἡγεμόνος καὶ ὡμολόγησε τὸν Χριστόν. Καὶ βασανισθεὶς ἀπεκεφαλίσθη. Τὸ δὲ λείψανον αὐτοῦ ἀνακομισθὲν παρὰ τῶν συνδούλων αὐτοῦ, ἀπεδόθη τῇ κυρίᾳ αὐτοῦ. Καὶ ἐτάφη παρ' αὐτῆς ἐντίμως.

261 Μηνὶ τῷ αὐτῷ κα΄. Ἄθλησις τῆς ἁγίας μάρτυρος Ἰουλιανῆς.

Ἰουλιανὴ ἡ μάρτυς ὑπῆρχεν ἐπὶ Μαξιμιανοῦ τοῦ βασιλέως ἀπὸ τῆς πόλεως Νικομηδείας. Πλουσίων δὲ ὄντων τῶν γονέων αὐτῆς, ἐμνηστεύθη Ἐλευσίῳ τῷ συγκλητικῷ, ὅστις ἐβούλετο ποιῆσαι τὸν γάμον. Ἀλλ' ἡ ἁγία οὐ κατεδέξατο, εἰποῦσα, "Ἐὰν μὴ γένηται τῆς πόλεως ἔπαρχος, ἄνδρα αὐτὸν οὐκ ἔχω." Ἀλλὰ καὶ τούτου γενομένου, πάλιν

On the same day. The passion of the holy martyr Boniphatios. 260

This man lived during the reign of Diocletian and was a slave belonging to a woman named Aglaïs, who was the daughter of Akakios the proconsul of Rome. Although he was a slave, he indulged in sexual intercourse with his mistress. He was a drunkard but was also compassionate. Likewise, his mistress was also compassionate and admired the martyrs. One day, she said to Boniphatios, "If you like, you may go to the east where the saints are suffering martyrdom, and you may procure the remains of the saints so that we may have them for our spiritual salvation." Boniphatios laughed and said, "And what if I bring back my own remains?" She laughed at this, called him a drunkard, and sent him off. After he arrived with twelve other slaves and a large sum of money in Cilicia, where the saints were persecuted, he stood before the governor and confessed his belief in Christ. He was then tortured and beheaded. His remains were brought back by his fellow slaves and were given to his mistress, who buried them with great respect.

The twenty-first day in the same month. The passion of the holy martyr Juliana. 261

Juliana the martyr lived under the emperor Maximian and was from the city of Nikomedeia. She was the daughter of rich parents and was betrothed to Eleusios, who was of senatorial rank and wanted to go ahead with the wedding. But the saint would not accept him, saying, "Unless he becomes urban prefect, I will not accept him as a husband." But even

εἶπεν ὅτι "Ἐὰν μὴ γένηται Χριστιανός, οὐ λαμβάνω αὐτόν." Ἀκούσας δὲ ταῦτα ὁ πατὴρ αὐτῆς ἐλυπήθη. Καὶ κατηνάγκασε μᾶλλον αὐτὴν ἀρνήσασθαι τὸν Χριστὸν καὶ λαβεῖν τὸν ἄνδρα αὐτῆς. Ὡς δὲ οὐκ ἔπεισε, τότε παρέδωκε κατὰ τοὺς νόμους εἰς ἐξέτασιν καὶ βάσανα τῷ μνηστῆρι αὐτῆς καὶ ἐπάρχῳ. Ὁ δὲ ἔπαρχος ἔξεσεν ὅλον τὸ σῶμα αὐτῆς. Καὶ ἀπὸ τῶν τριχῶν ἐκρέμασε καὶ ἐξέδειρε τὸ δέρμα τῆς κεφαλῆς αὐτῆς. Εἶτα ἐνέβαλεν εἰς πῦρ, καὶ τέλος, ἀπεκεφάλισεν αὐτὴν μετὰ καὶ ἄλλων τῶν δι' αὐτὴν πιστευσάντων.

262 Τῇ αὐτῇ ἡμέρᾳ. Ἄθλησις τοῦ ἁγίου μάρτυρος Θεμιστοκλέους.

Ἐπὶ τῆς βασιλείας Δεκίου ἦν οὗτος ὁ ἅγιος Θεμιστοκλῆς ἀπὸ τῆς χώρας Λυκίας. Ἔβοσκε δὲ πρόβατα ἐν τῷ ὄρει, ὅπου ἐκρύπτετο ὁ ἅγιος Διοσκορίδης διὰ τὸν διωγμόν. Ἀπεστάλησαν δὲ στρατιῶται παρὰ τοῦ τῆς χώρας ἄρχοντος ἵνα πιάσωσι τὸν ἅγιον Διοσκορίδην. Καὶ μὴ εὑρίσκοντες ἐκεῖνον, εὗρον τὸν Θεμιστοκλέα βόσκοντα τὰ πρόβατα καὶ ἠρώτησαν περὶ τοῦ Διοσκορίδου. Ἐκεῖνος δὲ γινώσκων ὅπου κρύπτεται, ὅμως οὐκ ἠθέλησεν ὁμολογῆσαι αὐτόν. Ἑαυτὸν δὲ ἀντὶ ἐκείνου παρέδωκεν, ὁμολογήσας Χριστιανὸν εἶναι. Καὶ δεθεὶς παρεδόθη τῷ ἄρχοντι καὶ τὸν Χριστὸν κηρύξας ἐνώπιον αὐτοῦ, ἡπλώθη ἐπὶ τὴν γῆν. Καὶ ἐτύφθη κατὰ τῆς κοιλίας ἕως οὗ διαρραγεῖσα ἐσχίσθη εἰς δύο, καὶ τὰ ἔντερα αὐτοῦ ἐξεχύθησαν. Εἶτα ἐκρεμάσθη ἐπὶ τοῦ ξύλου. Καὶ καταβιβασθεὶς σύρεται ἐπάνω τριβόλων

when this happened, she further stipulated, "Unless he also becomes a Christian, I will not accept him." When her father heard these words, he was filled with grief. In response, he pressed her to deny Christ and accept her husband. But when she refused, he handed her over to her betrothed, now prefect, to be interrogated and tortured according to the laws. The prefect flayed her entire body. Then he hung her up by her hair and scalped her. Next, he threw her into a fire before he finally beheaded her along with the others who had come to believe because of her.

On the same day. The passion of the holy martyr Themis- 262
tokles.

This Saint Themistokles lived during the reign of the emperor Decius and was from the region of Lycia. He was keeping watch over his sheep on the mountain where Saint Dioskorides had hidden himself because of the persecution. Soldiers were dispatched by the governor of the region to seize Saint Dioskorides. They could not find him, but they did find Themistokles keeping watch over his sheep, so they questioned him about Dioskorides. He knew where he had hidden himself but did not want to reveal him. Instead, he handed himself over in his place, confessing himself to be a Christian. He was then bound and taken before the governor. When he proclaimed Christ in his presence, he was laid out on the ground. His abdomen was beaten until it broke open and split into two, and his insides spilled out. Then he was hung on a stake. Afterward, they took him down and

σιδηρῶν. Καὶ οὕτως συρόμενος καὶ βασανιζόμενος, παρέδωκε τὴν ψυχὴν τῷ Κυρίῳ.

263 Τῇ αὐτῇ ἡμέρᾳ. Μνήμη τοῦ ὁσίου πατρὸς ἡμῶν Φιλογονίου τοῦ γενομένου ἀπὸ δικολόγου ἐπισκόπου.

Οὗτος ὁ ἅγιος Φιλογόνιος νηπιόθεν εὐλαβὴς ἐγένετο. Καὶ ἐλθὼν εἰς ἡλικίαν, ἔλαβε καὶ γυναῖκα ποιήσας καὶ παιδίον. Εἶτα ἐγένετο συνήγορος. Καὶ ὅτε εὕρισκεν ἀδικούμενον ἄνθρωπον ἢ καταπονούμενον, ἐδικάζετο ὑπὲρ ἐκείνου καὶ ἐξεδίκει αὐτόν. Προϊόντος δὲ τοῦ χρόνου, ἐτελεύτησεν ἡ γυνὴ αὐτοῦ. Ἐκεῖνος δὲ διὰ τὴν ὑπερβάλλουσαν ἀρετὴν αὐτοῦ καὶ τὴν δικαιοσύνην, ἀντὶ συνηγόρου, παρὰ τοῦ λαοῦ παντὸς καὶ τοῦ ἐπισκόπου ἐχειροτονήθη ἐπίσκοπος. Καὶ ἔλαμψεν εἰς ἀρετὴν καὶ τὰ λοιπὰ κατορθώματα ὑπὲρ τὸν ἥλιον. Ἐγένετο δὲ θαυμαστὸς καὶ ἐπὶ σοφίᾳ καὶ ἐπὶ διδασκαλίᾳ. Πολλὴ γὰρ ἦν τότε ἡ δυσκολία, νεωστὶ τοῦ διωγμοῦ παυσαμένου καὶ τῆς αἱρέσεως ἀρξαμένης. Ἀλλὰ καὶ ἡ αἵρεσις Θεοῦ χάριτι ὑπὸ τούτου κατελύθη. Οὕτως καλῶς ποιμάνας τὸ ἐμπιστευθὲν αὐτῷ ποίμνιον, καὶ βίον ζήσας ἐπὶ γῆς ἀγγέλων, ἐν εἰρήνῃ ἀνεπαύσατο, δοὺς τὴν ψυχὴν τῷ Κυρίῳ.

264 Μηνὶ τῷ αὐτῷ κβʹ. Ἄθλησις τῆς ἁγίας μάρτυρος Ἀναστασίας καὶ τῶν σὺν αὐτῇ ἁγίων γυναικῶν.

Ἡ μάρτυς Ἀναστασία ὑπῆρχεν ἐπὶ Διοκλητιανοῦ βασιλέως ἐν Ῥώμῃ τῇ πόλει, θυγάτηρ πλουσίων καὶ εὐγενῶν γονέων. Καὶ ὑπὸ μὲν τῆς μητρὸς μανθάνει τὴν εἰς Χριστὸν

dragged him over iron spikes. As he was dragged and tortured in this way, he handed over his spirit to the Lord.

On the same day. The commemoration of our holy father Philogonios, who was a lawyer but became a bishop. 263

This Saint Philogonios was pious from his youth. When he came of age, he took a wife and had a child with her. Then he became lawyer. Whenever he found anyone who was the victim of injustice or abuse, he took up the case and prosecuted the other person. Sometime later, his wife died. Because of his superlative virtue and righteousness, he was ordained bishop, instead of lawyer, by the entire people and the bishop. His pious virtue and the rest of his accomplishments shone brighter than the sun. Furthermore, he became renowned for both his wisdom and his teaching. For there was great difficulty at that time because the persecution had recently ended, but heresy was on the rise. But even the heresy was dispelled by this man through God's grace. Thus, after successfully shepherding the flock entrusted to him and living an angelic life on earth, he found his repose in peace and gave his spirit to the Lord.

The twenty-second day in the same month. The passion of the holy martyr Anastasia and the holy women with her. 264

The martyr Anastasia lived in the city of Rome under the emperor Diocletian. She was the daughter of rich and noble parents. From her mother, she learned the faith in Christ,

πίστιν, ὑπὸ δὲ Χρυσογόνου τοῦ Χριστιανῶν διδασκάλου τὰ ἱερὰ γράμματα. Ἔλαβε δὲ ἄνδρα Πόπλιον λεγόμενον, πλούσιον μέν, Ἕλληνα δέ. Ὅθεν καὶ διὰ τὸ μὴ εἶναι Χριστιανὸν ἐμίσει αὐτόν. Καὶ οὐ συνήρχετο αὐτῷ εἰς συνάφειαν. Ἠλέει δὲ τοὺς πτωχοὺς καὶ ἐπεσκέπτετο τοὺς ἐν φυλακῇ. Διατοῦτο ὑπὸ τοῦ ἀνδρὸς εἰς φυλακὴν ἀπορρίπτεται. Ἐπεὶ δὲ ἐκεῖνος ἀπέθανεν, ἐξελθοῦσα τῆς φυλακῆς, πάντα τὸν πλοῦτον αὐτῆς ἔδωκε τοῖς πτωχοῖς. Καὶ πάλιν ἐδούλευε τοῖς ἁγίοις καὶ τελειωθέντας ἔθαπτε. Πολλοὺς δὲ καὶ πρὸς τὸ μαρτυρῆσαι προεθυμοποίει. Παρὰ διαφόρων δὲ ἀρχόντων βασανισθεῖσα καὶ ἐν θαλάσσῃ ἀπορριφεῖσα, ὑγιὴς ἐξῆλθεν. Εἶτα πάλοις προσδεθεῖσα πυρὶ παρεδόθη. Καὶ τοῦ πυρὸς ἐξελθοῦσα μετὰ τῶν σὺν αὐτῇ γυναικῶν ἀπεκεφαλίσθη.

265 Τῇ αὐτῇ ἡμέρᾳ. Μνήμη τοῦ ἁγίου ἱερομάρτυρος Καπίτωνος ἐπισκόπου Χερσῶνος.

Οὗτος ἐπὶ τῆς βασιλείας Θεοδοσίου τοῦ Μεγάλου, ἀπεστάλη ἐπίσκοπος εἰς Χερσῶνα, τελευτήσαντος Αἰθερίου τοῦ ἐπισκόπου. Καὶ καταλαβὼν τὴν πόλιν ἐκείνην, τὴν εἰς Χριστὸν πίστιν ἐδίδασκε τὸν λαόν. Ἦν δὲ ναὸς ἐν τῇ Χερσῶνι τοῦ παρθενίου εἰδώλου λεγόμενος. Καὶ βουλόμενος αὐτὸν καταλῦσαι, καὶ ἀντὶ αὐτοῦ ναὸν κτίσαι ἐπ᾽ ὀνόματι τοῦ ἁγίου ἀποστόλου Πέτρου, ἐποίησε καμίνους ἀσβέστου ἐπὶ τῷ ἐπιχειρῆσαι κτίζειν. Ἐμάνησαν δὲ οἱ Ἕλληνες καὶ οἱ Ἰουδαῖοι καὶ ἐφιλονείκουν τὸν ἅγιον ὡς καταλύτην τοῦ ἑαυτῶν θεοῦ. Καὶ περιέστησαν αὐτόν, εἰπόντες ὅτι

and from Chrysogonus, the teacher of the Christians, the holy scriptures. She married a man named Publius, who was rich but a Hellene. She hated him because he was not a Christian and would not join with him in intercourse. She gave alms to the poor and visited those in prison. Consequently, her husband threw her into prison. But after he died, she was released from prison and gave all her wealth to the poor. She resumed her ministry to the saints and would bury their bodies after they were perfected by death. She also encouraged many to endure martyrdom. She suffered torments at the hands of different officials and was thrown into the sea, but she emerged unscathed. After that, she was bound to stakes and subjected to fire. When she escaped the fire, she and the women with her were beheaded.

On the same day. The commemoration of the holy martyr Saint Kapiton, bishop of Cherson. 265

This man lived during the reign of Theodosius the Great. He was sent to be the bishop of Cherson after the death of the bishop Aitherios. When he arrived in that city, he began to instruct the people in the faith in Christ. In Cherson there was a temple dedicated to the virgin idol. He wanted to raze this temple and build in its place a church dedicated to Saint Peter the apostle, so he prepared lime kilns in preparation for the construction. The Hellenes and the Jews became incensed at this and denounced the saint for defiling their god. They pressed up around him and said, "If you

“Ἐὰν εἰσέλθῃς εἰς μίαν τῶν καμίνων καὶ ἐξέλθῃς ἀβλαβής, οὐ μόνον πιστεύσομεν πάντες, ἀλλὰ καὶ τὰ παιδία ἡμῶν ἐμβαλοῦμεν εἰς τὴν κάμινον.” Εἰσῆλθε δὲ ὁ ἐπίσκοπος εἰς τὴν κάμινον καὶ ἐξῆλθεν ὑγιής. Καὶ ἰδόντες οἱ εἰδωλολάτραι ἐπίστευσαν ἅπαντες τῷ Χριστῷ. Καὶ τότε κατέλυσαν τῶν εἰδώλων τὸν ναόν. Πολλὰ δὲ καὶ ἄλλα θαύματα ποιήσας ὁ ἅγιος ἐν εἰρήνῃ πρὸς Κύριον ἐξεδήμησεν.

266 Τῇ αὐτῇ ἡμέρᾳ. Ἄθλησις τοῦ ἁγίου μάρτυρος Χρυσογόνου.

Χρυσόγονος ὁ μάρτυς ὑπῆρχεν ἐκ τῆς μεγαλοπόλεως Ῥώμης, ἐπὶ Διοκλητιανοῦ τοῦ βασιλέως, ἀνὴρ θεοσεβὴς καὶ φοβούμενος τὸν Θεόν, διδάσκαλος γενόμενος, εἴς τε τὴν εἰς Χριστὸν πίστιν καὶ εἰς τὰ ἱερὰ γράμματα τῆς ἁγίας μάρτυρος Ἀναστασίας. Διωγμοῦ δὲ κινηθέντος, ἐκρατήθη καὶ εἰς φυλακὴν ἐνεβλήθη. Ὅτε καὶ ἔγραψε πρὸς αὐτὸν ἡ ἁγία Ἀναστασία ἵνα εὔξηται ὑπὲρ αὐτῆς· καὶ εἰ μὲν γένηται ὁ ἀνὴρ αὐτῆς Χριστιανός, σωθῇ, εἰ δὲ οὐ πεισθῇ, ἵνα ἀποθάνῃ, καὶ μὴ τὸν πλοῦτον αὐτῆς δαπανήσῃ μετὰ εἰδωλολατρῶν ἀλλὰ κατακενώσῃ αὐτὸν ἡ ἁγία εἰς τοὺς ἁγίους καὶ εἰς τοὺς πτωχούς, ὅπερ καὶ ἐγένετο. Τότε ἡ ἁγία ἄδειαν λαβοῦσα, ἐρόγευσε πάντα, ὅσα εἶχε, τοὺς πτωχούς. Καὶ ἐνδυσαμένη πενιχρὰν στολήν, περιήρχετο καὶ διηκόνει τοῖς ἁγίοις ἐν ταῖς φυλακαῖς, ὅτε καὶ ὁ Διοκλητιανὸς ἐν Νικαίᾳ διατρίβων, ἔγραψεν εἰς Ῥώμην πάντας ἀποθανεῖν τοὺς Χριστιανούς, τὸν δὲ Χρυσόγονον εἰς Νίκαιαν ἀχθῆναι δέσμιον. Καὶ ἀχθέντα ἀπεκεφάλισεν αὐτόν.

enter one of the kilns and come out unharmed, not only will we all believe, but we will even put our own children into the kiln." The bishop then entered the kiln and emerged unscathed. When the idolaters saw this, they all believed in Christ. They also destroyed the idolatrous temple. After the saint performed many other wondrous deeds, he departed to the Lord in peace.

On the same day. The passion of the holy martyr Chrysogonus. 266

The martyr Chrysogonus was from the great city of Rome and lived under the emperor Diocletian. He was a pious and God-fearing person, and he became the teacher of the holy martyr Anastasia in both the faith in Christ and the sacred scriptures. When a persecution arose, he was arrested and put into prison. Then Saint Anastasia wrote to him and requested that he pray for her: in particular, that, if her husband became a Christian, he might be saved, but, if he refused to convert, he might die so that he could not squander her fortune on the idolaters and Saint Anastasia could instead spend it on the saints and the poor. This in fact is what happened. The holy woman took control of her money and distributed all that she had to the poor. Then she put on a ragged garment and spent her time ministering to the saints in prison. When Diocletian was in Nicaea, he decreed that all Christians in Rome should die. As for Chrysogonus, he had him brought to Nicaea as a prisoner. When he arrived, he beheaded him.

267 Τῇ αὐτῇ ἡμέρᾳ. Ἄθλησις τῶν ἁγίων γυναικῶν Εἰρήνης, Ἀγάπης, καὶ Χιονίας.

Κατὰ τὸν καιρὸν ὅτε Χρυσόγονος ὁ μάρτυς ὑπὸ Διοκλητιανοῦ τοῦ βασιλέως διὰ τὴν εἰς Χριστὸν ὁμολογίαν τὴν κεφαλὴν ἀπετμήθη, πλησίον τῆς λίμνης ἐν ᾗ κατέμενον αἱ ἅγιαι τρεῖς ἀδελφαί, Ἀγάπη, Χιονία, καὶ Εἰρήνη, μετὰ Ζωΐλου τινὸς δούλου τοῦ Θεοῦ, ἐφάνη ὁ ἅγιος Χρυσόγονος τῷ Ζωΐλῳ κατὰ τοὺς ὕπνους, λέγων αὐτῷ ὅτι "Μέλλει ἡ ἁγία Ἀναστασία συναγωνίσασθαι ταῖς ἁγίαις τρισὶν ἀδελφαῖς μελλούσαις ἐντὸς ἐννέα ἡμερῶν τελεῖν τὸν ἀγῶνα τοῦ μαρτυρίου." Ταῦτα ἀκούσασα ἡ ἁγία Ἀναστασία, ἠκολούθησε τῷ ἁγίῳ Χρυσογόνῳ. Καὶ εἰσῆλθεν εἰς τὰς ἁγίας καὶ ἠσπάσατο αὐτὰς καὶ ἐδούλευεν αὐταῖς. Εἶτα μαθὼν ὁ Διοκλητιανὸς ἐκράτησεν αὐτὰς καὶ παρέδωκε τῷ τῆς χώρας ἄρχοντι. Καὶ ἐτιμωρήθησαν ὑπ' αὐτοῦ καὶ πάλιν παρεδόθησαν ἄλλῳ ἄρχοντι λεγομένῳ Σισιννίῳ. Καὶ ὁ ἄρχων τὴν μὲν ἁγίαν Ἀγάπην καὶ τὴν ἁγίαν Χιονίαν πυρὶ παρέδωκε. Τὴν δὲ ἁγίαν Εἰρήνην ἐκ τῶν στρατιωτῶν εἷς μετὰ σπαθίου ἐφόνευσεν.

268 Τῇ αὐτῇ ἡμέρᾳ. Ἄθλησις τῆς ἁγίας μάρτυρος Θεοδότης καὶ τῶν τέκνων αὐτῆς.

Θεοδότη ἡ μάρτυς ὑπῆρχεν ἀπὸ τῆς χώρας Βιθυνίας. Ἀκούσασα δὲ περὶ τῆς ἁγίας Ἀναστασίας, ἀπῆλθε πρὸς αὐτὴν καὶ διέτριβε μετ' αὐτῆς ἅμα τοῖς τέκνοις αὐτῆς. Πρότερον δὲ ἡ ἁγία αὐτὴ ἐπεζητεῖτο πρὸς γάμον ὑπὸ Λευκαδίου τοῦ ἄρχοντος, ἀλλ' οὐκ ἐπείθετο. Ὅμως θέλουσα

On the same day. The passion of the holy women Irene, Agape, and Chionia. 267

At the time when the martyr Chrysogonus was beheaded by the emperor Diocletian for his confession in Christ, near the lake where the three holy sisters Agape, Chionia, and Irene lived with a servant of God named Zoïlus, Saint Chrysogonus appeared to Zoïlus in a dream and said to him, "Holy Anastasia will soon undergo a great labor with these three holy sisters, who will suffer martyrdom in nine days." When Saint Anastasia heard of this, she followed Saint Chrysogonus. She visited the holy women, embraced them, and ministered to them. When Diocletian later learned of this, he arrested them and handed them over to the governor of that region. They were tortured by him before they were again turned over to another governor named Sisinnios. The governor delivered Saint Agape and Saint Chionia to the fire. But one of the soldiers killed Saint Irene with his sword.

On the same day. The passion of the holy martyr Theodote and her children. 268

The martyr Theodote was from Bithynia. When she heard about Saint Anastasia, she went to her and lived with her along with her children. Earlier, this saint had been sought in marriage by the governor Leukadios, but she refused.

αὐτὸν ἐκφυγεῖν, ἐμήνυσεν αὐτῷ μικρὸν ἀναμεῖναι αὐτὴν καὶ τότε ποιῆσαι τὸ θέλημα αὐτοῦ. Τοῦ δὲ ἄρχοντος ἀναμένοντος, αὐτὴ τὸν πλοῦτον αὐτῆς δοῦσα πτωχοῖς, ἐδούλευε τοῖς ἁγίοις. Ἀκούσας δὲ Διοκλητιανὸς ὅτι πᾶσαι αἱ φυλακαὶ καὶ τὰ ἐργαστήρια γέμουσι τῶν Χριστιανῶν, ἐκέλευσε πάντας ἐν μιᾷ νυκτὶ φονευθῆναι, τοὺς μὲν διὰ πυρός, τοὺς δὲ δι' ὕδατος, τοὺς δὲ διὰ ξίφους. Τότε ὁ Λευκάδιος παρέδωκε τὴν ἁγίαν Θεοδότην καὶ τὰ παιδία αὐτῆς Νικητίῳ τῷ ἄρχοντι Βιθυνίας ἵνα βασανίσῃ αὐτούς. Καὶ ὁ Νικήτιος ἐλεγχθεὶς ὑπὸ Εὐόδου τοῦ πρώτου υἱοῦ αὐτῆς ὠργίσθη. Καὶ ἀνάψας μεγάλην κάμινον, ἔκαυσεν καὶ αὐτὴν καὶ τὰ παιδία αὐτῆς.

269 Μηνὶ τῷ αὐτῷ κγ'. Ἄθλησις τῶν ἁγίων δέκα μαρτύρων τῶν ἐν Κρήτῃ.

Οὗτοι ἦσαν ἐπὶ τῆς βασιλείας Δεκίου ἐν τῇ νήσῳ τῆς Κρήτης, οὐκ ἀπὸ μιᾶς πόλεως ἀλλ' ἐκ διαφόρων τῆς χώρας μερῶν. Καὶ ἀπὸ μὲν τῆς μητροπόλεως Γορτύνης ἦσαν πέντε, Θεόδουλος, Σατορνίνος, Εὔπορος, Γελάσιος, Εὐνικιανός· ἀπὸ δὲ Κνωσοῦ, Ζωτικός· ἀπὸ δὲ τοῦ ἐπινείου Λεοβένης, Πόντιος· ἐκ δὲ τοῦ Πανόρμου, Ἀγαθόπους· ἀπὸ δὲ Κυδωνίας, Βασιλείδης· καὶ ἀπὸ τοῦ Ἡρακλείου, Εὐάρεστος. Οὗτοι κρατηθέντες παρὰ τῶν ἀπίστων, τῷ τῆς νήσου ἄρχοντι παρεδόθησαν. Ἐκεῖνος δὲ τῷ πλήθει τοῦ λαοῦ προσέταξεν δῆσαι αὐτοὺς καὶ περιάγειν εἰς τοὺς βωμοὺς τῶν εἰδώλων, καὶ εἰ μὴ θύσουσιν, ἰσχυρῶς, ὡς θέλουσιν, αὐτοὺς τιμωρήσασθαι. Ἐπὶ τριάκοντα δὲ ἡμέραις

Since she wanted to escape him, she told him that if he waited a short time, she would then do what he wanted. As the governor waited, she donated her great wealth to the poor and began to minister to the saints. When Diocletian heard that all the prisons and the torture chambers were full of Christians, he decreed that they all be put to death in a single night, some by fire, others by water, and still others by the sword. Then Leukadios handed Saint Theodote and her children over to Niketios, the governor of Bithynia, so that he would torture them. When Niketios was rebuked by her oldest son Evodus, he was filled with rage. He therefore kindled a great furnace and burned both her and her children.

The twenty-third day in the same month. The passion of the ten holy martyrs on Crete. 269

These men lived during the reign of Decius on the island of Crete. They were not all from the same city but came from different places in the region. Five of them, whose names were Theodoulos, Satorninos, Euporos, Gelasios, and Eunikianos, were from the metropolis of Gortyna. Zotikos was from Knossos. Pontios was from the port of Lebene. Agathopous was from Panormos. Basilides was from Kydonia. And Evarestos was from Herakleion. They were arrested by the nonbelievers and handed over to the governor of the island. He commanded the crowd of people to bind them, take them to the altars of the idols and, if they did not sacrifice, to torture them as severely as they wanted. For

περιελαυνόμενοι, παιζόμενοι, τυπτόμενοι, λιθοβολούμενοι, κατὰ τῆς γῆς ἐν κοπρίαις συρόμενοι, ὕστερον τοῦ ἄρχοντος προκαθίσαντος, ἐνώπιον αὐτοῦ ἀπεκεφαλίσθησαν, εὐχαριστοῦντες μέχρι τέλους τῷ Θεῷ.

270 Μηνὶ τῷ αὐτῷ κδʹ. Ἄθλησις τῆς ἁγίας μάρτυρος Εὐγενίας καὶ τῶν σὺν αὐτῇ.

Ἐπὶ τῆς βασιλείας Κομόδου ἦν ἡ ἁγία Εὐγενία, θυγάτηρ Φιλίππου τοῦ ἐπάρχου Ῥώμης. Τοῦ δὲ πατρὸς αὐτῆς εἰς Ἀλεξάνδρειαν ἀποσταλέντος παρὰ Κομόδου ἵνα γένηται καὶ ἐκεῖ ἔπαρχος, ἐπεὶ καὶ ἡ γυνὴ αὐτοῦ καὶ τὰ παιδία ἀπῆλθον, ἀπῆλθε καὶ ἡ ἁγία Εὐγενία καὶ ἐκεῖ ἔμαθε πᾶσαν γραφὴν Ἑλληνικὴν καὶ Χριστιανικήν. Ἐπεὶ δὲ τὰ βιβλία ἠρεύνα, ἐνέτυχε καὶ ταῖς ἐπιστολαῖς τοῦ ἁγίου ἀποστόλου Παύλου. Καὶ ἐξ αὐτῶν γενομένη Χριστιανή, ἔμαθε πᾶσαν ἀρετήν. Εἶτα ἀφῆκε τὴν πατρικὴν δόξαν καὶ ἀπῆλθεν εἰς μοναστήριον. Καὶ ἐβαπτίσθη καὶ γέγονε μοναχὴ ἀλλ᾽ ἐν σχήματι ἀνδρείῳ· καὶ γὰρ ἑαυτὴν εὐνοῦχον ἔλεγεν εἶναι. Τῷ χρόνῳ δὲ διαγνωσθεῖσα καὶ ἀναγνωρισθεῖσα Φιλίππῳ τῷ πατρὶ αὐτῆς, ἐποίησε καὶ ἐκεῖνον Χριστιανόν, ὁμοίως καὶ τὴν μητέρα καὶ τοὺς συγγενεῖς. Μετὰ μικρὸν δὲ ὁ πατὴρ αὐτῆς ἐπίσκοπος γέγονε. Καὶ μετὰ ταῦτα ἅπαντες τὸ διὰ μαρτυρίου τέλος ἐδέξαντο.

thirty days, they were paraded, mocked, beaten, stoned, and dragged over piles of dung on the ground. After that, the governor sat at his tribunal, and they were beheaded in his presence. Even until the end, they continued to give thanks to God.

The twenty-fourth day in the same month. The passion of 270
the holy martyr Eugenia and those with her.

Saint Eugenia lived during the reign of Commodus. She was the daughter of Philip the prefect of Rome. Her father was dispatched to Alexandria by Commodus in order to serve as prefect there, and since his wife and his children traveled along with him, Saint Eugenia went as well. There she studied all Greek literature and Christian scripture. When she was poring over the books, she happened upon the epistles of Saint Paul the apostle. She became a Christian and learned every virtue from them. After that, she rejected the high status of her father and went off to a monastery. There she was baptized and became a nun, though she disguised herself as a man; for she said that she was a eunuch. As time passed, her identity was discovered, and she was recognized by her father Philip, whom she convinced, along with her mother and her siblings, to become Christian. A short time later, her father became a bishop, and after that, they all met their end through martyrdom.

271 Μηνὶ τῷ αὐτῷ κε΄. Ἡ ἀνάμνησις τῆς ἀχράντου γεννήσεως τοῦ Κυρίου ἡμῶν Ἰησοῦ Χριστοῦ.

Ἰδὼν ὁ φιλάνθρωπος Θεὸς τὸ γένος τῶν ἀνθρώπων ὑπὸ τοῦ διαβόλου τυραννούμενον ἐσπλαγχνίσθη. Καὶ ἀποστείλας τὸν ἄγγελον αὐτοῦ Γαβριήλ, εἶπε τῇ Θεοτόκῳ, "*Χαῖρε κεχαριτωμένη, ὁ Κύριος μετὰ σοῦ.*" Καὶ εὐθέως συνελήφθη ὁ Κύριος ἡμῶν καὶ Θεὸς ἐν τῇ ἀχράντῳ μήτρᾳ αὐτῆς. Καὶ πληρωθέντων τῶν ἐννέα μηνῶν ἀπὸ τῆς συλλήψεως, ἐξῆλθεν ὁρισμὸς παρὰ Καίσαρος Αὐγούστου ἀπογράφεσθαι πᾶσαν τὴν οἰκουμένην. Καὶ ἀπεστάλη Κυρίνιος εἰς τὰ Ἱεροσόλυμα, εἰς Βηθλεέμ, ποιῆσαι ἀπογραφήν. Ἀνέβη δὲ καὶ Ἰωσὴφ ὁ φύλαξ τῆς Θεοτόκου σὺν αὐτῇ ἀπογραφῆναι εἰς Βηθλεέμ. Καὶ ἐπεὶ ἔμελλε τεκεῖν ἡ Παρθένος, μὴ εὑρίσκουσα οἴκημα διὰ τὸν πολὺν λαόν, εἰσῆλθεν εἰς πενιχρὸν σπήλαιον, καὶ ἐκεῖ ἔτεκεν ἀφθόρως τὸν Κύριον ἡμῶν Ἰησοῦν Χριστόν. Καὶ ἐσπαργάνωσεν, ὡς βρέφος, τὸν τῶν ἁπάντων κτίστην. Καὶ ἔθηκεν ἐν τῇ τῶν ἀλόγων φάτνῃ ὡς μέλλοντα ῥύσασθαι ἡμᾶς τῆς ἀλογίας.

272 Τῇ αὐτῇ ἡμέρᾳ. Ἡ τῶν Μάγων προσκύνησις.

Ἐν ταῖς ἡμέραις ἐκείναις ἐγένετό τις μάντις λεγόμενος Βαλαὰμ ἐν τῇ τῶν Περσῶν χώρᾳ. Καὶ μαντευσάμενος καὶ ἄλλα πολλά, εἶπε καὶ τοῦτο, "*Ἀνατελεῖ ἄστρον ἐξ Ἰακὼβ καὶ θραύσει τοὺς υἱοὺς Μωάβ.*" Ἔχοντες οὖν οἱ ἄλλοι μάντεις καὶ μάγοι τὴν τοιαύτην προφητείαν κατὰ διαδοχήν, ἐδίδασκον πάντας τοὺς τῶν Περσῶν μάντεις. Καὶ περιῆλθε καὶ εἰς τοὺς μετὰ ταῦτα Μάγους ὁμοῦ καὶ βασιλεῖς τῶν

The twenty-fifth day in the same month. The remembrance of the incorruptible birth of our Lord Jesus Christ. 271

When God, who loves humanity, saw how all humanity was oppressed by the tyranny of the devil, he had mercy upon them. He sent his angel Gabriel and said to the Theotokos, "*Greetings, favored one. The Lord is with you.*" At that very moment, our Lord and God was conceived in her immaculate womb. And when the nine months from her conception were fulfilled, a decree came from Caesar Augustus that the entire world should be enrolled. Quirinius was dispatched to Jerusalem and to Bethlehem to make the enrollment. Joseph, the guardian of the Theotokos, also went with her to be enrolled in Bethlehem. Since it was time for the Virgin to give birth, and she could find no house because of the great crowd, she went into a humble cave where she gave birth, without corruption, to our Lord Jesus Christ. She wrapped the creator of all in swaddling clothes like an infant. Then she laid him in a manger for irrational animals as he was going to save us from folly.

On the same day. The adoration of the Magi. 272

In those days there was a certain prophet named Balaam in the land of the Persians. In addition to the many other prophecies that he made, he also said this, "*A star will rise out of Jacob, and it will crush the sons of Moab.*" The other prophets and magi also received this prophecy through succession and taught it to all the prophets of the Persians. And so it eventually came to those three Magi, who were also

Περσῶν τρεῖς ὄντας, καὶ παρετήρουν πότε ἴδωσιν ἀστέρα τοιοῦτον. Ὡς ἀστρονόμοι δὲ ἰδόντες τὸν τοῦ Χριστοῦ ἀστέρα, ὅτι οὐκ ἐποίει τὴν πορείαν ὡς οἱ λοιποὶ ἀστέρες ἀπὸ ἀνατολῶν ἐπὶ δύσιν, ἀλλ' ὡς πρὸς μεσημβρίαν, ἔγνωσαν ὅτι γέννησιν μεγάλου βασιλέως δηλοῖ. Καὶ ἠκολούθησαν τῷ ἀστέρι καὶ εὗρον Χριστὸν τὸν Κύριον. Καὶ πεσόντες προσεκύνησαν αὐτῷ καὶ προσήνεγκαν δῶρα, χρυσόν, καὶ λίβανον, καὶ σμύρναν. Καὶ οὕτως τῇ προστάξει τοῦ ἀγγέλου, ὑπέστρεψαν μετὰ χαρᾶς εἰς τὴν χώραν αὐτῶν.

273 Τῇ αὐτῇ ἡμέρᾳ. Ἰωσὴφ ὁ μνήστωρ καὶ φύλαξ τῆς Παρθένου χρηματιζόμενος ὑπὸ τοῦ θείου ἀγγέλου.

Μαθὼν Ἡρῴδης ὁ τῶν Ἰουδαίων ἀρχηγὸς παρὰ τῶν Μάγων ὅτι βασιλεὺς ἐγεννήθη μέγας, ὅστις μέλλει τὸν ὅλον κόσμον ὑποτάξαι, προσεκαλέσατο τοὺς Μάγους καὶ εἶπεν, "*Ἀπελθόντες ἀκριβῶς ἐξετάσατε περὶ τοῦ παιδίου. Ἐπὰν δὲ εὕρητε, ἀπαγγείλατέ μοι ὅπως κἀγὼ ἐλθὼν προσκυνήσω αὐτῷ.*" Τοῦτο δὲ ἔλεγεν ἵνα μάθῃ ὅπου ἐστίν, ὅπως ἀποστείλῃ καὶ φονεύσῃ αὐτό. Εἶτα προσκαλεσάμενος τοὺς γραμματεῖς ἠρώτησε, "Ποῦ λέγει ἡ γραφὴ τὸν Χριστὸν γεννηθῆναι;" Οἱ δὲ εἶπον, "Ἐν Βηθλεὲμ τῆς Ἰουδαίας." Τότε ἀπέστειλε τὰ στρατεύματα αὐτοῦ φονεῦσαι πάντας τοὺς παῖδας τοὺς ἐν Βηθλεὲμ ἀπὸ διετοῦς καὶ κατωτέρω κατὰ τὸν χρόνον, ὃν ἠκρίβωσε παρὰ τῶν Μάγων. Διατοῦτο ἀπεστάλη ἄγγελος ἐκ Θεοῦ καὶ εἶπε τῷ Ἰωσήφ, "*Ἐγερθεὶς παράλαβε τὸ παιδίον καὶ τὴν μητέρα αὐτοῦ, καὶ*

kings of the Persians, and they kept watch for when they would see such a star. Since they were astronomers and observed that Christ's star did not move like other stars, that is, from east to west, but instead moved southward, they recognized it as a sign that a great king had been born. They followed this star and found Christ the Lord. They fell to their knees and worshiped him. They also brought him gifts, gold, frankincense, and myrrh. Then by the command of an angel, they returned to their own land with joy.

On the same day. When Joseph, the betrothed and guardian 273
of the Virgin, was warned in a dream by the divine angel.

When Herod, the ruler of Jews, learned from the Magi that a great king had been born and would subjugate the entire world, he summoned the Magi, and said, "*Go and search diligently for the child; and when you have found him, bring me word so that I may also go and pay him homage.*" But he said this so that he could learn where he was and send someone to murder him. Then he summoned the scribes, and asked them, "Where does scripture say the Christ was born?" They replied, "In Bethlehem of Judea." So he sent soldiers to kill every child in Bethlehem who was two years old or younger according to the time that he had ascertained from the Magi. Because of this, an angel was sent from God and said to Joseph, "*Awake! Take the child and his mother and flee to*

φεῦγε εἰς Αἴγυπτον." Ὁ δὲ Ἰωσὴφ ἐποίησεν οὕτως. Καὶ παραλαβὼν τὸ παιδίον καὶ τὴν μητέρα αὐτοῦ, ἀπῆλθεν εἰς Αἴγυπτον.

274 Μηνὶ τῷ αὐτῷ κϛ′. Ἡ Θεοτόκος φεύγουσα εἰς Αἴγυπτον.

Εἰς Αἴγυπτον φεύγει ἡ Θεοτόκος μετὰ τοῦ βρέφους καὶ τοῦ Ἰωσὴφ διὰ δύο προφάσεις, ἵνα πληρωθῇ τὸ ῥηθὲν ὑπὸ τοῦ προφήτου ὅτι "*Ἐξ Αἰγύπτου ἐκάλεσα τὸν υἱόν μου,*" καὶ ἵνα ἐμφραγῇ πᾶν στόμα τῶν αἱρετικῶν. Εἰ γὰρ οὐκ ἔφυγεν ἀλλ' ἐκρατήθη τὸ βρέφος, εἰ μὲν ἐφονεύθη, ἐνεποδίζετο ἡ τῶν ἀνθρώπων σωτηρία, εἰ δὲ οὐκ ἐφονεύθη, μήτε ὑπὸ σπαθίου κοπτόμενον μήτε ὑπὸ ἄλλου τινὸς ξίφους ἢ ἄλλης τιμωρίας, διὰ τὸ πληρῶσαι τὴν οἰκονομίαν, δόξαι εἶχε τοῖς πολλοῖς ὅτι κατὰ φαντασίαν ἐγένετο καὶ οὐ κατὰ ἀλήθειαν ἐφόρεσεν ἀνθρωπίνην σάρκα. Εἰ γὰρ ἐφόρει σάρκα, φησίν, ἐκόπτετο ἂν ὑπὸ τοῦ σπαθίου. Ὅπουγε καὶ προφάσεως μὴ γενομένης, ἐτόλμησαν οἱ ἄθλιοι αἱρετικοὶ τοῦτο εἰπεῖν, ὅτι κατὰ φαντασίαν ἐγεννήθη. Διατοῦτο φεύγει εἰς Αἴγυπτον ἵνα καὶ τὰ ἐκεῖσε συντρίψῃ εἴδωλα καὶ τὴν οἰκουμένην ὅλην σώσῃ, κατὰ τὸν καιρὸν τῆς σωτηρίου σταυρώσεως καὶ τῆς ἀναστάσεως.

275 Μηνὶ τῷ αὐτῷ κζ′. Ἄθλησις τοῦ ἁγίου καὶ ἐνδόξου πρωτομάρτυρος καὶ ἀρχιδιακόνου Στεφάνου.

Στέφανος ὁ πρωτομάρτυς ἐγένετο μαθητὴς τῶν ἁγίων ἀποστόλων. Μετὰ δὲ τὴν ἀνάληψιν τοῦ Κυρίου ἡμῶν Ἰησοῦ Χριστοῦ, προεχειρίσθη μετὰ καὶ ἄλλων ἓξ εἰς τὸ

Egypt." Joseph did this. He took the child and his mother, and went to Egypt.

The twenty-sixth day in the same month. When the Theotokos fled to Egypt. 274

The Theotokos fled to Egypt with her child and Joseph for two reasons: so that what was said by the prophet might be fulfilled, "*From Egypt I called my son*"; and so that the mouth of every heretic might be silenced. For if she had not fled and the child had been captured, either he would have been murdered and human salvation would have been hindered; or if he had not been murdered because he was cut by no sword, nor by some other blade, nor by any other means, in order to preserve his divine plan, it would have seemed to many that he had existed only as a phantom and was not truly incarnate in human flesh. For if he had really been flesh, they say, he would have been cut by the sword. Of course, the wretched heretics still dare to say, even without any pretext, that he was born as a phantom. This is why he fled to Egypt, so that he could both destroy the idols there and save the entire world when the time came for his salvific crucifixion and the resurrection.

The twenty-seventh day in the same month. The passion of the holy and glorious protomartyr and archdeacon Stephen. 275

Stephen the protomartyr was a disciple of the holy apostles. After the ascension of our Lord Jesus Christ, he was ordained along with six others to serve the faithful as deacon

διακονεῖν τοῖς πιστοῖς ἐν ταῖς τραπέζαις. Ὑπάρχων δὲ πλήρης πίστεως καὶ σοφίας, ἐποίει σημεῖα καὶ τέρατα μεγάλα ἐν τῷ λαῷ, διδάσκων αὐτοὺς καὶ εὐαγγελιζόμενος τὰ περὶ τοῦ Χριστοῦ. Γενομένης δὲ ζητήσεως παρὰ τῶν Λιβερτίνων καὶ τῶν Κυρηναίων, συνέστησαν ἐπὶ Στεφάνῳ, συζητοῦντες αὐτῷ. Καὶ νικηθέντες ὠργίσθησαν, διαλεχθέντος καὶ διδάξαντος τοῦ ἁγίου Στεφάνου πολλὰ ἀπὸ τῶν θείων γραφῶν. Καὶ θυμωθέντες, ἤρξαντο τρίζειν τοὺς ὀδόντας καὶ λιθοβολεῖν αὐτόν. Ὁ δὲ λιθοβολούμενος, θεὶς τὰ γόνατα προσηύχετο, λέγων, "*Κύριε, μὴ στήσῃς αὐτοῖς τὴν ἁμαρτίαν ταύτην.*" Καὶ τοῦτο εἰπών, εἶδε σχιζομένους τοὺς οὐρανοὺς καὶ τὸν Υἱὸν τοῦ Θεοῦ ἑστῶτα ἐκ δεξιῶν τῆς δυνάμεως τοῦ Πατρὸς καὶ προσκαλούμενον αὐτόν. Καὶ οὕτως ἐτελειώθη.

276 Μηνὶ τῷ αὐτῷ κη΄. Ἄθλησις τοῦ ὁσίου πατρὸς ἡμῶν Θεοδώρου τοῦ Γραπτοῦ.

Οὗτος ἐγένετο ἀπὸ Συρίας μετὰ τοῦ ἀδελφοῦ αὐτοῦ Θεοφάνους τοῦ ποιητοῦ τῶν κανόνων. Μονάσας δὲ πρότερον ἐν τῇ Λαύρᾳ τοῦ ἁγίου Σάβα, καὶ πολλὰ ἀγωνισάμενος εἰς ἀρετήν, ὕστερον ἦλθεν ἐν Κωνσταντινουπόλει ἐπὶ τῆς βασιλείας Θεοφίλου τοῦ Εἰκονομάχου. Καὶ καταναγκασθεὶς ἀρνήσασθαι τὴν προσκύνησιν τῶν ἁγίων εἰκόνων καὶ μὴ πεισθείς, εἰς ἐξορίαν ἐκπέμπεται, πρότερον κατακεντηθεὶς καὶ καταγραφεὶς τὸ τίμιον αὐτοῦ πρόσωπον διὰ βελόνης καὶ μέλανος, καὶ ὡς εἷς τῶν κακούργων καὶ φευγόντων δούλων καθυβρισθείς, διότι ἐπαρρησιάσατο ὑπὲρ τοῦ

at the tables. He was full of faith and wisdom, so he performed great signs and wonders among the people. He also taught them and preached the good news about Christ. When a dispute arose among the Freedmen and the Cyrenians, they confronted Stephen and contended with him. But Saint Stephen debated them and taught them many things from the sacred scriptures, and when they were defeated, they became infuriated. Filled with rage, they began to grind their teeth and throw stones at him. As he was being stoned, he knelt down and prayed, saying, "*Lord, do not hold this sin against them.*" After he had spoken these words, he saw the heavens open. There was the Son of God standing at the right of the power of the Father, and he was calling him. Thus, he was perfected by death.

The twenty-eighth day in the same month. The passion of 276
our holy father Theodore the Branded.

This man was from Syria, and so was his brother Theophanes, who was the composer of *kanones.* First, he lived as a monk in the Lavra of Saint Sabas, where he performed many pious acts of virtue. Later, during the reign of Theophilos the Iconoclast, he came to Constantinople. When he was pressured to deny the veneration of the holy icons but refused to do so, he was sent into exile. Before that, however, his blessed face was pierced with a needle and tattooed with black ink. He was humiliated just like a criminal or an escaped slave because he had openly stood up for what was

δικαίου. Καὶ οὐκ ἠθέλησεν ἀρνήσασθαι τὴν τιμὴν καὶ τὸ σέβας τῶν ἁγίων καὶ σεπτῶν εἰκόνων, ἀλλὰ μέχρι τέλους ἀντιστῆναι ὑπὲρ τῆς ἀληθινῆς ὁμολογίας, ἐν δὲ τῇ ἐξορίᾳ ἀπελθών, πολλὰ πάλιν ἀγωνισάμενος καὶ πολλοὺς τῶν ὀρθοδόξων στηρίξας, πρὸς Κύριον ἐξεδήμησεν.

277 Τῇ αὐτῇ ἡμέρᾳ. Μνήμη τοῦ ὁσίου πατρὸς ἡμῶν Θεοδώρου ἀρχιεπισκόπου Κωνσταντινουπόλεως.

Οὗτος ὑπῆρχε τῆς αὐτῆς Κωνσταντινουπόλεως καὶ γέννημα καὶ θρέμμα. Ἐγένετο δὲ πρότερον διὰ τὴν εὐλάβειαν αὐτοῦ πρεσβύτερος τῆς ἁγιωτάτης Μεγάλης Ἐκκλησίας· οὐ μόνον δὲ πρεσβύτερος, ἀλλὰ καὶ σύγκελλος καὶ σκευοφύλαξ. Τοσοῦτον γὰρ ἐτιμᾶτο παρά τε τοῖς βασιλεῦσι καὶ τῷ πατριάρχῃ, καὶ τῇ συγκλήτῳ καὶ τῇ συνόδῳ πάσῃ. Ἦν γὰρ συνετὸς καὶ γνωστικός, καὶ ἐλεήμων καὶ συμπαθής, καὶ πάντα τὰ Θεῷ ἀρέσκοντα ἐν ἑαυτῷ περιφέρων. Διὰ ταῦτα δὲ τοῦ πρὸ αὐτοῦ πατριάρχου Κωνσταντίνου τελευτήσαντος, ψήφῳ τοῦ βασιλέως καὶ τῆς συγκλήτου καὶ τῶν ἐπισκόπων καὶ τοῦ λαοῦ παντός, προχειρίζεται πατριάρχης τοῦ θρόνου Κωνσταντινουπόλεως. Καὶ καλῶς ποιμάνας τὸ ποίμνιον αὐτοῦ, καὶ κυβερνήσας τὴν ἁγίαν ἐκκλησίαν ὀρθοδόξως καὶ θεαρέστως ἐπὶ ἔτη δύο καὶ μῆνας τρεῖς πρὸς Κύριον ἐξεδήμησεν.

right and refused to deny the honor and veneration due to the holy and sacred icons. Instead, he resisted until the end in upholding the true confession. After he had gone into exile, he again performed many feats of asceticism and brought encouragement to many of the orthodox before departing to the Lord.

On the same day. The commemoration of our holy father Theodore the archbishop of Constantinople. 277

This man was both born and raised in Constantinople. First, he became a priest of the most holy Great Church because of his piety; he became not only priest, but also *synkellos* and *skeuophylax*. For he was held in such high esteem by the emperors and the patriarch, as well as in the senate and the entire synod, because he was wise and learned, generous and compassionate, and always conducted himself in every way pleasing to God. Therefore, when Constantine, the patriarch before him, died, he was chosen by the emperor, the senate, the bishops, and the entire people to be ordained patriarch of the throne of Constantinople. He successfully shepherded his flock and guided the holy church in the ways of orthodoxy and piety for two years and three months before he departed to the Lord.

278 Τῇ αὐτῇ ἡμέρᾳ. Ἄθλησις τῶν ἁγίων μαρτύρων Ἴνδη καὶ Δόμνας.

Ἡ μάρτυς Δόμνα ὑπῆρχεν ἐπὶ Μαξιμιανοῦ τοῦ βασιλέως ἐν πόλει Νικομηδείας. Ἱέρεια τοῦ ἐν τῷ παλατίῳ Δωδεκαθέου. Ἐντυχοῦσα δὲ ταῖς Πράξεσι τῶν Ἁγίων Ἀποστόλων καὶ ταῖς ἐπιστολαῖς τοῦ ἁγίου Παύλου, καὶ παρ' αὐτῶν τὴν ψυχὴν φωτισθεῖσα καὶ τὴν ἀληθῆ πίστιν μαθοῦσα, ἐπίστευσε τῷ Χριστῷ. Καὶ βαπτίζεται παρὰ Κυρίλλου ἐπισκόπου Νικομηδείας ἅμα Ἴνδῃ τῷ εὐνούχῳ καὶ ἄλλοις πολλοῖς. Καὶ ἀπὸ τότε εἴ τι ἐλάμβανεν ἀπὸ τοῦ παλατίου, ἐδίδου τοῖς πτωχοῖς. Διαγνωσθεῖσα δὲ παρὰ τοῦ ἀρχιευνούχου καὶ μέλλουσα τιμωρεῖσθαι, προεφασίσατο παραφροσύνην. Καὶ ἀπεστάλη εἰς τὸν ἐπίσκοπον ἵνα θεραπευθῇ. Καὶ ἦν μετὰ τῶν Χριστιανῶν. Ὁ δὲ Μαξιμιανὸς ὑποστρέψας ἀπὸ τοῦ ταξειδίου, ἐζήτει τὴν Δόμναν, καὶ μὴ εὑρὼν ἐπικράνθη. Καὶ προσέταξεν ἀποθανεῖν πάντας τοὺς Χριστιανούς. Τότε ἡ ἁγία Δόμνα ἐνδυσαμένη ἀνδρικὴν στολήν, νυκτὸς ἀνελαμβάνετο τῶν ἁγίων τὰ λείψανα καὶ ἔθαπτε. Καὶ γνωσθεῖσα ἀπεκεφαλίσθη.

279 Τῇ αὐτῇ ἡμέρᾳ. Ἄθλησις τῶν ἁγίων δισμυρίων μαρτύρων.

Μαξιμιανοῦ τοῦ βασιλέως ἐκ τοῦ κατὰ τῶν Αἰθιόπων ὑποστρέψαντος πολέμου μετὰ νίκης καὶ βουλομένου ἐπινίκια θῦσαι τοῖς εἰδώλοις, ἐμήνυσαν πανταχοῦ συνελθεῖν ἅπαντας εἰς τὴν προσκύνησιν τῶν εἰδώλων. Τῆς δὲ ἐκκλησίας τῶν Χριστιανῶν γεμούσης τοῦ λαοῦ (ἦν γὰρ ἡ ἑορτὴ τῶν

On the same day. The passion of the holy martyrs Indes and Domna. 278

The martyr Domna lived under the emperor Maximian in the city of Nikomedeia. She was a priestess of the Dodekatheon in the palace. But when she read the Acts of the Holy Apostles and the epistles of Saint Paul, her spirit was enlightened by them, she grasped the true faith, and came to believe in Christ. She was baptized, along with Indes the eunuch and many others, by Cyril, the bishop of Nikomedeia. Thereafter, whatever she received from the palace she donated to the poor. When she was discovered by the chief eunuch and was going to be tortured, she feigned insanity. She was therefore sent to the bishop to be healed. Then she was with the Christians there. When Maximian returned from campaign, he searched for Domna and became angry when he failed to find her. He ordered that all Christians be put to death. Then Saint Domna put on male clothing and gathered the remains of the saints at night and buried them. But when she was discovered, she was beheaded.

On the same day. The passion of the twenty thousand holy martyrs. 279

When the emperor Maximian returned victorious from his war against the Ethiopians, he wanted to make victory sacrifices to the idols, so he decreed that in every place all should gather to worship the idols. Now at that time, the church of the Christians was full of people (for it was the feast of

ἁγίων Χριστουγέννων), ἑορτάζοντες οἱ Χριστιανοὶ ἔχαιρον καὶ οὐκ ἐπείσθησαν ἐξελθεῖν τῆς ἐκκλησίας καὶ προσκυνῆσαι τοῖς ἀκαθάρτοις δαίμοσι. Καὶ μαθὼν τοῦτο ὁ Μαξιμιανὸς προσέταξε κύκλῳ τῆς ἐκκλησίας τεθῆναι φρύγανα καὶ ἐξαφθῆναι καὶ κατακαῆναι τοὺς Χριστιανούς. Καὶ ἀκούσας τοῦτο ὁ ἐπίσκοπος ἐβάπτισε πάντας τοὺς κατηχουμένους, καὶ λειτουργήσας μετέδωκεν ἅπασι τῶν ἀχράντων μυστηρίων. Καὶ οὕτως ἀναφθέντων τῶν φρυγάνων, ἐτελειώθησαν ἅπαντες δισμύριοι ὄντες. Ὁ δὲ ἐπίσκοπος Θεοῦ χάριτι διεφυλάχθη ἵνα καὶ ἑτέρους ὠφελήσῃ καὶ βαπτίσῃ.

280 Τῇ αὐτῇ ἡμέρᾳ. Ἄθλησις τῶν ἀπὸ τῆς συγκλήτου καὶ τῶν ἔξω τῆς πυρᾶς ὑπολειφθέντων ἁγίων μαρτύρων.

Ταῦτα πράξας ὁ μιαρὸς Μαξιμιανὸς προσέταξε καὶ τοὺς ἔξω τῆς πυρᾶς ὑπολειφθέντας Χριστιανοὺς φονευθῆναι. Φονεύονται δὲ ὁ ἅγιος Ἴνδης καὶ Γοργόνιος καὶ Πέτρος, λίθοις προσδεθέντες καὶ ἐν θαλάσσῃ ῥιφέντες. Ὁ δὲ στρατηγὸς Ζήνων συντριβεὶς τὴν ὄψιν καὶ τοὺς ὀδόντας μετὰ λίθων, σὺν Δωροθέῳ τῷ πραιπωσίτῳ, τὴν κεφαλὴν ἀποτέμνεται. Μαρδόνιος πυρὶ φλέγεται. Μυγδόνιος εἰς βόθρον ἐμβάλλεται. Γλυκέριος ὁ πρεσβύτερος πυρὶ τελειοῦται. Θεόφιλος ὁ διάκονος τὴν γλῶτταν ἐκτμηθεὶς ἐν τῷ κάμπῳ λιθοβολεῖται. Καὶ ἕτεροι πολλοὶ κατ᾽ ἐκείνην τὴν ἡμέραν τὸν τῆς μαρτυρίας ἐδέξαντο στέφανον. Τούτων πάντων τὰ ἅγια λείψανα ἡ ἁγία Δόμνα συνάγουσα ἐνεταφίασεν. Εἶτα ἐν πλοίῳ ἐνθεῖσα καὶ ἐν ἐπιτηδείῳ κρύψασα τόπῳ,

Christmas), and as the Christians were celebrating with great joy, they refused to leave their church to venerate the profane demons. When Maximian learned of this, he commanded that firewood be placed around the church and ignited, and the Christians burned. When the bishop became aware of this, he baptized all the catechumens. Then he performed the divine liturgy and provided all present with the sacred mysteries. As the wood set around the church burned, all twenty thousand people inside were perfected by death. The bishop, however, was preserved by the grace of God so that he could also benefit and baptize others.

On the same day. The passion of the holy martyrs from the 280
senate and who were not in the fire.

After the impious Maximian had done these things, he also commanded that the Christians who were not among those in the fire be killed. Saints Indes, Gorgonios, and Peter were killed by being tied to stones and thrown into the sea. The general Zeno and his *praepositus* Dorotheos had their faces and teeth broken with stones before their heads were cut off. Mardonios was set on fire. Mygdonios was thrown into a pit. Glykerios the priest was perfected in death by fire. Theophilos the deacon had his tongue cut out and was then stoned in the field. Many others also received the crown of martyrdom on that day. Saint Domna recovered the holy remains of all these martyrs and prepared them for burial. Then she placed them in a boat and hid them in a suitable

διεβλήθη τῷ Μαξιμιανῷ. Καὶ τῇ προστάξει ἐκείνου, πρῶτον μὲν ἀπετμήθη τὴν κεφαλήν, εἶτα καὶ πυρὶ κατεκάη.

281 Μηνὶ τῷ αὐτῷ κθʹ. Ἡ ἀναίρεσις τῶν ἐν τῇ Βηθλεὲμ ἁγίων νηπίων.

Προστάξας ὁ βασιλεὺς τῶν Ἰουδαίων Ἡρῴδης τοῖς Μάγοις τοῦ ὑποστρέψαι καὶ διαναγγεῖλαι αὐτῷ περὶ τοῦ γεννηθέντος βασιλέως, ὃν ὁ ἀστήρ, ᾧ ἠκολούθουν, ἐμήνυεν, ὅπως σὺν ἐκείνοις προσκυνήσῃ αὐτῷ, καὶ τοῦ ἀγγέλου εἰπόντος αὐτοῖς μὴ ἀνακάμψαι πρὸς Ἡρῴδην, ἀλλὰ δι' ἄλλης ὁδοῦ ἀναχωρῆσαι εἰς τὴν χώραν αὐτῶν, καὶ τοῦτο ποιησάντων, ἰδὼν ὅτι ἐνεπαίχθη ὑπ' αὐτῶν, ἐπικράνθη. Καὶ ἐψηφίσατο ἀκριβῶς τὸν χρόνον τοῦ φαινομένου ἀστέρος καὶ ἀποστείλας στρατιώτας, ἐφόνευσε πάντας τοὺς παῖδας τοὺς ἐν Βηθλεὲμ ἀπὸ διετοῦς καὶ κατωτέρω. Τοῦτο θέμενος ἐν τῇ διανοίᾳ, ὅτι εἰ πάντας τοὺς παῖδας φονεύσει, πάντως ἀποθανεῖται καὶ ὁ μέλλων βασιλεῦσαι καὶ οὐκ ἐπιβουλεύσει αὐτῷ. Ἀλλ' εἰς μάτην ἐκοπίασεν ὁ παράφρων, μὴ εἰδὼς ὅτι Θεοῦ βουλῇ ἄνθρωπος ἐμποδίσαι οὐ δύναται. Ὅθεν ἐκείνοις μὲν προεξένησε βασιλείαν οὐρανῶν, ἑαυτῷ δὲ κόλασιν αἰώνιον.

282 Τῇ αὐτῇ ἡμέρᾳ. Μνήμη τοῦ ὁσίου πατρὸς ἡμῶν Μαρκέλλου Μονῆς τῶν Ἀκοιμήτων.

Οὗτος ὁ ὅσιος πατὴρ ἡμῶν Μάρκελλος ὑπῆρχεν ἐκ πόλεως Ἀπαμείας τῆς Συρίας, ἀπὸ ἐνδόξου γένους καὶ περιφανοῦς. Ἔμαθε δὲ πᾶσαν γνῶσιν καὶ ἐπιστήμην. Εἶτα

place. But she was reported to Maximian. By his command, her head was first cut off. Then she was burned in a fire.

The twenty-ninth day in the same month. The slaughter of the holy infants in Bethlehem. 281

Herod, the king of the Jews, commanded the Magi to return and inform him about the newborn king whom the star that they were following revealed, so that he could also join them in venerating him. But the angel told them not to return to Herod but to return to their country by another route. After they had done this, and Herod realized that he had been deceived by them, he was filled with rage. He carefully calculated the time of the star's appearance, and sent soldiers and put to death all the children in Bethlehem two years old and younger. He did this with the idea that if he put to death all the children, the one prophesied to be king would certainly die and would not plot against him. But the insane man's efforts were in vain because he failed to recognize that no human can hinder God's will. Instead, he facilitated their entrance into the kingdom of heaven and his own eternal punishment.

On the same day. The commemoration of our holy father Markellos of the Akoimetoi Monastery. 282

Our holy father Markellos was from the city of Apameia in Syria and came from a distinguished and illustrious family. He received a complete and thorough education. Then he

κατέλιπε τὸν κόσμον καὶ τὸν οἶκον τὸν πατρικόν, καὶ παρεγένετο εἰς Ἔφεσον. Καὶ εἰς μοναστήριον εἰσελθών, καλῶς ἐμόνασεν. Εἶτα παρεγένετο πρὸς τὸν ὅσιον Ἀλέξανδρον ὄντα ἐν τῇ Μονῇ τῶν Ἀκοιμήτων, μαθὼν περὶ τῆς ἐνθέου καὶ ὑψηλῆς αὐτοῦ ἀρετῆς. Καὶ ἐν τῇ τοιαύτῃ μονῇ τὴν διαγωγὴν ποιησάμενος καὶ πάντας ὑπερβαλὼν εἰς ἀρετήν, μετὰ τὸν θάνατον Ἀλεξάνδρου καὶ Ἰακώβου τοῦ μετὰ Ἀλέξανδρον ἡγουμενεύσαντος, ἐγένετο ἡγούμενος. Τοσοῦτον δὲ ἠγωνίσατο εἰς ἀρετὴν ὡς καὶ χάρισμα θαυματουργίας δέξασθαι παρὰ Θεοῦ, ἀλλὰ καὶ προφητείας. Ὅθεν πολλῶν θαυμάτων ἐπιδειξάμενος δύναμιν, καὶ τοῖς βασιλεῦσι καὶ παντὶ τῷ λαῷ τίμιος φανείς, ἐν εἰρήνῃ ἐτελειώθη.

283 Μηνὶ τῷ αὐτῷ λ΄. Ἄθλησις τῆς ἁγίας μάρτυρος Ἀνυσίας.

Ἡ ἁγία μάρτυς Ἀνυσία ὑπῆρχεν ἐπὶ Μαξιμιανοῦ βασιλέως ἐκ πόλεως Θεσσαλονίκης, γονεῖς ἔχουσα εὐσεβεῖς καὶ πιστοὺς καὶ πλουσίους. Ἀλλὰ ἐκείνων ἀποθανόντων, ὑπελείφθη ἡ ἁγία καταμόνας, διὰ βίου καὶ πράξεως εὐχαριστοῦσα τῷ Θεῷ. Ἐν μιᾷ δὲ τῶν ἡμερῶν κατὰ τὸ ἔθος ἀπερχομένη εἰς τὴν ἐκκλησίαν, συνήντησεν αὐτῇ στρατιώτης τις τῶν εἰδώλων προσκυνητής. Καὶ κρατήσας αὐτήν, ἠνάγκαζεν ἀπελθεῖν καὶ θῦσαι τοῖς εἰδώλοις. Ὡς δὲ οὐκ ἔπεισε τὴν ἁγίαν, ἰσχυρῶς ἀντεχομένην καὶ ἐμπτύσασαν εἰς τὸ πρόσωπον αὐτοῦ, θυμωθεὶς κατὰ τῆς πλευρᾶς αὐτῆς διελαύνει τὸ σπαθίον. Καὶ δεξαμένη τὴν ἐπώδυνον καὶ πικρὰν ταύτην πληγὴν ἡ ἁγία εὐθέως ἔπεσεν ἐπὶ τὴν γῆν. Ἀλλὰ καὶ

renounced the world and his father's household and traveled to Ephesus. He entered a monastery and lived a virtuous life as a monk. Later on, he went to Saint Alexander, who lived in the Akoimetoi Monastery, and came to know his inspired and sublime virtue. He joined this monastery and, because he surpassed all in virtue, after the deaths of Alexander and of James, who had succeeded Alexander as abbot, he became abbot. His feats of virtue were so great that he even received the grace of working miracles from God, and also of prophecy. After he demonstrated the power of many wonders and was admired by the emperors and the entire people, he was perfected by death in peace.

The thirtieth day in the same month. The passion of the 283
holy martyr Anysia.

The holy martyr Anysia lived under the emperor Maximian. She was from the city of Thessalonike, and her parents were pious, faithful, and wealthy. After they died, the saint was left alone, but she nevertheless gave thanks to God with her life and deeds. One day, she made her customary visit to the church and happened to meet a soldier who was a venerator of the idols. He arrested her and pressured her to go and sacrifice to the idols. When she refused, forcefully resisted, and spat in his face, he became infuriated and drove his sword into her side. As soon as the saint received this grievous and painful wound, she fell to the ground. But even after she had

πεσοῦσα, τῆς πρὸς Θεὸν εὐχαριστίας τε καὶ εὐχῆς οὐκ ἀφίστατο. Καὶ οὕτως ἐπὶ πολλαῖς ταῖς ὥραις ποιοῦσα, παρέδωκε τὸ πνεῦμα αὐτῆς τῷ Κυρίῳ.

284 Τῇ αὐτῇ ἡμέρᾳ. Ἄθλησις τοῦ ἁγίου ἀποστόλου Τίμωνος ἑνὸς τῶν ἑπτὰ διακόνων.

Τίμων ὁ τοῦ Χριστοῦ ἀπόστολος ὑπῆρχε μὲν εἷς ἐκ τῶν ἑβδομήκοντα ἀποστόλων, προεχειρίσθη δὲ ὑπὸ τῶν μεγάλων ἀποστόλων εἰς τὸ διακονεῖν ταῖς τραπέζαις τῶν προσερχομένων τῷ Χριστῷ καὶ βαπτιζομένων μετὰ τῶν ἄλλων ἓξ διακόνων, ἐν οἷς ἦν καὶ ὁ μέγας Στέφανος ὁ πρωτομάρτυς. Ἀλλ' ὕστερον ἐγένετο καὶ ἐπίσκοπος ὑπὸ τῶν αὐτῶν ἁγίων ἀποστόλων τῆς πόλεως Βόστρων, χώρας τῆς Ἀραβίας. Καὶ διδάσκων ἐπὶ τῷ ὀνόματι τοῦ Κυρίου ἡμῶν Ἰησοῦ Χριστοῦ τοῦ ἀληθινοῦ Θεοῦ, καὶ πολλοὺς πείθων τῶν Ἑλλήνων λόγοις καὶ θαύμασι, τὴν μὲν πατροπαράδοτον αὐτῶν θρησκείαν καταλιμπάνειν, ἐπιστρέφειν δὲ ἐπὶ τὴν ἀληθινὴν πίστιν, ἐπεβουλεύθη ὑπὸ τῶν δυσσεβῶν εἰδωλολατρῶν, ταῖς ὑποβολαῖς τῶν φθονερῶν Ἰουδαίων μὴ φερόντων ἀκούειν τὸ τοῦ Χριστοῦ ὄνομα παρρησίᾳ κηρυττόμενον. Καὶ κρατηθεὶς καὶ διαφόρως βασανισθείς, ὕστερον εἰς κάμινον ἐνεβλήθη. Καὶ τῆς καμίνου ἐξελθὼν ἀβλαβὴς καὶ ὀλίγον ἐπιβιούς, πρὸς Χριστὸν ἐξεδήμησε χαίρων.

fallen, she did not stop offering prayers and thanksgiving to God. She continued doing this for many hours until she handed over her spirit to the Lord.

On the same day. The passion of the holy apostle Timon, 284
who was one of the seven deacons.

Christ's apostle Timon was one of the seventy apostles. He was ordained with the other six deacons, among whom was also the great Stephen the protomartyr, by the great apostles to serve at the tables for those who came to Christ and were baptized. Later on, he was also ordained bishop of the city of Bostra in the region of Arabia by the same holy apostles. There he taught in the name of our Lord Jesus Christ, the true God, and convinced many of the Hellenes through his words and miracles to reject their ancestral religion and turn to the true faith. Because of this, the impious idolaters plotted against him at the urging of the envious Jews who could not endure hearing the name of Christ proclaimed openly. He was arrested and tortured in various ways, and after that, he was thrown into a furnace. He emerged from the furnace unscathed and lived for a short time before departing with joy to the Lord.

285 Μηνὶ τῷ αὐτῷ λα΄. Μνήμη τῆς ὁσίας Μελάνης τῆς Ῥωμαίας.

Θεοδοσίου τοῦ Μεγάλου τῆς ἐπιγείου βασιλείας τὴν οὐράνιον ἀνταλλαξαμένου καὶ πρὸς τὸν ἀθάνατον ἐκδημήσαντος βασιλέα, τῆς μὲν Νέας Ῥώμης καὶ τῆς ὑπ' αὐτὴν ἐπικρατείας προστάξει ἐκείνου ἐβασίλευσεν Ἀρκάδιος ὁ πρῶτος υἱὸς αὐτοῦ, τῆς δὲ Παλαιᾶς Ῥώμης καὶ τῆς ὑπ' ἐκείνην χώρας ἦρξεν Ὀνώριος ὁ δεύτερος υἱὸς αὐτοῦ. Ἐπὶ τούτων ἦν ἡ ὁσία Μελάνη ἐν τῇ πόλει Ῥώμῃ, εὐγενὴς καὶ πλουσία καὶ εὔμορφος. Διὸ καὶ ζητουμένη πρὸς γάμον παρὰ πολλῶν, αὐτὴ μὲν οὐκ ἤθελεν. Ὅμως ὑπὸ τῶν γονέων συνεζεύχθη ἀνδρὶ καὶ μὴ θέλουσα. Ὃν πρὸ τῆς συναφείας τὸν τοῦ Θεοῦ φόβον διδάξασα, ἔπεισε κόσμου καὶ ἡδονῶν καταφρονῆσαι καὶ γενέσθαι μοναχόν. Ὁμοίως καὶ αὐτὴ σκορπίσασα πάντα τὸν πλοῦτον, ὃν ἐκ τῶν γονέων ἔλαβεν ἀναρίθμητον ὄντα, εἰς τοὺς πένητας, γέγονε μοναχή. Καὶ οὕτως ἠγωνίσατο ὡς καὶ θαύματα ποιῆσαι. Κτίσασα δὲ καὶ μοναστήριον εἰς Θεοῦ δοξολογίαν ἐτελεύτησεν.

286

The thirty-first day in the same month. The commemoration of Saint Melania of Rome. 285

After Theodosius the Great had exchanged his earthly kingdom for the heavenly kingdom and had therefore departed to the immortal king, by his order his eldest son Arcadius ruled New Rome and all the territory associated with it, and his second son Honorius ruled Old Rome and all the land associated with it. During their reigns, Saint Melania lived in the city of Rome and was nobly born, rich, and beautiful. She was therefore greatly desired by many for marriage, but this was not her wish. Nevertheless, despite her wishes she was joined in marriage to a man by her parents. But before their marriage was consummated, she taught him to fear God and also convinced him to reject the pleasures of the world and become a monk. Likewise, she also distributed her entire fortune, an incomprehensible sum that she had inherited from her parents, to the poor, and then she became a nun. Her feats of asceticism were such that she also performed miracles. After she founded a monastery for the glory of God, she died.

[An unnamed prophet.] 286

287 Μηνὶ Ἰαννουαρίῳ α′. Ἡ ἀνάμνησις τῆς ἁγίας περιτομῆς τοῦ Κυρίου καὶ Θεοῦ ἡμῶν Ἰησοῦ Χριστοῦ.

Θέλων ὁ Κύριος ἡμῶν καὶ Θεός, ὡς τὰς καρδίας τῶν ἀνθρώπων ἐπιστάμενος καὶ τὰ μέλλοντα γινώσκων, τὴν οἰκονομίαν πιστώσασθαι τῆς ἐνανθρωπήσεως αὐτοῦ, ἵνα μήτις ἐκ τῶν αἱρετικῶν ἔχοι λέγειν ὅτι κατὰ φαντασίαν ἐγεννήθη καὶ οὐ κατὰ ἀλήθειαν τὴν ἡμετέραν ἀνελάβετο σάρκα, ὅπερ καὶ πολλοὶ ἐτόλμησαν τῶν αἱρετικῶν εἰπεῖν, ἅμα δὲ καὶ ἵνα λύσῃ πᾶσαν πρόφασιν τῶν Ἰουδαίων τοῦ μὴ λέγειν ὅτι οὐκ ἐπολιτεύσατο κατὰ τὸ ἔθος ἐκείνων καὶ τὴν διαταγήν, πληροῖ πάντα τὰ τοῦ Νόμου. Καὶ μετὰ ἡμέρας ὀκτὼ τῆς αὐτοῦ ἀχράντου ἐκ Παρθένου γεννήσεως, ἠθέλησεν ὡς βρέφος ἀπελθεῖν εἰς τὸν τόπον ἐν ᾧ ἔθος εἶχον οἱ Ἰουδαῖοι περιτέμνεσθαι. Καὶ περιετμήθη καὶ *ἐκλήθη τὸ ὄνομα αὐτοῦ Ἰησοῦς, τὸ κληθὲν ὑπὸ τοῦ ἀγγέλου πρὸ τοῦ συλληφθῆναι αὐτὸν ἐν τῇ ἀφθόρῳ μήτρᾳ* τῆς Θεοτόκου. Καὶ πάλιν ἀπελθὼν μετὰ τῶν γονέων, ἀνετρέφετο ἀνθρωποπρεπῶς, *προκόπτων σοφίᾳ, ἡλικίᾳ, καὶ χάριτι.*

January

The first day in the month of January. The remembrance of the holy circumcision of our Lord and God Jesus Christ. 287

Our Lord and God, because he understands human hearts and knows what is to come, wanted to strengthen our faith in his divine plan for his incarnation so that none of the heretics could claim that he was born only as a phantom and did not truly assume our human flesh, although many heretics still had the audacity to say this. He also wanted to prevent the Jews from having any pretext for saying that he did not live according to their customs and their practices. Therefore, he fulfilled every commandment of the Law. Eight days after his undefiled birth from the Virgin, he willed to be brought as an infant to the place where the Jews were customarily circumcised. There he was circumcised and *called Jesus, the name given by the angel before he was conceived in the immaculate womb* of the Theotokos. Afterward, he returned with his parents and was raised just like any human, *advancing in wisdom, age, and grace.*

288 Τῇ αὐτῇ ἡμέρᾳ. Μνήμη τοῦ ἐν ἁγίοις πατρὸς ἡμῶν Βασιλείου ἀρχιεπισκόπου Καισαρείας τῆς Καππαδοκίας.

Ὁ ἐν ἁγίοις πατὴρ ἡμῶν Βασίλειος ἦν ἐπὶ τῆς βασιλείας Οὐάλεντος, ὅντινα Οὐάλεντα τὰ Ἀρείου τοῦ αἱρετικοῦ φρονοῦντα παρρησιασάμενος ἤλεγξε. Καὶ ἔπεισε παρ' ὀλίγον τὴν αἵρεσιν ἀρνήσασθαι, εἰ μὴ αἰσχυνόμενον αὐτὸν ἔβλεπεν. Ὅμως εἰ καὶ τὴν αἵρεσιν τελείως οὐκ ἠρνήσατο, τέως καὶ τῇ ἐκκλησίᾳ προσῆλθε λειτουργοῦντος τοῦ Μεγάλου Βασιλείου καὶ δῶρα προσέφερεν. Ἦν δὲ ὁ Μέγας Βασίλειος υἱὸς Βασιλείου τοῦ ἀπὸ τοῦ Πόντου καὶ Ἐμμελίας τῆς ἀπὸ τῆς Καππαδοκίας. Ὅστις ἐν σοφίᾳ καὶ γνώσει πάντας καὶ τοὺς παλαιοὺς καὶ τοὺς νέους ἐνίκησε. Κατεξαίρετον δὲ τοσοῦτον ἐγένετο εὐλαβὴς ὡς καὶ ἀρχιερεὺς γενέσθαι τοῦ θρόνου Καισαρείας. Ὅπου καὶ πολλοὺς ἀγῶνας ὑπὲρ τῆς ὀρθοδόξου πίστεως ὑπομείνας, καὶ βασιλεῖς καὶ ὑπάρχους καταπλήξας, καὶ τῶν αἱρετικῶν τὰ στόματα φράξας τοῖς λόγοις, καὶ βιβλία πλεῖστα συγγραψάμενος, καὶ μυρία θαύματα ἐργασάμενος, ἐν εἰρήνῃ πρὸς Κύριον ἐξεδήμησεν.

289 Τῇ αὐτῇ ἡμέρᾳ. Ἄθλησις τῶν ἁγίων μαρτύρων Θεοπέμπτου καὶ Θεοδότης.

290 Μηνὶ τῷ αὐτῷ β'. Ἄθλησις τοῦ ἁγίου μάρτυρος Βασιλείου.

Ὁ μάρτυς Βασίλειος ὑπῆρχεν ἐπὶ τῆς βασιλείας Ἰουλιανοῦ τοῦ Παραβάτου. Ἐγένετο δὲ ἀπὸ Ἀγκύρας τῆς Γαλατίας.

On the same day. The commemoration of our father among the saints Basil, the archbishop of Caesarea in Cappadocia. 288

Our father among the saints Basil lived during the reign of the emperor Valens. This is Valens who believed in the teachings of the heretic Arius and whom Basil openly rebuked. Basil would have even convinced him to reject the heresy, had Valens not become embarrassed at the correction. All the same, even if he did not completely reject the heresy, he visited Basil the Great while he was performing the divine liturgy in the church, and brought gifts. Basil the Great was the son of Basil, who was from the Pontus, and of Emmelia, who was from Cappadocia. His wisdom and learning far surpassed all, both old and young. His piety was so exceptional that he was appointed to the position of high priest of Caesarea. There he endured many trials on behalf of the orthodox faith. He impressed emperors and prefects, and silenced the mouths of heretics with his arguments. He also composed numerous books and performed countless miracles before departing to the Lord in peace.

On the same day. The passion of the holy martyrs Theopemptos and Theodote. 289

The second day in the same month. The passion of the holy martyr Basileios. 290

The martyr Basileios lived during the reign of Julian the Apostate and was from the city of Ankyra in Galatia. Be-

Διὰ δὲ τὸ τὸν Χριστὸν σέβεσθαι καὶ ὁμολογεῖν, ἐκρατήθη καὶ παρέστη τῷ ἡγεμόνι Σατορνίλῳ. Καὶ πάλιν ἐνώπιον αὐτοῦ ἐρωτηθεὶς εἰ πιστεύει τῷ Χριστῷ, μεγάλῃ φωνῇ ἐξεῖπε μὴ εἶναι θεὸν ἄλλον πλὴν αὐτοῦ. Ὅθεν ἐκρεμάσθη καὶ ἐξέσθη ἰσχυρῶς. Ἀπὸ δὲ Ἀγκύρας δέσμιος ἐπέμφθη εἰς Κωνσταντινούπολιν. Καὶ πάλιν ἐβασανίσθη παρὰ τοῦ ἐπάρχου ἰσχυρῶς. Εἶτα ἐνεβλήθη εἰς κάμινον πυρὸς καὶ ἐξῆλθεν ὑγιής. Καὶ τότε ἀπεστάλη εἰς Καισάρειαν ἵνα θηριομαχήσῃ. Ἐκεῖσε δὲ ἀπελθὼν δεδεμένος, ἔστη εἰς τὸ θέατρον ἐν ἡμέρᾳ ἱπποδρομίας. Καὶ τότε ἀπελύθη ἀγρία λέαινα λιμώξασα πρότερον, ἵνα καταφάγῃ αὐτόν. Ἰδὼν δὲ ὁ ἅγιος τὸ θηρίον ἐρχόμενον ἐπ᾽ αὐτόν, ἤρξατο προσεύχεσθαι. Καὶ προσευχόμενος συγχωρήσει Θεοῦ ἐβρώθη ὑπὸ τοῦ θηρίου. Καὶ οὕτως ἐτελειώθη.

291 Τῇ αὐτῇ ἡμέρᾳ. Μνήμη τοῦ ἐν ἁγίοις πατρὸς ἡμῶν Σιλβέστρου πάπα Ῥώμης.

Σίλβεστρος ὁ σοφὸς διὰ πολλὴν ἀρετήν, μετὰ τὸ τελευτῆσαι Μιλτιάδην τὸν ἐπίσκοπον, χειροτονεῖται τῆς Πρεσβυτέρας Ῥώμης ἐπίσκοπος. Τὴν ἐκκλησίαν δὲ ἐγχειρισθείς, καὶ τὸ μέγα καὶ ἱερὸν ποίμνιον τῶν Χριστιανῶν, πολλοὺς ἀγῶνας ὑπέμεινε, καὶ πολλὰ θαύματα ἐποίησε. Καὶ τὸν Μέγαν Κωνσταντῖνον, τὸν πρῶτον ἐν Χριστιανοῖς βασιλεύσαντα, πρὸς τὴν εἰς Χριστὸν πίστιν ὡδήγησε. Καὶ τῷ ἁγίῳ βαπτίσματι τὴν τοῦ σώματος λέπραν, καὶ τὰ τῆς ψυχῆς πάθη διὰ τῆς ἐπιφανείας τῶν ἁγίων ἀποστόλων Πέτρου καὶ Παύλου ἀπεκάθαρε. Καὶ παρεσκεύασεν αὐτὸν

cause of his confession and worship of Christ, he was arrested and brought before the governor Saturnilus. Once again, he was asked before him if he believed in Christ, and he responded in a loud voice that there is no other god than he. He was hung up and severely flayed for this. Then he was bound and sent from Ankyra to Constantinople. He was again severely tortured by the prefect. Next, he was thrown into a fiery furnace, but he emerged unscathed. After this, he was relocated to Caesarea in order to fight wild beasts. He was taken there in chains and was forced to stand in the hippodrome during a day of horse racing. And then a wild lioness was set loose, and it had been starved so that it would devour him. When the saint saw the beast approaching him, he began to pray. As he prayed, he was devoured by the beast with God's permission. Thus, he was perfected by death.

On the same day. The commemoration of our father among 291
the saints Silvester, pope of Rome.

Because of his great virtue, the wise Silvester was ordained bishop of Old Rome after the death of the bishop Miltiades. He endured many difficulties after he was entrusted with the church and the great and holy flock of the Christian people. He also performed many miracles. He guided Constantine the Great, the first emperor among the Christians, to faith in Christ. By the power of holy baptism, he healed the leprosy of his body, and through the appearance of Saints Peter and Paul the apostles, he cleansed the stains of his soul. He also convinced him to raze the idolatrous

τὰ μὲν εἰδωλεῖα τῶν δαιμόνων καταστρέψαι, ναοὺς δὲ ἐπ' ὀνόματι τοῦ Χριστοῦ καὶ Θεοῦ ἡμῶν, καὶ τῆς Θεοτόκου, καὶ τῶν ἁγίων ἀποστόλων, καὶ τῶν μαρτύρων κτίσαι. Ἀλλὰ καὶ μέχρι τοῦ Βυζαντίου ἠκολούθησε τῷ βασιλεῖ, πολλοὺς τὰ πρὸς σωτηρίαν διδάσκων. Καὶ οὕτως ἐν βαθεῖ γήρᾳ πρὸς Κύριον χαίρων ἐξεδήμησεν.

292 Μηνὶ τῷ αὐτῷ γ'. Ἄθλησις τοῦ ἁγίου μάρτυρος Γορδίου.

Ἐπὶ Λικιννίου τοῦ βασιλέως, ἐγένετο ὁ ἅγιος Γόρδιος ἀπὸ τῆς Καισαρείας τῆς Καππαδοκίας, κόμης τὴν τάξιν, ἔχων ὑπ' αὐτὸν στρατιώτας ἑκατόν. Τὴν δὲ τῶν δυσσεβῶν Ἑλλήνων παρρησίαν, καὶ τὰς εἰς Χριστὸν βλασφημίας μὴ φέρων ὁρᾶν, κατέλιπε τὴν στρατείαν καὶ τὴν πρόσκαιρον δόξαν. Καὶ ἀπῆλθεν εἰς τὸ ὄρος καὶ κατῴκει τὴν ἔρημον, μετὰ τῶν θηρίων ἀναστρεφόμενος καὶ τῷ Θεῷ μόνῳ προσευχόμενος. Ἀλλὰ τοῦ Χριστοῦ ὁ πόθος ἀνῆψεν αὐτόν. Καὶ κατὰ τῆς πλάνης ὁρμήσας, εἶπε πρὸς ἑαυτόν, "Ἀπέλθω πρὸς τὴν πόλιν, καὶ μαρτυρήσω ὑπὲρ τοῦ Χριστοῦ μου ἵνα κληρονομήσω ζωὴν αἰώνιον." Ἱπποδρομίας δὲ τελουμένης ἐν Καισαρείᾳ, καὶ τοῦ λαοῦ ὅλου συνηγμένου, ἔστη καὶ ἐβόησεν εἰς τὸ μέσον, "*Εὑρέθην τοῖς ἐμὲ μὴ ζητοῦσι.* Καὶ ἰδού, πιστεύω Χριστῷ. Καὶ ἀθετῶ τὰ ἄψυχα εἴδωλα, ὡς καὶ ἀπὸ νεότητος." Καὶ τοῦτο εἰπών, καὶ τὸν ἄρχοντα κινήσας εἰς θυμόν, ἀπετμήθη τὴν κεφαλήν.

temples of the demons and to construct churches in the name of Christ our God, the Theotokos, the holy apostles, and the martyrs. He also followed the emperor to Byzantion, where he taught many about salvation. Then he departed to the Lord with joy at an advanced age.

The third day in the same month. The passion of the holy martyr Gordios. 292

Saint Gordios lived under the emperor Licinius. He was from Caesarea in Cappadocia. He held the rank of *comes* and had one hundred soldiers under his command. He could not bear to see the brazen behavior of the impious Hellenes and their blasphemies against Christ, so he left the army and its ephemeral glory. He then went to a mountain and lived in the wilderness, where he dwelled among the wild beasts and prayed to God alone. But his desire for Christ stirred a passion in him. He longed to act against their superstition, so he said to himself, "I will return to the city and suffer martyrdom on behalf of my Christ so that I may inherit eternal life." At that time, there were horse races underway in Caesarea, and the entire people was assembled. He stood among them and cried out, "*Here I am for those who have not looked for me.* Behold, I believe in Christ, and I condemn the lifeless idols as I have since I was a child." His words made the governor seethe with rage, and he was therefore beheaded.

293 Τῇ αὐτῇ ἡμέρᾳ. Μνήμη τοῦ ἁγίου καὶ ἐνδόξου προφήτου Μαλαχίου.

Μαλαχίας ὁ προφήτης μετὰ τὴν ἐπιστροφὴν τῆς αἰχμαλωσίας τοῦ λαοῦ τῶν Ἰουδαίων, ἐγεννήθη ἐν τῇ Ἰουδαίᾳ χώρᾳ. Ἦν δὲ ἐκ τῆς φυλῆς τοῦ Λευΐ. Νέος δὲ ὑπάρχων τὴν ἡλικίαν, ἐκτήσατο πολιτείαν θεάρεστον καὶ βίον ἐνάρετον. Καὶ διατοῦτο ἐκαλεῖτο παρὰ τῶν Ἰουδαίων "ἄγγελος." Ἦν γὰρ τὸ πρόσωπον εὐπρεπής, ἀλλὰ καὶ ὅσα αὐτὸς προεφήτευε καὶ ἔλεγεν, εὐθέως ὁ ἄγγελος ἐπεβεβαίου καὶ ἐποίει ἀληθῆ· ἐλάλει γὰρ μετ' αὐτοῦ ὁ ἄγγελος. Καὶ τῆς φωνῆς τοῦ ἀγγέλου πολλοὶ ἤκουον ὅτε συνετύγχανε τῷ προφήτῃ, ἀλλὰ μόνοι οἱ ἄξιοι ἤκουον, οἱ δὲ ἁμαρτωλοὶ οὔτε ἐθεώρουν αὐτόν, οὔτε τῆς φωνῆς αὐτοῦ ἤκουον. Τότε δὲ προεφήτευεν ὁ προφήτης ἐν ταῖς ἡμέραις τῆς ἀναρχίας ὡς γέγραπται ἐν τῇ βίβλῳ τῶν Κριτῶν. Πολλὰ δὲ προφητεύσας ἀπέθανε, καὶ ἐτάφη μετὰ τῶν πατέρων αὐτοῦ ἐν τῷ ἀγρῷ. Ἦν δέ, ὡς εἴπομεν, εὐπρεπής, στρογγύλον ἔχων τὸ πρόσωπον, πλατεῖαν τὴν κεφαλήν.

294 Μηνὶ τῷ αὐτῷ δʹ. Ἄθλησις τοῦ ἁγίου ἱερομάρτυρος Θεαγένους ἐπισκόπου Παρίου.

Θεαγένης ὁ ἱερομάρτυς ἦν ἐπίσκοπος τοῦ Παρίου. Καὶ κρατηθεὶς παρὰ τοῦ τῆς χώρας ἄρχοντος ἠναγκάζετο στρατεύεσθαι. Ὁ δὲ Χριστιανὸν ἑαυτὸν ἔλεγεν εἶναι καὶ δοῦλον Χριστοῦ καὶ στρατιώτην. Ὅθεν ἐδέθη εἰς τέσσαρας πάλους ἐκ τῶν χειρῶν καὶ τῶν ποδῶν, καὶ ἐτύπτετο ὑπὸ ὀκτὼ δημίων μετὰ ξύλων τραχέων. Τοῦ δὲ λεγομένου

On the same day. The commemoration of the holy and glorious prophet Malachi. 293

The prophet Malachi was born in the land of Judea after the return of the Jews from exile, and he was from the tribe of Levi. Despite still being young, his conduct was pleasing to God, and his life was virtuous. The Jews called him "angel" because of this. For he was handsome. Moreover, an angel immediately confirmed and proved true every prophecy that he spoke since the angel spoke with him. Many heard the angel's voice when they were with the prophet, but these were only the righteous ones. The sinful neither saw the angel nor heard his voice. The prophet made his prophecies during the days when there was no king, as has been written in the book of Judges. After making many prophecies, he died and was buried in the field with his fathers. He was handsome, as I said, having a round face, and wide head.

The fourth day in the same month. The passion of the holy martyr Saint Theagenes, bishop of Parium. 294

Theagenes the holy martyr was the bishop of Parium. He was arrested by the governor of that region and forced to serve in the army. He declared, however, that he was a Christian, as well as a servant and soldier of Christ. In response to this, he was bound to four stakes by his hands and feet and beaten by eight executioners with jagged clubs. Next, the

νος παρερχομένου καὶ ὑβρίζοντος αὐτόν, προεφήυσεν ὁ ἅγιος περὶ αὐτοῦ, ὅτι ταχέως μέλλει καταλαμβάνειν αὐτὸν ἀπώλεια, ὃ καὶ ἐγένετο. Ἐν δὲ τῇ νυκτὶ φανεὶς τῷ ἁγίῳ ὁ Κύριος προσέταξεν αὐτῷ μὴ λαβεῖν μηδὲ φαγεῖν βρώματα ἀπὸ χειρὸς τῶν Ἑλλήνων. Καὶ ἦν ψάλλων μετὰ ἀγγέλων ἐν τῇ φυλακῇ. Εἶτα ἐκβληθεὶς τῆς φυλακῆς ἐρρίφη ἐν τῇ θαλάσσῃ καὶ ἐτελειώθη. Οἱ δὲ ῥίψαντες αὐτὸν μετανοήσαντες ἐλθόντες ἐν τῇ πόλει ἐβαπτίσθησαν, καὶ μετ᾽ αὐτῶν ὄχλος πολύς. Καὶ μετὰ τρεῖς ἡμέρας ἐξερρίφη ἔξω τῆς θαλάσσης τὸ λείψανον αὐτοῦ. Καὶ λαβόντες αὐτὸ οἱ μαθηταὶ αὐτοῦ ἔθαψαν.

295 Τῇ αὐτῇ ἡμέρᾳ. Ἄθλησις τοῦ ἁγίου ἱερομάρτυρος Θεοπέμπτου καὶ Θεωνᾶ μάρτυρος.

Οὗτος ἦν ἐπὶ Διοκλητιανοῦ τοῦ βασιλέως. Κινηθέντος δὲ διωγμοῦ κατὰ τῶν Χριστιανῶν, πρῶτος ἐπ᾽ ἐκείνου τοῦ διωγμοῦ τὸν Χριστὸν ὡμολόγησε καὶ τὸν τῆς ἀθλήσεως ἐδέξατο στέφανον. Κρατηθεὶς γὰρ ἐνεβλήθη εἰς φοῦρνον ἐκπυρωθέντα καὶ ὑγιὴς ἐξελθών, τὸν ἕνα ὀφθαλμὸν ἐξορύττεται. Ὁ δὲ Θεωνᾶς μάγος ὤν, ἐπότισεν αὐτὸν δηλητήριον φάρμακον τῇ προστάξει τοῦ βασιλέως ἵνα ἀποθάνῃ. Καὶ ὡς εἶδεν αὐτὸν μηδὲν ἀδικηθέντα, ἐπίστευσε τῷ Χριστῷ. Εἶτα ὠργίσθη ὁ βασιλεὺς καὶ ἀπεκεφάλισε τὸν ἅγιον Θεόπεμπτον. Τὸν δὲ Θεωνᾶν ἐνέβαλεν εἰς ὄρυγμα βόθρου καὶ προσέταξε τοῖς δημίοις ἐπιθεῖναι ἐπάνω χῶμα καὶ καταπατεῖν. Καὶ τούτου γενομένου, ἀπεπνίγη καὶ αὐτὸς ἐν τῷ ῥηθέντι βόθρῳ, καὶ παρέδωκε τὴν μακαρίαν

official known as the *optio* approached him and abused him, but the saint predicted that destruction would soon befall him, which is what happened. The Lord appeared to the saint at night and commanded him not to receive or eat any food from the hands of the Hellenes. Meanwhile, Theagenes continued to sing psalms with the angels in the prison. After that, he was taken from the prison and thrown into the sea, where he was perfected by death. Those who threw him into the sea repented, returned to the city, and were baptized, along with a great crowd. Three days later, his remains washed up by the sea. His disciples took them and buried them.

On the same day. The passion of the holy martyr Saint 295
Theopemptos and the martyr Theonas.

This man lived under the emperor Diocletian. When a persecution arose against the Christians, he was the first during that persecution to confess his belief in Christ and receive the crown for his struggle. For he was arrested and put into a fiery oven. But when he emerged unscathed, one of his eyes was ripped out. Theonas was a magician, and at the emperor's command, he gave Theopemptos a fatal poison so that he would die. But when he saw that he was entirely unaffected, he came to believe in Christ. The emperor seethed with rage and beheaded Saint Theopemptos. He then had Theonas thrown into a pit that was dug and commanded his executioners to fill it with earth and trample it down. After this was done, he suffocated in the previously mentioned pit and handed over his blessed soul to God, for whom both

ψυχὴν τῷ Θεῷ, δι' ὃν ἀμφότεροι οἱ ἅγιοι μετὰ τῆς προθυμίας τὸ ἴδιον αἷμα ἐξέχεαν καὶ τὸν κόσμον ἠρνήσαντο καὶ τὰ ἐν κόσμῳ.

296 Τῇ αὐτῇ ἡμέρᾳ. Ἄθλησις τῶν ἁγίων Ζωσίμου μοναχοῦ καὶ Ἀθανασίου κομενταρησίου μαρτυρησάντων ἐν Κιλικίᾳ.

Ὁ ἅγιος Ζώσιμος ὑπῆρχεν ἀπὸ Κιλικίας τὴν ἔρημον μετὰ τῶν θηρίων οἰκῶν. Κρατηθεὶς δὲ παρὰ Δομετιανοῦ τοῦ ἄρχοντος καὶ ἀναγκασθεὶς ἀρνήσασθαι τὸν Χριστὸν καὶ θῦσαι τοῖς εἰδώλοις καὶ μὴ πεισθείς, μετὰ σιδήρων πεπυρωμένων τὰ ὠτία κατεκάη. Εἶτα εἰς λέβητα κοχλάζοντα ἐνεβλήθη. Καὶ μηδὲν ἀδικηθεὶς ἐκρεμάσθη κατὰ κεφαλῆς καὶ ἐξέετο. Τιμωρουμένου δὲ τοῦ ἁγίου, ἦλθε λέων ἀπὸ τῆς ἐρήμου εἰς τὸ θέατρον. Καὶ ἐλάλησεν ἀνθρωπίνῃ φωνῇ ὁμολογήσας Θεὸν τὸν Χριστόν, καὶ ἔπεισε γενέσθαι τὸν κομενταρήσιον Ἀθανάσιον Χριστιανόν. Τότε ἀπελύθησαν παρὰ τοῦ ἄρχοντος τοῦ διατρίβειν ὅπου βούλονται. Ἀπῆλθον δὲ ἐν τῷ ὄρει. Καὶ ἐβάπτισεν ὁ ἅγιος Ζώσιμος τὸν Ἀθανάσιον. Καὶ μικρὸν διατρίψαντες ἐν τῷ ὄρει, εἶτα ὑπεισελθόντες εἰς πέτραν βαθεῖαν καὶ προσευχόμενοι, παρέδωκαν τὰς ἑαυτῶν ψυχὰς τῷ Κυρίῳ.

297 Τῇ αὐτῇ ἡμέρᾳ. Μνήμη τῆς ὁσίας Συγκλητικῆς.

Ἡ ἁγία Συγκλητικὴ ὑπῆρχεν εὐγενὴς καὶ πλουσία, θυγάτηρ γονέων εὐλαβῶν καὶ εὐσεβῶν. Ὑπάρχουσα δὲ εὔμορφος ἐπεζητεῖτο πρὸς γάμον παρὰ πολλῶν, οὐ μόνον δὲ διὰ τὸ εἶναι εὔμορφος, ἀλλὰ διὰ τὸ εἶναι καὶ πλουσία. Ἡ δὲ

these saints poured out their own blood with great eagerness, and for whom they renounced the world and everything in the world.

On the same day. The passion of Saints Zosimos the monk and Athanasios the *commentariensis,* who were martyred in Cilicia. 296

Saint Zosimos was from Cilicia and lived in the wilderness with the wild beasts. He was arrested by the governor Dometianos, who pressured him to deny Christ and sacrifice to the idols. But when he refused, his ears were burned with hot irons. Then he was put into a boiling cauldron. When he emerged unscathed, he was hung upside down and flayed. As the saint was tortured, a lion from the wilderness came into the hippodrome. It spoke in a human voice, confessing that Christ was God, and thereby convinced the *commentariensis* Athanasios to become a Christian. They were then released by the governor to live wherever they wished. They went out to the mountain, and Saint Zosimos baptized Athanasios. After spending a short time on the mountain, they entered a deep cave and prayed before they handed over their spirits to the Lord.

On the same day. The commemoration of Saint Synkletike. 297

Saint Synkletike was noble and rich, the daughter of pious and observant parents. Many pursued her in marriage because she was beautiful, and not only because of her physical beauty, but also because of her wealth. The saint, however,

τὸν πρὸς τὸν Θεὸν πόθον πολύν, τινὸς τῶν ων αὐτὴν ἐπιζητούντων οὐκ ἤκουεν. Ἀλλ᾽ ἀφῆκε μον καὶ τὴν πρόσκαιρον ἡδονὴν καὶ τὴν δόξαν, καὶ ωκεν ἑαυτὴν πρὸς ἄσκησιν ἀρετῆς καὶ ἐγκράτειαν. ὼν δὲ ὁ διάβολος τοὺς πολλοὺς ἀγῶνας αὐτῆς καὶ ὅτι ἐνικήθη ὑπ᾽ αὐτῆς, ἐπήγαγεν αὐτῇ πολλοὺς πειρασμούς, ὡς καὶ τῷ μεγάλῳ Ἰώβ. Τοσοῦτον γὰρ ὑπὸ ἀρρωστίας κατεπονήθη χρονίας ὥστε ὅλον τὸ σῶμα πληγωθῆναι καὶ διαβρωθῆναι, καὶ μὴ δύνασθαι αὐτῇ προσεγγίσαι τινὰ διὰ τὴν δυσοσμίαν. Καὶ οὕτως πειραζομένη, ὀγδοήκοντα ἐτῶν ὑπάρχουσα, τὴν ἁγίαν αὐτῆς ψυχὴν παρέδωκε τῷ Θεῷ.

298 Μηνὶ τῷ αὐτῷ ε΄. Μνήμη τοῦ ἁγίου προφήτου Μιχαίου.

Μιχαίας ὁ προφήτης ἐγένετο ἐκ τῆς χώρας τῶν Ἰουδαίων ἐκ τῆς φυλῆς Ἐφραίμ. Ἐλέγχων δὲ τὸν βασιλέα Ἀχαὰβ διὰ τὰς ἀδικίας καὶ τὰς παρανόμους αὐτοῦ πράξεις, ἐκίνει αὐτὸν εἰς ὀργὴν καὶ θυμόν. Ὅμως ὁ βασιλεὺς διὰ τὴν ἀρετὴν τοῦ προφήτου οὐκ ἐφόνευεν αὐτόν, ἀλλὰ συνετήρει φοβούμενος τὸ κρίμα καὶ ἐσέβετο αὐτὸν ὡς ἄνθρωπον τοῦ Θεοῦ. Ὅτε δὲ αὐτὸς μὲν ἐτελεύτησε, τῆς δὲ βασιλείας ἐκράτησεν Ἰωρὰμ ὁ υἱὸς αὐτοῦ ἀρξάμενος ποιεῖν παράνομα πολλά, ἠλέγχθη παρὰ τοῦ προφήτου καὶ αὐτός. Καὶ ὡς νέος μὴ ὑπομείνας τὸν τοῦ προφήτου ἔλεγχον, εἰς ὀργὴν ἀφόρητον ἐκινήθη. Καὶ προσέταξεν εὐθέως τοῖς δημίοις ἆραι αὐτὸν καὶ ῥίψαι κατὰ τοῦ κρημνοῦ. Καὶ τούτου γενομένου, τὸ τέλος τῆς παρούσης ζωῆς ὁ θαυμαστὸς προφήτης ἐδέξατο παραδοὺς τὸ πνεῦμα αὐτοῦ τῷ Θεῷ.

possessed a great longing for God so she refused the proposition of everyone pursuing her. Instead, she renounced the world, along with its fleeting pleasures and glory, and dedicated herself to ascetic virtue and self-denial. When the devil observed how many trials she endured and that he was bested by her, he unleashed many afflictions upon her, just as he did against the great Job. In fact, she suffered from chronic ailments that caused her entire body to be covered in sores and putrefaction, and no one could come near her because of the terrible stench. After enduring such afflictions and reaching the age of eighty years, she handed her holy spirit over to God.

The fifth day in the same month. The commemoration of 298
the holy prophet Micaiah.

Micaiah the prophet was from the land of the Jews and was from the tribe of Ephraim. He rebuked the king Ahab because of his injustice and his lawless acts and therefore incurred his wrath and anger. Nevertheless, on account of the prophet's virtue, the king did not kill him. Instead, he let him live, out of fear from his guilt, and honored him as a man of God. But when he died, his son Joram assumed the kingship, and after he began to commit many acts of lawlessness, he was also rebuked by the prophet. Because he was young, he could not endure the prophet's rebuke and became filled with unbearable rage. He immediately commanded the executioners to seize him and throw him from a cliff. When this happened, the wondrous prophet met the end of his life on earth and handed over his spirit to God.

ον αὐτοῦ περιστείλαντες οἱ συγγενεῖς αὐτοῦ, τῇ γῇ αὐτοῦ μόνον, σύνεγγυς τοῦ κοινοῦ

νὶ τῷ αὐτῷ ϛʹ. Ἡ βάπτισις τοῦ Κυρίου ἡμῶν Ἰησοῦ Χριστοῦ.

Βουλόμενος ὁ Κύριος ἡμῶν καὶ Θεὸς πληρῶσαι πᾶσαν δικαιοσύνην καὶ πάντα τὰ τῶν Ἰουδαίων ἔθιμα καὶ τοὺς τύπους ἵνα μήτις ἐξ αὐτῶν λέγῃ ὅτι ἀντίθεός ἐστι καὶ τοῦ γραφέντος παρὰ τοῦ νομοθέτου Μωσέως Νόμου ἐναντία φρονεῖ, ἰδὼν τοὺς Ἰουδαίους ἐρχομένους πρὸς Ἰωάννην τὸν Βαπτιστὴν καὶ βαπτιζομένους εἰς τὸν Ἰορδάνην ποταμόν, προσέρχεται καὶ αὐτὸς τῷ Ἰωάννῃ λέγων, "Ἐλθέ, βάπτισόν με, οὐχὶ ὡς δεόμενον καθάρσεως ἀλλὰ ὡς καθᾶραι θέλοντα τοῦ κόσμου τὴν ἁμαρτίαν." Ὁ δὲ Ἰωάννης γινώσκων αὐτὸν ὡς προφήτης διὰ τοῦ Ἁγίου Πνεύματος ὅτι Υἱός ἐστι τοῦ Θεοῦ, οὐκ ἐτόλμα βαπτίσαι αὐτόν. Ὅτε δὲ εἶδεν αὐτὸν ἰσχυριζόμενον καὶ προστάσσοντα αὐτῷ, ἐβάπτισε μετὰ φόβου καὶ τρόμου. Καὶ εὐθέως ἀνεῴχθησαν οἱ οὐρανοί, καὶ ἦλθε φωνὴ ἐκ τῶν οὐρανῶν λέγουσα, "*Οὗτός ἐστιν ὁ Υἱός μου ὁ ἀγαπητός, ἐν ᾧ εὐδόκησα.*"

300 Μηνὶ τῷ αὐτῷ ζʹ. Ἡ σύναξις τοῦ ἁγίου καὶ ἐνδόξου προφήτου καὶ Βαπτιστοῦ Ἰωάννου.

Οὗτος ὁ ἅγιος Ἰωάννης ὁ Πρόδρομος καὶ Βαπτιστὴς τοῦ Χριστοῦ μέγας ἐγένετο ἐν τοῖς προφήταις ὡς καὶ αὐτὸν

His relatives retrieved his remains. They buried him in his land but separately, near the common burial place.

The sixth day in the same month. The baptism of our Lord Jesus Christ. 299

Our Lord and God wanted to fulfill all that was just and right, including all the customs and rites of the Jews, so that none among them might claim that he was an opponent of God and held beliefs opposed to the Law as written by Moses the lawgiver. So when he saw the Jews going to John the Baptist and being baptized by him in the Jordan River, he also came to John and said to him, "Come, baptize me, not because I need cleansing, but because I want to cleanse the world of its sinfulness." Then John, who was a prophet, recognized through the Holy Spirit that he was the Son of God and therefore would not dare to baptize him. But when he saw him persist in commanding him, he baptized him with fear and trembling. Immediately, the heavens were opened, and a voice came down from heaven saying, "*This is my beloved son, in whom I am well pleased.*"

The seventh day in the same month. The assembly of the holy and glorious prophet John the Baptist. 300

Saint John the Baptist, Christ's Forerunner, was so great among the prophets that Christ himself even said, "*Among*

τὸν Χριστὸν εἰπεῖν ὅτι "*Μείζων* Ἰωάννου τοῦ Βαπτιστοῦ *ἐν γεννητοῖς γυναικῶν* οὐκ ἐγήγερται." Μείζων δὲ ἐκλήθη πάντων διότι οἱ μὲν ἄλλοι προφῆται προεφήτευον μὲν περὶ τοῦ Χριστοῦ, οὐκ εἶδον δὲ αὐτόν. Αὐτὸς δὲ ὁ Ἰωάννης καὶ εἶδεν αὐτὸν καὶ προεφήτευσε περὶ αὐτοῦ, εἰπὼν πρὸς τοὺς Ἰουδαίους, "*Ἴδε ὁ ἀμνὸς τοῦ Θεοῦ, ὁ αἴρων τὴν ἁμαρτίαν τοῦ κόσμου.*" Ὁ μὲν γὰρ ἀμνὸς ὁ σφαζόμενος ὑπὸ τῶν Ἰουδαίων ὀλίγου λαοῦ ἐξήλειφεν ἁμαρτίαν, οὗτος δὲ σφαγεὶς τοῦ κόσμου ὅλου τὴν ἁμαρτίαν ἐξήλειψε. Διὰ ταῦτα τιμῶσα τὸν Βαπτιστὴν ἡ ἐκκλησία τοῦ Θεοῦ ἐπιτελεῖ κατὰ καιρὸν ἑορτὴν καὶ ὀνομάζει αὐτὴν "σύναξιν" διότι συνάγεται ὁ λαὸς ἐν αὐτῇ δοξολογῶν τὸν Θεὸν καὶ τὸν αὐτοῦ Πρόδρομον.

301 Μηνὶ τῷ αὐτῷ η΄. Ἄθλησις τῶν ἁγίων μαρτύρων Θεοφίλου διακόνου καὶ Ἑλλαδίου λαϊκοῦ.

Οὗτοι οἱ ἅγιοι Θεόφιλος καὶ Ἑλλάδιος ἐγένοντο ἀπὸ τῆς χώρας τῆς Λιβύης. Καὶ ὁ μὲν Θεόφιλος διάκονος ἦν, ὁ δὲ Ἑλλάδιος λαϊκός. Καὶ τὸν μὲν Χριστὸν ὁμολογοῦντες Θεὸν ἀληθινὸν καὶ ποιητὴν τῶν ὅλων, τὰ δὲ εἴδωλα ὑβρίζοντες καὶ τοὺς τιμῶντας αὐτὰ καὶ προσκυνοῦντας, ἐκρατήθησαν παρὰ τοῦ ἀνθυπάτου. Καὶ ἐτύφθησαν καὶ ἐξέσθησαν ἰσχυρῶς. Καὶ δεθέντες χεῖρας καὶ πόδας, κατεκάησαν τὰς ψύας ὑπὸ πυρὸς καὶ μετὰ ὀστράκων ὀξέων κατεκεντήθησαν. Καὶ ἄλλας τιμωρίας πολλὰς ὑπέμειναν, βιαζόμενοι κατὰ μίαν βάσανον ἀρνήσασθαι τὸν Χριστὸν καὶ θῦσαι τοῖς ἀκαθάρτοις δαίμοσιν. Ἀλλὰ μὴ πεισθέντες μέχρι καὶ

those born of women no one has arisen greater than John the Baptist." He is said to be greater than all because the other prophets only prophesied about Christ but did not actually see him. John, however, both saw him and prophesied about him, saying to the Jews, "*Behold the lamb of God who takes away the sin of the world.*" For the lamb slaughtered by the Jews cleansed only a small nation of sin, but when this one was slaughtered, he cleansed the whole world of sin. This is why God's church honors the Baptist and celebrates an annual feast, which it calls an "assembly," because the people are gathered together when they give glory to God and his Forerunner.

The eighth day in the same month. The passion of the holy 301
martyrs Theophilos the deacon and Helladios a layperson.

These Saints Theophilos and Helladios were from the region of Libya. Theophilos was a deacon, while Helladios was a layperson. They were arrested by the proconsul when they confessed that Christ was true God and the creator of all, and insulted the idols as well as those who worship and venerate them. They were beaten and severely flayed. Then their hands and feet were bound, and their loins were burned with fire and mutilated with sharp potsherds. They also endured many other torments as they were pressured, one torment after another, to deny Christ and sacrifice to the profane demons. But when they refused to assent even

ὀνόματος κατανεῦσαι εἰς τὸ χωρισθῆναι τῆς ἀγάπης τοῦ Χριστοῦ, συρόμενοι, δερόμενοι, καταπατούμενοι, μετὰ λίθων συντριβόμενοι πάντα τὰ ὀστᾶ, παρέδωκαν τὰς ψυχάς.

302 Μηνὶ τῷ αὐτῷ θ′. Ἄθλησις τοῦ ἁγίου μάρτυρος Πολυεύκτου.

Ἐπὶ τῆς βασιλείας Δεκίου καὶ Οὐαλεριανοῦ ὑπῆρχεν οὗτος ὁ ἅγιος ἀπὸ Μελιτινῆς τῆς Ἀρμενίας, στρατευόμενος πρῶτον ἐν τῇ τοιαύτῃ χώρᾳ. Ἐγένετο δὲ διωγμὸς τῶν Χριστιανῶν μέγας, καὶ καθ' ἡμέραν ἐσφάζοντο οἱ τὸν Χριστὸν μὴ ἀρνούμενοι. Μαθὼν δὲ τοῦτο ὁ ἅγιος Πολύευκτος, τὸν μὲν Χριστὸν εἰς τὸ φανερὸν Θεὸν ὡμολόγησεν, εἰς δὲ τὸν ναὸν τῶν εἰδώλων εἰσελθών, πάντα τὰ εἴδωλα συνέτριψε. Καὶ τότε κρατηθεὶς παρὰ τοῦ ἄρχοντος ἐκολάζετο. Ὁ δὲ ἄρχων ἦν πενθερὸς αὐτοῦ καὶ παρεκάλει αὐτὸν ἀρνήσασθαι τὸν Χριστὸν ἵνα μὴ ἀποθάνῃ. Ὁ δὲ οὐκ ἐπείσθη ἀλλὰ εἶπε πρὸς τὸν φίλον αὐτοῦ Νέαρχον ὅτι "Ἐθεώρουν τὸν Χριστόν μου ἐλθόντα ἐν ὕπνῳ καὶ φορέσαντά με χλανίδα ὡραίαν. Ἀλλὰ μέμνησό μου, φίλε." Ἡ δὲ γυνὴ αὐτοῦ παρεκάλει αὐτὸν ἐμμένειν τῇ πίστει τοῦ Χριστοῦ. Διὰ ταῦτα μετ' εὐχαριστίας ἐτμήθη τὴν κεφαλήν.

nominally to separate themselves from Christ's love, they were dragged, flayed, and trodden upon, and all their bones were broken with stones before they finally handed over their spirits.

The ninth day in the same month. The passion of the holy 302
martyr Polyeuktos.

This saint lived during the reign of Decius and Valerian. He was from Melitene in Armenia and first served in the army in that place. Then a great persecution arose against the Christians, and day after day, those who refused to deny Christ were slaughtered. When Saint Polyeuktos learned of this, he publicly confessed that Christ was God. He also entered the temple of the idols and broke all the statues into pieces. He was promptly arrested by the governor and punished for this. The governor was his father-in-law and begged him to deny Christ so that he would not be put to death. But he refused, and instead, he said to his friend Nearchos, "In a dream, I saw my Christ approach me, and I wore a beautiful mantle. Please remember me, my friend." His wife also exhorted him to remain steadfast in his faith in Christ. He was therefore beheaded with thanksgiving.

303 Τῇ αὐτῇ ἡμέρᾳ. Μνήμη Θεοκτίστου ἱερομάρτυρος καὶ ὁμολογητοῦ.

304 Τῇ αὐτῇ ἡμέρᾳ. Μνήμη τοῦ ἁγίου καὶ ἐνδόξου προφήτου Ἀχιά.

Οὗτος ὁ ἅγιος καὶ ἔνδοξος προφήτης Ἀχιὰ ὑπῆρχεν ἀπὸ Σηλὼμ ἐκ τῆς πόλεως Ἠλεί, ὅπου ἦν ἡ σκηνὴ τῶν Ἰουδαίων κατὰ τὸ ἀρχαῖον. Οὗτος δὲ ὁ προφήτης εἶπε περὶ Σολομῶντος τοῦ προφήτου καὶ βασιλέως, τοῦ υἱοῦ Δαυὶδ τοῦ προφήτου καὶ βασιλέως, ὅτι μέλλει πταῖσαι καὶ προσκροῦσαι τῷ Κυρίῳ· καί, καθὼς εἶπεν, οὕτω καὶ ἐγένετο. Ἤλεγξε δὲ καὶ τὸν Ἱεροβοάμ, ὅτι μετὰ δόλου ἐπορεύετο ἐνώπιον Κυρίου. Εἶδε καὶ ἐν ὀπτασίᾳ ζεῦγος βοῶν, ὅτι κατεπάτει τὸν λαὸν καὶ συνέτριβε, καὶ τῶν ἱερέων κατέτρεχε. Καὶ προεφήτευσεν ὅτι μέλλει ὁ λαὸς τῶν Ἰουδαίων ὑπὸ ἐθνῶν καταπατηθῆναι καὶ αἰχμαλωτισθῆναι, καὶ ὑπὸ λιμοῦ διαφθαρῆναι, καὶ οἱ ἱερεῖς ὑπὸ τοῦ φόβου φυγεῖν καὶ πολλὰ τιμωρηθῆναι. Ταῦτα δὲ προφητεύσας καὶ ἄλλα πλεῖστα, ἀπέθανε. Καὶ ἐτάφη σύνεγγυς τῆς δρυὸς ἐν τῇ λεγομένῃ Σηλώμ.

305 Μηνὶ τῷ αὐτῷ ι′. Μνήμη τοῦ ἁγίου Γρηγορίου ἐπισκόπου Νύσης.

Τοῦ Μεγάλου Βασιλείου ἀρχιεπισκόπου Καισαρείας τῆς Καππαδοκίας ἦν οὗτος ὁ ἅγιος Γρηγόριος ἀδελφὸς γνήσιος. Ὑπῆρχε δὲ σοφὸς καὶ ἐνάρετος, ἐξ οὗ καὶ ἐγένετο εἰς Νύσαν ἐπίσκοπος. Κατὰ δὲ τὸν καιρὸν ἐκεῖνον ἐγένοντο

On the same day. The commemoration of Theoktistos the holy martyr and confessor. 303

On the same day. The commemoration of the holy and glorious prophet Ahijah. 304

This holy and glorious prophet Ahijah was from Shiloh, from the city of Eli where the tabernacle of the Jews was located in ancient times. This prophet said about Solomon the prophet and king, the son of David the prophet and king, that he would sin and come into conflict with the Lord. And it happened just as he said. Furthermore, he rebuked Jeroboam for trying to conceal his impious conduct before the Lord. He also saw in a vision that a yoke of oxen trampled and crushed the people, and then it bore down upon the priests. He therefore prophesied that the Jewish people would be conquered and subjugated by gentiles in addition to suffering from famine. As for the priests, they would flee in fear and endure many torments. After he had made these prophecies and many others, he died. He was buried near the oak tree in the before mentioned Shiloh.

The tenth day in the same month. The commemoration of Saint Gregory, bishop of Nyssa. 305

This Saint Gregory was the birth brother of Basil the Great, the archbishop of Caesarea in Cappadocia. He was wise and virtuous, and because of this, he became bishop of Nyssa. At that time, there were many heretics waging war against the

πολλοὶ αἱρετικοὶ καὶ ἐπολέμουν τοὺς ὀρθοδόξους. Ἀλλ' οὗτος ὁ ἅγιος, ἄλλοτε διαλεγόμενος αὐτοῖς ἀπὸ τῶν ἁγίων γραφῶν, ἄλλοτε γράφων, πάντας ἐνίκησε καὶ τὴν αἵρεσιν ἠφάνισεν. Εὑρεθεὶς δὲ καὶ εἰς τὴν ἐν Κωνσταντινουπόλει δευτέραν σύνοδον οὕτως διὰ λόγου ἠνδραγάθησεν ὡς ἐμφράξαι τῶν αἱρετικῶν τὰ στόματα, τοὺς δὲ ὀρθοδόξους χαρᾶς πληρῶσαι. Ἐξελθὼν δὲ εἰς τὴν ἐκκλησίαν αὐτοῦ καὶ τὸ ποίμνιον καὶ καλῶς ἐκθρέψας αὐτὸ καὶ ποιμάνας καὶ πολλὰς βίβλους θεοπνεύστους καὶ ψυχωφελεῖς συγγραψάμενος ἐν τιμίᾳ πολιᾷ καὶ καλῷ γήρᾳ πρὸς Χριστὸν ἐξεδήμησε χαίρων καὶ ἀγαλλόμενος.

306 Τῇ αὐτῇ ἡμέρᾳ. Μνήμη τοῦ ὁσίου πατρὸς ἡμῶν Δομετιανοῦ ἐπισκόπου Μελιτινῆς.

Ἐπὶ τῆς βασιλείας Ἰουστίνου τοῦ Μικροῦ γέγονεν οὗτος ὁ ἅγιος, υἱὸς γονέων Χριστιανῶν εὐλαβῶν καὶ πλουσίων. Ἐδιδάχθη δὲ παρὰ τῶν γονέων αὐτοῦ πᾶσαν παίδευσιν τῶν τε ἔξω γραμμάτων καὶ τῆς θείας γραφῆς. Ἔλαβε δὲ καὶ γυναῖκα εὐλαβῆ καὶ πιστήν. Ἀλλὰ ταχέως ἐκείνης ἀποθανούσης, αὐτὸς πρὸς ἀρετὴν καὶ τὸν τοῦ Θεοῦ φόβον ἐξέδωκεν ἑαυτόν. Καὶ οὕτως ἐγένετο ἐνάρετος ὡς καὶ ἐπίσκοπος γενέσθαι Μελιτινῆς. Τοσοῦτον δὲ λέγουσιν αὐτὸν περιβόητον γενέσθαι ὡς καὶ τὸν βασιλέα τῶν Περσῶν πρὸς ἀγάπην ἑλκύσαι καὶ ἀγαγεῖν εἰς τὴν δούλωσιν τοῦ Ῥωμαίων βασιλέως Μαυρικίου. Ἔγραψε γὰρ ὁ Πέρσης πρὸς τὸν Ῥωμαῖον ὅτι "Ἐὰν ἀποστείλῃς Δομετιανόν, καὶ πληροφορήσῃ με, γίνομαί σοι οὐ μόνον φίλος ἀλλὰ καὶ

orthodox. But this saint, sometimes debating them by using the holy scriptures and at other times with his own writings, prevailed over all of them and eradicated their heresy. He was also present at the second council in Constantinople, where he spoke so courageously that he silenced the mouths of the heretics and filled the orthodox with joy. He then returned to his own church and to his own flock, which he nurtured and guided well. After composing many divinely inspired and spiritually edifying books, he departed to Christ in joy and happiness at an advanced and venerable age.

On the same day. The commemoration of our holy father Dometianos, bishop of Melitene. 306

This saint lived during the reign of Justin the Younger. He was the son of pious and wealthy Christian parents. His parents had him educated in all secular literature as well as in the holy scriptures. Later on, he married a pious and faithful woman. But she died prematurely, and he devoted himself to virtue and the fear of God. He became so virtuous that he became bishop of Melitene. In fact, they say that his renown grew so great that he even gained the admiration of the Persian king and brought him into the service of the Roman emperor Maurice. For the Persian king wrote to the Roman emperor, "If you send Dometianos, and he reassures me, not only will I be your friend but your servant as well." After this

δοῦλος.” Καὶ τούτου γενομένου, ἐχάρη πᾶσα ἡ πόλις καὶ ὅλος ὁ κόσμος. Εἰσελθὼν δὲ ἐν τῇ πόλει ὁ ἅγιος ἐτελεύτησε. Τὸ δὲ λείψανον αὐτοῦ ἀνεκομίσθη εἰς Μελιτινὴν πολλὰς ἰάσεις τελοῦν.

307 Τῇ αὐτῇ ἡμέρᾳ. Μνήμη τοῦ ἐν ἁγίοις πατρὸς ἡμῶν πρεσβυτέρου καὶ οἰκονόμου τῆς Μεγάλης Ἐκκλησίας Μαρκιανοῦ.

Οἱ πρόγονοι τοῦ μακαρίου Μαρκιανοῦ ἀπὸ τῆς Μεγάλης Ῥώμης παρεγένοντο εἰς Κωνσταντινούπολιν. Οὗτος δὲ ἐγένετο ἐπὶ τῆς βασιλείας τοῦ ἁγιωτάτου Μαρκιανοῦ καὶ τῆς εὐσεβεστάτης Πουλχερίας. Πλούσιος δὲ καὶ εὐλαβὴς ὤν, πολλοὺς ναοὺς καὶ μεγάλους ἔκτισεν, ἔχων καὶ τὸν βασιλέα συνεργόν. Καὶ γὰρ ἔκτισε τῆς Ἁγίας Εἰρήνης τὴν Ἐκκλησίαν καὶ τῆς Ἁγίας Ἀναστασίας τὸν ἐν τοῖς Δομνίνου Ἐμβόλοις. Τὸν δὲ τοιοῦτον ναὸν διέσωσε διὰ προσευχῆς καὶ ἀπὸ ἐμπρησμοῦ, τῶν ὄντων γυρόθεν πάντων καέντων. Τοσοῦτον δὲ ἦν ἐλεήμων ὡς ἐν μιᾷ λιτανεύων, πτωχῷ ζητήσαντι μηδὲν ἔχων δοῦναι, ἐκβαλὼν δέδωκε τὸ ἱμάτιον, ὅπερ ἐφόρει. Αὐτὸς δὲ κατελείφθη γυμνὸς μετὰ μόνης τῆς ἱερατικῆς στολῆς, καὶ ἐφαίνετο τῷ κλήρῳ χρυσῆν στολὴν φορῶν. Ποιήσας δὲ καὶ θαύματα πολλὰ καὶ νεκρὸν ἀναστήσας, ἐν εἰρήνῃ ἐκοιμήθη.

308 Τῇ αὐτῇ ἡμέρᾳ. Μνήμη τῆς ὁσίας Δομνίκας.

Ἡ ἁγία Δομνίκα ὑπῆρχεν ἐπὶ Θεοδοσίου τοῦ Μεγάλου, καὶ διήρκεσεν ἡ ζωὴ αὐτῆς ἕως τῆς βασιλείας Λέοντος καὶ

happened, the entire city and, in fact, the whole world rejoiced. When the saint returned to the city, he died. His remains were returned to Melitene, where they continue to perform many healings.

On the same day. The commemoration of our father among 307
the saints Marcian, the priest and steward of the Great Church.

Blessed Marcian's ancestors had moved from Great Rome to Constantinople. He lived during the reign of the most holy emperor Marcian and the most august empress Pulcheria. He was rich and pious, so he constructed many great churches in collaboration with the emperor. In fact, he built the Church of Saint Irene and that of Saint Anastasia, which is located in the Portico of Domninus. He even saved this church from fire through his prayers, when everything around it burned down. He was also so compassionate that one day when he was participating in a procession and had nothing to give a poor beggar, he removed the garment he was wearing and gave it to him. The saint was left naked except for his priestly garment, which appeared to the clergy to be woven from pure gold. After performing many miracles, including raising someone from the dead, he fell asleep in peace.

On the same day. The commemoration of Saint Domnika. 308

Saint Domnika lived under Theodosius the Great, and her life extended through the reigns of Leo and Zeno. She was

Ζήνωνος. Ἐγένετο δὲ ἐκ τῆς πόλεως Καρθαγένης. Ἀλλὰ καταλιποῦσα τὴν ἰδίαν πόλιν καὶ παραγενομένη εἰς Κωνσταντινούπολιν, ἐξ ἀποκαλύψεως ὑπεδέχθη παρὰ Νεκταρίου τοῦ ἁγιωτάτου πατριάρχου Κωνσταντινουπόλεως. Ὃς οὐ μόνον εἰσήγαγεν αὐτὴν εἰς μοναστήριον, ὅπερ ἡ ἁγία ἐπεσκεύασεν εἰς τιμὴν τοῦ ἁγίου προφήτου Ζαχαρίου, ἀλλὰ καὶ διάκονον ἐχειροτόνησεν. Καὶ μετὰ τοῦτο τοσαῦτα ἠγωνίσατο εἰς ἀρετὴν ὡς καὶ θαυματουργίας χαρίσματα λαβεῖν παρὰ Θεοῦ. Ἀλλὰ καὶ προορατικῶν ἀποκαλύψεων ἠξιώθη καὶ περὶ βασιλέων προεφήτευσε, καὶ περὶ πατριαρχῶν καὶ περὶ ἄλλων πολλῶν. Καὶ οὕτως ἀγωνισαμένη, καὶ τιμηθεῖσα παρὰ βασιλέων διὰ τὴν πολλὴν αὐτῆς ἀρετήν, ὁμοίως καὶ παρὰ πατριαρχῶν, ἐν εἰρήνῃ ἐκοιμήθη.

309 Μηνὶ τῷ αὐτῷ ια΄. Ἄθλησις τοῦ ἁγίου μάρτυρος Πέτρου.

Ὁ ἅγιος μάρτυς Πέτρος ἐγένετο ἀπὸ χωρίου Ἀνέας πλησίον Ἐλευθεροπόλεως. Ἀνδρεῖος δὲ ὑπάρχων τῷ σώματι, ἀνδρειότερος ἐγένετο τῇ εἰς Χριστὸν πίστει. Νέος δὲ ὢν τὴν ἡλικίαν, τὰ τῶν γερόντων εἶχε κατὰ τὴν φρόνησιν, διδάσκων πάντας ἀποστῆναι τῶν εἰδώλων καὶ προσελθεῖν τῷ Χριστῷ, μόνῳ ὑπάρχοντι Θεῷ ἀληθινῷ καὶ σωτῆρι τῶν ἀνθρώπων. Ταῦτα ἀκούσας περὶ αὐτοῦ ὁ τῆς Ἐλευθεροπόλεως ἄρχων ἀπέστειλε καὶ ἐκράτησεν αὐτόν, καὶ ἠνάγκασεν ἀρνήσασθαι τὸν Χριστόν. Ὡς δὲ οὐκ ἔπεισε, προσέταξεν γενέσθαι κάμινον μεγάλην πυρὸς καὶ ἐκεῖ ἐμβληθῆναι αὐτόν. Καὶ τῆς καμίνου ἀναφθείσης ἐνεβλήθη εἰς αὐτὴν ὁ

from the city of Carthage, but she left her own city and came to Constantinople where, because of a vision, she was met by Nektarios the most holy patriarch of Constantinople. He not only facilitated her entrance into a monastery, which the saint renovated in honor of the holy prophet Zechariah, but also ordained her a deaconess. Later on, she achieved such greatness in virtue that she received the grace of working miracles from God. She was also judged worthy of prophetic visions, so she made predictions about the emperors, the patriarchs, and many others. She therefore lived a life of asceticism and gained the admiration of the emperors and the patriarchs for her great virtue before she fell asleep in peace.

The eleventh day in the same month. The passion of the holy martyr Peter. 309

The holy martyr Peter was from the village of Anea, near Eleutheropolis. He was courageous in his physical strength but even more so in his faith in Christ. Although he was young in age, he possessed the wisdom of those advanced in years. He instructed all to reject the idols and to come to Christ, who alone is true God and the savior of all humanity. When the governor of Eleutheropolis heard about him, he sent men to arrest him and pressured him to deny Christ. But when he refused, the governor commanded that a great fiery furnace be constructed and that he be thrown inside it. After the furnace had been ignited, the saint rejoiced as he

ἅγιος χαίρων. Καὶ ἐν αὐτῇ ἐπὶ πολλαῖς ταῖς ὥραις εὐχαριστῶν καὶ προσευχόμενος τῷ Θεῷ ὑπὲρ τῆς οἰκουμενικῆς καταστάσεως καὶ τῶν ἁγίων ἐκκλησιῶν ἐτελειώθη.

310 Τῇ αὐτῇ ἡμέρᾳ. Μνήμη τοῦ ὁσίου πατρὸς ἡμῶν Θεοδοσίου τοῦ Κοινοβιάρχου.

Θεοδόσιος ὁ ἐν ἁγίοις πατὴρ ἡμῶν ὁ ἐπιλεγόμενος "Κοινοβιάρχης" ἦν ἀπὸ τῆς χώρας Καππαδοκίας, γονέων εὐσεβῶν, ἐγένετο δὲ μοναχός. Καὶ πρῶτον μὲν ἀπῆλθεν εἰς Ἀντιόχειαν πρὸς τὸν ἅγιον Συμεὼν τὸν Στυλίτην καὶ εὐλογήθη παρ' αὐτοῦ. Εἶτα εἰς τὰ Ἱεροσόλυμα. Ἐκεῖθεν δὲ κατήντησεν εἰς τὴν ἔρημον ἐπὶ τριάκοντα χρόνοις ἄρτον μὴ φαγὼν εἰ μὴ μόνας ἰσχάδας καὶ βοτάνας. Ὅθεν πλεῖστα θαύματα ἐποίησε, καὶ μοναστήρια πολλὰ συνεστήσατο, καὶ δαίμονας διὰ προσευχῆς ἐδίωξε. Λιμοῦ δέ ποτε γενομένου καὶ τῆς ἀποθήκης τοῦ μοναστηρίου σῖτον μὴ ἐχούσης, ἕνα κόκκον εὑρὼν καὶ εὐλογήσας, ἐξ ἐκείνου τὴν ἀποθήκην σίτου ἐγέμισε. Διὰ δὲ τὰ πολλὰ θαύματα καὶ τοῖς βασιλεῦσιν ἐγνωρίσθη, καὶ ἐν ὅλῳ τῷ κόσμῳ διὰ τὴν ἀρετὴν περιβόητος ἐγένετο. Καὶ οὕτως θανὼν ἐτελειώθη.

311 Μηνὶ τῷ αὐτῷ ιβ΄. Ἄθλησις τῆς ἁγίας μάρτυρος Τατιανῆς.

Ἡ μάρτυς Τατιανὴ ὑπῆρχεν ἀπὸ τῆς Πρεσβυτέρας Ῥώμης ἐπὶ τῆς βασιλείας Ἀλεξάνδρου, πατρὸς πλουσίου καὶ εὐγενοῦς θυγάτηρ ἐκ τρίτου γεγονότος ὑπάτου. Ἦν δὲ τὸν βαθμὸν διάκονος, καὶ ἐπεὶ διάκονος οὖσα ἐδίδασκε τὸν λαὸν τὰ περὶ τοῦ Χριστοῦ καὶ πολλοὺς ἔπειθεν ἀποστρέ-

was thrown into it. He spent many hours in it, giving thanks and praying to God on behalf of the state of the entire world and the holy churches before he was perfected by death.

On the same day. The commemoration of our holy father 310
Theodosios the Koinobiarches.

Our father among the saints Theodosios, who is called "the Koinobiarches," was from the region of Cappadocia and was the son of pious parents. After he became a monk, he first went to Antioch, met with Saint Symeon the Stylite, and received his blessing. Then he traveled to Jerusalem. From there he entered the desert where he remained for thirty years, tasting no food except for dried figs and plants. Because of this, he performed very many miracles, founded many monasteries, and cast out demons through his prayers. Once, when there was a famine, and the monastery's storehouse had no food, he found a single grain of wheat, blessed it, and filled the storehouse from that grain. He became known to the emperors on account of his many miracles and became famous throughout the whole world for his virtue. Thus, he died and was perfected by death.

The twelfth day in the same month. The passion of the holy 311
martyr Tatiana.

The martyr Tatiana was from Old Rome and lived during the reign of Alexander, the daughter of a rich and noble father who had been consul three times. She held the position of deaconess. Because she, as a deaconess, taught the people about Christ and convinced many to reject the idols, she

φεσθαι τὰ εἴδωλα, διεβλήθη τῷ βασιλεῖ. Ὁ δὲ ἀποστείλας ἐκράτησεν αὐτὴν καὶ ἤγαγεν ἐνώπιον αὐτοῦ. Καὶ κατηνάγκασεν αὐτὴν εἰσελθεῖν μετ' αὐτοῦ εἰς τὸν ναὸν τῶν εἰδώλων καὶ προσκυνῆσαι. Ἡ δὲ ἁγία εἰσελθοῦσα διὰ προσευχῆς συνέτριψεν τὰ εἴδωλα καὶ εἰς γῆν ἔρριψεν. Εἶτα τύπτεται κατὰ τοῦ προσώπου, καὶ τοὺς ὀφθαλμοὺς ἐξορύσσεται, καὶ κρεμασθεῖσα ξέεται, καὶ ξυρᾶται τὴν κεφαλήν. Εἶτα πυρὶ παρεδόθη, καὶ ὑγιὴς ἐξελθοῦσα θηριομαχεῖ. Καὶ τῶν θηρίων λυτρωθεῖσα, τῇ προστάξει τοῦ βασιλέως τὴν κεφαλὴν ἀπετμήθη.

312 Τῇ αὐτῇ ἡμέρᾳ. Ἄθλησις τοῦ ἁγίου μάρτυρος Μεορτίου.

Οὗτος στρατιώτης ἦν ἐπὶ τῆς βασιλείας Διοκλητιανοῦ, ἀνδραγαθῶν κατὰ τῶν βαρβάρων ἐν τοῖς πολέμοις, καὶ ἀγαπώμενος καὶ παρὰ τοῦ βασιλέως καὶ παρὰ τῶν συστρατιωτῶν. Διαγνωσθεὶς δὲ ὅτι Χριστιανός ἐστι, καὶ κρατηθεὶς καὶ δεθείς, ἤχθη ἐνώπιον τοῦ βασιλέως. Καὶ πρῶτον μὲν ἐκδύεται τὴν στρατιωτικὴν πανοπλίαν καὶ τὴν ζώνην τοῦ ἀξιώματος. Εἶτα ἐδέθη ἐκ τεσσάρων καὶ ἐτύπτετο ἀνηλεῶς. Ἐπὶ πολλαῖς δὲ ταῖς ὥραις τυπτομένου αὐτοῦ, οὐδὲ μία ἀνεπέμπετο αὐτοῦ φωνή. Ὁ δὲ βασιλεὺς θεωρῶν αὐτόν, πῶς ὑπομένει τὰς μάστιγας καὶ τὰς τοσαύτας πληγάς, ἐθαύμαζε. Καὶ πρὸς τοὺς παρεστῶτας στρατιώτας ἔλεγε, "Ποταπὸς στρατιώτης κακῶς ἀποθνήσκει;" Ὡς δὲ οὐχ εὑρίσκετο τόπος ὑγιὴς εἰς τὸ σῶμα αὐτοῦ, ἀφείθη καὶ ἀπερρίφη ἐν τῇ φυλακῇ. Καὶ ψάλλων καὶ προσευχόμενος μετὰ ὀκτὼ ἡμέρας ἐτελεύτησεν.

was reported to the emperor. He sent men who arrested her and then brought her before him. He forced her to enter the temple of the idols with him and venerate them. When the saint entered the temple, through her prayer, she shattered the idols and threw them to the ground. She was then struck across her face, her eyes were gouged out, she was hung up and flayed, and her head was shaved. Then she was thrown into a fire, but when she emerged unscathed, she was set to fight wild beasts. And when she was saved from the beasts, her head was cut off at the command of the emperor.

On the same day. The passion of the holy martyr Meortios. 312

This man was a soldier during the reign of the emperor Diocletian. He fought bravely during the wars against the barbarians and was admired by the emperor and his fellow soldiers. But when it was discovered that he was a Christian, he was arrested and bound before he was brought before the emperor. First, he was stripped of his armor and his belt of office. Next, he was bound to four stakes and beaten mercilessly. Although he was beaten for many hours, he did not make a single sound. The emperor was amazed when he observed how courageously he endured the whips and the innumerable blows. He turned to the soldiers standing nearby and said, "What kind of soldier dies so ignobly?" When no place on his body could be found without injury, he was taken away and thrown into prison. There he sang psalms and prayed for eight days until he died.

313 Τῇ αὐτῇ ἡμέρᾳ. Ἄθλησις τοῦ ἁγίου Ἀθανασίου τοῦ Ὁμολογητοῦ.

314 Μηνὶ τῷ αὐτῷ ιγ′. Ἄθλησις τῶν ἁγίων μαρτύρων Ἑρμύλου καὶ Στρατονίκου.

Οὗτοι οἱ ἅγιοι ὑπῆρχον ἐπὶ Λικιννίου τοῦ βασιλέως. Καὶ ὁ μὲν ἅγιος Ἑρμύλος ἦν διάκονος τῆς ἐκκλησίας Χριστοῦ. Διατρίβων δὲ ὁ Λικίννιος ἐν τῷ ποταμῷ Δούναβι καὶ ἀκούσας περὶ τοῦ ἁγίου Ἑρμύλου, ἐπίασεν αὐτόν. Καὶ μετὰ σιδηρῶν ῥαβδίων ἐτιμωρήσατο αὐτόν. Εἶτα ἀπέκλεισεν εἰς φυλακήν, παραγγείλας Στρατονίκῳ τῷ στρατιώτῃ φυλάττειν αὐτόν. Ἐλθόντος δὲ ἀγγέλου καὶ παραμυθουμένου τὸν ἅγιον Ἑρμύλον, ἐθεώρει ἐκ τῆς θυρίδος τῆς φυλακῆς ὁ Στρατόνικος, καὶ ἐπίστευσε καθ’ ἑαυτὸν τῷ Χριστῷ, καὶ ἐγένετο φίλος τοῦ Ἑρμύλου. Ἐκβληθεὶς δὲ τῆς φυλακῆς ὁ Ἑρμύλος ἠναγκάζετο προσκυνῆσαι τοῖς εἰδώλοις. Καὶ μὴ πεισθείς, τύπτεται μετὰ ῥαβδίων. Εἶτα μετὰ ὀνύχων ἀετοῦ διέσχισαν τὴν κοιλίαν αὐτοῦ καὶ τὴν καρδίαν. Ὁρῶν δὲ ὁ Στρατόνικος ἔκλαυσε, καὶ γνωσθεὶς ἐτιμωρήθη. Καὶ ἀμφότεροι ῥιφέντες ἐν τῷ ποταμῷ Δούναβι, ἐτελειώθησαν.

315 Μηνὶ τῷ αὐτῷ ιδ′. Ἄθλησις τῶν ὁσίων πατέρων ἡμῶν τῶν ἐν τῷ Σινᾷ ὄρει τελειωθέντων.

Ἀπὸ διαφόρων τόπων καὶ χωρίων οἱ ἅγιοι οὗτοι ὑπάρχοντες ἀφῆκαν τὸν κόσμον καὶ συγγενεῖς καὶ πλοῦτον.

On the same day. The passion of Saint Athanasios the Confessor. 313

The thirteenth day in the same month. The passion of the holy martyrs Hermylos and Stratonikos. 314

These saints lived under the emperor Licinius, and Saint Hermylos was a deacon of Christ's church. While Licinius was spending time on the river Danube, he heard about Saint Hermylos and seized him. He first had him tortured with iron rods. Then he locked him in prison and directed the soldier Stratonikos to guard him. An angel visited Saint Hermylos and brought him consolation, which Stratonikos observed through the cell's window and therefore came to believe himself in Christ. He also became friends with Hermylos. Hermylos was taken from the prison and pressured to venerate the idols. But when he refused, he was beaten with rods. Next, they cut open his abdomen and chest with the talons of an eagle. Stratonikos cried out when he saw this. His belief was therefore discovered, so he was also tortured. Finally, both were thrown into the Danube where they were perfected by death.

On the fourteenth day in the same month. The passion of our holy fathers who were perfected by death on Mount Sinai. 315

These saints were from different places and regions when they renounced the world, their families, and wealth. They

Καὶ ἀπῆλθον ἐν τῷ ὄρει τῷ Σινᾷ καὶ ἐγένοντο μοναχοί, δουλεύοντες μόνῳ τῷ Θεῷ καὶ τρεφόμενοι ἀπὸ βοτανῶν ἀγρίων. Μετὰ τούτων δὲ τῶν ἁγίων ἦν καὶ ὁ ἅγιος Νεῖλος ὁ γενόμενος ἔπαρχος εἰς Κωνσταντινούπολιν, ἀνὴρ σοφὸς καὶ εὐλαβής. Ἀλλὰ καὶ αὐτὸς διὰ τὸν Χριστὸν ἀφῆκε καὶ τὴν δόξαν καὶ τὸν πλοῦτον, καὶ ἐγένετο εἷς τῶν πτωχῶν μοναχῶν. Ἀλλὰ ὁ διάβολος φθονήσας, διήγειρε τὸ ἄγριον ἔθνος τῶν Βλεμύων κατὰ τῶν ἁγίων πατέρων. Οὗτοι δέ εἰσιν οἱ ἀπὸ Ἀραβίας ἕως Αἰγύπτου κατοικοῦντες τὴν θάλασσαν Ἐρυθράν. Καὶ ἐλπίζοντες εὑρεῖν πλοῦτον, ἦλθον κουρσεῦσαι τοὺς μοναχούς. Ὡς δὲ οὐδὲν εὗρον εἰ μὴ ψιαθία μόνα καὶ τοὺς ἁγίους τρύχινα φοροῦντας, ἐμάνησαν καὶ κατέσφαξαν αὐτούς, μηδὲν ἀδικοῦντας. Καὶ οὕτως ἐτελειώθησαν.

316 Τῇ αὐτῇ ἡμέρᾳ. Μνήμη τῶν ἁγίων πατέρων τῶν ἐν τῷ αὐτῷ ὄρει σφαγέντων ὑπὸ τῶν Βλεμύων ἐπὶ Διοκλητιανοῦ βασιλέως.

Οὗτοι ὑπῆρχον ἐν τοῖς χρόνοις Διοκλητιανοῦ βασιλέως καὶ Πέτρου ἀρχιεπισκόπου Ἀλεξανδρείας, ἡσυχάζοντες καὶ αὐτοὶ ἐν τῷ Σινᾷ ὄρει. Ἐξελθόντες δὲ οἱ κατοικοῦντες τὴν ἔρημον Σαρακηνοί, ἀποθανόντος τοῦ φυλάρχου αὐτῶν, πολλοὺς ἐφόνευσαν τῶν ἀσκητῶν. Τῶν δὲ λοιπῶν φυγόντων εἰς τὸ ὀχύρωμα, ἐφάνη τοῖς Σαρακηνοῖς διὰ τῆς νυκτὸς φλὸξ πυρὸς κατακαίουσα ὅλον τὸ ὄρος, ἡ δὲ φλὸξ ἀνήρχετο ἕως τοῦ οὐρανοῦ. Καὶ ἰδόντες οἱ Σαρακηνοὶ ἐφοβήθησαν καὶ ῥίψαντες τὰ ὅπλα αὐτῶν ἔφυγον. Οἱ δὲ

went to Mount Sinai and became monks. There they served God alone and were nourished only by wild plants. Among these saints was Saint Neilos, a wise and pious man who had been prefect in Constantinople. But he also rejected worldly esteem and wealth on account of Christ and became one of the mendicant monks there. The devil, however, was filled with envy at them and stirred up the savage tribe of the Blemmyes against the holy fathers. These are the people who live along the Red Sea in the area between Arabia and Egypt. They came to plunder the monks, hoping to find wealth. But when they found nothing except for reed mats and the saints wearing rags, they became enraged and slaughtered them, although they had done them no harm. Thus, they were perfected by death.

On the same day. The commemoration of the holy fathers 316
who were slaughtered on the same mountain by the Blemmyes during the reign of the emperor Diocletian.

These men lived at the time of the emperor Diocletian, when Peter was archbishop of Alexandria, and they lived as hermits on Mount Sinai. The Saracens, who lived in the desert, left their land after the death of their leader and killed many of the ascetics. After the survivors had retreated to the fortress, a great beacon of fire appeared to the Saracens during the night, and it engulfed the entire mountain in flames, reaching up to the sky. The Saracens became terrified when they saw this, threw down their weapons, and

πρῶτον σφαγέντες ἦσαν τριακονταοκτώ, ἔχοντες πληγὰς διαφόρους ἐν τοῖς σώμασιν αὐτῶν. Ἐξ αὐτῶν δὲ εὑρέθησαν δύο ζῶντες, Σάβας καὶ Ἡσαΐας. Οἱ δὲ φονευθέντες, οἱ μὲν τὰς κεφαλὰς ἀπετμήθησαν τελείως, τῶν δὲ ἐκ τοῦ ἑνὸς μέρους ἐκράτει τὸ δέρμα, ἄλλοι μέσον ἐκόπησαν. Οὓς ἔθαψαν οἱ δύο μοναχοί, οἱ καὶ τὰ περὶ αὐτῶν εἰπόντες.

317 Τῇ αὐτῇ ἡμέρᾳ. Μνήμη τῶν λγʹ πατέρων τῶν ἐν τῇ Ῥαϊθῷ σφαγέντων ὑπὸ Βλεμύων τῶν κατοικούντων ὅπου εἰσὶν αἱ ιβʹ πηγαὶ καὶ τὰ οʹ δένδρα τῶν φοινίκων.

Βλεμύων τριακοσίων ἐπιβάντων ξύλοις μεγάλοις, καὶ περασάντων τὸ πέλαγος τῆς Αἰθιοπίας, καὶ ἐλθόντων εἰς τόπον καὶ εὑρόντων πλοῖον, καὶ ἐμβάντων εἰς αὐτό, καὶ διαπερασάντων εἰς τὴν χώραν τῶν Φαρανιτῶν, ἐξῆλθον οἱ Φαρανῖται εἰς συνάντησιν αὐτῶν. Καὶ ἐνικήθησαν ὑπὸ τῶν Βλεμύων, καὶ ἐσφάγησαν ἄνδρες ἑκατὸν τεσσαρακονταεπτά. Οἱ δὲ Βλέμυες ἐπάραντες τὰς γυναῖκας καὶ τὰ παιδία τῶν Φαρανιτῶν, ἀπῆλθον εἰς τὸ κάστρον ὅπου εἶχον τὴν ἐκκλησίαν οἱ ἅγιοι πατέρες καὶ ἠσφάλισαν τὴν θύραν οἱ ἅγιοι. Καὶ προσέφυγον εἰς τὴν ἐκκλησίαν ἐκδεχόμενοι τὸν θάνατον. Καὶ ἐλθόντες οἱ βάρβαροι καὶ χρήματα ζητοῦντες καὶ μὴ εὑρόντες, πάντας ἐφόνευσαν. Καὶ λαβόντες τὴν αἰχμαλωσίαν, ἀπῆλθον πρὸς τὸ περᾶσαι. Καὶ μὴ εὑρόντες τὸ πλοῖον (τὸ γὰρ πλοῖον οἱ ἀγγαρευθέντες ἐβύθισαν καὶ ἔφυγον), ἐμάνησαν καὶ ἔσφαξαν τὴν αἰχμαλωσίαν. Ἐσφάγησαν δὲ καὶ αὐτοί.

fled. Those initially killed were thirty-eight in number and had various wounds on their bodies. Two survivors were discovered among them, Sabas and Isaias. Of those who had been murdered, some had their heads cut off completely. Others were only partially decapitated, with one part of connecting skin still intact. Still others had been run through their middles. The two monks buried all of them and reported what had happened to them.

On the same day. The commemoration of the thirty-three 317
fathers who were slaughtered in Rhaithou by the Blemmyes and who lived where there are twelve springs and seventy palm trees.

Three hundred Blemmyes boarded large wooden rafts and crossed the sea of Ethiopia. When they had arrived at some place, they discovered a boat, so they boarded it, and when they passed through the region of the Pharanitai, the Pharanitai came out to meet them. But they were defeated by the Blemmyes, and one hundred forty-seven men were killed. The Blemmyes took the wives and children of the Pharanitai and went to the fort where the holy fathers had a church. The saints barred the door and fled to the church where they expected to meet their death. The foreigners came and demanded money, but finding none, they slaughtered everyone. They took their captives and went off to continue their journey. However, when they could not find their boat (for the men forced into service had sunk the boat and fled), they were filled with rage and slaughtered their captives. They were also slaughtered themselves.

318 Τῇ αὐτῇ ἡμέρᾳ. Μνήμη τοῦ ὁσίου πατρὸς ἡμῶν Θεοδούλου.

Οὗτος ὑπῆρχεν υἱὸς Νείλου τοῦ Σοφοῦ, τοῦ γεγονότος μὲν ἐπάρχου Κωνσταντινουπόλεως, καταλιπόντος δὲ τὴν δόξαν τοῦ κόσμου, καὶ ἀπελθόντος ἐν τῷ ὄρει Σινᾷ, καὶ μονάσαντος μετὰ τοῦ υἱοῦ. Τῶν δύο δὲ ὑπαρχόντων ἐκεῖ καὶ τὴν ἀσκητικὴν πολιτείαν διανυόντων, ἐξαίφνης ἐπιπεσόντων τῶν βαρβάρων καὶ ἀρξαμένων κατασφάζειν τοὺς ἁγίους πατέρας, ὁ μὲν Νεῖλος ἠδυνήθη φυγεῖν, ὁ δὲ υἱὸς αὐτοῦ Θεόδουλος ἐκρατήθη αἰχμάλωτος μετὰ ἄλλου ἑνὸς νέου, καὶ δεθέντες ἐσύροντο. Ἠπλίκευσαν δὲ οἱ βάρβαροι, καὶ ἐβούλοντο σφάξαι τοὺς νέους, καὶ θῦσαι τῷ πρὸ τοῦ ἡλίου ἀνατέλλοντι ἄστρῳ. Καὶ ὁ μὲν εἷς ἔφυγεν. Οἱ δὲ βάρβαροι κοιμηθέντες, τοῦ ἡλίου ἀνατείλαντος καὶ τοῦ ἄστρου κρυβέντος, οὐκ ἔσφαξαν τὸν Θεόδουλον. Βουλόμενοι δὲ πωλῆσαι, δύο μόνους χρυσίνους ἐλάμβανον. Καὶ γυμνώσας ὁ εἷς τὸ ξίφος, ἤθελε σφάξαι. Τότε ἠγόρασεν αὐτὸν ὁ ἐπίσκοπος καὶ ἀπέλυσε. Καὶ καλῶς βιώσας ἐκοιμήθη.

319 Τῇ αὐτῇ ἡμέρᾳ. Μνήμη τοῦ ὁσίου πατρὸς ἡμῶν Στεφάνου τοῦ κτίσαντος τὴν Μονὴν τοῦ Χηνολάκκου.

Οὗτος ὑπῆρχεν ἀπὸ Ἀνατολῆς εὐγενὴς καὶ πλούσιος, ἀλλὰ πάντα καταλιπὼν ἐγένετο μοναχός. Καὶ ἀπῆλθεν εἰς τὴν ἔρημον τοῦ Ἰορδάνου καὶ διήρχετο τῶν μεγάλων πατέρων τὰ μοναστήρια, μανθάνων πᾶσαν ἀρετήν. Ἐπὶ δὲ τῆς βασιλείας Λέοντος τοῦ Ἰσαύρου, κατέλαβε τὴν

On the same day. The commemoration of our holy father Theodoulos. 318

This man was the son of Neilos the Wise, who was prefect of Constantinople, but later renounced the glory of the world, left the city for Mount Sinai, and lived as a monk with his son. While the two of them were living a life of asceticism there, the barbarians suddenly attacked and began to slaughter the holy fathers. Neilos was able to escape them, but his son Theodoulos was captured with another young man. The two were bound and dragged off. Then the barbarians made their camp, and intended to slaughter the youths and sacrifice them to the star that rises before the sun. However, the other one escaped. The barbarians slept, and when the sun rose and the star was hidden, they did not slaughter Theodoulos. Instead, they decided to sell him but only received two gold pieces. One of them drew his sword to kill him. Then the bishop paid for him and freed him. After living a pious life, he fell asleep.

On the same day. The commemoration of our holy father Stephen who founded the Monastery of Chenolakkos. 319

This man was from the east, from a noble and rich family, but he renounced everything and became a monk. He traveled to the desert near the Jordan River where he visited the monasteries of the great fathers and learned about every aspect of virtue. During the reign of Leo the Isaurian, he came

Κωνσταντινούπολιν. Καὶ ὑπεδέξατο αὐτὸν Γερμανὸς ὁ ἁγιώτατος πατριάρχης καὶ ἐδωρήσατο αὐτῷ τὸν τόπον, ἔνθα νῦν ἡ τοῦ Χηνολάκκου Μονὴ ὑπάρχει. Καὶ ἔκτισε μοναστήριον καὶ συνήγαγεν ἄνδρας εὐλαβεῖς εἰς Θεοῦ δοξολογίαν. Καὶ ἐδίδαξεν αὐτοὺς πᾶσαν ἀρετὴν καὶ ὑπέθηκε πῶς ἀρέσουσι τῷ Θεῷ. Ἐδίδασκε δὲ καὶ τοὺς καθ' ἑκάστην ἡμέραν ἐρχομένους πρὸς αὐτὸν καὶ ἔλεγεν, "Ἀδελφοί, τοῦ Θεοῦ μὴ ἐπιλανθάνεσθε, τοῦτο γινώσκοντες, ὅτι ὁ κόσμος οὗτος παρέρχεται καὶ οὐδέν ἐστι." Καὶ ἄλλα πολλὰ διδάξας καὶ καλῶς ποιμάνας τὸ ποίμνιον αὐτοῦ, ἐν εἰρήνῃ παρέδωκε τῷ Θεῷ τὴν ψυχήν.

320 Τῇ αὐτῇ ἡμέρᾳ. Μνήμη τοῦ ἁγίου Ἀθανασίου.

321 Μηνὶ τῷ αὐτῷ ιε'. Ἡ κοίμησις τοῦ ὁσίου πατρὸς ἡμῶν Παύλου τοῦ Θηβαίου.

Οὗτος ἦν ἐπὶ τῆς βασιλείας Δεκίου. Ἐγένετο δὲ ἀπὸ Αἰγύπτου πόλεως Θηβῶν. Εἶχε δὲ γαμβρόν, καὶ ἠβουλήθη ὁ γαμβρὸς αὐτοῦ προδώσειν αὐτὸν ὡς Χριστιανὸν εἰς τὸν ἄρχοντα ἵνα κληρονομήσῃ τὸ μέρος τῆς ὑποστάσεως αὐτοῦ. Καὶ προμαθὼν τοῦτο, φυγὼν ἀπῆλθεν εἰς τὸ ὄρος τῆς ἐρήμου. Καὶ κατ' ὀλίγον κατ' ὀλίγον εἰσερχόμενος πρὸς τὰ ἐνδότερα τῆς ἐρήμου, εὗρε σπήλαιον καὶ εἰσῆλθεν ἐν αὐτῷ. Καὶ ἐνεδύετο ἐκ τῶν δερμάτων τῶν φοινίκων συρράπτων αὐτά, καὶ ἐτρέφετο ἐκ τῶν καρπῶν αὐτῶν. Θέλων δὲ ὁ Θεὸς φανερῶσαι τὸν βίον αὐτοῦ εἰς ὠφέλειαν, ἀπήγαγεν ἐκεῖ τὸν Μέγαν Ἀντώνιον ὑπονοήσαντα ὅτι

to Constantinople. The most holy patriarch Germanus received him and granted him the place where the Monastery of Chenolakkos lies today. He founded a monastery there and gathered pious men to glorify God. He instructed them in every virtue and demonstrated how they could be pleasing to God. He also instructed those who came to him each day and said, "My brothers, never waver in your focus on God and understand that this world is fleeting; it is nothing." After teaching many other things and guiding his flock with care, he handed over his spirit to God in peace.

On the same day. The commemoration of Saint Athanasios. 320

The fifteenth day in the same month. The repose of our holy 321
father Paul of Thebes.

This man lived during the reign of Decius and was from the city of Thebes in Egypt. He had a brother-in-law who planned to betray him to the governor for being a Christian so that he might inherit a share of his property. But when Paul became aware of this in advance, he fled and went to the mountain in the desert. Then, little by little, he moved deeper into the desert until he discovered a cave, which he entered. He wove together the coverings of date palms and wore them as clothing, and sustained himself by eating their fruit. Now God wanted to reveal his life for the benefit of others, so he led Antony the Great there. Antony believed

βαθύτερον αὐτοῦ ἄλλος οὐκ εἰσῆλθεν εἰς τὴν ἔρημον. Ἀλλὰ εὑρὼν αὐτὸν ἐθαύμασεν. Ἀρξαμένων δὲ συντυγχάνειν, ἦλθε κόραξ βαστάζων ἄρτον ὁλόκληρον καὶ ἔδωκεν αὐτοῖς. Στραφεὶς δὲ Ἀντώνιος ἵνα φέρῃ αὐτῷ ἱμάτιον, εὗρεν αὐτὸν τελειωθέντα καὶ ἐδόξασε τὸν Θεόν.

322 Τῇ αὐτῇ ἡμέρᾳ. Μνήμη τοῦ ὁσίου πατρὸς ἡμῶν Ἰωάννου τοῦ Καλυβίτου, οὗ ἦν τὸ χρυσοῦν εὐαγγέλιον.

Ἰωάννης ὁ Καλυβίτης ἦν ἐν Κωνσταντινουπόλει, υἱὸς Εὐτροπίου τοῦ συγκλητικοῦ καὶ Θεοδώρας. Ἐν ἀρχῇ δὲ τῆς ἡλικίας ᾐτήσατο τοὺς γονεῖς αὐτοῦ, λέγων ὅτι "Πάντες οἱ συμμαθηταί μου ἔχοντες εὐαγγέλια ἀναγινώσκουσιν. Ἐγὼ δὲ μὴ ἔχων ἐντρέπομαι." Διατοῦτο ἐποίησαν αὐτῷ οἱ γονεῖς αὐτοῦ εὐαγγέλιον πολύτιμον ἀπὸ χρυσοῦ καὶ λίθων τιμίων καὶ μαργαριτῶν, ἄξιον νομισμάτων πεντακοσίων. Καταλιπὼν δὲ τὴν τῶν μαθημάτων σχολήν, μετὰ μοναχοῦ τινος τὴν τῶν Ἀκοιμήτων καταλαμβάνει Μονήν. Καὶ ἐν αὐτῇ γίνεται μοναχός, καὶ ἠγωνίσατο καλῶς. Ἀλλὰ μὴ ἔχων ὁ διάβολος ἄλλο τι ποιῆσαι αὐτῷ, ἐνέβαλεν εἰς αὐτὸν ἐπιθυμίαν τοῦ ἰδεῖν τοὺς γονεῖς αὐτοῦ. Ὅμως εἰ καὶ ἡττήθη, ἀλλ' ἐνίκησε τὸν διάβολον. Μετὰ γὰρ γνώμης τοῦ ἡγουμένου, ἦλθεν εἰς τὸν οἶκον αὐτοῦ. Καὶ τοὺς μὲν γονεῖς αὐτοῦ ἐθεώρει. Αὐτὸς δὲ καλύβην ποιήσας ἔξω τοῦ πυλῶνος, ἔκειτο ἐκεῖ ὡς πτωχὸς ἕως ἐτελειώθη. Καὶ τότε ἀνεγνωρίσθη ἐκ τοῦ χρυσοῦ εὐαγγελίου.

that no one had gone deeper into the desert than he, so he was astounded when he discovered Paul. As the two of them began to converse, a raven came carrying a whole loaf of bread, which it gave to them. When Antony later returned to bring him a garment, he found that he had been perfected by death, and he glorified God.

On the same day. The commemoration of our holy father John Kalybites who owned the golden gospel book. 322

John Kalybites lived in Constantinople, and was the son of Eutropios, who was of senatorial rank, and Theodora. While he was still very young, he complained to his parents, saying, "All my schoolmates have gospel books that they read. I am embarrassed because I do not have one." His parents therefore commissioned for him a luxurious gospel furnished with gold, precious stones, and pearls, worth five hundred *nomismata.* After he finished his primary schooling, he traveled with a certain monk to the Monastery of the Akoimetoi. He became a monk in that monastery, and his devotion to asceticism was admirable. The devil had no other recourse against him, so he afflicted him with a desire to see his parents. And even if John was bested in this way, he overcame the devil all the same. With the abbot's permission, he returned to his home. He did see his parents, but he constructed a small hut outside their gate, living there like a beggar until he was perfected by death. Only then was he recognized by his golden gospel.

323 Τῇ αὐτῇ ἡμέρᾳ. Ἄθλησις τῆς ἁγίας Χαριτίνης.

Ἡ μάρτυς Χαριτίνη ὑπῆρχε δούλη Κλαυδιανοῦ τινος Χριστιανοῦ ὄντος καὶ εὐλαβοῦς. Ἐπὶ δὲ τῆς βασιλείας Διοκλητιανοῦ καὶ Δομετιανοῦ κόμητος, διαβληθεῖσα ὅτι τὸν Χριστὸν σέβεται, ἐκρατήθη καὶ παρέστη ἐνώπιον τοῦ κόμητος. Καὶ ὁμολογήσασα τὸν Χριστὸν καὶ ὅτι Χριστιανή ἐστι, τύπτεται ἰσχυρῶς. Εἶτα ξυρᾶται τὴν κεφαλήν. Καὶ στακτὴν ζέουσαν καταπάσσεται. Καὶ δέχεται ἐπὶ τὴν κεφαλὴν αὐτῆς ὄξος δριμύτατον. Καὶ μετὰ λαμπάδων τὰς πλευρὰς καταφλέγεται. Εἶτα δεθεῖσα ἀπερρίφη ἐν τῇ θαλάσσῃ. Παραδόξως δὲ διασωθεῖσα καὶ ὑγιὴς τῆς θαλάσσης ἐξελθοῦσα, παρέστη τῷ κόμητι. Καὶ ἰδὼν αὐτὴν ὁ κόμης ἐξεπλάγη. Καὶ προσέταξε γενέσθαι τροχὸν καὶ δεθῆναι τὴν ἁγίαν ἐκεῖ, καὶ ὑπὸ τὸν τροχὸν τεθῆναι πυρὸς ἄνθρακας. Καὶ τούτου γενομένου, ἐτιμωρεῖτο ἡ ἁγία. Εἶτα ἐξερριζώθη τοὺς ὀδόντας. Καὶ ἐκ τῆς πολλῆς ὀδύνης καὶ τοῦ ἀφορήτου πόνου, παρέδωκε τὸ πνεῦμα τῷ Θεῷ.

324 Μηνὶ τῷ αὐτῷ ις΄. Ἡ προσκύνησις τῆς τιμίας ἁλύσεως τοῦ ἁγίου ἀποστόλου Πέτρου, ἣν ἐφόρεσεν ὑπὸ Ἡρῴδου τοῦ βασιλέως διὰ Χριστὸν καὶ ἐβλήθη ἐν τῇ φυλακῇ.

Κατ᾽ ἐκεῖνον τὸν καιρόν, ὁ βασιλεὺς Ἡρῴδης ἐκράτησεν Ἰάκωβον τὸν ἀδελφὸν τοῦ ἁγίου Ἰωάννου τοῦ Θεολόγου καὶ μετὰ μαχαίρας ἔσφαξεν αὐτόν. Καὶ ἰδὼν ὅτι ἀπεδέξαντο τὸ γενόμενον οἱ Ἰουδαῖοι, ἐκράτησε καὶ τὸν ἅγιον Πέτρον. Καὶ δήσας αὐτὸν μετὰ δύο ἁλύσεων, ἔβαλεν εἰς φυλακὴν βουλόμενος φονεῦσαι. Ἀλλὰ ἄγγελος Θεοῦ

On the same day. The passion of Saint Charitine. 323

The martyr Charitine was a slave belonging to a certain pious Christian named Claudian. During the reign of Diocletian, when Dometianus was *comes,* she was reported for worshiping Christ, so she was arrested and brought before the *comes.* After she confessed Christ and that she was a Christian, she was severely beaten. Then her head was shaved. Burning cinders were sprinkled over her. Caustic vinegar was put on her head. Her ribs were burned with torches. After that, they bound her and threw her into the sea. But when she was miraculously saved and emerged from the water unharmed, she was brought to the *comes.* The *comes* was astounded when he saw her. Then he ordered a wheel to be made, and the saint was bound to it while glowing coals were spread beneath it. After this had been done, the saint was tortured. Then they ripped out her teeth. She handed over her spirit to God from the great pain and the unbearable agony.

The sixteenth day in the same month. The veneration of the precious chain of Saint Peter the apostle, which he was made to wear by Herod the king when he was put in prison for Christ. 324

At that time, king Herod arrested James the brother of Saint John the Theologian and slaughtered him with a knife. When he saw that the Jews accepted his actions, he also arrested Saint Peter. He bound him with two chains and imprisoned him with the intention of putting him to death.

ἀπελθὼν ἐν τῇ φυλακῇ, ἔλυσεν αὐτὸν ἀπὸ τῶν ἁλύσεων, καὶ ἀνοίξας διὰ τῆς νυκτὸς τὰς θύρας τῆς φυλακῆς, ἀπέλυσεν αὐτόν. Καὶ οὕτως ἐξέφυγε τὰς χεῖρας τοῦ Ἡρῴδου. Τινὲς δὲ τῶν πιστῶν τὰς ἁλύσεις εὑρόντες καὶ τιμῶντες αὐτὰς διὰ τὸν ἅγιον, κατὰ διαδοχὴν διεφύλαξαν. Καὶ ὕστερον παρὰ τῶν εὐσεβῶν βασιλέων εἰς Κωνσταντινούπολιν εἰσήχθησαν καὶ κατετέθησαν ἐν τῷ ναῷ τοῦ ἁγίου Πέτρου τῷ πλησίον ὄντι τῆς Ἁγίας Σοφίας. Καὶ ἀπὸ τότε ἕως τῆς σήμερον τιμῶνται καὶ προσκυνοῦνται ὑπὸ τῶν Χριστιανῶν εἰς τιμὴν τοῦ ἀποστόλου Πέτρου.

325 Τῇ αὐτῇ ἡμέρᾳ. Ἄθλησις τοῦ ὁσιομάρτυρος Πανσοφίου.

Πανσόφιος ὁ ὁσιομάρτυς ὑπῆρχεν ἀπὸ Ἀλεξανδρείας, υἱὸς Νείλου τοῦ ἀνθυπάτου. Ἐπεμελήθη δὲ αὐτοῦ ὁ πατὴρ αὐτοῦ καὶ ἐδίδαξεν αὐτὸν πᾶσαν γραφήν. Μετὰ δὲ τὴν τοῦ πατρὸς τελευτήν, πάντα τὸν πλοῦτον αὐτοῦ δοὺς τοῖς πτωχοῖς, ἀπῆλθεν εἰς τὴν ἔρημον. Καὶ ἐποίησεν ἐν τῇ ἐρήμῳ χρόνους εἰκοσιεπτὰ τῷ Θεῷ προσευχόμενος. Τινὲς δὲ τῶν πονηρῶν καὶ χαιρεκάκων ἀνθρώπων ἐλοιδόρησαν αὐτὸν εἰς τὸν ἄρχοντα Ἀλεξανδρείας Αὐγουστάλιον, ἀποσταλέντα παρὰ Δεκίου εἰς τὸ φονεύειν τοὺς Χριστιανούς. Καὶ ἀποστείλας ὁ Αὐγουστάλιος ἔδησεν αὐτὸν καὶ ἤγαγεν ἐνώπιον αὐτοῦ. Καὶ κατηνάγκασεν αὐτὸν ἀρνήσασθαι τὸν Χριστὸν καὶ προσκυνῆσαι τοῖς εἰδώλοις. Ὡς δὲ οὐκ ἔπεισεν, ἔτυψεν αὐτὸν ἰσχυρῶς μετὰ ῥαβδίων. Ἐπὶ πολὺ δὲ τυπτόμενος, εὐχαρίστει τῷ Θεῷ καὶ προσηύχετο. Τὰ δὲ εἴδωλα καταρώμενος, ἔλεγεν ὅτι οὐδέν εἰσιν. Καὶ οὕτω τυπτόμενος καὶ βασανιζόμενος ἐτελεύτησεν.

But an angel of God went to the prison, released him from the chains, opened the prison's doors during the night, and set him free. Thus, he slipped through Herod's hands. Some of the faithful discovered the chains and revered them on account of the saint, preserving them generation after generation. Later on, they were brought to Constantinople by the pious emperors and were laid in the Church of Saint Peter that is near Hagia Sophia. From that time until today, the chains are revered and venerated by Christians in honor of the apostle Peter.

On the same day. The passion of the holy martyr Pan- 325
sophios.

The holy martyr Pansophios was from Alexandria, the son of Neilos the proconsul. His father was attentive to him and had him educated in all literature. After his father's death, he gave away all his wealth to the poor and went into the desert. He spent twenty-seven years praying to God in the desert. Then some wicked and evil-loving people slandered him before Augustalios, the governor of Alexandria, who had been sent by Decius to put the Christians to death. Augustalios sent men to bind him and bring him before him. He pressured him to deny Christ and worship the idols. But when he refused, he beat him mercilessly with rods. Although the beatings lasted for a long time, he continued to give thanks to God and pray. He also condemned the idols and said that they were worthless. After he was beaten and tortured in this way, he died.

326 Τῇ αὐτῇ ἡμέρᾳ. Ἄθλησις τοῦ ἁγίου μάρτυρος Δάνακτος τοῦ Ἀναγνώστου.

Ὁ ἅγιος μάρτυς Δάναξ ὑπῆρχεν ἀπὸ τῆς χώρας τοῦ Ἰλλυρικοῦ τόπου Αὐλῶνος καλουμένου, ἀναγνώστης ὢν τῆς ἁγίας ἐκκλησίας καὶ ὑπαναγινώσκων τὰ ἱερὰ βιβλία τῷ λαῷ τῶν Χριστιανῶν. Ἐν δὲ ταῖς ἡμέραις ἐκείναις συναχθέντες ἄγροικοί τινες καὶ ἄπιστοι, καὶ ἐν τοῖς τόποις ἐκείνοις ἀπελθόντες, πολλοὺς τῶν Χριστιανῶν ἐφόνευσαν. Ὁ δὲ ἅγιος Δάναξ λαβὼν τὰ ἱερὰ σκεύη τῆς ἐκκλησίας διεσώθη εἰς τόπον ὀχυρὸν ἀπέχοντα ἀπὸ Αὐλῶνος μίλια πέντε πρὸς θάλασσαν. Καὶ κατελθόντες διὰ σχοινίων πρὸς αὐτὸν οἱ πολέμιοι ἠνάγκαζον θύειν τῷ Διονύσῳ, λέγοντες ὅτι "Αὐτὸς δημιουργεῖ τὸν οἶνον." Ὁ δὲ ἅγιος ὡμολόγει τὸν Χριστόν, λέγων ὅτι "Οὗτός ἐστιν ὁ τὸν κόσμον καὶ τὰ ἐν τῷ κόσμῳ ποιήσας. Ὁ δὲ Διόνυσος θεὸς οὐκ ἔστι, ἀλλὰ εἴδωλον κωφὸν καὶ ἄλαλον." Οἱ δὲ ὀργισθέντες κατέκοψαν αὐτὸν μετὰ τῶν ξιφῶν, ὧν ἐκράτουν, καὶ ἔρριψαν ἐν τῇ θαλάσσῃ. Καὶ οὕτως ἐτελειώθη.

327 Μηνὶ τῷ αὐτῷ ιζʹ. Μνήμη τοῦ ὁσίου πατρὸς ἡμῶν Ἀντωνίου τοῦ Μεγάλου.

Ὁ Μέγας Ἀντώνιος ὁ Αἰγύπτιος ἐν ἀσκηταῖς μέγας ἐγένετο. Πλουσίων γὰρ γονέων ὑπάρχων καὶ νέος ὤν, ἀφῆκεν ἅπαντα καὶ ἀπελθὼν ἐμόνασεν. Τυφθεὶς δὲ παρὰ τῶν δαιμόνων καὶ προσευξάμενος τῷ Θεῷ, τὰς πληγὰς ἰάθη, πάσας δὲ τὰς δυνάμεις τῶν δαιμόνων ἐνίκησεν. Οὕτως γὰρ ἔγνω τὰς πανουργίας αὐτῶν καὶ ἤλεγξεν ὡς οὐδεὶς ἄλλος.

On the same day. The passion of the holy martyr Danax the Lector. 326

The holy martyr Danax was from a place called Aulon in the region of Illyricum. He was a lector of the holy church and so would read the holy books to the congregation of the Christians. During those days, a violent group of nonbelievers gathered together and went through that area slaughtering many Christians. Saint Danax salvaged the holy vessels from the church and took refuge within a secure place near the sea, five miles from Aulon. But his enemies came there with ropes and pressured him to sacrifice to Dionysus, saying, "He makes the wine." But the saint confessed Christ and said, "He is the creator of the world and everything in the world. Dionysus is no god but a dumb, speechless idol." This enraged them, so they hacked him with the swords that they carried before throwing him into the sea. Thus, he was perfected by death.

The seventeenth day in the same month. The commemoration of our holy father Antony the Great. 327

Antony the Great of Egypt was great among ascetics. He was the child of rich parents, but when he was still young, he left all his possessions and went to live a solitary life. When he was beaten by demons and prayed to God, he was healed of his injuries and defeated every demonic power. For he understood their cunning ways and overcame them as no other

Νηστείαις δὲ πολλαῖς καὶ ξηροκοιτίαις καὶ προσευχαῖς προσκαρτερήσας ὁ ἅγιος ἀδιαλείπτως οὐκ ἐνέδωκεν. Καὶ προγνώσεως διατοῦτο ἠξιώθη καὶ σημείων πολλῶν. Ἀλλὰ καὶ δικαίων καὶ ἁμαρτωλῶν ψυχὰς ἐπεγίνωσκε, τὰς μὲν πρὸς Θεὸν ἀναφερομένας, τὰς δὲ πρὸς Ἅιδην καταγομένας. Οὗτος ἐπὶ τοῦ Μεγάλου Κωνσταντίνου ἦν ἀγωνιζόμενος. Καὶ περὶ τῆς Ἀρείου δὲ αἱρέσεως προεφήτευσεν. Ἐγένοντο δὲ μαθηταὶ αὐτοῦ πολλοὶ καὶ διάδοχοι τῆς ἀσκήσεως αὐτοῦ· ὁ Μέγας Ἀθανάσιος, ὁ Παῦλος ὁ Θηβαῖος, ὁ Μέγας Ἱλαρίων. Ζήσας δὲ χρόνους ἐνενήκοντα καὶ πέντε ἐτελεύτησε, καὶ ἐτάφη παρὰ δύο μαθητῶν αὐτοῦ ἐν τόπῳ ἀγνώστῳ.

328 Τῇ αὐτῇ ἡμέρᾳ. Ἄθλησις τῶν ἁγίων τριῶν παίδων Σπευσίππου, Ἐλασίππου, Βελεσίππου, καὶ τῶν σὺν αὐτοῖς.

Αὐτάδελφοι ὑπῆρχον οἱ τρεῖς οὗτοι ἀπὸ Καππαδοκίας, ὁμοῦ γεννηθέντες ἐκ μιᾶς κοιλίας τρίδυμοι. Ἦσαν δὲ ἱππηλάται ἄριστοι, γυμνάζοντες τοὺς ἵππους. Ἐν μιᾷ δὲ ἑτοιμάσαντες τράπεζαν, ἔθυον τῷ Διί. Καὶ προσκαλεσάμενοι τὴν μάμμην αὐτῶν Νεονίλλαν εἰς τὸ συμφαγεῖν αὐτοῖς, ἤκουσαν παρ᾽ αὐτῆς Χριστιανῆς οὔσης περὶ τοῦ Χριστοῦ καὶ ἐπίστευσαν, μαθόντες ὅτι τῶν ἐθνῶν οἱ θεοὶ ἄψυχοι λίθοι καὶ ξύλα εἰσί, καὶ ἄγουσι τοὺς ἀνθρώπους εἰς ἀπώλειαν. Καὶ εὐθέως ἀναστάντες συνέτριψαν τὰ εἴδωλα. Ὡς δὲ ἦλθον οἱ κύριοι αὐτῶν Παλμάτος καὶ Ἑρμογένης καὶ Κοδράτος, ἐπειρῶντο μεταπεῖσαι αὐτούς. Ὡς δὲ οὐκ ἔπεισαν, ἀνάψαντες κάμινον μεγάλην ἐνέβαλον αὐτούς. Καὶ

had. The saint's resolve was unbreakable in his devotion to extreme fasting, sleeping on the hard ground, and prayer. He was thus judged worthy of prophecy and many miracles. Furthermore, he could recognize the souls of the righteous and the sinful as they ascended to God above and descended to Hades respectively. He performed his asceticism during the reign of Constantine the Great and prophesied about the heresy of Arius. His disciples were numerous and were the inheritors of his asceticism: Athanasios the Great, Paul of Thebes, and Hilarion the Great. After living for ninety-five years, he died and was buried by two of his disciples in an unknown location.

On the same day. The passion of the three holy youths Speu- 328
sippos, Elasippos, Belesippos, and their companions.

These three brothers were from Cappadocia and were triplets born from a single womb. They were excellent grooms and trained the horses. One day, they prepared their table and made sacrifices to Zeus. They had invited their grandmother Neonilla to eat with them, and as they heard her talk about Christ (for she was a Christian) they came to believe, learning that the gods of the gentiles are lifeless stones and wood that lead humanity to destruction. They immediately stood up and destroyed the idols. When their masters Palmatus, Hermogenes, and Quadratus came, they tried to dissuade them. But when they failed to do so, they kindled a great furnace and threw them in. Thus, they burned. A

οὕτως ἔκαυσαν. Ἰουνίλλα δέ τις γυνὴ κρατοῦσα παιδίον, ῥίψασα αὐτὸ ὡμολόγησεν ἑαυτὴν Χριστιανήν. Καὶ εὐθέως ἀπεκεφαλίσθη μετὰ Νεονίλλης τῆς μάμμης τῶν μαρτύρων. Τούρβων δὲ ὁ νοτάριος δραμὼν κατέστρεψε τὰ ὑπολειφθέντα εἴδωλα, λέγων ὅτι "Χριστιανός εἰμι," καὶ ἀπεκεφαλίσθη καὶ αὐτός.

329 Μηνὶ τῷ αὐτῷ ιη'. Μνήμη τῶν ἁγίων πατέρων ἡμῶν Ἀθανασίου καὶ Κυρίλλου.

Ὁ μὲν ἅγιος Ἀθανάσιος ἦν ἐπὶ τῆς βασιλείας τοῦ Μεγάλου Κωνσταντίνου. Παρεγένετο δὲ ἀπὸ Ἀλεξανδρείας ἀποσταλεὶς παρὰ τοῦ ἀρχιεπισκόπου Ἀλεξάνδρου εἰς τὴν ἐν Νικαίᾳ σύνοδον, ἀρχιδιάκονος ὤν. Καὶ διέπρεψεν εἰς τὴν σύνοδον, καταισχύνας τὸν Ἄρειον. Μετὰ δὲ θάνατον τοῦ ἁγίου Ἀλεξάνδρου, πατριάρχης γέγονεν Ἀλεξανδρείας. Καὶ διὰ τὴν ὀρθόδοξον πίστιν πολλὰ πειρασθεὶς καὶ διωχθεὶς καὶ φυγὼν καὶ ἐξορισθείς, καὶ ἐπὶ τεσσαράκοντα καὶ δύο χρόνοις ὑπὲρ Χριστοῦ ἀγωνισάμενος, κοιμηθεὶς ἐτελειώθη. Ὁ δὲ ἅγιος Κύριλλος ὑπῆρχεν ἐπὶ Θεοδοσίου τοῦ Μικροῦ, ἀνεψιὸς Θεοφίλου πατριάρχου τῆς αὐτῆς πόλεως Ἀλεξανδρείας, οὗτινος ἐγένετο καὶ διάδοχος. Παρεγένετο δὲ καὶ αὐτὸς εἰς τὴν συγκροτηθεῖσαν ἐν Ἐφέσῳ σύνοδον, ἐπὶ καθαιρέσει τοῦ δυσσεβοῦς Νεστορίου, τὰ πρῶτα φέρων ἐν ἐπισκόποις. Εἶτα ἐν πολλοῖς καὶ ἄλλοις κατορθώμασι διαλάμψας, πρὸς Κύριον ἐξεδήμησεν, ἀπολαβὼν τὴν αἰώνιον ζωήν.

woman named Junilla who was carrying a child cast it aside and confessed herself to be a Christian. She was immediately beheaded with the martyrs' grandmother Neonilla. The notary Turbo also came running and smashed the remaining idols while saying, "I am a Christian." He was also beheaded.

The eighteenth day in the same month. The commemora- 329
tion of our holy fathers Athanasios and Cyril.

Saint Athanasios lived during the reign of Constantine the Great. While he was an archdeacon, he was sent by the archbishop Alexander from Alexandria to the Council of Nicaea. He distinguished himself at the council as he put Arius to shame. After the death of Saint Alexander, he became patriarch of Alexandria. He endured many trials on behalf of the orthodox faith. He was persecuted, forced to flee, and was exiled. After spending forty-two years fighting for Christ, he found his repose and was perfected by death. Saint Cyril lived under Theodosius the Younger. He was the nephew of Theophilos, the patriarch of that city of Alexandria, whom he also succeeded in this position. He also attended the council convened in the city of Ephesus for the condemnation of the impious Nestorius, and there he held first place among the bishops. After distinguishing himself in many other great deeds, he departed to the Lord and received eternal life.

330 Τῇ αὐτῇ ἡμέρᾳ. Μνήμη τῆς ὁσίας Εὐσεβίας τῆς μετονομασθείσης Ξένης.

Ἡ ἁγία Εὐσεβία ἡ καὶ μετονομασθεῖσα Ξένη γέγονεν ἐκ τῆς πόλεως Ῥώμης, εὐγενὴς καὶ εὔμορφος καὶ πλουσία. Τῶν δὲ γονέων αὐτῆς βουληθέντων πρὸς γάμον αὐτὴν ἐκδοῦναι, καὶ πάντων ἑτοιμασθέντων, ἐξ αὐτοῦ τοῦ παστοῦ μετὰ δύο δουλίδων ἀποφυγοῦσα, καὶ εἰς πλοῖον εἰσελθοῦσα ἀπέπλευσεν εἰς Ἀλεξάνδρειαν. Ἐκ τοῦ πλοίου δὲ ἐξελθοῦσα, κατέμενεν εἰς οἴκημα πενιχρόν, διαποροῦσα διὰ τὴν γυναικείαν ἀσθένειαν, ποῦ ἀπέλθοι. Ἀλλ' ἔπεμψεν αὐτῇ ὁ Θεὸς ἄνθρωπον μονάζοντα Παῦλον ὀνόματι, καὶ ἐκεῖνος ὡδήγησεν αὐτὴν πρὸς σωτηρίαν. Ἀνελάβετο γὰρ αὐτὰς καὶ ἤγαγεν εἰς τὴν ἰδίαν πόλιν εἰς Μύλασσαν, πλησίον Καρίας. Καὶ ἔκτισεν ἐκκλησίαν ἐπὶ τῷ ὀνόματι τοῦ ἁγίου πρωτομάρτυρος Στεφάνου καὶ ἀποκατέστησεν αὐτὰς ἐκεῖ. Καὶ τοσοῦτον ἠγωνίσατο ἡ ἁγία ὡς καὶ πολλῶν θαυμάτων ἀξιωθῆναι. Καὶ οὕτω βιώσασα, τέλει βίου ἐχρήσατο.

331 Τῇ αὐτῇ ἡμέρᾳ. Ἄθλησις τῆς ἁγίας μάρτυρος Θεοδούλης.

Θεοδούλη ἡ μάρτυς ὑπῆρχεν ἐκ τῆς Ἀναζάρβου πόλεως ἐπὶ τῆς βασιλείας Διοκλητιανοῦ. Διὰ δὲ τὴν εἰς Χριστὸν πίστιν καὶ τὴν ὁμολογίαν, ἐκρατήθη παρὰ Πελαγίου ἄρχοντος τῆς Ἀναζάρβου καὶ ἐβασανίσθη ἰσχυρῶς. Καὶ βασανιζομένη, ἐθαυματούργησε. Καὶ θαυματουργήσασα, ἐπεσπάσατο πολλοὺς καὶ ἔπεισε προσελθεῖν τῷ Χριστῷ καὶ γενέσθαι Χριστιανούς. Ἐξ ὧν ἦσαν ὁ κομενταρήσιος

On the same day. The commemoration of Saint Eusebia who changed her name to Xene. 330

Saint Eusebia, who changed her name to Xene, was from the city of Rome. She was noble, beautiful, and rich. Her parents intended to give her away in marriage, but after all the preparations had been made, she fled from the bridal chamber itself along with two serving women. They boarded a boat and sailed to Alexandria. After she disembarked the boat, she found lodging at a house for the poor, but because of her womanly vulnerability, she did not know where she could go. But God sent her a monk named Paul who led her to salvation. He took the women under his care and escorted them to his own city in Mylasa, near Caria. He constructed a church in the name of Saint Stephen the protomartyr and established them there. The saint achieved such greatness in her asceticism that she was even judged worthy of many miracles. After living in this way, she met the end of her life.

On the same day. The passion of the holy martyr Theodoula. 331

The martyr Theodoula was from the city of Anazarbos and lived during the reign of the emperor Diocletian. Because of her faith and confession in Christ, she was arrested by Pelagius the governor of Anazarbos and severely tortured. She worked miracles as she was being tortured. Through these miracles, she drew the attention of many, and convinced them to come to Christ and become Christians. Among

καὶ ὁ βοηθὸς Ἑλλάδιος, οἵτινες καὶ τὰς κεφαλὰς ἀπετμήθησαν. Ἡ δὲ ἁγία ὑπὸ σουβλίων πυρωθέντων διετρυπήθη καὶ κατεκάη τοὺς μαστούς. Εἶτα ἀπὸ τῶν τριχῶν ἐκρεμάσθη ἐν κυπαρίσσῳ, καὶ τοὺς πόδας μετὰ τῶν καρφίων καθηλώθη, καὶ ἐκρέματο ἐπὶ πολύ. Καὶ μετὰ ταῦτα λυθεῖσα, καὶ εἰς κάμινον πυρὸς ἰσχυρῶς ἐκκαεῖσαν μετὰ καὶ ἑτέρων ἁγίων ἐμβληθεῖσα, ἐπὶ πολὺ προσευξαμένη, καὶ τὰς χεῖρας ἐκτείνασα καὶ εὐχαριστήσασα, παρέδωκε τὴν ἁγίαν αὐτῆς ψυχὴν τῷ Θεῷ.

332 Μηνὶ τῷ αὐτῷ ιθʹ. Ἄθλησις τοῦ ἁγίου μάρτυρος Θεοδότου ἐπισκόπου Κυρηνίας τῆς Κύπρου.

Οὗτος ἦν ἐπὶ Λικιννίου τοῦ βασιλέως καὶ Σαβίνου ἡγεμόνος τῆς Κυπρίων νήσου. Διὰ δὲ τὴν εἰς Χριστὸν ὁμολογίαν, κρατηθεὶς προσήχθη τῷ ἡγεμόνι Σαβίνῳ, καὶ τύπτεται μετὰ βουνεύρων ξηρῶν ἰσχυρῶς. Εἶτα κρεμᾶται ἐπὶ ξύλου καὶ ξέεται τὰς σάρκας. Καὶ ἐπὶ πυρωθέντος σιδηροῦ κραβάττου ἁπλοῦται. Παραδόξως δὲ τῇ τοῦ Θεοῦ χάριτι λυτρωθεὶς ἐκ τοῦ πυρός, ὑπεδύθη σιδηρᾶ ὑποδήματα μετὰ ἥλων ὀξέων καὶ ἠναγκάζετο τρέχειν. Εἶτα ἀπεκλείσθη ἐν τῇ φυλακῇ. Καὶ ἐπεὶ ἐπαύσατο ὁ κατὰ τῶν Χριστιανῶν διωγμὸς προστάξει τοῦ Μεγάλου Κωνσταντίνου, τότε τῆς τῶν Ῥωμαίων βασιλείας κρατήσαντος, ἀπελύθη καὶ αὐτὸς τῆς φυλακῆς. Καὶ ἦν διατρίβων ἐν τῇ ἑαυτοῦ ἐκκλησίᾳ, ἀφόβως διδάσκων τοῦ Κυρίου ἡμῶν Ἰησοῦ Χριστοῦ τὸν λόγον. Καὶ ζήσας ἔτη δύο, καὶ πολλοὺς πρὸς τὴν εὐσέβειαν ἐπιστρέψας, πρὸς Κύριον ἐξεδήμησε. Καὶ ἐτάφη ἐντίμως ὑπὸ τῶν αὐτοῦ εὐλαβῶν μαθητῶν.

them were the *commentariensis* and his assistant Helladios, who were also beheaded. The saint was pierced with skewers that had been heated in the fire, and her breasts were burned. Then she was hung up by her hair in a cypress tree, her feet were pierced with nails, and she was made to hang there for a long time. After she was taken down, she was thrown into a fiercely blazing furnace with other saints, where she continued to pray for a long time. Finally, she stretched out her hands and said a prayer of thanksgiving before she handed over her holy spirit to God.

The nineteenth day in the same month. The passion of the 332
holy martyr Theodotos, bishop of Kyrenia on Cyprus.

This man lived under the emperor Licinius, when Sabinos was the governor of the island of Cyprus. Because of his confession in Christ, he was arrested, brought before the governor Sabinos, and beaten severely with dried ox tendons. Next, he was hung upon a stake, and his flesh was flayed. He was then stretched out over an iron slab that had been heated over the fire. When he was miraculously preserved from the fire by the grace of God, he was made to wear iron boots fitted with sharp nails and was forced to run. After that, he was locked in prison. However, as soon as the persecution against the Christians was stopped by the command of Constantine the Great, who had seized control of the Roman Empire at the time, he was released from prison. He spent his time in his own church where he taught the word of our Lord Jesus Christ without any fear. After living for two more years and converting many to the true religion, he departed to the Lord. He was solemnly buried by his own faithful disciples.

333 Τῇ αὐτῇ ἡμέρᾳ. Ἄθλησις τῆς ἁγίας μάρτυρος Εὐφρασίας.

Ἡ ἁγία μάρτυς Εὐφρασία ἐγένετο ἐκ τῆς πόλεως Νικομηδείας ἐπὶ Μαξιμιανοῦ τοῦ βασιλέως, γένους πλουσίου καὶ τρόπου σώφρονος καὶ ἀγαθοῦ. Κρατηθεῖσα δὲ καὶ ἀναγκασθεῖσα θῦσαι τοῖς εἰδώλοις, καὶ μὴ πεισθεῖσα, παρεδόθη πρὸς τὸ μιανθῆναι ἀνδρὶ βαρβάρῳ καὶ ἀγροίκῳ. Ἰδοῦσα δὲ τὴν ἀνάγκην, ἐμηχανήσατό τι τοιοῦτον. Εἶπεν γὰρ πρὸς αὐτὸν ὅτι "Εἰ ἀφήσεις με, ἔχω σοι δοῦναι φάρμακον, ὅπερ ἐὰν βαστάζῃς, οὔτε ξίφος οὔτε ἄλλο τι καταβλάψει ἢ τρώσει σε, ἀλλ' ἔχεις διαφυλάττεσθαι ἀπὸ τῶν κονταρίων καὶ τῶν σπαθίων καὶ παντὸς βέλους ὑγιής." Ὁ δὲ εἶπεν ὅτι "Ἤθελον τοῦτο μαθεῖν καὶ πληροφορηθῆναι." Ἐκείνη δὲ τὸν ἴδιον τράχηλον προτείνασα, εἶπεν, "Κροῦσον μετὰ τοῦ σπαθίου, καὶ οὐ δυνήσῃ με ἀποκεφαλίσαι." Ἐκεῖνος δὲ πιστεύσας ὅτι ἀληθῆ λέγει, ἔκρουσε μετὰ τοῦ σπαθίου καὶ ἀπεκεφάλισε. Καὶ οὕτως ἐρρύσθη ἐξ αὐτοῦ.

334 Τῇ αὐτῇ ἡμέρᾳ. Μνήμη τῶν ὁσίων πατέρων ἡμῶν Μακαρίου τοῦ Ῥωμαίου καὶ ἑτέρου Μακαρίου τοῦ Αἰγυπτίου.

Ὁ μὲν ἅγιος Μακάριος ὁ Ῥωμαῖος ὑπὸ τοῦ πατρὸς γυναικὶ συζευχθεὶς καὶ μὴ θέλων, καταλιπὼν αὐτὴν ἠγάπησε φυγεῖν καὶ σωθῆναι. Καὶ εὐθέως παραλαβὼν αὐτὸν ἄγγελος Θεοῦ ὡδήγει πανταχοῦ, ὡς καὶ εἰς τὸν Παράδεισον ἀπαγαγεῖν ἀπὸ μιλίων εἴκοσι καὶ κατοικίσαι ἐκεῖ. Ἔνθα καὶ εὗρον αὐτὸν τρεῖς μοναχοὶ Θεόφιλος, Σέργιος, καὶ Ὑγιεινός, οἷς καὶ διηγήσατο θαύματα παράδοξα καὶ τέρατα, ἅπερ ἐθεάσατο. Εἶτα ἐν βαθυτάτῳ γήρᾳ πρὸς Κύριον

On the same day. The passion of the holy martyr Euphrasia. 333

The martyr Euphrasia was from the city of Nikomedeia and lived under the emperor Maximian. She was from a rich family, and was of chaste and good character. She was arrested and pressured to sacrifice to the idols, but when she refused, she was handed over to a savage barbarian to be defiled. When she saw her dire predicament, she contrived the following trick: She said to him, "If you release me, I can give you an amulet, and if you carry it, no sword nor any other weapon will harm or wound you. Instead, you will be kept safe from spears, swords, and every projectile." He responded, "I would want to learn this myself and be certain." She then stretched out her own neck and said to him, "Strike me with your sword, and you will fail to cut off my head." He believed that she spoke the truth, so he struck her with his sword and cut off her head. Thus, she was saved from him.

On the same day. The commemoration of our holy fathers 334
Makarios of Rome and another Makarios of Egypt.

Saint Makarios was from Rome, and when he was joined unwillingly in marriage to a woman by his father, he left her because he preferred to flee and be saved. He immediately encountered an angel of God who guided him everywhere. He even brought him within twenty miles of Paradise, and he settled there. This is also where three monks named Theophilos, Sergios, and Hygienos discovered him. Makarios related to them the miraculous and wondrous things that he had seen. Then, he departed for the Lord at a very

ἐξεδήμησεν. Ὁ δὲ ἕτερος ὅσιος Μακάριος, ὁ καὶ κολοβὸς τὴν ἡλικίαν, ἐγένετο ἀπὸ Ἀλεξανδρείας τῆς Αἰγύπτου. Καταλιπὼν δὲ τὸν κόσμον καὶ τὴν ἔρημον καταλαβών, ἐγένετο μοναχὸς ὑπὸ ἁγίου τινὸς γέροντος. Καὶ οὕτω διέλαμψεν εἰς ἀρετήν, πάσας τὰς ἐντολὰς τοῦ Θεοῦ κατορθώσας, ὡς καὶ κατὰ δαιμόνων ἐξουσίαν λαβεῖν, καὶ θεωρεῖν αὐτοὺς ὀφθαλμοφανῶς, καὶ ἐπιτιμᾶν αὐτοῖς. Καὶ ἄλλα δὲ θαύματα οὐκ ὀλίγα ποιήσας εἰς δόξαν Χριστοῦ, χαίρων ἐν εἰρήνῃ ἀνεπαύσατο.

335 Μηνὶ τῷ αὐτῷ κʹ. Ἄθλησις τῶν ἁγίων μαρτύρων Οὐαλεριανοῦ, Κανδίδου, Ἀκύλα, καὶ Εὐγενίου.

Οὗτοι ἤθλησαν ἐπὶ Διοκλητιανοῦ τοῦ βασιλέως. Τοῦ γὰρ ἡγεμόνος Ἀγρικολάου καὶ Λυσίου τοῦ δουκὸς τοὺς Χριστιανοὺς φονευόντων, ἐν τῇ Σεβαστείᾳ μὲν τοὺς ἁγίους τεσσαράκοντα, ἐν τῇ Νικοπόλει δὲ τοὺς ἁγίους τεσσαρακονταπέντε, ἦλθόν τινες λέγοντες ὅτι "Ἐν τοῖς ὄρεσι Τραπεζοῦντος κρύπτονταί τινες Χριστιανοί." Καὶ ἀποστείλας ὁ Λυσίας ἐκράτησεν αὐτούς. Καὶ δήσας μετὰ σχοινίων ἔτυψεν ἀφειδῶς. Καὶ βρέξας ἐν ἐλαίῳ κανδηλαύρας καὶ ἀνάψας, ἔκαιεν αὐτούς. Τότε ὁ ἅγιος Εὐγένιος εἰσελθὼν μετὰ τοῦ ἡγεμόνος εἰς τὸν ναὸν τῶν εἰδώλων, καὶ μέγα στενάξας πρὸς τὸν Θεὸν καὶ εὐξάμενος, συνέτριψε τὰ εἴδωλα. Καὶ τότε πολλοὶ ἐπίστευσαν εἰς τὸν Χριστόν. Εἶτα ὁ μὲν ἅγιος Κάνδιδος καὶ Ἀκύλας καὶ Οὐαλεριανὸς ἀπεκεφαλίσθησαν. Ὁ δὲ ἅγιος Εὐγένιος ἐπὶ ξύλου κρεμασθεὶς ἐν τῇ φυλακῇ καὶ διαφόρως τιμωρηθείς, καὶ εἰς πῦρ βληθεὶς καὶ διασωθείς, ἀπεκεφαλίσθη καὶ αὐτός.

advanced age. The other Saint Makarios, who was also short in stature, was from Alexandria in Egypt. He renounced the world and entered the desert, where he was made a monk by an old man. He was so illustrious in his virtue and in his faithful observance of all God's commandments that he also received power over demons, and could see them with his eyes and rebuke them. After performing many other miracles for Christ's glory, he joyfully found his repose in peace.

The twentieth day in the same month. The passion of the 335
holy martyrs Valerian, Candidus, Aquila, and Eugenios.

These men suffered martyrdom under the emperor Diocletian. When Agricolaus the governor and Lysias the *doux* were killing Christians, such as the forty holy martyrs in Sebasteia and the forty-five holy martyrs in Nikopolis, some people came to them and said, "There are some Christians hidden in the mountains of Trebizond." Lysias therefore sent men and arrested them. He bound them with ropes and ruthlessly beat them. Next, he covered them in lamp oil and ignited it, burning them. Then Saint Eugenios entered the temple of the idols along with the governor. He let out a great groan and prayed to God before smashing the idols. Many came to believe in Christ because of this. After that, Saints Candidus, Aquila, and Valerian were beheaded. Saint Eugenios was hung on a wooden stake in prison and tortured in various ways. Finally, he was thrown into the fire, but when he was not harmed, he also was beheaded.

336 Τῇ αὐτῇ ἡμέρᾳ. Ἄθλησις τῶν ἁγίων μαρτύρων Βάσσου, Εὐσεβίου, Εὐτυχίου, καὶ Βασιλείδου.

Καὶ οὗτοι οἱ ἅγιοι ἐπὶ τοῦ παρανόμου βασιλέως Διοκλητιανοῦ ἐμαρτύρησαν. Πρῶτοι γὰρ ὄντες τοῦ παλατίου καὶ πλούσιοι καὶ ἔνδοξοι, καὶ ἰδόντες τὸν ἅγιον Θεόπεμπτον τὸν ἐπίσκοπον μαρτυροῦντα καὶ βασανιζόμενον, ἐπίστευσαν τῷ Χριστῷ. Καὶ λύσαντες τὰς ζώνας αὐτῶν, ἔρριψαν ἐνώπιον τοῦ βασιλέως, Χριστιανοὺς ἑαυτοὺς λέγοντες. Τότε προσέταξεν ὁ βασιλεύς, εἰ ἀληθῆ λέγουσιν, ἀγαγεῖν τὰ χρήματα αὐτῶν καὶ δοῦναι ἑτέροις. Οἱ δὲ ἐποίησαν τοῦτο μετὰ προθυμίας. Βόθρου δὲ ὀρυχθέντος, εἰσῆλθεν ὁ ἅγιος Βάσσος μέχρι τοῦ στήθους. Καὶ τὰς χεῖρας ἐκκοπείς, παρέδωκε τὸ πνεῦμα. Ὁ δὲ ἅγιος Εὐσέβιος μέσον δύο στύλων κατὰ κεφαλῆς κρεμασθεὶς καὶ μετὰ πελέκεων κατακοπείς, ἐτελειώθη. Ὁ δὲ Εὐτύχιος εἰς τέσσαρας πάλους δεθεὶς πόδας καὶ χεῖρας, ἐσχίσθη εἰς τρία. Καὶ οὕτως ἐκοιμήθη. Ὁ δὲ ἅγιος Βασιλείδης τὴν κοιλίαν μετὰ μαχαίρας μέσον διαρραγείς, πρὸς Κύριον ἐξεδήμησεν.

337 Τῇ αὐτῇ ἡμέρᾳ. Ἄθλησις τῶν ἁγίων μαρτύρων Ἰννᾶ, Ῥημᾶ, καὶ Πιννᾶ.

Οὗτοι οἱ ἅγιοι ἐγένοντο ἀπὸ Σκυθίας ἐκ τοῦ βορείου μέρους μαθηταὶ τοῦ ἁγίου ἀποστόλου Ἀνδρέου. Καὶ διδάσκοντες ἐπὶ τῷ ὀνόματι τοῦ Χριστοῦ, πολλοὺς τῶν βαρβάρων ἐπιστρέφοντες ἐπὶ τὴν ὀρθὴν πίστιν ἐβάπτιζον. Διατοῦτο δὲ κρατηθέντες παρὰ τοῦ τῶν βαρβάρων ἄρχοντος, καὶ πολλὰ ἀναγκασθέντες ἀρνήσασθαι τὸν Χριστὸν

On the same day. The passion of the holy martyrs Bassos, Eusebios, Eutychios, and Basilides. 336

These saints were also martyred under the lawless emperor Diocletian. They were initially high-ranking officials in the palace, and were also rich and distinguished. They came to believe in Christ when they witnessed the holy bishop Theopemptos being tortured and suffering martyrdom. They therefore removed their belts and threw them down before the emperor, proclaiming themselves to be Christians. The emperor then commanded them, if they were in earnest, to gather their possessions together and give them to others. They gladly did this. A pit was then dug, and Saint Bassos was buried up to his chest. After his hands were cut off, he handed over his spirit. Saint Eusebios was hung upside down between two pillars and was struck with axes until he was perfected by death. Eutychios's hands and feet were bound to four stakes, and he was cut into three pieces. Thus, he found his repose. Saint Basilides had his abdomen slit open with a knife and departed to the Lord.

On the same day. The passion of the holy martyrs Innas, Rhemas, and Pinnas. 337

These saints were from the northern region of Scythia and were disciples of Saint Andrew the apostle. Through their teaching in the name of Christ, they brought many of the barbarians to the orthodox faith and baptized them. They were arrested for this by the leader of the barbarians. They were put under a lot of pressure to deny Christ and sacrifice

καὶ θῦσαι τοῖς εἰδώλοις, οὐκ ἐπείσθησαν. Καὶ γενομένου χειμῶνος βαρυτάτου καὶ τῶν ποταμῶν παγέντων ἀπὸ τοῦ κρύους, ὡς καὶ ἐπάνω τοῦ κρυστάλλου περιπατεῖν μὴ μόνον ἀνθρώπους ἀλλὰ διέρχεσθαι καὶ τοὺς ἵππους καὶ τὰς ἁμάξας, πήξαντες ἐπάνω τοῦ κρυστάλλου ξύλα μεγάλα ὡς αὐτόριζα δένδρα, προσέδησαν ἐκεῖ τοὺς ἁγίους. Καὶ τοῦ ὕδατος κυματίζοντος καὶ κρύσταλλα ἐπαυξάνοντος κατ' ὀλίγον, καὶ φθάσαντος ἕως τοῦ τραχήλου τῶν ἁγίων, ἀπὸ τῆς πολλῆς δριμύτητος καὶ τῆς ὀδύνης τοῦ κρύους, παρέδωκαν τὰς μακαρίας αὐτῶν ψυχὰς τῷ Κυρίῳ.

338 Τῇ αὐτῇ ἡμέρᾳ. Μνήμη τοῦ ὁσίου πατρὸς ἡμῶν Εὐθυμίου πρεσβυτέρου γενομένου καὶ καθηγητοῦ τῆς ἐρήμου.

Εὐθύμιος ὁ Μέγας ἦν ἐπὶ τῆς βασιλείας Γρατιανοῦ, ἀπὸ Μελιτινῆς πόλεως Ἀρμενίας, υἱὸς Παύλου καὶ Διονυσίας. Οἵτινες καὶ ἄτεκνοι ὄντες ὑπὸ Θεοῦ ἤκουσαν ὅτι παιδίον γεννήσουσι, καὶ ὅτι ἐν τῇ γεννήσει αὐτοῦ εὐθυμήσουσι πᾶσαι αἱ ἐκκλησίαι καὶ ὁ κόσμος. Διατοῦτο καὶ ὅτε ἐγεννήθη τὸ παιδίον, ὠνόμασαν αὐτὸ Εὐθύμιον. Αὐξηθεὶς δὲ ἐγένετο κληρικὸς παρὰ τοῦ ἐκεῖσε ἐπισκόπου, εἶτα καὶ πρεσβύτερος καὶ ἔξαρχος τῶν μοναστηρίων. Εἶτα ἀπῆλθεν εἰς Ἱεροσόλυμα καὶ ἐν τῷ σπηλαίῳ τοῦ ὁσίου Θεοκτίστου ἡσυχάζει. Τοσοῦτον δὲ ἠγωνίσατο ὥστε διὰ τὴν ἀρετὴν αὐτοῦ παρασκευάζειν τοὺς Σαρακηνοὺς καθ' ἑκάστην ἡμέραν προσέρχεσθαι τῷ Χριστῷ καὶ βαπτίζεσθαι μετὰ παντὸς τοῦ οἴκου αὐτῶν. Πολλὰ δὲ θαύματα εἰργάσατο, καὶ λειτουργῶν ἐφάνη ὥσπερ στῦλος πυρός. Ὑπάρχων δὲ

to the idols, but they refused. As it was the middle of winter and the rivers were so thoroughly frozen over from the cold that not only could people walk on the ice, but even horses and carts could cross, they fixed great pieces of wood into the ice as if they were entire trees, roots and all, and bound the saints there. As the water ebbed and flowed, ice gradually accumulated and reached the saints' necks. Due to the bitter and painful cold, they handed over their blessed spirits to the Lord.

On the same day. The commemoration of our holy father Euthymios who became a priest and abbot in the desert. 338

Euthymios the Great lived during the reign of Gratian. He was from the city of Melitene in Armenia and was the son of Paul and Dionysia. They were childless until they learned from God that they would have a son, and that all the churches and the world would rejoice at his birth. This is why they named him Euthymios when he was born. When he had grown older, he was made a cleric by the local bishop. Later on, he became a priest and an exarch of the monasteries. After that, he went to Jerusalem, where he lived as a hermit in the cave of Saint Theoktistos. He achieved such greatness in his asceticism that day after day he convinced the Saracens through his virtue to accept Christ and be baptized along with their entire households. He worked many miracles, and when he performed the liturgy, he looked like

ἐτῶν ἐνενηκονταεπτά, ἐν καλῷ γήρᾳ πρὸς Κύριον ἐξεδήμησεν ἐπὶ τῆς βασιλείας Λέοντος τοῦ Μεγάλου.

339 Μηνὶ τῷ αὐτῷ κα΄. Ἄθλησις τοῦ ἁγίου μάρτυρος Νεοφύτου.

Νεόφυτος ὁ μάρτυς τοῦ Χριστοῦ ὑπῆρχεν ἀπὸ πόλεως Νικαίας τῆς Βιθυνίας ἐπὶ τῆς βασιλείας Διοκλητιανοῦ, υἱὸς γονέων Χριστιανῶν Θεοδώρου καὶ Φλωρεντίας. Παιδίον δὲ ὤν, ὅμως χάριτος Θεοῦ ἐπεπλήρωτο καὶ ἐθαυματούργει. Εἰς γὰρ τὸ σχολεῖον ἀπερχόμενος μετὰ τῶν συσχολιτῶν, προσηύχετο καὶ διέτρεφεν αὐτούς. Ἠκολούθει δὲ αὐτῷ πάντοτε περιστερά, καὶ φωνῇ ἀνθρωπίνῃ συνετύγχανεν αὐτῷ. Ἐξ οὗ καὶ ἀκούσασα ἡ μήτηρ τοῦ ἁγίου, τῆς περιστερᾶς ἀνθρωπίνως διαλεγομένης αὐτῷ, ἀπὸ τοῦ φόβου ἀπέθανεν. Ἀλλ' ὁ ἅγιος αὐτὴν προσευξάμενος ἀνέστησεν. Ἀνήρχετο δὲ εἰς τὸ ὄρος συχνῶς τοῦ Ὀλύμπου καὶ ἡσύχαζε. Καὶ μαθὼν τὰ περὶ αὐτοῦ ὁ ἡγεμὼν Δέκιος, ἀποστείλας καὶ κρατήσας αὐτόν, ἔτυψεν ἰσχυρῶς. Εἶτα εἰς φοῦρνον πυρωθέντα ἐνέβαλεν. Ἀλλὰ καὶ ἐκ τοῦ φούρνου σωθείς, ἐθηριομάχησε. Καὶ τῶν θηρίων λυτρωθείς, ἀπεσφάγη ὑπὸ ἑνὸς τῶν παρεστηκότων τῷ ἄρχοντι.

340 Τῇ αὐτῇ ἡμέρᾳ. Μνήμη τοῦ ὁσίου Ζωσίμου ἐπισκόπου Συρακούσης.

Ζώσιμος ὁ ἐν ἁγίοις πατὴρ ἡμῶν ἐγένετο ἀπὸ Σικελίας, υἱὸς γονέων πιστῶν καὶ εὐλαβῶν καὶ ἐν αὐταρκείᾳ ζώντων. Οἵτινες εἶχον κτῆμα πλησίον τῆς μονῆς τῆς ἁγίας

a pillar of fire. At the venerable age of ninety-seven, he departed to the Lord during the reign of Leo the Great.

The twenty-first day in the same month. The passion of the 339
holy martyr Neophytos.

Christ's martyr Neophytos was from the city of Nicaea in Bithynia and lived during the reign of Diocletian. He was the son of Christian parents, Theodore and Florentia. Although he was just a child, he was nevertheless filled with God's grace and worked miracles. When he went to school with his schoolmates, he prayed and fed them. A dove also followed him at all times and conversed with him in a human voice. When the saint's mother heard the dove speaking with him like a human, she died from fright. But the saint prayed over her and resurrected her. He frequently went to the mountain of Olympos and spent time in solitude there. When the governor Decius learned about him, he sent men to arrest him, and they beat him severely. Next, he was thrown into a fiery oven, but when he was preserved from the oven, he was sent to fight wild beasts. He was also saved from the beasts, so he was slaughtered by one of the governor's attendants.

On the same day. The commemoration of Saint Zosimos, 340
bishop of Syracuse.

Our holy father among the saints Zosimos was from Sicily, the son of faithful and pious parents who lived a frugal life. They owned property near the monastery of Saint Lucia the

Λουκίας τῆς παρθένου. Ὅτε δὲ ἐγεννήθη ὁ Ζώσιμος, ἐδόθη δῶρον ὑπὸ τῶν γονέων τῇ ἁγίᾳ Λουκίᾳ. Καὶ ἀνατραφεὶς ἐν τῇ μονῇ ἐγένετο προσμονάριος τῆς τιμίας αὐτῆς θήκης. Καί ποτε ἀπελθὼν πρὸς τοὺς γονεῖς, οὐ συνεχωρήθη μικρὸν μετ᾽ αὐτῶν διατρίψαι, ἀλλ᾽ εὐθὺς ἀνταπεστάλη πρὸς τὸν ναὸν τῆς ἁγίας, εἰπόντων τῶν γονέων αὐτοῦ πρὸς αὐτὸν ὅτι "Ἐκεῖ ὀφείλεις εἶναι, ὅπου καὶ ὑπεσχόμεθα." Τριάκοντα δὲ ἔτη ποιήσας ἐν τῇ μονῇ, ἐγένετο καὶ ἡγούμενος αὐτῆς. Εἶτα γέγονε καὶ ἐπίσκοπος τῆς πόλεως Συρακούσης ὑπὸ Θεοδώρου πάπα Ῥώμης. Γενόμενος δὲ ἐπίσκοπος οὐκ ἠμέλησε τοῦ λαοῦ. Ἀλλὰ πολλοὺς διδάξας περὶ τῆς αἰωνίου ζωῆς, καὶ περὶ κρίσεως καὶ ἀνταποδόσεως, καὶ καλῶς διακυβερνήσας τὴν ἐμπιστευθεῖσαν αὐτῷ ἐκκλησίαν, πεντήκοντα χρόνων ὤν, τέλει βίου ἐχρήσατο.

341 Μηνὶ τῷ αὐτῷ κβ'. Ἄθλησις τοῦ ἁγίου ἀποστόλου Τιμοθέου ἐπισκόπου Ἐφέσου, μαθητοῦ τοῦ ἁγίου ἀποστόλου Παύλου.

Τιμόθεος ὁ τοῦ Χριστοῦ ἀπόστολος ἐγένετο ἐκ τῆς πόλεως Λύστρας. Ἦν δὲ υἱὸς μὲν Ἕλληνος, μητρὸς δὲ Ἰουδαίας. Ἐγένετο δὲ καὶ μαθητὴς τοῦ ἁγίου ἀποστόλου Παύλου, καὶ περιπατῶν μετ᾽ αὐτοῦ ἐδίδασκεν. Εἶτα ἐποίησεν αὐτὸν πρῶτον ἐπίσκοπον Ἐφέσου ὁ ἅγιος Παῦλος ἐπὶ τῆς βασιλείας Νέρωνος, πρὸ τοῦ ἁγίου Ἰωάννου τοῦ Θεολόγου. Ὁ γὰρ Θεολόγος ὕστερον ἦλθεν εἰς Ἔφεσον μετὰ τὴν κοίμησιν τῆς ἁγίας Θεοτόκου. Ὁ δὲ ἅγιος

virgin. After Zosimos was born, he was dedicated by his parents as a gift to Saint Lucia. He was raised in the monastery and became the guardian of her venerable tomb. Once, when he went to visit his parents, they refused to let him stay with them for even a short period of time. Instead, he was immediately sent back to the saint's shrine as his parents said to him, "You should be where we promised you." After spending thirty years in the monastery, he became its abbot. Later on, he was ordained bishop of the city of Syracuse by Theodore, the pope in Rome. He did not neglect the people after he became bishop. He taught many of them about eternal life, about the final judgment, and about its rewards and punishments. After he prudently guided the church entrusted to him, he came to the end of his life at the age of fifty.

The twenty-second day in the same month. The passion of 341
Saint Timothy the apostle, the bishop of Ephesus, the disciple of Saint Paul the apostle.

Christ's apostle Timothy was from the city of Lystra. He was the son of a pagan father and a Jewish mother. He also became the disciple of Saint Paul the apostle and traveled with him while he preached. Later on, Saint Paul made him the first bishop of Ephesus. This was during the reign of the emperor Nero and before Saint John the Theologian. For the Theologian came to Ephesus later, after the dormition of the holy Theotokos. Saint Timothy taught the people to

Τιμόθεος ἐδίδασκε τὸν λαὸν τὴν εἰς Χριστὸν πίστιν. Ἐν μιᾷ δὲ τῶν ἡμερῶν ἰδὼν τοὺς Ἕλληνας ἑορτὴν μιαρὰν ἐπιτελοῦντας τοῖς εἰδώλοις, ἅμα γυναιξὶ καὶ ἀνδράσι, καὶ ἄσεμνα ἐργαζομένους, κατελθὼν πρὸς αὐτοὺς καὶ παρακαλῶν ἀποστῆναι τῆς κακίας, οὐκ ἔπεισεν αὐτούς, ἀλλὰ μᾶλλον ἐφονεύθη παρ' αὐτῶν μετὰ τῶν ῥαβδίων, ὧν ἐκράτουν, ἐν αὐτοῖς τοῖς ἐμβόλοις τῆς πόλεως, ἐν οἷς καὶ ἐτάφη τὸ τίμιον αὐτοῦ λείψανον.

342 Τῇ αὐτῇ ἡμέρᾳ. Ἄθλησις τοῦ ἁγίου μάρτυρος Βικεντίου διακόνου.

Ἀπὸ Αὐγουστοπόλεως ἦν οὗτος ἐπὶ τῆς βασιλείας Μαξιμιανοῦ καὶ Δομετιανοῦ ἡγεμόνος. Ἐκρατήθη δὲ μετὰ τοῦ ἐπισκόπου Οὐαλερίου. Καὶ ἤχθη εἰς πόλιν λεγομένην Βαλαντίαν καὶ τῇ φυλακῇ παρεδόθη. Εἶτα ἀχθεὶς πρὸς Δομετιανόν, μετὰ ῥαβδίων τύπτεται καὶ διὰ σιδήρων ξέεται. Καὶ αὖθις ἐπὶ πολὺ κρεμασθεὶς διὰ λαμπάδων πυρὸς τὰς πλευρὰς καταφλέγεται. Καὶ σιδηραῖς σούβλαις πυρωθείσαις κατακεντεῖται. Παραλυθέντων δὲ τῶν δημίων καὶ τοῦ ἁγίου μάρτυρος ὑγιοῦς καταστάντος Θεοῦ χάριτι, μεταβληθεὶς ὁ τύραννος, ἤρξατο κολακεύειν αὐτόν. Καὶ ἔλεγε πρὸς αὐτόν, "Ἰδοὺ ἐγὼ ἀπολύω σε καὶ οὐ φονεύω. Θέλησον οὖν ἀρνήσασθαι τὸν Χριστόν σου καὶ προσκυνῆσαι τοῖς θεοῖς." Ὁ δὲ ἅγιος μηδὲ ἀνεχόμενος ἀκούειν αὐτοῦ βλασφημοῦντος, προσευξάμενος τῷ Θεῷ, ἀφῆκε τὸ πνεῦμα. Τὸ δὲ τίμιον αὐτοῦ λείψανον ἐτάφη ἐν αὐτῷ τῷ τόπῳ παρὰ πιστῶν καὶ εὐλαβῶν ἀνδρῶν.

have faith in Christ. One day, when he saw that the Hellenes were celebrating a profane festival for the idols, and that men and women mingled together and performed indecent acts, he approached them and exhorted them to refrain from their evil behavior, but he failed to persuade them. Instead, he was killed by them with the rods that they were holding. This occurred in the colonnades of the city, where his venerable remains were also buried.

On the same day. The passion of the holy martyr Vincent 342
the deacon.

This man was from Augustopolis and lived during the reign of Maximian, when Dometianos was governor. He was arrested along with the bishop Valerius. He was then taken to the city called Valencia and put in prison. After that, he was brought before Dometianos, where he was beaten with rods and flayed with iron nails. Next, he was hung up for a long time, and his ribs were burned with flaming torches. He was also pierced with iron skewers that had been heated in the fire. After the executioners had become exhausted from their labor, and the holy martyr remained unharmed through God's grace, the tyrant's demeanor changed, and he began to coax him. He said to Vincent, "Look, I will release you and will not kill you. You need only deny Christ and worship the gods." But the saint refused to listen to his blasphemous speech. Instead, he prayed to God and handed over his spirit. His venerable remains were then buried in that place by faithful and pious men.

343 Τῇ αὐτῇ ἡμέρᾳ. Ἄθλησις τοῦ ἁγίου μάρτυρος Ἀναστασίου τοῦ Πέρσου.

Οὗτος ἦν ἐκ Περσίδος, βασιλευόντων Ῥωμαίων μὲν Ἡρακλείου, Περσῶν δὲ Χοσρόου, υἱὸς μάγου τινός. Ὑπάρχων δὲ καὶ αὐτὸς μάγος, συνηριθμήθη τῇ τῶν τηρώνων στρατείᾳ. Καταδραμόντων δὲ τῶν Περσῶν τῶν ἁγίων τόπων, καὶ λαβόντων σὺν τοῖς αἰχμαλώτοις καὶ τὸ τίμιον ξύλον, ἐφημίζετο παρ' αὐτῶν, ὅτι ὁ τῶν Χριστιανῶν Θεὸς ἦλθεν εἰς τὴν χώραν αὐτῶν· θεὸς γὰρ ἐνομίζετο ὁ τίμιος σταυρὸς διὰ τὰ ὑπ' αὐτοῦ τελούμενα θαύματα. Ζητήσας οὖν ὁ Ἀναστάσιος περὶ αὐτοῦ, ἔμαθε πᾶσαν τὴν οἰκονομίαν καὶ ἐπίστευσε τῷ Χριστῷ. Καὶ ἦλθε πρῶτον μετὰ τῶν Περσῶν εἰς Χαλκηδόνα. Καὶ τὸν τοῦ Θεοῦ φόβον εἰς νοῦν λαβών, κατέλιπε τὴν στρατείαν καὶ τὴν δόξαν τοῦ κόσμου, καὶ ἀπῆλθεν εἰς Ἱεράπολιν, εἶτα εἰς Ἱεροσόλυμα. Καὶ βαπτίζεται καὶ γίνεται μοναχὸς ἐν τῇ Λαύρᾳ τοῦ ἁγίου Σάβα. Καὶ ἐπιθυμήσας τοῦ ὑπὲρ Χριστοῦ μαρτυρῆσαι, ἀπῆλθε πάλιν εἰς τὴν ἰδίαν χώραν. Καὶ κρατηθεὶς παρὰ τῶν Περσῶν καὶ τιμωρηθεὶς ἀπεκεφαλίσθη.

344 Τῇ αὐτῇ ἡμέρᾳ. Ἡ ἀνακομιδὴ τῶν τιμίων λειψάνων τοῦ αὐτοῦ ἁγίου μάρτυρος Ἀναστασίου τοῦ Πέρσου.

Τοῦ βασιλέως Ἡρακλείου ἀπελθόντος ἐν τῇ Περσίδι, καὶ τοῦ Χοσρόου ἀποθανόντος μοναχός τις ἐκ τῆς μονῆς τοῦ μάρτυρος ἰδὼν τὸν στρατὸν τοῦ βασιλέως, ἐχάρη καὶ ἦν μετ' αὐτῶν ὡς Χριστιανῶν ὑπαρχόντων. Καὶ ὑποστρεφόντων αὐτῶν, ἦλθε καὶ αὐτὸς εἰς τὸν ἡγούμενον αὐτοῦ, καὶ

On the same day. The passion of the holy martyr Anastasios the Persian. 343

This man was from Persia and lived when Herakleios was the emperor of the Romans and Khosrow was the king of the Persians. He was the son of a magus. Although he was a magus himself, he was enlisted among the army recruits. When the Persians marched upon the holy places, where, in addition to taking prisoners, they also captured the precious wood, it was reported by them that the Christian God had come to their land. For the precious cross was thought to be a god on account of the miracles that were worked through it. Anastasios, therefore, inquired more about it, and when he learned about the divine plan, he came to believe in Christ. He first traveled to Chalcedon with the Persians. But then he took his fear of God to heart, so he left the army and the glory of the world, and went to Hierapolis and then to Jerusalem. There he was baptized and became a monk in the Lavra of Saint Sabas. But he was filled with the desire to suffer martyrdom for Christ, so he returned to his own country, where he was arrested and tortured by the Persians before he was beheaded.

On the same day. The translation of the venerable remains of the same holy martyr, Anastasios the Persian. 344

When the emperor Herakleios had gone to Persia, and after Khosrow had died, a certain monk from the martyr's monastery rejoiced when he saw the emperor's army and joined them because they were Christians. When they returned, he

ἀπεκόμισεν αὐτῷ καὶ τὸ κολόβιον τοῦ μάρτυρος. Καὶ διηγήσατο αὐτῷ ὅτι ἐν Περσίδι δαιμονιῶντα περιβαλὼν αὐτὸ ἰάσατο. Καὶ ὁ μὲν Ἡράκλειος ἐν τῷ εἰκοστῷ ἔτει τῆς αὐτοῦ βασιλείας ἀνεκόμισεν εἰς Ἱερουσαλὴμ τὸ τίμιον ξύλον. Ἐπίσκοπος δέ τις ἀποσταλεὶς παρὰ τοῦ καθολικοῦ ἀρχιεπισκόπου ἐπὶ τὰ Ῥωμαϊκὰ μέρη, ἀνελάβετο τὰ λείψανα τοῦ ἁγίου καὶ ἀπεκόμισεν εἰς Καισάρειαν. Καὶ ἐκεῖ δόντες μικρὰν μερίδα, τὸ λοιπὸν κατέσχον. Ἡ δὲ τιμία κεφαλὴ τοῦ μάρτυρος καὶ ἡ εἰκὼν προσκυνεῖται παρὰ τῶν πιστῶν ἐν τῇ μεγάλῃ καὶ Παλαιᾷ Ῥώμῃ.

345 Τῇ αὐτῇ ἡμέρᾳ. Ἄθλησις τῶν ἁγίων Μανουήλ, Γεωργίου, Λέοντος, καὶ τῶν σὺν αὐτοῖς ὑπὸ τῶν ἀθέων Βουλγάρων σφαγέντων ἐπὶ τῆς βασιλείας Λέοντος τοῦ Ἀρμενίου.

Ἐπὶ τῆς βασιλείας Λέοντος τοῦ Ἀρμενίου, Κροῦμος ὁ τῶν Βουλγάρων ἄρχων μετὰ λαοῦ πολλοῦ ἀπελθὼν εἰς Ἀδριανούπολιν τῆς Θρᾴκης, ἐκράτησεν αὐτῆς νόμῳ πολέμου. Καὶ μετὰ τῆς πόλεως, ἐπίασε καὶ τὸν ἁγιώτατον ἐπίσκοπον Μανουήλ. Καὶ τὰς χεῖρας αὐτοῦ ἀποκόψας ἀπὸ τῶν ὤμων πρῶτον, ἔπειτα μέσον μετὰ τοῦ σπαθίου κόψας ἔρριψε τοῖς θηρίοις βρῶμα. Καὶ διὰ τὴν ἁμαρτίαν τυφλωθεὶς ἐμισήθη παρὰ τοῦ οἰκείου λαοῦ, καὶ παρ’ αὐτοῦ μετὰ σχοινίων ἀπεπνίγη. Διαδεξάμενος δὲ τὴν ἀρχὴν τῶν Βουλγάρων Τζόκος ὁ ἀθεώτατος συνήγαγε πάντας τοὺς κρατηθέντας Χριστιανούς, στρατηγούς, πρεσβυτέρους, διακόνους, καὶ λαϊκούς, καὶ κατηνάγκασεν ἀρνήσασθαι τὸν Χριστιανισμόν (οὔπω γὰρ ἦσαν οἱ Βούλγαροι Χριστιανοί).

went to his abbot and took him the martyr's garment. He also recounted to him how, in Persia, he had wrapped it around a man possessed by a demon and healed him. In the twentieth year of his reign, Herakleios returned the precious cross to Jerusalem. A bishop, who had been sent to Roman territory by the principal archbishop of the area, took the saint's remains and conveyed them to Caesarea. There they deposited a small piece of them as a gift but retained the rest. The venerable head of the martyr and an icon of him are venerated by the faithful in the great city of Old Rome.

On the same day. The passion of Saints Manuel, George, 345
Leo, and their companions who were slaughtered by the godless Bulgars during the reign of Leo the Armenian.

During the reign of Leo the Armenian, Krum, the ruler of the Bulgars, went to Hadrianoupolis in Thrace with a great army and captured it according to the rule of war. Along with the city, he also seized the most holy bishop Manuel. First, he cut his arms off from his shoulders. Then he cut him in half with his sword before throwing him to the wild beasts for food. He was struck blind for this sin and was despised by his own soldiers; in fact, he was strangled with ropes at their hands. Tsokos, a most godless person who was the successor to the Bulgarian kingdom, gathered all the captured Christians together, the generals, the priests, the deacons, and the laity, and pressured them to reject Christianity (the Bulgars had not yet become Christians). But

Καὶ μὴ πεισθέντας, τοὺς μὲν ἀπεκεφάλισε, τοὺς δὲ διαφόρως τιμωρησάμενος καὶ ἀνηλεῶς, ἐφόνευσεν.

346 Μηνὶ τῷ αὐτῷ κγʹ. Ἄθλησις τοῦ ἁγίου καὶ πολυάθλου Κλήμεντος ἐπισκόπου Ἀγκύρας τῆς Γαλατῶν ἐπαρχίας.

Ἐπὶ Διοκλητιανοῦ καὶ Μαξιμιανοῦ ἐγένετο ὁ ἅγιος Κλήμης ἀπὸ Ἀγκύρας τῆς Γαλατίας, πατρὸς μὲν Ἕλληνος, μητρὸς δὲ Χριστιανῆς, Εὐφροσύνης ὀνόματι. Ἥτις καὶ προεφήτευσε περὶ αὐτοῦ, ὅτι μέλλει ὑπὲρ Χριστοῦ μαρτυρῆσαι. Καὶ μετὰ τελευτὴν αὐτῆς, ἀνετράφη παρὰ γυναικὸς πλουσίας Σοφίας ὀνόματι. Καὶ γίνεται μοναχός, εἶτα διάκονος, εἶτα πρεσβύτερος, καὶ μετὰ τοῦτο ἐπίσκοπος χρόνων ὑπάρχων εἴκοσι. Βαπτίζων δὲ τὰ τῶν Ἑλλήνων παιδία, ἐκρατήθη παρὰ Δομετιανοῦ τοῦ βικαρίου καὶ ἐτιμωρήθη ἐν Ἀγκύρᾳ, εἶτα εἰς Ῥώμην παρὰ Διοκλητιανοῦ, εἶτα εἰς Νικομήδειαν παρὰ Μαξιμιανοῦ καὶ παρὰ Ἀγριππίνου, καὶ πάλιν εἰς Ἄγκυραν, εἶτα εἰς Ἀμισόν, εἶτα εἰς Ταρσόν, καὶ πάλιν εἰς Ἄγκυραν. Ἔνθα καὶ εἰς φυλακὴν βληθεὶς καὶ ἐν αὐτῇ λειτουργῶν, ἀποσφάττεται ἅμα Χριστοφόρῳ καὶ Χαρίτωνι τοῖς διακόνοις παρὰ Ἀλεξάνδρου τοῦ ἄρχοντος.

when they refused, he beheaded some of them and had the rest tortured mercilessly and in various ways before he killed them.

The twenty-third day in the same month. The passion of the holy and long-suffering Clement, bishop of Ankyra in the province of Galatia. 346

Saint Clement lived under Diocletian and Maximian. He was from Ankyra in Galatia. His father was a Hellene, but his mother was a Christian named Euphrosyne. She prophesied about him that he would suffer martyrdom for Christ. After her death, he was raised by a rich woman named Sophia. He became a monk, then a deacon, then a priest, and finally a bishop for twenty years. Because he was baptizing the children of the Hellenes, he was arrested by the vicar Dometianos and tortured in Ankyra, then in Rome by Diocletian, then in Nikomedeia by Maximian and Agrippinus, then back in Ankyra, then in Amisos, then in Tarsos, and again in Ankyra. There he was thrown into prison, where he performed the liturgy until he was executed along with the deacons Christopher and Chariton by Alexander the governor.

347 Τῇ αὐτῇ ἡμέρᾳ. Ἄθλησις τοῦ ἁγίου μάρτυρος Ἀγαθαγγέλου καὶ τῶν σὺν αὐτῷ μαρτυρησάντων ἀνδρῶν, γυναικῶν, καὶ παιδίων.

Ὄντος τοῦ ἁγίου Κλήμεντος ἐν Ῥώμῃ ἐν τῇ φυλακῇ καὶ πολλῶν καὶ ἄλλων ὑπαρχόντων ἀποκεκλεισμένων, ἐξ ὧν ἦν καὶ ὁ ἅγιος Ἀγαθάγγελος, εἶδεν ἄγγελον ἀπὸ Θεοῦ σταλέντα ὁ αὐτὸς Ἀγαθάγγελος, καὶ ἐλθόντα καὶ ἐπιδόντα τῷ ἁγίῳ Κλήμεντι ἄρτον καὶ οἶνον καὶ ὑποχωρήσαντα, καὶ ἐπίστευσε μετὰ τῶν ἄλλων εἰς τὸν Χριστόν. Ἔμαθε δὲ τοῦτο ὁ Διοκλητιανὸς καὶ ἀπεκεφάλισε πάντας. Ἠδυνήθη δὲ φυγεῖν ὁ ἅγιος Ἀγαθάγγελος, καὶ μέλλοντος τοῦ ἁγίου Κλήμεντος εἰς τὸ πλοῖον ἐμβῆναι καὶ πλεῦσαι εἰς Νικομήδειαν, προλαβὼν ὁ Ἀγαθάγγελος καὶ εἰσελθὼν εἰς τὸ πλοῖον περιέμενεν αὐτόν. Ἰδὼν δὲ αὐτὸν ὁ ἅγιος Κλήμης, ἐχάρη καὶ ἀγαθοῦ ἀγγέλου παρουσίαν ἐνόμισε. Καὶ ἠκολούθει αὐτῷ ἕως οὗ ἔφθασεν εἰς Ἄγκυραν πρὸς Λούκιον. Καὶ ἐκεῖ ἀπεκεφαλίσθη παρὰ Λουκίου μετὰ τῶν παιδίων καὶ τῶν ἀνδρῶν καὶ τῶν γυναικῶν τῶν σὺν αὐτῷ καὶ τῷ ἁγίῳ Κλήμεντι Χριστῷ πιστευσάντων.

348 Μηνὶ τῷ αὐτῷ κδʹ. Ἄθλησις τῶν ἁγίων μαρτύρων Παύλου, Παυσιρίου, καὶ Θεοδοτίωνος.

Οὗτοι ὑπῆρχον ἐπὶ τῆς βασιλείας Διοκλητιανοῦ καὶ Μαξιμιανοῦ καὶ Ἀρριανοῦ ἄρχοντος ἐν Κλεοπατρίδι. Ὑπάρχοντες δὲ ἀδελφοὶ κατὰ σάρκα, καταλιπόντες τὸν κόσμον, ἐγένοντο μοναχοί. Εἶτα κρατηθέντες ὑπὸ τοῦ ἄρχοντος ἐβασανίζοντο. Ὑπῆρχον δὲ ἐτῶν, ὅτε ἐκρατήθησαν, ὁ μὲν

On the same day. The passion of the holy martyr Agathange- 347
los and the men, women, and children who suffered martyrdom with him.

While Saint Clement was in prison in Rome, there were many others who had been imprisoned with him as well, and one of these was Saint Agathangelos. This Agathangelos saw an angel sent by God coming and bringing bread and wine to Saint Clement before departing. Because of this, Agathangelos came to believe in Christ along with the others. When Diocletian learned of this, he beheaded them all. But Saint Agathangelos was able to escape, and when Saint Clement was about to embark on a ship and sail to Nikomedeia, Agathangelos preceded him and entered the boat to wait for him. As soon as Clement saw him, he rejoiced and considered his presence like that of a good angel. Agathangelos accompanied him until he was brought before Lucius in Ankyra. There he was beheaded by Lucius along with the children, men, and women who had come to believe in Christ with him and Saint Clement.

The twenty-fourth day in the same month. The passion of 348
the holy martyrs Paul, Pausirios, and Theodotion.

These men lived during the reign of Diocletian and Maximian, when Arrianos was governor in Cleopatris. They were brothers according to the flesh and became monks after renouncing the world. Later on, they were arrested by the governor and tortured. When they were arrested, Paul was

Παῦλος τριακονταεπτά, ὁ δὲ Πανσίριος εἰκοσιπέντε. Ὁ δὲ Θεοδοτίων καταλιπὼν τὴν μοναχικὴν κατάστασιν, ἐγένετο λῃστής. Καὶ ὅτε ἤκουσεν, ὅτι ἐκρατήθησαν οἱ ἀδελφοὶ αὐτοῦ, ἦλθεν ἰδεῖν αὐτούς. Καὶ ἰδὼν αὐτοὺς βασανιζομένους, πλησιάσαι μὲν οὐκ ἐτόλμησεν, εἰς τόπον δὲ ὑψηλὸν ἀναβὰς καὶ θεωρῶν, ἐλογίζετο καθ' ἑαυτὸν ὅτι "Ποταπῆς ἐπιτύχωσι κληρονομίας οἱ ἀδελφοί μου." Καὶ δραμὼν ὡμολόγησεν ἑαυτὸν Χριστιανόν. Καὶ κρατήσας τὸν ἄρχοντα, ἔρριψεν ἀπὸ τοῦ θρόνου καὶ εὐθὺς ἀπεκεφαλίσθη. Παῦλος δὲ καὶ Πανσίριος ῥιφέντες ἐν τῷ ποταμῷ ἐτελειώθησαν.

349 Μηνὶ τῷ αὐτῷ κεʹ. Μνήμη τοῦ ἐν ἁγίοις πατρὸς ἡμῶν Γρηγορίου τοῦ Θεολόγου.

Γρηγόριος ὁ μέγας Θεολόγος ἐγένετο ἀπὸ τῆς χώρας Καππαδοκίας, πόλεως Ναζιανζοῦ, υἱὸς Γρηγορίου καὶ Νόννας, ἐπὶ τῆς βασιλείας Κωνσταντίου υἱοῦ Κωσταντίνου τοῦ Μεγάλου. Καὶ διήρκεσε μέχρι τῆς βασιλείας Θεοδοσίου τοῦ Μεγάλου. Γεννηθεὶς δὲ ἐξ ἀποκαλύψεως καὶ ἀνατραφείς, διὰ μαθημάτων ἐπιθυμίαν παρεγένετο εἰς Καισάρειαν, εἶτα εἰς Ἀλεξάνδρειαν, εἶτα εἰς Ἀθήνας. Μανθάνοντος δὲ αὐτοῦ, παρεγένετο καὶ ὁ Μέγας Βασίλειος. Καὶ συνηγωνίζοντο ἀμφότεροι εἰς ἀρετὴν καὶ μαθήματα. Εἶτα ὑπέστρεψαν εἰς τὴν οἰκείαν πατρίδα. Καὶ γέγονεν ἐπίσκοπος Σασίμων. Εἶτα τοῦ πατρὸς αὐτοῦ γηράσαντος, ἐδίδασκεν ἀντ' ἐκείνου καὶ ἐλειτούργει εἰς Ναζιανζόν. Καὶ διὰ τὴν τῶν Ἀρειανῶν αἵρεσιν, εἰσῆλθεν εἰ<ς> τὸ

thirty-seven years old, and Pausirios was twenty-five. Theodotion, however, had abandoned the monastic lifestyle to become a bandit. When he heard that his brothers had been arrested, he went to see them. But when he saw that they were being tortured, he did not dare go near them. Instead, he climbed up to a high place and looked down upon them. He then thought to himself, "What a great inheritance my brothers will receive!" So he rushed down and confessed himself to be a Christian. After he grabbed the governor and threw him from his throne, he was immediately beheaded. Paul and Pausirios were thrown into the river and were perfected by death.

The twenty-fifth day in the same month. The commemora- 349
tion of our father among the saints Gregory the Theologian.

Gregory the great Theologian was from the city of Nazianzos in the region of Cappadocia, the son of Gregory and Nonna. He was born during the reign of Constantius, the son of Constantine the Great, and lived until the reign of Theodosius the Great. His birth was anticipated by a vision, and after he came of age, he traveled to Caesarea on account of his love of learning. From there he went to Alexandria and then to Athens. Basil the Great was also there while he was a student. Each inspired the other to excel in the attainment of virtue and learning. Afterward, they returned to their homeland. Gregory became the bishop of Sasima, but when his father became advanced in age, he assumed his role in preaching and performing the liturgy in Nazianzos. Because of the Arian heresy, he came to Byzantion where he

Βυζάντιον καὶ ἐστήριξε τοὺς ὀρθοδόξους διὰ λόγων καὶ γέγονε πατριάρχης Κωνσταντινουπόλεως. Εἶτα παραιτησάμενος ἡσύχασεν ἐν τῷ ἰδίῳ κτήματι, καὶ ἐτελειώθη.

350 Μηνὶ τῷ αὐτῷ κς΄. Ἡ ἀνάμνησις τῶν φόβων τοῦ μεγάλου καὶ παραδόξου σεισμοῦ.

Εἰς τὰ τελευταῖα τῆς βασιλείας τοῦ Μικροῦ Θεοδοσίου, υἱοῦ Ἀρκαδίου καὶ Εὐδοξίας, μηνὶ Ἰαννουαρίῳ εἰκάδι ἕκτῃ, ἐγένετο ἐν Κωνσταντινουπόλει σεισμὸς φοβερὸς οἷος οὐκ ἐγένετο ἀφ᾽ οὗ ἐκτίσθη ἡ πόλις μέχρι τότε, ὥστε καὶ τὰ τείχη καταπεσεῖν καὶ τὸ πλεῖστον μέρος τῆς πόλεως. Ὁ αὐτὸς δὲ σεισμὸς καὶ ἄλλας πόλεις τῆς Θρᾴκης καὶ τῆς Μακεδονίας καὶ τῆς Βιθυνίας κατέρριψε, καὶ ἐπεκράτησε μῆνας τρεῖς. Διατοῦτο ὁ βασιλεὺς Θεοδόσιος μετὰ τοῦ πατριάρχου καὶ τοῦ κλήρου καὶ τοῦ λαοῦ παντός, ἀνυπόδετος μετὰ δακρύων λιτανεύων πρὸς τὸν Θεὸν ἔλεγε, "Ῥῦσαι ἡμᾶς, Κύριε, τῆς δικαίας σου ὀργῆς καὶ τῶν παραπτωμάτων ἡμῶν διὰ τῆς μετανοίας· ἐσάλευσας γὰρ τὴν γῆν καὶ συνετάραξας διὰ τὰς ἁμαρτίας ἡμῶν, ἐμβάλλων φόβον εἰς τὰς καρδίας ἡμῶν τοῦ δοξάζειν σε τὸν μόνον ἀγαθὸν καὶ φιλάνθρωπον." Ἔκτοτε οὖν ἑορτάζεται ἡ τοιαύτη ἀνάμνησις.

bolstered the orthodox with his orations and became the patriarch of Constantinople. Finally, he resigned and became a hermit on his own estate, where he was perfected by death.

The twenty-sixth day in the same month. The remembrance 350
of the terrors of the great and extraordinary earthquake.

At the end of the reign of Theodosius the Younger, who was the son of Arcadius and Eudoxia, on the twenty-sixth day in the month of January, there occurred in Constantinople a fearsome earthquake whose magnitude had not been matched from the foundation of the city until then. It was so great that the walls collapsed along with most of the city. This earthquake also devastated other cities in Thrace, Macedonia, and Bithynia, and lasted for three months. In response to this, the emperor Theodosius processed barefoot in the company of the patriarch, the clergy, and the entire people, and said tearfully to God, "Save us, Lord, from your righteous wrath and from our sins through repentance. You have made the earth shake and tremble on account of our sins. You have instilled fear in our hearts so that we glorify you, the only good and philanthropic God." This remembrance has been celebrated from then on.

351 Τῇ αὐτῇ ἡμέρᾳ. Μνήμη τοῦ ὁσίου Ξενοφῶντος καὶ τῆς συμβίου αὐτοῦ καὶ τῶν τέκνων αὐτοῦ Ἀρκαδίου καὶ Ἰωάννου.

Ξενοφῶν ὁ ἐν ἁγίοις πατὴρ ἡμῶν ἦν συγκλητικὸς ἐν Κωνσταντινουπόλει, θεοσεβὴς καὶ ἐλεήμων καὶ δίκαιος, καὶ πᾶσαν ἀρετὴν ἔχων. Ἦν δὲ καὶ ἔνδοξος καὶ πλούσιος σφόδρα. Γεννήσας δὲ δύο παῖδας Ἀρκάδιον καὶ Ἰωάννην, καὶ ἀναθρέψας αὐτοὺς *ἐν παιδείᾳ καὶ νουθεσίᾳ Κυρίου,* ἀπέστειλεν εἰς Βηρυτὸν τὴν πόλιν ἵνα μάθωσι τοὺς νόμους. Εἶχε γὰρ τότε ἡ τοιαύτη πόλις παντοίων μαθημάτων βιβλιοθήκας. Ἐπεὶ δὲ κατὰ θάλασσαν ἐναυάγησαν οἱ υἱοὶ αὐτοῦ, μαθὼν τοῦτο παρά τινος τῶν δούλων αὐτοῦ, ἐξῆλθε μετὰ τῆς γυναικὸς αὐτοῦ εἰς τὴν αὐτῶν ἀναζήτησιν. Καὶ εὑρὼν αὐτοὺς ἐν Ἱεροσολύμοις ἐκ τῆς θαλάσσης ἐκβρασθέντας καὶ μοναχοὺς γενομένους, καὶ ἀναγνωρίσας ἐνεδύθη καὶ αὐτὸς καὶ ἡ γυνὴ αὐτοῦ τὸ μοναχικὸν σχῆμα. Καὶ ἐπὶ τοσοῦτον προέκοψαν εἰς ἀρετὴν ὡς καὶ θαύματα ἐκτελεῖν καταξιωθῆναι. Καὶ οὕτως ἐτελειώθησαν ἐν Κυρίῳ μετὰ τῶν υἱῶν αὐτῶν.

352 Μηνὶ τῷ αὐτῷ κζʹ. Ἄθλησις τῶν ἁγίων μαρτύρων Ἀνανίου πρεσβυτέρου, Πέτρου κλειδοφύλακος, καὶ ἑτέρων ἑπτὰ στρατιωτῶν.

Οὗτοι ὑπῆρχον ἐπὶ Διοκλητιανοῦ βασιλέως καὶ Μαξίμου ἡγεμόνος. Ὥιτινι Μαξίμῳ παραστὰς ὁ ἅγιος Ἀνανίας ὡμολόγησεν ἑαυτὸν Χριστιανὸν εἶναι. Καὶ στηλιτεύσας τὰ εἴδωλα, ἐκδυθεὶς τύπτεται ἰσχυρῶς μετὰ ῥαβδίων. Καὶ τὰ

On the same day. The commemoration of Saint Xenophon, his wife, and his children Arkadios and John. 351

Our father among the saints Xenophon was of senatorial rank in Constantinople and was pious, compassionate, righteous, and possessed every virtue. He was also distinguished and very wealthy. He had two sons named Arkadios and John. After he raised them *in the discipline and instruction of the Lord,* he sent them to the city of Berytus to study law. At that time, that city possessed libraries filled with all kinds of learning. But when he heard from one of his slaves that his sons had been shipwrecked at sea, he and his wife left to search for them. He discovered them in Jerusalem where they had become monks after they had been washed ashore from the sea. When he was reunited with them, both he and his wife adopted the monastic habit. They advanced so far in their virtue that they were judged worthy to perform miracles. And thus, they were perfected by death in the Lord with their sons.

The twenty-seventh day in the same month. The passion of the holy martyrs Ananias the priest, Peter the prison guard, and seven other soldiers. 352

These men lived under Diocletian, when Maximus was governor. Saint Ananias was brought before Maximus and confessed that he was a Christian. After he denounced the idols, he was stripped and severely beaten with rods. His loins

ψύα καίεται διὰ σουβλίων πυρωθέντων, καὶ μετὰ ὄξους καὶ ἅλατος καὶ τρυχίνων ὑφασμάτων κατατρίβεται. Εἶτα προσηύξατο, καὶ ἔπεσεν ὁ ναὸς καὶ τὰ εἴδωλα. Εἶτα ἐνεβλήθη εἰς φυλακὴν καὶ διέμεινεν ἄτροφος ἐπὶ ἑπτὰ ἡμέραις. Καὶ ἐτρέφετο παρὰ Χριστοῦ τροφῇ οὐρανίῳ. Καὶ τοῦτο ἰδὼν Πέτρος ὁ κλειδοφύλαξ προσέπεσεν αὐτῷ καὶ ἐβαπτίσθη. Διαδεχθέντος δὲ τοῦ ἡγεμόνος ἦλθεν ἕτερος ἡγεμὼν Μαξιμῖνος ὀνόματι καὶ ἐδέσμησεν ἐπὶ τροχοῦ τοὺς ἁγίους. Εἶτα ἔθηκεν ἐπὶ ἐσχάρας, ἀλλ' ἐψυχράνθη τὸ πῦρ. Καὶ ἰδόντες οἱ τιμωροῦντες αὐτοὺς ἑπτὰ στρατιῶται ἐπίστευσαν. Καὶ σὺν αὐτοῖς ἐν τῇ θαλάσσῃ ὑπὸ τῶν δημίων ῥιφέντες ἐτελειώθησαν.

353 Τῇ αὐτῇ ἡμέρᾳ. Ἡ ἀνακομιδὴ τοῦ λειψάνου τοῦ ἐν ἁγίοις πατρὸς ἡμῶν Ἰωάννου τοῦ Χρυσοστόμου.

Ἐξορισθεὶς ὁ ἅγιος Ἰωάννης ὁ Χρυσόστομος ἀπῆλθεν εἰς Κώμανα τῆς Ἀρμενίας, ὅπου κατάκειται τὸ λείψανον τοῦ ἁγίου Βασιλίσκου, ὅστις καὶ ἐφάνη αὐτῷ λέγων, "Μὴ φοβοῦ, ἀδελφὲ Ἰωάννη. Αὔριον γὰρ ἅμα ἐσόμεθα." Ἐφάνη δὲ καὶ τῷ προσμοναρίῳ λέγων, "Εὐτρέπισον τόπον τῷ μεγαλομάρτυρι Ἰωάννῃ. Ἔρχεται γάρ." Ἀλλάξας οὖν λευκὴν στολὴν καὶ λειτουργήσας, καὶ εἰπὼν τὸ ῥῆμα ὃ πάντοτε ἔλεγε, "Δόξα τῷ Θεῷ πάντων ἕνεκα," παρέδωκε τὸ πνεῦμα. Καὶ κατετέθη πλησίον τοῦ τάφου τοῦ ἁγίου μάρτυρος Βασιλίσκου. Μετὰ δὲ τριακοντατρεῖς χρόνους διὰ ὑπομνήσεως τοῦ πατριάρχου Πρόκλου, ἀποστείλας Θεοδόσιος ὁ βασιλεὺς τοῦ ἀγαγεῖν τὸ λείψανον, τῆς λάρνακος μὴ

were burned with skewers that had been heated over the fire and were rubbed with vinegar, salt, and coarse fabrics. Next, he said a prayer, and the temple collapsed along with the idols. Then he was thrown into prison and remained there without food for seven days. But Christ nourished him with heavenly food. When the prison guard Peter observed this, he fell at his feet and was baptized. A different governor named Maximinus arrived to replace the former governor and bound the saints to a wheel. After that, he laid them over a brazier, but the fire grew cold. When the seven soldiers torturing them saw this miracle, they came to believe. They were thrown into the sea with them by the executioners and were perfected by death.

On the same day. The translation of the relics of our father 353
among the saints John Chrysostom.

While in exile, Saint John Chrysostom arrived in Komana in Armenia where the remains of Saint Basiliskos lay. He appeared to him, saying, "Fear not, brother John, for tomorrow we will be together." He also appeared to the guardian of the tomb and said, "Prepare a place for the great martyr John since he is on his way." John then put on a white vestment, performed the liturgy, and said the phrase that he always said, "Glory to God for everything," before he handed over his spirit. He was laid to rest near the tomb of the holy martyr Basiliskos. Thirty-three years later, at the urging of the patriarch Proklos, the emperor Theodosius sent an envoy to retrieve his remains, but when the sarcophagus would

ἀνοιγομένης, ἐλυπήθη. Καὶ τότε γράφει ἐπιστολὴν περιέχουσαν δέησιν, παρακληθῆναι ἐλθεῖν, καὶ εἰσηκούσθη. Ἐλθὸν οὖν τὸ τίμιον λείψανον, ἐτέθη ἐντίμως ἐν τῷ Ναῷ τῶν Ἁγίων Ἀποστόλων.

354 Μηνὶ τῷ αὐτῷ κη′. Μνήμη τοῦ ὁσίου πατρὸς ἡμῶν Ἐφραὶμ τοῦ Σύρου.

Οὗτος ὑπῆρχεν ἀπὸ ἀνατολῶν, Σύρος τὸ γένος, ἀπὸ πόλεως Ἐδέσης, γονέων Χριστιανῶν, διαρκέσας ἀπὸ τῆς βασιλείας Κωνσταντίνου τοῦ Μεγάλου μέχρις Οὐάλεντος. Ὅτε δὲ ἦν παιδίον, εἶδον οἱ γονεῖς αὐτοῦ κατ' ὄναρ ἄμπελον ἐν τῇ γλώσσῃ αὐτοῦ φυτευθεῖσαν καὶ αὐξηθεῖσαν καὶ πληρώσασαν πᾶσαν τὴν γῆν. Καὶ ἤρχοντο τὰ πετεινὰ τοῦ οὐρανοῦ καὶ ἔτρωγον ἐκ τοῦ καρποῦ αὐτῆς. Ἡ δὲ ἄμπελος ἐδήλου τὴν μέλλουσαν δοθήσεσθαι γνῶσιν αὐτῷ. Καὶ τοσοῦτον γέγονεν εἰς ἀρετὴν περιβόητος ὡς πολλοὺς ὠφελῆσαι. Ἐλθὼν δὲ καὶ πρὸς τὸν Μέγαν Βασίλειον ἐν Καισαρείᾳ, ἐχειροτονήθη ὑπ' ἐκείνου πρεσβύτερος. Καὶ ἅμα τῷ χειροτονηθῆναι ἐλάλησεν Ἑλληνιστί, πρότερον Συριστὶ λαλῶν. Ἔπειτα συγγράψας βίβλους ψυχωφελεῖς, καὶ πολλοὺς διδάξας καὶ ὠφελήσας, ἐν βαθυτάτῳ γήρᾳ εὐχαριστῶν πρὸς Θεὸν ἐξεδήμησεν.

not open, he became dejected. He then sent a letter containing a request that he be entreated to come; and it was heeded. His venerable remains arrived and were placed with honor in the Church of the Holy Apostles.

The twenty-eighth day in the same month. The commemo- 354
ration of our holy father Ephrem the Syrian.

This man was from the east, a Syrian from the city of Edessa, and his parents were Christians. His life lasted from the reign of Constantine the Great to that of Valens. When he was a young child, his parents saw in a dream a vine sprouting from his mouth and growing to fill the entire earth. The birds came from the sky and ate from its fruit. The vine signified the knowledge that would be granted to him. He became so famous for his virtue that he benefitted many people. Later, he visited Basil the Great in Caesarea and was ordained a priest by him. He began to speak Greek at the time of his ordination, although he had previously spoken Syriac. He then composed spiritually edifying books and, after he had taught and benefitted many people, departed to God at an advanced age while giving thanks.

355 Μηνὶ τῷ αὐτῷ κθʹ. Ἡ ἀνακομιδὴ τοῦ λειψάνου τοῦ ἁγίου ἱερομάρτυρος Ἰγνατίου πατριάρχου Ἀντιοχείας.

Ὁ μακάριος Ἰγνάτιος ὁ Θεοφόρος ὑπὸ Τραϊανοῦ βασιλέως ἀπὸ Ἀντιοχείας πρὸς τὴν Ῥώμην πεμφθεὶς τῆς εἰς Χριστὸν ἕνεκα μαρτυρίας ἐθηριομάχησεν, ὑπὸ λεόντων ἀποπνιγείς, τῆς συγκλήτου πάσης ἑστώσης ἐν τῷ θεάτρῳ καὶ βλεπούσης, ὅπερ ἦν διὰ προσευχῆς τῷ ἁγίῳ. Ἔλεγε γὰρ ὅτι "Κἂν δέῃ με ὑπὸ θηρίων ἀναλωθῆναι, οὐκ ἀρνήσομαι τὸν Χριστόν μου. Ἀλλ᾽ ἐπιθυμῶ ὑπὸ ὀδόντων θηρίων ἀλεσθῆναι ἵνα καθαρὸς ἄρτος φανῶ τῷ Θεῷ μου." Ὅτε δὲ ἀπελύθησαν ἐπ᾽ αὐτὸν οἱ λέοντες καὶ ἀπέπνιξαν αὐτόν, ἤρθη τὸ λείψανον αὐτοῦ παρὰ τῶν Χριστιανῶν. Καὶ μετὰ τιμῆς ἀπὸ τῆς Ῥώμης, ἀνεκομίσθη εἰς Ἀντιόχειαν, τῆς πόλεως ἁπάσης ὑπαντησάσης μετὰ κηρῶν καὶ θυμιαμάτων, καὶ *ἐν ψαλμοῖς καὶ ὕμνοις καὶ ᾠδαῖς πνευματικαῖς* καταθεμένης ἐν αὐτῇ τῇ πόλει ἐντίμως καὶ μεγαλοπρεπῶς εἰς φυλακτήριον αὐτῆς καὶ ἀσφάλειαν.

356 Τῇ αὐτῇ ἡμέρᾳ. Ἄθλησις τῶν ἁγίων μαρτύρων Σαρβήλου ἱερέως καὶ τῆς ἀδελφῆς αὐτοῦ Βαβαίας.

Οὗτοι ὑπῆρχον ἐπὶ Τραϊανοῦ τοῦ βασιλέως. Ἦν δὲ ὁ ἅγιος Σάρβηλος ἱερεὺς τῶν εἰδώλων. Ἑορτῆς δὲ ἀγομένης τοῖς δαίμοσιν, αὐτὸς κατὰ τὸ ἔθος ἐπετέλει τὰς μιαρὰς θυσίας. Ἐλεγχθεὶς δὲ παρὰ Βαρσιμαίου τοῦ ἐπισκόπου Ἐδέσης, καὶ ὀνειδισθεὶς ὡς γινόμενος τοῖς πολλοῖς αἴτιος ἀπωλείας, μετενόησε τῇ τοῦ Θεοῦ χάριτι. Καὶ τοῖς λόγοις τοῦ ἐπισκόπου πεισθεὶς προσῆλθε τῇ τοῦ Χριστοῦ πίστει

The twenty-ninth day in the same month. The translation of the remains of the holy martyr Saint Ignatios, the patriarch of Antioch. 355

Blessed Ignatios the God-bearer was sent by the emperor Trajan from Antioch to the city of Rome so that he might suffer martyrdom by being set to fight the wild beasts. He was overcome by lions while the entire senate was present in the arena and watched. This was exactly what the saint prayed for. In fact, he said, "Even if I must be devoured by beasts, I will not deny my Christ. Instead, I want to be torn by the beasts' teeth so that I may seem to be an offering of pure bread for my God." After the lions were set upon him and overcame him, his remains were retrieved by the Christians. Then they were translated with reverence from Rome to Antioch. The entire city met them with candles and incense, and they sang *psalms, hymns, and songs from the Spirit* as they laid his body in that city with great pomp and circumstance to be its protection and surety.

On the same day. The passion of the holy martyrs Sarbelos the priest and his sister Babaia. 356

These people lived under the emperor Trajan. Saint Sarbelos was a priest of the idols. During the celebration of a festival for the demons, he performed the customary rites of profane sacrifice. When he was censured by Barsimaios, the bishop of Edessa, and rebuked for his role in leading so many people to damnation, he repented through God's grace. Convinced by the bishop's words, he embraced the

μετὰ τῆς ἰδίας ἀδελφῆς Βαβαίας, καὶ βαπτίζονται ὑπὸ τοῦ ἐπισκόπου. Ἰδὼν δὲ ταῦτα ὁ Λυσίας ἐκράτησεν αὐτὸν καὶ ἤρξατο τιμωρεῖν. Καὶ πρῶτον μὲν τύπτεται μετὰ ῥαβδίων. Ἔπειτα σπαθίζεται, καὶ τὸ πρόσωπον ξέεται. Καὶ πυρὶ καταφλέγεται. Εἶτα ἐνεβλήθη εἰς δύο ξύλα μέσον, καὶ ἐπρίζετο ὑπὸ τῶν δημίων. Καὶ τέλος ἀπεκεφαλίσθη. Ὁμοίως καὶ ἡ ἀδελφὴ αὐτοῦ πλεῖστα πρότερον βασανισθεῖσα, ὕστερον ἀπεκεφαλίσθη.

357 Τῇ αὐτῇ ἡμέρᾳ. Ἄθλησις τοῦ ἁγίου ἱερομάρτυρος Ἱππολύτου πάπα καὶ τῶν σὺν αὐτῷ.

Ἡ ἱερὰ συνοδία τοῦ ἁγίου ἱερομάρτυρος Ἱππολύτου ὑπῆρχεν ἐπὶ τῆς βασιλείας Κλαυδίου, ἡγεμονεύοντος Βικαρίου. Καὶ ὁ μὲν Κενσωρῖνος μάγιστρος ὢν καὶ τῷ βασιλεῖ ἀγαπώμενος, ὅμως ἐσέβετο τὸν Χριστὸν καὶ τοὺς Χριστιανοὺς ἐξεδίκει. Ἀλλὰ λοιδορηθεὶς ἀπεκλείσθη ἐν τῇ φυλακῇ. Ἔνθα θαυματουργήσας καὶ νεκρὸν ἀναστήσας, ἔπεισε πάντας τοὺς στρατιώτας πιστεῦσαι τῷ Χριστῷ, οἵτινες προστάξει τοῦ τυράννου ἀπεκεφαλίσθησαν, καὶ σὺν αὐτοῖς ἡ μακαρία Χρυσῆ καὶ ὁ ταύτης ὑπουργὸς Σαβῖνος. Ταῦτα μαθὼν ὁ Πάπας Ἱππόλυτος, καὶ ζήλῳ θείῳ κινηθείς, ἦλθεν κατὰ πρόσωπον καὶ ἤλεγξε τὸν τύραννον. Ὁ δὲ ὑπερζέσας τῷ θυμῷ, πρῶτον μὲν ἰσχυρῶς αὐτὸν ἐβασάνισε μετὰ τῶν ἀκολουθούντων αὐτῷ, πρεσβυτέρων καὶ διακόνων καὶ τοῦ ἐπισκόπου. Ἔπειτα δήσας αὐτῶν τὰς χεῖρας καὶ τοὺς πόδας εἰς λίθους βαρεῖς, τῷ βυθῷ τῆς θαλάσσης ἐνέρριψε. Καὶ οὕτως ἐτελειώθησαν.

faith in Christ as did his own sister Babaia. They were both baptized by the bishop. When Lysias saw this, he had him arrested and began to torture him. First, he was beaten with rods. Then he was struck with a sword, and his face was flayed. Next, he was set on fire. After that, he was put between two wooden stakes and was sawn by the executioners. Finally, he was beheaded. Likewise, his sister was also forced to endure many torments before she was beheaded.

On the same day. The passion of the holy martyr Saint Hippolytus the pope and those with him. 357

The holy companions of the holy martyr Saint Hippolytus lived during the reign of the emperor Claudius, when Vicarius was the governor. Censorinus held the rank of magister and was favored by the emperor, but he nevertheless worshiped Christ and advocated for the Christians. All the same, he was slandered and locked up in prison. By working miracles there and even raising someone from the dead, he convinced all the soldiers to believe in Christ. By the tyrant's command, they were then beheaded along with blessed Chryse and her servant Sabinos. When Pope Hippolytus learned of this, he was moved by divine zeal, so he confronted the tyrant face-to-face and rebuked him. Fuming with rage, he first tortured Hippolytus severely along with his followers, that is, the priests, the deacons, and the bishop. Then he bound their hands and feet to heavy stones and threw them into the depths of the sea. Thus, they were perfected by death.

358 Μηνὶ τῷ αὐτῷ λ'. Ἄθλησις τοῦ ἁγίου μάρτυρος Βαρσιμαίου τοῦ ἐπισκόπου τοῦ βαπτίσαντος τὸν ἅγιον Σάρβηλον.

Ὁ ἅγιος ἱερομάρτυς Βαρσιμαῖος, ὡς προεγράφη, ἐπίσκοπος ἦν τῆς ἐν Ἐδέσῃ ἐκκλησίας διδάσκων τὸν λαὸν τῶν Ἑλλήνων, καὶ ἐπιστρέφων ἀπὸ τῆς πλάνης τῶν εἰδώλων, καὶ βαπτίζων εἰς τὸ ὄνομα τοῦ Πατρὸς καὶ τοῦ Υἱοῦ καὶ τοῦ Ἁγίου Πνεύματος. Βαπτίσας δὲ πολλούς, εἶδε καὶ Σάρβηλον τὸν ἱερέα τῶν εἰδώλων θύοντα τοῖς εἰδώλοις, καὶ ὠνείδισε καὶ ἐπέπληξεν αὐτόν, εἰπὼν ὅτι "Σὺ μόνος διαστρέφεις ὅλον τὸν λαόν." Κατανυγέντος δὲ ἐκείνου καὶ βαπτισθέντος παρὰ τοῦ ἐπισκόπου, καὶ μαρτυρήσαντος ὑπὲρ Χριστοῦ μετὰ τῆς ἀδελφῆς αὐτοῦ Βαβαίας, διεγνώσθη ὁ ἐπίσκοπος καὶ παρέστη τῷ ἡγεμόνι Λυσίᾳ καὶ ἐτύφθη σφοδρῶς. Εἶτα παυσαμένου μικρὸν τοῦ διωγμοῦ, ἐξῆλθε τῆς φυλακῆς. Καὶ ἐν τῇ ἰδίᾳ γενόμενος ἐκκλησίᾳ, καὶ τῷ Θεῷ συνήθως διὰ πάσης ἀρετῆς εὐαρεστήσας, ἐτελειώθη, ἀπολαβὼν τὴν αἰώνιον ζωήν.

359 Τῇ αὐτῇ ἡμέρᾳ. Ἄθλησις τοῦ ἁγίου Θεοφίλου τοῦ Νέου.

Οὗτος ὑπῆρχεν ἀπὸ Κωνσταντινουπόλεως ἐπὶ τῆς βασιλείας Κωνσταντίνου καὶ Εἰρήνης τῶν ὀρθοδόξων βασιλέων, εἷς τῆς συγκλήτου. Στρατηγὸς δὲ ἀποσταλεὶς ὑπὸ τῶν βασιλέων εἰς τὸ θέμα τῶν Κιβυρραιωτῶν, στόλου Σαρακηνικοῦ φανέντος, παρέταξε πρὸς τὸ πολεμῆσαι. Ἔχων δὲ συμπολεμιστὰς καὶ ἄλλους τρεῖς στρατηγούς,

The thirtieth day in the same month. The passion of the holy martyr Barsimaios, the bishop who baptized Saint Sarbelos. 358

The holy martyr Saint Barsimaios, as recorded above, was the bishop of the church in Edessa. He instructed the people of the Hellenes, turned them away from the error of the idols, and baptized them in the name of the Father, and of the Son, and of the Holy Spirit. After baptizing many, he saw the idolatrous priest Sarbelos performing sacrifices to the idols. He rebuked and scolded him, saying, "You alone are leading your whole people astray." Sarbelos repented and was baptized by the bishop. He later suffered martyrdom on behalf of Christ along with his sister Babaia. When the bishop was discovered, he was brought before the governor Lysias and was badly beaten. When there was a brief break from the persecution, he was released from prison. After he rejoined his own church, where he resumed his customary lifestyle, which was pleasing to God in every way, he was perfected by death and gained eternal life.

On the same day. The passion of Saint Theophilos the Younger. 359

This man was from Constantinople and a member of the senate during the reign of Constantine and Irene, the orthodox emperor and empress. He was dispatched by the emperor and empress as general to the theme of Kibyrrhaiotai, and when a Saracen fleet appeared, he gave the order to engage in battle. Although he had allies with him and three

ὅμως πρῶτος ἐξώρμησε μετὰ τοῦ ἰδίου δρόμωνος. Καὶ εἰσῆλθε μέσον τῶν Σαρακηνῶν καὶ ἠνδραγάθησεν. Ἰδόντες δὲ οἱ ἕτεροι στρατηγοὶ ἐφθόνησαν, καὶ ἐνεργῶς φυγόντες ἀφῆκαν αὐτὸν μόνον. Τότε περικυκλώσαντες οἱ Σαρακηνοὶ ἐκράτησαν αὐτόν. Καὶ ὑποστρέψαντες, ἔβαλον αὐτὸν εἰς φυλακήν. Καὶ μετὰ τέσσαρα ἔτη ἐκβαλόντες αὐτόν, κατηνάγκασαν ἀρνήσασθαι τὸν Χριστιανισμὸν καὶ μαγαρίσαι. Ὡς δὲ οὐκ ἔπεισαν, ἀπεκεφάλισαν αὐτόν. Καὶ οὕτως ἐτελειώθη.

360 Μηνὶ τῷ αὐτῷ λα΄. Ἄθλησις τῶν ἁγίων καὶ θαυματουργῶν Κύρου καὶ Ἰωάννου.

Οὗτοι ὑπῆρχον ἐπὶ Διοκλητιανοῦ τοῦ βασιλέως. Καὶ ὁ μὲν ἅγιος Κῦρος ἦν ἀπὸ τῆς Ἀλεξανδρείας ἰατρὸς τὴν τέχνην. Ἰατρεύων δὲ δωρεάν, ἐν ταὐτῷ ἐδίδασκε καὶ τὴν εἰς Χριστὸν πίστιν. Διαβληθεὶς δὲ τῷ τῆς πόλεως ἄρχοντι καὶ φοβηθείς, φεύγει εἰς Ἀραβίαν καὶ γίνεται μοναχός. Καὶ εὑρὼν τόπον πλησίον θαλάσσης κατῴκησεν ἐκεῖ. Ὁ δὲ ἅγιος Ἰωάννης ἀπελθὼν εἰς τὰ Ἱεροσόλυμα, καὶ ἀκούσας περὶ τῶν θαυματουργιῶν τοῦ ἁγίου Κύρου, ἀπῆλθε καὶ ἦν μετ' αὐτοῦ. Κρατηθείσης δὲ γυναικός τινος Χριστιανῆς ὀνόματι Ἀθανασίας μετὰ τῶν τριῶν αὐτῆς θυγατέρων, Θεοδότης, Θεοκτίστης, καὶ Εὐδοξίας, παρὰ τοῦ ἄρχοντος, καὶ μελλούσης βασανίζεσθαι, φοβηθέντες οἱ ἅγιοι ἵνα μὴ ὡς γυνὴ δειλιάσῃ, ἀπῆλθον καὶ ἐθαρσοποίουν αὐτήν. Διατοῦτο κρατηθέντες μετὰ πολλὰς βασάνους καὶ τιμωρίας, καὶ αὐτοὶ ἀπεκεφαλίσθησαν.

other generals as well, he was nevertheless the first to engage them with his own ship. He navigated into the middle of the Saracens and fought bravely. When the other generals saw this, however, they became jealous, so they quickly fled and left him alone. Then the Saracens surrounded him and took him prisoner. When they returned, they threw him into prison. After four years passed, they removed him from prison and pressured him to deny Christianity and become Muslim. But when he refused, they cut off his head. Thus, he was perfected by death.

The thirty-first day in the same month. The passion of the 360
wonderworkers Saints Cyrus and John.

These men lived under the emperor Diocletian. Saint Cyrus was from the city of Alexandria, a physician by trade. He practiced his trade free of charge while simultaneously teaching the faith in Christ. He was then reported to the governor of the city, so he fled in fear to Arabia where he became a monk. He found a place near the sea and settled there. Saint John went to Jerusalem and, when he heard about the miracles of Saint Cyrus, went to join him. But when a certain Christian woman named Athanasia was arrested along with her three daughters Theodote, Theoktiste, and Eudoxia by the governor and was going to be tortured, the saints feared that she would give in because she was a woman, so they went and encouraged her. As a result, they were arrested, and after suffering many torments and afflictions, they were also beheaded.

361 Τῇ αὐτῇ ἡμέρᾳ. Ἄθλησις τοῦ ἁγίου μάρτυρος Οὐικτωρίνου καὶ τῶν σὺν αὐτῷ ἓξ ἁγίων.

Ἐπὶ Δεκίου τοῦ βασιλέως ὑπῆρχον οὗτοι ἐκ πόλεως Κορίνθου. Κρατηθέντες δὲ παρεδόθησαν Τερτίῳ τῷ ὑπάτῳ, καὶ ἐβασανίσθησαν ἰσχυρῶς. Ὁ μὲν γὰρ Οὐικτωρῖνος τὸν δεξιὸν ὀφθαλμὸν ἐξορυγείς, καὶ χεῖρας καὶ πόδας ἀποκοπείς, καὶ εἰς ἴγδην ἐμβληθεὶς λιθίνην μεγάλην καὶ συντριβεὶς ἐτελεύτησεν. Οὐίκτωρ δὲ τὴν γλῶσσαν ἐκτμηθείς, καὶ εἰς τέσσαρας πάλους δεθείς, εἶτα ἐν τῇ ἴγδῃ συνθλασθεὶς ἐτελειώθη. Νικηφόρος δὲ ἀποπιασθεὶς ἕως οὗ ἐξέβη αἷμα ἐκ τῆς ῥινὸς αὐτοῦ καὶ ἐκ τριχῶν κρεμασθείς, καὶ ἐν τῇ αὐτῇ ἴγδῃ ἐμβληθεὶς καὶ τυπτηθεὶς παρέδωκε τὸ πνεῦμα. Ὁ δὲ Κλαυδιανὸς κοπεὶς χεῖρας καὶ πόδας καὶ κρεμασθείς, ἀπέστη τοῦ βίου. Ὁ δὲ Διόδωρος πυρὶ τελειοῦται. Σαραπίων δὲ κατὰ κεφαλῆς κρεμασθεὶς ἀπεκεφαλίσθη. Παπίας δὲ μετὰ τὸ κοπῆναι χεῖρας καὶ πόδας, λίθῳ προσδεθεὶς εἰς βυθὸν ῥίπτεται.

362 Τῇ αὐτῇ ἡμέρᾳ. Ἄθλησις τῆς ἁγίας μάρτυρος Τρυφαίνης.

Τρύφαινα ἡ τοῦ Χριστοῦ μάρτυς ὑπῆρχε μὲν ἐκ τῆς πόλεως Κυζίκου. Ἦν δὲ θυγάτηρ Ἀναστασίου συγκλητικοῦ Ἕλληνος καὶ Σωκρατίας Χριστιανῆς. Χριστιανὴ δὲ οὖσα, ἑορτῆς ἐπιτελουμένης τοῖς εἰδώλοις, ζήλῳ θείῳ κινηθεῖσα καὶ εἰς μέσον τοῦ λαοῦ εἰσελθοῦσα, τὰ αἰσχρὰ τῶν Ἑλλήνων διέπτυσε, καὶ τοὺς βλέποντας αὐτὰ καθύβρισεν. Ἐδίδασκέ τε τὰ μὲν εἴδωλα ἀρνήσασθαι, προσελθεῖν δὲ

On the same day. The passion of the holy martyr Victorinus and the six saints with him. 361

These men lived under the emperor Decius and were from the city of Corinth. After they were arrested, they were handed over to the consul Tertius and were severely tortured. Victorinus had his right eye gouged out, and then his hands and his feet were chopped off before he was placed into a large stone mortar where he was crushed to death. Victor's tongue was cut out, and then he was bound to four stakes before he was crushed in the mortar and perfected by death. Nikephoros was squeezed until blood began to flow from his nose. Then he was hung up by his hair before he was placed in the same mortar and beaten until he handed over his spirit. Claudian's hands and feet were cut off, and then he was hung up until he passed from this life. Diodoros was perfected in death by fire. Sarapion was hung upside down and beheaded. Papias's hands and feet were cut off before he was bound to a stone and thrown into the depths.

On the same day. The passion of the holy martyr Tryphaina. 362

Christ's martyr Tryphaina was from the city of Kyzikos. She was the daughter of a Hellene of senatorial rank named Anastasios and of a Christian named Sokratia. Because she was a Christian herself, when a festival of the idols was being celebrated, she was moved by divine fervor and went into the middle of the crowd, spat upon the shameful objects of the Hellenes, and rebuked the onlookers. Furthermore, she taught them to reject the idols, and instead to turn to Christ

Χριστῷ καὶ βαπτισθῆναι. Διατοῦτο τῇ προστάξει τοῦ ἡγεμόνος Καισαρίου κρατηθεῖσα, ἐνεβλήθη εἰς κάμινον. Καὶ τῆς καμίνου ῥυσθεῖσα, ἐκρεμάσθη ἐπὶ ξύλου κάτω κειμένων σιδηρῶν ἥλων ὀξέων. Καὶ ἀπολυθεῖσα τοῦ ξύλου, ἔπεσεν ἐπάνω τῶν ἥλων καὶ ὠδυνήθη ὑπ' αὐτῶν ἰσχυρῶς. Εἶτα ἀπολυθέντων ἐπ' αὐτὴν θηρίων διαφόρων τὰ μὲν ἄλλα οὐ προσήγγισαν αὐτῇ, εἷς δὲ ταῦρος δραμὼν καὶ διακερατίσας αὐτήν, διέσχισεν εἰς μέσον. Καὶ εὐθέως ἀφῆκε τὴν ψυχήν. Καὶ οὕτως ἐτάφη ὑπὸ τῶν πιστῶν.

and be baptized. She was arrested for this by the order of the governor Caesarius and was thrown into a furnace. But when she was protected from the furnace, she was hung from a beam that had sharp iron nails placed underneath. She was then cut down from the beam so that she fell upon the nails and was badly hurt by them. Later on, an assortment of wild beasts was set loose upon her. None of them attacked her except for a single bull that charged and gored her, splitting her in half. She immediately handed over her spirit, and thus she was buried by the faithful.

363 Μηνὶ Φεβρουαρίῳ α΄. Ἄθλησις τοῦ ἁγίου μάρτυρος Τρύφωνος.

Τρύφων ὁ μάρτυς ὑπῆρχεν ἀπὸ τῆς χώρας Φρυγίας ἐπὶ τῆς βασιλείας Γορδιανοῦ. Μικρὸς δὲ ὢν τὴν ἡλικίαν, ἔβοσκε χῆνας. Ἀλλ᾽ ὅμως καίτοι χῆνας βόσκων, ἀρετῆς ἐπεμελεῖτο. Καὶ διὰ τῆς τῶν ἐντολῶν ἐργασίας, μεγάλως ἐθεράπευε τὸν Θεόν. Διατοῦτο ἐδέξατο χαρίσματα ἰαμάτων, καὶ *ἐθεράπευε πᾶσαν νόσον καὶ πᾶσαν μαλακίαν*. Ἰάσατο δὲ καὶ τὴν θυγατέρα τοῦ βασιλέως δαίμονα ἔχουσαν. Καὶ ὑπέδειξε τοῖς παροῦσι τὸν δαίμονα μορφὴν ἔχοντα μαύρου κυνός, καὶ ἐξομολογούμενον τὰς κακὰς πράξεις αὐτοῦ, ὅτε καὶ πολλοὺς ἔπεισε πιστεῦσαι τῷ Χριστῷ. Ἐπὶ δὲ τῆς βασιλείας Δεκίου ἐκρατήθη παρὰ Ἀκυλίνου τοῦ ἐπάρχου καὶ ἤχθη δέσμιος εἰς Νίκαιαν. Καὶ πρῶτον μὲν προσδεθεὶς ἵπποις ἀγρίοις σύρεται κατὰ δυσβάτων τόπων ὥρᾳ χειμῶνος. Ἔπειτα γυμνὸς ἐπάνω σιδηρῶν ἥλων τίθεται. Εἶτα διὰ λαμπάδων πυρὸς κατακαεὶς τὰς πλευράς, τὴν κεφαλὴν ἀπετμήθη.

February

The first day in the month of February. The passion of the holy martyr Trypho. 363

The martyr Trypho was from the region of Phrygia and lived during the reign of the emperor Gordian. When he was still young, he tended geese. But although he was tending the geese, he still cultivated his virtue. He served God greatly through his devotion to the commandments. He therefore received the grace of healing, and *he cured every disease and every sickness.* He even healed the emperor's daughter, who was possessed by a demon. He revealed to those present the demon in the form of a black dog, and the demon admitted its evil deeds, which also convinced many to believe in Christ. During the reign of Decius, he was arrested by the prefect Aquilinus before he was bound and taken to Nicaea. First, he was tied to wild horses and dragged over rough terrain in the middle of winter. Then he was stripped naked and laid upon iron nails. Next, his ribs were burned with torch flames before he was finally beheaded.

364 Τῇ αὐτῇ ἡμέρᾳ. Μνήμη τοῦ ὁσίου πατρὸς ἡμῶν Βενδιμιανοῦ μαθητοῦ τοῦ ἁγίου Αὐξεντίου.

Ὁ ὅσιος καὶ μέγας πατὴρ ἡμῶν Βενδιμιανὸς ἐγένετο μαθητὴς τοῦ ὁσίου πατρὸς ἡμῶν Αὐξεντίου τοῦ ἐν τῷ ὄρει ἡσυχάσαντος, τῷ διακειμένῳ μὲν πλησίον Χαλκηδόνος, ὀνομαζομένῳ δὲ τῆς Ὀξείας, δουλεύσας αὐτῷ πολλὰ καὶ ὑποταγεὶς ὡς πρέπει ἁγίοις, καὶ κληρονομήσας τὴν ἁγίαν εὐχὴν ἐκείνου. Πολλὰ δὲ ἀγωνιζόμενος εἰς ἀρετήν, οὐκ ἠρκέσθη τούτοις, ἀλλὰ μετὰ τὴν κοίμησιν τοῦ ἁγίου, εὑρὼν διάκουφον πέτραν πλησίον τῆς μάνδρας τοῦ ἁγίου, καὶ ἐπικτίσας ἐκ τῶν δύο μερῶν τῆς πέτρας καὶ ποιήσας μικρὸν κελλίον, ἀπέκλεισεν ἑαυτὸν ἐκεῖ. Καὶ ἐποίησεν ἀγωνιζόμενος ἔτη τεσσαρακονταδύο. Ἐδέξατο δὲ καὶ χαρίσματα ἰαμάτων, καὶ ἰᾶτο τοὺς προσερχομένους αὐτῷ ἀσθενοῦντας καὶ κατὰ ψυχὴν καὶ κατὰ σῶμα. Ὑπέμεινε δὲ καὶ πολλοὺς πειρασμοὺς ἐκ τῶν δαιμόνων. Προγνοὺς δὲ τὸν αὐτοῦ θάνατον, διηγήσατο τὸν βίον τοῦ ἁγίου Αὐξεντίου τῷ μέλλοντι αὐτῷ συγγράψασθαι συγγραφεῖ. Καὶ οὕτω κλίνας τὰ γόνατα παρέδωκε τὸ πνεῦμα.

365 Μηνὶ τῷ αὐτῷ β′. Ἡ ὑπαπαντὴ τοῦ Κυρίου ἡμῶν Ἰησοῦ Χριστοῦ ὅτε ἐδέξατο αὐτὸν Συμεὼν ὁ πρεσβύτης ἐν ταῖς ἀγκάλαις αὐτοῦ.

Ἵνα βεβαιώσῃ τὴν ἔνσαρκον οἰκονομίαν ὁ Κύριος ἡμῶν Ἰησοῦς Χριστὸς ὅτι κατὰ ἀλήθειαν ἄνθρωπος ἐγένετο πάντα τὰ τοῦ Ἰουδαϊκοῦ νόμου ποιήσας, οὐδὲ τοῦτο παρέλιπεν. Ἀλλ᾽ ἐποίησε καθὼς ἦν ἔθος τοῖς Ἰουδαίοις. Μετὰ

On the same day. The commemoration of our holy father Bendimianos, the disciple of Saint Auxentios. 364

Our holy and great father Bendimianos was the disciple of our holy father Auxentios, who lived as a hermit on the mountain that lay near Chalcedon and was called "of Oxeia." He dutifully served and obeyed Auxentios as is proper for saints and, in return, he received as his inheritance the man's holy blessing. Although he made many efforts in his struggle for virtue, he was not satisfied with them. But after the repose of Saint Auxentios, he discovered a hollowed-out rock near Auxentios's fold, and after he had built from the two parts of the rock and made a small cell for himself, he enclosed himself within it. Then he practiced his asceticism there for forty-two years. He also received the gift of healing and cured the sick who visited him, both in soul and body. He also endured many temptations from demons. When he foresaw his own death, he related the life of Saint Auxentios to the person who would later compose it. Then he knelt down and handed over his spirit.

The second day in the same month. The presentation of our Lord Jesus Christ, when the elder Symeon received him in his arms. 365

In order to confirm his divine plan, since he truly became human in the incarnation, our Lord Jesus Christ followed all the precepts of Jewish law and did not omit this one. He did just as Jewish custom prescribed. After forty days, every

γὰρ τεσσαράκοντα ἡμέρας πᾶν παιδίον τῶν Ἑβραίων ἔφερον οἱ γονεῖς εἰς τὸ ἱερὸν μετὰ δύο τρυγόνων ἢ δύο νεοσσῶν περιστερῶν τοῦ εὐλογεῖσθαι. Τοῦτο δὲ καὶ ὁ Κύριος ἡμῶν Ἰησοῦς Χριστὸς ἐποίησε. Καὶ παρὰ τῆς κατὰ ἀλήθειαν μητρὸς αὐτοῦ Μαρίας τῆς Θεοτόκου καὶ τοῦ νομιζομένου πατρὸς Ἰωσήφ, ἦλθεν εἰς τὸν ναὸν τοῦ Θεοῦ καὶ ὑπεδέχθη παρὰ Συμεὼν τοῦ δικαίου. Ὃς ἐδέξατο αὐτὸν εἰς τὰς ἀγκάλας αὐτοῦ καὶ εἶπε, "*Νῦν ἀπολύεις τὸν δοῦλόν σου, Δέσποτα, κατὰ τὸ ῥῆμά σου ἐν εἰρήνῃ, ὅτι εἶδον οἱ ὀφθαλμοί μου τὸ σωτήριόν σου.*" Ὁμοίως δὲ καὶ ἡ Ἄννα προφῆτις οὖσα ἀνθωμολογήσατο καὶ εὐχαρίστησε τῷ Θεῷ τῷ ἐπισκεψαμένῳ τὸν λαὸν αὐτοῦ. Ἔκτοτε οὖν ἐπιτελεῖται ἡ τοιαύτη θεία ἑορτή.

366 Τῇ αὐτῇ ἡμέρᾳ. Ἄθλησις τῶν ἁγίων Περπετούας, Σατύρου, Ῥευκάτου, Σατορνίλου, Σεκούνδου, καὶ Φηλικιτάτης.

Ἡ τοῦ Χριστοῦ μάρτυς Περπετούα ἦν ἐκ τῆς χώρας Ἀφρικῆς. Ἐπεὶ δὲ τὸν Χριστὸν ὡμολόγει, κρατηθεῖσα παρὰ τῶν Ἑλλήνων προσήχθη τῷ τῆς χώρας ἄρχοντι μετὰ τῶν λοιπῶν ἁγίων. Ἦν δὲ τῇ ἁγίᾳ βρέφος ὑπομάζιον καὶ ἀδελφὸς ὄνομα Δεινοκράτης. Τιμωροῦνται οὖν παρὰ τοῦ ἄρχοντος. Εἶτα ἐμβάλλονται εἰς φυλακήν. Καὶ θεωρεῖ ἡ ἁγία κατ' ὄναρ σκάλαν χαλκῆν φθάνουσαν ἀπὸ γῆς εἰς οὐρανόν, ἔχουσαν εἰς τὰ δύο μέρη ἐμπεπηγμένα πάντα τὰ τῶν κολαστηρίων εἴδη καὶ δράκοντα ὑπὸ τὴν σκάλαν κωλύοντα τοὺς ἀναβαίνοντας καὶ τὸν ἅγιον Σάτυρον ἀναβάντα καὶ στραφέντα πρὸς αὐτὴν καὶ λέγοντα, "Μῆτέρ

Hebrew child was brought by his parents to the temple with a pair of turtledoves or two young pigeons for a blessing. This is also what our Lord Jesus Christ did. With his true mother, Mary the Theotokos, and his presumptive father, Joseph, he entered God's temple, where he was received by righteous Symeon. Symeon took him into his arms and said, "*Lord, now you are dismissing your servant in peace, according to your word; for my eyes have seen your salvation.*" Likewise, Anna, who was a prophetess, also made a confession and gave thanks to God, who had come to look after his people. This holy feast day has been celebrated from that time on.

On the same day. The passion of Saints Perpetua, Satyros, 366
Rheukatos, Satornilos, Secundus, and Felicity.

Christ's martyr Perpetua was from the region of Africa. Because she confessed Christ, she was arrested by the Hellenes and brought to the governor with her holy companions. The saint had a nursing infant and a brother named Deinokrates. They were then tortured by the governor. Next, they were thrown into prison. The saint also saw in a dream a ladder made of bronze stretching from earth to heaven and having every sort of torturous instrument fastened to its two parts. She saw a serpent beneath the ladder hindering those climbing up, and Saint Satyros climbing up, then turning back to

μου, Περπετούα, περιμένω σε.” Ἦν δὲ καὶ ὁ ἀδελφὸς αὐτῆς ἐν ἑτέρᾳ φυλακῇ. Καὶ ὁρᾷ καὶ περὶ αὐτοῦ, ὅτι παρίστατο λεκάνη ὕδατος, καὶ ἀντλῶν ἔπινεν ἐξ αὐτῆς. Καὶ ἔγνω ὅτι ἐτελεύτησε. Καὶ τὸ πρωῒ αὐτὴ μὲν μετὰ τῆς Φηλικιτάτης ὑπὸ δαμάλεων ἀγρίων κερατισθεῖσαι ἀπέθανον. Οἱ δὲ λοιποὶ ἐσφάγησαν.

367 Μηνὶ τῷ αὐτῷ γʹ. Μνήμη τοῦ ἁγίου καὶ δικαίου Συμεὼν τοῦ δεξαμένου τὸν Κύριον ἐν ταῖς ἀγκάλαις αὐτοῦ καὶ Ἄννης τῆς προφήτιδος.

Ὁ πρεσβύτης Συμεὼν ἦν δίκαιος καὶ εὐλαβής, ἀπεχόμενος ἀπὸ παντὸς κακοῦ. Προσεδρεύων δὲ ἐν τῷ ἱερῷ καὶ παρακαλῶν τὸν Θεὸν ἵνα ἐλεήσῃ τὸν κόσμον αὐτοῦ καὶ λυτρώσηται τοὺς ἀνθρώπους ἐκ τοῦ διαβόλου, ἤκουσε παρὰ τοῦ ἀγγέλου μὴ ἀποθανεῖν ἕως οὗ ἴδῃ τὸν Χριστὸν Κυρίου τὸν μέλλοντα σῶσαι τὴν οἰκουμένην. Ὁμοίως καὶ Ἄννα ἡ προφῆτις προσευχομένη, ἐξεδέχετο καὶ αὐτὴ τοιαύτην δόξαν. Πληρωθέντων δὲ τεσσαράκοντα ἡμερῶν ἀπὸ τῆς γεννήσεως τοῦ Χριστοῦ, ἤγαγον οἱ γονεῖς τὸ παιδίον Ἰησοῦν εἰς τὸ ἱερὸν κατὰ τὴν διάταξιν τοῦ νόμου. Καὶ κρατήσας αὐτὸν ὁ Συμεὼν εἰς τὰς ἀγκάλας αὐτοῦ εἶπε, “*Νῦν ἀπολύεις τὸν δοῦλόν σου, Δέσποτα, κατὰ τὸ ῥῆμά σου ἐν εἰρήνῃ, ὅτι εἶδον οἱ ὀφθαλμοί μου τὸ σωτήριόν σου.*” Καὶ προφητεύσας περὶ τοῦ θανάτου τοῦ Χριστοῦ καὶ περὶ τοῦ σταυροῦ καὶ τῆς Θεοτόκου, ὅτι λυπηθήσεται ἰδοῦσα τὸν υἱὸν ἐν σταυρῷ, ἐκοιμήθη. Ὁμοίως καὶ ἡ Ἄννα εὐχαριστήσασα, τέλος ἔσχε τοῦ βίου.

her and saying, "My mother, Perpetua, I am waiting for you." Her brother was in another prison. She also saw about him that he stood before a basin of water, and then drew water and drank from it. From this, she recognized that he had died. In the morning, she and Felicity were gored by wild heifers and died. Then the rest were slaughtered.

The third day in the same month. The commemoration of 367
holy and righteous Symeon who received the Lord in his arms and of Anna the prophetess.

The elder Symeon was righteous and pious, refraining from every evil. He spent his time in the temple where he asked God to have mercy upon his creation and to ransom humanity from the devil. He was told by an angel that he would not die until he saw the Lord's Christ who was going to save the entire world. Likewise, the prophetess Anna spent her time in prayer, and she also received similar glory. Forty days after the birth of Christ, Jesus's parents brought their son to the temple according to the command in the law. Symeon took him in his arms and said, "*Lord, now you are dismissing your servant in peace, according to your word; for my eyes have seen your salvation.*" After he also prophesied about Christ's death, about the cross, and about the Theotokos, that she would be filled with grief upon seeing her son on the cross, he found his repose. Likewise, Anna also offered a prayer of thanksgiving before she met the end of her life.

368 Τῇ αὐτῇ ἡμέρᾳ. Ἄθλησις τῶν ἁγίων μαρτύρων Ἀδριανοῦ καὶ Εὐβούλου μαρτυρησάντων ἐν Καισαρείᾳ.

Ἀδριανὸς καὶ Εὔβουλος οἱ τοῦ Χριστοῦ μάρτυρες ἐγένοντο ἀπὸ χώρας Βανέας ἐπονομαζομένης. Εἶχον δὲ πόθον, ὡς Χριστιανοὶ καὶ εὐλαβεῖς, πρὸς τοὺς μάρτυρας καὶ τοὺς ὁμολογητὰς τοῦ Χριστοῦ. Καὶ διατοῦτο ἀπῆλθον εἰς Καισάρειαν ἵνα ἐπισκέψωνται τοὺς ἐν ταῖς φυλακαῖς κολαζομένους ἁγίους. Καὶ ἀπελθόντες ἐπεσκέπτοντο αὐτοὺς καὶ παρεμυθοῦντο καὶ προεθυμοποίουν. Ἀλλὰ καὶ τοὺς Ἕλληνας ἐδίδασκον τὸν λόγον τοῦ Χριστοῦ καὶ πολλοὺς ἐξ αὐτῶν ἐβάπτιζον. Καὶ διαγνωσθέντες, ἐκρατήθησαν καὶ παρεδόθησαν Φιρμιλιανῷ τῷ ἄρχοντι. Καὶ ἐτύφθησαν ἰσχυρῶς καὶ τὰς πλευρὰς μετὰ πυρὸς κατεκάησαν. Εἶτα ἀπελύθησαν ἐπ' αὐτοὺς λέοντες, καὶ οὐκ ἠδίκησαν αὐτούς. Ἀλλ' ἀπελθόντες οἱ λέοντες καὶ προσκυνήσαντες αὐτούς, ἔλειχον τοὺς πόδας αὐτῶν. Τότε ὀργισθεὶς ὁ ἄρχων καὶ τῷ θυμῷ ὑπερζέσας, ἀπεκεφάλισεν αὐτούς. Καὶ οὕτως ἐτελειώθησαν.

369 Μηνὶ τῷ αὐτῷ δʹ. Ἄθλησις τῶν ἁγίων μαρτύρων Παπία, Διοδώρου, καὶ Κλαυδιανοῦ.

Παπίας, Διόδωρος, καὶ Κλαυδιανὸς οἱ σεπτοὶ μάρτυρες τοῦ Χριστοῦ ὑπῆρχον ἐπὶ Δεκίου τοῦ βασιλέως ἐκ τῆς πόλεως Ἀτταλείας τῆς Παμφύλων ἐπαρχίας. Βόσκοντες δὲ εἰς τὴν ἰδίαν χώραν κτήνη διάφορα, ὅμως Χριστιανοὶ ἦσαν. Καὶ ἐδίδασκον περὶ τοῦ Χριστοῦ τοὺς Ἕλληνας καὶ ἐπέστρεφον πολλοὺς πρὸς αὐτόν. Διαβληθέντες δὲ

On the same day. The passion of the holy martyrs Adrianos and Euboulos who suffered martyrdom in Caesarea. 368

Christ's martyrs Adrianos and Euboulos were from the land called Banias. Since they were pious Christians, they were drawn to Christ's martyrs and confessors. They therefore traveled to Caesarea to minister to the saints suffering in prison. So they went and ministered to them, comforting and encouraging them. Moreover, they also instructed the Hellenes in Christ's word and baptized many of them. When they were discovered, they were arrested and handed over to Firmilian the governor. They were severely beaten, and their ribs were burned with fire. Next, lions were set loose upon them but caused them no harm. In fact, the lions came to honor them and licked their feet. The governor became enraged at this and fumed in his wrath, so he cut off their heads. Thus, they were perfected by death.

The fourth day in the same month. The passion of the holy martyrs Papias, Diodoros, and Claudian. 369

Christ's venerable martyrs Papias, Diodoros, and Claudian lived under the emperor Decius and were from the city of Attaleia in the province of Pamphylia. In their own country they tended various animals but were nevertheless Christians. They taught the Hellenes about Christ and brought many of them to him. After they were reported, they were

ἐκρατήθησαν ὑπὸ Πουπλίου τοῦ ἄρχοντος τῆς Παμφυλίας. Καὶ ἐρωτηθέντες ὡμολόγησαν παρρησίᾳ τὸ ὄνομα τοῦ Χριστοῦ τοῦ ἀληθινοῦ Θεοῦ ἡμῶν. Καὶ ἐδίδαξαν ὅτι αὐτός ἐστιν ὁ ποιήσας τὸν οὐρανὸν καὶ τὴν γῆν καὶ τὴν θάλασσαν καὶ πάντα τὰ ἐν αὐτοῖς, καὶ πλὴν αὐτοῦ ἄλλος Θεὸς οὐκ ἔστι. Ταῦτα ἀκούων ὁ ἡγεμὼν καὶ χολέσας, ἐτιμωρήσατο αὐτοὺς ἰσχυρῶς. Ὡς δὲ οὐκ ἔπεισεν ἀρνήσασθαι τὸν Χριστόν, ξίφει τὰς κεφαλὰς αὐτῶν ἀπέτεμε. Καὶ οὕτως τελειωθέντες ἐτάφησαν ὑπὸ τῶν Χριστιανῶν ἐντίμως εἰς δόξαν Χριστοῦ τοῦ Θεοῦ ἡμῶν.

370 Τῇ αὐτῇ ἡμέρᾳ. Μνήμη τοῦ ὁσίου πατρὸς ἡμῶν Κλαυδίου.

371 Τῇ αὐτῇ ἡμέρᾳ. Μνήμη τοῦ ὁσίου πατρὸς ἡμῶν Ἰσιδώρου τοῦ Πηλουσιώτου.

Οὗτος ὁ ἅγιος Αἰγύπτιος ἐγένετο ἀπὸ πόλεως Πηλουσίου λεγομένης, υἱὸς εὐγενῶν καὶ εὐσεβῶν γονέων. Συγγενεῖς δὲ ἔχων Θεόφιλον καὶ Κύριλλον τοὺς τῆς Ἀλεξανδρείας ἐπισκόπους, ἔμαθεν οὐ μόνον τὰ ἱερὰ γράμματα τῆς ἔσω γραφῆς, ἀλλὰ καὶ τῆς ἔξω, καὶ ἐγένετο σοφός. Ἀγαπήσας δὲ τὸν Θεὸν πλεῖον τοῦ κόσμου, κατέλιπε καὶ γονεῖς καὶ πλοῦτον καὶ δόξαν, καὶ κατέλαβε τὸ ὄρος τὸ πλησίον κείμενον τοῦ Πηλουσίου καὶ ἐγένετο μοναχός. Ἐν ᾧ καὶ ἡσυχάζων καὶ τῷ Θεῷ προσευχόμενος καὶ τὰς βίβλους ἐκμελετῶν, τὴν οἰκουμένην ἅπασαν διὰ τῶν ἐπιστολῶν κατεφώτισε, πᾶσαν γραφὴν δι᾽ αὐτῶν ἑρμηνεύσας, καὶ

arrested by Publius, the governor of Pamphylia. When they were questioned, they openly confessed the name of Christ, our true God, and taught that it is he who is the creator of the heavens, the earth, the sea, and everything in them, and that there is no other God than he. The governor was filled with rage upon hearing this, so he had them severely tortured. When they refused to deny Christ, he cut off their heads with a sword. After they were thus perfected by death, they were given an honorable burial by the Christians for the glory of Christ our God.

On the same day. The commemoration of our holy father Claudius. 370

On the same day. The commemoration of our holy father Isidore of Pelousion. 371

This saint was Egyptian and was from the city called Pelousion, the son of noble and pious parents. Furthermore, he was related to Theophilos and Cyril, the bishops of Alexandria. He studied not only the sacred writings but also pagan literature, and became learned. Because he loved God more than the world, he renounced his parents, their wealth, and worldly acclaim, went to the mountain near Pelousion, and became a monk. There he lived as a hermit, offering prayers to God and studying books. Through his letters, he enlightened the entire world by interpreting all of scripture,

πολλοὺς διορθώσας καὶ ἐναρέτους ἐργασάμενος. Οὐ μόνον γὰρ ἰδιώτας ὠφέλει διὰ τῆς διδασκαλίας τῶν ἐπιστολῶν αὐτοῦ, ἀλλὰ καὶ ἄρχοντας καὶ ἐπισκόπους καὶ βασιλεῖς. Δέκα δὲ χιλιάδας γράψας ἐπιστολὰς καὶ καλῶς βιώσας, ἐκοιμήθη.

372 Τῇ αὐτῇ ἡμέρᾳ. Ἄθλησις τοῦ ἁγίου ἱερομάρτυρος Ἀβραμίου τοῦ Πέρσου.

Ἀβράμιος ὁ ἱερομάρτυς ὑπῆρχεν ἐπίσκοπος μιᾶς πόλεως τῶν ἐν Περσίδι ἐπὶ Σαβωρίου τοῦ Περσῶν τυράννου μᾶλλον ἢ βασιλέως. Λοιδορηθεὶς δὲ καὶ διαβληθεὶς παρὰ τῶν τὸ πῦρ καὶ τὸν ἥλιον σεβομένων μάγων ὅτι τῷ Χριστῷ πιστεύει καὶ αὐτὸν σέβεται, ἐκρατήθη. Καὶ δεθεὶς δεσμοῖς σιδηροῖς, προσήχθη τῷ ἀρχιμάγῳ. Καὶ ὑπ' ἐκείνου ἠναγκάσθη ἀρνήσασθαι τὸν Χριστόν, καὶ προσκυνῆσαι τοῖς κτίσμασι, τῷ ἡλίῳ καὶ τῷ πυρί· ταῦτα γὰρ εἶχον ὡς θεοὺς οἱ πεπλανημένοι Πέρσαι. Ὡς δὲ οὐκ ἐπείσθη, μυρίαις ὑπεβλήθη τιμωρίαις. Καὶ κατὰ μίαν βάσανον, ἐπεκαλεῖτο τὸν Χριστὸν καὶ ἔλεγεν, "Κύριε Ἰησοῦ Χριστέ, ὁ Θεός, βοήθει μοι τῷ δούλῳ σου ὅτι ἐπὶ σοὶ πέποιθεν ἡ ψυχή μου." Καὶ ὅτε ἐρρύσθη τῆς βασάνου, ἀπεκλείετο ἐν τῇ φυλακῇ. Καὶ πάλιν ἐκ τῆς φυλακῆς ἐκβαλλόμενος, ἐβασανίζετο. Καὶ τελευταῖον, τῷ Θεῷ εὐχαριστῶν, ἀπεκεφαλίσθη.

373 Μηνὶ τῷ αὐτῷ ε'. Ἄθλησις τῆς ἁγίας μάρτυρος Ἀγάθης.

Ἡ μάρτυς τοῦ Χριστοῦ Ἀγάθη ἐγένετο ἐκ τῆς πόλεως Πανόρμου τῆς ἐν Σικελίᾳ, εὔμορφος πάνυ καὶ ὡραία. Ἦν

correcting many, and making them virtuous. For not only did he benefit many commoners through the teaching of his letters, but also governors, bishops, and emperors. After composing ten thousand letters and living piously, he found his repose.

On the same day. The passion of the holy martyr Saint Abramios the Persian. 372

The holy martyr Abramios was the bishop of one of the cities in Persia during the reign of Shapur, who was more of a tyrant than a king. Abramios was arrested after he was slandered and reported by the fire- and sun-worshiping magi for believing in Christ and worshiping him. He was bound with iron fetters and brought before the archmagus. He was then pressured to deny Christ and worship the creations of the sun and fire, for the deluded Persians consider these as gods. But when he refused, he was subjected to countless torments. One torment after another, he cried out to Christ, saying, "Lord Jesus Christ, my God, come to the aid of your servant since my soul has placed its trust in you." When he was protected from the torture, he was locked up in prison. Later on, he was taken from the prison and tortured again. Finally, he gave thanks to God as they cut off his head.

The fifth day in the same month. The passion of the holy martyr Agatha. 373

Christ's martyr Agatha was from the city of Palermo in Sicily. She was very beautiful and attractive. She was also pious,

δὲ καὶ εὐλαβὴς καὶ πλουσία καὶ τὸν Θεὸν φοβουμένη. Ἐπὶ δὲ τῆς βασιλείας τοῦ παρανόμου Δεκίου κρατηθεῖσα, τῷ τῆς χώρας ἡγεμόνι προσάγεται. Καὶ παρεδόθη Ἀφροδισίᾳ τινὶ γυναικὶ ἵνα μετὰ πραότητος πείσῃ αὐτὴν ἀρνήσασθαι τὸν Χριστὸν καὶ προσκυνῆσαι τοῖς εἰδώλοις. Ὡς δὲ οὐκ ἐπείσθη, ἀλλὰ μᾶλλον ἤθελεν ὑπὲρ τοῦ Χριστοῦ ἀποθανεῖν, τύπτεται ἰσχυρῶς καὶ τὸν ἕνα τῶν μαστῶν ἐκκόπτεται. Ἀλλ' ἐλθὼν ἐν τῇ φυλακῇ διὰ τῆς νυκτός, ὁ ἅγιος Πέτρος ὁ ἀπόστολος Θεοῦ χάριτι τὸν ἐκκοπέντα μαστὸν ὑγιῆ ἐποίησεν. Εἶτα ἐξελθοῦσα τῆς φυλακῆς ἐπάνω κεκομμένου ὀστράκου σύρεται. Καὶ μετὰ ταῦτα, διὰ πυρὸς καταφλέγεται. Ὡς δὲ ἐκ τούτων πάντων τῇ τοῦ Χριστοῦ δυνάμει ὑγιὴς διεφυλάχθη, πάλιν ἀπεκλείσθη ἐν τῇ φυλακῇ. Καὶ ἐκεῖ εὐχαριστοῦσα τῷ Θεῷ καὶ προσευχομένη, ἐτελειώθη.

374 Μηνὶ τῷ αὐτῷ ς'. Ἄθλησις τοῦ ἁγίου μάρτυρος Ἰουλιανοῦ τοῦ ἐν Ἐμέσῃ.

Οὗτος ὑπῆρχεν ἀπὸ Ἐμέσης τῆς πόλεως. Νέος δὲ ὤν, ἔμαθε τὴν ἰατρικὴν τέχνην. Καὶ ἰάτρευε καὶ ἐθεράπευε τοὺς ἀσθενοῦντας. Καὶ τῇ προφάσει τοῦ ἰατρεύειν, ἐδίδασκεν αὐτοὺς τὴν εἰς Χριστὸν πίστιν καὶ ἐβάπτιζεν. Ἐν μιᾷ δὲ τῶν ἡμερῶν, κρατηθέντων παρὰ τῶν Ἑλλήνων εἰς τὸ βασανισθῆναι Σιλουανοῦ τοῦ ἐπισκόπου καὶ Λουκᾶ διακόνου καὶ Μωκίου ἀναγνώστου κατὰ τοὺς καιροὺς Νουμεριανοῦ τοῦ βασιλέως, καὶ εἰς φυλακὴν ἀποκλεισθέντων, καὶ καταδικασθέντων καταβρωθῆναι ὑπὸ θηρίων, ἰδὼν ὁ

rich, and God-fearing. During the reign of the lawless emperor Decius, she was arrested and brought to the governor of that region. Then she was handed over to a woman named Aphrodisia so that she might gently persuade Agatha to deny Christ and venerate the idols. But when she refused and preferred to die for Christ instead, she was severely beaten, and one of her breasts was cut off. During the night, however, Saint Peter the apostle visited her in prison, and by the grace of God, he restored the breast that had been cut off. Later on, she was taken from the prison and was dragged over broken potsherds. After this, she was burned with fire. But when she was preserved from all these torments through the power of Christ, she was locked up in prison again. There she continued to give thanks to God and offer prayers until she was perfected by death.

The sixth day in the same month. The passion of the holy 374
martyr Julian of Emesa.

This man was from the city of Emesa, and while he was young, he learned the art of medicine. He healed and tended the sick. Under the guise of healing, he also taught them the faith in Christ and baptized them. One day, Silvanus the bishop, Luke the deacon, and Mokios the lector were arrested by the Hellenes to be tortured. This was during the time of the emperor Numerian. They were locked in prison and sentenced to death, to be devoured by wild beasts.

ἅγιος Ἰουλιανὸς τὸ γινόμενον καὶ ζηλώσας ἐλυπεῖτο. Ὅτε δὲ εἶδεν αὐτοὺς τῆς φυλακῆς ἐξελθόντας καὶ δεδεμένους καὶ συρομένους πρὸς τὰ θηρία, ἔδραμε πρὸς αὐτοὺς καὶ παρρησίᾳ κατεφίλησεν αὐτοὺς καὶ ηὔξατο αὐτοῖς. Τότε καὶ αὐτὸς κρατηθεὶς συνεδέθη αὐτοῖς. Καὶ καθηλωθεὶς κεφαλήν, χεῖρας, πόδας, ἐν σπηλαίῳ τινὶ εἰσελθὼν ἐτελεύτησεν.

375 Τῇ αὐτῇ ἡμέρᾳ. Ἄθλησις τῆς ἁγίας μάρτυρος Φαύστης καὶ τῶν σὺν αὐτῇ Εὐιλασίου καὶ Μαξίμου.

Φαῦστα ἡ τοῦ Χριστοῦ μάρτυς ὑπῆρχεν ἐπὶ Μαξιμιανοῦ τοῦ βασιλέως, ἐκ τῆς πόλεως Κυζίκου, θυγάτηρ γονέων πλουσίων καὶ εὐσεβῶν. Ἀλλὰ τελευτησάντων ἐκείνων, αὐτὴ ὡς νέα καὶ πλουσία, οὐκ ἠγάπησε τὰς ἡδονὰς τοῦ κόσμου. Ἀλλ᾽ ἐν παρθενίᾳ καὶ νηστείᾳ καὶ ἀγρυπνίᾳ καὶ ἐλεημοσύνῃ πρὸς τοὺς πένητας διῆγε, καὶ τὸν Θεὸν ἐθεράπευεν. Ἀνεγίνωσκε δὲ καὶ τὴν ἁγίαν γραφήν. Διατοῦτο καὶ ἡ φήμη αὐτῆς μέχρι τοῦ βασιλέως ἠκούσθη. Καὶ ἀπεστάλη πρὸς αὐτὴν Εὐιλάσιος ὁ ἄρχων τοῦ πεῖσαι αὐτὴν θῦσαι τοῖς εἰδώλοις. Ὡς δὲ εἶδεν αὐτὴν θαυματουργήσασαν, ἐπίστευσε τῷ Χριστῷ. Τότε ἀπεστάλη Μάξιμος ὁ ὕπαρχος βασανίσαι Φαῦσταν καὶ Εὐιλάσιον. Καὶ ἐποίησε χαλκεῖον κοχλάζον, καὶ ἐνέβαλεν ἐκεῖ τοὺς ἁγίους. Ὡς δὲ εἶδεν ὅτι οὐ καίονται, πιστεύσας καὶ αὐτὸς τῷ Χριστῷ, εἰσῆλθεν αὐτομάτως εἰς τὸ χαλκεῖον. Καὶ οὕτως οἱ τρεῖς ἐτελειώθησαν.

When Saint Julian observed what was happening, he was filled with both zeal and grief. As soon as he saw them leaving the prison, bound and dragged to the beasts, he ran to them, openly kissed them, and prayed for them. He was then arrested himself and was bound together with them. After they pierced his head, hands, and feet with nails, he entered a cave and died.

On the same day. The passion of the holy martyr Fausta and 375
her companions Euilasios and Maximus.

Christ's martyr Fausta lived under the emperor Maximian. She was from the city of Kyzikos, the daughter of pious and rich parents. After they died, she was both young and rich, but she nevertheless cared little for the pleasures of the world. Instead, she served God and lived a life devoted to virginity, fasting, keeping vigil, and giving alms to the poor. She would also read the holy scriptures. Because of this, word of her even reached the emperor. He sent his chief official Euilasios to convince her to sacrifice to the idols. But he came to believe in Christ when he witnessed the miracles that she performed. After that, the prefect Maximus was dispatched to torture Fausta and Euilasios. He prepared a boiling vessel of bronze and put the saints into it. But when he saw that they were not burned, he also came to believe in Christ, and what is more, he voluntarily entered the vessel himself. Thus, the three of them were perfected by death.

376 Τῇ αὐτῇ ἡμέρᾳ. Ἄθλησις τῶν ἁγίων Σιλουανοῦ ἐπισκόπου, Λουκᾶ διακόνου, καὶ Μωκίου ἀναγνώστου.

Οὗτοι οἱ ἅγιοι ἐπὶ τῆς βασιλείας ὑπῆρχον Νουμεριανοῦ, ἐκ τῆς χώρας τῶν Ἐμεσηνῶν. Καὶ ὁ μὲν ἅγιος Σιλουανὸς ἐπίσκοπος ἦν τῆς αὐτῆς πόλεως, ὁ δὲ Λουκᾶς διάκονος, ὁ δὲ Μώκιος ἀναγνώστης. Οἵτινες διδάσκοντες τὸν λόγον τοῦ Θεοῦ, καὶ τὸν Χριστὸν Υἱὸν Θεοῦ καὶ Θεὸν ἀληθινὸν ὁμολογοῦντες, ἐκρατήθησαν ὑπὸ τῶν Ἑλλήνων. Καὶ παρεδόθησαν τῷ ἄρχοντι τῆς πόλεως Τύρου τότε ἐκεῖ παρατυγχάνοντι. Καὶ ἐρωτηθέντες καὶ ἐνώπιον αὐτοῦ ὁμολογήσαντες τὸ ὄνομα τοῦ Δεσπότου ἡμῶν Ἰησοῦ Χριστοῦ, ἐβασανίσθησαν ἰσχυρῶς. Καὶ ἔλαβον ἀπόφασιν ὅπως θηρίοις παραδοθῶσιν εἰς βρῶσιν, ὅτε καὶ συρομένων αὐτῶν, προσδραμὼν ὁ ἅγιος Ἰουλιανός, ὡς ὑπ' αὐτῶν βαπτισθείς, κατεφίλησεν αὐτούς, καὶ ἐπηύξατο αὐτοῖς τελειῶσαι τὸ μαρτύριον. Οἱ δὲ ἅγιοι ἀπελθόντες εἰς τὸ θέατρον, θηρίων αὐτοῖς ἐπαπολυθέντων, εὐχαριστοῦντες τῷ Θεῷ ἐτελειώθησαν.

377 Τῇ αὐτῇ ἡμέρᾳ. Μνήμη τοῦ ἁγίου Φαύστου ἐπισκόπου.

378 Τῇ αὐτῇ ἡμέρᾳ. Μνήμη τοῦ ἐν ἁγίοις πατρὸς ἡμῶν Βουκόλου ἐπισκόπου Σμύρνης, μαθητοῦ Ἰωάννου τοῦ Θεολόγου.

Βουκόλος ὁ ἐν ἁγίοις πατὴρ ἡμῶν ἐκ νεαρᾶς ἡλικίας ἐσπούδασε γενέσθαι εὐλαβὴς καὶ φοβούμενος τὸν Θεόν. Καὶ ἀκούσας περὶ αὐτοῦ ὁ ἅγιος Ἰωάννης ὁ Θεολόγος

On the same day. The passion of Saints Silvanus the bishop, Luke the deacon, and Mokios the lector. 376

These saints lived during the reign of Numerian and were from the region of Emesa. Saint Silvanus was the bishop of that city, Luke was a deacon, and Mokios was a lector. Because they preached the word of God and confessed that Christ was the Son of God and was truly God, they were arrested by the Hellenes. They were handed over to the governor of the city of Tyre, who happened to be there at that time. They were questioned, and when they openly confessed before him the name of our Lord Jesus Christ, they were severely tortured. Then they received the sentence that they would be given to the wild beasts to be eaten. As they were being dragged, Saint Julian came running and kissed them, for he had been baptized by them. He also exhorted them to persevere in their martyrdom until the end. After the saints entered the arena, the wild beasts were set loose upon them. They gave thanks to God until they were perfected by death.

On the same day. The commemoration of Saint Faustus the bishop. 377

On the same day. The commemoration of our father among the saints Boukolos, bishop of Smyrna and disciple of John the Theologian. 378

From a very young age, our father among the saints Boukolos earnestly desired to become pious and God-fearing. When Saint John the Theologian heard about him, he

προσελάβετο αὐτόν. Καὶ ἐποίησεν ἑαυτοῦ μαθητὴν καὶ διέτριβε μετ᾽ αὐτοῦ ὅτε ἦν ἐν Ἐφέσῳ. Καὶ ἰδὼν αὐτὸν ἐνάρετον, καὶ ἐν πᾶσι τοῖς πνευματικοῖς ἔργοις διαλάμποντα καὶ τετελειωμένον, ἐποίησεν ἐπίσκοπον τῆς Σμύρνης. Καὶ ὑπὸ τοῦ Πνεύματος τοῦ Ἁγίου ὁδηγούμενος, πολλοὺς τῶν ἀπίστων ἀπὸ τῆς πλάνης ἐπιστρέψας καὶ βαπτίσας, τῷ ἀληθινῷ Θεῷ προσήγαγεν. Οὕτω δὲ ἐγένετο μέγας ὡς καὶ τὰ μέλλοντα καὶ προβλέπειν καὶ προλέγειν. Καὶ γὰρ τῷ προφητικῷ χαρίσματι προγνοὺς τὸν ἅγιον Πολύκαρπον διάδοχον αὐτοῦ ἔσεσθαι, ἔτι ζῶν αὐτὸς ἐχειροτόνησεν αὐτὸν καὶ κατέστησεν ἐπίσκοπον ἀντ᾽ αὐτοῦ καὶ ποιμένα. Ἀλλὰ καὶ ἀποθανὼν καὶ ταφείς, φυτὸν ἐποίησεν ἀναβλαστῆσαι ἐπάνω τοῦ τάφου αὐτοῦ παρέχον ἰάσεις ἀεί.

379 Μηνὶ τῷ αὐτῷ ζʹ. Ἄθλησις τῶν ἁγίων χιλίων τριῶν μαρτύρων τῶν ἐν Νικομηδείᾳ μαρτυρησάντων.

Οὗτοι δοῦλοι ὑπῆρχον τῶν τεσσάρων προτικτόρων τῶν ἀποσταλέντων παρὰ τοῦ βασιλέως Διοκλητιανοῦ, καὶ κρατησάντων τὸν ἅγιον Πέτρον τὸν ἀρχιεπίσκοπον Ἀλεξανδρείας καὶ ἀποκεφαλισάντων, εἶτα καὶ πιστευσάντων τῷ Χριστῷ σὺν τοῖς ἰδίοις αὐτῶν πᾶσι μετὰ τελευτὴν τοῦ ἁγίου Πέτρου, καὶ ἀποθανόντων καὶ αὐτῶν ὑπὲρ Χριστοῦ. Καὶ ἰδόντες ὅτι ἀπέθανον ὑπὲρ τοῦ Χριστοῦ οἱ κύριοι αὐτῶν καὶ λυπηθέντες καὶ ζηλώσαντες, ἀνελάβοντο τὰς γυναῖκας ἑαυτῶν καὶ τὰ παιδία καὶ πάντας τοὺς συγγενεῖς, καὶ ἦλθον ἔμπροσθεν τοῦ βασιλέως εἰς Νικομήδειαν, κράζοντες καὶ λέγοντες ὅτι "Καὶ ἡμεῖς Χριστιανοί ἐσμεν." Καὶ

welcomed him into his company. Then he made him his disciple, and they spent time together while he was at Ephesus. When he observed how virtuous he was and that he had reached perfection through his brilliant progress in all spiritual works, he made him bishop of Smyrna. Guided by the Holy Spirit, he turned many nonbelievers from their error and baptized them, leading them to the true God. He became so great that he could both foresee and foretell future events. In fact, he recognized through his prophetic gift that Saint Polycarp was to be his successor, so while he was still living, he ordained and established him as bishop and shepherd in his place. But even after he died and was buried, he caused a tree to grow above his tomb, and it continues to provide healing.

The seventh day in the same month. The passion of the one 379
thousand three holy martyrs who suffered martyrdom in Nikomedeia.

These were the servants of the four members of the praetorian guard who were sent by the emperor Diocletian to arrest Saint Peter, the archbishop of the city of Alexandria, and behead him. But these soldiers, along with all their people, came to believe in Christ after Saint Peter's death and even died themselves on behalf of Christ. When the rest saw that their masters had died for Christ, they were filled with grief and longed to emulate them. They therefore took their wives, their children, and all their relatives and came before the emperor in Nikomedeia, where they cried out, saying, "We also are Christians." When Diocletian heard

ἀκούσας ταῦτα ὁ Διοκλητιανὸς ἐταράχθη καὶ ὠργίσθη. Καὶ πρότερον μὲν διὰ κολακείας ἐπεχείρησε πεῖσαι αὐτοὺς ἀρνήσασθαι τὸν Χριστόν. Ὡς δὲ οὐκ ἔπεισε, προσέταξε τοῖς στρατιώταις, καὶ μετὰ σπαθίων κατέκοψαν αὐτοὺς ἔμπροσθεν αὐτοῦ.

380 Τῇ αὐτῇ ἡμέρᾳ. Μνήμη τοῦ ἁγίου Παρθενίου ἐπισκόπου Λαμψάκου.

Παρθένιος ὁ ἐν ἁγίοις πατὴρ ἡμῶν ἦν ἐπὶ τῆς βασιλείας Κωνσταντίνου τοῦ Μεγάλου, υἱὸς Χριστοφόρου διακόνου τῆς ἐν Μελιτοπόλει ἐκκλησίας, γραμμάτων μὲν ἄπειρος, εὐλαβὴς δὲ καὶ ἐνάρετος. Ἡλίευε δὲ καὶ τοὺς ἰχθύας καὶ διεδίδου ἐκ τῆς ἄγρας τοῖς ζητοῦσι. Τοσαύτη δέ τις ἦν κρυπτομένη ἐν αὐτῷ ἀρετὴ ὡς καὶ χάριν παρὰ Θεοῦ λαβεῖν δαίμονας ἀπελαύνειν καὶ νόσους ἰᾶσθαι. Ἐσπούδασε δὲ καὶ ἔμαθε γράμματα καὶ χειροτονεῖται πρεσβύτερος ὑπὸ Φιλίππου ἐπισκόπου Μελιτοπόλεως, εἶτα ἐπίσκοπος Λαμψάκου ὑπὸ Ἀχολίου μητροπολίτου Κυζίκου. Πολλὰ δὲ θαύματα ἐποίησε. Καὶ γὰρ ὑπὸ ταύρου τὸν ὀφθαλμὸν ἀνδρός τινος ἐκκοπέντος ἰάσατο. Καὶ τὸ πάθος τὸ λεγόμενον καρκῖνον ἐθεράπευσε. Καὶ τὸν ὑπὸ τῆς ἁμάξης συμπατηθέντα ἄνθρωπον ἀνεζώωσε. Καὶ ἄλλα πολλὰ παράδοξα ποιήσας καὶ περὶ μελλόντων προειπών, ἐν εἰρήνῃ ἐτελειώθη.

these words, he was both astounded and filled with rage. First, he tried to coax them with flattery into denying Christ. But when they refused, he gave the command to his soldiers, and they slaughtered them with swords before him.

On the same day. The commemoration of Saint Parthenios, 380
bishop of Lampsakos.

Our father among the saints Parthenios lived during the reign of Constantine the Great and was the son of Christopher, who was a deacon in the church of Melitopolis. Parthenios could not read, but was pious and virtuous. He was a fisherman and would give away his catch to those who asked. His virtue, which he kept hidden from others, was so great that he even received the grace from God of driving out demons and curing illnesses. He then dedicated himself to learning how to read and write, and was ordained a priest by Philip, the bishop of Melitopolis. Later on, he was ordained bishop of Lampsakos by Acholios, the metropolitan bishop of Kyzikos. He performed many miracles. For example, he healed a man whose eye had been ripped out by a bull. He also cured the disease known as cancer. Furthermore, he revived a man who had been crushed underneath a cart. After performing many other wondrous deeds and foretelling the future, he was perfected by death in peace.

381 Τῇ αὐτῇ ἡμέρᾳ. Μνήμη τοῦ ἁγίου Ἀρίωνος ἐπισκόπου Κύπρου.

382 Μηνὶ τῷ αὐτῷ η΄. Μνήμη τοῦ ἁγίου καὶ ἐνδόξου προφήτου Ζαχαρίου, ἑνὸς τῶν ις΄ προφητῶν.

Οὗτος ὁ προφήτης ἐγεννήθη μὲν ἐν τῇ χώρᾳ τῆς Ἰουδαίας. Ἦλθε δὲ εἰς γῆν Χαλδαίων, γέρων ἤδη γενόμενος. Καὶ ἐκεῖ πολλὰ προεφήτευσε, καὶ τέρατα ἔδωκεν εἰς ἀπόδειξιν καὶ σημεῖα. Οὗτος εἶπε τῷ βασιλεῖ Ἰωσεδὲκ ὅτι "Γεννήσεις υἱόν, καὶ ἐν Ἱερουσαλὴμ ἱερατεύσει." Ὁμοίως καὶ τὸν Σαλαθιὴλ εὐλόγησεν ἐπὶ υἱῷ, καὶ τὸ ὄνομα αὐτοῦ ἐπέθηκε Ζοροβάβελ. Καὶ ἐπὶ Κύρου τοῦ βασιλέως, σημεῖον προφητείας ἔδωκεν εἰς νίκος. Καὶ περὶ τῆς λειτουργίας αὐτοῦ προηγόρευσεν, ἣν ποιήσει ἐν Ἱερουσαλήμ, καὶ περὶ τέλους ἐθνῶν καὶ περὶ προφητειῶν καὶ ἱερωσύνης τῶν Ἰουδαίων, ὅτι καταργηθήσονται, καὶ περὶ τοῦ ναοῦ, ὅτι καταλυθήσεται, καὶ περὶ τῆς παρουσίας τοῦ Χριστοῦ, ὅτι καταλύσει πᾶσαν εἰδωλολατρίαν καὶ βασιλεύσει εἰς τοὺς αἰῶνας. Ταῦτα δὲ προφητεύσας καὶ ἄλλα πολλά, ἐν γήρᾳ βαθεῖ ἀπέθανε. Καὶ ἐτάφη ἐντίμως, σύνεγγυς τοῦ τάφου τοῦ ἁγίου Ἀγγαίου τοῦ προφήτου.

383 Τῇ αὐτῇ ἡμέρᾳ. Ἄθλησις τοῦ ἁγίου μεγαλομάρτυρος Θεοδώρου τοῦ στρατηλάτου τοῦ ἐν Εὐχανείᾳ.

Ὁ μεγαλομάρτυς Θεόδωρος ὁ Στρατηλάτης ἦν ἐπὶ Λικινίου τοῦ βασιλέως, τὴν μὲν οἴκησιν ἔχων ἐν τοῖς Εὐχαΐτοις, διατρίβων δὲ εἰς Ἡράκλειαν τοῦ Πόντου. Ἀνὴρ

On the same day. The commemoration of Saint Arion, bishop of Cyprus. 381

The eighth day in the same month. The commemoration of the holy and glorious prophet Zechariah, who was one of the sixteen prophets. 382

This prophet was born in the region of Judea but went to Chaldea when he was already an old man. There he prophesied many things and worked many wonders and signs to prove them. He said to king Jozadak, "You will bear a son, and he will serve as priest in Jerusalem." Likewise, he blessed Shealtiel for his son and gave him the name of Zerubbabel. During the reign of king Cyrus, he gave a prophetic sign for his victory. He also predicted the pious act that he would perform in the city of Jerusalem, as well as about the end of the gentiles, about the prophecies and the priesthood among the Jews, that they would come to an end, about the temple, that it would be destroyed, and about the coming of Christ, that he would eliminate all idolatry and reign forever. After he had made these prophecies and many others, he died at an advanced age. He was honorably buried near the tomb of the holy prophet Haggai.

On the same day. The passion of the holy and great martyr Theodore Stratelates of Euchaneia. 383

The great martyr Theodore Stratelates lived under the emperor Licinius. His homeland was in Euchaita, but he lived in the city of Herakleia Pontike. Theodore was an eloquent,

λόγιος καὶ εὔμορφος καὶ συνετός, τοσοῦτον ὡς καὶ τὸν βασιλέα ἐπιθυμῆσαι ἰδεῖν αὐτόν. Ἔμαθε γὰρ ὅτι ὡραιότατός ἐστι καὶ ἀνδρεῖος, πλὴν ὁμολογεῖ τὸν Χριστόν. Καὶ ἀπέστειλε, καλῶν αὐτὸν εἰς Νικομήδειαν. Ὁ δὲ εἶπε πρὸς τοὺς ἀποσταλέντας ὅτι "Μᾶλλον πρέπει ἵνα ἔλθῃ ὧδε ὁ βασιλεὺς καὶ ἀγάγῃ καὶ τοὺς χρυσοῦς καὶ ἀργυροῦς αὐτοῦ θεούς, οἷς κελεύει προσαγαγεῖν θυσίας." Ὁ δὲ Λικίννιος ἀκούσας μετὰ χαρᾶς τοῦτο ἐποίησε. Καὶ μαθὼν ὁ ἅγιος ὅτι ἔρχεται ὁ Λικίννιος, ἐπικαθεσθεὶς ἵππῳ, ὑπήντησεν αὐτῷ, καὶ πρεπόντως ἐτίμησεν ὡς βασιλέα. Ὁ δὲ βασιλεὺς εἰσελθὼν ἐν τῇ πόλει, παρεκάλει τὸν ἅγιον θῦσαι τοῖς θεοῖς. Ὁ δὲ ᾐτήσατο λαβεῖν αὐτοὺς καὶ θεραπεῦσαι πρῶτον ἐν τῷ οἴκῳ. Καὶ λαβών, συνέτριψε καὶ διέδωκε πτωχοῖς. Καὶ διατοῦτο πολλὰ βασανισθεὶς πρότερον, ὕστερον ἀπεκεφαλίσθη. Τὸ δὲ τίμιον αὐτοῦ λείψανον ἀνακομισθὲν ἐτέθη ἐν Εὐχανείᾳ.

384 Τῇ αὐτῇ ἡμέρᾳ. Μνήμη τοῦ ὁσίου πατρὸς ἡμῶν Θεοδοσίου.

Θεοδόσιος ὁ ὁσιώτατος πατὴρ ἡμῶν ἐγένετο ἀπὸ Ἀντιοχείας τῆς Συρίας, υἱὸς γονέων ἐνδόξων καὶ πλουσίων. Ἀλλὰ καταλιπὼν καὶ γονεῖς καὶ δόξαν καὶ πλοῦτον καὶ τὸν κόσμον, ἀπῆλθεν εἰς τὸ συγκείμενον τῇ Κιλικίᾳ ὄρος. Καὶ εὑρὼν πέτραν βαθεῖαν ἔχουσαν σκέπην μικρὰν πρὸς θάλασσαν ἀποκλίνουσαν, κατῴκησεν ἐκεῖ. Εἶτα καὶ μικρὸν οἰκίσκον κτίσας, κατέμενεν νηστείαις καὶ χαμευνίαις καὶ ἀγρυπνίαις καὶ προσευχαῖς ἑαυτὸν ἐκδούς, καὶ καταδαπανῶν τὸ σῶμα αὐτοῦ. Ἦν δὲ τὸ ἔνδυμα αὐτοῦ ἐκ τριχῶν

handsome, and wise man, so much so that even the emperor desired to meet him. For he had learned that he was extremely good-looking and courageous, except that he confessed Christ. He dispatched messengers to summon him to Nikomedeia, but Theodore said to the messengers, "It would be better for the emperor to come here and bring along his golden and silver gods to which he commands me to offer sacrifice." When Licinius heard this, he joyfully agreed. In turn, when the saint learned that Licinius was approaching the city, he mounted a horse and met him, paying him the respect due to an emperor. The emperor then entered the city and urged the saint to sacrifice to the gods. Theodore asked for permission to bring the idols to his home first and venerate them there. He took them home, broke them into pieces, and distributed them to the poor. On account of this, he first endured much torture, and then he was beheaded. His venerable remains were translated to Euchaneia, where they were laid to rest.

On the same day. The commemoration of our holy father 384
Theodosios.

Our most holy father Theodosios was from Antioch in Syria and was the son of distinguished and rich parents. However, he renounced his parents, his reputation and wealth, and the world and went to the mountain located in Cilicia. There he found a high rock with a small overhang facing the sea and lived there. He also constructed a small hut where he remained, devoting himself to fasting, sleeping on the ground, vigils, and prayers, through which he consumed his

τραχειῶν ἀλλὰ καὶ σίδηρα βαρέα ἐν τῷ ἑαυτοῦ τραχήλῳ ἐβάσταζε καὶ ἐν ταῖς χερσὶ καὶ ἐν τῷ μέσῳ τοῦ σώματος. Τοιοῦτος δὲ γενόμενος, πολλῆς ἔτυχε χάριτος καὶ παρρησίας πρὸς τὸν Θεόν. Ἀλλὰ καὶ θαύματα πολλὰ ἐποίησεν. Ἐκ πέτρας γὰρ ξηρᾶς ὕδωρ ἀναβλύσαι πεποίηκε. Καὶ ἐν θαλάσσῃ κινδυνεύοντας πολλοὺς διέσωσεν. Ἀπελθὼν δὲ εἰς Ἀντιόχειαν διὰ τὴν ἔφοδον τῶν Ἰσαύρων ἐτελειώθη.

385 Τῇ αὐτῇ ἡμέρᾳ. Ἄθλησις τῶν ἁγίων μαρτύρων Μάρθας καὶ Μαρίας γνησίων ἀδελφῶν καὶ Λυκαρίωνος μοναχοῦ.

Ἡ ἁγία μάρτυς τοῦ Χριστοῦ Μάρθα καὶ ἡ ἀδελφὴ αὐτῆς Μαρία ἦσαν παρθένοι εὐλαβεῖς καὶ τὸν Θεὸν φοβούμεναι. Διερχομένου δὲ τοῦ τῆς χώρας ἄρχοντος εἰς τὴν οἰκίαν, ἔνθα κατέμενον, ἀπὸ τῆς θυρίδος προκύψασαι Χριστιανὰς ἑαυτὰς ἀπεκάλεσαν. Καὶ ἰδὼν ὁ ἄρχων τὸ νέον τῆς ἡλικίας αὐτῶν, εἶπεν πρὸς αὐτάς, "Ἐλεῶ μὲν ὑμᾶς φονεῦσαι, ἀλλ' ἐὰν μὴ θύσητε τοῖς θεοῖς, κακῶς ἀπολεῖσθε." Αἱ δὲ ἅγιαι εἶπον μὴ εἶναι θάνατον τὸ ὑπὲρ Χριστοῦ ἀποθανεῖν, ἀλλὰ ζωήν. Ὁμοίως καὶ νέος τις μοναχὸς Λυκαρίων ὄνομα ὁ μετὰ τῶν παρθένων εἰς ἀρετὴν ἀγωνιζόμενος τὰ ὅμοια εἶπεν. Καὶ τοὺς τῶν Ἑλλήνων θεοὺς εἴδωλα ἐκάλεσε, καὶ τοὺς προσκυνοῦντας αὐτὰ ἀθλίους. Τότε ὀργισθεὶς ὁ ἄρχων προσέταξε τοῖς στρατιώταις ἀποκτεῖναι αὐτούς. Καὶ τὰς μὲν ἁγίας ἐσταύρωσαν καὶ τοῖς ξίφεσι κατέκοψαν. Τὸν δὲ ὅσιον Λυκαρίωνα ἀπεκεφάλισαν. Καὶ οὕτως ἐτελειώθησαν καὶ παρέδωκαν τὰς ψυχὰς αὐτῶν τῷ Κυρίῳ.

body. His clothing was made from rough hair, but he also wore heavy iron chains around his neck, arms, and torso. By doing this he received much grace and direct access to God. He also performed many miracles. He made water come forth from dry rock. He also saved many who were in danger at sea. Finally, he returned to Antioch because of Isaurian attacks and there was perfected by death.

On the same day. The passion of the holy martyrs Martha 385
and Mary, who were birth sisters, and Lykarion the monk.

Christ's holy martyr Martha and her sister Mary were both pious and God-fearing virgins. One day, when the governor of the region came to the house where they were living, they leaned out from the window and declared that they were Christians. When the governor saw how young they were, he said to them, "I would deeply regret killing you, but if you do not sacrifice to the gods, you will suffer a terrible death." The saints replied that dying for Christ is not actually death but life. Likewise, a young monk named Lykarion who strove for virtue with the virgins said the same. He called the gods of the Hellenes idols and those who worshiped them miserable fools. The governor became enraged at this, so he commanded his soldiers to put them to death. They crucified the holy women and hacked them with their swords. But they beheaded Saint Lykarion. Thus, they were perfected by death and handed over their spirits to the Lord.

386 Τῇ αὐτῇ ἡμέρᾳ. Ἄθλησις τοῦ ἁγίου μάρτυρος Φιλαδέλφου.

Ὁ . . .

387 Μηνὶ τῷ αὐτῷ θʹ. Ἄθλησις τοῦ ἁγίου μάρτυρος Νικηφόρου.

Νικηφόρος ὁ ἔνδοξος μάρτυς τοῦ Χριστοῦ ὑπῆρχεν ἐπὶ Οὐαλεριανοῦ καὶ Γαλλιηνοῦ τῶν βασιλέων, ἰδιώτης τὴν τάξιν. Εἶχε δὲ φίλον Σαπρίκιον καλούμενον, πρεσβύτερον τῆς τῶν Χριστιανῶν ἐκκλησίας. Ὅστις ἀπὸ διαβολικῆς ἐνεργείας ἐμίσησε τὸν ἅγιον Νικηφόρον καὶ ἐμνησικάκει. Ἐγένετο δὲ διωγμός, καὶ κρατηθεὶς ὁ Σαπρίκιος παρὰ τῶν εἰδωλολατρῶν, ἠναγκάζετο θῦσαι τοῖς εἰδώλοις. Πέμψας δὲ πρὸς αὐτὸν μεσίτας ὁ ἅγιος Νικηφόρος παρεκάλει συγχωρῆσαι αὐτῷ πρὸ τοῦ ἀποθανεῖν. Ὁ δὲ Σαπρίκιος οὐ συνεχώρησε. Καὶ ὅτε εἶδεν αὐτὸν συρόμενον ὑπὸ τῶν δημίων πρὸς τὸ ἀποκεφαλισθῆναι, δραμὼν ἔπεσεν εἰς τοὺς πόδας αὐτοῦ παρακαλῶν συγχωρηθῆναι. Καὶ οὐδὲ οὕτως ἔπεισε τὸν ἄθλιον. Τότε ἀπεστράφη αὐτὸν ὁ Θεός. Τανυσθεὶς γὰρ τὸν τράχηλον καὶ ἰδὼν τὸ ξίφος γυμνωθέν, εἶπε τοῖς δημίοις, "Ἄφετέ με, καὶ θύω τοῖς θεοῖς." Δραμὼν δὲ ὁ ἅγιος Νικηφόρος ὑπέθηκε τὸν ἑαυτοῦ τράχηλον ἀντὶ Σαπρικίου, καὶ ἀπεκεφαλίσθη ὑπὲρ Χριστοῦ.

On the same day. The passion of the holy martyr Philadelphos. 386

The . . .

The ninth day in the same month. The passion of the holy martyr Nikephoros. 387

Christ's glorious martyr Nikephoros lived under the emperors Valerian and Gallienus. He was a layperson, but he was the friend of a man named Saprikios who was a priest in the Christian church. Through some diabolical action, Saprikios came to hate Saint Nikephoros and held a grudge against him. When a persecution arose, Saprikios was arrested by the idolaters and was pressured to sacrifice to the idols. Saint Nikephoros sent messengers to beg him to forgive him before he died. But Saprikios would not forgive him. When Nikephoros later saw his friend dragged away by the executioners to be beheaded, he ran and fell before his feet, begging his forgiveness. But even then he did not sway the wretched man. At that moment, God abandoned him. For when he stretched out his neck and saw that the executioner had drawn his sword, he said to the executioner, "Let me go, and I will sacrifice to the gods." Saint Nikephoros came running and offered his neck in place of Saprikios, whereupon he was beheaded for Christ.

388 Τῇ αὐτῇ ἡμέρᾳ. Μνήμη Μαρκιανοῦ ἐπισκόπου Σικελίας, Φιλαγρίου ἐπισκόπου Κύπρου, καὶ Παγκρατίου ἐπισκόπου Ταυρομενίου.

Οὗτοι μαθηταὶ ἐγένοντο τοῦ ἁγίου ἀποστόλου Πέτρου. Ὁ μὲν γὰρ πατὴρ τοῦ ἁγίου Παγκρατίου, ἔτι τοῦ Χριστοῦ περιπατοῦντος σωματικῶς ἐπὶ τῆς γῆς καὶ θαυματουργοῦντος, ἀκούσας ἀπῆλθεν ἀπὸ Ἀντιοχείας εἰς Ἱερουσαλὴμ μετὰ τοῦ Παγκρατίου ἰδεῖν αὐτόν. Καὶ γενόμενος γνώριμος τῷ ἁγίῳ Πέτρῳ, μετὰ τὴν ἀνάληψιν τοῦ Χριστοῦ ἠκολούθει αὐτῷ. Καὶ προχειρισθεὶς ὑπ᾽ αὐτοῦ ἐπίσκοπος Ταυρομενίου, καὶ διδάσκων ἐπὶ τῷ ὀνόματι τοῦ Χριστοῦ, ἐφονεύθη κρύφα ὑπὸ τῶν Ἑλλήνων. Ὁ δὲ Μαρκιανὸς ὁμοίως χειροτονηθεὶς ἐπίσκοπος Σικελίας, καὶ πολλοὺς τῶν ἀπίστων ἐπιστρέψας ἐπὶ τὸν Κύριον, ἐτελειώθη. Ὁ δὲ Φιλάγριος τῆς Κύπρου καταστὰς ἀρχιερεύς, καὶ διδάσκων καὶ αὐτὸς ἐπὶ τῷ ὀνόματι τοῦ Χριστοῦ, πολλοὺς πειρασμοὺς ὑπό τε τῶν δαιμόνων καὶ τῶν μὴ φοβουμένων τὸν Κύριον πονηρῶν καὶ ἀπίστων ἀνθρώπων ὑπομείνας, εὐχαριστῶν τῷ Θεῷ μέχρι τῆς ἐσχάτης ἀναπνοῆς ἐτελεύτησεν.

389 Μηνὶ τῷ αὐτῷ ι΄. Ἄθλησις τῶν ἁγίων Χαραλάμπους, Πορφυρίου, Δαύκτου, καὶ τριῶν γυναικῶν.

Χαραλάμπης ὁ τοῦ Χριστοῦ μάρτυς ὑπῆρχεν ἐν Μαγνησίᾳ τῇ πόλει, ἱερεὺς τῶν Χριστιανῶν ἐπὶ τῆς βασιλείας Σεβήρου. Διδάσκων δὲ τὴν ὁδὸν τῆς ἀληθείας, ἐκρατήθη παρὰ τοῦ ἡγεμόνος Λουκιανοῦ, καὶ ἐξεδύθη τὴν ἱερατικὴν

On the same day. The commemoration of Marcian the bishop of Sicily, Philagrios the bishop of Cyprus, and Pankratios the bishop of Taormina. 388

These men were disciples of Saint Peter the apostle. While Christ still walked upon the earth in his human body and performed miracles, Saint Pankratios's father heard about this and traveled from Antioch to Jerusalem with Pankratios to see him. Pankratios became acquainted with Saint Peter and, after Christ's ascension, followed him. He was ordained bishop of Taormina by him. Because he preached in the name of Christ, he was murdered in secret by the Hellenes. Marcian was also ordained bishop of Sicily, and after he turned many nonbelievers to the Lord, he was perfected by death. Philagrios was made the high priest of Cyprus, where he also taught in the name of Christ. He endured many trials from the demons and from the evil, faithless people who had no fear of the Lord. Despite this, he continued to give thanks to God until his final breath.

The tenth day in the same month. The passion of Saints Charalampes, Porphyrios, Dauktos, and three women. 389

Christ's martyr Charalampes lived in the city of Magnesia and was a priest among the Christians during the reign of Severus. Because he taught the path of truth, he was arrested by the governor Lucian and was stripped of his

στολήν. Εἶτα ἐξεδάρη ὅλον τὸ δέρμα τοῦ σώματος. Ἐπεὶ δὲ ἔβλεπεν αὐτὸν ὁ ἡγεμὼν καρτεροῦντα, θυμωθεὶς οἰκείαις χερσὶν ἐπεχείρει ξέειν τὸν ἅγιον. Καὶ παραυτίκα ἐκόπησαν αἱ χεῖρες αὐτοῦ. Καὶ προσευξάμενος ὁ ἅγιος ὑγιῆ αὐτὸν ἐποίησε. Τότε ἰδόντες Πορφύριος ὁ δήμιος καὶ Δαῦκτος ἠρνήσαντο τὰ εἴδωλα καὶ ἐπίστευσαν τῷ Χριστῷ. Ὁμοίως καὶ γυναῖκες τρεῖς ἐκ τῶν παρισταμένων ἐκεῖ θεασάμεναι τὸ θαῦμα ὡμολόγησαν τὸν Χριστόν. Καὶ ἐκρατήθησαν καὶ ἰσχυρῶς ἐβασανίσθησαν. Εἰ γὰρ καὶ ἰάθη ὁ ἡγεμών, ἀλλ' ὅμως ἐνέμεινεν εἰς τὴν ἀπιστίαν αὐτοῦ. Καὶ μετὰ πολλῆς ὀργῆς καὶ ὠμότητος, ἀπεκεφάλισεν ἅπαντας.

390 Μηνὶ τῷ αὐτῷ ια'. Ἄθλησις τοῦ ἁγίου ἱερομάρτυρος Βλασίου καὶ τῶν σὺν αὐτῷ ἁγίων γυναικῶν.

Οὗτος ἦν κατὰ τοὺς καιροὺς Λικιννίου τοῦ βασιλέως, ἐπίσκοπος Σεβαστείας. Διὰ δὲ τὸν διωγμόν, ἐκρύπτετο εἰς ἓν τῶν ἐν τῷ ὄρει σπηλαίων, ὅπου καὶ τὰ ἄγρια ζῷα ἡμερούμενα χειροήθη ἐγίνετο διὰ τῆς εὐλογίας τοῦ ἁγίου. Ὑπάρχων δὲ καὶ τῆς ἰατρικῆς τέχνης ἔμπειρος, πολλὰς ἰάσεις ἐπετέλει, τὴν τῶν θαυμάτων ἐνέργειαν παρὰ τοῦ Κυρίου λαβών. Οὗτος κρατηθεὶς ἤχθη πρὸς τὸν ἡγεμόνα Ἀγρικόλαον. Καὶ ὁμολογήσας τὸ ὄνομα τοῦ Χριστοῦ, τύπτεται μετὰ ῥαβδίων, καὶ κρεμασθεὶς ξέεται. Εἶτα ἀπαγομένου αὐτοῦ ἐν τῇ φυλακῇ, ἠκολούθησαν αὐτῷ γυναῖκες ἑπτά, Χριστιανὰς ἑαυτὰς ὁμολογήσασαι, καὶ εὐθέως ἀπεκεφαλίσθησαν. Ὁ δὲ ἅγιος Βλάσιος πρῶτον μὲν ἐν τῷ βυθῷ τῆς

priestly garments. Then all the skin was stripped from his body. When the governor saw that he remained resolute, he was filled with rage and tried to flay the saint with his own hands. But his hands were immediately cut off. However, the saint said a prayer and restored him to health. When the executioner Porphyrios and Dauktos witnessed this, they rejected the idols and came to believe in Christ. Similarly, three women among the bystanders there confessed Christ when they saw this miracle. They were then arrested and severely tortured. Even though the governor was miraculously healed, he nevertheless persisted in his nonbelief. Instead, he was filled with great wrath and savagery, and beheaded them all.

The eleventh day in the same month. The passion of the 390
holy martyr Saint Blaise and the holy women with him.

This man lived during the time of the emperor Licinius. He was the bishop of Sebasteia. On account of the persecution, he took refuge in one of the caves on the mountain. The wild animals in that place even became tame and docile through the saint's blessing. He was an experienced doctor and performed many cures because he received the power to work miracles from the Lord. He was arrested and brought to the governor Agricolaus. When he confessed Christ's name, he was beaten with rods before he was hung up and flayed. Seven women followed him as he was taken to prison, and when they confessed themselves to be Christians, they were immediately beheaded. Saint Blaise was first thrown into the depths of the lake but returned to

λίμνης ἐρρίφη. Καὶ ὡς διὰ ξηρᾶς πρὸς τὴν γῆν ἐξέβη. Καὶ μετὰ ταῦτα ἀπετμήθη τὴν κεφαλὴν μετὰ τῶν δύο βρεφῶν τῶν ὄντων μετ' αὐτοῦ ἐν τῇ φυλακῇ.

391 Τῇ αὐτῇ ἡμέρᾳ. Ἡ εὕρεσις τοῦ τιμίου λειψάνου τοῦ ἁγίου προφήτου Ζαχαρίου.

392 Τῇ αὐτῇ ἡμέρᾳ. Μνήμη Θεοδώρας τῆς βασιλίσσης τῆς ποιησάσης τὴν ὀρθοδοξίαν.

Ἡ μακαρία Θεοδώρα ἡ βασίλισσα ἐγένετο γυνὴ Θεοφίλου βασιλέως τοῦ εἰκονομάχου, οὐκ ἦν δὲ αἱρετικὴ ὥσπερ ὁ ἀνὴρ αὐτῆς. Ἐκεῖνος μὲν γὰρ τὸν ἅγιον Μεθόδιον τὸν πατριάρχην Κωνσταντινουπόλεως ἐξώρισε. Καὶ ἀντὶ ἐκείνου ἐποίησε πατριάρχην Ἰαννὴν τὸν Λεκανομάντιν, καὶ τὰς ἁγίας εἰκόνας κατέκαυσεν. Ἐκείνη δὲ εἰ καὶ φανερῶς οὐκ ἐτόλμα προσκυνεῖν τὰς ἁγίας εἰκόνας, ὅμως εἶχεν αὐτὰς κεκρυμμένας ἐν τῷ κοιτῶνι αὐτῆς, καὶ τῇ νυκτὶ ἵστατο προσευχομένη καὶ παρακαλοῦσα τὸν Θεὸν ἵνα ποιήσῃ ἔλεος μετὰ τῶν ὀρθοδόξων. Ἐγέννησε δὲ υἱὸν ὀνόματι Μιχαήλ. Καὶ ἐδίδαξε καὶ αὐτὸν τὴν ὀρθοδοξίαν. Μετὰ δὲ τελευτὴν τοῦ ἀνδρὸς αὐτῆς, εὐθέως ἤγαγε τὸν ἅγιον Μεθόδιον. Καὶ συνήγαγε τὴν ἱερὰν σύνοδον, καὶ ἀνεθεμάτισε τοὺς εἰκονομάχους. Καὶ τὸν Ἰαννὴν κατεβίβασε τοῦ θρόνου, καὶ τὰς ἁγίας εἰκόνας εἰσήγαγεν εἰς τὴν ἐκκλησίαν. Εἶτα ἐτελεύτησε, καταλιποῦσα τὴν βασιλείαν τῷ υἱῷ αὐτῆς Μιχαήλ.

shore as if on dry land. After this, he was beheaded along with the two young children who had been in prison with him.

On the same day. The discovery of the venerable remains of the holy prophet Zechariah. 391

On the same day. The commemoration of the empress Theodora who restored orthodoxy. 392

The blessed empress Theodora was the wife of the iconoclast emperor Theophilos but was not a heretic like her husband. He had sent Saint Methodios, the patriarch of Constantinople, into exile. He installed Jannes the Soothsayer as patriarch in his place and burned the holy icons. But the empress, even if she did not dare to venerate the holy icons openly, nevertheless kept them hidden away in her bedchamber, where she stood at night and prayed before them, asking God to grant his mercy upon the orthodox believers. She bore a son named Michael and taught him the orthodox faith. Immediately after the death of her husband, she recalled Methodios. Then she called a holy council, where she anathematized the iconoclasts. She also deposed Jannes from his throne and restored the holy icons to the church. Then she died, leaving the empire to her son Michael.

393 Μηνὶ τῷ αὐτῷ ιβʹ. Μνήμη τοῦ ὁσίου πατρὸς ἡμῶν Ἀντωνίου ἀρχιεπισκόπου Κωνσταντινουπόλεως.

Ἀντώνιος ὁ ἐπιλεγόμενος Βακλέας εἶχε γονεῖς εὐσεβεῖς καὶ πλουσίους καὶ περιβοήτους ἐν τῇ συγκλήτῳ. Πέντε δὲ ἐτῶν ὑπάρχων, τὰ τῶν ἱερέων ἐπειρᾶτο ἐπιτελεῖν· οὐ γάρ, ὡς οἱ νέοι, εἰς παίγνια ἔτρεχεν. Ἐδυσχέραινε δὲ ἡ μήτηρ αὐτοῦ διὰ τὸ νέον τῆς ἡλικίας. Μετὰ δὲ τελευτὴν ἐκείνης, ἐδόθη ὑπὸ τοῦ πατρὸς εἰς μοναστήριον καὶ ἐγένετο μοναχός. Καὶ προκόψας εἰς ἄνδρας, ἐγένετο καὶ πρεσβύτερος καὶ μὴ βουλόμενος, διὰ τὴν πολλὴν αὐτοῦ ἀρετήν. Ἰδὼν δὲ ὁ πατὴρ αὐτοῦ οὕτως αὐτὸν προκόπτοντα, ἐγένετο καὶ αὐτὸς μοναχὸς ὑπ' ἐκείνου ἐνδυσάμενος τὸ ἅγιον σχῆμα· καὶ γίνεται ὁ σαρκικὸς πατὴρ πνευματικὸς υἱός. Τοσοῦτον δὲ ἐγένετο ἐλεήμων ὥς ποτε παρερχόμενος δέξασθαι χρυσίου πολλοῦ ἀπόδεσμον καὶ ἀκοῦσαι ὅτι "Λάβε τοῦτο καὶ δὸς πτωχοῖς," καὶ τῆς μὲν φωνῆς ἀκοῦσαι, τὸν δὲ ἐπιδόντα τὸ χρυσίον μὴ ἰδεῖν. Τοιοῦτος δὲ ὤν, ψήφῳ τοῦ βασιλέως καὶ τῆς συνόδου γίνεται πατριάρχης Κωνσταντινουπόλεως. Καὶ οὕτως ἐτελειώθη.

394 Τῇ αὐτῇ ἡμέρᾳ. Μνήμη τῆς ὁσίας Μαρίας τῆς μετονομασθείσης Μαρίνου.

Ἡ ἁγία Μαρία θέλουσα λαθεῖν τοὺς ἀνθρώπους καὶ σῶσαι τὴν ἑαυτῆς ψυχήν, ἤλλαξε τὴν γυναικείαν στολὴν καὶ ἐνδυσαμένη ἀνδρεῖα ἱμάτια, καὶ μετονομάσασα ἑαυτὴν Μαρῖνον ἀντὶ Μαρίας, μετὰ τοῦ ἰδίου πατρὸς Εὐγενίου εἰσῆλθεν ἐν μοναστηρίῳ καὶ ἀπεκείρατο. Καὶ ἐδούλευε

The twelfth day in the same month. The commemoration of our holy father Antonios, archbishop of Constantinople. 393

Antonios, who was called "Bakleas," had pious and wealthy parents who were also well-known in the senate. When he was five years old, he would try to perform the functions of the priests as he did not run off to play games like other children. His mother was displeased with this on account of his young age. But after her death, he was entrusted to a monastery by his father and became a monk. When he came of age and although he was unwilling, he also became a priest because of his great virtue. When his father saw his impressive progress, he also became a monk through his son and assumed the holy habit. The earthly father, therefore, became a spiritual son. Antonios's practice of almsgiving became so great that once, when he was going on his way, he received a bag full of gold and heard, "Take this and give it to the poor." But he could only hear the voice; he could not see who gave the gold. Because of his exemplary conduct, he was appointed patriarch of Constantinople by the decree of the emperor and the synod. Thus, he was perfected by death.

On the same day. The commemoration of Saint Mary, who changed her name to Marinos. 394

Saint Mary wanted to escape human attention and save her own soul, so she took off her feminine garments and put on the clothing of a man. She used the name Marinos for herself instead of Mary, entered a monastery with her father, and was tonsured. She served the monks and her father

μετὰ τῶν ὑποτακτιτῶν ἀδελφῶν τοῖς μοναχοῖς καὶ τῷ πατρὶ αὐτῆς, ἀγνοουμένη παρὰ τῶν μοναχῶν ὅτι γυνὴ ἦν. Ἐν μιᾷ οὖν μείνασα ἐν πανδοχείῳ, διαβάλλεται ὡς διαφθείρασα τὴν τοῦ πανδοχέως θυγατέρα. Καὶ καταδεξαμένη τὸ ὄνειδος, ἣν οὐκ εἰργάσατο ἁμαρτίαν, ὁμολογεῖ ποιῆσαι. Καὶ τοῦ πυλῶνος ἐκβληθεῖσα, τρεῖς χρόνους ἔξω ταλαιπωρεῖται, ἐκτρέφουσα τὸ γεννηθὲν παιδίον, ὅπερ οὐκ ἔσπειρεν. Ἐδέχθη δὲ εἰς τὴν μονήν, καὶ ἠκολούθει αὐτῇ τὸ παιδίον ἄρρεν ὑπάρχον. Μετὰ δὲ τελευτὴν αὐτῆς, ἀπεκαλύφθη τὰ κατ᾽ αὐτήν. Καὶ ἡ τοῦ πανδοχέως θυγάτηρ ὑπὸ δαίμονος ἐλαυνομένη, ἐβόα ὑπὸ στρατιώτου τινὸς διαφθαρῆναι καὶ οὐχ ὑπὸ τοῦ Μαρίνου. Καὶ θαυμάσαντες πάντες ἐδόξασαν τὸν Θεόν.

395 Μηνὶ τῷ αὐτῷ ιγʹ. Μνήμη τοῦ ὁσίου πατρὸς ἡμῶν Μαρτινιανοῦ.

Ὁ ἅγιος Μαρτινιανὸς ἦν ἀπὸ Καισαρείας τῆς Παλαιστίνης. Γενόμενος δὲ μοναχός, ἡσύχαζεν ἐν τοῖς ὄρεσι. Καὶ πληρώσαντος αὐτοῦ ἐν τῇ ἀσκητικῇ πολιτείᾳ ἔτη εἰκοσιπέντε, ἐπειράσθη ὑπὸ τοῦ διαβόλου. Ὑποβληθεῖσα γὰρ ὑπὸ πονηρῶν ἀνθρώπων ἐπὶ μισθῷ πόρνη τις, καὶ πενιχρὰ φορέσασα ἱμάτια, ἀπῆλθε πρὸς αὐτὸν νυκτός, ὡς δῆθεν ἀπολέσασα τὴν ὁδόν. Καὶ ἐβόα ἀνοῖξαι τὸ κελλίον καὶ δέξασθαι αὐτὴν ἵνα μὴ βρωθῇ ὑπὸ θηρίων. Ὅτε δὲ εἰσῆλθε διὰ νυκτὸς φορέσασα τὴν πορνικὴν στολὴν ἣν ἐβάσταζε, λόγοις πορνικοῖς καταχαυνώσασα τὸν ἅγιον, ἐξεκαλεῖτο πρὸς μῖξιν. Ὁ δὲ πρὸ τοῦ διαπράξασθαί τι, μετανοήσας καὶ

along with the other novices, without the monks realizing that she was a woman. One day, she was staying at an inn and was falsely accused of raping the innkeeper's daughter. She accepted this slander and confessed her guilt for a sin that she had not committed. She was then expelled from the monastery and suffered three years of hardship while she also raised the newborn child whom she had not fathered. She was then readmitted into the monastery, and the child, who was a young boy, accompanied her. Her identity was discovered after her death. The innkeeper's daughter was driven by a demon and cried out that she had been raped by a soldier, not by Marinos. All were amazed at this and glorified God.

The thirteenth day in the same month. The commemoration of our holy father Martinianos. 395

Saint Martinianos was from the city of Caesarea in Palestine. After he became a monk, he lived as a hermit in the mountains. After he spent twenty-five years practicing this ascetic lifestyle, he was tempted by the devil. For a prostitute was hired by some evil people, put on ragged clothes, and went to him at night on the pretense that she had lost her way. She called out for him to open the door to his cell so that she would not be eaten by wild animals. After she went in during the night, wearing the salacious clothing she carried, she seduced the saint with lewd words and invited him to sleep with her. But before he did anything, he

ἀνάψας φρύγανα, εἰσῆλθε μέσον τῆς φλογός. Καὶ ἔλεγε πρὸς ἑαυτόν, "Ταπεινὲ Μαρτινιανέ, εἰ δύνασαι τὸ τῆς κολάσεως πῦρ ὑπομεῖναι, ποίησον καὶ τὴν ἁμαρτίαν." Καὶ οὕτω κατακαεὶς ἔπεισε καὶ τὴν γυναῖκα σωφρονῆσαι καὶ σωθῆναι. Καὶ φυγὼν καὶ ἀπελθὼν εἰς πέτραν μέσον τῆς θαλάσσης, πάλιν ἐπειράσθη. Καὶ οὕτω πειραζόμενος καὶ νικῶν, πρὸς Θεὸν ἐξεδήμησεν.

396 Τῇ αὐτῇ ἡμέρᾳ. Ἄθλησις τῶν ἁγίων Ἀκύλα καὶ Πρισκίλλης.

Ὁ ἅγιος Ἀκύλας σκυτοτόμος μὲν ἦν τὴν τέχνην πρότερον. Ἕλλην δὲ ὑπάρχων, ὅμως τῆς ἐλεημοσύνης καὶ τῆς πρὸς τοὺς πτωχοὺς συμπαθείας οὐκ ἐπελανθάνετο. Ἀλλ' εἴτι ἐκέρδησεν ἐκ τοῦ ἐργοχείρου αὐτοῦ, ἐμέριζεν αὐτὸ μετὰ τῶν πτωχῶν. Ἀκούσας δὲ περὶ τοῦ ἁγίου ἀποστόλου Παύλου κηρύττοντος τὸν Χριστόν, ἀπῆλθε πρὸς αὐτὸν μετὰ τῆς γυναικὸς αὐτοῦ Πρισκίλλης ὡς εἰς ὁμότεχνον· σκυτοτόμος γὰρ ἦν καὶ αὐτός. Καὶ διδαχθέντες ὑπ' αὐτοῦ τὸν λόγον τῆς ἀληθείας ἐβαπτίσθησαν. Καὶ ἦσαν δουλεύοντες αὐτῷ, καὶ κατὰ πᾶσαν πόλιν καὶ χώραν ἀκολουθοῦντες, καὶ συγκινδυνεύοντες ἐν πᾶσι πειρασμοῖς. Τοσοῦτον δὲ ἠγάπησεν αὐτοὺς ὁ μέγας ἀπόστολος διὰ τὴν ἀρετὴν αὐτῶν καὶ τὴν πρὸς τὸν Χριστὸν πίστιν, ὡς καὶ μνημονεύειν αὐτῶν ἐν ταῖς ἑαυτοῦ ἐπιστολαῖς. Μετὰ δὲ θάνατον τοῦ ἀποστόλου, τοῦ Χριστὸν ὁμολογεῖν μὴ παυσάμενοι, ἐκρατήθησαν ὑπὸ τῶν εἰδωλολατρῶν. Καὶ πολλὰ βασανισθέντες, ἀπεκεφαλίσθησαν.

changed his mind, kindled some firewood, and entered the flames. He said to himself, "Worthless Martinianos, if you can endure the fire of punishment, then you may also commit the sin." After he was burned by the fire, he also convinced the woman to be chaste and be saved. Later on, he fled and went to a small island in the middle of the sea where he was tested again. He also overcame this temptation before he departed to God.

On the same day. The passion of Saints Aquila and Priscilla. 396

Saint Aquila was originally a leatherworker according to his craft. He was also a pagan, but was nevertheless devoted to almsgiving and had compassion for the poor. And whenever he made any profit from his handiwork, he distributed it among the poor. He heard about Saint Paul the apostle, who was proclaiming Christ, so he went to him with his wife Priscilla, as if meeting a colleague; for Paul was a leatherworker too. After they were instructed by him in the word of truth, they were baptized. Then they served and accompanied him to every city and region, enduring all the same trials together. The great apostle loved them so much for their virtue and their faith in Christ that he even made mention of them in his letters. After the apostle's death, they did not stop confessing Christ, so they were arrested by the idolaters. After suffering many torments, they were beheaded.

397 Τῇ αὐτῇ ἡμέρᾳ. Μνήμη τοῦ ἁγίου Εὐλογίου ἐπισκόπου Ἀλεξανδρείας.

Εὐλόγιος ὁ ἁγιώτατος καὶ μέγας πατὴρ ἡμῶν ἐπίσκοπος ἦν τῆς πόλεως Ἀλεξανδρείας ἐπὶ τῆς βασιλείας Ἡρακλείου πρὸ τοῦ ἁγίου Ἰωάννου τοῦ Ἐλεήμονος. Ἐποίησε δὲ διὰ τὴν ἀρετὴν αὐτοῦ καὶ τὴν πρὸς Θεὸν οἰκείωσιν καὶ θαύματα πολλά. Ἐξ ὧν ἕν ἐστι καὶ τοῦτο. Τοῦ ἁγιωτάτου ἀρχιεπισκόπου Λέοντος γράψαντος ἐπιστολὴν συνιστῶσαν τὴν ἐν Χαλκηδόνι Σύνοδον, ἀναγνοὺς αὐτὴν ὁ ἅγιος Εὐλόγιος, οὐ μόνον ἐπῄνεσε καὶ ἀπεδέξατο, ἀλλὰ καὶ στήλην αὐτὴν ὀρθοδοξίας καλέσας, τοῖς πᾶσιν ἀνεκήρυξεν. Ὁ δὲ Θεὸς θέλων θεραπεῦσαι ἀμφοτέρους τοὺς ἀρχιερεῖς, ἔπεμψεν ἄγγελον ὡς ἐν σχήματι τοῦ ἀρχιδιακόνου τοῦ ἁγίου Λέοντος, εὐχαριστοῦντα τῷ ἁγίῳ Εὐλογίῳ ὑπὲρ οὗ ἀπεδέξατο τὴν δηλωθεῖσαν ἐπιστολήν. Ὁ δὲ ἅγιος διελέγετο αὐτῷ ὡς ἀνθρώπῳ, ἕως ἄφαντος ἐγένετο ὁ ἄγγελος ἀπ' αὐτοῦ. Καὶ γνοὺς ὅτι ἄγγελος Θεοῦ ἦν, ἐδόξασεν αὐτόν. Καὶ τοῦ λοιποῦ ἐν πολλοῖς Θεὸν θεραπεύσας, ἐτελειώθη.

398 Τῇ αὐτῇ ἡμέρᾳ. Μνήμη τοῦ ἐν ἁγίοις πατρὸς ἡμῶν Ἰωάννου ἐπισκόπου Πολυβοτοῦ.

399 Μηνὶ τῷ αὐτῷ ιδʹ. Μνήμη τοῦ ὁσίου πατρὸς ἡμῶν Αὐξεντίου.

Αὐξέντιος ὁ ἐν ἁγίοις πατὴρ ἡμῶν ἦν ἐπὶ τῆς βασιλείας Θεοδοσίου τοῦ Μικροῦ ἐκ τῆς ἀνατολῆς. Ὑπάρχων δὲ σχολάριος τὴν ἀξίαν, κατέλιπε τὸν κόσμον. Καὶ γενόμενος

On the same day. The commemoration of Saint Eulogios, bishop of Alexandria. 397

Eulogios, our great and most holy father, was the bishop of the city of Alexandria during the reign of Herakleios. This was before John the Almsgiver. On account of his virtue and his closeness with God, he also performed many miracles. One of them was the following: After the most holy archbishop Leo had written a letter that was in harmony with the Council of Chalcedon, Saint Eulogios read this letter, and he not only praised and supported it, but he also declared that it was a pillar of orthodoxy and proclaimed this to all. God wanted to support both these prelates, so he sent an angel disguised as Saint Leo's archdeacon who thanked Saint Eulogios for his reception of the previously mentioned letter. Saint Eulogios spoke with him as if he were a real person until the angel vanished before his eyes. When he realized it was an angel of God, he gave glory to him. After serving God in many ways for the rest of his life, he was perfected by death.

On the same day. The commemoration of our father among the saints John, bishop of Polybotos. 398

The fourteenth day in the same month. The commemoration of our holy father Auxentios. 399

Our father among the saints Auxentios lived during the reign of Theodosius the Younger and was from the east. He was a member of the palace guard, but he renounced the

μοναχός, ἀνῆλθεν εἰς τὸ ὄρος τὸ λεγόμενον τῆς Ὀξείας πλησίον Χαλκηδόνος καὶ ἡσύχασε. Καὶ ἀπ᾽ ἐκείνου ὠνομάσθη τὸ ὄρος, τοῦ Ἁγίου Αὐξεντίου. Ἦν δὲ τὴν ἄσκησιν καρτερικώτατος, τὴν πίστιν ὀρθοδοξότατος, πολλὰ ἀγωνισάμενος κατὰ τῆς αἱρέσεως τοῦ Εὐτυχοῦς καὶ τοῦ Νεστορίου, καὶ ἀποδεξάμενος τὴν ἐν Χαλκηδόνι τετάρτην Σύνοδον. Ἐγένετο δὲ καὶ τοῖς βασιλεῦσιν αἰδέσιμος, καὶ ἠγαπᾶτο καὶ ἐτιμᾶτο ὑπὸ πάντων διὰ τὴν πολλὴν αὐτοῦ ἀρετήν. Ἠξιώθη δὲ καὶ θαυμάτων πολλῶν καὶ προορατικῶν χαρισμάτων. Καὶ τιμωρίας μελλούσης ἐλθεῖν ἀπὸ τοῦ Θεοῦ διὰ τὰς ἁμαρτίας ἡμῶν, καὶ προεῖπε καὶ διὰ προσευχῆς ἔπαυσεν. Οὕτω δὲ βιώσας ἐκοιμήθη. Καὶ κατετέθη ἐν τῷ ὑπ᾽ αὐτοῦ κτισθέντι μοναστηρίῳ, ὅπερ τῆς Τριχηναρίας ὀνομάζεται.

400 Τῇ αὐτῇ ἡμέρᾳ. Ἄθλησις τοῦ ἁγίου Φιλήμονος, ἐπισκόπου Γάζης.

401 Μηνὶ τῷ αὐτῷ ιε΄. Ἄθλησις τοῦ ἁγίου ἱερομάρτυρος Ὀνησίμου, μαθητοῦ τοῦ ἁγίου ἀποστόλου Παύλου.

Ὁ ἅγιος Ὀνήσιμος ἐγένετο μαθητὴς τοῦ ἁγίου ἀποστόλου Παύλου. Δοῦλος γὰρ ὑπάρχων Ῥωμαίου τινὸς ὀνόματι Φιλήμονος, κατέλιπε τὸν ἴδιον κύριον. Καὶ προσέδραμε τῷ ἀποστόλῳ Παύλῳ, καὶ ἐγένετο αὐτοῦ μαθητής. Καὶ βαπτισθεὶς ὑπ᾽ αὐτοῦ, ἐδούλευεν αὐτῷ. Διατοῦτο καὶ ἔγραψε πρὸς τὸν Φιλήμονα ὁ ἅγιος Παῦλος ἐπιστολὴν παρακαλῶν αὐτὸν ὑπὲρ τοῦ Ὀνησίμου. Καὶ μετὰ τελευτὴν τοῦ ἁγίου Παύλου, ἐκρατήθη παρὰ Τερτύλλου τοῦ τῆς

world. He became a monk and ascended the mountain called Oxeia near Chalcedon and lived as a hermit. The mountain was also named after him, Saint Auxentios. His perseverance in asceticism was unmatched, and the orthodoxy of his faith was without equal. He labored greatly in the fight against the heresy of Eutyches and Nestorius and supported the fourth Council of Chalcedon. He was held in high regard by the emperors and was loved and respected by all on account of his great virtue. He was also judged worthy of many miracles and prophetic visions. Furthermore, he both predicted and stopped by his prayers a punishment that was to come from God because of our sins. After living an exemplary life, he found his repose. His body was laid in the monastery founded by him, which is called the Trichinaria Monastery.

On the same day. The passion of Saint Philemon, bishop of 400
Gaza.

The fifteenth day in the same month. The passion of the 401
holy martyr Saint Onesimus, the disciple of Saint Paul the apostle.

Saint Onesimus was a disciple of Saint Paul the apostle. He was the slave of a Roman named Philemon but left his master. He went to the apostle Paul and became his disciple. After he was baptized by him, he served him. This is why Saint Paul wrote a letter to Philemon and appealed to him on behalf of Onesimus. After the death of Saint Paul, Onesimus was arrested by Tertullus, the prefect of Rome.

Ῥώμης ἐπάρχου. Καὶ ἀχθεὶς ἐν Ποτιόλοις διὰ ῥαβδίων τύπτεται σφοδρῶς. Ὡς δὲ οὐκ ἐπείθετο ἀρνήσασθαι τὸν Χριστὸν καὶ προσκυνῆσαι τοῖς εἰδώλοις, ἀλλὰ μετὰ παρρησίας ἔλεγεν ὅτι "Πιστεύω εἰς Χριστὸν τὸν ποιήσαντα τὸν οὐρανὸν καὶ τὴν γῆν καὶ τὴν θάλασσαν καὶ πάντα τὰ ἐν αὐτοῖς," εἰς θυμὸν ἐκίνησε τὸν Τέρτυλλον. Καὶ συντριβεὶς τὰ σκέλη κατὰ λεπτόν, πρὸς Χριστόν, ὃν ἐπόθει, ἐξεδήμησεν.

402 Τῇ αὐτῇ ἡμέρᾳ. Μνήμη τοῦ ὁσίου Παφνουτίου καὶ τῆς ἁγίας Εὐφροσύνης τῆς θυγατρὸς αὐτοῦ.

403 Τῇ αὐτῇ ἡμέρᾳ. Ἄθλησις τοῦ ἁγίου μάρτυρος Μαΐωρος.

Οὗτος ἐστρατεύετο ἐπὶ τῆς βασιλείας Διοκλητιανοῦ καὶ Μαξιμιανοῦ. Καὶ διαγνωσθεὶς ὅτι Χριστιανός ἐστι, κρατηθεὶς ἐν Γάζῃ τῇ πόλει, ἠναγκάζετο θύειν τοῖς δαίμοσιν. Ὡς δὲ οὐκ ἐπείθετο, ἀλλὰ μᾶλλον μεγάλῃ τῇ φωνῇ ἔλεγεν ὅτι "Τῷ Χριστῷ μου πιστεύων, καταφρονῶ τῶν ἀψύχων εἰδώλων," εἰς ὀργὴν πλείονα τοὺς κρατοῦντας ἐκίνησεν. Καὶ ἁπλωθεὶς ἐπὶ τὴν γῆν τύπτεται ἰσχυρῶς ἅπαν τὸ σῶμα καὶ καταξαίνεται, τριακονταὲξ στρατιωτῶν ἀλλαγέντων ἐν τῷ τύπτεσθαι αὐτόν. Καὶ ἀρθεὶς ἡμιθανής, ὡς μηδὲ ἀνθρώπῳ ὁμοιάζειν ἐκ τοῦ αἵματος καὶ τῶν πληγῶν, ἐρρίφη ἐν τῇ φυλακῇ μόνον ἐμπνέων. Καὶ μετὰ ἑπτὰ ἡμέρας, ἐκβληθεὶς τῆς φυλακῆς, πάλιν ἐτιμωρήθη. Καὶ μὴ πεισθεὶς ἀρνήσασθαι τὸν Χριστόν, τῷ ἀθέῳ προστάγματι τῶν τυράννων, ἀχθεὶς εἰς τὸν ὁρισθέντα τόπον καὶ προσευξάμενος ἀπεκεφαλίσθη.

He was taken to Puteoli where he was severely beaten with rods. When he refused to deny Christ and venerate the idols, and instead said openly, "I believe in Christ, who made the heaven, the earth, the sea, and all that is in them," Tertullus was infuriated. Onesimus's legs were shattered into pieces, and he departed to Christ, with whom he longed to be.

On the same day. The commemoration of Saint Paphnutios 402
and Saint Euphrosyne, his daughter.

On the same day. The passion of the holy martyr Maior. 403

This man served in the army during the reign of Diocletian and Maximian. When it was discovered that he was a Christian, he was arrested in the city of Gaza and pressured to sacrifice to the demons. But when he refused and instead cried out in a loud voice, "Because I believe in my Christ, I despise these lifeless idols," he roused those who had arrested him to even greater anger. First, he was laid out upon the ground before he was severely beaten over his entire body and torn to shreds, with thirty-six soldiers taking turns in beating him. He was half dead when they picked him up and was covered in so much blood and so many wounds that he did not even look human. Then he was thrown into prison, barely breathing. Seven days later, he was taken from prison and tortured again. When he refused to deny Christ, by the godless command of the tyrants, he was taken to the appointed place and prayed until his head was cut off.

404 Μηνὶ τῷ αὐτῷ ις΄. Ἄθλησις τῶν ἁγίων μαρτύρων Παμφίλου, Οὐάλεντος, καὶ τῆς συνοδίας αὐτῶν.

Οὗτοι Χριστιανοὶ ὄντες ἐκρατήθησαν ἐν τῷ ἕκτῳ ἔτει τοῦ κατὰ Διοκλητιανὸν τὸν παράνομον βασιλέα διωγμοῦ, ἐκ διαφόρων ὑπάρχοντες πόλεων καὶ ἐπιτηδευμάτων καὶ ἀξιωμάτων. Ἐκρατήθησαν δὲ οὕτως. Ἤρχοντο πρὸς Καισάρειαν, καὶ ὅτε ἔμελλον τὰς πύλας τῆς πόλεως εἰσελθεῖν, ἠρωτήθησαν παρὰ τῶν φυλασσόντων τὰς πύλας ὅτι "Τίνες ἐστέ, καὶ κατὰ ποίαν χρείαν εἰσήλθετε ὧδε;" Οἱ δὲ ψεύδεσθαι μὴ εἰδότες, Χριστιανοὺς ἑαυτοὺς ἀπεκάλεσαν καὶ πατρίδα εἶπον τὴν ἄνω ἔχειν Ἱερουσαλήμ. Καὶ εὐθέως δεσμευθέντες ἁλύσεσι, παρεδόθησαν Φιρμιλιανῷ τῷ ἄρχοντι. Καὶ ὁ μὲν ἅγιος Ἠλίας σὺν Ἱερεμίᾳ καὶ Ἡσαΐᾳ καὶ Σαμουὴλ καὶ Δανιὴλ μετὰ πολλὰς τὰς τιμωρίας ἀπεκεφαλίσθησαν. Ὁ δὲ Πάμφιλος καὶ Σέλευκος καὶ Οὐάλης καὶ Παῦλος εἰς φυλακὴν ἐμβληθέντες πρῶτον, ὕστερον καὶ αὐτοὶ ἀπεκεφαλίσθησαν.

405 Τῇ αὐτῇ ἡμέρᾳ. Ἄθλησις τῶν ἁγίων μαρτύρων Πορφυρίου, Ἰουλιανοῦ, καὶ Θεοδούλου.

Καὶ οὗτοι οἱ ἅγιοι ἐκ τῆς τοιαύτης ἦσαν συνοδίας τῶν ἁγίων Παμφίλου καὶ Οὐάλεντος καὶ τῶν λοιπῶν. Καὶ ὁ μὲν ἅγιος Πορφύριος, δοῦλος ὑπάρχων τοῦ ἁγίου Παμφίλου, καὶ ἐπιζητῶν τὸ λείψανον τοῦ κυρίου αὐτοῦ, ποῦ ἐρρίφη, ἵνα θάψῃ αὐτό, ἐκρατήθη. Καὶ ἀναφθείσης καμίνου μεγάλης, ἐνεβλήθη εἰς αὐτὴν καὶ ἐτελεύτησεν. Ὁμοίως καὶ ὁ ἅγιος Ἰουλιανὸς καταφιλῶν τὰ λείψανα τῶν ἁγίων,

The sixteenth day in the same month. The passion of the holy martyrs Pamphilos, Valens, and their companions. 404

These Christians were arrested in the sixth year of the persecution that occurred during the reign of the lawless emperor Diocletian. They were from different cities, trades, and ranks. They were arrested in the following way: They came to Caesarea, and when they were about to enter the gates of the city, they were asked by the guards stationed at the gates, "Who are you, and what business do you have coming here?" It was not their custom to lie, so they named themselves Christians and said their fatherland was the heavenly Jerusalem. They were immediately bound in chains and handed over to the governor Firmilian. Saints Elijah, Jeremiah, Isaiah, Samuel, and Daniel were beheaded after enduring many torments. Pamphilos, Seleukos, Valens, and Paul were first thrown into prison and were also beheaded later on.

On the same day. The passion of the holy martyrs Porphyrios, Julian, and Theodoulos. 405

These saints were also among the companions of Saints Pamphilos, Valens, and the rest. Saint Porphyrios was a slave belonging to Saint Pamphilos and was arrested while he was searching for where they had thrown his master's remains so that he could bury them. A great furnace was kindled, and he died after he was thrown into it. Likewise, Saint Julian was apprehended when he venerated the holy martyrs'

ἐπιάσθη. Καὶ δεθεὶς ἐνεβλήθη καὶ αὐτὸς εἰς τὴν κάμινον, καὶ εὐχαριστῶν τῷ Θεῷ παρέδωκε τὴν ψυχήν. Ὁ δὲ ἅγιος Θεόδουλος θρηνῶν τὴν στέρησιν τῆς συνοδίας αὐτοῦ, καὶ τὸν Θεὸν παρακαλῶν ἵνα παύσῃ τὸν πικρὸν διωγμὸν τὸν κατὰ τῶν δούλων αὐτοῦ κινηθέντα, διεγνώσθη. Καὶ κρατηθείς, πρῶτον μὲν ἐτιμωρήθη ἰσχυρῶς. Ἔπειτα ἐπὶ σταυροῦ γυμνὸς κρεμασθείς, καὶ μακροῖς σιδηροῖς ἥλοις χεῖρας καὶ πόδας καθηλωθείς, μετὰ πολλῆς εὐχαριστίας παρέδωκε τὸ πνεῦμα.

406 Τῇ αὐτῇ ἡμέρᾳ. Συνάθροισις καὶ μνήμη τῶν ἐν Μαρτυροπόλει λειψάνων τῶν ἁγίων μαρτύρων καὶ Μαρουθᾶ τοῦ ἐπισκόπου.

Μαρουθᾶς ὁ ἁγιώτατος, ἐπίσκοπος ὤν, ἀπεστάλη παρὰ τοῦ Μεγάλου Θεοδοσίου βασιλέως Ῥωμαίων πρεσβευτὴς καὶ ἀποκρισιάριος πρὸς τὸν βασιλέα Περσῶν. Διὰ δὲ τὴν ἀρετὴν αὐτοῦ ἐτίμησαν αὐτὸν οἱ Πέρσαι καὶ ὑπεδέξαντο, καὶ μάλιστα ὅτι τὴν τοῦ βασιλέως θυγατέρα δαίμονα ἔχουσαν διὰ προσευχῆς ἐθεράπευσε. Καὶ πολλῶν χρημάτων διδομένων αὐτῷ, αὐτὸς ἄλλο οὐδὲν ᾐτήσατο, εἰ μὴ λαβεῖν τὰ λείψανα τῶν ἐν τῇ Περσίδι μαρτύρων καὶ θεῖναι εἰς ἕνα τόπον. Καὶ ἐπένευσεν ὁ Πέρσης. Τότε ἔκτισε πόλιν ἐπ' ὀνόματι τῶν μαρτύρων, καὶ ὠνόμασεν αὐτὴν Μαρτυρόπολιν, ἥτις νῦν λέγεται Μεφερκή. Καὶ ἀπέθετο ἐν αὐτῇ τὰ λείψανα τῶν ἁγίων μαρτύρων. Χρόνοις δὲ ὕστερον καὶ αὐτὸς ὁ ἅγιος Μαρουθᾶς, συγχωρήσει Θεοῦ, νοσήσας παρέδωκε τὸ πνεῦμα κατ' αὐτὴν τὴν ἡμέραν, καθ' ἣν τὴν

remains. He was bound and was also thrown into the furnace, where he continued to give thanks to God until he handed over his spirit. As Saint Theodoulos lamented the loss of his companions and asked God to bring an end to the terrible persecution raging against his servants, he was discovered. After he was arrested, he was first severely tortured. Then he was hung naked upon a cross, to which both his hands and his feet were fixed with long iron nails. He handed over his spirit with much thanksgiving.

On the same day. The collection and commemoration of the relics of the holy martyrs in Martyropolis and of Marouthas the bishop. 406

Marouthas, the most holy bishop, was sent by the emperor of the Romans, Theodosius the Great, as an emissary and *apokrisiarios* to the king of the Persians. The Persians honored him because of his virtue and hosted him, especially because he had cured through his prayers the king's daughter, who had been possessed by a demon. A large sum of money was offered to him, but he asked for no reward other than for the privilege to take the relics of the martyrs in Persia and gather them into a single place. The Persian king agreed, so Marouthas then founded a city in the name of the martyrs, calling it Martyropolis, but which is now called Mepherke. He then deposited the relics of the holy martyrs in it. Some years later, Saint Marouthas himself fell ill, by God's permission, and handed over his spirit on the very same day on which he had made the collection of the

τῶν λειψάνων συνάθροισιν ἐποιήσατο. Μεθ’ ὧν καὶ κατετέθη τὸ τίμιον αὐτοῦ λείψανον.

407 Μηνὶ τῷ αὐτῷ ιζʹ. Ἄθλησις τοῦ ἁγίου μεγαλομάρτυρος Θεοδώρου τοῦ Τήρωνος.

Ὁ ἅγιος μεγαλομάρτυς Θεόδωρος ὁ Τήρων ἦν ἐπὶ τῆς βασιλείας Μαξιμιανοῦ καὶ Μαξιμίνου τῶν πικρῶν διωκτῶν, νεωστὶ στρατευθεὶς εἰς τὸ τάγμα τὸ λεγόμενον Τηρωνάτον καὶ τελῶν ὑπὸ Βρίγγᾳ τῷ πραιπωσίτῳ. Ὑπάρχων δὲ ἀπὸ τῆς ἐνορίας Ἀμασείας καὶ ἀκούων πολλοὺς βασανιζομένους διὰ τὸν Χριστόν, ἐζήλωσε καὶ ἤθελε καὶ αὐτὸς μαρτυρῆσαι. Ἀπερχόμενος δὲ πρὸς τὸν Βρίγγαν εἰς Ἀμάσειαν, μαθὼν ὅτι δράκων παμμεγέθης ἐστὶ πλησίον Εὐχαΐτων, ἐλογίσατο καθ’ ἑαυτὸν ὡς “Εἰ τὸν δράκοντα φονεύσω,” λέγων, “νικήσω καὶ τὸν διάβολον.” Ὅπερ καὶ ἐποίησε. Καὶ ἀπελθὼν εἰς Ἀμάσειαν ἐνώπιον τοῦ Βρίγγα ὡμολόγησε τὸν Χριστόν. Ὁ δὲ ἐκπλαγεὶς ἔδωκεν αὐτῷ καιρὸν τοῦ σκέψασθαι. Ὁ δὲ ἅγιος διὰ τῆς νυκτὸς ἐνέπρησε τὸν ναὸν τῶν εἰδώλων. Καὶ ὀργισθεὶς ὁ Βρίγγας κατεδίκασεν αὐτὸν πυρὶ καῆναι, ᾧ ἐκεῖνος ἔκαυσε τὸν ναόν. Ἐμβληθεὶς οὖν εἰς κάμινον ἠγωνίζετο. Καὶ ἰδὼν Κλεόνικον τὸν ἴδιον αὐτοῦ πλησίον ἑστῶτα, εἶπε, “Κλεόνικε, περιμένω σε.” Καὶ οὕτως ἐτελειώθη.

martyrs' relics. His venerable remains were also laid to rest with them.

The seventeenth day in the same month. The passion of the 407
holy and great martyr Theodore Teron.

The holy and great martyr Theodore Teron lived during the reign of the emperors Maximian and Maximinus, both of whom oversaw terrible persecutions. From a young age he served in the army within the division known as the Tironian division, and in the end, under Bringas the *praepositus.* While he was away from the area of Amaseia, he heard that many were suffering torments for Christ and was filled with the zeal and desire to be martyred himself. When he was going to Bringas in Amaseia, he learned that there was an enormous serpent near Euchaita and thought to himself, "If I slay this serpent, I will also achieve victory over the devil." And this is exactly what he did. Then he went to Amaseia and confessed Christ before Bringas. Bringas was astounded at this and gave him time to reconsider. The saint, however, set the temple of the idols on fire during the night. Bringas was infuriated at this, so he condemned him to death by the fire with which he had destroyed the temple. He was thrown into a furnace where he suffered greatly. He also saw his companion Kleonikos standing nearby and said, "Kleonikos, I am waiting for you." Thus, he was perfected by death.

408 Τῇ αὐτῇ ἡμέρᾳ. Μνήμη τῆς ἁγίας Μαριάμνης ἀδελφῆς τοῦ ἁγίου Φιλίππου τοῦ ἀποστόλου.

Μετὰ τὴν ἀνάληψιν τοῦ Χριστοῦ παραγενόμενος ὁ ἅγιος Φίλιππος μετὰ τοῦ ἁγίου Βαρθολομαίου καὶ Μαριάμνης τῆς γνησίας αὐτοῦ ἀδελφῆς εἰς Ἱεράπολιν, καὶ διὰ τὸ κηρύξαι τὸν λόγον τοῦ Χριστοῦ, κρεμασθεὶς καὶ τελειωθείς, ηὔξατο πρὸς τὸν Θεόν, καὶ κατεχώσθησαν, τῆς γῆς χανούσης καὶ ὑποδεξαμένης αὐτούς, ὁ ἀνθύπατος καὶ ὁ ὑπ' αὐτὸν λαός. Οἱ δὲ λοιποὶ φοβηθέντες παρεκάλεσαν τὸν ἅγιον Βαρθολομαῖον καὶ τὴν ἁγίαν Μαριάμνην κρεμαμένους καὶ αὐτοὺς ὄντας, ἵνα μὴ καὶ αὐτοὶ καταποντισθῶσι. Καὶ ἐδυσώπησαν αὐτοὶ τὸν ἅγιον Φίλιππον, καὶ οὐ κατεπόντισεν αὐτούς, ἀλλὰ καὶ τοὺς καταποντισθέντας ἐξήγαγε. Τὸν δὲ ἀνθύπατον καὶ τὴν ἔχιδναν ἀφῆκε κάτω. Τότε ἀπελύθησαν ὁ Βαρθολομαῖος καὶ ἡ Μαριάμνη. Καὶ ὁ μὲν Βαρθολομαῖος ἀπελθὼν εἰς Ἰνδίαν τὴν Εὐδαίμονα, σταυρωθεὶς τελειοῦται. Ἡ δὲ ἁγία Μαριάμνη ἀπελθοῦσα εἰς Λυκαονίαν, καὶ κηρύττουσα τὸν λόγον τοῦ Χριστοῦ, ἐν εἰρήνῃ ἀπέθανεν.

409 Τῇ αὐτῇ ἡμέρᾳ. Μνήμη τοῦ ἐν ἁγίοις πατρὸς ἡμῶν Αὐξιβίου ἐπισκόπου Σολίων τῆς πόλεως Κύπρου.

Οὗτος ἐγένετο ἀπὸ τῆς Παλαιᾶς Ῥώμης, εἷς τῶν Ἑλλήνων. Ἀκολουθήσας δὲ τῷ ἁγίῳ ἀποστόλῳ Μάρκῳ καὶ εὐαγγελιστῇ, καὶ διδαχθεὶς παρ' αὐτοῦ τὸν λόγον τῆς ἀληθείας, ἐβαπτίσθη καὶ ἐχειροτονήθη διάκονος, εἶτα πρεσβύτερος, καὶ μετὰ τοῦτο ἐπίσκοπος Σολίων τῆς πόλεως

On the same day. The commemoration of Saint Mariamne, the sister of Saint Philip the apostle. 408

After Christ's ascension, Saint Philip traveled along with Saint Bartholomew and his birth sister Mariamne to Hierapolis. Because he proclaimed Christ's word, he was hung up and perfected by death. As he was hanging, he prayed to God, and the earth opened up and swallowed the proconsul and his contingent. The survivors were terrified and begged Saint Bartholomew and Saint Mariamne, who were also hanging there themselves, that they not be swallowed too. In turn they pleaded with Philip. And they were not swallowed; in fact, he even brought out those who had been swallowed. But he left the proconsul and the echidna down below. Bartholomew and Mariamne were then released. Bartholomew traveled to Blessed India, where he was crucified and died. Saint Mariamne went to Lykaonia, where she proclaimed Christ's word and later died in peace.

On the same day. The commemoration of our father among the saints Auxibios, bishop of the city of Soloi in Cyprus. 409

This saint was from Old Rome and was a Hellene. However, he became a disciple of Saint Mark the apostle and evangelist and was instructed by him in the word of truth. Then he was baptized and ordained a deacon. Later on, he was ordained a priest, and after that, bishop of the city of Soloi in

Κύπρου. Ὅπου καὶ ἀπελθὼν καὶ τὴν ἐκκλησίαν παραλαβών, οὐ πρὸς τραπέζας ἐξέδωκεν ἑαυτὸν καὶ τρυφάς, ὥσπερ τινές, ἀλλὰ πρὸς ἀγρυπνίας, πρὸς εὐχάς, πρὸς ξηροκοιτίας, πρὸς νηστείας, παρακαλῶν τὸν Θεὸν νυκτὸς καὶ ἡμέρας ἵνα ἐλεήσῃ τὸν λαὸν αὐτοῦ, καὶ στήσῃ τῶν τυράννων τὸν κατὰ τῶν Χριστιανῶν διωγμόν, καὶ ἵνα γνῶσι πάντες τὸ ὀρθῶς πιστεύειν, ἀρνησάμενοι τὴν ἀσέβειαν. Οὕτω ποιῶν καὶ πολλοὺς ἐπιστρέψας πρὸς Θεὸν ζῶντα, καὶ μυρίων θαυμάτων ἀξιωθείς, ἐν εἰρήνῃ πρὸς Θεὸν ἐξεδήμησεν, εὐφραινόμενος αἰωνίως σὺν τοῖς λοιποῖς ἁγίοις.

410 Τῇ αὐτῇ ἡμέρᾳ. Μνήμη τοῦ ἐν ἁγίοις πατρὸς ἡμῶν καὶ ἀρχιεπισκόπου Κωνσταντινουπόλεως Φλαβιανοῦ.

Φλαβιανὸς ὁ ἐν ἁγίοις πατὴρ ἡμῶν ὑπῆρχε τῆς ἐν Κωνσταντινουπόλει ἁγίας ἐκκλησίας πρεσβύτερος. Καὶ διὰ τὴν ἐνάρετον αὐτοῦ πολιτείαν, θελήσει Θεοῦ καὶ ψήφῳ τοῦ βασιλέως καὶ τῆς συγκλήτου καὶ τῆς ἱερᾶς συνόδου καὶ τοῦ κλήρου, χειροτονεῖται πατριάρχης τῆς αὐτῆς ἐκκλησίας. Καὶ καλῶς τὴν καταπιστευθεῖσαν αὐτῷ ποίμνην διοικῶν, καὶ τὸν λαὸν τὰ πρὸς ἀρετὴν διδάσκων καὶ διεξάγων, συγχωρήσει Θεοῦ ἐκβάλλεται παρὰ τοῦ αἱρετικοῦ Διοσκόρου καὶ τῶν ὁμοφρόνων αὐτοῦ, κρατήσας τῆς πατριαρχίας χρόνον ἕνα καὶ μῆνας δέκα καὶ εἰς ἐξορίαν παραπέμπεται. Ὅπου θλίψεις πολλὰς καὶ διαφόρους ὑπομείνας καὶ κακώσεις μυρίας καρτερήσας καὶ λιμὸν καὶ δίψαν, ὅμως εὐχαριστῶν τῷ Θεῷ οὐκ ἐπαύετο, νυκτὸς καὶ

Cyprus. After he went there and took up his position in the church, he did not indulge in banquets and pleasures, like some, but instead dedicated himself to keeping vigils, to prayer, to sleeping on the bare ground, and to fasting. He entreated God night and day that he have mercy upon his people and put an end to the tyrants' persecution against the Christians, and that all might recognize the correct faith and reject impiety. After living in this pious way, bringing many people to the living God, and being judged worthy of performing countless miracles, he departed to God in peace, where he experienced the joy of eternal blessedness with the other saints.

On the same day. The commemoration of our father among 410
the saints Flavian, archbishop of Constantinople.

Our father among the saints Flavian was a priest in the holy church of Constantinople. Because of his virtuous conduct, by God's will and with the approval of the emperor, the senate, the holy synod, and the clergy, he was ordained patriarch of that same church. Although he guided the flock entrusted to him well, instructing and leading the people on the path of virtue, he was nevertheless deposed, with God's permission, by the heretic Dioskoros and those sharing in his folly. He served as patriarch for a period of one year and ten months before he was driven into exile, where he endured many different hardships and persisted against countless afflictions, not least hunger and thirst. All the same, he did not waver in giving thanks to God as he prayed both

ἡμέρας προσευχόμενος. Καὶ οὕτω πειραζόμενος ὑπὲρ τῆς ὀρθοδόξου πίστεως, ἀσθενήσας πρὸς τὸν Θεὸν προθύμως ἐξεδήμησεν.

411 Μηνὶ τῷ αὐτῷ ιη΄. Μνήμη τοῦ ἐν ἁγίοις πατρὸς ἡμῶν καὶ θαυματουργοῦ Ἀγαπητοῦ ἐπισκόπου Συναοῦ.

Ὁ ἅγιος πατὴρ ἡμῶν Ἀγαπητὸς ὑπῆρχεν ἐπὶ τῆς βασιλείας Διοκλητιανοῦ καὶ Μαξιμιανοῦ τοῦ Ἑρκουλίου ἀπὸ χώρας τῆς Καππαδοκίας, Χριστιανῶν γονέων υἱός. Ἀπῆλθε δὲ εἰς μοναστήριον καὶ ἐγένετο μοναχός. Ἠγαπήθη δὲ παρὰ τοῦ ἡγουμένου διὰ τὴν ἐνάρετον αὐτοῦ πολιτείαν, καὶ ἐδιδάχθη καὶ τὰ ἱερὰ γράμματα. Λαβὼν δὲ παρὰ Θεοῦ καὶ θαυμάτων χάρισμα, δράκοντα μέγαν πλησίον τοῦ μοναστηρίου φανέντα καὶ ἀφανίζοντα καὶ ἀνθρώπους καὶ κτήνη διὰ προσευχῆς ἐθανάτωσε. Περὶ τούτου μαθὼν ὁ Λικίννιος ὅτι ἀνδρεῖός ἐστιν, ἀποστείλας ἤγαγεν αὐτόν, καὶ μὴ βουλόμενον ἐστράτευσεν. Ἀλλ' ἐκείνου μὲν τελευτήσαντος, ἐπὶ τοῦ Μεγάλου βασιλέως Κωνσταντίνου, παρὰ τοῦ ἐπισκόπου Συναοῦ χειροτονεῖται πρεσβύτερος. Καὶ μετὰ θάνατον τοῦ ἐπισκόπου γίνεται ἐπίσκοπος Συναοῦ. Καὶ πολλὰ θαύματα ποιήσας, ἐν εἰρήνῃ τὸν βίον ἀπέλιπεν.

night and day. After he suffered such trials on behalf of the orthodox faith, he finally fell ill and eagerly departed to God.

The eighteenth day in the same month. The commemoration of our father among the saints and wonderworker Agapetos, bishop of Synaos. 411

Our holy father Agapetos lived during the reign of Diocletian and Maximian Herculius. He was from the region of Cappadocia and was the son of Christian parents. He entered a monastery where he became a monk. He was loved by the abbot for his pious conduct and was also taught the holy scriptures. He received the grace of miracles from God, so he slew, with a prayer, a monstrous serpent that appeared near the monastery and was abducting people and animals. When Licinius learned of his bravery, he sent men to retrieve him and enrolled him in the army against his will. But after the death of Licinius and during the reign of the emperor Constantine the Great, he was ordained a priest by the bishop of Synaos. Following the death of the bishop, he became the bishop of Synaos. After performing many miracles, he departed this life in peace.

412 Τῇ αὐτῇ ἡμέρᾳ. Μνήμη τοῦ ἐν ἁγίοις πατρὸς ἡμῶν Λέοντος πάπα τῆς Μεγάλης Ῥώμης.

Ὁ θαυμάσιος οὗτος πατὴρ ἡμῶν Λέων διὰ τὴν πολλὴν αὐτοῦ ἀρετὴν καὶ σωφροσύνην καὶ καθαρότητα ἐπίσκοπος προχειρίζεται τῆς Μεγάλης Ῥώμης. Καὶ διεπράξατο μὲν καὶ ἄλλα πολλὰ ἄξια τῆς ἐκείνου ἀρετῆς, ἐξαιρέτως δὲ τὸ περὶ τῆς ὀρθῆς πίστεως. Κατὰ γὰρ τὸν καιρὸν ἐκεῖνον σύνοδος συνεκροτήθη ἐν Χαλκηδόνι ἑξακοσίων τριάκοντα πατέρων κατὰ τῶν αἱρετικῶν τῶν λεγόντων ἐπὶ Χριστοῦ μίαν θέλησιν καὶ μίαν ἐνέργειαν. Καὶ ἐπεὶ ἐδογμάτισαν τὴν ἀλήθειαν, οἱ δὲ αἱρετικοὶ οὐκ ἐπείθοντο, πᾶσιν ἤρεσεν ἵνα, ὃ ἐὰν εἴπῃ Λέων ὁ ἁγιώτατος πάπας Ῥώμης, θελήσωσι. Παρακληθεὶς οὖν ὑπὸ τῶν πατέρων καὶ τὸν Θεὸν δυσωπήσας, ἔγραψεν ἐπιστολὴν ἑρμηνεύουσαν τὴν ἀλήθειαν, ἣν ὀρθοδοξίας στήλην ὠνόμασαν, δύο θελήσεις καὶ δύο ἐνεργείας ἐπὶ Χριστοῦ κηρύττουσαν. Ὁ δὲ Μέγας Λέων καὶ τὸ μετὰ ταῦτα καλῶς βιώσας, ἐν εἰρήνῃ ἐτελεύτησεν.

413 Μηνὶ τῷ αὐτῷ ιθʹ. Ἄθλησις τῶν ἁγίων μαρτύρων Μαξίμου καὶ Θεοδότου.

Μάξιμος καὶ Θεόδοτος οἱ τοῦ Χριστοῦ μάρτυρες περιπατοῦντες κατὰ πᾶσαν πόλιν καὶ χώραν μετὰ παρρησίας ἐκήρυττον τὴν ἀλήθειαν. Καὶ τὸν Χριστὸν ὡμολόγουν Θεὸν εἶναι ἀληθινὸν καὶ Κύριον τοῦ παντὸς καὶ δημιουργὸν τοῦ κόσμου, τὰ δὲ εἴδωλα χειρῶν ἔργα καὶ τέχνης πλάσματα διὰ λίθων καὶ ξύλων κατεσκευασμένα. Διατοῦτο ἐκρατή-

On the same day. The commemoration of our father among the saints, Leo the pope of Great Rome. 412

Our wondrous father Leo was ordained bishop of Great Rome because of his great virtue, chastity, and purity. He accomplished many other deeds worthy of his virtue, but most important was his defense of the orthodox faith. For at that time, a council of six hundred thirty fathers was convened in Chalcedon against the heretics who claimed that Christ has only a single will and a single power of action. After they decreed the doctrine of truth but the heretics refused to accept it, they all agreed that they would follow the lead of whatever Leo, the most holy pope of Rome, might say. Therefore, at the request of the fathers and after entreating God, he composed a letter explaining the truth, and they have called this letter the pillar of orthodoxy. The letter proclaimed that Christ has two wills and two powers of action. Leo the Great continued to live an exemplary life after this and died in peace.

The nineteenth day in the same month. The passion of the holy martyrs Maximus and Theodotos. 413

Christ's martyrs Maximus and Theodotos traveled to every city and to every region where they openly preached the truth. They confessed that Christ was true God, the Lord of all, and the creator of the world, and that the idols were human handiwork and fabrications made from stones and wood. Because of this, they were arrested by the idolaters

θησαν παρὰ τῶν εἰδωλολατρῶν, καὶ παρεδόθησαν τῷ ἄρχοντι τῆς χώρας. Καὶ ὑπ' ἐκείνου ἐβασανίσθησαν ἰσχυρῶς, ἀρνήσασθαι τὸν Χριστὸν καταναγκαζόμενοι καὶ προσκυνῆσαι τοῖς εἰδώλοις. Ὡς δὲ οὐκ ἐπείθοντο, ἐσύροντο δέσμιοι ἀπὸ πόλεως εἰς πόλιν, καὶ ἐθηριομάχουν. Εἶτα ἐξέσθησαν μετὰ σιδηρῶν ὀνύχων. Καὶ τέλος καμίνου μεγάλης ἀναφθείσης ἐνεβλήθησαν χαίροντες εἰς αὐτήν. Καὶ εὐχαριστοῦντες παρέδωκαν τὰς ἁγίας καὶ μακαρίας αὐτῶν ψυχὰς τῷ Κυρίῳ.

414 Μηνὶ τῷ αὐτῷ κʹ. Ἄθλησις τοῦ ἁγίου μάρτυρος Σαδὼχ ἐπισκόπου καὶ τῶν σὺν αὐτῷ ἑκατὸν εἰκοσιοκτὼ ἁγίων.

Ὁ ἅγιος Σαδὼχ ἦν ἐπίσκοπος ἐν Περσίδι. Διδάσκων δὲ τὸν λαὸν τὴν εἰς Χριστὸν πίστιν καὶ πολλοὺς πείθων προσέρχεσθαι τῷ ζῶντι καὶ ἀληθινῷ Θεῷ, εἰς θυμὸν καὶ μεγάλην πικρίαν ἐκίνησε τοὺς πυρσολάτρας μάγους. Καὶ βουλευομένων ἐκείνων ἀποστεῖλαι καὶ κρατῆσαι τὸν ἅγιον, ὁρᾷ καθ' ὕπνους τὸν πρὸ αὐτοῦ ἐπίσκοπον τὸν ἱερομάρτυρα Συμεὼν ἱστάμενον εἰς μακρὰν σκάλαν καὶ καλοῦντα αὐτὸν ἀνελθεῖν πρὸς αὐτόν, λέγοντα ὅτι "Καλεῖ σε ὁ βασιλεὺς τῶν βασιλευόντων." Τοῦτο δὲ ἐδήλου τὴν διὰ τοῦ μαρτυρίου "ἀνάβασιν." Ἕως δὲ ταῦτα διηγεῖτο ὁ ἅγιος, ἀποστείλαντες οἱ μάγοι ἐκράτησαν αὐτὸν καὶ τοὺς σὺν αὐτῷ ὄντας Χριστιανούς, καὶ ἔβαλον εἰς φυλακήν. Καὶ ἀναγγείλαντες περὶ αὐτῶν Σαβωρίῳ τῷ βασιλεῖ Περσῶν, ἐξέβαλον αὐτοὺς τῆς φυλακῆς καὶ ἐτιμωρήσαντο ἰσχυρῶς. Καὶ τελευταῖον ἀπεκεφάλισαν ἅπαντας.

and handed over to the governor of the region. At his command, they were severely tortured and pressured to deny Christ and to venerate the idols. But when they refused, they were dragged from city to city as prisoners and set to fight with wild beasts. Next, they were flayed with iron nails. Finally, a great furnace was kindled, and they rejoiced as they were thrown into it. They continued to give thanks until they handed over their holy and blessed souls to the Lord.

The twentieth day in the same month. The passion of the 414
holy martyr Sadoch the bishop and the one hundred twenty-eight saints with him.

Saint Sadoch was a bishop in Persia. Because he taught the people about the faith in Christ and convinced many to accept the true and living God, he roused the fire-worshiping magi to great wrath and anger. When they were planning to send men to arrest the saint, he saw in dreams his predecessor as bishop, the holy martyr Symeon, standing on a tall ladder and calling him to climb up to him, saying, "The king of kings is calling you." This vision portended his "ascent" through martyrdom. As the saint was relating this vision, the magi sent men who arrested him along with the Christians in his company and put them into prison. After they informed Shapur, the king of the Persians, about them, they took them from prison and severely tortured them. Finally, they beheaded them all.

415 Τῇ αὐτῇ ἡμέρᾳ. Μνήμη τοῦ ἐν ἁγίοις πατρὸς ἡμῶν Σωφρονίου ἐπισκόπου.

416 Τῇ αὐτῇ ἡμέρᾳ. Μνήμη τοῦ ἐν ἁγίοις πατρὸς ἡμῶν Λέοντος ἐπισκόπου Κατάνης τῆς ἐν Σικελίᾳ.

Ὁ ἅγιος πατὴρ ἡμῶν Λέων ὁ Θαυματουργὸς ἐγένετο ἀπὸ τῆς πόλεως Ῥαβέννης, εὐγενῶν καὶ εὐσεβῶν γονέων υἱός. Καὶ μαθὼν τὴν ἱερὰν πᾶσαν γραφὴν καὶ γενόμενος ἐνάρετος ὡς καὶ θαύματα ποιεῖν, χειροτονεῖται πρεσβύτερος τῆς ἐν Ῥαβέννῃ ἐκκλησίας. Εἶτα γίνεται καὶ ἐπίσκοπος τῆς μητροπόλεως Κατάνης. Τοσοῦτον δὲ ἠγωνίσατο κατὰ τῶν αἱρετικῶν ὡς νικῆσαι πάντας καὶ καταισχύναι, οὐ μόνον λόγοις, ἀλλὰ καὶ γραφικαῖς ἀποδείξεσιν. Ἦν δὲ καὶ θαυματουργός. Καὶ γὰρ τὸν μάγον Ἡλιόδωρον πολλοὺς ταῖς μαγείαις πλανῶντα διὰ προσευχῆς πυρὶ κατέκαυσε, καυχησάμενον πάντα δύνασθαι ὡς μηδὲ πῦρ φοβεῖσθαι. Περὶ τούτου τοῦ ἁγίου καὶ οἱ βασιλεῖς Ῥωμαίων ἀκούσαντες ἐθαύμασαν. Καὶ προσκαλεσάμενοι αὐτόν, ἠξίουν εὔξασθαι ὑπὲρ αὐτῶν. Καὶ τυχόντες τῶν ἐκείνου εὐχῶν μετὰ τιμῆς ἀπέλυσαν. Ἀπελθόντα δὲ εἰς τὴν ἰδίαν ἐκκλησίαν προσελάβετο ὁ Κύριος.

417 Μηνὶ τῷ αὐτῷ κα′. Μνήμη τοῦ ἐν ἁγίοις πατρὸς ἡμῶν Ἀγάθωνος ἐπισκόπου Ῥώμης.

Καὶ οὗτος ὁ ὅσιος πατὴρ ἡμῶν καὶ θαυματουργὸς Ἀγάθων ἐκ τῆς Ἰταλίας ἐγένετο, υἱὸς Χριστιανῶν γονέων

On the same day. The commemoration of our father among the saints Sophronios the bishop. 415

On the same day. The commemoration of our father among the saints Leo, bishop of Catania in Sicily. 416

Our holy father Leo the Wonderworker was from the city of Ravenna, the son of noble and pious parents. After he studied all of holy scripture and advanced so far in virtue that he even performed miracles, he was ordained a priest of the church in Ravenna. After that, he also became bishop of the metropolis of Catania. He persevered so greatly in his struggles against the heretics that he defeated them all and put them to shame, not only with words but also through written proofs. He was also a wonderworker. For he once, by his prayer, consumed with fire the magician Heliodoros who had led many astray with his enchantments and boasted that his powers were so great that he did not even fear fire. The emperors of the Romans were also amazed when they heard about this saint. They summoned him and asked him to pray for them. After receiving his intercessions, they dismissed him honorably. Then he returned to his own church, where the Lord received him.

The twenty-first day in the same month. The commemoration of our father among the saints Agatho, bishop of Rome. 417

Our holy father and wonderworker Agatho was also from Italy, the son of pious and devout Christian parents. His

εὐλαβῶν καὶ εὐσεβῶν. Οἱ δὲ γονεῖς αὐτοῦ φιλοπονήσαντες ἐδίδαξαν αὐτὸν πᾶσαν γραφὴν θεόπνευστον καὶ ὠφέλιμον. Τοσοῦτον γὰρ ὠφελήθη παρὰ τῆς θείας γραφῆς καὶ κατενύγη ὡς, μετὰ τὸ ἀποθανεῖν τοὺς γονεῖς αὐτοῦ, συναγαγεῖν πάντα τὸν πλοῦτον αὐτοῦ καὶ προσκαλέσασθαι πτωχοὺς καὶ ἐν μιᾷ ἡμέρᾳ διασκορπίσαι αὐτόν. Αὐτὸς δὲ ἀπελθὼν καὶ γενόμενος ἐν ἡσυχίᾳ εἰς μοναστήριον, καὶ τὸ μοναχικὸν σχῆμα φορέσας, ἐδούλευε τῷ Θεῷ, νυκτὸς καὶ ἡμέρας ὑπὲρ τοῦ κόσμου προσευχόμενος. Τοσοῦτον δὲ ἠγωνίσατο εἰς ἀρετὴν ὡς καὶ τὸ χάρισμα λαβεῖν τοῦ θαυματουργεῖν. Ἐπεὶ δὲ ἡ ἀρετὴ οὐ λανθάνει, γέγονε καὶ πάπας Ῥώμης. Καὶ καλῶς διαπρέψας ἐν τῷ ἐπισκοπικῷ ἀξιώματι, καὶ πολλοῖς ἀγαθὸν ὑπόδειγμα τὸν ἑαυτοῦ βίον λιπών, ἐκοιμήθη.

418 Μηνὶ τῷ αὐτῷ κβʹ. Μνήμη τοῦ ἁγίου Ἀθανασίου τοῦ Ὁμολογητοῦ.

419 Μηνὶ τῷ αὐτῷ κγʹ. Ἄθλησις τοῦ ἁγίου ἱερομάρτυρος Πολυκάρπου ἐπισκόπου Σμύρνης.

Πολύκαρπος ὁ ἁγιώτατος μαθητὴς ἦν τοῦ ἁγίου ἀποστόλου καὶ εὐαγγελιστοῦ Ἰωάννου τοῦ Θεολόγου. Χειροτονεῖται δὲ ἐπίσκοπος εἰς Σμύρναν μετὰ τὸ τελευτῆσαι Βουκόλον τὸν ἱερώτατον ἐπίσκοπον. Καὶ γὰρ ἔτι ζῶν ὁ Βουκόλος προεφήτευσε περὶ αὐτοῦ, ὅτι αὐτὸς μέλλει γενέσθαι δεύτερος ἐπίσκοπος Σμύρνης. Ὑπάρχοντος δὲ διωγμοῦ κατὰ τῶν Χριστιανῶν παρὰ Δεκίου τοῦ βασιλέως

parents spared no effort in educating him in all the divinely inspired and edifying scriptures. In fact, he was so greatly edified by the holy scriptures and so filled with compunction that, after the death of his parents, he gathered all his material wealth, called together the poor, and distributed everything in a single day. After that, he departed to live quietly in a monastery. From the time that he adopted the monastic habit, he served God and prayed night and day on behalf of the world. He progressed so far in virtue that he also received the grace of performing miracles. But because virtue cannot be hidden, he also became pope of Rome. After he managed his papal duties with great distinction and left his own life as a good example to many, he found his repose.

The twenty-second day in the same month. The commemoration of Saint Athanasios the Confessor. 418

The twenty-third day in the same month. The passion of the holy martyr Saint Polycarp, bishop of Smyrna. 419

The most holy Polycarp was a disciple of the holy apostle and evangelist John the Theologian. He was ordained bishop of Smyrna after the death of the most pious bishop Boukolos. In fact, while Boukolos was still alive, he prophesied that Polycarp would become the second bishop of Smyrna. During a persecution against the Christians by the emperor

ἐκρατήθη καὶ προσήχθη τῷ ἀνθυπάτῳ. Καὶ μετὰ πολλὰς βασάνους ἐτελειώθη. Ἐποίησε δὲ θαύματα πολλά. Καὶ γὰρ πρὸ τοῦ χειροτονηθῆναι, τῆς ἀναθρεψάσης αὐτὸν γυναικὸς τὰς ἀποθήκας προσευξάμενος ἐγέμισε παντὸς ἀγαθοῦ, τὰς πρότερον κενωθείσας εἰς τὴν τῶν δεομένων χρείαν. Καὶ μετὰ τὸ χειροτονηθῆναι μέγαν ἐμπρησμὸν διὰ προσευχῆς ἔστησε. Καὶ ἀβροχίας γενομένης, ὑετὸν κατήγαγε. Καὶ ἄλλα πολλὰ παράδοξα Θεοῦ χάριτι ποιήσας, ἐκοιμήθη θαυματουργῶν ἕως τοῦ νῦν.

420 Μηνὶ τῷ αὐτῷ κδʹ. Ἡ ἀνάμνησις τῆς εὑρέσεως τῆς τιμίας κεφαλῆς τοῦ Προδρόμου.

Ὅτε ἀπεκεφαλίσθη ὑπὸ Ἡρῴδου ὁ ἅγιος Ἰωάννης ὁ Πρόδρομος, ἐναπετέθη ἡ κεφαλὴ αὐτοῦ εἰς ἀγγεῖον ὀστράκινον καὶ ἐκρύβη ἐν τῇ οἰκίᾳ τοῦ Ἡρῴδου. Μετὰ δὲ χρόνους πολλούς, δυσὶ μοναχοῖς ἀπελθοῦσιν εἰς Ἱεροσόλυμα τοῦ προσκυνῆσαι τὸν τοῦ Κυρίου τάφον, ἐφάνη κατ' ὄναρ ὁ ἅγιος Ἰωάννης μηνύων αὐτοῖς, ποῦ κεῖται ἡ τιμία κεφαλὴ αὐτοῦ. Καὶ εὑρόντες αὐτήν, εἶχον ἐν τιμῇ. Ἐξ αὐτῶν δὲ ἀνελάβετο αὐτὴν κεραμεύς τις καὶ ἤγαγεν εἰς τὴν Ἐμεσηνῶν πόλιν. Ὅτε δὲ ἐτελεύτησε, κατέλιπεν αὐτὴν τῇ ἰδίᾳ ἀδελφῇ. Καὶ ἔκτοτε κατὰ διαδοχὴν περιῆλθεν εἰς πολλούς. Ἐπὶ δὲ τῆς βασιλείας Μιχαὴλ τοῦ ποιήσαντος τὴν ὀρθοδοξίαν καὶ Ἰγνατίου πατριάρχου, ἀπεκομίσθη Θεοῦ χάριτι εἰς Κωνσταντινούπολιν. Καὶ ἀπετέθη μετὰ μεγάλης τιμῆς ἐν αὐτῇ, ὡς καὶ τὰ λοιπὰ πάντα ἅγια καὶ τὰ τῶν ἁγίων λείψανα, εἰς σκέπην καὶ ἀσφάλειαν αὐτῆς.

Decius, he was arrested and brought before the proconsul. After many torments, he was perfected by death. He also performed many miracles. Indeed, before his ordination, he prayed over the larders, which had previously been empty, of the woman who had raised him and filled them with every good thing for the use of those needing them. After his ordination, he stopped a great fire through his prayers. When there was a great drought, he brought down rain. After he performed many other wondrous deeds through God's grace, he found his repose, though he continues to work miracles even now.

The twenty-fourth day in the same month. The remem- 420
brance of the discovery of the venerable head of the Forerunner.

When Saint John the Forerunner was beheaded by Herod, his head was placed inside a clay vessel and remained hidden within Herod's household. Many years later, two monks went to Jerusalem to venerate the tomb of the Lord. Saint John appeared to them in a dream and revealed where his venerable head lay. They discovered it and kept it with reverence. Later, a potter received it from them and took it to the city of Emesa. After he died, he bestowed it to his own sister. From that time onward, the head was passed down through many generations. During the reign of the emperor Michael, who reinstated orthodoxy, and Ignatios the patriarch, it was transferred by God's grace to Constantinople. It was laid to rest there with great honor, just like all the other holy artifacts and relics of the saints, for its preservation and protection.

421 Τῇ αὐτῇ ἡμέρᾳ. Ἄθλησις τοῦ ἁγίου Ῥηγίνου ἐπισκόπου Σκοπέλων.

Ὁ ἅγιος ἱερομάρτυς Ῥηγῖνος ἐγένετο ἀπὸ τῆς χώρας Ἑλλάδος, γονέων Χριστιανῶν υἱός. Καὶ μαθὼν ὑπ' αὐτῶν τὴν εὐσέβειαν καὶ τὰ ἱερὰ γράμματα, ἐγένετο ἐνάρετος καὶ φοβούμενος τὸν Θεόν. Καὶ διὰ τὴν ἀρετὴν αὐτοῦ καὶ τὴν πολλὴν εὐσέβειαν, παρὰ τοῦ κατὰ τὸν τόπον ἐπισκόπου γίνεται διάκονος τῆς ἐν τῇ Ἑλλάδι ἐκκλησίας, εἶτα πρεσβύτερος, εἶτα καὶ ἐπίσκοπος Σκοπέλων. Τοσοῦτον δὲ ἐγένετο εἰς ἀρετὴν περιβόητος ὡς καὶ εἰς τὴν ἐν Σαρδικῇ σύνοδον προσκληθῆναι καὶ παραγενέσθαι, καὶ πάσας τὰς αἱρέσεις διὰ τοῦ λόγου αὐτοῦ καὶ τῆς παρρησίας ἀφανίσαι, εἶτα ὑποστρέψαι εἰς τὴν ἰδίαν ἐπισκοπήν. Καὶ μετὰ τοῦτο διωγμοῦ κινηθέντος κατὰ τῶν Χριστιανῶν, ἐκρατήθη παρὰ τοῦ τῆς Ἑλλάδος ἄρχοντος. Καὶ μετὰ τὸ πολλὰ βασανισθῆναι καὶ τιμωρηθῆναι, διὰ ξίφους τὴν ἱερὰν αὐτοῦ κεφαλὴν ἀπετμήθη.

422 Μηνὶ τῷ αὐτῷ κε'. Ἄθλησις τοῦ ἁγίου μάρτυρος Ἀλεξάνδρου μαρτυρήσαντος ἐν τῇ Θρᾴκῃ.

Οὗτος ἦν ἐκ Ποτιόλων, μιᾶς τῶν εἰς Ῥώμην πόλεως, ἐπὶ Μαξιμιανοῦ τοῦ βασιλέως καὶ Τιβεριανοῦ ἡγεμόνος. Κρατηθεὶς δὲ παρὰ τοῦ ἡγεμόνος ἠναγκάζετο προσκυνῆσαι τοῖς εἰδώλοις. Ὁ δὲ ἅγιος ἀντὶ τοῦ προσκυνῆσαι τοῖς εἰδώλοις, μᾶλλον ὕβρισε καὶ αὐτὰ καὶ τὸν ἡγεμόνα, εἰπὼν πρὸς αὐτὸν ὅτι "Καὶ αὐτὰ μάταιά εἰσι καὶ σὺ ὁ πιστεύων εἰς αὐτὰ ἄθλιος καὶ ταλαίπωρος." Διατοῦτο ἐδέθη ἐξ ἄκρων

On the same day. The passion of Saint Rheginos, bishop of Skopelos. 421

The holy martyr Saint Rheginos was from the region of Greece, the son of Christian parents. By learning piety and the holy scriptures from them, he became virtuous and God-fearing. Because of his virtue and great piety, he was ordained a deacon of the church in Greece by the local bishop, then a priest, and then bishop of Skopelos. He became so renowned for his virtue that he was invited to attend the council in Serdica, where he refuted all the heresies through his speech and candor before returning to his episcopal see. After that, a persecution arose against the Christians, so he was arrested by the governor of Greece. After he suffered many tortures and torments, his holy head was finally cut off with a sword.

The twenty-fifth day in the same month. The passion of the holy martyr Alexander who suffered martyrdom in Thrace. 422

This man was from Puteoli, one of the cities near Rome, and lived under the emperor Maximian, when Tiberianus was governor. He was arrested by the governor and pressured to venerate the idols. But rather than worshiping the idols, the saint insulted them and the governor, saying to him, "Not only are these idols worthless, but you are pathetic and deplorable for believing in them." Because of

χειρῶν καὶ ἐκρεμάσθη. Καὶ εἰς τοὺς πόδας αὐτοῦ προσεδέθη λίθος βαρύς. Καὶ μετὰ τοῦτο λυθεὶς καὶ ἀπαχθεὶς ἐν Καρθαγένῃ, πάλιν κρεμασθεὶς ἐξέσθη. Καὶ πάλιν ἀχθεὶς εἰς Μαρκιανούπολιν, μετὰ λαμπάδων πυρὸς τὸ πρόσωπον καίεται. Καὶ ἄλλας πολλὰς βασάνους καὶ τιμωρίας ἀνδρείως ὡς Χριστοῦ μάρτυς ὑπομείνας, ἐν τῇ Θρᾴκῃ ἀπελθὼν ἀπεκεφαλίσθη, ἀπολαβὼν στέφανον ἄφθαρτον καὶ ζωὴν αἰώνιον παρὰ Χριστοῦ τοῦ Θεοῦ ἡμῶν.

423 Τῇ αὐτῇ ἡμέρᾳ. Μνήμη τοῦ ἐν ἁγίοις πατρὸς ἡμῶν Ταρασίου ἀρχιεπισκόπου Κωνσταντινουπόλεως.

Ταράσιος ὁ ἐν ἁγίοις πατὴρ ἡμῶν ἐγένετο τῆς Κωνσταντινουπόλεως καὶ γέννημα καὶ θρέμμα, τὴν ἀξίαν ἀσηκρῆτις. Ἀλλὰ διὰ τὴν γνῶσιν καὶ τὴν ἀρετὴν αὐτοῦ, χειροτονεῖται πατριάρχης Κωνσταντινουπόλεως. Ὅστις καὶ τὴν τῶν σεπτῶν εἰκόνων προσκύνησιν ἐδογμάτισε. Καὶ δι᾽ αὐτοῦ ἡ βασίλειος ἀρχὴ καὶ ἡ Ῥωμαϊκὴ ἐξουσία πρὸς τὰς παραδόσεις τῶν ἁγίων ἀποστόλων καὶ τῶν ἑπτὰ οἰκουμενικῶν συνόδων ἐπανῆλθε. Καὶ πᾶσαι αἱ ἐκκλησίαι τοῖς ὀρθοδόξοις συνηνώθησαν. Ζήσας δὲ οὕτως εὐσεβῶς καὶ τοῖς βασιλεῦσι τίμιος γενόμενος, καὶ μοναστήριον ἱερὸν ἐν τῷ πέραν τοῦ στενοῦ οἰκοδομήσας, καὶ πλῆθος μοναστῶν συστησάμενος, καὶ τοὺς πτωχοὺς ἐλεήσας, καὶ καλῶς κυβερνήσας τὴν ἐκκλησίαν ἐπὶ ἔτη εἰκοσιδύο καὶ μῆνας δύο, ἐν εἰρήνῃ ἐτελειώθη. Καὶ κατετέθη ἐν τῷ αὐτῷ μοναστηρίῳ.

this, he was bound and hung up by his fingertips, and a heavy stone was then tied to his feet. After that, he was taken down and brought to the city of Carthage, where he was again hung up and flayed. Next, he was taken to Markianopolis, where they burned his face with torch flames. As Christ's martyr, he courageously endured many other torments and tortures until he finally came to Thrace, where he was beheaded. In return, he received an immortal crown and eternal life from Christ our God.

On the same day. The commemoration of our father among 423
the saints Tarasios, the archbishop of Constantinople.

Our father among the saints Tarasios was born and raised in Constantinople, and held the position of imperial secretary. But because of his learning and virtue, he was ordained patriarch of Constantinople. He promulgated the veneration of the holy icons as the true teaching, and through his efforts, the imperial power and the Roman authority returned to the traditions passed down by the holy apostles and the seven ecumenical councils. Furthermore, all the churches were joined in communion with the orthodox. Thus, after living a pious life, gaining the respect of the emperors, founding a holy monastery, which was built on the other side of the channel, supporting a great number of monks, giving alms to the poor, and successfully guiding the church for twenty-two years and two months, he was perfected by death in peace. He was laid to rest in that monastery.

424 Μηνὶ τῷ αὐτῷ κς′. Μνήμη τοῦ ἁγίου Πορφυρίου ἐπισκόπου Γάζης.

Ὁ ἅγιος Πορφύριος ἐγένετο ἀπὸ τῆς πόλεως Θεσσαλονίκης, υἱὸς γονέων πλουσίων. Καταλιπὼν δὲ καὶ γονεῖς καὶ πλοῦτον ἐπὶ τῆς βασιλείας Ἀρκαδίου καὶ Ὀνωρίου, ἀπῆλθεν εἰς Αἴγυπτον καὶ ἐγένετο μοναχός. Εἶτα ἐλθὼν εἰς Ἱεροσόλυμα, ἔπειθεν Ἰουδαίους καὶ Ἕλληνας προσέρχεσθαι τῷ Χριστῷ, σμίλην μεταχειριζόμενος καὶ δέρματα ῥάπτων, καὶ τρέφων καὶ ἑαυτὸν καὶ τοὺς πένητας. Εἶτα χειροτονεῖται πρεσβύτερος ὑπὸ Πραϋλίου πατριάρχου Ἱεροσολύμων. Καὶ τῶν Γαζαίων ζητησάντων αὐτόν, χειροτονεῖται ἐπίσκοπος ὑπὸ Ἰωάννου ἀρχιεπισκόπου Καισαρείας τῆς Φιλίππου. Καὶ πλεῖστα θαύματα ποιήσας, πολλοὺς τῶν Ἑλλήνων καὶ τῶν Ἰουδαίων ἐβάπτισε. Καὶ πάντας τοὺς ναοὺς τῶν εἰδώλων καταστρέψας, ἐκκλησίας ἁγίων ἔκτισε. Καὶ οὕτω καλῶς βιώσας, πρὸς Θεὸν ἐξεδήμησε, κληρονομήσας τὴν αἰώνιον ζωήν.

425 Τῇ αὐτῇ ἡμέρᾳ. Μνήμη τοῦ ὁσίου Στεφάνου τοῦ συστησαμένου τὸ γηρωκομεῖον τοῦ Ἀρματίου.

426 Μηνὶ τῷ αὐτῷ κζ′. Μνήμη Προκοπίου καὶ Βασιλείου τῶν ὁμολογητῶν τῶν συνάθλων καὶ συμμαθητῶν.

Οὗτοι ὑπῆρχον ἐπὶ τῆς βασιλείας Λέοντος τοῦ Εἰκονομάχου. Καταλιπόντες δὲ τὸν κόσμον καὶ τὰ ἐν κόσμῳ, ἐγένοντο μοναχοί. Καὶ καλῶς ἀσκήσαντες πρότερον, ὕστερον τῆς αἱρέσεως τῆς κατὰ τῶν ἁγίων εἰκόνων κινηθείσης,

The twenty-sixth day in the same month. The commemoration of Saint Porphyrios, bishop of Gaza. 424

Saint Porphyrios was from the city of Thessalonike, a son of wealthy parents. But he renounced both his parents and their wealth during the reign of Arcadius and Honorius, and went to Egypt and became a monk. After that, he went to Jerusalem, where he convinced Jews and Hellenes to come to Christ. He worked leather with knife and needle to provide for both himself and the poor. Later on, he was ordained a priest by Praülios the patriarch of Jerusalem. But at the request of the people of Gaza, he was ordained as its bishop by John the archbishop of Caesarea Philippi. He performed very many miracles and baptized many Hellenes and Jews. He also razed every idolatrous temple and constructed churches of the saints. After living a good life, he departed to God where he received the award of eternal life.

On the same day. The commemoration of Saint Stephen 425
who founded the home for the elderly of *ta Armatiou*.

The twenty-seventh day in the same month. The commemoration of the confessors Prokopios and Basileios, companions in asceticism and learning. 426

These men lived during the reign of Leo the Iconoclast. They renounced the world and everything in it to become monks. They first spent their time devoting themselves to asceticism, but later, when the heresy arose against the

σπουδαίως ἀντέστησαν τοῖς εἰκονομάχοις. Ὅθεν καὶ κρατηθέντες καὶ πολλὰ τιμωρηθέντες, οὐκ ἐνέδωκαν. Ἀλλὰ τὴν ἀλήθειαν ἐκήρυττον μέχρι θανάτου. Διὸ καὶ ἐξέσθη ὁ ἅγιος Βασίλειος τὸ σῶμα πᾶν καὶ τὸν τράχηλον, καὶ τῇ φυλακῇ παρεδόθη. Ἀπεκλείσθη δὲ καὶ ὁ ἅγιος Προκόπιος. Τοῦ δὲ τυράννου τελευτήσαντος, ἀπελύθησαν. Καὶ ἐκ τῆς φυλακῆς ἐξελθόντες, τῆς ὁμοίας ἐπεμελοῦντο διαγωγῆς. Καὶ πολλοὺς πρὸς ἀρετὴν ἐπαλείφοντες καὶ πρὸς τὴν ὀρθόδοξον πίστιν ἐπανάγοντες, ἐν διαφόροις καιροῖς ἕκαστος πρὸς τὸν Θεόν, ὃν ἐκ βρέφους ἐπόθησαν, ἐξεδήμησαν, ἀγαθὸν ὑπόδειγμα καταλιπόντες πολλοῖς τὸν ἐνάρετον βίον αὐτῶν.

427 Μηνὶ τῷ αὐτῷ κη΄. Ἄθλησις τοῦ ἁγίου μάρτυρος Νέστορος.

Ὁ ἅγιος μάρτυς Νέστωρ ὑπῆρχεν ἐπὶ τῆς βασιλείας Δεκίου τοῦ παρανόμου καὶ ἀδικωτάτου βασιλέως καὶ Ποπλίου ἡγεμόνος ἐκ τῆς πόλεως Πέργης τῆς Παμφυλίας. Χριστιανῶν δὲ γονέων ὑπάρχων υἱός, καὶ ὑπ᾽ αὐτῶν τὰ ἱερὰ γράμματα μαθών, ἐπεστόμιζε τοὺς Ἕλληνας ἐκ τῶν θείων γραφῶν, καὶ πολλοὺς ἐπὶ τὸν Θεὸν ἐπιστρέφων ἐβάπτιζεν. Διαβληθεὶς δὲ ἐκρατήθη παρὰ τοῦ ἄρχοντος Εἰρηνάρχου, καὶ ἤχθη πρὸς τὸν ἡγεμόνα. Καὶ ὁμολογήσας ἐνώπιον αὐτοῦ τὸν Χριστὸν Θεὸν ἀληθινὸν καὶ δημιουργὸν τοῦ κόσμου, πρῶτον μὲν τύπτεται ἰσχυρῶς, ἔπειτα ξέεται, καὶ τελευταῖον, ὡς οὐκ ἐπείθετο ἀρνήσασθαι τὸν Χριστόν, προσηλοῦται σταυρῷ. Καὶ κρεμώμενος, ἐδίδασκε τοὺς παρεστῶτας τὴν ὁδὸν τῆς ἀληθείας. Καὶ οὕτω

veneration of the holy icons, they fervently resisted the iconoclasts. Because of this, they were arrested and subjected to many torments, but they did not give in. Instead, they continued to proclaim the truth, even until death. Saint Basileios, therefore, was flayed over his entire body and his neck before he was put in prison. Saint Prokopios was also locked up. After the tyrant's death, they were released. When they left prison, they dedicated themselves to their previous way of life. They encouraged many to virtue and guided them to the orthodox faith. They each departed at different times to God, for whom they had longed from their youth, leaving their good life as an example for many.

The twenty-eighth day in the same month. The passion of the holy martyr Nestor. 427

The holy martyr Nestor lived during the reign of the lawless and most unjust emperor Decius, when Publius was governor, and was from the city of Perge in Pamphylia. He was also the son of Christian parents and was instructed by them in the holy scriptures. He silenced the Hellenes with the holy writings and turned many to God and baptized them. He was reported for this, so he was arrested by the magistrate Irenarchos and brought to the governor. When Nestor confessed before him that Christ was true God and the creator of the world, he was first severely beaten, then he was flayed, and finally, when he refused to deny Christ, he was nailed to a cross. Yet even as he was hanging there, he taught the bystanders the way of truth. After teaching

διδάσκων τοὺς παρεστῶτας καταφρονεῖν τῆς παρούσης ζωῆς, ἐξέπνευσεν.

428 Τῇ αὐτῇ ἡμέρᾳ. Μνήμη τοῦ ὁσίου πατρὸς ἡμῶν Θαλελαίου.

Οὗτος ἐγένετο μὲν ἀπὸ Κιλικίας. Τὴν ἀσκητικὴν δὲ πολιτείαν ἀγαπήσας, τὴν πόλιν κατέλαβε Γαβάλων. Καὶ εὑρὼν τόπον τινὰ πλησίον τῆς πόλεως, ὅστις κατοικητήριον ἦν δαιμόνων, ἐν αὐτῷ ἔκτισε μικρὰν οἰκίαν. Καὶ τοὺς δαίμονας ἀποδιώξας, ἐν τῇ αὐτῇ οἰκίᾳ τὸν Θεὸν ἱκέτευε, νηστείαις καὶ ἀγρυπνίαις καὶ ξηροκοιτίαις καὶ κακουχίαις σαρκὸς ἑαυτὸν καταδαπανῶν. Ἰδόντες δὲ οἱ δαίμονες τὴν ἀρετὴν αὐτοῦ, ἐπειράθησαν ἐκφοβῆσαι αὐτόν. Οὐκ ἠδυνήθησαν δέ. Διὰ γὰρ προσευχῆς ἐποίει αὐτοὺς ἀφάντους. Καὶ τότε ἐμάνησαν καὶ ἤρξαντο ἀνασπᾶν τὰ δένδρα, τὰς ἐλαίας καὶ τὰς συκᾶς. Ἐπεὶ δὲ οὐδὲ εἰς τοῦτο παρεκίνησαν τὸν ἅγιον, διὰ τῆς νυκτὸς μετὰ φωνῶν καὶ θορύβου ἐπῆλθον αὐτῷ. Καὶ μηδὲν ἀνύσαντες ὑπεχώρησαν. Αὐτὸς δὲ ἔγκλειστρον στενὸν ποιήσας καὶ εἰσελθών, ἐν αὐτῷ τὸν ὅλον βίον αὐτοῦ διετέλεσεν.

429 Τῇ αὐτῇ ἡμέρᾳ. Μνήμη τῶν ὁσίων γυναικῶν Μαράνας καὶ Κίρρας.

Αἱ ἅγιαι αὗται ἐγένοντο ἐκ τῆς πόλεως Βεροίας τῆς Κιλικίας. Καταλιποῦσαι δὲ καὶ γένος καὶ πατρίδα καὶ πλοῦτον, ἀπῆλθον πλησίον Βεροίας, καὶ ἔκτισαν κελλίον μικρόν. Καὶ εἰσελθοῦσαι ἔσω, ἀνέκτισαν τὴν θύραν μετὰ πηλοῦ

the bystanders to despise this present life, he breathed his last.

On the same day. The commemoration of our holy father Thalelaios. 428

This man was from Cilicia, but because of his desire for the ascetic life, he went to the city of Gabula. There he discovered a place near the city where demons had made their den and constructed a small dwelling of his own there. After he drove out the demons, he began to supplicate God in his dwelling with fasts, vigils, by sleeping on the bare ground, and consuming his flesh with mortifications. When the demons saw his virtue, they tried to intimidate him, but they were unable to. For he made them vanish through his prayers. This infuriated them, so they began to uproot the trees, that is, the olive and fig trees. But when this also did not disturb the saint, they came at him during the night making noises and cries. And when they were again unsuccessful, they departed. He then built a small cell, entered it, and spent the rest of his life in it.

On the same day. The commemoration of the holy women Marana and Kirra. 429

These saints were from the city of Berroia in Cilicia. They renounced their family, their homeland, and their wealth before they withdrew some distance from Berroia, where they constructed a small cell. After they entered this cell,

καὶ λίθων, καὶ ἀφῆκαν θυρίδα μικράν, ἀφ' ἧς καὶ τροφὴν μικρὰν καὶ ὕδωρ ὀλίγον ἐλάμβανον. Καὶ ταῖς προσερχομέναις αὐταῖς γυναιξὶ συνετύγχανον, διδάσκουσαι αὐτὰς τὰ πρὸς ἀρετήν. Ἐφόρουν δὲ καὶ σίδηρα βαρέα καθ' ὅλου τοῦ σώματος. Καὶ διελέγοντο ταῖς γυναιξὶν ἐν τῇ ἡμέρᾳ μόνῃ τῆς Πεντηκοστῆς. Τὸν δὲ ὅλον ἐνιαυτὸν ἐν ἡσυχίᾳ διῆγον. Ἤσθιον δὲ καὶ ἔπινον κατὰ τεσσαράκοντα ἡμέρας μίαν. Οὕτω δὲ καλῶς καὶ θεαρέστως βιώσασαι, ἠξιώθησαν καὶ χαρισμάτων θαυματουργίας. Καὶ γὰρ τυφλοὺς ἀναβλέψαι ἐποίησαν. Καὶ δαιμονῶντας ἐθεράπευσαν. Καὶ χωλοῖς βαδίζειν ὀρθῶς ἐχαρίσαντο. Καὶ οὕτως ἐτελειώθησαν.

430 Τῇ αὐτῇ ἡμέρᾳ. Μνήμη τῆς ὁσίας Δομνίνης.

Ἡ ἁγία Δομνίνα ἐγένετο ἐκ τῆς πόλεως Κύρου, γονέων εὐσεβῶν καὶ πλουσίων θυγάτηρ. Ἠγάπησε δὲ τὸν Θεὸν ἐκ βρέφους. Καὶ ἐξέδωκεν ἑαυτὴν πρὸς τοὺς τῆς ἀσκήσεως ἀγῶνας. Καὶ πλησίον τῆς οἰκίας αὐτῆς μέρος τι ἐκλεξαμένη, ἐποίησε καλύβην ἀπὸ καλάμων. Καὶ ἐν ἐκείνῃ καταμένουσα μετὰ δακρύων νυκτὸς καὶ ἡμέρας τὸν Θεὸν ὑπὲρ τῆς οἰκουμένης ἐδυσώπει, ὑπὲρ τῶν ἐκκλησιῶν, ὑπὲρ τῶν ὀρθοδόξων βασιλέων, ὑπὲρ τοῦ στρατοῦ, ὑπὲρ τοῦ κοινοῦ, καὶ τελευταίαν εὐχὴν ἐποιεῖτο ὑπὲρ τῆς ἰδίας ψυχῆς. Ἡ δὲ τροφὴ αὐτῆς ἦν φακὴ βεβρεγμένη μικρὰ καὶ ὀλίγον ὕδωρ. Οὕτως ἀγγελικῶς βιώσασα καὶ τὸ σῶμα τοῖς πόνοις νεκρώσασα, καὶ τοῖς ἀγγέλοις συνδιαιτωμένη καὶ πρὸ μεταστάσεως, χαίρουσα πρὸς Θεόν, ὃν ἐπόθησεν, ἐξεδήμησεν, ἀπολαβοῦσα τῶν αἰωνίων ἀγαθῶν τὴν ἀπόλαυσιν.

they filled in the doorway with mud and stones, and left a small window through which they received their meager nourishment and a little water. They conversed with the women who visited them and taught them the path of virtue. They also wore heavy chains over their entire bodies. They spoke with the women only on Pentecost. But they otherwise remained silent for the whole year. They ate and drank only one day out of every forty. Because they lived well and in a way pleasing to God, they were judged worthy of the grace of performing miracles. They made the blind see, they healed those possessed by demons, and they made the lame walk freely. Thus, they were perfected by death.

On the same day. The commemoration of Saint Domnina. 430

Saint Domnina was from the city of Cyrrhus and was the daughter of pious and wealthy parents. She loved God from her youth, so she devoted herself to the toils of asceticism. She chose for herself a place near her home where she constructed a hut from reeds. She remained in this hut and tearfully prayed to God, both night and day, for the whole world, for the churches, for the orthodox emperors, for the army, and for the common good. She prayed last for her own soul. Her nourishment consisted of a meager quantity of soaked lentils and a little water. Since she lived an angelic life by mortifying her body through her labors, she also lived with the angels, even before her own death. She rejoiced when she departed to God, for whom she longed, and received the delight of the eternal goods.

Abbreviations

BHG = François Halkin, *Bibliotheca hagiographica Graeca,* 3rd ed., 3 vols. (Brussels, 1957); and François Halkin, *Novum auctarium bibliothecae hagiographicae Graecae* (Brussels, 1984)

BHL = *Bibliotheca hagiographica Latina,* 2 vols. (Brussels, 1898–1901)

BHO = Paul Peeters, *Bibliotheca hagiographica orientalis* (Brussels, 1910)

CSLA = *The Cult of Saints in Late Antiquity* database, accessed December 18, 2024, http://csla.history.ox.ac.uk

Janin, *Les églises* = Raymond Janin, *Les églises et les monastères,* vol. 3 of *Géographie ecclésiastique de l'Empire byzantin,* part 1, *Le siège Constantinople et le patriarcat oecuménique* (Paris, 1953)

LBG = Erich Trapp, ed., *Lexikon zur byzantinischen Gräzität besonders des 9.–12. Jahrhunderts,* 8 vols. (Vienna, 1994–2017)

OCD = Sander M. Goldberg and Tim Whitmarsh, eds., *The Oxford Classical Dictionary,* updated December 2024, https://oxfordre.com/classics

ODB = Alexander P. Kazhdan, Alice-Mary Talbot, Anthony Cutler, Timothy E. Gregory, and Nancy P. Ševčenko, eds., *The Oxford Dictionary of Byzantium* (Oxford, 1991)

ODCC = Andrew Louth, ed., *The Oxford Dictionary of the Christian Church,* 4th ed. (Oxford, 2022)

ODLA = Oliver Nicholson, ed., *The Oxford Dictionary of Late Antiquity* (Oxford, 2018)

PG = Jacques-Paul Migne, ed., *Patrologiae cursus completus, series Graeca,* 161 vols. (Paris, 1857–1866)

PL = Jacques-Paul Migne, ed., *Patrologiae cursus completus, series Latina,* 221 vols. (Paris, 1841–1865)

PLRE = Arnold Hugh Martin Jones, John Robert Martindale, and John Morris, eds., *The Prosopography of the Later Roman Empire,* 3 vols. (Cambridge, 1971–1992)

PmbZ Online = Ralph-Johannes Lilie, Claudia Ludwig, Thomas Pratsch, and Beate Zilke, eds., *Prosopographie der mittelbyzantinischen Zeit Online* (Berlin, 2013–), http://www.degruyter.com/view/db/pmbz

SynaxConst = Hippolyte Delehaye, ed., *Synaxarium ecclesiae Constantinopolitanae: Propylaeum ad Acta sanctorum Novembris* (Brussels, 1902)

TIB = *Tabula imperii Byzantini* (Vienna, 1976–), https://tib.oeaw.ac.at/

Note on the Text

The Menologion of Basil II (Vat. gr. 1613) is a manuscript from an early recension of the *Synaxarion of Constantinople*. Most scholars place the composition of the *Synaxarion* during the reign of Constantine VII Porphyrogennetos (r. 913–959 CE) and attribute it to the work of a single individual, a deacon named Evaristos.[1] Although the circumstances of the original composition are difficult to reconstruct, the *Synaxarion of Constantinople* as we know it is far from being a monolithic text. Rather, it exists in different recensions or versions, many of which are contaminated, and much of its transmission history is still poorly understood. This is largely due to the great complexity of the manuscript tradition, which includes many manuscripts that have not yet been studied, and to the immense labor that such a project would entail.[2] Even Hippolyte Delehaye, who based his edition of the *Synaxarion* on a single twelfth- or thirteenth-century manuscript, balked at the idea of reconstructing its transmission history from the limited number of manuscripts that he consulted (more than fifty) and likened such an effort to the proverbial "rope of sand."[3]

All the same, Delehaye's edition represented a monumental advancement in the understanding of this text, and he was able to identify its seven main recensions.[4] His con-

clusions are still generally valid today, though they have been refined and clarified by later scholars.[5] They are H* (the earliest form), B* (of which the *Menologion* is the earliest surviving manuscript), C* (which is partially derived from B*), D*, F*, M*, and S* (which is the most widely cited because the base manuscript of Delehaye's edition belongs to this family). But this is not the place to delve further into these complex issues, and it is only necessary to situate *The Menologion of Basil II* within both the manuscript tradition of the *Synaxarion of Constantinople* and its own family, recension B*.

At the outset, it is important to state what *The Menologion of Basil II* is not. First, the *Menologion* is not the archetype of the *Synaxarion of Constantinople.* That is, it is not the earliest model from which the rest of the tradition is derived, and it is certainly not the original copy prepared by Evaristos, if such a text ever existed as a single, continuous work.[6] And second, the *Menologion* is not the archetype of its own family, recension B*. Although it is the oldest surviving manuscript of B*, its early date of composition should not be mistaken for or conflated with its status as the archetype. Delehaye himself and more recently Andrea Luzzi have both demonstrated that the *Menologion* is not the archetype of B*.[7]

The Greek text in this volume therefore is almost entirely the text of a single manuscript (Vat. gr. 1613). There are obviously advantages and disadvantages to this decision. For example, such a text obviously makes no claim to being a critical edition of the entire *Synaxarion* tradition or even of recension B*. This is especially true for the *Menologion* since it contains synaxary entries for only half of the Byzantine calendar, the so-called winter semester of September

through February. But because Synaxaria were liturgical texts meant to be used, and this usage was the driving force behind the diversification of the textual tradition, there is something both compelling and natural about an edition of a real, physical manuscript and not of a nonexistent, hypothetical model. Moreover, of all the surviving manuscripts of the *Synaxarion,* few are of greater interest or better known than *The Menologion of Basil II,* not least because of the intertwined relationship between text and image and how this relationship, as I discuss more fully in the Introduction, accounts for the unique nature of the text itself. I also hope that this text—the first complete edition, to my knowledge, of any manuscript of the *Synaxarion* since Delehaye's—will stimulate greater interest and inspire further work on this understudied but important corpus of Byzantine literature.

The principles used for editing the *Menologion* are the following: Regarding punctuation, most but not all punctuation marks used in the manuscript are represented in some fashion in the edition. The most common, and equally most difficult, mark to translate is the so-called middle dot, which is rendered as a comma (usually in compound sentences), colon or semicolon (modern use of the middle dot), and period. The lower dot is usually rendered as a comma and is the mark most commonly omitted from the edition. Such is the case when additional commas would complicate rather than clarify the flow of the text. The occasional marginal notations used to mark biblical quotations in the manuscript are not represented. For orthography, an attempt has been made to strike a balance between the spelling used in the manuscript and the expectations of modern readers. The common medieval spellings of words such as διατοῦτο

are always favored over the classicizing διὰ τοῦτο, while rare and inconsistent spellings are usually normalized and coordinated. For example, the manuscript variously has Ἀρμενία and Ἁρμενία, but the former is printed consistently throughout.

Sigla

B = Vatican, Biblioteca apostolica Vaticana, gr. 1613, 979–1025 (possibly 979–989), Constantinople, pp. i–xv, 1–430. The manuscript contains twenty-eight quires (pp. 2–430), which are preceded by a single unnumbered folded sheet (pp. xiii–1); there is also a blank, unnumbered page between 362 and 363, which I call 362a. Contents: epigram, p. xiii; blank pages, pp. xiv–xv; entry for the beginning of the indiction, p. 1; September, pp. 2–75; October, pp. 76–151; November, pp. 152–215; December, pp. 216–86; January, pp. 287– 362; blank page, p. 362a; February, pp. 363–430. Pages i–xii include a Latin index of the saints in alphabetical order, which is not original to the manuscript.

B2 = Vatican, Biblioteca apostolica Vaticana, gr. 2046, 12th–13th c., probably from Sicily, mutilated at the very beginning. Folios 1r–262v contain synaxary entries for September 1 to July 27.

Albani = Annibale Albani, ed., *Menologium Graecorum jussu Basilii [II] imperatoris,* 3 vols. (Urbino, 1727)

PG = PG 117:20–332

Notes

1 Evaristos's preface, which outlines his methods for paring down and adapting his longer hagiographical sources, still survives. See *SynaxConst,* xiii–xiv.

2 Compare *SynaxConst,* li.

3 "Funem ex harena" (*SynaxConst,* li).

4 *SynaxConst,* v–xliii.

5 For example, see Jacques Noret, "Le synaxaire Leningrad gr. 240: Sa

place dans l'évolution du synaxaire byzantin," *Античная древность и средние века (Antichnaya drevnost' i srednie veka)* 10 (1973): 124–30; Luca Pieralli, "Synaxarium Ecclesiae Constantinopolitanae: La famiglia C*," *Orientalia Christiana periodica* 60 (1994): 399–470; Andrea Luzzi, *Studi sul Sinassario di Costantinopoli,* Testi e Studi Bizantino-neoellenici 8 (Rome, 1995). For good summaries in English, see Bernard Flusin, "Synaxarion of the Great Church," in *Christian-Muslim Relations: A Bibliographical History,* vol. 3 *(1050–1200),* ed. David Thomas and Alex Mallett (Leiden, 2011), 574–85, at 575 and 583–84; and Andrea Luzzi, "Synaxaria and the Synaxarion of Constantinople," in *The Ashgate Research Companion to Byzantine Hagiography,* ed. Stephanos Efthymiadis (Farnham, 2011–2014), vol. 2, pp. 197–208, at 197–98.

6 This was recognized as early as Delehaye. See *SynaxConst,* xxiv.

7 Andrea Luzzi, "El 'Menologio de Basilio II' y el semestre invernal de la recensio B* del Sinaxario de Constantinopla," in *El "Menologio de Basilio II": Città del Vaticano, Biblioteca apostolica vaticana, Vat. gr. 1613; Libro de estudios con ocasión de la edición facsímil,* ed. Francesco D'Aiuto (Vatican City, 2008), 47–75; and Andrea Luzzi, "Per l'individuazione del codice modello delle due prime edizioni a stampa del semestre estivo del 'Menologio' di Basilio II," in *Opōra: Studi in onore di mgr Paul Canart per il LXX compleanno,* ed. Santo Lucà and Lidia Perria, special issues, *Bollettino della Badia Greca di Grottaferrata,* n.s. 51–53 (1997–1999): vol. 2, pp. 95–115.

Notes to the Text

Epigram

κάτω δ' ὁ τοῦτον: Ὁ δὲ τοῦτον PG

ὅλης γῆς: ὅλης τῆς γῆς PG

σοφῶν . . . ἀρχαγγέλων: Σοφῶν, προφητῶν, ἀγγέλων, ἀρχαγγέλων PG

ἀφράστου: ἀφράστους PG

September

1 ἴνδικτον PG: ἴδικτον *sic* B

2 τῆς Συρίας *omitted* PG

ἐνήστευεν: ἐνήστευσεν PG

3 Μωσέως: Μωϋσέως PG

4 διακόνου *omitted* PG

Βερόην: Βεροίην PG

ξίφη: ξίφει PG

5 Χριστιανισμόν: Χριστὸν PG

θείου ἀγγέλου: τοῦ θείου ἀγγέλου PG

6 Ἰωάννου πατριάρχου: Ἰωάννου τοῦ πατριάρχου PG

μὲν *omitted* PG

θανατικοῦ: θανάτου PG

καταλιπὼν: ἀπολιπὼν PG

7 εὐκόλους *emendation suggested by Alexakis*: εὐκόλως B

ἀποφάσει Μαξιμιανοῦ: ἀποφάσει τοῦ Μαξιμιανοῦ PG

ἄλλα τε: ἄλλοτε PG

τὴν *omitted* PG

9 καὶ ὅπως: καὶ ὡς PG

ἐκεῖθεν: ἐκείνων PG

10 Βαβύλα: Βαβύλου PG

Καὶ λαβόντες: Τότε λαβόντες PG

11 Ἀ<μ>μιανοῦ *my correction*: Ἀμιανοῦ B PG

εὐχαρίστησαν: ηὐχαρίστησαν PG

12 ὑπῆρχεν: ὑπῆρχε PG

13 Ἑβραϊκῶν: Ἑβραίων PG

αὐτὸ: αὐτῷ PG

καταβάσεως: ἀναστάσεως PG

14 θυμιάσαι: θυμιᾶσαι PG

σὺν αὐτοῖς φονεῦσαι: καὶ σὺν αὐτοῖς φονεύειν PG

15 παρὰ τῶν δημίων: ὑπὸ δημίων PG

κατηξιώθη: ἠξιώθη PG

16 ἀποστρέφοντες: ἐπιστρέφοντες PG

Καὶ πολλὰ: καὶ τὰ πολλὰ PG

17 ὑπῆρχέ τις ἀνὴρ: ὑπῆρχε ἀνήρ τις PG

γινόμενα: γενόμενα PG

18 ὑφ' ἑαυτὸν: ὑφ' ἑαυτοῦ PG

ὁ πραιπώσιτος: ὁ πραιπόσιτος PG

19 Φλαβιανὸς: Φαβιανὸς PG

Ἀλέξανδρος ὁ Ἱεροσολύμων: Ἀλέξανδρος Ἱεροσολύμων PG

τοῖς θεοῖς: τοῖς εἰδώλοις PG

20 δρὺν: δρῦν PG

κατέλιπεν: ἀπέλιπεν PG

21 *In this and the previous entry, the scribe occasionally writes iota adscripts. This is highly unusual in the Menologion. In the previous entry,* see Μαξίμω τῶι ἄρχοντι *(entry 20, line 12), and here,* παρέστη τῶι ἄρχοντι *(entry 21, lines 11–12).*

22 ἀειπαρθένου: παρθένου PG

ἡμῶν *omitted* PG

ἠβουλήθη: ἐβουλήθη PG

ἀναλαβεῖν: ἀναλαμβάνειν PG

24 στρατευόμενος ἐπὶ τῆς βασιλείας Λικιννίου: ἐπὶ τῆς βασιλείας Λικιννίου στρατευόμενος PG

27 πρὸς τὸν Χριστὸν *omitted* PG

30 Κλαυδιούπολιν: Κλαυδίου πόλιν PG

31 Κουρνούτου: Κορνούτου PG
ἄρχων: ὁ ἄρχων PG
Κουρνοῦτος: Κορνοῦτος PG
ποταμηδὸν *my correction*: ποταμιδὸν B PG
33 ἀγωνιζομένους καὶ ἀθλοῦντας: ἀγωνιζομένους, ἀθλοῦντας PG
34 ἀνηρευνῶντο: ἀνεύρονται PG
35 ὡς δ' ἕτεροι: ὡς δὲ ἕτεροι PG
μητρὶ: μητέρι PG
Τότε ἀνελθὼν . . . ὕψωσεν αὐτόν *omitted* PG
36 τῷ τῆς χώρας ἄρχοντι: τῷ ἄρχοντι PG
ἰσχυρῶς: σφοδρῶς PG
ὑπεδέθη: ὑποδέθη PG
Σελευκείας: Σελευκίας PG
37 τὴν τῶν Χριστιανῶν *omitted* PG
38 ἐκεῖθεν: *should perhaps be corrected to* ἐκεῖ
ὠφελῶν καὶ ἐπιστηρίζων: ἐπιστηρίζων καὶ ὠφελῶν PG
39 ἁμαξῶν PG: ἁμαξών B
παρὰ: ὑπὸ PG
40 ὅ τε βασιλεὺς καὶ ὁ πατριάρχης: ὅτε βασιλεύς, ὅτε πατριάρχης PG
41 ἐπὶ τῆς τραπέζης: ἐπὶ τραπέζης PG
πάσης τῆς συγκλήτου: τῆς συγκλήτου πάσης PG
ἐγυμνώθησαν: ἐγυμνώθη PG
43 ιζ': IϚ' PG
μητρὸς: Μ(ΗΤ)Ρ(Ο)Σ B, μητέρος PG
τὰς τρεῖς: τρεῖς PG
ἐπέστρεφον: ἐπίστρεφον PG
τρίτον ἡ Ἀγάπη: τρίτη ἡ ἁγία Ἀγάπη PG
ἔνατον: ἔννατον PG
44 σφηνὸς *emendation suggested by Alexakis (compare SynaxConst, col. 52, sec. 2)*: σφήνης B, σφύρης PG
γλῶτταν: γλῶσσαν PG
45 Τῇ αὐτῇ ἡμέρᾳ: μηνὶ τῷ αὐτῷ ιζ' PG
ἠδυνήθη: ἐδυνήθη PG
46 Κλωπᾶ: Κλεώπα PG
ὁ νομισθείς: ὀνομασθεὶς PG

47 κατακρίναι: κατακρῖναι PG

48 τελουμένων: γενομένων PG

ἀνηλεῶς: ἀνιλεῶς PG

βασάνου: φυλακῆς PG

καταφθάζεται: κατασφάζεται PG

Καὶ οὕτως: ἕως PG

49 Μετὰ ταῦτα: Μετὰ δὲ ταῦτα PG

50 Βενεβενδοῦ: Βενεβεντοῦ PG

ἐπίσκοπος τῆς πόλεως: ἐπίσκοπος γενόμενος τῆς πόλεως PG

Βενεβενδοῦ: Βενεβεντοῦ PG

Βενεβενδοῦ: Βενεβεντοῦ PG

Δεισιδέριος: Δεσιδέριος PG

51 μετάλλων Albani: μετάλων B

52 μητρός: μητέρος PG

περιβαλομένη: περιβαλλομένη PG

παρὰ: ὑπὸ PG

Θεὸν: Κύριον PG

53 αὐτὸς μὲν: μὲν αὐτὸς PG

διαβόλου ὡς: διαβόλου ὥστε PG

ἐνεβλήθη: ἐβλήθη PG

54 Ἰσαακίου: Ἰσακίου PG

Ἰσαάκιος: Ἰσάκιος PG

Ἰσαάκιος: Ἰσάκιος PG

ἀμέμπτως τε: ἀμέμπτως PG

θαυμάτων χαρίσματος: χαρίσματος θαυμάτων PG

55 τηρώνων: τυρώνων PG

στρατείας: στρατίας PG

μητρὶ: μητέρι PG

καλουμένη: καλουμένῃ μὲν PG

ἐλθούσῃ PG: ἐλθούσης B

56 ἐκκαεῖσαν: ἐκκαιεῖσαν PG

58 εἰποῦσαν: *emendation suggested by Alexakis (compare SynaxConst, col. 70, sec. 3),* καὶ εἰπεῖν B

60 πατρὸς: πατέρος PG

Καβα<λ>λῖνος: *emended to coordinate with all other occurrences in* B

ταλανίζων: δαπανίζων PG

61 σοι ταῦτα: σοι τοιαῦτα PG

λαλῆσαι: λαλεῆσαι PG

62 πρώτη μὲν: πρώτη μὴν PG

63 ἑαυτῆς: αὐτῆς PG

Θεοκλ<ε>ίας *my correction*: Θεοκλίας B PG

64 μητρός: μητέρος PG

προσεδέθη: προσεδόθη PG; *compare Acts of Paul and Thecla 35 (BHG 1710)*

65 τῷ ἀέρι: ἀέρι PG

Θεοπασχιτῶν: Θεοπασχυτῶν PG

66 τοῦ ἁγίου ὁσιομάρτυρος: τοῦ ὁσιομάρτυρος PG

ἐζητεῖτο: ἐξητεῖτο PG

67 μετασχηματισθεῖσα: μετασχημασθεῖσα PG

τῆς θυγατρός: τῆς θυγατέρος PG

ἡ θυγάτηρ: θυγάτηρ PG

68 τοῦ ἁγίου βαπτίσματος: τοῦ βαπτίσματος PG

69 τῷ ἐπάρχῳ: τῷ ἄρχοντι PG

ἀποδιώκοντα: ἀποδιῶκον PG

71 τὴν διδασκαλίαν: διδασκαλίαν PG

72 ἄρκον: ἄρκτον PG

πειραθέντες: πειρασθέντες PG

73 Ὠριγένους PG: Ὡριγένους B

74 Ἀρμενίας PG: Ἁρμενίας B. B *has* Ἁρμενία *with a rough breathing here and in the following entry, but I only cite the first instance.*

δολοφονήσαντος: δολοφονεύσαντος PG

October

76 Μηνὶ Ὀκτωβρίῳ α′: Μηνὶ Ὀκτωβρίῳ, ἐν τῇ πρώτῃ PG

78 εὐλαβείᾳ: ἀβλαβείᾳ PG

79 μετὰ ὀργῆς: μετ᾽ ὀργῆς PG

χρὴ: χρῆ<ναι> PG

σῶμα: στόμα PG

80 αὐτοῦ: αὐτῷ PG

82 Ἀθήναις: Ἀθήνῃ PG

οὐρανίων: ἐπουρανίων PG

83 θῦσαι PG: θύσαι B
84 γλῶσσαν *my correction*: γλώσσαν B; γλῶτταν PG
88 τοῦ Ἀρεοπαγίτου: Ἀρεοπαγίτου PG
89 διδαχθεὶς: ἐδιδάχθη PG
τῶν ἁγίων: τοῦ ἁγίου PG
90 ἀσκηταῖς: ἀσκητοῖς PG
φορῶν: φέων *(sic)* PG
91 ὁ ἐπίσκοπος: ἐπίσκοπος PG
94 ἱερᾷ PG: ἱερὰ B
ἀποστεῖλαι PG: ἀποστείλαι B
96 ὡς δῆθεν: ὡς δὴ PG
ἔκαυσεν: ἔκαυσ(εν) B; ἔκαυσε PG
98 ὁσίας: ἁγίας PG
θαύματα ποιῆσαι: θαύματα πολλὰ ποιῆσαι PG
99 ἔμπροσθεν: ἐνώπιον PG
ἀνδρίαν: ἀνδρείαν PG
ἀπέτεμεν: ἀπέτεμε PG
101 οὐδὲ ἐκεῖ: οὐδ' ἐκεῖ PG
τῷ Κυρίῳ: τῷ Χριστῷ PG
102 καταισχύναι: καταισχῦναι PG
104 ναὸν: τὸν ναὸν PG
ψυχωφελὴς: ψυχωφελῶν PG
106 καὶ τέχνην: καὶ τὴν τέχνην PG
107 Παναγίου: Ἁγίου PG
βασιλίσσης: βασσιλίσσης PG
Τράλλη: Θράλλη PG
108 τξζʹ: τὴς *sic* PG
μητρός: μητέρος PG
ὁμοφώνως: ὁμοφρόνως PG
109 σιδηρωθεὶς: σιδηροδεθεὶς PG
110 τεαφίου: θεαφίου PG
111 Δομνίνα: Δομνῖνα PG
114 εἰς: ἐς PG
Μεδιόλανα: Μεδιώλανα PG
115 ἐφόνευε: ἐφόνευεν PG

116 οἰκίας: οἰκείους PG
117 ἐπικειμένην: ὑποκειμένην PG
118 πατρὶ: πατέρι PG
διέβαλον: διέβαλλον PG
καταχωσθέντες: καταχωθέντες PG
119 ἐπὶ τῆς γῆς: ἐπὶ γῆς PG
δρὺς *after correction* B: δρῦς PG, *before correction* B
διαμερισθήσονται: διαμοιρισθήσονται PG
121 Βοιωτίας *emendation suggested by Papaioannou (compare* Βοιωτίας *and similar forms in SynaxConst, col. 148, sec. 1 and apparatus)*: Μακεδονίας B PG, *see also the corresponding note in the Notes to the Translation*
Τραϊανοῦ: Τιβερίου PG
τὸν διωγμὸν: τὸν διωγμον *sic* B
122 μάρτυρος *omitted* PG
τὸ δέρμα: τὸ δέρμα αὐτοῦ PG
κατὰ ἁρμόν: κατ' ἁρμόν PG
στυρακίου: διὰ στυρακίου PG. *Such a construction with this word may be attested only in the synaxarion tradition. See LBG,* "στυράκιον."
123 ὑπὸ: ἐφ' PG
Νύσης: Νύσσης PG
Ἀρείου, Εὐνομίου: Ἀρείου καὶ Εὐνομίου PG
124 ὑπῆρχεν: ὑπῆρχε PG
οἱ υἱοὶ αὐτῶν . . . αὐτῶν: οἱ υἱοὶ ὑμῶν . . . ὑμῶν PG
125 ἔπεσον: *A later hand of* B *corrected* ἔπεσον *to* ἔπεσεν, *presumably to match* συνεκάλυψε.
ὁ υἱός: υἱός PG
σοζʹ: ϛοζʹ, *or perhaps* ϛοζʹ, PG. *Albani's edition clearly has a stigma.*
126 ἀνεκομίσθη καὶ κατετέθη: ἀνεκομίσθη PG
127 τελουμένης: γενομένης PG
Ὅθεν: Ὅταν PG
ἐκρέμασεν: ἐκρέμασε PG
129 εἰπὼν *omitted* PG
προστάσσω: προστάττω PG

130 ὄνομα: τοὔνομα PG
μετὰ τοῦτο: μετατοῦτο B. *I have separated these words as this is the unique case in the Menologion where the words are joined.*

131 ἀδελφοῦ PG: ἀδεφοῦ *sic* B
παραδόσεως PG: παραδώσεως B

132 φοῦρνον PG: φούρνον B
Τῇ τοῦ Χριστοῦ: Τῇ Χριστοῦ PG

133 Μαξιμιλλιανός: Μαξιμιλιανός PG

134 Κωνσταντινουπόλεως: Κονσταντινουπόλεως PG
ἔγγων: ἔκγονος PG
ἕνδεκα PG: ἔνδεκα B

135 Αἰθιοπίᾳ: Αἰθιωπίᾳ PG
Αἰθιοπίας: Αἰθιωπίας PG
Ἐλεσβαᾶ: Ἐλεσβαᾶν PG

136 Κωνσταντινουπόλει B Albani: Κωνστανειουπόλει *sic* PG

137 Ἀρμενία PG: Ἀρμενία B
παρὰ τῶν Ἀρειανῶν: ἀπὸ τῶν Ἀρειανῶν PG
ἤλεγχον. Καὶ ἐκρατήθησαν PG, *I have altered the punctuation*: ἤλεγχον, ἐκρατήθησαν B

139 Θεσσαλονικέων: Θεσσαλονίκης PG

141 ἐδίδασκε: ἐδίδασκεν PG

142 Ἡ ἀνάμνησις: Ἀνάμνησις PG
ἐνάτης: ἐννάτης PG

144 γέγονεν: γέγονε PG
μόλυβδον PG: μόλιβδον B
ἐπὶ κραββάτου χαλκοῦ πυρωθέντος: ἐν τῷ κραββάτῳ χαλκῷ πυρωθέντι PG

145 τῇ καθολικῇ Ἐκκλησίᾳ: τῆς καθολικῆς Ἐκκλησίας PG
παραυτὰ: παρ' αὐτὰ PG

146 Ἀβραμίου: Ἀβραμίου PG. Albani *and the* PG *use a smooth breathing in every case of the saint's name.*
Καὶ μετὰ χρόνους δέκα, χειροτονεῖται: χρόνους πολλούς. Εἶτα χειροτονεῖται PG

147 Μητρυὰν: Μητρυιὰν PG
Μοψουεστίᾳ: Μοψοεστίᾳ PG
μητρυὰ: μητρυιὰ PG

διέβαλεν: διέβαλλεν PG

151 ᾗ *Alexakis*: ᾧ B

Ὀδυσσοῦ πόλεως: Ὀδυσσουπόλεως PG

November

152 α′: Ἐν τῇ πρώτῃ PG

Κοσμᾶς PG: Κοσμὰς B *and similarly below*

Διδαχθέντες παρὰ μὲν αὐτῆς: Διδαχθέντες μὲν παρ' αὐτῆς PG

καὶ ὥρκισε . . . αὐτά *omitted Albani, perhaps intentionally (compare Matthew 5:33–37)*

155 ἀπαθεῖς: ἀβλαβεῖς PG

μητρὸς: μητέρος PG

156 ὀδόντας PG: ὁδόντας B

Τωβίας PG: Τῶβίας *sic (or* τῷ Βίας*)* B

158 βασιλέων ἐναλλαγὰς: βασιλέων μὲν ἀλλαγὰς PG

159 ἐπὶ τῆς βασιλείας: ἐπὶ βασιλείας PG

ὀρχηστικῇ PG: ὀρχιστικῇ B

161 μητρός: μητέρος PG

διένειμον: διένειμαν PG

162 Διδάσκοντες δὲ: διδάσκοντες PG

163 Εὐσέβειον: Εὐσέβιον PG

Κουκουσὸν τῆς Ἀρμενίας (Ἁρμενίας B): Κούκουσον Ἀρμενίας PG

164 τὸ ὕψος *omitted* PG

165 λαβὼν ἐκ: λαβὼν ἀπὸ PG

166 Ἀρμενίας PG: Ἁρμενίας B

167 πατρὸς: πατέρος PG

168 Ἡ σύναξις: σύναξις PG

φιλάνθρωπος: ὁ φιλάνθρωπος PG

Ἔταξε δὲ . . . ἀρχιστράτηγον *omitted* PG

Σαμαὴλ: Σαβαὴλ PG

τὸν ἀποστάτην ἰδὼν πεσόντα: ἰδὼν πεσόντα τὸν ἀποστάτην PG

Πρόσσχωμεν: Προσέχωμεν PG

Πρόσσχωμεν: Προσέχωμεν PG

169 Αὔτη: Αὐτὴ PG

170 Θεσσαλονίκῃ: Θεσσαλονίκης PG

173 Τούτων τῶν ἁγίων ἀποστόλων: Τῶν μὲν ἁγίων τούτων ἀποστόλων PG

174 νουμέρου: Νουμερίου PG

Ἀντωνίνου PG: Ἀντωνίου B

ἐπικλιθεῖσιν *my correction*: ἐπικληθεῖσιν B; ἐπικλινθεῖσι PG

175 τῶν Στουδίου: τῶν Στουδιτῶν PG

τῇ τοῦ Σακκουδίωνος μονῇ: τῇ Σακκουδίωνος μονῇ PG

176 ἐπὶ Γρατιανοῦ βασιλέως: ἐπὶ Ἰουλιανοῦ τοῦ βασιλέως PG

χλανίδος: χλαμύδος PG

177 πατρὸς: πατέρος PG

178 Ἀρμενίας PG: Ἁρμενίας B

181 Γαγγρῶν PG: Γαγγρῶ *sic* B

ταμιείῳ: ταμείῳ PG. PG *retains this spelling twice more below.*

Ναυατιανοί: Νοουατιανοί PG

182 Βησθαϊδᾶ: Βηθσαϊδᾶ PG

183 πιστοῖς: ἀπίστοις PG

185 τοῦ πατρὸς: πατέρος PG

186 Τοῦ ἁγίου ἀποστόλου: Μνήμη τοῦ ἁγίου ἀποστόλου Albani

Κἀκεῖ PG: Κακεῖ B

187 ἐπεστράφη: ἀπεστράφη PG

ἠρετίσατο: ᾑρετίσατο PG

188 ἐπὶ Αὐρηλιανοῦ: ἐπ' Αὐρηλιανοῦ PG

μέγαν PG: μέγα B

εὐχαρίστει: ηὐχαρίστει PG

τοσούτους . . . Χριστιανούς: τοσούτους Χριστιανοὺς κατέλιπεν, ὅσους εὗρε ἀπίστους PG. *Compare* Πλὴν ἀλλὰ μεγάλης εὐχαριστίας ἄξιον, ὅτι τοσούτους καταλείπει τοὺς εἰδωλολάτρας τῷ μετ' αὐτὸν ἐκδεχομένῳ τὴν Ἐκκλησίαν, ὅσους αὐτὸς Χριστιανοὺς ὑπεδέξατο *(Gregory of Nyssa,* Life of Gregory the Wonderworker, PG *46, col. 953D).*

189 τὴν ἐς: τὴν εἰς PG

ἔτι νέος ὢν: ἔτι νέος PG

κραβάττου: κραβάτου PG

καταφλέγεται ὡς: καταφλέγεται ὥστε PG

190 κωλύσαι: κωλῦσαι PG

παρ' αὐτοῦ *omitted* PG

Ὢι οἱ Χριστιανοὶ πιστεύουσι: Ὢι δουλεύουσιν οἱ Χριστιανοὶ καὶ πιστεύουσι PG

τῆς μητρός: τῆς μητέρος PG. *The same substitution is found below.*

ὕδωρ: τὸ ὕδωρ PG

193 μυσαρᾶς: μυσαρῆς PG

ὅτι ἐπεὶ μέλλω: ὅτι μέλλω PG

τιμωρηθείς: τιμωρησάντων PG

194 Νηρσᾶς PG: Νηρσὰς B

Νηρσᾶ PG: Νηρσὰ B

ὀγδοηκονταπέντε PG: ὀγδοηκονπέντε *sic* B

195 Παπίου: Δαπίου PG

καταλῦσαι PG: καταλύσαι B

196 ἐλέγξασαι: ἐλέγξαντες PG

197 θείου αὐτοῦ Συμεῶνος: θείου Συμεῶνος PG

συνδιατρίψας: διατρίψας PG

198 Ἄννης PG: Ἀννης *sic* B

ἐκ ναοῦ Κυρίου: ἐν ναῷ Κυρίου PG

200 μόνων *my correction (compare SynaxConst, col. 247, sec. 1)*: μόνου PG, *after correction* B, μόνον *before correction* B

τῷ εἰδώλῳ: τοῖς εἰδώλοις PG

201 Οἱ τρεῖς δὲ ἐδιδάσκοντο: Οἱ τρεῖς ἐδιδάσκοντο PG

κρατηθέντες καὶ *omitted* PG

202 τὸ διὰ . . . τέλος: τὴν . . . τελευτήν PG

203 Ὀκτωκαίδεκα: ὀκτὼ καὶ δέκα PG

204 Δομετιανοῦ: Τραϊανοῦ PG

ἐτρέφετο: ἀνετρέφετο PG

206 προεβλήθη: προεκλήθη Albani; προ[σ]εκλήθη PG

τράχηλον PG: στράχηλον *sic* B

207 λαλοῦσα: λαβοῦσα PG

Μαξέντιον: Μαξιμῖνον PG

208 ἐβλάβη *in margin* B, PG: ἔλαβε B

213 ἑβδομάδι τοῦ Ἁγίου Πάσχα: ἑβδομάδι περὶ τοῦ Πάσχα PG

ἐκ τῶν γραφῶν: ἐκ τῶν ἁγίων γραφῶν PG

215 λʹ B Albani: *omitted* PG

ὁ Ψάρος PG: Ὀψάρος *sic* B

December

216 αʹ: ἐν τῇ πρώτῃ PG

Συμεὼν ἐκ τῆς χώρας: Συμεὼν καὶ ἐκ τῆς χώρας PG

217 πρὸς τὸν Θεὸν: πρὸς Θεὸν PG

218 χωράφιον PG: χοράφιον B. *Although* χοράφιον *is attested in the documentary records of various monasteries, this spelling is not prevalent anywhere else. Additionally,* χωράφιον *is found with omega in the following entry.*

σπέροντα: σπείροντα PG; *compare LBG,* "σπέρω"

ὑπεμβὰς: ὑπερβὰς PG

ἐγγόνην: ἐκγόνην PG

219 γῆν αὐτοῦ: γῆν αὑτοῦ PG

220 εἰς τάφον: ἐς τάφον PG

221 ἐν τοῖς οὐρανοῖς: εἰς τοὺς οὐρανούς PG

ἰάματα παρέχον . . . αὐτῷ: παρέχον . . . αὐτῷ ἰάματα PG

222 καὶ τῆς καταλύσεως τῶν: καὶ περὶ τῆς καταλύσεως τῶν PG

ταῦτα πάντα: πάντα ταῦτα PG

223 ἤλεγχεν αὐτὸν: ἤλεγχεν αὐτοὺς PG

224 ἐπὶ τοῦ Μαξιμιανοῦ: ἐπὶ Μαξιμιανοῦ PG

ἔδωκεν αὐτῇ PG: ἔδωκεν αὐτὴν B

225 ὡς μὴ μόνον: ὥστε μὴ μόνον PG

226 ἀποκεφαλισθῆναι B Albani: ἀποκεθαλισθῆναι PG

227 ἔνι: ἐστι PG

228 σίδηρα: σιδηρᾶ PG

μέγα PG: μέγαν B

231 οὗτινος καὶ ὁ ἅγιος: οὗτινος ὁ ἅγιος PG

Ἀπολλώς: Ἀπολλὼ PG

232 Θηβῶν PG: βηθῶν B

ἔνι: ἔστι PG

τὸ τέλος: τέλος PG

234 ιʹ B Albani, *omitted* PG

235 Παραβάτη PG: παραβάτι B
Ἔδεσαν: Ἔδεσσαν PG
τῷ Χριστῷ: τῷ Θεῷ PG
236 Ἄψεϊ: Ἀψεῆ *in SynaxConst*
Ἐκ τῆς τῶν Περσῶν χώρας: Ἐκ τῆς χώρας τῶν Περσῶν PG
Ἀειθαλᾶς *accentuation suggested by Alexakis*: Ἀειθαλὰς B; Αἰθαλὰς PG
238 Τῇ . . . Μοναστηρίῳ *inserted from* B2 *(Vat. gr. 2046, 98r col. 1)*, *omitted* B
239 ἐν ἁγίοις *omitted* PG
Κωνσταντίου: Κωνσταντίνου PG
Ἐποίμαινε: Ἐποίμανε PG
εἶπεν, "Ἐν τῷδέ ἐστι . . .": εἶπεν, ὅτι Τῷδέ ἐστι . . . PG
241 κρωζούσης: κραζούσης PG
κραβάττου: κραβάτου PG
242 ἐνέρριψαν: ἀνέρριψαν PG
243 Κουμβρίκιος: Κομβρίκιος PG
τῶν ἀνθρώπων: τῶν Χριστιανῶν PG
244 πλουσίου τινός: τινος πλουσίου PG
245 Περὶ τῆς εὑρέσεως: Τῇ αὐτῇ ἡμέρᾳ. Εὕρεσις PG
ἔλθῃ: ἔλθοι PG
246 εἰς τὸν φοῦρνον: εἰς φοῦρνον PG
247 ἐς τήγανον: εἰς τήγανον PG
ἄρκοι: ἄρκτοι PG
καὶ ἐξ αὐτῶν: ἐξ αὐτῶν PG
ἐμαρτύρησεν: ἐμαρτύρησε PG
248 ἐν Ἱεροσολύμοις: Ἱερουσαλὴμ PG
249 γινομένου: γενομένου PG
αὐτὴ PG: αὐτῇ B
250 ἡμεῖς: αὐτοὶ PG
Χαλδίας: Χαλδαίας PG
Ἄβραμ: Ἀβραὰμ PG
251 τῶν Ἀσσυρίων: Ἀσσυρίων PG
252 ἑβδομήκοντα: ἑξήκοντα PG
τὰ μυστήρια *omitted* PG
τὸν λάκκον: λάκκον PG

253 ἐμαγάρισεν: ἐμαγάρισε PG
μητρὸς: μητέρος PG
οἰκεῖα PG: οἰκία B
ἐλοιδόρησε τὸν Βάκχον: ἐλοιδόρησεν εἰς τὸν Βάκχον PG
ἀμηράν: ἀμηρᾶν PG
255 Αἰγύπτιοι μὲν: μὲν Αἰγύπτιοι PG
256 ἐν τῇ χώρᾳ ἐκείνῃ: ἐν τῇ χώρᾳ PG
257 πολιτικῶν *omitted* PG
258 γὰρ καὶ ηὔχετο: γὰρ ηὔχετο καὶ PG
259 ἑαυτῶν: αὐτῶν PG
260 γελῶν: λέγων PG
261 βάσανα: βάσανον PG
262 ἀντὶ ἐκείνου: ἀντ' ἐκείνου PG
καὶ βασανιζόμενος *omitted* PG
263 τοῦ ἐπισκόπου: τῶν ἐπισκόπων PG
264 μητρὸς: μητέρος PG
ὑγιὴς ἐξῆλθεν. Εἶτα πάλοις προσδεθεῖσα *omitted* PG
265 ἀσβέστου: ἀσβέστους PG
καὶ ἄλλα θαύματα *omitted* PG
ἐξεδήμησεν: ἐξεδήμησε PG
266 ὁ ἀνὴρ: ἀνὴρ PG
267 ὁ ἅγιος Χρυσόγονος: ὁ Χρυσόγονος PG
268 Εὐόδου: Εὐώδου PG
269 Σατορνίνος: Σατουρνίνος PG
Λεοβένης: Λεομένης PG
θύσουσιν: θύσωσιν PG
270 πατρὶ: πατέρι PG
271 Θεοτόκου: Παρθένου PG
272 ἴδωσιν ἀστέρα: ἴδωσι τὸν ἀστέρα PG
273 αὐτό: αὐτόν PG
τῷ Ἰωσήφ: Ἰωσήφ PG
274 σπαθίου: τοῦ σπαθίου PG
ἐφόρεσεν: ἐφόρεσε τὴν PG
279 δισμυρίων: δυσμυρίων PG
ἀναφθέντων: ἀναχθέντων PG

δισμύριοι: δυσμύριοι PG

280 Μυγδόνιος: Μυγδώνιος PG

281 καὶ ὁ μέλλων: ὁ μέλλων PG

282 ἡγουμενεύσαντος: ἡγεμονεύσαντος PG

283 ἀπερχομένη: ἀπερχομένῃ PG

285 τῆς ἐπιγείου *after correction* B: τὴν ἐπίγειον *before correction* B, ἐπὶ γῆς PG

οὐράνιον: οὐρανῶν PG

January

287 Ἰαννουαρίῳ: Ἰανουαρίῳ PG

α′: Ἐν τῇ πρώτῃ PG

ὁ Κύριος ἡμῶν καὶ Θεός: ὁ Θεὸς καὶ Κύριος ἡμῶν PG

πάντα τὰ: πάντα PG

288 ὑπάρχους: ἐπάρχους PG

290 Σατορνίλῳ: Σατορνίνῳ PG. *Compare usage in BHG 243.*

λέαινα PG: λέαιξα *sic* B

προσευχόμενος: προσερχόμενος PG

291 ἀπεκάθαρε: ἀπεκάθηρε PG

292 ζωὴν αἰώνιον: τὴν ζωὴν αἰώνιον PG

τοῖς ἐμὲ μὴ: τοῖς μὴ PG

293 συνετύγχανε: συνετύγχανον PG

πλατεῖαν PG: πλατείαν B

295 Θεωνᾶς PG: Θεωνὰς B

Θεωνᾶν PG: Θεωνὰν B

ῥηθέντι βόθρῳ: ῥηθέντι τόπῳ PG

ἐξέχεαν: ἔχεαν PG

296 σιδήρων: σιδηρῶν PG

κοχλάζοντα: καχλάζοντα PG

κομενταρήσιον PG: κομενταρίσιον B

297 ἀλλὰ διὰ: ἀλλὰ καὶ διὰ PG

298 Ἐφραίμ: Ἐφραΐμ PG

ἐφόνευεν: ἐφόνευσεν PG

κρίμα: κρῖμα PG

299 Μωσέως: Μωϋσέως PG
νόμου ἐναντία: τὰ ἐναντία PG
ἀλλὰ ὡς: ἀλλ' ὡς PG
301 Θεοφίλου διακόνου: Θεοφίλου PG
Ἑλλαδίου PG: Ἐλλαδίου B
302 φορέσαντά με: φορέσαντά μοι PG
εὐχαριστίας PG: εὐχαριστείας B
304 Σηλὼμ: Σηλωήμ PG
τοῦ υἱοῦ Δαυὶδ . . . βασιλέως *omitted* PG
305 Νύσης: Νύσσης PG
Νύσαν *after correction* B: Νύσσαν PG, *before correction* B
πρὸς Χριστὸν: πρὸς Κύριον PG
306 ἑλκύσαι: ἑλκῦσαι PG
307 τὸν ἐν τοῖς *(referring to* ναὸν*)* B B2: τὴν ἐν τοῖς PG
γυρόθεν: γύρωθεν PG
φορῶν: φερῶν PG
308 Δομνίκας: Δομνίκης PG
310 οὕτως: οὕτω PG
311 πατρὸς: πατέρος PG
ὑπάτου: ἐπάρχου PG
312 εὑρίσκετο: ηὑρίσκετο PG
ἐτελεύτησεν: ἐτελεύτησε PG
315 καὶ τὴν δόξαν: τὴν δόξαν PG
Βλεμύων PG, *after correction* B: Βλεμμύων *before correction* B. *Compare also the same correction in entry 316 and the spelling with a single mu in entry 317.*
κουρσεῦσαι: κουρεῦσαι PG
ψιαθία: ψιάθια PG
316 Βλεμύων PG, *after correction* B: Βλεμμύων *before correction* B
ἐκράτει B: ἐκράτη B2; ἐκρατεῖτο PG; *compare SynaxConst, col. 391, sec. 1 apparatus (Cc)*: οἱ μὲν τὰς κεφαλὰς ἀπετμήθησαν, ἐξ ἑνὸς μέρους κρατοῦντος τοῦ δέρματος, κτλ
318 ἀνατείλαντος: ἀνατέλλοντος PG
319 ἐδίδαξεν: ἐδίδασκεν PG
321 κατ' ὀλίγον κατ' ὀλίγον: κατ' ὀλίγον PG
τῶν δερμάτων τῶν φοινίκων: τῶν δερμάτων φοινίκων PG

συντυγχάνειν PG: συντυχάνειν B B2. *The less common spelling might be preferable.*

322 ἄλλο τι: ἀλλ' ὅ τι PG; ἀλλ' ὅτι Albani

ἐπιθυμίαν: τὴν ἐπιθυμίαν PG

324 τῆς τιμίας ἁλύσεως: τῆς ἁγίας ἁλύσεως PG

325 εὐχαρίστει: ηὐχαρίστει PG

ἐτελεύτησεν: ἐτελεύτησε PG

327 νέος: νέως PG

ἀφῆκεν: ἀφῆκε PG

Τυφθεὶς B PG (ς *added above the line in* B)

παρὰ δύο μαθητῶν: παρὰ τῶν δύο μαθητῶν PG

328 Νεονίλλαν *before correction* B, PG: Νεωνίλλαν *after correction* B

Παλμάτος: Πάλματος PG; *compare* Παλμᾶτος *in BHG 1646*

Κοδράτος: Κοδρᾶτος PG

ἑαυτὴν: αὑτὴν PG

Νεονίλλης *before correction* B, PG: Νεωνίλλης *after correction* B

329 χρόνοις: χρόνους PG

330 ἡ καὶ μετονομασθεῖσα: ἡ μετονομασθεῖσα PG

331 κομενταρήσιος *my correction*: κομενταρίσιος B PG

332 ὑπεδύθη: ὑπεδήθη PG

333 Εἶπεν γὰρ: Εἶπε γὰρ PG

334 πανταχοῦ: αὐτὸν PG

335 Οὐαλεριανὸς PG: Οὐαλέριος B B2

336 Βασιλείδου: Βασιλείδους PG; *compare SynaxConst, col. 405, sec. 2 apparatus*

ἐξεδήμησεν: ἐξεδήμησε PG

337 ἁμάξας PG: ἀμάξας B

αὐτόριζα: αὐτόρριζα PG

338 Ἀρμενίας PG: Ἀρμενίας B

ἡσυχάζει: ἡσύχαζεν PG, *perhaps rightly, but compare SynaxConst, col. 405, sec. 1.* B2 *has a different text.*

ὥσπερ: ὡς PG

339 χάριτος: χάριτι PG

341 μητρὸς: μητέρος PG

342 Βαλαντίαν: Βαλεντίαν PG

ἀπολύω σε καὶ οὐ φονεύω: ἀπολύσω σε καὶ οὐ φονεύσω PG

343 υἱὸς μάγου τινός: υἱὸς Μαγουντινοῦ PG
τηρώνων: τυρώνων PG
344 μικρὰν μερίδα: τὴν μικρὰν μερίδα PG
345 Διαδεξάμενος δὲ: Διαδεξάμενος PG
346 πατρὸς: πατέρος PG
μητρὸς: μητέρος PG
Ἀμισόν: Ἄμισον PG
ἀποσφάττεται: ἀποσφάζεται PG
347 Ὄντος: Οὗτος PG
348 καὶ Μαξιμιανοῦ *omitted* PG
ὑπὸ τοῦ ἄρχοντος: παρὰ τοῦ ἄρχοντος PG
εὐθὺς: εὐθέως PG
349 Σασίμων: Σαζίμων PG
εἰς PG: εἰ B
ἡσύχασεν: ἡσύχαζεν PG
350 Ἰαννουαρίῳ: Ἰανουαρίῳ PG
κατέρριψε: κατέστρεψε PG
351 Ξενοφῶν B2 PG: Ξενοφὼν B
352 καίεται: ξέεται PG
353 Καὶ τότε: Τότε PG
354 Ἐδέσης: Ἐδέσσης PG
καὶ αὐξηθεῖσαν *omitted* PG
355 ὀδόντων θηρίων: ὀδόντων τῶν θηρίων PG
ἀλεσθῆναι: ἀλεθῆναι PG
356 Ἐδέσης: Ἐδέσσης PG
357 τοῦ ἁγίου ἱερομάρτυρος: τοῦ ἱερομάρτυρος PG
πρῶτον: πρότερον PG
ἐβασάνισε: ἐβασάνισεν PG
358 Ἐδέση: Ἐδέσση PG
359 Κιβυρραιωτῶν: Κιβυρραιότων PG
Σαρακηνῶν: βαρβάρων PG
Σαρακηνοὶ: βάρβαροι PG
360 περὶ τῶν θαυματουργιῶν: περὶ θαυματουργιῶν PG
361 καὶ εἰς τέσσαρας πάλους δεθείς *omitted* PG
362 Καισαρίου B B2: Καισαρείου PG
προσήγγισαν: προσέγγισαν PG

February

363 α′: Ἐν τῇ Πρώτῃ PG
καίτοι: καὶ τὰς PG
364 Βενδιμιανοῦ *after correction* B: Βενδιαμιανοῦ *before correction* B
Βενδιμιανὸς *after correction* B: Βενδιαμιανὸς *before correction* B
τῷ διακειμένῳ . . . ὀνομαζομένῳ δὲ τῆς Ὀξείας *my correction (compare SynaxConst, col. 438, sec. 3)*: τοῦ διακειμένου . . . ὀνομαζομένου δὲ τῆς Ὀξείας B PG
365 κατὰ ἀλήθειαν: κατὰ τὴν ἀλήθειαν PG
μητρὸς: μητέρος PG
θεία: ἁγία PG
366 Φηλικιτάτης PG: Φιληκιτάτης B B2
λεκάνῃ PG: λεκάνη B; φιάλη B2. *The case of this noun is ambiguous and could be read as nominative; compare* ἔρρεεν δὲ ἐξ αὐτῆς ἀδιαλείπτως ὕδωρ· καὶ ἐπάνω τῆς κρηπῖδος ἦν χρυσῆ φιάλη μεστή· καὶ προσελθὼν ὁ Δεινοκράτης ἤρξατο ἐξ αὐτῆς πίνειν *(Passion of Perpetua, Felicity, and their Companions 8, BHG 1482)*
Φηλικιτάτης PG: Φιληκιτάτης B B2
367 τὸν υἱὸν: τὸν Ἰησοῦν PG
ἐν σταυρῷ: ἐν τῷ σταυρῷ PG
369 ἀκούων: ἀκούσας PG
χολέσας: χολώσας PG
οὕτως: οὕτω PG
370 Τῇ αὐτῇ ἡμέρᾳ. Μνήμη τοῦ ὁσίου πατρὸς ἡμῶν Κλαυδίου *omitted* Albani PG. *Albani includes only the illumination.*
373 πάντων τῇ τοῦ: *Some of the text in* B *is smeared and illegible, but it can be reconstructed from the context with very little doubt.*
374 Σιλουανοῦ: Σιλβανοῦ PG
375 Διατοῦτο καὶ ἡ φήμη: Διὰ τοῦτο ἡ φήμη PG
κοχλάζον: καχλάζοντα PG
εἰς τὸ χαλκεῖον: εἰς χαλκεῖον PG
376 Σιλουανοῦ: Σιλβανοῦ PG
ἀναγνώστου: τοῦ ἀναγνώστου PG
Σιλουανὸς: Σιλβανὸς PG
Λουκᾶς: Λοῦκας Albani, Δοῦκας PG

τῆς πόλεως Τύρου . . . παρατυγχάνοντι *omitted* PG

378 μαθητοῦ Ἰωάννου: μαθητοῦ τοῦ Ἰωάννου PG

ἀεί: πολλάς PG

379 Νικομηδείᾳ PG: Νικομηδ(είᾳ) B2; Νικομιδίᾳ B

Νικομήδειαν B2 PG: Νικομήδιαν *after correction* B, Νικομίδιαν *before correction*

380 Ἀχολίου B B2: Ἀσχολίου PG. *The synaxarion tradition is split between the two readings.* Ἀσχόλιος *is used throughout BHG 1422. Both names are equally rare in the Thesaurus Linguae Graecae (https://stephanus.tlg.uci.edu/)*

καρκῖνον: καρκίνον PG

ἁμάξης PG: ἀμάξης B

382 ἐπέθηκε: ἐξέθηκε PG

νίκος: νῖκος PG

εἰδωλολατρίαν: εἰδωλολατρείαν PG

383 Εὐχανείᾳ: Εὐχαΐτοις PG

Νικομήδειαν *after correction* B: Νικομίδειαν *before correction* B

ὁ ἅγιος *omitted* PG

διέδωκε πτωχοῖς: ἔδωκε τοῖς πτωχοῖς PG

Εὐχανείᾳ: Εὐχαΐτοις PG

384 Τοιοῦτος δὲ γενόμενος: Τοιοῦτος γενόμενος PG

ἀναβλύσαι: ἀναβλῦσαι PG

386 Ὁ *omitted* PG

387 τοῖς θεοῖς: τοῖς εἰδώλοις PG

388 ἀπὸ Ἀντιοχείας: ἀπὸ τῆς Ἀντιοχείας PG

ἐτελεύτησεν: ἐτελεύτησε PG

389 μάρτυς B Albani: μάρτυρ PG

ἐπὶ τῆς βασιλείας Σεβήρου *omitted* PG

390 ἐν τῷ ὄρει: ἐν ὄρει PG

ἐγίνετο: ἐγίνοντο PG

392 ἀντὶ: ἀντ' PG

Ἰαννὴν: Ἰωάννην B2 PG *(compare SynaxConst, col. 459, sec. 4). See also the corresponding note in the Notes on the Translation.*

ἐδίδαξε: ἐδίδασκε PG

τὴν ὀρθοδοξίαν: ὀρθοδοξίαν PG

εὐθέως *omitted* PG

Ἰαννὴν: Ἰωάννην B2 PG *(compare SynaxConst, col. 459, sec. 4). See previous note in this entry.*

393 Βακλέας: B B2; Βλαχέας PG

Ἐδυσχέραινε: ἐδυσχέρανε PG

394 καὶ τῷ πατρὶ: ἅμα τῷ πατέρι PG

ἐν πανδοχείῳ: ἐν τῷ πανδοχείῳ PG

τὸ γεννηθὲν παιδίον: τὸ παιδίον PG

ἄρρεν: ἄρσεν PG

395 μῖξιν: μίξιν PG

396 περὶ τοῦ ἁγίου ἀποστόλου: περὶ τοῦ ἀποστόλου PG

πρὸς τὸν Χριστὸν: πρὸς Χριστὸν PG

τοῦ Χριστὸν ὁμολογεῖν: τὸν Χριστὸν ὁμολογεῖν PG; B2 *has altered the language here*

397 Ἐποίησε δὲ: Ἐποίησε δὲ καὶ PG

καὶ θαύματα πολλά: θαύματα πολλά PG

γράψαντος: συγγράψαντος PG

στήλην αὐτὴν: στήλην αὐτῆς PG

ἀνεκήρυξεν: ἀνεκύρηξεν PG

399 ὀνομάζεται: ὠνομάζετο PG

401 ἐπάρχου: ὑπάρχου PG

Χριστόν: Κύριον PG

402 θυγατρὸς: θυγατέρος PG

403 ἐτιμωρήθη: ἐτιμωρεῖτο PG

404 Παμφίλου *my correction*: Παμφίου B PG

φυλασσόντων: φυλαττόντων PG

χρείαν PG: χρεῖαν B

Ἡσαΐᾳ B PG: Ἠσαΐᾳ Albani

Πάμφιλος: Πάμφιος PG

405 Παμφίλου: Παμφίου PG

Παμφίλου: Παμφίου PG

τὸν πικρὸν . . . κινηθέντα: ὁ πικρὸς διωγμὸς ὁ κατὰ τῶν δούλων αὐτοῦ κινηθεὶς PG

406 Μεφερκή: Μεφερκῆς PG

407 Τήρωνος: Τύρωνος PG

Τήρων: Τύρων PG
Τηρωνάτον: Τυρωνᾶτον PG
Βρίγγᾳ: Κρίγγᾳ PG; *compare the spelling of* Βρίγκα *in BHG 1761*
πραιπωσίτῳ: πραιποσίτῳ PG. *Compare entry 18.*
Ἀπερχόμενος: ἀπελθόμενος PG
Βρίγγαν: Κρίγγαν PG
Βρίγγα: Κρίγγα PG
Βρίγγας: Κρίγγας PG
Κλεόνικον: τὸν Κλεόνικον PG
408 κηρύξαι: κηρῦξαι PG
χανούσης: χαινούσης PG
ὁ ἀνθύπατος καὶ ὁ ὑπ' αὐτὸν λαός: τὸν ἀνθύπατον καὶ τὸν ὑπ' αὐτὸν λαόν PG
ἔχιδναν PG: ἐχίδναν *sic* B
Καὶ ὁ μὲν Βαρθολομαῖος: Καὶ ὁ Βαρθολομαῖος PG
τὸν λόγον τοῦ Χριστοῦ: τὸν Χριστὸν PG
409 Σολίων *omitted* PG
πρὸς εὐχάς: προσευχὰς PG
410 καὶ τῆς ἱερᾶς συνόδου καὶ τοῦ κλήρου *omitted* PG
411 βουλόμενον: βουλόμενος PG
412 μίαν θέλησιν καὶ μίαν ἐνέργειαν: μίαν φύσιν PG
δύο θελήσεις καὶ δύο ἐνεγείας: δύο φύσεις PG
ἐτελεύτησεν: ἐτελειώθη PG
413 ἀναφθείσης: ἀφθείσης PG
414 πυρσολάτρας: πυρολάτρας PG
βουλευομένων: βουλομένων PG
416 καταισχύναι: καταισχῦναι PG
κατέκαυσε: κατέκαυσεν PG
420 ἀπετέθη: ἐναπετέθη PG
421 ἐγένετο: γέγονεν PG
423 μοναστήριον ἱερὸν: μοναστήριον PG
424 ἐπὶ τῆς βασιλείας: ἐπὶ βασιλείας PG
Ὀνωρίου: Ὁνωρίου PG
Πραϋλίου: Πραΰλου PG
425 γηρωκομεῖον: γηροκομεῖον PG

428 κατοικητήριον: καὶ οἰκητήριον PG
θορύβου: θορύβων PG
429 ὁσίων: ἁγίων PG
δαιμονῶντας: δαιμονιῶντας PG
430 βεβρεγμένη: βεβραγμένη PG

Notes to the Translation

September

1 *The Romans use the word "indiction"*: This is not strictly true for the original sense of the Latin word *indictio,* which meant "proclamation," often the proclamation of a tax. However, the Latin *indictio* and its Greek equivalents (ἰνδικτιών and ἴνδικτος) naturally acquired a temporal meaning from the annual cycles of Roman and then Byzantine taxation.

beginning of the time . . . all of time: The Greek word χρόνος can mean both "time" and "year."

he entered the synagogue of the Jews: The episode is recorded at Luke 4:16–21. The words "The Synagogue of the Jews" (Η ΣΥΝΑΓΩΓΗ ΤΩΝ ΙΟΥΔΑΙΩΝ) are barely legible at the top of the accompanying illumination.

The Spirit of the Lord . . . Lord's favor: An almost exact quotation of Luke 4:18–19, which itself quotes closely Isaiah 61:1–2.

2 *Blessed are the poor . . . heaven*: Matthew 5:3.

Sheepfold: The Greek word μάνδρα (sheepfold) was often used to denote a monastery, especially in Syria.

Leo the Great: Leo I (r. 457–474 CE), also known as the Thracian. See *ODB,* vol. 2, pp. 1206–7; and entry 164 (November 6), below.

ascended a pillar: The Greek word στῦλος or στύλος *(stylos)* means a "column" or "pillar," hence the term "stylite" for a saint who lived on one.

3 *Jesus son of Naue*: This formula was often used to distinguish Jesus (Joshua) son of Naue (Nun) from Christ.

archangel and general: The Greek term ἀρχιστράτηγος (literally, "arch general") is commonly used for the archangels, who are thought of as the generals of the angelic armies.

As he met . . . routed his enemies: See Joshua 10:1–15, especially 12–14.

4 *Hadrianoupolis*: Hadrianoupolis (modern-day Edirne) lay some 130 miles west of Constantinople in Eastern Thrace; see *TIB*, vol. 6, pp. 161–67.

Beroe: Beroe (modern-day Beroe-Stara Zagora) lay some seventy miles northwest of Hadrianoupolis; see *TIB*, vol. 6, p. 203.

5 *Aurelian*: The emperor Aurelian (Lucius Domitius Aurelianus, r. 270–275 CE).

a pious woman named Matrona: In the *Passion of Mamas* (*BHG* 1018), the woman who nurses the martyr is named Ammia (Ἀμμία), but when her death is narrated (section 5), the hagiographer notes that she was also called Matrona.

Caesarea: Caesarea in Cappadocia (modern-day Eskisehir). See *TIB*, vol. 2, pp. 193–96.

6 *He lived . . . Maurice*: That is, during the last third of the sixth century. The emperors are Justin II (r. 565–578 CE; see *PLRE*, vol. 3A, Iustinus 5), Tiberius II (r. 578–582 CE; see *PLRE*, vol. 3B, Tiberius Constantinus), and Maurice (r. 582–602 CE; see *PLRE*, vol. 3B, Fl. Mauricius Tiberius).

a coin maker by trade: In other traditions he is a goldsmith.

7 *Anthimos, bishop of Nikomedeia*: Anthimos is included in the accounts describing the passion of Indes, Domna, and their twenty thousand companions. See entry 279 (December 28) and the corresponding note. Nikomedeia (modern-day Izmit) was a city in Bithynia, around fifty miles east of Constantinople. Diocletian made it his capital. See *TIB*, vol. 13, pp. 833–56.

Diocletian: Diocletian (Gaius Aurelius Valerius Diocletianus, r. 284–305 CE; see *ODB*, vol. 2, p. 626) and Maximian (Marcus Aurelius Valerius Maximianus, Diocletian's co-ruler in the West, 285–305 CE).

8 *Alexander the governor*: Possibly the provincial governor in the East listed in *PLRE* vol. 1 as Alexander 1 (in 305 CE).

9 *Hellenes*: The usual term for Greco-Roman pagans.

the three holy youths: The reference is to the episode recorded in Daniel 3. For the passion of Hananiah, Mishael, and Azariah, see entry 251 (December 17). The illuminators have depicted the furnaces differently.

10 *under Numerian*: Numerian (Marcus Aurelius Numerius Numerianus) reigned for one year (283–284 CE). Eusebios of Caesarea (*Ecclesiastical History* 6.39.4) states that Babylas died under the earlier emperor, Decius (Gaius Messius Quintus Trajanus Decius, r. 249–251 CE).

along with the children who were his pupils: The illuminators have depicted three youths martyred with Babylas. This is often the number given in other sources. John Chrysostom, for example, speaks of "blessed Babylas . . . and the three youths with him" (ὁ μακάριος Βαβύλας . . . μετὰ παίδων τριῶν); *On the Martyrs Juventinus and Maximus* 1, ed. PG 50:571.

12 *Trajan*: The Roman emperor Trajan (Marcus Ulpius Traianus, r. 98–117 CE).

Ephesus: Ephesus (modern-day Efes) was a major city on the west coast of Asia Minor. See *ODB,* vol. 1, p. 706.

John the Theologian: That is, John the apostle, the traditional author of the fourth gospel.

his body had already been transferred to heaven: For John's death and the disappearance of his body, see entry 68 (September 26).

his relative by marriage: Trajan was Hadrian's father's first cousin, but Hadrian (Publius Aelius Hadrianus, r. 117–138 CE) also married Trajan's grandniece. The existence of a relationship by marriage is recognized by the Greek term used here, γαμβρὸς.

13 *The prophet and lawgiver . . . wisdom of the Egyptians*: See Exodus 1:1–2:10.

14 *Zechariah the priest . . . spoke again*: See Luke 1:5–20, 1:62–64.

This was six months . . . given birth: John the Baptist is traditionally understood to be six months older than Christ. See Luke 1:36.

murdered in the middle of the sanctuary: Zechariah's murder is narrated in *Protoevangelium of James* 24. The location of his body

was initially unknown because it had disappeared, with only the blood remaining, when the priests entered the sanctuary. The discovery of his body is commemorated on a separate day, but that entry in the *Menologion* is incomplete. See entry 391 (February 11) and the related note.

15 *the chief of the magi . . . to be gods*: This is a simplified summary of Zoroastrianism.

untrimmed branches from a pomegranate tree: The Greek term ἀκαθάριστος, translated here as "untrimmed," is a rare word that literally means "unclean," but here must refer to the absence of pruning. Branches of the pomegranate tree are covered in thorns, which would make such abuse even more unpleasant.

16 *Thouthael and his sister Babaia*: Thouthael and Babaia should probably be identified with another pair of martyrs, Sarbelos (Sharbel) and Babaia (Babai), who are commemorated on January 29. The events of their passion are almost identical. See entry 356 (January 29) and the corresponding notes.

17 *God's great archangel and general*: That is, the archangel Michael. Compare the language used in entry 168 (The assembly of the Archangels, November 8).

now called Chonae . . . Colossae: Chonae (ancient Colossae, modern-day Honaz) was a city in southwest Asia Minor, around two hundred miles south of Constantinople.

Since then . . . called Chonae: The Greek verb χοανεύω (often contracted to χωνεύω as here) means "to smelt or cast molten metal." More generally, it can refer to any action that involves the redirection of a moving liquid. The related noun χωνεῖον, for example, means "funnel."

18 *Eudoxios lived during the reign of Trajan*: The chronology is confused in this entry. Romulus lived during the reign of the emperor Trajan, while Eudoxios lived during the reign of Diocletian, two centuries later. See *Passion of Romulus, Eudoxios, Zeno, and Makarios* 1–5 (*BHG* 1604).

the rank of comes: On the evolving meaning of the rank of *comes*, see *ODB*, vol. 1, pp. 484–85.

the emperor's praepositus: The *praepositus* (full title: *praepositus sacri*

cubiculi, or πραιπόσιτος τοῦ εὐσεβεστάτου κοιτῶνος, "chief of the bedchamber") was usually the highest-ranking eunuch in the imperial court, who often served as the close confidant to the emperor. There are other officials with the title *praepositus,* but the metaphrastic version of this passion explicitly states that Romulus was the *praepositus sacri cubiculi.* See *ODB,* vol. 3, p. 1709; and *Passion of Romulus, Eudoxios, Zeno, and Makarios* 3 (*BHG* 1604).

19 *But they continue . . . against their enemies*: This phrasing echoes the language of the dedicatory poem, which calls on the saints to sustain the emperor in war and other trials (compare especially lines 22–28).

20 *from the region of Lycia*: Elsewhere in the synaxarion tradition, the martyr is said to be from Lykaonia, not Lycia. Compare *SynaxConst,* col. 21, sec. 1.

removed the golden hand from an idol: Elsewhere in the synaxarion tradition, the statue is identified as that of Artemis; the connection with archery is thus appropriate. Compare *SynaxConst,* col. 23, sec. 1.

22 *The nativity . . . ever-virgin Mary*: For the source of the events described here, see the note on entry 198 (November 21).

23 *sent an angel promising . . . ever-virgin Mary*: The conception of the Theotokos is described in entry 229 (December 9).

24 *Sebasteia*: Sebasteia (modern-day Sivas) was a city in northeastern Asia Minor, around 425 miles from Constantinople. See *ODB* vol. 3, pp. 1861–62.

Licinius: That is, Valerius Licinianus Licinius (r. 308–324 CE).

the forty holy martyrs: There is no entry for the Forty Martyrs of Sebasteia in the *Menologion* because their feast day, March 9, falls just beyond its scope.

Lysias the doux: Lysias is a figure who appears no fewer than seven times in the *Menologion* (entries 24, 111, 120, 147, 150, 241, and 335). In these entries, he is always described as the governor of Cilicia (either δούξ or ἡγεμών), usually under Diocletian, though also under Licinius (24) and under Maximian and Diocletian (241). To my knowledge, mention of Lysias is found

only in hagiographical literature (compare *PLRE,* vol. 1, p. 523), but epigraphic evidence from Cilicia may shed light on this issue. Another "Lysias the governor" (ἡγεμών) is mentioned in two connected entries for the first-century Syrian martyrs Sarbelos, Babaia, and Barsimaios (entries 356, 358), but it is unlikely that the same person is meant. On the office of *doux* and its evolution, see *ODB,* vol. 1, p. 659.

25 *a gourd*: The Greek term κολόκυνθα and its related forms refer to a drinking gourd and occasionally other containers shaped like gourds. In the accompanying illumination, a gourd on a string is clearly depicted, and its top is open to show the red blood inside.

26 *lived in Pythia, where the hot springs are*: Procopius describes this location (in Bithynia, southeast of Constantinople across the sea of Marmara) and notes that Justinian built a public bath around these natural springs, though he does not mention these three saints (*De aedificiis* 5.3.16ff.).

27 *Laodikeia in Syria*: Laodikeia (modern-day Latakia) was a port city in northern Syria.

28 *a Roman fort bordering the land of Persia*: That is, a Roman *castrum* (κάστρον), which often functioned as both a border town and a fortification. See *OCD,* "(Roman) Fortifications." The wider hagiographical tradition for Ia's passion makes it clear that she was from such a place; see *Passion of Ia* 1 (*BHG* 761).

untrimmed branches from a pomegranate tree: See the note on entry 15.

29 *Then she entered a male monastery*: I refer to the saint with feminine pronouns throughout because that is how she is identified in the text. The illuminators are also consistent in representing saints like Theodora as women. See also the entries for Susanna (52), Euphrosyne (67), Matrona (169), and Mary (394).

30 *in the sanctuary itself*: It is possible to understand this passage as meaning that Autonomos was slaughtered "on the altar itself" rather than "in the sanctuary," but the illumination for this entry provides evidence for interpreting this phrase as I have

done. For a similar context, see the note for entry 14 (September 5).

31 *Ikonion*: Ikonion (modern-day Konya) was a city in central Asia Minor, some 280 miles southeast of Constantinople. See *TIB,* vol. 4, pp. 176–77; *ODB,* vol. 2, p. 985.

32 *The passion of the holy martyr Theodore of Alexandria*: This entry is nearly identical to entry 221 (December 3), which includes a martyr named Theodore from Alexandria, but who is a bishop.

34 *Ankyra in Galatia*: Ankyra (modern-day Ankara), a city in central Asia Minor, some two hundred miles east-southeast of Constantinople. See *ODB,* vol. 1, p. 102.

temple of the pagan goddess named Hecate: The temple is otherwise unknown, but numismatic evidence attests to a cult of Hecate in Ankyra. See Melih Arslan, *The Coins of Galatian Kingdom and the Roman Coinage of Ancyra in Galatia* (= *Galatya Krallığı ve Roma dönemi Ankyra sehir şikkeleri*) (Ankara, 2004): p. 223 no. 180, plate 15; and p. 244 no. B55, plate 42, which is cited in Aude Busine, "Basil and Basilissa at Ankyra: Local Legends, Hagiography, and Cult," *Greek, Roman, and Byzantine Studies* 59 (2019): 262–86, at 284n75.

35 *Constantine the Great*: Conventionally, the first Byzantine Emperor (Flavius Valerius Constantinus, r. 306–337 CE).

Some say . . . on the river Danube: The story of Constantine's vision before the Battle of the Milvian Bridge (312 CE) is well known from Eusebios (*Life of Constantine* 1, 21), Lactantius (*On the Death of the Persecutors* 44.5), and other later sources. However, the connection of this vision with a battle on the Danube is puzzling. It is possible that a later legend associated with Herakleios's recovery of the True Cross from the Sassanians in the seventh century has been conflated with Constantine. In this legend, which is preserved in Hrabanus Maurus, *Homily* 70 (*BHL* 4178), Herakleios agrees to fight Khosrow's son in single combat on a bridge over the Danube. Later on, Herakleios witnesses his own vision outside of Jerusalem before he enters the city to restore the True Cross. See Barbara Baert, *A Heritage of*

Holy Wood: The Legend of the True Cross in Text and Image, trans. L. Preedy (Leiden, 2004), 140–41.

After he was baptized . . . mother Helena: Constantine's baptism by Silvester is discussed in entry 291 (January 2); see also the corresponding note on the historicity of this event.

Kyriakos: For Kyriakos, see entry 144 (October 28).

Kyrie eleison: That is, "Lord have mercy," a phrase derived from biblical usage and frequently employed in Christian prayer.

36 *they laid him under a wild fig tree*: In the accompanying illumination, Papas is bound between two stakes underneath a fig tree. It is possible that the illuminator understood *detheis* (δεθείς, "bound") instead of *tetheis* (τεθείς, "laid"), or that the scribe intended to write the former for the latter. Elsewhere in the synaxarion tradition, however, he is said to "stand" (ἔστη) under the fig tree (*SynaxConst* col. 46, sec. 2).

37 *Now the Goths . . . to take refuge*: Athanarichos was the name of one leader, while Phritigernes was the leader who fled to the Romans. This occurred during the reign of Valens. See *Passion of Niketas the Goth* 3 (*BHG* 1339).

38 *the theme of Opsikion*: Opsikion was one of the four earliest themes in Asia Minor. It comprised the territory closest to Constantinople in the early period. Themes originated sometime during the seventh century and were territories administered by a general *(strategos),* sometimes a *comes,* who served both a military and a civil function. See *ODB,* vol. 3, pp. 2034–35.

the fiery Gehenna and its sleepless worm: See Isaiah 66:24 and Mark 10:48; compare Matthew 5:29–30 and 18:9.

the Lord does the will . . . hears their prayer: Compare Psalms 144:19.

39 *Maximus, Theodotos*: Maximus and Theodotos are commemorated a second time in the *Menologion.* See entry 413 (February 19).

Markianopolis: Markianopolis (modern-day Devnya, Bulgaria) was an important Roman city and archbishopric near the west coast of the Black Sea.

their hands, feet, and ears . . . like corpses: The accompanying illumi-

nation seems to have been modified before it was finished to match these gruesome details.

The pagan gods are demons: Psalms 95:5.

40 *On the same day . . . Martin*: The feast day for Pope Martin I is usually September 16 in the synaxarion tradition, not the 15th, as here. See *SynaxConst,* col. 49, sec. 2. For more on this discrepancy, see the note on entry 43.

Constantine, the grandson of Herakleios: Herakleios's grandson, Constans II, "the Bearded" (*Pogonatos,* Πωγωνᾶτος), is often mistakenly called "Constantine" in Byzantine sources. Compare *SynaxConst,* col. 49, sec. 2, where he is called "Constantine the Bearded" (ἐπὶ Κωνσταντίνου Πωγωνάτου).

called the council in Rome: That is, the Lateran Council of 649. For more on Monotheletism, see the note on entry 417 (February 21).

41 *Julian the Apostate*: The Roman emperor Flavius Claudius Julianus (r. 361–363 CE).

42 *On the same day . . . Melitene*: The feast day for Melitene is usually September 16 in the synaxarion tradition, not the 15th, as here. See *SynaxConst,* col. 46, sec. 4. For more on this discrepancy, see the note on the following entry, 43.

Antoninus: The Roman emperor Antoninus Pius (Titus Aelius Hadrianus Antoninus Pius, r. 138–161 CE).

43 *The seventeenth day of the same month*: The *Menologion* omits September 16 and moves directly to September 17. Because the saints for entries 40 and 42 are usually commemorated on September 16 (as noted above), it is most likely that this omission was accidental, not intentional.

Pistis, Elpis, and Agape, and their mother Sophia: Pistis, Elpis, and Agape mean "faith," "hope," and "love" in Greek (compare 1 Corinthians 13:13). Sophia is the word for wisdom.

Christ's martyr Sophia . . . handed over her spirit: This entry has only fifteen lines of Greek text instead of the normal sixteen.

45 *baptized and became known as her spiritual son*: In Byzantium, spiritual relationships were sometimes created through a ritual,

and at other times not. See *ODB*, vol. 3, p. 1938; and Claudia Rapp, *Brother-Making in Late Antiquity and Byzantium: Monks, Laymen, and Christian Ritual* (Oxford, 2016).

Taormina: Taormina in Sicily.

Lucia died in peace: This seems to contradict the title and the beginning of this entry, both of which identify Lucia as a martyr. This discrepancy is partially explained by the fact that the *Menologion* includes a shorter account of these two saints than is found elsewhere in the synaxarion tradition, where Lucia is said to "hand over her spirit" during a persecution in Sicily. Their longer passion gives yet another version of these events, where Lucia's death precedes that of Geminianus. See *SynaxConst*, col. 54, sec. 3; and *Passion of Lucia and Geminianus* 13 (*BHG* 2241).

46 *James the brother of the Lord*: For James, see entry 131 (October 23).

Clopas and Joseph . . . brothers according to the law: Eusebios of Caesarea attributes this association to the second-century author Hegesippus (*Ecclesiastical History* 3.11).

47 *Gortyna*: Gortyna (modern-day Gortys) was a city in southern-central Crete.

rejoiced with those . . . weeping: Romans 12:15.

48 *distinguished man*: Literally, "first" (πρῶτος) rather than "distinguished." Elsewhere in the synaxarion tradition, this man, whose name is Tertylos, is called the leader (πρῶτος) of the city of Prymnessos in Phrygia. See *SynaxConst*, col. 58, sec. 5.

49 *sacrificing to the idols*: According to their longer passion, this was in celebration of Apollo's birthday. See *Passion of Trophimos, Dorymedon, and Sabbatios* 1 (*BHG* 1853).

50 *Festus and Desiderius*: According to their longer passion, Festus was a deacon, and Desiderius was a lector. Festus is sometimes called Faustus elsewhere in the synaxarion tradition. See *Passion of Januarius* 7 (*BHG* 773y), and *SynaxConst*, col. 59, sec. 3.

52 *accused of rape*: Literally, "she was accused of performing the acts of a man against her" (ἐλοιδορήθη . . . ὅτι τὰ ἀνδρὸς εἰς αὐτὴν διεπράξατο).

inspected by a virgin . . . a woman: This "virgin" (παρθένος) receives more treatment in the longer *vita* associated with Susanna (*BHG* 1673). In that text, Susanna undresses privately in the presence of two deaconesses and two virgins, who confirm that the saint is a woman. This revelation then prompts the monastic community to stone Susanna's false accuser, but the saint intervenes and saves her; see *Acta sanctorum,* 2nd ed., September part 6 (Paris, 1867), 156–57. Given this background, I have favored a neutral translation of "her accuser was shamed" rather than "she put to shame" for the active verb ἤσχυνε.

Eleutheropolis: Modern-day Bayt Jibrin, some twenty miles southwest of Jerusalem.

53 *Because of his great acts of charity*: The Greek phrase διὰ τὴν ἐλεημοσύνην αὐτοῦ could be interpreted as "on account of his (that is, God's) mercy," but I follow the tradition included in the *Life of Eustathios* (*BHG* 641), where Plakidas performs many acts of charity despite his pagan beliefs (see PG 105:380).

Plakidas . . . I am Jesus Christ: Compare Acts 9:4. An explicit comparison between Saul/Paul and Plakidas/Eustathios is often found in the hagiographic tradition.

bronze bull heated over the fire: An instrument of torture and execution invented by the Athenian Perillos and put to use by Phalaris the tyrant of Akragas.

54 *Isaakios and Meletios*: Very little else is known about these two figures, and Isaakios is only occasionally commemorated with Meletios elsewhere in the synaxarion tradition (see *SynaxConst,* col. 67, sec. 5). Giving numerous citations from scripture is unusual in the *Menologion* and may reflect the need to fill out this entry.

merciful and generous at all times: Compare Psalms 36:26.

with the faithful word of teaching: Compare Titus 1:9.

encouraged the fainthearted: Compare 1 Thessalonians 5:14.

became all things to all people . . . benefit all: Compare 1 Corinthians 9:22.

55 *Saint Theodore who was martyred in Amaseia*: That is, Theodore Teron, for whom see entry 407 (February 17). Amaseia (modern-

day Amasya) was a city in north-central Asia Minor, some 350 miles east of Constantinople. See *ODB,* vol. 1, p. 74.

in the division of the recruits: The Greek word τίρων, or τήρων, described a recruit in the Roman army, thus his epithet Theodore Teron. See *ODLA,* "recruiting, military."

56 *Saint Kodratos . . . and his companions*: Very little is known about this Kodratos. From the details included in the *Menologion,* it is unclear whether he should be identified as the Quadratus (Kodratos) who, according to Eusebios (through Hegesippus), became bishop of Athens after the martyrdom of Publius and lived during the reign of Hadrian; see *Ecclesiastical History* 4.23; and *SynaxConst,* col. 67, sec. 1. His companions, mentioned below as "the other martyrs," are not included in the accompanying illumination. Magnesia is a city in western Asia Minor in the vicinity of Ephesus.

to bear witness for Christ: Or "suffer martyrdom for Christ." The Greek verb μαρτυρεῖν can hold both senses.

58 *Sinope*: Sinope (modern-day Sinop) was on the Black Sea coast of Asia Minor around 330 miles east of Constantinople.

handed him over to the fire: However, a homily on this occasion by John Chrysostom (*BHG* 1537) attests that Phokas's body was later transferred to Constantinople. See also CSLA (E00097).

59 *In three days' time, Nineveh will be destroyed*: Jonah 3:4.

a sea monster: It is difficult to translate the Greek word κῆτος, which can simply mean "large fish" and is often translated as "whale" in English. I have tried, however, to match the text with the image. The illumination portrays a monstrous creature with a doglike head, two forearms, a spiraling body, and a long tail that divides into three at the end.

Afterward he returned . . . departed for a foreign land: Jonah's later life is not mentioned in the biblical text, but it is included in the so-called *Life of the Prophets* (*BHG* 1585–91). The wording of the *Menologion* is nearly identical to this tradition (compare PG 43:408).

60 *Theodore*: For this Theodore, see entry 276 (December 28).

Leo Kaballinos the iconoclast: The history seems to be confused

here. It was not emperor Leo III (r. 717–741 CE) but his son Constantine V (741–745 CE) who was called Kaballinos. See *ODB,* vol. 1, p. 501; and *PmbZ Online,* no. 3703. Furthermore, it was emperor Leo V (r. 813–820 CE) who exiled Theodore and Theophanes, and emperor Theophilos (829–842 CE) who had them tattooed (hence their epithet, Graptoi, "marked with writing"). See *ODB,* vol. 3, p. 2042.

the Lavra of Saint Sabas: The Lavra of Mar Saba or Saint Sabas, which overlooks the Kidron Valley between Jerusalem and the Dead Sea, can be seen in the illumination for Sabas himself: see entry 225 (December 5).

61 *Zechariah*: For Zechariah, see entry 14 (September 5).

Do not be afraid, Zechariah . . . at his birth: Luke 1:13–14.

I am Gabriel . . . until your son is born: Luke 1:19–20.

62 *the holy martyr Iraïs*: Very little is known about this martyr. Even Delehaye seems to have overlooked this entry in his edition (compare *SynaxConst,* cols. 71–72, apparatus).

Antinoöpolis: Antinoöpolis or Antinoë (modern-day El-Shaikh Abāda) was a city in Egypt, some 250 miles south of Alexandria, on the Nile.

63 *Claudius, Caesar of the Romans*: That is, the emperor Claudius (Tiberius Claudius Caesar Augustus Germanicus, r. 41–54 CE).

and was baptized: The longer hagiographic tradition includes a third woman, named Rebecca, who is baptized by Andrew along with Polyxena and plays an important role in the rest of the text. See *Life of Xanthippe, Polyxena, and Rebecca* 29 (*BHG* 1877), and compare *SynaxConst,* col. 74, sec. 4.

Xanthippe . . . and was received by her with great joy: In the longer *vita,* Xanthippe is informed of Polyxena's arrival by a messenger and runs to meet her. See *Life of Xanthippe, Polyxena, and Rebecca* 41 (*BHG* 1877).

64 *the protomartyr Thekla*: For Thekla, the epithet "protomartyr" is used in the sense that she was the first martyr among women. Stephen is traditionally held to be the first martyr. See Acts 7:54–60, and entry 275 (December 27).

a certain God-fearing woman named Tryphaina: In many accounts,

Tryphaina is a queen or princess (βασίλισσα). See also, *Acts of Paul and Thecla* 28 (*BHG* 1710).

65 *During the reign of Theodosius the Great*: Theodosius I (r. 379–395 CE) is usually known as Theodosius the Great. However, it was Theodosius II (r. 402–450 CE) who was emperor during this earthquake or earthquakes.

there was an earthquake: Two earthquakes that occurred during the reign of Theodosius II are commemorated in the synaxarion tradition, one in 438 CE and another in 447. Details about each are confused, but this entry can be more closely identified with the earthquake in 438. The earthquake of 447 is commemorated in entry 350 (January 26). See Brian Croke, "Two Byzantine Earthquakes and their Liturgical Commemoration," *Byzantion* 51, no. 1 (1981): 122–47, especially 126–31.

the field near the Hebdomon: The Hebdomon was a suburb of Constantinople located near the Sea of Marmara. It was the site of a military camp that included a Tribunal and field *(campus)*. See *ODB*, vol. 2, p. 907.

This addition . . . suffered on the cross: This is anachronistic. The Theopaschite addition occurred after the earthquakes of 438 and 447. It was introduced under Peter the Fuller thirty to forty years later.

Kyrie eleison: See note on entry 35, above.

66 *crucified on a palm tree*: The accompanying illumination includes a striking spread of palm fronds behind the saint's head.

67 *the daughter of a rich man*: He is named Paphnutios elsewhere in the tradition and is sometimes commemorated as a saint alongside Euphrosyne. See entry 402 (February 15, Paphnutios and Euphrosyne); *Life of Euphrosyne* 1 (*BHG* 625); and *SynaxConst,* col. 77, sec. 3.

He often saw his daughter . . . never recognized her: In her longer *vita,* Euphrosyne had already moved to live in a remote cell, which is where Paphnutios met with her. See *Life of Euphrosyne* 14 (*BHG* 625).

68 *Domitian*: Domitian (Titus Flavius Domitianus, r. 81–96 CE).

his disciple: This disciple is usually identified as Prochoros, one of the seven deacons named in Acts 6:5. The *Menologion* text appears to be based on the *Acts of John,* which was attributed to Prochoros himself (*BHG* 916).

69 *For the souls . . . hand of God*: Compare Wisdom 3:1.

70 *one hundred eighty-four companions*: Many accounts of Kallistratos's martyrdom in the synaxarion tradition list only the first 49 soldiers and omit the other 135. See *SynaxConst,* col. 81, sec. 1, and the associated notes.

71 *a founder*: The Greek word καθηγητής usually means "teacher," but it can also mean "leader" or "founder"; see *LBG,* under "καθηγητής." Chariton is known for founding one of the earliest monasteries in Judaea, the lavra at Pharan. Although the *Menologion* does not emphasize this aspect of Chariton's conduct, I have retained this word's more specialized meaning because of its usage elsewhere in the manuscript. See the title for entry 338 (January 20); *ODB,* vol. 3, p. 1646; and *SynaxConst,* col. 86, sec. 1.

72 *Antioch in Pisidia*: A city in southwest Asia Minor, in the area of modern-day Yalvaç, around 225 miles southeast of Constantinople. See *TIB,* vol. 7, pp. 185–88.

Nicaea: Nicaea (modern-day Iznik) was an important city in Bithynia in northwest Asia Minor, around sixty miles southeast of Constantinople and around 165 miles from Antioch. See *TIB,* vol. 13, pp. 802–30; *ODB,* vol. 2, pp. 1463–64.

73 *the holy places*: The holy places (*hagioi topoi* in Greek, *loca sancta* in Latin) are important sites of pilgrimage. For those in and around Jerusalem, the Holy Sepulcher, Golgotha, and the Church of the Anastasis have special significance. See *ODB,* vol. 2, p. 1244.

the lavra of Saint Euthymios: For Euthymios, see entry 338 (January 20).

followers of Origen: Origen was an important early Christian theologian from Alexandria (ca. 185–ca. 253 CE). His teachings became controversial in the late fourth century.

74 *bishop of Great Armenia*: Gregory, most often known as Gregory the Illuminator, is considered the founder of the Armenian church.

Parthian: The Parthians held power in Ancient Iran from the third century BCE to the third century CE.

Gregory's father . . . his own father: Gregory's father assassinated the Armenian king Khosrov II, the father of Tiridates IV (often known as Tiridates the Great). See *ODB,* vol. 2, pp. 883–84 (but note the typographical error: "Xosrov I" should be "Xosrov II").

75 *Rhipsimia and Gaïana*: Rhipsimia and Gaïana are sometimes commemorated with Gregory the Illuminator in the synaxarion tradition. Agathangelos mentions both in his *Life of Gregory the Illuminator,* which is also called the *History of Armenia.* See *Life of Gregory* 78 (*BHG* 712).

October

76 *Ananias . . . Damascus by them*: Ananias is first mentioned at Acts 9:10, where he is described simply as "a disciple at Damascus."

Saul . . . you will see again: Compare Acts 9:4–6.

77 *Constantine and Irene*: That is, Constantine VI (r. 787–797 CE) and his mother, Irene (r. 780–802 CE). For Constantine VI see *ODB,* vol. 1, pp. 501–2; *PmbZ Online,* no. 3704. For Irene see *ODB,* vol. 2, pp. 1008–9; *PmbZ Online,* no. 1439.

Alim, emir of the Saracens: Alim has been identified as Ali ibn Sulayman, who served as emir during the caliphate of al-Mahdi. The raid of the Zobe monastery near Sebastopolis (in the Armeniakon theme) occurred in 785. See Warren Treadgold, *Byzantine Revival, 780–842* (Stanford, 1988), 79, cited in "Individual Introductions to the 8th, 9th, and 10th-c. Saints," in *Dumbarton Oaks Hagiography Database,* directed by Alexander Kazhdan and Alice-Mary Talbot (Washington, DC, 1998), under "Michael of Zobe."

become Muslim: The Greek verb μαγαρίζω generally means "to pollute, to contaminate," and by extension, "to be in a state of

apostacy," but it was often conflated with the verb ἀγαρίζω, which means "to follow Muhammad." The *Menologion* uses this word exclusively for this context, so I have translated accordingly. See E. A. Sophocles, *Greek Lexicon of the Roman and Byzantine Periods (from B.C. 146 to A.D. 1100)* (Oxford, 1914), and *LBG,* under "ἀγαρίζω" and "μαγαρίζω."

78 *Berytus*: That is, modern-day Beirut in Lebanon.

the district of ta Kyrou: On this district and the Marian shrine at the current site of the Kalenderhane Mosque in the northwestern area of Constantinople, see especially Thomas Arentzen, ed. and trans., *Songs About Women,* by Romanos the Melodist, Dumbarton Oaks Medieval Library 83 (Cambridge, MA, 2024), viii–xiii; see also Raymond Janin, *Les églises et les monasteres,* vol. 3 of *Le siège Constantinople et le patriarcat oecuménique,* part 1 of *Géographie ecclésiastique de l'Empire byzantin* (Paris, 1953), 169–79, 201.

kontakia: *Kontakia* (sing., *kontakion*) are hymns that usually celebrate a feast or a saint and were originally sung during the morning office. These hymns consist of an introductory proem ending in a refrain, which is followed by many stanzas of a different but repeating metrical form. The initial letter of each stanza forms an acrostic, and the final line of each stanza repeats the proem's refrain (sometimes modified slightly). Romanos is traditionally understood to be the first to compose *kontakia,* but his role in this is complicated. See Stratis Papaioannou, "The History of the Kontakion Revisited—and a Plea for the Study of Byzantine Sacred Song After the Year 1000," in *Cult, Devotion, and Aesthetics in Later Byzantine Poetry,* ed. Maria-Lucia Goiana and Krystina Kubina (Turnhout, 2024), 19–57.

the all-night vigil: The technical term is *pannychis* (παννυχίς), an all-night vigil that usually lasted from midnight until midday. See Georgia Frank, "Romanos and the Night Vigil in the Sixth Century," in *Byzantine Christianity,* ed. Derek Krueger (Minneapolis, 2010), 59–78.

in Blachernai: The area of Blachernai lay in the northernmost

corner of Constantinople and is famous for its church dedicated to the Virgin and its imperial palace; see *ODB,* vol. 1, p. 293.

Today the Virgin gives birth to One beyond all being: These are the initial words of one of Romanos's most famous *kontakia* (*Kontakion* 1). For a recent translation of this hymn, see Arentzen, *Songs About Women,* 366–91.

79 *Maximian was constructing a palace in Thessalonike*: The palace and the hippodrome seem to have been constructed close in time to each other. See the note on entry 141 (October 26).

80 *The passion of Saints Cyprian and Justina*: For a recent discussion, edition, and translation of the metaphrastic version of this *vita,* see Stratis Papaioannou, ed. and trans., *Christian Novels from the "Menologion" of Symeon Metaphrastes,* Dumbarton Oaks Medieval Library 45 (Cambridge, MA, 2017), 1–59.

The wise hierarch Cyprian . . . reign of Decius: This Cyprian is sometimes conflated with Cyprian of Carthage. For a well-known example, see Gregory of Nazianzus, *Oration* 24.

82 *the Areopagus*: The Areopagus (Ἄρειος Πάγος, which means "hill of Ares") refers to both a rock outcrop located just northwest of the Acropolis in Athens and the legislative body that inhabited it. The Areopagus was a revered law court throughout antiquity, from Archaic Greece through the Roman period. This is also where Dionysios heard Paul of Tarsos deliver a famous sermon (Acts 17:16–34). See also *OCD,* "Areopagus."

Hierotheos the bishop: For Hierotheos, see entry 88 (October 4).

he composed many books about the heavenly powers: The extant writings attributed to Dionysios are almost certainly the product of the sixth century CE, not composed by Dionysios himself. See *OCD,* "Dionysius the Areopagite."

two of his students: The names of his disciples are usually Rusticus and Eleutherios in the tradition. See *Martyrdom of Dionysios the Areopagite,* ed. PG 4:677 (*BHG* 554).

83 *the holy martyrs Adauktos and his daughter Kallisthene*: This title is slightly inaccurate because only Adauktos is a martyr, a distinction preserved elsewhere in the synaxarion tradition (see

SynaxConst, col. 104, sec. 4). The accompanying illumination, however, is correct, as the second scene shows Kallisthene and her mother laying Adauktos's body to rest. The omission of a halo over Kallisthene is probably an oversight; compare entry 321 (January 15), where Antony the Great is missing a halo in a similar context.

Maximinus: The emperor Galerius Valerius Maximinus II Daza (r. 310–313 CE).

84 *Capitolias*: Capitolias is modern-day Beit Ras in Jordan. It was often counted among the cities known as the Dekapolis (compare Mark 6:45), which included more than ten cities over time. It was sometimes associated with the city of Dion. See Andreas Kropp, "Dion of the Decapolis: Tell al-Ash'arī in Southern Syria in the Light of Ancient Documents and Recent Discoveries," with Qasim Mohammad, *Levant* 38 (2006): 125–44, at 125 and elsewhere.

Lord, do not account this a sin for them: Compare Luke 23:34.

85 *Antony the Great*: For Antony the Great, see entry 327 (January 17).

For a young man . . . cast out the demon: Paul's story is not related in the *Life of Antony* by Athanasios (*BHG* 140) but in the *Lausiac History* by Palladios. For this episode, see *Lausiac History* 22.9–12 (G recension).

86 *Valerian and Gallienus*: Valerian (Publius Licinius Valerianus, r. 253–260 CE) was captured in battle by the Persian king Shapur I and was succeeded by Gallienus (Publius Licinius Egnatius Gallienus, r. 260–268 CE), his co-emperor since 253.

87 *disciples of the holy martyr Saint Dionysios*: For Dionysios, see the previous entry (86). The illuminator for this entry, Michael the Younger, also connected the two interrelated accounts. The figures in the lower right, for example, depict a scene of stoning that is included in the previous entry. On the illuminators of the *Menologion,* see the Introduction.

88 *the nine archons*: The nine archons (or "archontes") were the chief officials in Athens from the Archaic period through the Roman period. I have used the more recognizable word "archon"

to translate the *Menologion*'s βουλευτής, which usually means "senator." See *OCD*, "archontes."

Dionysios the Areopagite: On Dionysios, see entry 82 (October 3).

dormition of . . . Mary: The dormition of the Theotokos is not included in the *Menologion* because it falls on August 15.

89 *near Theodosioupolis*: That is, Resaina, an important city in Mesopotamia on the border between the Roman and the Persian empires. Theodosius I refounded it in his name in 383 CE. See *ODLA*, "Resaina," and CSLA E07544.

he sent men to stone him: The *Menologion* omits some details about Dometios's death, but the accompanying illumination suggests that they were originally intended to be included. For example, there are two other martyrs lying behind Dometios, but their halos have been filled in with purple and gray paint. They presumably represent the two young disciples of Dometios who are said, elsewhere in the hagiographic tradition, to have been martyred with him. See *SynaxConst*, col. 104, sec. 3; and *Life and Passion of Dometios* 21 (*BHG* 560).

90 *Antony the Great*: For Antony the Great, see entry 327 (January 17).

At the moment . . . that Antony had said: This event is recounted in *Life of Antony* 60 (*BHG* 140), but the final detail is reversed. Monks travel from Amun to inform Antony of Amun's death, not from Antony into Egypt, as is the case here. The depiction of Amun's soul in the illumination is extraordinary.

91 *godmother*: In Mamelktha's longer passion, her sister is said to have become her "mother and sister in Christ" (γέγονεν αὐτῆς κατὰ Χριστὸν μήτηρ καὶ ἀδελφή). See *Passion of Mamelkhtha* 2 (*BHG* 2245).

92 *the holy martyr Charitine*: There is a duplicate entry for this martyr later in the *Menologion*; see entry 323 (January 15). Some of the details differ slightly, but they are remarkably similar. There is no hint of location provided in either entry, but Charitine's cult was centered in the city of Corycus in Cilicia, where there is also late antique epigraphic evidence for the saint. See

Hippolyte Delehaye, "Les actes inédits de Sainte Charitine martyre à Corycos en Cilicie," *Analecta Bollandiana* 72 (1954): 8–14; and CSLA E06693.

93 *The region of the Indians . . . proclaimed Christ*: For one version of this event, see *Acts of Thomas* 1 (*BHG* 1800). Thomas initially balks because of the great distance to India and his inability to speak its language, but he is reassured by Christ, who appears to him in a dream.

94 *the second holy council in Nicaea*: The Second Council of Nicaea convened in 787. For more on this council, see entry 108 (October 12).

the rank of patrikios: In Byzantium, a *patrikios* was a high-ranking dignitary. The office had its origins in the Roman *patricius,* which was itself an honorific, used from the Republic through Late Antiquity. See *ODB,* vol. 3, p. 1600; and *ODLA,* "*patricius.*"

Leo the Armenian: That is, the iconoclast emperor Leo V the Armenian (r. 813–820 CE). See *ODB,* vol. 2, pp. 1209–10; and *PmbZ Online,* no. 4244.

95 *primikerios*: A *primikerios* was a senior official among various groups of functionaries, both civil and military. Elsewhere in the hagiographic tradition, Sergius is specifically identified as the *primicerius scholae gentilium* (πριμικήριος τῆς σχολῆς τῶν γεντιλίων), that is, the leader of an elite unit of foreign soldiers in the imperial bodyguard (*Passion of Sergius and Bacchus* 1, *BHG* 1624). See also *ODB,* vol. 3, pp. 1719–20.

their torcs: Torcs, or neck rings, were worn for many reasons in the Roman and Byzantine periods, but they were often associated with the emperor's personal bodyguard (see previous note). A well-known illustration of this is found in the Justinian Mosaic of San Vitale, where the emperor's guards are prominently wearing golden torcs. See Christopher Walter, "The Maniakion or Torc in Byzantine Tradition," *Revue des études byzantines* (2001): 179–92, at 181–82.

Augustoupolis: The city of Augustoupolis in the province of Palaestina Tertia (modern-day Jordan).

96 *Tarsos*: Tarsos (modern-day Tarsus) was a city in Cilicia, in southeastern Asia Minor. See *TIB,* vol. 5, pp. 428–29; *ODB,* vol. 3, p. 2013.

Klinos: Klinos's name varies in the tradition. In Pelagia's longer *vita,* he is named Klinon (*Passion of Pelagia* 5, *BHG* 1480), while he is called Linus elsewhere in the synaxarion tradition (*SynaxConst,* col. 119, sec. 2).

97 *another Saint Pelagia*: This saint is styled "another" Saint Pelagia of Antioch because of the identically named Pelagia of the Courtesans (entry 98), who was also from Antioch. Usually, the ordering of the two Antiochene Pelagias is reversed, which makes the distinguishing marker "the other" (ἑτέρα) more natural. Given the *Menologion*'s order, however, it can also be understood as differentiating her from Pelagia of Tarsos in the previous entry (entry 96).

with the aim of apprehending her: The Greek verb ἁρπάζω can indicate any forcible seizure, though it often refers specifically to sexual violence. As the following lines indicate, Pelagia interprets the soldiers' actions in this way. John Chrysostom adds further context to this episode in one of his homilies, where he discusses the impact of gender in arrests like these and praises Pelagia's actions, even though she does not receive the martyr's crown (PG 50:479).

handed over her spirit to the Lord: On Pelagia's death and its interpretation, see further *SynaxConst,* col. 120, sec. 3; and PG 50:479.

98 *The holy bishop Nonnos*: The bishop Nonnos has occasionally been identified as Nonnos of Panopolis, the poet famous for his hexameter poems *Dionysiaca* and *Paraphrase of John.* Although intriguing, this association is almost certainly incorrect. See Alan Cameron, "The Poet, the Bishop, and the Harlot," in *Wandering Poets and Other Essays on Late Greek Literature and Philosophy* (Oxford, 2016), 81–90.

she also performed . . . by death: Pelagia is well known for disguising herself as a eunuch and adopting the name "Pelagios" (see the note on entry 29), but this aspect of the saint's career is omit-

ted here. For a translation of the metaphrastic version of Pelagia's life, see Papaioannou, *Christian Novels,* 61–83.

99 *he commanded . . . sacrifice to the idols*: Theodoret specifies that this pollution occurred both in the city and in the suburb of Daphne (*Ecclesiastical History* 3.15). John Chrysostom, however, does not mention this event during his homily for this occasion. He speaks only of the saints' inability to breathe properly because of the ubiquitous presence of smoke from pagan sacrifices (*Homily on the Martyrs Juventinus and Maximus,* ed. PG 50:574).

100 *John, the most holy priest*: The identity of this John is unknown.

The idols . . . trust in them: Psalms 134:15, 134:18.

strike her across the face: This is the moment depicted in the illumination. Julian was mistakenly given a halo before it was later filled with gray paint.

101 *Tyre*: Tyre (in modern-day Lebanon) was an important port on the eastern seaboard of the Mediterranean.

learned in all historical texts: The Greek work ἱστορία, translated here as "historical texts," can also refer to scripture, but most sources for Dorotheos's life emphasize his historical writings. See Xavier Lequeux, "La recension longue de l'*Index apostolorum discipulorumque Domini* du pseudo-Dorothée: Contenu—datation—postérité; Avec l'édition de la Passion de S. Dorothée de Tyr (BHG 2114)," *Analecta Bollandiana* 137, no. 2 (2019): 241–60.

he composed . . . edifying books: The historicity of Dorotheos is a difficult question, but the writings attributed to him, specifically the collection of the *Lives of the Apostles and the Prophets* (for example, *BHG* 1586), are almost certainly later than the fourth century. See Cyril Mango, "Constantinople's Mount of Olives and Pseudo-Dorotheos of Tyre," *Νέα Ῥώμη: Rivista di ricerche bizantinistiche* 6 (2009): 157–70, especially 160–61.

102 *James was the son . . . evangelist*: There are three men named James associated with Christ: James the son of Zebedee, or "James the Greater" (entry 185); James the son of Alphaios, or "James

the Lesser" (entry 102); and James the brother of the Lord (entry 131). Occasionally, the latter two are understood to be the same person. The tradition that James and Matthew were brothers comes from Mark 2:14, where Levi's father is also named Alphaios. See *ODB,* vol. 2, pp. 1030–31, and compare entry 186 (November 16).

103 *an imperial decree . . . in the marketplace*: In the longer version of their *Passion* (*BHG* 616), the decree is posted on the city gates. It reads, "The emperor Maximian to those dwelling in the metropolis of Nikomedeia, to the small and great, to the free, both foreign and citizen, decrees the following: By my order and that of the venerable senate, in accordance with the omen from the invincible gods that appeared to me, on the third day of March, all those under my rule will promptly enter the temple of Demeter and honor the goddess with sacrifices and incense. It is our wish that whoever should be found disobeying these commands and refusing to worship the gods with sacrifices be subjected to the necessary punishments by the duty and care of the governor of the place along with his subordinates" (*Passion of Eulampios and Eulampia* 1).

104 *Marcian*: The emperor Marcian (r. 450–457 CE).

a church . . . still there today: The Monastery of Saint Bassianos was located in northwestern Constantinople, probably west of the Cistern of Aspar. See Janin, *Les églises,* 65–66.

Saint Matrona: For Matrona, see entry 169 (November 8).

106 *trained as a physician*: On Zenaïs's place among the physician-saints, see Winfried Büttner, *Leib- und Seelenärzte: Die heiligen Mediziner der Alten Kirche* (Wiesbaden, 2015), 30–31.

lived there as a hermit: In Zenaïs's longer *vita,* three men named Pappas, Pateras, and Philokyris become her disciples and travel briefly with her before she returns to her life as a hermit. See *Passion of Zenaïs* 2 (*BHG* 1883).

107 *holy apostle Philip . . . Acts of the Holy Apostles*: The story of Philip and the Ethiopian eunuch is related in Acts 8:26–40. Much of the language in the *Menologion* echoes this biblical passage.

the seven deacons: The seven deacons are named in Acts 6:5. For Stephen and Timon, who are two from the seven, see entries 275 and 284 (December 27 and 30).

Joppa . . . Gaza: The port city of Joppa (or Jaffa, part of modern-day Tel-Aviv, Israel) lay some forty miles north of Gaza on the eastern seaboard of the Mediterranean.

Kandakes: The text confuses the account from Acts in an interesting way. The title for the Ethiopian queen is Kandake (Κανδάκη), but here a masculine form of the name, Kandakes (Κανδάκης), has been given to the eunuch, who is traditionally nameless.

Do you understand . . . guides me?: An almost exact quotation of Acts 8:30–31.

Look, here is water . . . baptized?: Acts 8:36.

108 *The seventh . . . Constantinople*: The Second Council of Nicaea occurred over two years, 786–787. Other accounts give the number of participants as 350 instead of 367. See *ODB,* vol. 2, p. 1465. For Tarasios, see entry 423 (February 25).

The honor . . . to the original: Basil of Caesarea, *On the Holy Spirit* 18. On Basil, see entry 288 (January 1).

109 *Probus, Tarachos, and Andronikos*: The relative ages of the three figures in the illumination are noteworthy. One man is older with gray hair, another is in the prime of adulthood with a full beard, and the third is younger and without a beard. In their longer *Passion,* which is structured as a series of interrogations before a tribunal, Tarachos is explicitly mentioned as being old and gray. The ages of the other two are less clear, but the implication is that they are successively younger and not as old as Tarachos. See *Passion of Tarachos, Probus, and Andronikos* 1.1 (*BHG* 1574).

111 *Anazarbos*: Anazarbos was an important city in Cilicia. Now in ruins and known as Anavarza, it lies near the modern-day village of Dilekkaya.

112 *Agathodoros*: Agathodoros is not present in every version of this tradition. He is missing from an early, and possibly abbre-

viated, *Passion* (*BHG* 293), but he is included in other versions (*BHG* 294 and 295) and in the synaxarion tradition (see *SynaxConst,* col. 133, sec. 1).

Thyatira . . . Sardis: Thyatira (modern-day Akhisar) was a city in central western Asia Minor, some 150 miles southwest of Constantinople; see *TIB,* vol. 8, p. 182. Sardis, now an archaeological site, lay around thirty miles south of Thyatira; see *TIB,* vol. 8, p. 270.

Together they both handed over their spirits: It is unclear which two are meant, Karpos and Papylos, or Papylos and Agathonike. In one version of their *Passion,* the three are beheaded together, not consumed in the fire. See *Passion of Karpos, Papylos, and Agathonike* 23 (*BHG* 295).

114 *Nazarius, Gervasius, Protasius, and Celsius*: In the earliest Latin tradition, the stories of Nazarius and Celsius (Celsus) and of Protasius and Gervasius were separate and joined only over time. This combined tradition predominates in the Greek versions of these texts. See CSLA E02034.

115 *The passion of the holy martyr Lucian*: It seems that the *Menologion* entry derives from a premetaphrastic version of Lucian's martyrdom, perhaps *BHG* 996z, which is currently unedited. For the narrative differences between the various versions, see CSLA E06124.

116 *Sabinos first became a bishop*: The *Menologion* and the wider synaxarion tradition are mostly silent on the details of Sabinos's life. He lived in Sicily and was bishop of Catania in the seventh century, where he was succeeded by Leo of Catania, a better known figure. For further details, see *Life of Saint Leo Bishop of Catania* 5 (*BHG* 981b), ed. and trans. Alexander Alexakis and Susan Wessel, *The Greek Life of St. Leo Bishop of Catania* (*BHG* 981b), Subsidia Hagiographica 91 (Brussels, 2011). See also entry 416 (February 20).

117 *Truly, this man was the Son of God*: Matthew 27:54.

a blind woman . . . regained her sight: This woman occupies the second half of the illumination. She holds her cane in her right

hand, and her eyes are open as she gazes upon Longinus's head, the very moment she regains her sight.

118 *Daria, who was a philosopher*: Daria came to Rome from Athens, where she was presumably trained in rhetoric. Chrysanthos and his father, Polemios, came from Alexandria. See *Passion of Chrysanthos and Daria* 1 and 8 (*BHG* 313).

119 *He made many prophecies*: These prophecies do not have close parallels in the book of Hosea. Instead, they are found in the body of literature known as the *Lives of the Prophets and the Apostles*. For the Dorotheos tradition of these texts, see the note on entry 101, above. This entry, however, corresponds to the "anonymous" recension of this tradition (*BHG* 1588).

120 *Anargyroi*: *Anargyroi* (Ἀνάργυροι) literally means "without money" or "without silver." This epithet was commonly used for healing or medical saints in order to distinguish them from other physicians who charged money. See *ODB*, vol. 1, p. 85.

The first two . . . Phereman: On this pair, see entry 152 (November 1).

121 *During the reign of Trajan . . . the persecution*: Two things are amiss here. First is the chronology. Trajan's reign (98–117 CE) is too late for the events described. Annibale Albani, ed., *Menologium Graecorum jussu Basilii [II] imperatoris*, 3 vols. (Urbino, 1727), emends the text to read "Tiberius," whose reign better fits the timeline, but there is no compelling reason to modify the text. In fact, this error is found elsewhere in the synaxarion tradition and is probably what the scribe meant to write (see *SynaxConst*, col. 148, apparatus for October 18). Second is the geography. Thebes is not located in Macedonia, as the manuscript places it, but in Boeotia, which is the reading preserved elsewhere in the synaxarion tradition (see *SynaxConst* col. 148, sec. 1). However, I have preferred to print "Macedonia," as this is apparently what the *Menologion*'s scribe intended to write.

the seventy apostles: On the seventy apostles, see entry 160 (November 4).

he composed . . . same Theophilus: See Luke 1:1–4 and Acts 1:1–3.

Church of the Holy Apostles: A cutaway view of the five-domed Church of the Holy Apostles is included in the illumination. Other views are found in entry 341 (January 22) and entry 353 (January 27).

123 *consecrated . . . not by human hands*: According to the *vita* by Symeon Metaphrastes, Amphilochios was visited at night by an angel who commanded him to "shepherd the flocks of Ikonion." On the third night, the angel took Amphilochios to the church, where a host of angels appeared and prayed over him, leaving him senseless until he was found the next morning. Soon after he awoke, seven bishops arrived and consecrated him bishop. See *Life of Amphilochios* 2–4 (*BHG* 72).

Basil . . . Nyssa: For Basil the Great (of Caesarea), see entry 288 (January 1); for Gregory the Theologian (of Nazianzus), entry 349 (January 25); and for Gregory of Nyssa, entry 305 (January 10).

124 *would be born of a virgin*: There is no clear parallel in the book of Joel about virgin birth, though commentators sometimes discuss virgins in relation to Joel 1:8 (see Jerome, *On the Prophet Joel* 1.8). Nor does any recension of the *Lives of the Prophets and Apostles* include this detail, to my knowledge. It is found, however, elsewhere in the synaxarion tradition. See *SynaxConst,* col. 149, sec. 1.

Thus says the Lord . . . will prophesy: Compare Acts 2:17 and Joel 3:1.

125 *Cornelius the centurion . . . Palestine*: The story of Cornelius is found in Acts 10:1–48.

The idols . . . able to escape: This scene occupies the first half of the illumination. The wife and the son are even visible under the rubble.

126 *the rank of patrikios*: For this title, see the note on entry 94 (October 6).

His holy remains . . . in faith: The hagiographic literature describing Artemios's posthumous miracles was popular in Byzantium. For an introduction to this material, as well as a text and translation, see Virgil S. Crisafulli, John W. Nesbitt, and John Haldon, eds., *The Miracles of St. Artemios* (Leiden, 1997).

127 *the offerings on the altars*: Literally, "the things lying on the altars." It is not certain what these things are that the men scatter or overturn. I translate them as "offerings" because the longer *Passion* for these saints explicitly states that the altars are covered with bull and sheep sacrifices. The other possibility is that these words refer to the statues themselves. In the longer text, the saints also desecrate the idols with mud immediately after they scatter the altars' contents. See *Passion of Dasios, Gaius, and Zotikos* 2 (*BHG* 492).

128 *our holy father Hilarion*: The most influential version of Hilarion's life was composed in Latin by Jerome (*BHL* 3879).

traditional literature . . . in Christ: "Traditional literature" would encompass a wide range of material, including grammatical and rhetorical texts, as well as the study of classical authors, such as Homer and Demosthenes. For a recent study on the development of Christian education in this period, see Jan Stenger, *Education in Late Antiquity: Challenges, Dynamism, and Reinterpretation, 300–550 CE* (Oxford, 2022).

129 *Hierapolis*: Hierapolis (modern-day Pamukkale) was a city in southwestern Asia Minor. See *TIB*, vol. 7, pp. 268–72.

the emperor Marcus: That is, Marcus Aurelius Antoninus (r. 161–180 CE).

the emperor's daughter: That is, Lucilla.

vinegar, garum, and oil: The Greek word ὄξος, here translated as "vinegar," can also refer to simple or low-quality wine. In one version of Aberkios's *vita*, the three liquids are wine, vinegar (ὄξος), and oil. See *Life of Aberkios* 20 (*BHG* 4).

his servant: In the longer *vitae* associated with Aberkios, this servant is a farmer named Trophimion, whom the bishop employs as a guide to Rome. See *Life of Aberkios* 20 (*BHG* 4).

130 *three women*: Elsewhere in the synaxarion tradition, there are four women: Anna, Elizabeth, Theodote, and Glykeria. See *SynaxConst*, col. 156, sec. 3.

131 *James, the brother of the Lord*: On the distinction between the different persons named James in the New Testament, see the note on entry 102 (October 9).

Basil the Great . . . Chrysostom: For Basil the Great, see entry 288 (January 1), and for John Chrysostom, see entry 178 (November 13).

132 *Theodote and Socrates the priest*: Xenophon records a story of Socrates conversing with a courtesan named Theodote on the topic of beauty and the relationship between the subject and object of the gaze. It is possible that this story influenced the later literary tradition of these two saints. See Xenophon, *Memorabilia* 3.11.

Severus Alexander: Marcus Aurelius Severus Alexander (r. 222–235 CE).

two separate times: In the longer *vita,* the governor, or prefect, whose name is Simplicius, forces Theodote to endure two rounds of torture before the furnace. On the order of these events, see *Life of Theodote and Socrates* 2–5 (*BHG* 1780).

133 *On the same day*: The feast of the seven holy youths is usually celebrated on October 22. See *SynaxConst,* col. 155, sec. 2.

fell asleep: The verb κοιμάομαι, which literally means "to sleep," is a common euphemism in Greek for dying. In this version of the story, it is clear that the word refers to literal death, especially in the phrase "after they died again" (πάλιν θανόντες).

Three hundred seventy-two . . . Theodosius the Younger: In fact, only about 150 years separate Decius and Theodosius II.

he was recognized: The reason for why Iamblichos is recognized varies within the tradition. For example, the merchants grow suspicious when they see the ancient coin in one version of a longer text, while the saint's ignorance of current events betrays him elsewhere in the synaxarion tradition. See *Passion of the Seven Sleepers* 15 (*BHG* 1594), and *SynaxConst,* col. 156, sec. 2.

134 *son of the emperor Michael*: That is, Michael I Rhangabe (r. 811–813 CE). See *ODB,* vol. 2, pp. 1362–63.

the brother of Theophilos . . . Nikephoros: That is, Theophilos (r. 829–842 CE), see *ODB,* vol. 3, p. 2066; and Nikephoros I (r. 802–811 CE), see *ODB,* vol. 3, pp. 1476–77. See further here Andrew Smithies, *The Life of Patriarch Ignatius,* with John Duffy, Dumbarton Oaks Texts 13 (Washington, DC, 2013), 135n9 and 137n26.

Monastery of the Archangel . . . Satyros: This monastery was located on the Asian side of the Bosporos, dedicated to the archangel Michael, and was constructed in 873/4 CE. See Smithies, *Life of Patriarch Ignatius*, 139n36.

appointed patriarch of Constantinople . . . reinstated: Ignatios held the office of patriarch between 847–858 and 867–877. See *ODB*, vol. 2, pp. 983–84.

removed by the emperor Michael: That is, Michael III (r. 842–867 CE). See *ODB*, vol. 2, p. 1364.

removed by the emperor Basil: That is, Basil I (r. 867–886 CE).

135 *the city of Najran in Ethiopia*: The *Menologion* names this city "Negra," but it is much more commonly known as "Najran" in modern scholarship. See *ODB*, vol. 2, p. 1434.

Justin: That is, Justin I (r. 518–527 CE).

Elesboam: Elesboam was the Christian king of Axum. He, along with Justin I, led an expedition against Dhu-Nuwas in 525 CE. See *ODB*, vol. 1, p. 685. The *Menologion* calls him "Elesbaâ."

a certain Hebrew ruled the Homerites: That is, Dhu-Nuwas, who later took the name Yusuf when he converted to Judaism. Dhu-Nuwas was the king of Ḥimyar, whose inhabitants were often called "Homerites" in Greek; see *ODB*, vol. 1, p. 617, and vol. 2, p. 933.

the region that is called "Saba" in holy scripture: That is, Saba, Seba, or Sheba. Compare Genesis 10:7.

Arabia Felix: That is, "Happy Arabia," which is modern-day Yemen.

by deceit: Or, "oath breaking."

136 *Proklos, patriarch of Constantinople*: Proklos was patriarch from 434 until 446 CE. See *ODB*, vol. 3, p. 1729.

Kyzikos: Kyzikos was a city located at the base of the Kapıdağ Peninsula on the southern shore of the Sea of Marmara, some seventy miles southwest of Constantinople. See *TIB*, vol. 13, pp. 705–20; and *ODB*, vol. 2, pp. 1164–65.

Saint Sisinnios, the patriarch of Constantinople: Sisinnios I was patriarch from 426 to 427 CE.

God's most holy Great Church: That is, the second iteration of Hagia Sophia, which was destroyed during the Nika riots in 532.

to conduct himself . . . his teaching: Proklos also secured the return of John Chrysostom's relics to Constantinople during his patriarchate. His role in this important event is narrated later in the *Menologion*. See entry 353 (January 27).

137 *notaries*: In this period, the primary function of the notary (νοτάριος) was as a stenographer who would record important meetings and sometimes public orations like homilies. In the longer version of their *vita,* Marcian and Martyrios are said to have "recorded what Paul was doing" (τῶν ὑπ' ἐκείνου πραττομένων ὄντες ὑπογραφεῖς) and "read scripture aloud to the people" (τῷ λαῷ τὰς θείας ὑπαναγινώσκοντες βίβλους). See *Life of Marcian and Martyrios* 2 (*BHG* 1029); and *ODB,* vol. 3, p. 1495.

Constantius: That is, Constantius II (r. 337–361 CE). See *ODB,* vol. 1, p. 524.

he was strangled by the Arians: This is depicted in the illumination for Paul the Confessor. See entry 163 (November 6).

138 *the seven saints with him*: The names of these seven men are not recorded in the longer versions of Varus's martyrdom (*BHG* 1862–63). Those versions do, however, include an important person omitted from the *Menologion* entry, the woman named Cleopatra, who was inspired by Varus's martyrdom and ultimately arranged for his body to be buried in her native Palestine. See *Passion of Varus and His Companions* 10 (*BHG* 1862).

139 *A certain young man named Nestor*: For more on Nestor, see entry 141 (October 26).

Miraculous healings . . . lies: John I, the seventh-century bishop of Thessalonike, composed the earliest account of these miracles. See *Miracles of Saint Demetrios* (*BHG* 499).

140 *Thasos*: An island in the northern Aegean, just off the coast of Thrace. See *TIB,* vol. 11, pp. 861–62.

141 *the holy martyr Nestor*: My middle name is Nestor, after my paternal grandfather, Nestor L. Kuper, who was born on Saint Nestor's feast day. Working on this book helped my family finally rediscover the origin of his name.

Saint Demetrios: For Demetrios, see entry 139 (October 26).

Maximian . . . the hippodrome: The construction of the hippodrome seems to conform to this timeline. See Michael Vickers, "The Hippodrome at Thessaloniki," *Journal of Roman Studies* 62 (1972): 25–32, at 31.

142 *In the twenty-fourth year . . . earthquake in Constantinople*: This earthquake occurred in 740. See Glanville Downey, "Earthquakes at Constantinople and Vicinity A.D. 342–1454," *Speculum* 30, no. 4 (1955): 596–600, at 598–99.

in procession to . . . Blachernai: The illumination for this entry includes both the procession and the church. For more on the Church of Mary in Blachernai, see the note on entry 78 (October 1).

143 *the great Firmilian*: Firmilian is commemorated on October 28, although he does not receive an entry in the *Menologion* (see *SynaxConst,* col. 170, sec. 4). He was a significant figure in third-century ecclesiastical politics, and a single letter addressed to Cyprian of Carthage, which was translated into Latin, has been preserved under his name (*Cypriani epistolae* 75, ed. PL 4:413–14). See *ODLA,* "Firmilian."

144 *Kyriakos . . . life-giving cross*: For more on Kyriakos's role in the discovery of the True Cross, see entry 35 (September 14).

145 *Council of Chalcedon*: The Council of Chalcedon convened in 451.

the holy places: For the holy places in Jerusalem, see the note on entry 73 (September 29).

the wilderness nearby: The Choziba Monastery lay in the wilderness east of Jerusalem. This entry downplays John's important role in reorganizing the community during his time there. See *ODLA,* "Choziba (St George's)."

146 *to her own cell*: The language is somewhat unclear here, since the Greek phrase *to idio kellio* (τῷ ἰδίῳ κελλίῳ) can be understood to mean "to his own cell" and "to her own cell." In the longer *vita,* his niece Maria enters the "inner cell" (τὸ ἐσώτερον κελλίον) at this point, while he returns to the "outer cell" (τὸ ἐξώτερον κελλίον). See *Life of Abramios* 40 (*BHG* 5).

147 *Theonilla*: She is called "Neonilla" elsewhere in the synaxarion tradition (see *SynaxConst,* col. 178, sec. 3).

biological siblings: Literally, "legal" (νόμιμοι) siblings, which can also mean "legitimate" and "biological" siblings.

Mopsuestia: Mopsuestia (medieval Mamistra, modern-day Yakapınar) was located in Cilicia in southeastern Asia Minor. See *TIB,* vol. 5, pp. 351–59.

149 *The passion of the holy martyr Eutropia*: Although it is not clear from the *Menologion* entries (or elsewhere in the synaxarion tradition), this entry and the previous one are closely related. The story of Eutropia is, in fact, embedded within Epimachos's *vita.* See *Life of Epimachos* 2 (*BHG* 593).

How cool . . . pouring over me: This exclamation leads to a joke at Apellianos's expense in the longer *vita.* The governor misunderstands the martyr's words and reprimands his soldiers for using water instead of fire. Eutropia then corrects him herself and states that the "man" standing nearby is pouring the water. See *Life of Epimachos* 2 (*BHG* 593).

150 *Aegae*: That is, Aegae (modern Yumurtalık), a port town on the coast of Cilicia. See *TIB,* vol. 5.1, pp. 160–64.

Lysias: The longer *vita* of Zenobios and Zenobia also mentions the martyrs Claudius, Asterios, and Neon (entry 147), who also suffered under Lysias. See *Passion of Zenobios and Zenobia* 2 (*BHG* 1884) and CSLA E06668.

again pressured: "Again" is probably the best interpretation for the Greek πάλιν here. Although not included in the *Menologion* entry, both Zenobios and Zenobia were previously asked to sacrifice to the gods and refused. See *Passion of Zenobios and Zenobia* 6–7 (*BHG* 1884).

151 *the most holy apostle Andrew*: For Andrew, see entry 215 (November 30).

the city of Odessos: It is difficult to determine whether "Odessopolis" or the "city of Odessos" is preferable here. The scribe of the *Menologion* clearly writes two separate words and accents them accordingly, although the combined form is found in much of the synaxarion tradition (see *SynaxConst,* col. 177, sec. 1). Dorotheos of Tyre is another saint associated with this city. His *Menologion* entry (101) generically states that he traveled to Thrace, but elsewhere the hagiographical tradition is more

specific, having him travel to "Odessopolis" (*Index of the Disciples and Apostles, BHG* 151). To complicate matters, this same text also states that Amplias was bishop of Odessos (Ἀμπλίας . . . ὃς καὶ ἐπίσκοπος Ὀδυσσοῦ ἐγένετο, p. 137). Odessos (or Odyssos) was the ancient name for Varna; see *ODB,* vol. 3, pp. 2153–54.

the so-called Pegai: The Pegai here should be distinguished from the more widely known Church of the Theotokos at Pege (see Janin, *Les églises,* 232–37). Rather, the reference is probably to the district of Pegai, where Basil I is known to have constructed a palace: compare "the palace in so-called Pegai" (τὰ ἐν ταῖς καλουμέναις Πηγαῖς βασιλικά) in Theophanes Continuatus, *Chronographia,* ed. PG 109:353. According to Janin, this district was located on the north side of the Golden Horn in what is now the Beyoğlu district of Istanbul (*Les églises,* 237).

November

152 *the holy Anargyroi*: For the epithet *Anargyroi,* see the note on entry 120 (October 17).

a camel came running . . . his oath: In the longer *vita,* the camel was healed by Damian alone, since Cosmas had already died. Additionally, the Lord appeared to Cosmas in a dream and explained why Damian had accepted the eggs, but Cosmas still persisted in his condemnation. See *Life and Miracles of Cosmas and Damian* 2–3 (*BHG* 372).

153 *the city of Rhaidestos*: Rhaidestos, sometimes Rodosto, was a city on the northern shore of the Sea of Marmara. See *ODB,* vol. 3, p. 1787. Because Rhaidestos is not located in Cilicia, it has been suggested that the city of Rossos should be understood instead (ἐν τῇ πόλει Ῥοσῷ). See Arabella Cortese, *Cilicia as Sacred Landscape in Late Antiquity: A Journey on the Trail of Apostles, Martyrs and Local Saints* (Wiesbaden, 2022), 206.

154 *John the bishop*: According to their longer passion, John was the bishop of the city of Arbela (*'Arbeyl,* modern-day Erbil in Iraq). See *Passion of John the Bishop and Jacob the Zealot* 1 (*BHO* 500).

155 *Shapur's mother*: Shapur condemns his own mother to death in

the longer passion. See *Passion of Akindynos, Pegasios, Aphthonios, Elpidephoros, and Anempodistos* 21–22 (*BHG* 21).

156 *These saints*: The full list of names found elsewhere in the synaxarion tradition is the following: Attikos, Eudoxios, Agapios, Marinos, Okeanos, Eustratios, Karterios, Nikopolitianos, and Styrak(i)os. See *SynaxConst,* col. 190, sec. 2.

Sebasteia: There are a number of towns called Sebasteia (the equivalent of the Latin Augusta in honor of Augustus) in various regions of Asia Minor (Phrygia, Cilicia, or Armenia).

You alone . . . to the emperor: The PG 117:141, in reprinting the original edition of Albani, punctuates this quotation as a question. This is somewhat attractive, but Karterios's response makes better sense as a correction of a statement rather than as an answer to a question. The Greek word λαός can generally mean "people," but it often refers to a group of soldiers, as it probably does here.

157 *presented to the archmagus*: In their longer *vita,* all three of these men were presented to Adarchoschar, the archmagus in Erbil (Ἀρβήλ); see *Passion of Akepsimas, Joseph, and Aeithalas* 5 (*BHG* 16).

158 *Constantine Kaballinos*: That is, Constantine V (r. 741–775 CE); *PmbZ Online,* no. 3703. For confusion about this epithet elsewhere in the *Menologion,* see the note on entry 60 (September 22).

Mount Olympos: Mount Olympos (modern-day Uludağ) in northwestern Asia Minor, some seventy-five miles southeast of Constantinople. It was a major monastic center. See *ODB,* vol. 3, p. 1525.

the Monastery of Eriste: The monastery of Eriste was in Pandemos, which is near the Hellespont. See Cyril Mango and Ihor Ševčenko, "Some Churches and Monasteries on the Southern Shore of the Sea of Marmara," *Dumbarton Oaks Papers* 27 (1973): 235–77, at 264n142.

Three days after Saint Methodios became patriarch: Methodios was elevated to the patriarchal throne on March 4, 843. He is also mentioned in entry 392 (February 11).

159 *for his pantomime*: Or "for his dancing."

he summoned him: In the longer passion, Alexander is said to have had Porphyrios "transferred" (μετῴκισεν) to Caesarea. It is unclear what kind of transaction this entailed: that is, whether the saint was free or a slave. See *Passion of Porphyrios the Mime* 1 (*BHG* 1568z).

All you who have been baptized . . . alleluia: This refrain is found in the *Typikon of the Great Church (Hagia Sophia),* which is the earliest complete liturgical *typikon* of the Byzantine rite. See *ODB,* vol. 3, pp. 2132–33. The angels' words are not recorded in either of the longer *vitae* (*BHG* 1568z and 1569), though they are found here and elsewhere in the synaxarion tradition (compare *SynaxConst,* col. 193, sec. 3).

160 *the seventy disciples and apostles*: The seventy (or seventy-two) apostles are mentioned in Luke 10:1–12. They are often commemorated as a group on January 4, although this is not the case for the *Menologion* or for many other synaxaria (see *SynaxConst,* col. 369, apparatus). Instead, they are commemorated in smaller groupings, such as here. Other members of the seventy in the *Menologion* can be found in entries 121, 173, 231, and 284.

Patrobas . . . Hermas: See Romans 16:14. Puteoli (modern-day Pozzuoli) was situated near Naples in Italy.

Philippopolis: Philippopolis (modern-day Plovdiv, Bulgaria) was a city in northern Thrace, some 230 miles northwest of Constantinople.

Gaius: See Romans 16:23.

Timothy: For Timothy, see entry 341 (January 22).

Philologos: See Romans 16:15.

Andrew, the First Called of the apostles: The tradition that Andrew was the "First Called" comes from John 1:35–42, where Andrew and another disciple of John the Baptist were the first to be called by Christ. The Greek term is Πρωτόκλητος.

161 *his parents*: Although the *Menologion* is silent on the names of Galaktion's parents, they are named elsewhere in the synaxarion tradition as Clitophon and Leucippe (or Gleucippe). This is significant because they evoke the heroes of Achilles Tatius's

Leucippe and Clitophon. The *Passion of Galaktion and Episteme*, therefore, may be read as a sort of sequel or corrective to that Greek romance. See *Passion of Galaktion and Episteme* 2 (*BHG* 665 and 666), and Papaioannou, *Christian Novels*, xvii and 293.

162 *Saint Domninos . . . and Silvanus*: These martyrs are found in Eusebios's *On the Martyrs of Palestine*, which survives in two recensions (see *BHG* 1193). The circumstances of their deaths are not all related and have been compressed for this entry. For Domninos, see *On the Martyrs of Palestine* 7 (short recension).

a certain man named Pamphilos: This person can probably be identified as Pamphilos of Caesarea, a priest and scholar whom Eusebios greatly admired. See *Ecclesiastical History* 8.13.6; and *On the Martyrs of Palestine* 7.4 (short version, *BHG* 1193).

163 *patriarch Alexander*: Alexander was patriarch from 314 to 337 CE.

notary: On the Greek term νοτάριος, see note on entry 137, above.

Athanasios the Great: On Athanasios the Great, who is also commemorated with Cyril of Alexandria, see entry 329 (January 18).

emperor Constans: Constans, Constantius's younger brother (r. 337–350 CE). See *ODB*, vol. 1, p. 496.

Koukousos in Armenia: Koukousos (modern-day Göksun) in southeast Asia Minor, some 450 miles from Constantinople. See also the note on entry 178 (November 13).

his own omophorion: An *omophorion* is a long scarf worn as a vestment by bishops. See *ODB*, vol. 3, p. 1526.

164 *the dust . . . from the sky*: The volcanic ash described in this entry came from an eruption of Mount Vesuvius. See Girolamo Ferdinando De Simone and Ben Russell, "The Late-Antique Eruption of Vesuvius in A.D. 472 and Its Impact from the Bay of Naples to Aeclanum," *Journal of Roman Archaeology* 32 (2019): 359–88, especially 366–68.

Leo the Great . . . "the Bessian": Leo I (r. 457–474 CE) was of Bessian origin, from Thrace. See *ODB*, vol. 2, pp. 1206–7.

a man's open palm: The measurement of the *spithame* (palm) was a unit of measurement describing the space between the little finger and the thumb. See *ODB*, vol. 3, p. 1938.

165 *their body parts . . . anointed himself with it*: Antonios kisses the severed body parts (αὐτά), not his parents (αὐτούς), before anointing himself. To my knowledge, these two horrific details are found nowhere else in the synaxarion tradition prior to the *Menologion*. See *SynaxConst,* col. 201, sec. 3.

166 *Hieron, Nikandros, Hesychios, . . . companions*: In addition to Hieron, Nikandros, and Hesychios, their names were Barachos, Maximian, Kallinikos, Athanasios, Theodore, Douketios, Eugenios, Theophilos, Valerius, Theodotos, Kallimachos, Xanthikos, Hilarios, Gigantios, Longinus, Themelios, Eutychios, Diodotos, Kastrikios, Theagenes, Mamas, Nikon, Theodoulos, Bostrychios, Victor, Dorotheos, Claudian, Epiphanios, Aniketos, and another Hieron. See *Passion of Hieron and His Thirty-Two Companions* 8 (*BHG* 749).

167 *Thessalonike . . . death in peace*: The *Menologion* foregrounds Thessalonike and names her a martyr, despite the entry's conclusion and her depiction in the accompanying illumination. Thessalonike is given less attention elsewhere in the synaxarion tradition, which omits all details about her death (see *SynaxConst,* col. 202, sec. 4). Unfortunately, no other hagiography for the three saints is known to survive.

Amphipolis: Amphipolis was an important Greek city near the mouth of the River Strymon in western Thrace, some 270 miles west of Constantinople. See *TIB,* vol. 11, pp. 203–7.

168 *a taxiarch and a chief general*: "Taxiarch" was a term used to denote a Byzantine military commander and was also often used to describe the place of Michael and other archangels among the angelic hosts. See *ODB,* vol. 3, p. 2018; and compare the other military terms used in entries 3 and 17, above.

Samael . . . the devil: The Greek term is διάβολος, that is, "slanderer." The related verb διαβάλλω (to slander) is frequently used in the *Menologion* to describe the betrayal of the saints to pagan authorities and is usually translated as "reported" or "accused." For the connection between the archangel Samael and the devil, see Adele Berlin, ed., *The Oxford Dictionary of the Jewish Religion,* 2nd ed. (Oxford, 2011), "Samael" and "Satan." On the devil and the demons in the context of Byzantine hagiog-

raphy, see now particularly, Gerasim Petrinski, *The Image of the Demon in Byzantium: Philosophical and Mythological Origins* (Hannover, 2024).

archangel Michael: The illumination has two short texts. The caption, "the archangel Michael" (ὁ ἀρ[χάγγελος] Μιχ[αήλ]) is written above his wings, and the sign held by the archangel says, "holy, holy, holy" (ἅγιος, ἅγιος, ἅγιος).

169 *Matrona*: For an English translation of her longer *vita,* see, Jeffrey Featherstone and Cyril Mango, "Life of St. Matrona of Perge," in *Holy Women of Byzantium,* ed. Alice-Mary Talbot (Washington, DC, 1996), 13–64.

Perge: Perge was a city on the southern coast of Asia Minor, some three hundred miles southeast of Constantinople. See *TIB,* vol. 8.2, pp. 360–72.

If any . . . follow me: Matthew 16:24.

the monastery of Saint Bassianos: The monastery of Bassianos was located either in or near Deuteron (the Second District), in northwest Constantinople. The monastery's importance waned after the fifth and sixth centuries, but it was restored in the tenth century by Luke the Stylite. See Janin, *Les églises,* 65–66. For Luke, see entry 238 (December 11), and for Bassianos, entry 104 (October 10).

Some years later . . . by death: The abbreviated details of this entry obscure the fact that Matrona founded one of the principal monasteries in Constantinople at the end of the fifth century. It was located near the monastery of Bassianos, perhaps by the Fifth or Fourth Hills. See Janin, *Les églises,* 341–42.

170 *spilling the libations*: Or perhaps, "scattering the sacrifices." Compare *SynaxConst,* col. 208, sec. 11.

The emperor . . . saint's soul: In the illustration Maximian was initially depicted with a halo before it was filled in with gray paint.

171 *Apameia in Syria*: Apameia was the capital of the Roman province Syria II. Elsewhere in the synaxarion tradition, Antoninos is recorded as living specifically in Syria II. See *SynaxConst,* col. 208, sec. 12.

he began construction: The illumination is noteworthy for its depiction of the church in the middle of construction, including the scaffolding.

172 *Tyana*: Tyana was a city in southern Cappadocia in Asia Minor, some 370 miles southeast of Constantinople. See *TIB,* vol. 2, pp. 298–99.

he breathed upon the idols: Although this unusual detail is not always found elsewhere in the synaxarion tradition, it is present in the longer passion associated with Orestes. See *Passion of Orestes* 6 (*BHG* 1383).

173 *holy apostles from the seventy*: On the seventy apostles, see entry 160 (November 4).

Olympas . . . Quartus: See Romans 16:15–23.

Nero: Nero (Nero Claudius Caesar Augustus Germanicus, r. 54–67 CE) was the first emperor to persecute Christians.

steward of the church: The Greek term is *oikonomos* (οἰκονόμος), which indicated a steward appointed by the local bishop to manage the church's financial affairs. See *ODB,* vol. 3, p. 1517.

Panias: Panias was a location in the Golan Heights at the foot of Mount Hebron, famous for its spring, which was associated with Pan. It was also known as Banias or, in the New Testament, Caesarea Philippi (compare Matthew 16:13). See also entry 368, below.

174 *Kotyaeion in Phrygia*: Kotyaeion (modern-day Kütahya) was a city in western Asia Minor, some 110 miles southeast of Constantinople. See *TIB,* vol. 7, pp. 312–16.

Augustia: Augustia (also known as Augustopolis and Caesaraugusta, modern-day Zaragoza) was a city in northeast Spain. See *OCD,* "Caesaraugusta (modern Zaragoza)," and compare entry 342, below.

175 *our holy father Theodore*: For Theodore, and the people and locations mentioned in this entry, see especially Robert H. Jordan and Rosemary Morris, eds. and trans., *The Life and Death of Theodore of Stoudios,* Dumbarton Oaks Medieval Library 70 (Cambridge, MA, 2021). For Theodore, see *PmbZ Online,* no. 7574. For Plato of Sakkoudion, see *PmbZ Online,* no. 6285.

the patriarch Tarasios: For Tarasios, see entry 423 (February 25).

the adultery of the emperor: This relates to the so-called Moechian Controversy, which arose when Constantine VI divorced his wife Maria to marry his mistress Theodote. See *ODB*, vol. 2, pp. 1388–89.

the Monastery of Stoudios: The Stoudios monastery, which was dedicated to John the Baptist, was founded in the mid-fifth century by a certain Stoudios, though it rose to its great prominence under Theodore in the eighth century. It was located in the Psamathia region in southwest Constantinople. The illumination depicts the return of Theodore's relics to the monastery by boat. See *ODB*, vol. 3, pp. 1960–61; and Janin, *Les églises*, 444–55.

the same reason: That is, the ongoing Moechian Controversy.

Nikephoros . . . Bulgaria: That is, Nikephoros I (r. 802–811 CE), who was killed at the battle of Pliska.

Leo the Iconoclast: That is, Leo V the Armenian (r. 813–820 CE).

176 *Martin, bishop of Francia*: That is, Saint Martin of Tours (316 or 336–397 CE).

Gratian: That is Gratian, emperor of the western Roman empire (Gratianus, r. 367–383 CE).

you will conquer your enemies: The Greek *Life of Martin* requires further study. To my knowledge, no printed version of the longer *vita* (*BHG* 1181) nor any extended discussion of its content has ever been published, although it differs from the Latin *vita* by Sulpicius Severus (*BHL* 5610) in many cases. For example, the fear of the entire Roman army and the divine vision that Martin sees before they defeat their enemies the following day are unique to the Greek version (compare Vat. gr. 1669, folios 363–65).

The saint prayed . . . deceit: The illumination seems to depict the moment just before the man is resurrected, but the man is also given a halo, perhaps mistakenly.

177 *Herakleios*: Herakleios reigned from 610 to 641 CE. See *ODB*, vol. 2, pp. 916–17.

the epithet "the Almsgiver": The Greek words ἐλεημοσύνη and

ἐλεήμων can also be translated as "mercy" and "merciful," respectively.

the well-known book about him: John Moschos and Sophronios composed *vitae* that survive only in epitome. The more widely known version was composed by Leontios of Neapolis. See *ODB*, vol. 2, pp. 1058–59.

178 *Exaltation of the Precious Cross*: That is, September 14. For this feast, see entry 35.

became a cleric . . . Flavianus: This is not completely accurate. John was ordained a deacon by Meletios in late 360 or early 361 and then a priest by Flavianus in 386. See J. N. D. Kelly, *Golden Mouth: The Story of John Chrysostom—Ascetic, Preacher, Bishop* (Ithaca, NY, 1995), 38.

He interpreted all of scripture: The extant writings attributed to Chrysostom, which total more than four million words (according to the *Thesaurus Linguae Graecae*, https://stephanus.tlg.uci.edu/) and are transmitted in approximately two thousand medieval manuscripts, are the most of any author in Ancient or Byzantine Greek. His numerous homilies and commentaries treat much of the Bible. See *ODB*, vol. 2, pp. 1057–58.

exiled by her to Koukousos in Armenia: On Koukousos, see entry 163, above. On Chrysostom's exile, see Kelly, *Golden Mouth*, 257–59. The representation of emotion in the illumination of this episode, which even includes the horses, is extraordinary; Chrysostom's horse is despondent, while the soldier's horse is raving.

179 *the prophet Daniel*: For Daniel, see entry 252 (December 17).

blessed Antony: For Antony the Great, see entry 327 (January 17).

According to . . . killed each other: In the longer *vita* of these saints, which still lacks a modern edition, the brothers go out hunting the following day. They simultaneously throw their spears at a deer, but they miss their quarry and instead deal fatal blows to each other (Paris, Bibliothèque nationale de France, grec 1582, fol. 124r, col. 1, *BHG* 2276).

180 *Antoninos, Nikephoros, Germanus*: These martyrs are found in Eusebios's *On the Martyrs of Palestine*, which survives in two recen-

sions (see *BHG* 1193). In that text, the martyrs' names are Antoninos, Zebinas, and Germanus (compare *SynaxConst,* col. 221, sec. 3). Furthermore, Manetho, who is the most prominent figure in the *Menologion* entry, is unnamed; she is only "a virgin from Scythopolis." See *On the Martyrs of Palestine* 9 (short recension).

181 *Gangra*: Gangra (modern-day Çankırı) lies on the river Halys and was the capital of Paphlagonia. See *ODB,* vol. 2, p. 821; and *TIB,* vol. 9, pp. 196–99.

three hundred . . . Constantine the Great: Nicaea I was the first ecumenical council. It was called by Constantine to address the Arian controversy and took place during the summer of 325, ending in August. The number of participating bishops is unknown but is traditionally given as 318. See *ODB,* vol. 2, pp. 1464–65.

He ordered a fire . . . burned it: This scene occupies the left half of the illumination. The Forum of Constantine is presumably in the background.

heretical followers of Novatian: The Novatians were a rigorist Christian sect that originated in the third century CE. See *ODB,* vol. 3, p. 1497.

182 *from Bethsaida*: John 1:44.

they held the echidna to be a god: In the *Acts of Philip,* the people of Hierapolis worship the echidna, which is called the mother of all snakes. See *Acts of Philip* 95 and 122 (*BHG* 1523 and 1525).

183 *Gurias, Samonas, and Abibos*: The earliest passions for these martyrs, the *Martyrdom of Gurias and Samonas* (*BHG* 731) and the *Martyrdom of Abibos* (*BHG* 732), are two separate texts. They are also associated with Saint Euphemia. See Papaioannou, *Christian Novels,* 118–151, esp. 119 and its corresponding note; and see entry 220 (December 2).

Edessa: Edessa (modern-day Şanlıurfa) was an ancient city in Upper Mesopotamia.

this city: That is, Edessa, of the title.

thrown into a dark pit: In their longer *vita,* the "dark pit" is a circumlocution for prison. See *Martyrdom of Gurias and Samonas* 30 (*BHG* 731).

185 *murder*: The use in a title of the word σφαγή ("murder" or "slaughter") is unique in the *Menologion*.

James the apostle: For the three individuals named James from the gospels, all of whom are commemorated in the *Menologion,* see the note on entry 102 (October 9).

John the Theologian: For John the Theologian (the Evangelist), see entry 68 (September 26).

the lake of Gennesaret: Only Luke uses the language of the "lake of Gennesaret" (Luke 5:1).

They immediately . . . followed him: Matthew 4:21–22.

to reign with his Lord: For language of co-ruling with Christ, compare 2 Timothy 2:12.

186 *commemoration*: The text omits the word for the day's celebration. "Commemoration" (μνήμη) was probably intended (see *SynaxConst,* col. 227, sec. 1), but because the illumination portrays the saint's burial, "repose" (κοίμησις) is another possibility.

the brother . . . Alphaios: On the relationship between Matthew and James the son of Alphaios, see the note on entry 102 (October 9).

While he was sitting . . . disciple: See Matthew 9:9–13.

gospel in the Hebrew language: The tradition that Matthew wrote his gospel in Hebrew and not in Greek originated very early. See John Chrysostom, *Homilies on Matthew* 1.7.

human-killers, whom some call the "cannibals": The Greek terms are ἀνθρωποκτόνος and ἀνθρωποφάγος, respectively. The account of Matthias (later conflated with Matthew) among this people is recorded in the *Acts of Andrew and Matthias* (*BHG* 109).

Hierapolis: The city of Hierapolis in northern Syria (modern-day Manbij), not to be confused with the Hierapolis mentioned in entry 129.

188 *Neocaesarea*: The city of Neocaesarea (modern-day Niksar) was situated in Pontus in northeastern Asia Minor, some four hundred miles east of Constantinople.

Some of the many miracles . . . large tree: These miracles are all recounted at length in the *Life of Gregory the Wonderworker* by Gregory of Nyssa (*BHG* 715).

Amaseia: Amaseia (modern-day Amasya) lay some sixty miles west of Neocaesarea in Pontus. See *ODB,* vol. 1, p. 74.

189 *Antiochus*: Antiochus of Galatia is commemorated on July 16 (or 15) with another martyr, named Kyriakos. An edition of his passion has not yet been published (*BHG* 2030), but for his relationship with Plato, see *SynaxConst,* col. 824, sec. 3.

he fasted . . . nourishes me: In the longer *vita,* it is clear that Plato's fasting is voluntary. He is offered food and water each day, but he refuses in order to demonstrate that Christ can sustain his body without nourishment. See *Martyrium of Plato* 19 (*BHG* 1550).

190 *a child . . . the living water*: The child is also unnamed in the longer passion, though there he is unambiguously male. See *Passion of Romanos* 8–9 (*BHG* 1600y). The child's mother is also included in the illumination, dispassionately looking on.

191 *impious Licinius*: Something is amiss here if this implies that his military service occurred during Licinius's reign (308–324 CE) and not earlier in his career. This is because Diocletian's reign (284–305 CE) preceded that of Licinius. To my knowledge, the detail about Licinius is found nowhere else in the tradition, which consistently states that Azes lived during the reign of Diocletian. See *SynaxConst,* col. 237, sec. 3; and *Passion of Azes* (Vat. gr. 807, fol. 173v, col. 1, *BHG* 2052). For the vita of Azes, see Konstantina Giouvanoudi, "Το μαρτύριο του αγίου ασκητή και θαυματουργού Άζη (BHG 2052): Εισαγωγή, κριτική έκδοση, μετάφραση και σχολιασμός," Master's thesis, University of Ioannina, 2020.

one hundred fifty soldiers . . . the faith: In the longer passion, the 150 soldiers offer Azes the opportunity to return to his cell after the miracle of the water converts them, but the saint refuses and insists that they take him to Diocletian (Vat. gr. 807, fol. 174v, cols. 1–2).

192 *The commemoration of . . . Obadiah*: The basis for this account of Elijah, Obadiah, and Ahab is 1 Kings 18:1–16, though some of it is modeled after 2 Kings 1:1–16.

193 *Dorostolon*: Also known as Silistra, Dorostolon was a city and fortress on the Danube in Bulgaria. See *ODB,* vol. 1, p. 653.

They celebrated . . . altar of Kronos: The Saturnalia (Saturn is the Roman name for Kronos) was celebrated for a period of three, five, or seven days, starting on December 17. The thirtieth day from November 20 is December 19 (inclusive counting). The gladiatorial contests held during this festival were sometimes equated with human sacrifice by Christian interpreters, but the longer passion of Dasios implies that this particular custom was restricted to the military. See *OCD,* "Saturnus, Saturnalia," and *Passion of Dasios* 1 (*BHG* 491).

194 *Narses became bishop*: According to the longer passion, Narses was bishop of Shahr-gird in the province of Beth Garmai, which lies in modern-day northern Iraq. See Sebastian P. Brock, Aaron Michael Butts, George Anton Kiraz, and Lucas Van Rompay, eds., *Gorgias Encyclopedia of the Syriac Heritage* (Piscataway, NJ, 2011); "Beth Garmai," and *Passion of Narses the Bishop and Joseph His Disciple* 1 (*BHO* 786).

195 *Saints John . . . Isaakios*: No independent Greek passion is known for these martyrs. In the Syriac tradition, the names recorded for them are different—Saborios, Isaakios, Mana, Abraham, and Symeon—and they are from the city of Kirkuk (*BHO* 1042). See also Sebastian Brock, "The Memory of the Persian Martyrs in St Nikodemos' *Synaxaristes* (1819)," in *Syriac Hagiography: Texts and Beyond,* ed. Sergey Minov and Flavia Ruani (Leiden, 2021), 257–78, at 266.

196 *Saints Boëthazat . . . women with them*: The textual tradition for these martyrs is similar to the previous two entries. For more on these saints, see the previous note.

Manichaeans: Manichaeanism was a dualistic system of belief supposedly developed by the Persian Mani out of Zoroastrianism. See *ODB,* vol. 2, pp. 1285–86.

197 *Isaurian Dekapolis*: The Dekapolis of Isauria lay within the theme of Seleukeia, and it should be distinguished from the Dekapolis in the Levant (see *TIB,* vol. 5, pp. 235–36). See Constantine VII, *De thematibus* 13, cited in Werner Seibt and Ergün Lafli, "Στρατηγὸς Δεκαπόλεως," *Revue des études byzantines* 78 (2020): 71–76, at 72n3. For the Dekapolis in the Levant, see the note on entry 84 (October 4).

Byzantion: Byzantion (Βυζάντιον) was used as an alternative name for Constantinople through the fifteenth century. It was the name of the original colony founded by Megara in the seventh century BCE. See *ODB,* vol. 1, p. 344.

his uncle Symeon: Symeon was Gregory's maternal uncle and was the archimandrite of the monastery where he spent time in his youth. See *Life of Gregory of Decapolis* 4–8 (*BHG* 711); and *ODB,* vol. 2, p. 880.

198 *Joachim and Anna*: For Joachim and Anna, see entries 22 and 23 (September 8 and 9).

as we promised: Anna promised to dedicate her child in service to the Lord if her prayer to conceive a child was answered. The events included in this entry come from the second-century *Protoevangelium of James,* some of them verbatim.

Zechariah welcomed her: Zechariah was high priest at that time. See *Protoevangelium of James* 16–18.

199 *martyrs known as the Kalyntenai*: These martyrs are otherwise unknown to me.

200 *Archippos . . . and Philemon*: Archippos and Philemon (and Amphia) are mentioned in Philemon 1:2, and Archippos in Colossians 4:17, but it is difficult to determine the source of the synaxarion tradition. There is a longer *vita* for Archippos (*BHG* 2039), which still requires a modern edition, but the account does not harmonize well with the entry here. There is no mention of his companions, and Archippos is put to death with the sword (London, British Library, Add. MS 36589, fol. 139v, col. 1). Connecting these martyrs with the Archippos who was present for the miracle at Chonae is attractive (see entry 17), but this is merely speculation. Further research is required for a better understanding of these saints.

Laodikeia: This Laodikeia (compare entry 27, above) was an important city in southwest Asia Minor, some 225 miles south of Constantinople. It was situated around eight miles northwest of Chonae. See *TIB,* vol. 7, pp. 323–26; and *ODB,* vol. 2, pp. 1177–78.

201 *Urban, the bishop*: That is, Pope Urban I (222–230 CE).

converting the prison warden Maximus: Maximus sees a vision of

angels at their death, which inspires him to believe. See *SynaxConst,* col. 245, sec. 1.

202 *encouraging them to martyrdom*: Literally, "he anointed (ἐπαλείφων) them for their martyrdom." The image is of an athlete being prepared before a contest.

received his end by the sword: Elsewhere in the synaxarion tradition, Sisinnios survives these torments and dies at an advanced age. See *SynaxConst,* col. 252, sec. 3.

203 *During . . . Justinian Rhinotmetos*: That is, Justinian II (r. 685–695, 705–711 CE), also known as Justinian "the Cut Nosed" *(Rhinotmetos)* due to the mutilation that accompanied his first deposition in 695. On Justinian II, see *ODB,* vol. 2, pp. 1084–85. The chronology of Gregory's life appears to be confused here, since most traditions have him living during the late sixth and early seventh centuries, not during the reign of Justinian II; see the note on Makarios of Jerusalem, below. On Gregory, see *ODB,* vol. 2, pp. 879–80.

city of Akragas: That is, the modern-day city of Agrigento in Sicily.

the holy places: On the holy places in Jerusalem, see the note on entry 73 (September 29).

Makarios, the bishop of Jerusalem: Makarios II was patriarch of Jerusalem for two terms in the middle of the sixth century, which overlapped with part of Justinian I's reign, not that of Justinian II.

Sabinus and Crescentinus . . . even today: In the longer *vita,* the punishment for the false accusations of Sabinus and Crescentinus consisted in the blackening of their faces and the joining of their lips. See *Life of Gregory of Akragas* 77 (*BHG* 707).

204 *recorded . . . in writing*: Only one text is generally agreed to have been written by Clement, an epistle to the Corinthians known as 1 Clement. However, a number of documents attributed to Clement circulated from the early church onward that position him as the intermediary through whom the apostolic teachings have been passed down. See *ODCC,* "Clement of Rome, St" and "Clementine Literature."

He met the end . . . glory of Christ: The last part of this entry abbre-

viates and slightly confuses different accounts of Clement's death and the discovery of his body. According to most traditions, Clement is thrown into the sea with an anchor tied around his neck to prevent the recovery of his body. However, the waters part, and Clement's disciples, along with many others, walk three miles on dry land until they find a marble shrine containing Clement's body. In some accounts, a family travels from Cherson with their young son, who is inadvertently left behind when the waters return to their place. Later on, they are reunited with their missing son through God's grace. The childlike figure in the illumination is probably meant to refer to this miracle. See *Passion of Clement* 7–12 (*BHG* 351).

Cherson: Cherson was situated on the southwest tip of the Crimean peninsula (near modern-day Sevastopol) on the north coast of the Black Sea. See *ODB,* vol. 1, pp. 418–19.

205 *He told him*: The syntax of what follows here is somewhat confused, although the meaning is clear. Something like "Ἔφη δὲ" (And he said) must be understood to govern the following infinitives in indirect statement. Compare *SynaxConst,* col. 257, sec. 2.

his own successor . . . after him: A priest named Achilles succeeded Peter, and another priest, named Peter, succeeded Achilles. See *Passion of Peter of Alexandria,* ed. Joseph Viteau, *Passions des Saints Écaterine et Pierre d'Alexandrie, Barbara et Anysia* (Paris, 1897), 71 (*BHG* 1502).

the executioners: Some of the soldiers responsible for putting Peter to death and their attendants are recorded as suffering martyrdom themselves. See entry 379 (February 7).

206 *bronze-tipped whips*: The rare word μαγλάβιον, which comes from Arabic, means "made from bronze," according to *LBG.* Bronze beads were often added to the ends of Roman scourges, but there are other possible interpretations. Compare the following from his longer passion: Φραγελλωθῆναι δὲ αὐτὸν [Μερκούριον] χαλκῷ φραγελλίῳ (He [Mercurius] was scourged with a bronze scourge; *Passion of Mercurius* 11, *BHG* 1274).

207 *Aikaterina*: Aikaterina is often known by a shorter name, Kat-

erina, or Catherine, most famously as the patroness of Saint Catherine's Monastery at Sinai.

a local ruler: It is possible to understand the word βασιλίσκος as a proper name, that is, "she was the daughter of a certain Basiliskos who was rich and noble." However, there is no ambiguity in the longer passion, which states that she was the daughter of a local official (βασιλεύς) whose name was Kostos (*Passion of Aikaterina* 4 and 8, *BHG* 30). Of course, this does not necessarily mean that the *Menologion* scribe was aware of this.

Maxentius: The emperor Marcus Aurelius Valerius Maxentius, (r. 306–312 CE).

severely tortured: Aikaterina (or Catherine) is often known for being tortured with a wheel, which is commonly depicted in her iconography, though not mentioned here. See *Passion of Aikaterina* 19–20 (*BHG* 30).

208 *Hadrianoupolis in Paphlagonia*: This Hadrianoupolis, to be distinguished from the city in Thrace mentioned in entry 4, above, lay some 180 miles east of Constantinople in Asia Minor, near the modern-day Eskipazar. See *TIB*, vol. 9, pp. 155–57.

he stood uncovered and naked: Alypios destroyed the rooflike covering at the top of his column with an ax and, at the end of his career, gave his only garment to a beggar. See *Life of Alypios* 15 and 24 (*BHG* 65).

died at the age of one hundred eight: All traditions record Alypios's great longevity, although his exact age is not always consistent. His earliest *vita* implies that he was ninety-nine years old at his death, since he was eighty-five years old when he was forced to lie on his side and died fourteen years later (*Life of Alypios* 25). For an introduction and English translation of this text, see CSLA E07158.

209 *the king of the Persians*: According to the longer passion, this was Bahram (Οὐαραράν), either Bahram IV or Bahram V. James is also said to have lived during the reign of Honorius and Theodosius, whose order might suggest Theodosius II. See *Life of James the Martyr of Persia* 44 (*BHG* 772), and *ODLA*, "Bahram IV" and "Bahram V."

210 *Stephen . . . Peter and Andrew*: Stephen and his companions are depicted as monks, although there is no mention of this in the text. Stephen originally became a monk at Mount Auxentios and later founded his own influential monastery. See *ODB*, vol. 3, p. 1955; *Life of Stephen the Younger*, ed. Marie-France Auzépy, *La Vie d'Etienne le Jeune par Étienne le Diacre* (Birmingham, 1997) (*BHG* 1666); and *PmbZ Online*, no. 7012.

Constantine, who was called Kaballinos: This is Constantine V (r. 741–775 CE). For confusion about this epithet elsewhere in the *Menologion*, see the note on entry 60 (September 22).

211 *Sosthenion . . . Chazaria . . . Sougdaia*: Sosthenion (modern-day İstinye) lay on the western shore of the Bosporos, some eight miles north of Constantinople. It is identified with the Anaplous mentioned in entry 237, below. Khazaria was a region in the northern Caucasus, inhabited by the Khazars, whom the Byzantines often called "Turks" (Tourkoi); see *ODB*, vol. 2, pp. 1126–27. Sougdaia (or Sougdia) was a city in eastern Crimea; see *ODB*, vol. 3, p. 1931.

legatarius: A *legatarius* (λεγατάριος) can refer to a number of different officials but, given the fact that John's companions were former soldiers, it is likely that he performed police-like duties. See *LBG*, under "λεγατάριος."

Daphnusia: Daphnusia (modern Kefken) is a small coastal island in the Black Sea around sixty miles east of the Bosporos.

212 *The passion . . . Eirenarchos*: For the similarities between this tradition and that of Blaise, see the note on entry 390.

213 *Kosmas . . . Holy Pascha*: Kosmas is also depicted in the illumination. A number of extant *kanones* (liturgical verses) are attributed to him. See *ODB*, vol. 2, p. 1152; and *PmbZ Online*, no. 4097.

He was imprisoned . . . death: John is usually understood to have died peacefully in the Lavra of Saint Sabas. See *SynaxConst*, col. 279, sec. 2; *ODB*, vol. 2, pp. 1063–64; and *PmbZ Online*, no. 2969.

214 *Lykaonia*: A region of central Asia Minor northwest of Cilicia.

walk for thirty stades: A *stade* is a unit of measurement that originated in ancient Greece. Each *stade* is approximately 620 feet. This torture is depicted in the accompanying illumination.

215 *Sebastopolis . . . Psaros and Phasis*: This is the area on the eastern side of the Black Sea. The Roman forts of Sebastopolis, Apsaros (the *Menologion* and the Synaxarion tradition incorrectly have "Psaros"), and Phasis are all known. See Piotr Jaworski, Radosław Karasiewicz-Szczypiorski, and Shota Mamuladze, "The Rise and Fall of the Roman Fort in Apsaros: Recent Numismatic Evidence," *Polish Archaeology in the Mediterranean* 30, no. 2 (2021): 289–306, esp. 298. As for the rivers in this region, Procopius often speaks of the Phasis River (compare *De bellis* 8.2.27), and Appian records the Apsaros River (*Mithridatica* 466). This sentence, along with the detail about the Ethiopians, is found almost verbatim in the *Acts of Andrew* 4 (*BHG* 99).

Later they were brought . . . Holy Apostles. For Luke, see entry 121 (October 18), and for Timothy, see entry 341 (January 22). It is worth noting that the text for Timothy does not mention his transfer to Constantinople, but the illumination clearly depicts this event, along with the Church of the Holy Apostles in the background.

December

216 *Jonah*: For Jonah, see entry 59 (September 22).

He had a round beard . . . oval head: At the end of some entries, the *Menologion* includes physiognomic descriptions that have been traced to those included in the history of Oulpios the Roman. Although Oulpios described other important saints such as Adam, Peter, Theodore Stratelates, and Basil the Great, the descriptions in the Menologion are limited to some of the prophets, for example, entry 222 (Zephaniah [Sophonias], December 3), entry 248 (Haggai, December 16), and entry 293 (Malachi, January 3). See Marina Detoraki, "Portraits de saints dans le Synaxaire de Constantinople," *Επετηρίς Εταιρείας Βυζαντινών Σπουδών* 53 (2007–2009): 211–32; and Henry Maguire, "Essence and Accident: Byzantine Portraiture and Aristotelian Philosophy," *Byzantine and Modern Greek Studies* 46, no. 1 (2022): 1–23.

217 *men with a fiery appearance*: The illumination depicts these fig-

ures as angels, and this is consistent with the language of the longer *vita,* which only exists in Syriac. There they are called "angels of fire" *(mala'ke d-nuro).* See *Passion of Hanania the Layman,* ed. Paul Bedjan, *Acta martyrum et sanctorum* (1890–1897), vol. 4, p. 132 (*BHO* 372).

218 *Philaretos the Merciful*: On Philaretos, see *PmbZ Online,* no. 6141.

When God . . . his granddaughter: The language of the Greek is compressed here, and I have done my best to clarify it. In the longer *vita,* an envoy sent by the empress Irene is hosted by Philaretos and his household. The officials become acquainted with Philaretos's granddaughters during this time and arrange for them to be sent to Constantinople for a bride show, which Maria wins. See Lennart Rydén, ed. and trans., *The Life of St Philaretos The Merciful Written by His Grandson Niketas,* Studia Byzantina Upsaliensia 8 (Uppsala, 2002), lines 397–516 (*BHG* 1511z). On Maria, see *PmbZ Online,* no. 4727.

the Krisis monastery: This monastery, whose name can take different forms and which is also occasionally called the Rhodophyllion Monastery, was located in southwest Constantinople, north of the Stoudios monastery. See Rydén, *Life of St Philaretos,* lines 650–51, and p. 101n136.

219 *This man was also*: The "also" refers to the opening line for the prophet Nahum, who is commemorated in entry 216.

He received . . . what had happened: For this episode, see Bel and the Dragon 1:33–39. For Daniel, see entry 252 (December 17).

220 *psalms . . . from the Spirit*: Ephesians 5:19.

Gurias and Samonas . . . from death: Abibos is also commemorated with these two martyrs from Edessa earlier in the *Menologion;* see entry 183 (November 15). The episode describing the young woman and the Goth is narrated in the *Miracle of Saints Gurias, Samonas, and Abibos* (*BHG* 739).

221 *Theodore, bishop of Alexandria*: This entry is nearly identical to entry 32 (September 12), which concerns a martyr named Theodore from Alexandria, but who is not a bishop.

222 *prophet Sophonias*: Sophonias (Σοφονίας) is the usual Greek rendering of Zephaniah. In the accompanying illumination, So-

phonias holds a scroll on which a verse is inscribed in legible Greek: Διατοῦτο ζῶ ἐγώ, λέγει Κύριος τῶν δυνάμεων, ὁ Θεὸς τοῦ Ἰσραήλ (Therefore, as I live, says the Lord of hosts, the God of Israel; Zephaniah 2:9). This is unique among figures holding scrolls in the *Menologion.* Such scrolls are usually rolled up (so Habakkuk, entry 219) and therefore contain no text. In three other cases, they are unrolled but either contain imitation writing (Malachi, entry 293; Zechariah, entry 382) or no writing at all (Haggai, entry 248).

son of . . . Joseph: See Genesis 29:33.

223 *He also played the fool*: That is, he lived the life of a *salos* (σαλός), or "holy fool," for Christ. These were saints who feigned some sort of mental disability in public, while performing secret acts of virtue and correction in private. Theodoulos is the only confirmed *salos* in the *Menologion,* although Philaretos the Merciful (entry 218) approximates this behavior in his longer *vita.* No independent *vita* for Theodoulos is currently known, and the *Menologion* fortunately preserves more information about this saint than is found elsewhere in the synaxarion tradition. See Rydén, *The Life of St Philaretos,* pp. 33–36; *ODB,* vol. 2, p. 795; and *SynaxConst,* col. 275, sec. 5.

224 *cut off her head*: In a longer version of Barbara's passion, she suffers martyrdom with her slave, or servant *(therapaina),* Juliana. See *Life of Barbara,* ed. Viteau, *Passions des Saints Écaterine et Pierre d'Alexandrie,* 99 (*BHG* 213).

225 *Euthymios the Great*: For Euthymios, see entry 338 (January 20).

Theoktistos: For Theoktistos, see entry 338 (January 20).

founded many monasteries: Similar architecture is used to depict the monastery in the accompanying illumination here as in that for John of the Lavra of Saint Sabas in entry 230 (December 9). It is possible that the two artists are approximating the Great Church, which was dedicated to the Theotokos. For a description of this church, see Joseph Patrich, "The Sabaite Heritage—An Introduction Survey," in *The Sabaite Heritage in the Orthodox Church from the Fifth Century to the Present,* ed. Joseph Patrich (Leuven, 2001), 1–27, at 18–23.

Anastasios and Justinian: That is, Anastasios I (r. 491–518 CE) and Justinian I (r. 527–565 CE). See *ODB,* vol. 1, p. 86; and *ODB,* vol. 2, pp. 1083–84.

226 *Myra*: Myra (modern-day Demre) was situated on the southern coast of Lycia in southwestern Asia Minor, some 330 miles south of Constantinople. See *TIB*, vol. 8.1, pp. 342–59.

he worked many miracles: The hagiographic traditions of Nicholas are complex, but this entry seems to correspond to the *Acts of Nicholas of Myra* (*BHG* 1350), which exist in three recensions. See especially sections 5–7 and 11–12.

the prefect Ablabius: Flavius Ablabius was a relatively important figure in the fourth century, serving as both Praetorian Prefect of the East and as consul. See *PLRE,* vol. 1, "Fl. Ablabius 4."

227 *Theodosius the Great . . . the emperor*: This refers to the massacre that occurred in Thessalonike around 390. Uncertainty remains about the circumstances of this event and the emperor's role in it. Ambrose speaks of Theodosius's public penance but also shifts some of the blame to his advisors in his funeral oration for Theodosius. See Ambrose, *De obitu Theodosii* 34.

228 *When no one else . . . perfected by death*: Another passion for Athenodoros, which is slightly longer and extant in only two manuscripts, describes the saint's death in biblical language: "As for his end, *he handed over his spirit* [John 19:30], *when a voice was conveyed to him* [compare 2 Peter 1:17]: 'Athenodoros, now you are relieved of this mortal life and may enter into eternal life to receive the rewards for your trials.'" See *Passion of Athenodoros* 4 (*BHG* 2048).

229 *The holy virgin . . . with a man*: For the promise of her birth and the birth itself, see entries 22 and 23 (September 8 and 9).

230 *John . . . Saint Sabas*: John is often known in English as John the Hesychast. For Sabas, see entry 225 (December 5). For the depiction of architecture in the accompanying illumination, see the note on that entry.

Nikopolis: Nikopolis (modern-day Koyulhisar) was situated in northeastern Asia Minor, some 460 miles east of Constantinople.

Koloneia: Koloneia (modern-day Şebinkarahisar) was about thirty miles east of Nikopolis and eighty miles northwest of Sebasteia (on which see entry 24, above). See *ODB,* vol. 2, p. 1138.

231 *the seventy*: On the seventy apostles, see entry 160 (November 4).

Sosthenes . . . Colophon: See 1 Corinthians 1:1. These apostles are mentioned multiple times. I have restricted myself to the specific epistle (when specified) or one prominent example (when not specified). Colophon (near modern-day Değirmendere), an ancient Greek city, was situated some eighteen miles northwest of Ephesus close to the central western coast of Asia Minor.

Apollos: See 1 Corinthians 3:6, and compare Acts 18:24–25.

Tychicus: See Ephesians 6:21.

Epaphroditus . . . Andriake: See Philippians 2:25–30. Andriake (near modern-day Demre) was a city on the south coast of Asia Minor some 330 miles south of Constantinople. It served as the port of Myra. See *TIB,* vol. 8, pp. 435–39.

Caesar . . . Korone: To the best of my knowledge, Caesar is not mentioned in the epistles of Paul, unless Philippians 4:22 is interpreted as referring to him and not the emperor. Korone (modern-day Coron) was a city in southwestern Greece. See *ODB,* vol. 1, pp. 1149–50.

All these men: Onesiphoros is also elided elsewhere in the synaxarion tradition (*SynaxConst,* col. 289, sec. 3).

232 *His venerable remains . . . Constantinople*: Patapios was buried in the Church of Saint John Prodromos at the Monastery of the Egyptians, which was located in Blachernai. See Symeon Metaphrastes, *Life of Patapios* 10 (*BHG* 1424); and Janin, *Les églises,* 15–16.

233 *Constantia in Cyprus*: Constantia was also called Salamis in antiquity. See *ODB,* vol. 1, p. 567. Sophronios is possibly commemorated a second time in the *Menologion,* though the entry is incomplete. See entry 415 (February 20).

234 *When the emperor . . . killed them*: In the accompanying illumination, Maximian kills Eugraphos with his own hand, as he does in the longer passion. See *Passion of Menas, Hermogenes, and Eu-*

graphos 24 (*BHG* 1271). Maximian was also initially depicted with a halo before it was covered with gray paint. For other examples of this type of mistake, see the note on entry 170 (November 9).

236 *Aeithalas and Hapseïs*: A short excerpt in a single manuscript is all that remains of a longer Greek *vita* for these two martyrs (*BHG* 2015), but a full version can still be read in Syriac. Aeithalas was a priest of the goddess Sharbel. See *Passion of Aeithalas and Apsees (Hapseïs),* ed. Paul Bedjan, *Acta martyrum et sanctorum* (1890–1897), vol. 4, p. 133 (*BHO* 29).

237 *he traveled . . . blessed by him*: For Symeon, see entry 2 (September 1). According to the longer *vita,* a messenger traveled from Symeon's monastery at the elder stylite's death and gifted his sheepskin cowl to Daniel, a symbol of succession like that of Elijah to Elisha. See *Life of Daniel the Stylite* 22 (*BHG* 489) and 2 Kings 2:12–14.

Anaplous: Anaplous (also called Sosthenion) was a small, natural bay on the European side of the Bosporos. See *ODB,* vol. 1, p. 313.

as well as successions: That is, of emperors and patriarchs. For a similar formula, see entry 158 (November 3).

wrongdoers: The Greek verb πταίω, from which the participle used here derives, literally means "to stumble." It can refer to civil and spiritual misdeeds.

238 *On the same day . . . Eutropios*: This entry in the *Menologion* contains only an illumination (there is no title or main text), so I have supplied one title found in the later B* tradition of the *Synaxarion of Constantinople* for reference. The identification of this illumination with Luke is secure, both from other synaxarion material as well as from the striking depiction of the saint's column completely surrounded by water. For a literary description of his column, see the *Life of Luke the Stylite* 3 (*BHG* 2239). This entry is of special importance for dating the manuscript, because Luke is the latest saint included. He probably died in 979, during the reign of Basil II. It is therefore possible that the illuminator Nestor had even seen Luke with his own eyes. See Hippolyte Delehaye, *Les saints stylites,* Sub-

sidia Hagiographica 14 (Brussels, 1923), xcviii; and the Introduction.

239 *turned a snake into gold . . . let it go*: In the longer *vita*, a poor farmer's grain supply was exhausted, so he asked his overseer to let him borrow grain for food and for sowing his fields, but he was rebuffed unless he could supply some sort of collateral for this loan. The farmer is referred to as "the poor man" in this passage. See *Life of Spyridon* 3 (*BHG* 1647).

his daughter died . . . in that place: Spyridon's daughter was named Irene, and she was entrusted with the woman's golden jewelry, which she had hidden in their house before she died. See *Life of Spyridon* 7 (*BHG* 1647).

240 *Synetos*: The name Synetos (Συνετός) means "learned" or "intelligent" in Greek.

241 *tortured in a great many ways*: The brutal details of all the torments in this entry are extraordinarily well coordinated between the text and the illumination.

242 *Agatha visited Lucia's mother*: In the longer *vita*, Agatha appears to Lucia in a dream as she lies before her tomb with her mother, Eutychia. See *Passion of Lucia*, ed. Ioannes de Ioanne, *Acta sincera sanctae Luciae* (Panormi, 1758), 37 (*BHG* 995). Lucia and Eutychia had traveled to Catania to celebrate the martyr's feast day. For Agatha, see entry 373 (February 5).

she was beheaded: Accounts differ in the tradition about the exact manner of Lucia's death, but the earliest *vita* also states that she was beheaded. The eighteenth-century editor of this text even notes its consistency with the *Menologion*. See *Passion of Lucia*, ed. de Ioanne, *Acta sincera*, 56, note a (*BHG* 995).

243 *Thyrsos and Leukios*: The illumination shows three different martyrs. The third is presumably Kallinikos, who was originally a pagan priest and was also martyred with them elsewhere in the tradition. See *SynaxConst*, col. 305, sec. 1; and CSLA E06222.

244 *Arrianos*: In the longer passion for these martyrs, Arrianos (or Areianos) is the name of the local governor. See *Passion of Philemon, Apollonios, and Their Companions* 6 (*BHG* 1514). For more on Arrianos, see the following entry.

245 *Concerning . . . the bodyguards*: The title for this entry is unique in

the *Menologion* for lacking a date and formulaic title such as "commemoration" or "passion." Instead, it simply continues narrating events from the previous entry.

the saints: The martyrs from the previous entry.

stone that Arrianos had worn: Although not mentioned in these two entries, in his longer passion Arrianos had a millstone hung around his neck before he was thrown into the pit. See *Passion of Philemon, Apollonios, and Arrianos* 10 (*BHG* 1514).

246 *Illyricum*: A Roman province in the Balkans that lay along the eastern shore of the Adriatic.

Then the prefect . . . beheaded: There is a second figure depicted in the illumination, who is presumably the prefect, although this figure is wearing a white garment as if he had recently been baptized. In both the longer passion and elsewhere in the synaxarion tradition, however, the prefect, whose name is Korembor, is executed before his baptism, while the 500 (or 503) soldiers who come to believe are baptized. See *Passion of Eleutherios* 7 and 9 (*BHG* 568), and *SynaxConst,* cols. 309–10, sec. 1.

247 *Macrinus*: Marcus Opellius Macrinus (r. 217–218 CE).

248 *Zechariah*: For Zechariah, see entry 382 (February 8), and Ezra 6:13–15.

249 *The blessed lady Theophano . . . three emperors*: Theophano was born around 866/867 and died in 897. Her father, Constantine Martinakios, who became a *patrikios,* was said to have been related to the emperor Theophilos (r. 829–842 CE); see *PmbZ Online,* no. 3992. *(Vir) illustris* was the highest title given to senators from the Late Antiquity, and its importance continued through this period. See *ODB,* vol. 2, pp. 986–87. Another tradition also makes Eudokia Ingerina (the wife of Basil I) related to the Martinakioi. See *ODB,* vol. 3, p. 2064; *PmbZ Online,* no. 28123; and *Life of Theophano,* ed. Eduard Kurtz, *Zwei griechische Texte über die hl. Theophano die Gemahlin Kaisers Leo VI,* Mémoires de l'Académie impériale des sciences de Saint-Pétersbourg, series 8, Classe historico-philologique 3, no. 2 (Saint Petersburg, 1898), 49n1 (*BHG* 1794).

named Anna: See *PmbZ Online,* no. 462.

just as Anna . . . had been before: See 1 Samuel 1:2–3.

church at Bassou: The location of the church and monastery of Bassou is not known with certainty. See Janin, *Les églises,* 67.

renowned emperor Basil: That is, Basil I the Macedonian (r. 867–886 CE). See *ODB,* vol. 1, p. 260; *PmbZ Online,* nos. 832 and 20837.

250 *whatever day Sunday falls in the same month*: This feast is celebrated two Sundays before Christmas and can therefore fall during December 11 to 17.

Abram . . . show you: Compare Genesis 12:1.

seeing him . . . commands from him: For example, the appearance of the three visitors under the tree of Mamre (Genesis 18:1–33).

251 *Hananiah, Azariah, and Mishael*: They are also known by the names given to them by their captors, Shadrach, Abednego, and Meshach, respectively. See Daniel 2:17 and 2:49.

the Hezekiah . . . fifteen more years: For one version of this story, see Isaiah 38:1–5.

to be beheaded . . . by death: While the other events of this entry are included in Daniel 2–4, the beheading of the three youths comes from extrabiblical sources. For more on their death, see the note on the following entry.

252 *he was beheaded . . . with the three youths*: The story about the death of Daniel and the three youths at the hands of Attikos requires further study, but it is included in the *Passion and Discovery of the Relics of Daniel and the Three Youths* (*BHG* 484z). The account found in that text has many parallels with entries 251–52 in the *Menologion.* See V. M. Istrin, *Grecheskie spiski apokrificheskago mucheniia Daniila i trek otrokov* (Saint Petersburg, 1901), 8–9; and Paris, BnF, grec 1491, fol. 43v, cols. 1–2.

253 *became a Muslim*: For the meaning of the Greek verb μαγαρίζω, see the note on entry 77 (October 1).

name was Gelasios: In the longer *vita,* the saint's name is Dachak, which the author glosses as the equivalent of the Greek "Gelasios." See *Life of Bakchos the Younger* 3, ed. and trans. André Binggeli and Stephanos Efthymiadis, *Vie et passion de Bacchos le Jeune,* part 1 of *Les nouveaux martyrs à Byzance,* ed. André Bing-

geli, Stephanos Efthymiadis, and Sophie Métivier (Paris, 2021) (*BHG* 209). On Sabas, see entry 225 (December 5), which includes an image of the lavra in the accompanying illumination.

254 *Justin the Younger, Tiberius, and Maurice*: That is, Justin II (r. 565–578 CE), Tiberius II Constantine (r. 578–582 CE), and Maurice (r. 582–602 CE).

patrikios: For *patrikios,* see the note on entry 94 (October 6).

Anaplous: For Anaplous, see the note on entry 237 (December 11).

Amisos: Amisos (modern Samsun), a port city in Pontus on the southern shore of the Black Sea, some 390 miles east of Constantinople. See *ODB,* vol. 1, p. 78.

255 *Promos, Ares, and Elias*: These martyrs are first recorded in the short recension of Eusebios's *Martyrs of Palestine* 10.1 (*BHG* 1193). Elsewhere in the synaxarion tradition, it is stated that John Chrysostom also gave a homily on these martyrs (see *SynaxConst,* col. 237, sec. 2). This may refer to his *Encomium on the Egyptian Martyrs* (*BHG* 1192), but the connection is not certain. See CSLA E02383.

Ascalon: Ascalon (modern-day Ashkelon, Israel) was a port city on the eastern seaboard of the Mediterranean.

256 *Timotheos the deacon*: Timotheos was sometimes commemorated with Polyeuktos of Caesarea (see *SynaxConst,* cols. 237–38, secs. 3–4, and also the next entry). Very little is known of these two martyrs.

Mauritania: Mauritania encompassed the area of North Africa from Numidia to the Atlantic Ocean, and from the first century CE it was usually divided into two provinces. See *ODB,* vol. 2, pp. 1318–19.

257 *Caesarea*: Because Polyeuktos is associated with Timotheos of Mauritania (see the previous entry), Caesarea in Mauritania is most likely meant here.

258 *the Parthians*: See note on entry 74, above.

appear like an offering of pure bread: The detail about the bread is not found in every source narrating Ignatios's martyrdom. See the *Passion of Ignatios* 4, ed. Albertus R. M. Dressel, *Patrum apostolicorum opera,* 2nd ed. (Leipzig, 1863), 368–75 (*BHG* 814).

John the Theologian: For John the Theologian (Evangelist), see entry 68 (September 26).

259 *Eugenios and Makarios*: Eugenios and Makarios were biological brothers according to one tradition, but this is complicated by other evidence about the martyrs. See *Passion of Eugenios and Makarios,* ed. François Halkin, "Passion des saints Eugène et Macaire BHG 2127," in *Saints de Byzance et du Proche-Orient* (Geneva, 1986), 84–92, particularly the title and corresponding note (*BHG* 2126).

Andedon in the region of Mauritania: This city is called Dindon (Δινδών) in the longer *vita,* and in the oldest Latin version (*BHL* 5103), it is called Gildona, which might approximate the name more faithfully. See *Passion of Eugenios and Makarios* 6, ed. Halkin, "Passion des saints Eugène et Macaire," and the corresponding note (*BHG* 2126). For Mauritania, see the note on entry 256 (December 19).

their confession on behalf of Christ: As this entry makes clear, Eugenios and Makarios are better understood as confessors, despite the initial title of "martyrs." These saints were also associated with Artemios, but this detail is not mentioned in his *Menologion* entry. See *Life of Artemios* 2 (*BHG* 169y and 169z); entry 126 (October 20); CSLA E06779.

260 *Akakios the proconsul*: Akakios is known only from the *Passion of Boniface.* See *PLRE,* vol. 1, "Acacius 1."

procure the remains . . . salvation: The implication is that Boniphatios would bring the martyrs' relics back to Rome. In the longer *vita,* Aglaïs intends to construct shrines (εὐκτηρίους οἴκους) for their remains. See *Passion of Boniface* 2 (*BHG* 279). For a new edition and translation of this text, see Stratis Papaioannou, ed. and trans., *Saints at the Limits: Seven Byzantine Popular Legends,* Dumbarton Oaks Medieval Library 78 (Cambridge, MA, 2023), 1–21.

261 *along with the others . . . because of her*: Although only two companions are depicted in the illumination, in the longer passion 500 men and 130 women were inspired by Juliana's endurance to convert and suffer martyrdom with her. See *Passion of Juliana* 12 (*BHG* 963).

262 *Saint Dioskorides*: Dioskorides, as the longer passion attests, also won the martyr's crown soon afterward. See *Passion of Themistokles* 3 (*BHG* 2418).

iron spikes: In the longer passion, Themistokles is dragged over thorny brambles, not iron spikes. See *Passion of Themistokles* 22 (*BHG* 2418), and John Wortley, ed., "The Passion of Saint Themistocles," *Analecta Bollandiana* 94 (1976): 23.

263 *Philogonios . . . bishop*: Philogonios was bishop of Antioch (313–324 CE). The only surviving source for the details of his life is a homily by John Chrysostom (*BHG* 1532). Some of the language from this entry is taken verbatim or only slightly modified from this homily. Compare CSLA E00071.

had a child: According to Chrysostom's homily, they had a daughter.

264 *Anastasia and the holy women with her*: The hagiographical tradition concerning the identity of Anastasia, the events of her martyrdom, and her connection with Chrysogonus and her other companions is complex. For this entry, for Chrysogonus (266), and for Agape, Irene, and Chionia (267), the most relevant text is the *Passion of Anastasia the Widow and Her Companions Agape, Irene, and Chionia* (*BHG* 81–81a), which is a Greek translation of an original Latin text (*BHL* 118). See also CSLA E02482.

Chrysogonus: For Chrysogonus, see entry 266 (December 22).

265 *bishop of Cherson*: Kapiton is often commemorated with other bishops of Cherson on March 7. See, for example, the *Passion of Basil, Kapiton, Ephrem, Eugenios, Agathodoros, Elpidios, and Aitherios* (*BHG* 266).

temple dedicated to the virgin idol: I adopt my translation with some hesitation here because the meaning of the Greek phrase, "τοῦ παρθενίου εἰδώλου λεγόμενος," is less than clear. It is a natural enough interpretation in this context to translate it as "the virgin idol," but it is worth mentioning that other versions of this martyr's passion complicate this reading. In the *Passion of Basil, Kapiton, Ephrem, Eugenios, Agathodoros, Elpidios, and Aitherios* (*BHG* 266), Ephrem enters a cave in the area called

"Parthenon" (*Parthenon;* see section 4 of that *Passion*), and later on, Kapiton is said to live in the area of the city that lies between the so-called "small market" *(mikra agora)* and the placed called "Parthenon" (17), meaning that another possible interpretation is "the idol in the area known as Parthenon." Another text in this tradition (*BHG* 265z) still requires an edition and may shed more light on this issue.

prepared lime kilns: That is, kilns to make Roman cement or mortar. See *OCD,* "Roman building techniques and materials."

266 *Chrysogonus*: Chrysogonus is often commemorated on November 23 or 24 (see *SynaxConst,* col. 255, sec. 5) rather than on December 22, but he has presumably been moved here to be closer to Anastasia (entry 264).

Saint Anastasia wrote to him: A letter exchange between Anastasia and Chrysogonus is preserved under the entry for Chrysogonus (under "Χρυσόγονος") in the *Suda* (*BHG* 83). The beginning of the *Menologion* entry is remarkably similar to the contents of Anastasia's first letter.

267 *near the lake*: Chrysogonus was beheaded near Nicaea (see the previous entry), and his head ended up by the nearby Lake Ascania (modern-day İznik Gölü).

268 *Theodote . . . with her children*: For Anastasia and her other companions, see entries 264, 266, and 267. Unlike the text for those entries, this entry for Theodote comes from a different source, the *Passion of Anastasia, Theodote, and Her Children* (*BHG* 81d), which, to my knowledge, also requires a modern edition. The accompanying illumination includes only two children with Theodote, but the longer passion states that she had three. See Bibliothèque nationale de France, Coislin 105, fol. 126r, col. 1, and fols. 130r, col. 2 through 130v, col. 1.

269 *Gortyna . . . Heraklion*: Gortyna (see entry 47, above) was in central southern Crete, and Knossos, Panormos (near modern-day Rethimno), Kydonia (modern-day Chania), and Heraklion were all on the northern coast. Lebene (modern-day Lentas) was the port of Gortyna on the southern coast of the island. I use the more common spelling for the name of this city. Some

witnesses for the longer passion of these saints mistakenly record its name as "Obine" (Ὀβίνης). See *Martyrdom of Ten Martyrs on Crete under Decius* 3 (*BHG* 1196).

270 *Commodus*: That is, the emperor Commodus (r. 177–192 CE).

poring over the books: Presumably, the books of the New Testament (τὰ βιβλία).

she was recognized by her father: In the version of this *vita* by Symeon Metaphrastes, Eugenia, still disguised, is accused of raping a woman named Melanthia and is brought before her own father's tribunal before she reveals herself to him. See Papaioannou, *Christian Novels*, 226–31. The Greek premetaphrastic versions of the *vita* still require modern editions. See, Stephanie Apserou, "The Hagiographical Dossier of Eugenia/Eugenios," PhD diss., University of Ioannina, 2017 (in Greek).

271 *birth of our Lord Jesus Christ*: The accompanying illumination is consistent with contemporary depictions of the Nativity in Byzantine art, including icons and decorative programs within churches. For one example, see the image of the remaining half of a diptych, which is currently located at Saint Catherine's Monastery at Sinai and was possibly produced in Constantinople during the eleventh century, in Robert Nelson and Kristen M. Collins, eds., *Holy Image, Hallowed Ground: Icons from Sinai* (Los Angeles, 2006), no. 14 ("Scenes of the Nativity"), 154–55.

Greetings . . . with you: Luke 1:28.

Quirinius: Publius Sulpicius Quirinius was the Roman administrator responsible for the census in the Levant, see Luke 2:2–5.

irrational animals . . . from folly: There is a play on words here that is difficult to represent elegantly in English. In Greek, animals are commonly called τὰ ἄλογα, that is, the "speechless" or "irrational" ones. The infant Christ, therefore, is laid among the irrational animals *(ta aloga)* because he would save humanity from its foolishness or folly, that is, its irrationality (*he alogia,* ἡ ἀλογία).

272 *The adoration of the Magi*: In Byzantine art, the Magi are often included within cycles of images narrating the Nativity (see the previous entry for one example). This entry is on the recto (front side) of its folio, so when the *Menologion* is open to De-

cember 25, the viewer can see the feast of the Nativity on the left and the Adoration of the Magi on the right.

A star will rise . . . Moab: Compare Numbers 24:17.

273 *Go and search . . . homage*: Compare Matthew 2:8.

So he sent soldiers: For the slaughter of the Innocents, see entry 281 (December 29).

Awake . . . to Egypt: Matthew 2:13.

274 *From Egypt I called my son*: Matthew 2:15; compare Hosea 11:1.

wretched heretics . . . born as a phantom: That is, Docetism.

275 *Stephen the protomartyr*: Stephen is traditionally understood to be the first Christian martyr, but see the entry and corresponding note for Thekla, who is also called "protomartyr" in the *Menologion* (entry 64). For the full account of Stephen, see Acts 6:8–7:60.

ordained along with six others: The seven deacons are named in Acts 6:5. For Philip and Timon, two others from the seven, see entries 107 and 284 (October 11 and December 30).

Freedmen: Or the "Libertines" (Λιβερτῖνοι).

Lord, do not hold this sin against them: Acts 7:60.

276 *Theodore the Branded*: On Theodore Graptos, see *PmbZ Online*, no. 7526.

his brother Theophanes . . . of kanones: Theophanes, who is sometimes commemorated with his brother on this day, composed many poetic *idiomela* and *kanones* (types of liturgical verse), some in dialogue form. See *ODB*, vol. 3, p. 2062; and *PmbZ Online*, no. 8093. For their father Jonah, who is also commemorated in the *Menologion*, see entry 60 (September 22).

Theophilos the Iconoclast: That is, the emperor Theophilos (r. 829–842 CE). See *PmbZ Online*, no. 8167.

his blessed face was . . . black ink: According to Symeon Metaphrastes, twelve lines of iambic poetry were inscribed on their faces. For the text of the whole poem, see *Life of Theodore the Branded* 25 (*BHG* 1746). The accompanying illumination includes faint lines on the saint's forehead.

277 *Theodore the archbishop of Constantinople*: Theodore I, who served as patriarch from 677 to 679 CE. See *PmbZ Online*, no. 7317.

synkellos and skeuophylax: The *synkellos* (literally, "cellmate") was

an advisor to the patriarch and lived with him. Because of the access to the patriarch provided by this position, the *synkellos* often succeeded the patriarch when he died. The *skeuophylax* (literally, "vessel keeper") was a high-ranking cleric in the Great Church, appointed by the emperor, who managed various valuable and liturgical vessels. Until the late eleventh century, he ranked only under the *oikonomos* in importance. See *ODB,* vol. 3, pp. 1909–10 and 1993–94.

Constantine, the patriarch before him: Constantine I, who served as patriarch from 675 to 677 CE. See *PmbZ Online,* no. 3708.

278 *a priestess of the Dodekatheon in the palace*: A Dodekatheon was a temple dedicated to the twelve Olympians (*dodeka* is the Greek word for twelve). For a discussion of the historicity of this structure in Nikomedeia and its relationship with the *Passion of Indes and Domna* (*BHG* 822z), see Pascal Boulhol, "L'apport de l'hagiographie à la connaissance de la Nicomédie paléochrétienne: (Toponymie et monuments)," *Mélanges de l'École Française de Rome, Antiquité* 106 (1994): 921–92, at 943–56.

along with Indes the eunuch: Domna served in the emperor's bedchamber (*cubiculum* or *koiton*) and was therefore associated with the eunuchs like Indes who served there (the *cubicularii*). See *Passion of Indes and Domna and Their Twenty Thousand Companions* 3 (*BHG* 822z). See the next entry for their companions, and for a recent discussion of this text and its cycle, see Charis Messis, "'Maximien' chez les martyrs: Lectures du passé romain dans l'hagiographie byzantine," in *L'histoire comme elle se présentait dans l'hagiographie byzantine et médiévale—Byzantine and Medieval History as Represented in Hagiography,* ed. Anna Lampadaridi, Vincent Déroche, and Christian Høgel (Uppsala, 2022), 105–31, at 113–28.

279 *The passion of the . . . holy martyrs*: These martyrs are often celebrated with Domna and Indes (see the previous entry), as their martyrdom is narrated within the account of their passion.

Maximian . . . against the Ethiopians: Maximian campaigned in northwestern Africa in the years 297 to 299 CE.

the bishop: This is Anthimos, whose feast day is celebrated on

September 3 (entry 7). See *SynaxConst,* col. 352, sec. 1. His identity is made clear elsewhere in the synaxarion tradition.

280 *praepositus*: For the position of *praepositus,* see the note on entry 18 (September 6).

By his command . . . fire: Domna's martyrdom is depicted in the illumination for entry 278.

281 *The slaughter . . . Bethlehem*: For the biblical account of these events, see Matthew 2:1–18. Much of the language in this entry is adapted from the gospel. In the accompanying illumination, Herod was initially depicted with a halo before it was covered in gray paint. For other examples of this type of mistake, see the note on entry 170 (November 9).

282 *the Akoimetoi Monastery*: The Akoimetoi (Ἀκοίμητοι, literally, "sleepless") monks were characterized by an extreme regimen of continuous prayer. Originally, three choirs of monks sang in consecutive eight-hour shifts to fill the entire day. Their monastery was founded sometime in the early fifth century by Alexander and was located in Constantinople near the Church of Saint Menas. Tensions arising during the doctrinal controversies of the fifth century forced the monastery to relocate across the Bosporos at Eiraneion, which is where Markellos served as abbot. See *ODB,* vol. 1, p. 46, and vol. 2, pp. 1301–2; and Janin, *Les églises,* 20–21.

284 *the seven deacons*: The seven deacons are named in Acts 6:5. For Stephen, see entry 275 (December 27).

the seventy apostles: On the seventy apostles, see entry 173 (November 10).

city of Bostra: Bostra (modern-day Bosra or Busra al-Sham) was a city located in Roman Arabia Petraea, today's southern Syria.

285 *Melania of Rome*: Melania the Younger, as she is usually called, was an extremely important figure in the late fourth and early fifth centuries, and she collaborated with other well-known figures such as Augustine of Hippo, Paulinus of Nola, and Palladius. See *PLRE,* vol. 1, "Melania 2."

Arcadius . . . Old Rome: After the death of Theodosius I in 395 CE, Arcadius ruled the eastern Roman empire from 395 to 408

CE, while his brother Honorius ruled the western Roman empire from 393 to 423 CE.

joined in marriage to a man: That is, Valerius Pinianus, the son of Valerius Severus, who had served as urban prefect of Rome in 382. See *PLRE,* vol. 1, "Pinianus 2."

convinced him . . . become a monk: This seems to suggest that they refrained completely from sexual intercourse, but this is not the case elsewhere in the tradition. Melania's longer *vita,* for example, recounts that she had two children, who died young. See *Life of Melania the Younger* 5–6 (*BHG* 1241).

she founded a monastery: Melania is said to have founded monasteries in various places, but most famously at the Mount of Olives in Palestine. For her activity there, see Elizabeth A. Clark, *Melania the Younger: From Rome to Jerusalem* (Oxford, 2021), 146–69.

286 An unnamed prophet: There is an illumination of a prophet with no text or title. It is most likely that the illumination was prepared for an entry on the prophet Obadiah, who is more often commemorated on November 19 but is sometimes commemorated on December 31 in the synaxarion tradition. For Obadiah's complete entry in the *Menologion,* see entry 192 (November 19), and for the alternative date, see *SynaxConst,* col. 359, apparatus for December 31.

January

287 *so that none . . . audacity to say this*: That is, Docetism. Compare entry 274, above.

called Jesus . . . immaculate womb: Luke 2:21.

advancing in wisdom, age, and grace: Compare Luke 2:52.

288 *Valens*: Flavius Julius Valens (ruled the eastern Roman empire from 364 to 378 CE).

he visited Basil . . . and brought gifts: Basil's dealings with Valens and the Praetorian prefect Modestus are attested by both Gregory of Nazianzos and Gregory of Nyssa, but their accounts are not compatible. The event referred to here is Va-

lens's attendance at the Epiphany celebration in 372, where he redirected local revenue to those under Basil's tutelage. See Philip Rousseau, *Basil of Caesarea* (Oakland, 1998), 351–53.

high priest of Caesarea: That is, archbishop of Caesarea.

289 *On the same day . . . Theodote*: This entry includes only an illumination with a title. There is no main text. To my knowledge, Theopemptos and Theodote are not commemorated together elsewhere in the tradition, and it seems that a mistake has been made here, which probably explains the missing text. Theopemptos may refer to the Theopemptos (or Theopompos) who was martyred with the Egyptian sorcerer Theonas and whose feast was celebrated on January 4 and 5. Theodote is more difficult to place, though a certain Theodotos is sometimes commemorated on January 1 (see *SynaxConst,* col. 365, apparatus). It is worth noting that the *Menologion*'s illumination depicts the beheading of two martyrs, while Theopemptos was beheaded and Theonas was buried alive in the accounts of their martyrdom. See *Passion of Theopompos and Theonas* 11–12 (*BHG* 2443); entry 295; and *SynaxConst,* cols. 368–69, sec. 5.

290 *The martyr Basileios . . . Saturnilus*: The events described in this entry, along with the spelling of Saturnilus's name, are consistent with the *Passion of Basileios* by John Hagioelites (*BHG* 243), not with the slightly earlier *Passion* (*BHG* 242). For some differences between the two traditions, see Stefano Trovato, *Julian the Apostate in Byzantine Culture* (New York, 2023), 95–96.

291 *Silvester, pope of Rome*: Silvester I (314–335 CE). See *ODB,* vol. 3, p. 1900.

By the power . . . his soul: The legend that Silvester baptized Constantine in Rome is known from the sixth century onward. The events described in this entry are consistent with the Greek translations of the *Acts of Silvester* (*BHG* 1628–30).

Byzantion: See the note on entry 197 (November 20).

292 *there were horse races*: Gordios's martyrdom is first recorded in a homily by Basil of Caesarea (*BHG* 703). According to the homily, the races were held in honor of the god of war, presumably Ares (φιλοπολέμῳ δαίμονι). See *Homily on Gordios the Martyr* 3.

Here I am . . . not looked for me: Isaiah 65:1.

293 *The Jews called him "angel"*: The Hebrew word *mal'akhi* means "angel" or "messenger." See Berlin, *Oxford Dictionary of Jewish Religion*, "Malachi."

in the book of Judges: The book of Judges describes the period from the death of Joshua until the establishment of the kingship recounted in 1 Samuel.

294 *Parium*: Parium (modern-day Kemer) was a town on the Asiatic coast of the Hellespont, some one hundred miles southeast of Constantinople.

the optio: In the Roman military, *optio* was a title used to denote various supervisory roles below the rank of centurion. In the longer version of Theagenes's passion, the text reads "the *optio* of the legion" (ὁ ὀπτίων τῆς λεγεῶνος) rather than the *Menologion*'s "the official known as the *optio*" (τοῦ . . . λεγομένου ὀπτίωνος), which may reflect a mistake in transmission. See *Passion of Theagenes* 6 (*BHG* 2416), and David J. Breeze, "A Note on the Use of the Titles *Optio* and *Magister* Below the Centurionate During the Principate," *Brittania* 7 (1976): 127–33.

295 *Theopemptos and . . . Theonas*: For the possible confusion about these saints in an earlier entry in the *Menologion*, see the note on entry 289 (January 1).

296 *the commentariensis*: A *commentariensis* led the secretariat in criminal trials and oversaw other functions pertaining to prisoners. See *ODLA*, "*commentariensis*."

a lion . . . human voice: The lion, which is depicted in the accompanying illumination, plays a significant role in the longer version of the passion. Not only does it confess Christ and free Zosimos but it also converses with Zosimos and the governor at length. See *Passion of Zosimos* 3–4 (*BHG* 2476).

297: *Saint Synkletike*: Synkletike's *vita* dates to the fifth century and was traditionally attributed to Athanasios, in part because of its similarity to the *Life of Antony*. There are also numerous sayings attributed to her in the *Apophthegmata Patrum (The Sayings of the Desert Fathers)*, where she is one of the few women represented. See Maria Munkholt Christensen and Peter Gemeinhardt, "Holy Women and Men as Teachers in Late Antiq-

uity," *Zeitschrift für antikes Christentum* 23, no. 2 (2019): 288–328, esp. 321–25.

298 *He rebuked the king Ahab*: Michaiah's prophecy before Ahab is described in 1 Kings 22:13–28 and 2 Chronicles 18:1–27. The tradition often confuses and conflates this Michaiah with the prophet Micah, one of the minor prophets.

299 *This is my beloved son . . . well pleased*: Matthew 3:17.

300 *Among those born . . . John the Baptist*: Compare Luke 7:28.

Behold the Lamb . . . world: John 1:29.

which it calls . . . gathered together: Here the author plays on the etymology of the word *synaxis,* which I translate as "assembly." The noun *synaxis* (σύναξις) comes from the verb *synago* (συνάγω), which means "to gather."

give glory to God and his Forerunner: The accompanying illumination depicts John pointing to an ax at the root of a nearby tree, an allusion to the gospel of Matthew. Compare Matthew 3:10: "Even now the ax is lying at the root of the trees; every tree therefore that does not bear good fruit is cut down and thrown into the fire."

302 *he said to his friend . . . my friend*: The long conversation between Polyeuktos and Nearchos, which is greatly abbreviated here, is a major part of Polyeuktos's longer passion. See *Passion of Polyeuktos,* ed. B. Aubé, *Polyeucte dans l'histoire: Étude sur le martyre de Polyeucte d'après des documents inédits* (Paris, 1882), 73–104, at 82–96 (*BHG* 1567).

303 *On the same day . . . confessor*: This entry includes only an illumination with a title. There are several saints named Theoktistos celebrated on January 4 in the synaxarion tradition. Very few details are known about any of them. Compare *SynaxConst,* col. 367, secs. 1–4.

304 *Shiloh*: Shiloh (identified as Khirbet Seilun) was an ancient city and sanctuary situated around twenty miles north of Jerusalem.

This prophet said about Solomon: Abijah initially supported the revolt against Solomon and later prophesied against Jeroboam. See Berlin, *Oxford Dictionary of the Jewish Religion,* "Abijah the Shilonite"; and for one of his prophecies, see 1 Kings 14:1–18.

He was buried . . . Shiloh: The basic details of Abijah's life, includ-

ing his burial near an oak tree, are also found in the Dorotheos recension of the *Lives of the Apostles and the Prophets* (*BHG* 1586). For Dorotheos, see the note on entry 101 (October 9).

305 *Basil the Great*: For Basil, see entry 288 (January 1).

the second council in Constantinople: That is, the Second Ecumenical Council, the First Council of Constantinople, in 381 CE.

306 *the Persian king . . . emperor Maurice*: Dometianos (or Domitianus) was the nephew and close confidant of Maurice. He was dispatched to Constantina to help Khosrow II regain the Sassanian throne. See *PLRE,* vol. 3a, "Domitianus."

His remains . . . many healings: Domitianus was not interred in Melitene but in the Church of the Holy Apostles in Constantinople. See the previous note and compare Theophanes, *Chronicle* AM 6094.

307 *steward of the Great Church*: An *oikonomos* (οἰκονόμος) was a steward appointed by the local bishop to manage the church's financial affairs. In the sixth century, there were nine *oikonomoi* who served in the Great Church. See *ODB,* vol. 3, p. 1517.

Marcian . . . Pulcheria: That is, Marcian and Pulcheria, daughter of Arcadius, influential sister of Theodosius II, and wife of Marcian until her death in 453 CE.

he built the Church of Saint Irene: This is not the well-known Hagia (Saint) Irene that was the first church constructed in Constantinople. Rather, this is "Hagia Irene by the Sea" (Ἁγία Εἰρήνη πρὸς θάλασσαν) and was located near the Golden Horn. See Janin, *Les églises,* 111–12.

that of Saint Anastasia: The Church of Hagia (Saint) Anastasia was located just northwest of the Forum of Constantine. It dates to the late fourth century, and a tradition later developed that Marcian renovated it during his lifetime. See Janin, *Les églises,* 26–30; and Lennart Rydén, "A Note on Some References to the Church of St. Anastasia in Constantinople in the 10th Century," *Byzantion* 44, no. 1 (1974): 198–201.

He was also . . . pure gold: The longer *vita* provides more details about what happened. Marcian gave his longer garment, which he wore under his priestly *phelonion,* to the poor man. When

Marcian was performing the liturgy after the procession, he was afraid of exposing his nakedness under the *phelonion* during the washing of hands, but the clergy instead saw what looked like a kingly, golden garment instead of his naked body. See *Life of Marcian* 5 (*BHG* 1032).

308 *Carthage*: The ancient city of Carthage lay on the North African coast southwest of Sicily (on the outskirts of the modern-day city of Tunis, Tunisia). Despite being destroyed by the Romans in the second century BCE, it remained an important center in the Byzantine period until it was sacked by the Umayyads in the late seventh century CE.

she was met by Nektarios: In the longer *vita,* Nektarios was directed by an angel to expect her arrival. He also baptizes Domnika's four companions, Dorothea, Euanthia, Nonna, and Timothea, who are absent from this entry. See *Life of Domnika* 7 (*BHG* 562).

the holy prophet Zechariah: That is, the minor prophet Zechariah (entry 382, February 8), not the father of John the Baptist (entry 14, September 5). The location of this monastery and the church dedicated to the prophet is unknown. See Janin, *Les églises,* 105–6.

309 *the holy martyr Peter*: In Greek, Peter's martyrdom is briefly recorded in the short recension of Eusebios's *Martyrs of Palestine* 10.2 (*BHG* 1193); a longer version now exists only in Syriac (see CSLA, E00304). In both, Peter is martyred along with a Marcionite bishop named Asklepios, who is not included in the *Menologion* entry.

Eleutheropolis: Eleutheropolis (modern-day Bayt Jibrin) was an important city in Roman Syria Palestina. It was situated some twenty miles southwest of Jerusalem.

310 *the Koinobiarches*: That is, the leader or founder of a monastery, from the Greek *koinobion* (monastery) and *archon* (leader). See *ODB,* vol. 3, p. 2053.

met with Saint Symeon . . . blessing: Theodosios is not mentioned in the Greek lives of Symeon the Elder (*BHG* 1678–84), but his meeting with Symeon is recounted early in his own. See *Life of*

Theodosios the Koinobiarch, Hermann Usener, *Der heilige Theodosios: Schriften des Theodoros und Kyrillos* (Leipzig, 1890), 9–10 (*BHG* 1776). For Symeon, see entry 2 (September 1).

311 *a rich and noble father*: To my knowledge, the name of Tatiana's father is not recorded anywhere in the hagiographical tradition. It was a rare honor to be named consul three times.

her head was shaved: The accompanying illumination depicts Tatiana with a perfectly shaved head.

313 *On the same day . . . Athanasios the Confessor*: This entry includes only an illumination with a title. The identity of this Athanasios is uncertain, but it is likely that Athanasios of Paulopetrion in meant. This ninth-century saint was tortured and exiled by Leo V in 816 and is usually commemorated on February 22. There is another incomplete entry on this date in the *Menologion* with the same title (entry 418). Unfortunately, no longer Greek *vita* is known to survive for Athanasios. See "Individual Introductions," in Kazhdan and Talbot, *Dumbarton Oaks Hagiography Database,* under "Athanasios of Paulopetrion." For another Athanasios commemorated in the *Menologion* with a title and illumination but no text, see entry 320 (January 14).

314 *on the river Danube*: Hermylos and Stratonikos are both associated with the city of Singidunum, which lies at the meeting of the Danube and Sava Rivers. See Hippolyte Delehaye, "Saints de Thrace et de Mésie," *Analecta Bollandiana* 31 (1912): 161–300, at 257; and *ODB,* vol. 3, p. 1904.

315 *Saint Neilos . . . monks there*: Two figures, neither of whom is well understood, seem to be conflated here. The first is Neilos of Ankyra, who served as prefect under Theodosius I and allegedly traveled to Sinai with his son Theodoulos (see entry 318). The other is Neilos of Sinai, to whom a fifth-century text known as the *Narrations of Nilus* is attributed. See *ODB,* vol. 2, p. 1450; and *ODLA,* "Nilus of Sinai."

tribe of the Blemmyes: Blemmyes is an ethnic term used to describe various groups of people who lived in Upper Egypt between the Nile and the Red Sea. See *ODLA,* "Blemmyes." There is some confusion about the Blemmyes and the Saracens

in this and the following two entries. For more on this, see the corresponding note on entry 317, below.

316 *when Peter was archbishop of Alexandria*: This is Peter I, who died in 311 CE. See *ODLA*, "Peter I."

The Saracens, who lived in the desert: For a discussion of the Saracens near Sinai, see Daniel F. Caner, *History and Hagiography from the Late Antique Sinai*, Translated Texts for Historians 53 (Liverpool, 2010), 39–51.

Others were only partially . . . skin still intact: There is some uncertainty about the interpretation of this clause. Elsewhere in the synaxarion tradition, this gruesome detail describes all the decapitations (see the corresponding Notes to the Text). Here there seem to be two groups of differently decapitated martyrs.

others had been run through: The accompanying illumination emphasizes, however, the amputated hands and feet of some of the martyrs. This detail is not included in the *Menologion* but is found elsewhere in the synaxarion tradition. See *SynaxConst*, col. 391, sec. 1, apparatus.

317 *where there are . . . palm trees*: The location of the monks, not the Blemmyes. Compare Exodus 15:27.

region of the Pharanitai: Pharan was a town or city that served as a way station on the pilgrimage route to Sinai. The Pharanitai seem to have been a military unit originating from Pharan and employed by the imperial government to protect the surrounding region. See Philip Mayerson, "The Pharanitai in Sinai and Egypt," *Bulletin of the American Society of Papyrologists* 47 (2010): 225–29; and *ODB*, vol. 3, p. 1646.

318 *Neilos the Wise*: For this Neilos, see the note on entry 315.

the star that rises before the sun: This star is Venus, also called Ἑωσφόρος or Φωσφόρος (Lucifer) in Greek. This seems significant in the present context.

319 *the Monastery of Chenolakkos*: Unknown. See *ODB*, vol. 1, p. 418. Methodios I lived in, and was possibly abbot of, this monastery before he became patriarch of Constantinople.

320 *On the same day . . . Athanasios*: This entry includes only an illumi-

nation with a title. For the identity of this and other saints named Athanasios in this part of the *Menologion,* see the note on entry 313.

321 *He had a brother-in-law*: The Greek word γαμβρός can indicate various relations through marriage (see also entry 12, above), but I follow both Jerome's original Latin text and the Greek translations of it, which all identify this person precisely as the husband of Paul's sister. See *Life of Paul the First Hermit* 6 (*BHL* 6596) and 4 (*BHG* 1467–68).

the coverings of date palms: Paul is traditionally understood to have clothed himself with palm fronds. The use of the word *derma* (δέρμα), translated as "coverings" here, is surprising, since it usually refers to the skins of animals and occasionally of fruit, not leaves.

Antony the Great: For Antony the Great, see entry 327 (January 17).

322 *worth five hundred nomismata*: This is a great sum. The Greek word *nomisma* (pl. *nomismata*) was equivalent to the Latin *solidus,* a standard gold coin minted in the Roman Empire from the early fourth century onward. See *ODB,* vol. 3, p. 1490.

the Monastery of the Akoimetoi: For this monastery, see the note on entry 282 (December 29).

a small hut: The word for hut here is *kalybe* (καλύβη), which is why the saint is called John Kalybites, that is, John the Hut Dweller.

living there . . . golden gospel: The *Menologion*'s entry compresses the events at the end of John's life and narrates them differently from the earlier hagiographic tradition. In one longer *vita,* John trades his clothes with a local beggar before arriving at his parents' home, where he is not recognized. Later on, his parents find and recognize the golden gospel book, which prompts him to reveal himself to his parents before his death. See *Life of John Kalybites* 13 (*BHG* 868), and CSLA E07145.

323 *On the same day . . . Saint Charitine*: There is a duplicate entry for this martyr earlier in the *Menologion.* See entry 92 (October 5).

ripped out her teeth: The accompanying illumination depicts the

gruesome scene of Charitine having her teeth extracted as well as her toenails ripped out. Although a discussion of the latter is missing from this *Menologion* entry, it is found in the earlier duplicate entry (92) and elsewhere in the synaxarion tradition. See *SynaxConst,* col. 395, apparatus (January 15).

324 *Herod arrested James . . . Herod's hands*: This is narrated in Acts 12:1–19. For James, see entry 185 (November 15), and for John, see entry 68 (September 26).

the Church of Saint Peter: According to Janin, the Oratory of Saint Peter was located northeast of the altar in Hagia Sophia (*Les églises,* 421).

325 *educated in all literature*: The Greek passion of Pansophios is lost and survives only in a Georgian translation, but elsewhere in the synaxarion tradition, it is stated that Pansophios was educated in both secular and Christian learning. See also CSLA E02522.

326 *Aulon*: Aulon (modern-day Vlorë, Albania) was situated on the Adriatic coast.

his enemies came there with ropes: To my knowledge, the synaxarion tradition preserves the only evidence for Danax and the events of his life, so it is hard to interpret this passage accurately. It seems that Danax has taken shelter in some cave-like structure accessible only by rope, but that is the most that can be said.

327 *he could recognize . . . Hades respectively*: The *Menologion* depicts one instance of this elsewhere. See the illumination for entry 90 (October 4).

Athanasios . . . Hilarion: For Athanasios, see entry 329 (January 18); for Paul of Thebes, entry 321 (January 15); and for Hilarion, entry 128 (October 21). Paul the Simple (entry 85, October 4) is another notable disciple of Antony in the *Menologion.*

ninety-five years: Most sources state that Antony was 105 years old when he died. See *Life of Antony* 89 (*BHG* 140), and *SynaxConst,* col. 397, sec. 1.

328 *On the same day . . . Belesippos, and their companions*: The scribe has written this entry in seventeen rather than sixteen lines to ac-

commodate the longer text. Outside the synaxarion tradition, Belesippos is more commonly named Melesippos.

trained the horses: As their names might suggest: the root of the Greek word for horse, *hippos* (ἵππος), is an element in all three. Speusippos (from σπεύδω + ἵππος), for example, can be interpreted as something like "he whose horses are swift," or "he who urges/readies the horses"; Elasippos (from ἐλαύνω + ἵππος) might mean "the one who drives/rides horses"; and Belesippos (from βέλος + ἵππος), "he who has swift horses," whereas its alternative Melesippos is very difficult to construe etymologically unless we assume that this Μελέσιππος was originally Μελήσιππος (a name found in Thucydides). This last makes better sense since it might mean "he who takes care of the horses" (from μέλησις + ἵππος). In this scheme there seems to be some logical sequence of the actions suggested by the names, that is, starting with the one who gets the horses ready, moving to the one who rides the horses, and ending up with the one who takes care of them. See *Life of Speusippos, Elasippos, and Melesippos* 1 (*BHG* 1646).

their grandmother Neonilla: Outside the synaxarion tradition, there is confusion about whether Neonilla is the martyrs' mother or grandmother.

329 *and was exiled*: Athanasios was exiled or banished no fewer than five times during his patriarchate. See *ODLA*, "Athanasius, Patriarch of Alexandria."

became patriarch of Alexandria: In the accompanying illumination, both Athanasios and Cyril are depicted wearing the hoods associated with the patriarch of Alexandria, though they are less ornate than other examples.

nephew of Theophilos: Theophilos is a contentious figure, especially for his role in the Synod of the Oak (403 CE), during which John Chrysostom was deposed (see entry 178, though no mention of Theophilos is made). Elsewhere in the synaxarion tradition, Theophilos is portrayed negatively for trapping and killing monks in caves. See *ODB*, vol. 3, p. 2065; and *SynaxConst*, col. 812, sec. 4.

330 *changed her name to Xene*: Xene (Ξένη) means "stranger/foreigner" in Greek. Although not narrated here, Eusebia adopts this name after she joins Paul. Prior to that, she and her companions had temporarily disguised themselves as men. See *Life of Eusebia* 7 (*BHG* 633), and for more on this *vita* and related bibliography, see CSLA E07857.

Mylasa: Mylasa (modern-day Milas) was a city in southwestern Asia Minor, some 260 miles south of Constantinople.

Stephen the protomartyr: For Stephen, see entry 275 (December 27).

she met the end of her life: The accompanying illumination depicts an important scene from Eusebia's *vita* that is not included in this entry. After the saint's death and while her body was carried on a litter, a miraculous sign appeared in the sky, a cross surrounded by gleaming stars. Although the cross is not visible in the illumination, three men standing together look to the sky and gesture toward the blue firmament painted above them. Her two servants are presumably depicted on the right. See *Life of Eusebia* 16–19 (*BHG* 633), and *SynaxConst,* col. 419, sec. 1.

331 *Anazarbos*: For Anazarbos, see the note on entry 111 (October 12).

commentariensis: For the office of *commentariensis,* see the note on entry 296 (January 4).

furnace with other saints: The illumination depicts Theodoula in the furnace with two men. Her longer *vita,* which, to the best of my knowledge, still requires a printed edition, states that she was thrown into the furnace with "Thallos, Makarios, Evagrius, and other holy people whose names only the Lord knows." See *Passion of Theodoula,* Vat. Ott. gr. 54, fol. 68r, col. 1 (*BHG* 2440).

332 *Kyrenia*: A city on the northern coast of Cyprus.

when Sabinos . . . Cyprus: A certain Antistius Sabinus was *praeses* (governor) of Cyprus in the late third or early fourth century. See *PLRE,* vol. 1, "Sabinus 9."

333 *the holy martyr Euphrasia*: To my knowledge, Euphrasia's martyrdom is recorded only in the synaxarion tradition. The B* tradi-

tion of the synaxarion, of which the *Menologion* is the earliest witness, includes one of the richest versions of her passion.

334 *Saint Makarios was from Rome*: Although the longer *vitae* provide almost no details about the saint's place of origin, they state that Makarios was "the son of a certain John, a Roman consul." So, *Life of Makarios the Roman* 28, ed. and trans. Papaioannou, *Saints at the Limits,* 106–7.

within twenty miles of Paradise: That is, the Garden of Eden. In his longer *vita,* Makarios was guided by an angel until he settled twenty miles from Paradise, which lies near the ends of the earth. See *Life of Makarios of Rome* 25, ed. and trans. Papaioannou, *Saints at the Limits,* 104–5.

The other Saint Makarios: There is often confusion about the many saints named Makarios. Palladius, for example, refers to the "two Makarioses" before his account of Makarios the Egyptian, which is then followed by that of Makarios of Alexandria. The synaxarion tradition commonly commemorates both these saints on this day, but the *Menologion* somewhat unusually joins Makarios of Rome with a Makarios who is identified as both "the Egyptian" (in the title) but also "from Alexandria" (in the main text). The former was the famous founder of Sketis, while the latter lived nearby in Kellia. So little information is included in this entry that it is difficult to determine who is meant. See Palladius, *Lausiac History* 17 and 18; *SynaxConst,* cols. 401–3, secs. 1–2; and Papaioannou, *Saints at the Limits,* xvi–xx.

335 *Valerian, Candidus*: The title and the text of this entry are inconsistent in how they name this martyr. The former records his name as "Valerian," while the latter as "Valerius." "Valerius" is sometimes repeated in the B* tradition (see the corresponding Notes to the Text), but I have favored the reading of "Valerian" from the title because this is also the name used elsewhere in the hagiographic tradition for these saints. Additionally, Candidus is sometimes called Canidius elsewhere in this tradition.

the forty holy martyrs . . . in Nikopolis: The Forty Martyrs of Sebasteia and the Forty-Five Martyrs at Nikopolis (in Armenia), nei-

ther of which are included in the *Menologion* because they are celebrated on March 9 and July 10, respectively, are both traditionally understood to have been martyred during the reign of Licinius, not Diocletian. See *SynaxConst,* col. 521, sec. 1, and col. 811, sec. 1.

336 *the holy bishop Theopemptos*: For Theopemptos (sometimes called Theopompos) see entry 295 (January 4). In the longer passion, Bassos, Eusebios, Eutychios, and Basilides are the four soldiers whom Diocletian entrusts with guarding newly made statues of Apollo and Artemis. See *Passion of Theopompos and Theonas* 1 (*BHG* 2443).

removed their belts: An act of resignation. Compare entries 95 and 312, above, where soldiers are stripped of similar military insignia.

337 *Andrew the apostle*: For Andrew, see entry 215 (November 30).

handed over their blessed spirits: In their slightly longer *vita,* the saints' relics are later collected and transferred by the bishop Goddas to a port town called Haliskos. It is also stated that January 20 represents the date of this translation because the date of their martyrdom was unknown. See *Passion of Innas, Rhemas, and Pinnas* 1 (*BHG* 2184).

338 *the world would rejoice . . . Euthymios*: There is a play on the meaning of the saint's name here, since "Euthymios" shares the root of the verb that I have translated as "rejoice" (εὐθυμέω).

the cave of Saint Theoktistos: Theoktistos of Cappadocia was Euthymios's closest associate and should not be confused with the hieromartyr Theoktistos, who is commemorated in entry 303 (January 9). The monastery of Theoktistos was approximately three miles from that of Euthymios. See Cyril of Scythopolis, *Life of Euthymios the Great* 14 (*BHG* 647), and compare CSLA E06468.

339 *went to school . . . fed them*: In the longer *vita,* which to my knowledge still lacks a printed edition, Neophytos shares his sustenance with some orphans who are his schoolmates. Then he draws a cross with his finger, knocks on a stone in the wall, and prays until water gushes out from the wall to quench their

thirst. He repeats this miracle each day for them. See *Passion of Neophytos,* Vat. Ott. gr. 54, fol. 6r, col. 2, to fol. 6v, col. 1 (*BHG* 1325y).

340 *Saint Lucia the virgin*: For Lucia, see entry 242 (December 13).

Theodore, the pope in Rome: That is, Theodore I, who served between 642 and 649 CE. See *PmbZ Online,* no. 7769.

at the age of fifty: No longer Greek *vita* for Zosimos has been preserved, but a Latin version survives. This text implies that Zosimos was ninety years old when he died. He was seven at his dedication to Lucia. Then he spent thirty years in the monastery, before he was ordained a priest and named abbot. He held that position for forty years, until his episcopacy, which lasted thirteen years, until his death. See *Life of Zosimos* 5, 9, 10, and 21 (*BHL* 9026). Compare *PmbZ Online,* no. 8670; and Mario Re, "Il sinassario per s. Zosimo di Siracusa tràdito dai testimoni della recensio M*: Edizione del testo e traduzione," *Rivista di studi bizantini e neoellenici* 38 (2001): 3–26.

341 *Lystra*: Lystra was a city in central Asia Minor to the south of modern-day Konya. See *TIB,* vol. 4, p. 200.

Saint John the Theologian: For John the Theologian (Evangelist) and his presence at the dormition, see entry 68 (September 26). There is no reference to Timothy in that entry.

his venerable remains were also buried: The illumination depicts the translation of Timothy's relics to the Church of the Holy Apostles in Constantinople. Although there is no mention of that event in this entry, it is found elsewhere in the synaxarion tradition for Timothy's feast day. It is, however, explicitly mentioned in a different entry in the *Menologion,* namely that for Andrew the apostle. See entry 215 (November 30) and its corresponding note.

342 *Augustopolis*: Also known as Caesaraugusta, modern Zaragoza. See *OCD,* "Caesaraugusta (mod. Zaragoza)," and compare entry 174, above.

343 *Khosrow was the king of the Persians*: This is Khosrow II. See *ODB,* vol. 1, p. 432.

son of a magus: The edition of Albani (reprinted PG 117:276A) in-

stead reads "he was the son of Magountinos." This is probably an intentional correction rather than a mistake, although it still inaccurately represents the tradition. Anastasios's father was named Bau, while the Persian name for Anastasios himself was Magoundat (Μαγουνδάτ). See *Passion of Anastasios* 4 (*BHG* 84).

enlisted among the army recruits: The martyr's longer passion states that he was "captured" or "forced" (κρατηθῆναι) into being a recruit. See *Passion of Anastasios* 4 (*BHG* 84).

When the Persians . . . precious wood: The Sassanians captured Jerusalem and the relic of the True Cross in 614.

traveled to Chalcedon with the Persians: Chalcedon lay on the Asian side of the Bosporos, across from Constantinople. The Persians reached Chalcedon in 615 CE.

went to Hierapolis: Probably the Hierapolis in Syria, see entry 186.

Lavra of Saint Sabas: For Sabas, see entry 225 (December 5).

344 *a certain monk . . . and healed him*: This refers to a nameless monk who followed Anastasios from his initial imprisonment in Caesarea into Persian territory. Flusin, the most recent editor of these texts, suggested that he can be interpreted as the author of the *Passion of Anastasios* (*BHG* 84) and the *Translation of the Relics of Anastasios* (*BHG* 88). These two closely related narratives are usually joined into a single entry in the synaxarion tradition, but in the *Menologion* they remain separated. See Bernard Flusin, *Saint Anastase le Perse et l'histoire de la Palestine au début du VIIe siècle*, vol. 2 (Paris, 1993): 185–90; and CSLA E06606, E06989, and E08281.

Herakleios returned . . . to Jerusalem: Herakleios returned the True Cross to Jerusalem in 631 CE. See *ODB*, vol. 3, pp. 2125–26.

A bishop . . . Old Rome: That is, a bishop from within Sassanian territory. See further, Flusin, *Saint Anastase*. The detail about the veneration of Anastasios's head in Rome is first attested in the *De locis sanctis*, written in Rome during the seventh century.

345 *cut him in half with his sword*: Or "ran him through with his sword." The language of the *Menologion* is ambiguous, though

other examples from the synaxarion tradition make it clear that he was cut in half (compare μέσον διχάσας). See *Synax-Const,* col. 415, sec. 4.

Tsokos: Krum, who died in 814 CE, was eventually succeeded by his son Omurtag, who ruled no later than 815. Others may have temporarily had or shared power during the short transition period, and Tsokos is sometimes thought to be one of these persons, although the names Doukoumos and Dizteugos are recorded as well. See Jonathan Shepard, "Slavs and Bulgars," in *The New Cambridge Medieval History,* vol. 2, *c. 700–c. 900,* ed. Rosamond Mckitterick (Cambridge, UK, 1995), 228–48, at 236; and Paul Stephenson, "'About the Emperor Nikephoros and How He Leaves His Bones in Bulgaria': A Context for the Controversial *Chronicle of 811,*" *Dumbarton Oaks Papers* 60 (2006): 87–109, at 98–99. Compare also *SynaxConst,* col. 415, sec. 4.

346 *the vicar*: Vicars (Latin, *vicarius*) were often deputies of the Praetorian prefect, and their place in the hierarchy lay somewhere between prefect and governor. See *ODB,* vol. 3, p. 2164.

tortured in Ankyra . . . again in Ankyra: The *Passion of Clement of Ancyra* (*BHG* 352) is a relatively long text, which, to my knowledge, still requires a printed edition. The repetitive list of destinations filling the second half of this entry represents sequential subsections of the original text, each narrating an episode of Clement's interrogation in a different city. For example, one subtitle within the text is "The First Questioning of Saint Clement in Galatia" (Πρώτη ἐξέτασις ἐν Γαλατείᾳ τοῦ ἁγίου Κλήμεντος, Vat. gr. Ott. 54, fol. 42v, col. 2). There is a translation of this passion into Latin in the *Acta sanctorum,* 2nd ed., January part 3 (Paris, 1863), 73–83. See CSLA E06709.

performed the liturgy: The accompanying illumination seems to depict the martyrs being put to death while performing the liturgy in prison. But it is also possible to interpret the location as a church, which is where the three are killed in their longer passion. The detail that Clement is leaning his head over the altar when the governor orders his death is even included in the illumination. See *Passion of Clement of Ancyra,* Vat. gr. Ott. 54, fol. 66r, col. 2 (*BHG* 352).

347 *Saint Clement . . . Saint Agathangelos*: For Clement, see the previous entry. Much of the synaxarion tradition does not have separate entries for Clement and Agathangelos, as the *Menologion* does. See *SynaxConst,* col. 415, sec. 1.

that of a good angel: This is a play on the meaning of Agathangelos's name, which means "good angel." Although the episode of the angel visiting Clement in Rome is recorded in the longer passion, Agathangelos is not introduced by name until he decides to embark on the ship to Nikomedeia. See *Passion of Clement of Ancyra,* Vat. gr. Ott. 54, fol. 51r, col. 2 (*BHG* 352).

348 *Cleopatris*: Cleopatris, also known as Arsinoë, was an important port lying near modern Suez. See *OCD,* "Arsinoë (2)."

349 *Nazianzos*: Nazianzos (probably near modern-day Bekärlar) was a town in Cappadocia in eastern Asia Minor. It was some 325 miles southeast of Constantinople. See *TIB,* vol. 2, pp. 244–45; and *ODB,* vol. 2, pp. 1445–46.

Basil the Great: For Basil, see entry 288 (January 1).

Sasima: Sasima (modern-day Hasaköy) was another town in the same region as Nazianzos; it lay some twenty miles to the southeast. See *TIB,* vol. 2, pp. 272–73.

350 *At the end . . . fearsome earthquake*: This earthquake occurred in 447 CE. For the confusion of details about this earthquake and that of 438 in their liturgical celebrations, see the notes on entry 65 (September 25).

Theodosius processed barefoot: Theodosius is prominently depicted barefoot in the accompanying illumination.

351 *in the discipline . . . of the Lord*: Ephesians 6:4.

Berytus . . . all kinds of learning: During Late Antiquity, there was an important school of law in Berytus (modern-day Beirut, in Lebanon). See *ODB,* vol. 1, pp. 284–85.

When he was reunited with them: As the Greek verb ἀναγνωρίζω (to recognize), which I have translated "reunited," suggests, there is a complicated series of events in the longer *vita* that leads to the recognition of the family members. See *Life of Xenophon, Maria, John, and Arkadios* 19–27 (*BHG* 1878). Maria is the name of John's wife.

353 *Komana . . . Saint Basiliskos lay*: Komana (near the modern-day

village of Şar in Cappadocia) was situated around 265 miles southeast of Constantinople in the province of Armenia Secunda. See *ODLA,* "Armenia Prima and Armenia Secunda"; and *SynaxConst,* col. 503, sec. 1. Basiliskos is commemorated with Eutropios and Kleonikos on March 3, which is not included in the *Menologion.* They suffered martyrdom under Maximian.

Glory to God for everything: That John Chrysostom was accustomed to repeat this phrase is recorded as early as the *vita* by Palladios. See *Dialogue of John Chrysostom,* ed. P. R. Coleman-Norman, *Palladii Dialogus de vita s. Joannis Chrysostomi* (Cambridge, UK, 1928), 68 (*BHG* 870).

the patriarch Proklos, the emperor Theodosius: For Proklos, see entry 136 (October 24). Proklos and Theodosius II are both depicted with halos in the accompanying illumination, though a later hand has covered the emperor's halo with gray paint. This is somewhat strange, because Theodosius is also depicted with a halo just a few entries earlier in a similar scene (350).

He then sent a letter: The traditions narrating the translation of John Chrysostom's relics still require further study and untangling, but in one tradition, which to my knowledge still requires a printed edition, Theodosius directs a letter to John although he is already dead. See *Metaphrastic Commentary on the Translation of John Chrysostom,* Vat. gr. Ross. 467, fols. 227r, col. 1 to 227v, col. 1 (*BHG* 877).

354 *He began to speak Greek . . . ordination*: This is an apocryphal story possibly invented to account for the large corpus of Greek literature attributed to him, the so-called "Greek Ephrem" *(Ephrem Graecus).* Ephrem was a deacon, not a priest, and is probably the most well-known Syriac author. Jerome, for example, recounts that he read a Greek version of one of his works and could "recognize the keenness of his sublime intelligence even in translation" *(acumen sublimis ingenii etiam in translatione cognovi).* See Jerome, *De viris illustribus* 115; and *ODB,* vol. 1, pp. 708–9. For Basil of Caesarea, see entry 288 (January 1).

355 *overcome by lions*: An unusual verb is used to describe how the lions killed Ignatios: ἀποπνίγω, literally, "to choke." It is used twice in this passage.

Even if I must . . . pure bread for my God: The same request is recorded in entry 258 (December 20), which commemorates Ignatios's martyrdom. The illumination there also depicts this gruesome scene.

psalms, hymns, and songs from the Spirit: Ephesians 5:19.

356 *Sarbelos the priest and his sister Babaia*: These two martyrs are possibly the same as Thouthael and Babaia, who are commemorated in entry 16 (September 5). The two stories are nearly identical. To my knowledge, the passion of neither pair is recorded in Greek outside the synaxarion tradition. Their longer passion is extant only in Syriac.

When Lysias: The martyrs' longer passion refers to Lysias as "Lysanias, the judge of the country *(dynā d'trā)*." Therefore, he should not be confused with Lysias the *doux,* found elsewhere in the *Menologion.* See *Passion of Sharbel and Babai,* ed. and trans. W. Cureton, *Ancient Syriac Documents Relative to the Earliest Establishment of Christianity in Edessa and the Neighbouring Countries, from the Year After Our Lord's Ascension to the Beginning of the Fourth Century* (London, 1864), p. 45 in the translation and also p. 45 in the edition (mim-he in Syriac) (*BHO* 1049); CSLA E01890; and the note on entry 24 (September 9).

357 *The holy companions*: Elsewhere in the synaxarion tradition the following names are given: Chryse (also called Aura), Felix, Maximus, Herculeus, Venerius, Styrakios, Menas, Commodus, Hermes, Mauros, Eusebios, Rusticus, Monagrios, Amandinos, Olympinos, Kypros, Theodore the tribune, Maximus the priest, Archelaos the deacon, Kyriakos the bishop, another Maximus the priest, and Sabinos. See *SynaxConst,* col. 431, sec. 1.

the emperor Claudius: It is unclear which emperor is meant here. Hippolytus is traditionally understood to have died at the beginning of the third century, which seems much too late for Claudius (r. 41–54 CE). See *ODLA,* "Hippolytus."

358 *Barsimaios, as recorded above*: Barsimaios's role in converting Sarbelos and Babaia is mentioned in entry 356 (January 29).

the governor Lysias: For this Lysias, who is not to be confused with a recurring figure elsewhere, see the note on entry 356.

359 *general to the theme of Kibyrrhaiotai*: I translate στρατηγός here as

"general," but it is worth noting that the position of *strategos* encompassed both military and administrative duties in Byzantine themes. The theme of Kibyrrhaiotai included much of the southern coast of modern-day Turkey. See *ODB,* vol. 3, pp. 2034–35.

become Muslim: On the Greek verb μαγαρίζω, see the note on entry 77 (October 1).

360 *the saints feared . . . encouraged her*: The longer passion attributes a different motivation to Cyrus and John. They were not concerned about Athanasia's sex but about the age of her young children (διὰ τὸ τῆς ἡλικίας λίαν βραχύτατον). Theoktiste was fifteen, Theodote was thirteen, and Eudoxia was eleven. See *Passion of Cyrus and John* 8 (*BHG* 469).

361 *Victorinus and the six saints*: A longer passion survives in a single manuscript for these martyrs, but it still needs to be edited. See *BHG* 2071.

Corinth: Corinth was an important Greek city in the northeastern Peloponnese. See *ODB,* vol. 1, pp. 531–33.

the consul Tertius: Tertius is also called "proconsul" elsewhere in the synaxarion tradition. See *SynaxConst,* col. 435, sec. 2.

362 *the holy martyr Tryphaina*: A longer passion survives in a single manuscript (the same one as the previous entry) for this martyr, but it still needs to be edited. See *BHG* 2468.

buried by the faithful: The illumination depicts a spring of water flowing at Tryphaina's feet. Elsewhere in the synaxarion tradition, it is recorded that this spring was created at her martyrdom and had the power to help women and even animals who were having difficulty producing milk for their young. See *SynaxConst,* col. 436, sec. 3.

February

363 *The first day in the month of February*: There is a blank page between entries 362 and 363. This has no effect on the subsequent orientation of entries within the manuscript, as the illuminations remain at the top of the recto of each folio (the right-side

page) and at the bottom of the verso (left-side page). This does mean, however, that odd-numbered entries are now on the recto side and even-numbered entries are on the verso side after this point. This page was probably skipped to keep the beginning of the month on the recto side, which is true for every month in the *Menologion* except for January (entry 287). This skipped page may also be related to the fact that the final two months in the *Menologion,* January and February, do not begin a new quire (gathering of pages), while the previous four months are meticulously organized to accomplish this. For the structure of the manuscripts and its gatherings, see Ihor Ševčenko, "The Illuminators of the Menologium of Basil II," *Dumbarton Oaks Papers* 16 (1962): 243–76, esp. 249–57.

he cured every disease and every sickness: Compare Matthew 4:23.

in the middle of winter: The Greek word χειμών can also mean "storm," but the longer passion makes it clear that it is the middle of winter. See *Passion of Tryphon* 9 (*BHG* 1856).

364 *our holy father Auxentios*: For Auxentios, see entry 399 (February 14) and its corresponding notes.

Auxentios's fold: For the term μάνδρα *(mandra),* see the note on entry 2 (September 1).

he related the life . . . later compose it: The author of the *Life of Auxentios* states that he learned the events of Auxentios's life from the saint's successor, a monk from Mysia who lived with Auxentios and followed an extreme regimen of prayer and fasting. See *Life of Auxentios* 57 (*BHG* 199), and CSLA E07025. This unnamed monk can be identified as Bendimianos from the detail included in his own *vita* that he was from Mysia. This text still requires an edition, but see *Life of Bendimianos,* Sinai, Saint Catherine's Monastery, gr. 515, fol. 12v (*BHG* 272).

365 *Lord, now you . . . your salvation*: Luke 2:29–30.

Likewise, Anna, . . . his people: Symeon and Anna are commemorated separately in entry 367 (February 3). Like the entry in the *Menologion,* the gospel text does not record Anna's direct speech. See Luke 2:36–38.

366 *Rheukatos, Satornilos, Secundus*: Or "Revocatus," "Saturninus," and

"Secundulus," in the Latin passion. The original Latin version is widely known. For a recent discussion of the Greek translation, see Brent D. Shaw, "Doing It in Greek: Translating Perpetua," *Studies in Late Antiquity* 4, no. 3 (2020): 309–45; and for a detailed study of the text in both languages, see Thomas J. Heffernan, *The Passion of Perpetua and Felicity* (Oxford, 2012).

Her brother . . . had died: This detail differs from the longer passion. There Deinokrates had previously died, presumably unbaptized, at the age of seven. Perpetua sees him suffering in hell during a vision, but, after her prayer, sees him freed from his torments. See *Passion of Perpetua, Felicity, and Their Companions* 7–8 (*BHG* 1482).

367 *He was told . . . entire world*: Compare Luke 2:26.

Forty days . . . the law: For the Presentation of the Lord, see entry 365 (February 2).

Lord . . . your salvation: Luke 2:29–30.

he also prophesied: This is an abridged version of the prophecy included in the *Life of Symeon Theodochos and Anna the Prophetess* (*BHG* 2412), which, to my knowledge, still requires a printed edition. See Athens, National Library of Greece, gr. 982, fols. 40v–41r, some of whose language is also preserved elsewhere in the synaxarion tradition (see *SynaxConst,* col. 439, sec. 1, apparatus).

368 *the land called Banias . . . traveled to Caesarea*: For Banias (or Panias, also known as Caesarea Philippi), see entry 173 (November 10), above. The martyrs' itinerary in this entry appears not to make much sense if Banias and Caesarea refer to the same place. However, in Eusebios's *Martyrs of Palestine,* these martyrs are said to be from Batanaea, which is near Banias. See Eusebios, *Martyrs of Palestine* 11.29 (*BHG* 1193); *ODB,* vol. 3, pp. 1570–71; and CSLA E00305. Another possibility is that the Caesarea mentioned here is Caesarea Maritima (also known as Caesarea Palaestinae), which was situated on the coast around seventy miles to the southwest. That place was one of the most important cities in the region and thus perhaps a more likely location for the governor. See *ODB,* vol. 1, p. 364.

369 *Papias, Diodoros, and Claudian*: It is possible that the tradition for these martyrs is related to that found in entry 361 (January 31), which includes three men named Papias, Diodoros, and Claudian. Unfortunately, the longer passion for this entry, like that for entry 361, still requires a printed edition, but there are some similarities to the torments endured at the end of the passion of this entry's martyrs with those recounted for the other group (see Oxford, Bodleian Library, Barocci 238, fol. 14r, col. 2; *BHG* 2331). Further study may clarify the connection or mere coincidence between these two narratives.

Attaleia: Attaleia (modern-day Antalya) was a port city on the southern coast of Asia Minor. See *TIB,* vol. 8, pp. 297–341; and *ODB,* vol. 1, pp. 228–29.

370 *On the same day . . . Claudius*: This entry includes only an illumination with a title. The identity of this Claudius is uncertain. It is possible that he is connected with the Claudian of entry 361 (January 31), who is sometimes called Claudius.

371 *Pelousion*: Pelousion (or Pelusium,) was an important city in the eastern Nile delta.

related to Theophilos and Cyril: For Cyril, see entry 329 (January 18), which also mentions Theophilos.

studying books: The Greek αἱ βίβλοι often refers specifically to the books of the Bible but can also simply mean "books."

composing ten thousand letters: There are around two thousand extant letters attributed to Isidore. See *ODB,* vol. 2, p. 1016.

372 *bishop of one of the cities in Persia*: Abramios was the bishop of Arbel (modern Erbil). See *Passion of Abramios* 1 (*BHG* 10), and *SynaxConst,* col. 445, sec. 2.

373 *one of her breasts*: The depiction of this act in the illumination is striking. It has been suggested that the instrument used to perform the mastectomy indicates that the artists were familiar with contemporary medical handbooks. See Roland Betancourt, *Byzantine Intersectionality: Sexuality, Gender, and Race in the Middle Ages* (Princeton, 2020), 7–11.

perfected by death: Agatha appears posthumously to Lucia (Lucy) earlier in the *Menologion.* See entry 242 (December 13).

374 *Silvanus . . . Luke . . . and Mokios*: For more on these saints, see entry 376 (February 6).

he entered a cave: Although the only early hagiographical witness for a longer version of this passion is preserved in a Georgian translation, there is an extant Greek epitome of some length. According to this text, Julian triumphed over this gruesome torture and walked under his own power to a nearby cave. See *Passion of Julian of Emesa,* Jerusalem, Patriarchal Library, Panaghiou Taphou 1, fol. 53v, cols. 1–2 (*BHG* 2210); and CSLA E02593.

375 *his chief official Euilasios*: The Greek word ἄρχων is usually translated as "governor," but it is used differently here, so I have translated it as "chief official" following the longer passion, in which Euilasios is identified as the "highest official in the palace." Elsewhere in the synaxarion tradition, he is referred to as a "noble." See *Passion of Fausta, Euilasios, and Maximinus* 1 (*BHG* 658); and *SynaxConst,* col. 448, sec. 3.

the prefect Maximus: Maximus is named Maximinus in the longer passion. See *Passion of Fausta, Euilasios, and Maximinus* 4 (*BHG* 658).

376 *the wild beasts*: Along with two lions, a black bear is depicted in the accompanying illumination, the only bear illuminated in the *Menologion.* Both the synaxarion tradition and wider hagiographical tradition refer only generically to "beasts" (θῆρες and θηρία).

Saint Julian came . . . baptized by them: Silvanus, Luke, and Mokios are not the subject of a separate text, but their passion is embedded within that of Julian, which still requires a printed edition. See *Passion of Julian of Emesa,* Jerusalem, Patriarchal Library, Panaghiou Taphou 1, fol. 53r, cols. 1–2 (*BHG* 2210); and for Julian, see entry 374 (February 6).

377 *On the same day . . . Faustus the bishop*: This entry includes only an illumination with a title. Elsewhere in the synaxarion tradition, Faustus is said to have been martyred with a certain Basileios. Not much is known of these martyrs.

378 *Smyrna*: Smyrna (modern-day Izmir) was a city on the central Aegean coast of Asia Minor. See *ODB,* vol. 3, pp. 1919–20.

John the Theologian: For John the Theologian (Evangelist), see entry 68 (September 26).

Saint Polycarp: For Polycarp, see entry 419 (February 23).

caused a tree to grow: The burial of Boukolos is briefly narrated in the *Life of Polycarp,* and this plant is identified as a myrtle tree. See *Life of Polycarp* 20 (*BHG* 1561), and CSLA E00487.

379 *the one thousand three . . . in Nikomedeia*: The longer passion for these martyrs, which to my knowledge still requires a printed edition, states that this group included both free and enslaved attendants. See *Passion of the One Thousand Three Martyrs in Nikomedeia,* Bibliothèque nationale de France, grec. 1542, fol. 102r, col. 2 (*BHG* 1219).

Saint Peter: That is, Peter I, the patriarch of Alexandria from 300 to 311 CE.

But these soldiers . . . on behalf of Christ: This event is not narrated in the *Passion of Peter of Alexandria* (*BHG* 1502 and 1502a), but there is a passing detail within it that may connect it with these four guards. In Peter's passion, five "tribunes" are sent by the emperor to arrest and ultimately put Peter to death. They grow reluctant, however, to fulfill this command out of their respect for the holy man. They therefore decide to contribute five golden coins each, and whoever kills Peter will be awarded all twenty-five coins. It is possible that this martyrdom account arose around the four guards who refused to kill Peter. See *Passion of Peter of Alexandria,* ed. Viteau, *Passions des Saints Écaterine et Pierre d'Alexandrie,* 81 (*BHG* 1502). For Peter, see entry 205 (November 205).

380 *Lampsakos*: Lampsakos (modern-day Lapseki) was located on the Asian coast of Hellespont close to the sea of Marmara, some 120 miles southwest of Constantinople. See *TIB,* vol. 13, pp. 722–26.

the son of Christopher: Parthenios's father is named Christodoulos in his longer *vita.* See *Life of Parthenios* 1 (*BHG* 1422).

Melitopolis: Another city in the administrative district of Hellespont. See *TIB,* vol. 13, pp. 782–83.

ordained bishop of Lampsakos by Acholios: The bishop's name is Ascholios (Ἀσχόλιος) in the longer *vita.* See *Life of Parthenios* 3 (*BHG* 1422) and the corresponding Notes to the Text.

381 *On the same day . . . of Cyprus*: This entry includes only an illumination with a title. He is also named Aprion (Ἀπρίων) in the synaxarion tradition. See *SynaxConst,* col. 450, sec. 4.

382 *There he prophesied many things*: Zechariah narrates eight vivid visions in Zechariah 1–6.

the pious act . . . Jerusalem: That is, Cyrus's decree for the Temple to be rebuilt. See Ezra 1:2–4 and 4:1–3.

the holy prophet Haggai: For Haggai, see entry 248 (December 16) and Ezra 6:13–15.

383 *Theodore Stratelates*: The Greek word στρατηλάτης (stratelates) means "general." Theodore should not be confused with Theodore Teron (see entry 407, February 17), although the biography of Theodore Stratelates, which first appears in the ninth century, seems to have been modeled on that of Theodore Teron. See John Haldon, *A Tale of Two Saints: The Martyrdoms and Miracles of Saints Theodore "the Recruit" and "the General"* (Liverpool, 2016).

Euchaita: Euchaita (the modern-day village of Beyözü near Mount Avkat) was a city in Pontus, some 325 miles east of Istanbul. See *ODB,* vol. 1, p. 737.

translated to Euchaneia: There is some confusion between Euchaita (which is also associated with Theodore Teron) and Euchaneia as the resting place of Theodore Stratelates. One longer passion, for example, records that he was translated to Euchaita; see *Passion of Theodore Stratelates* 17–18 (*BHG* 1750). Albani's eighteenth-century edition (reprinted PG 117:489D–92A) silently corrects every mention of Euchaneia to Euchaita in this entry (see Notes to the Text). The precise location of Euchaneia remains unknown, although it was evidently close to Euchaita.

384 *our holy father Theodosios*: Theodosios's *vita* is included in Theo-

doret's *Religious History* 10. Much of Theodoret's language has been retained in the synaxarion tradition, including the *Menologion* entry.

because of Isaurian attacks: The Isaurian attacks may be a real historical reference, because Isaurian brigands raided Asia Minor and a certain Arbazacius was sent against them. His pursuit of them to the mountains, perhaps of Cilicia, was inconclusive, and he abandoned it in 404 CE. See *PLRE,* vol. 2, Arbazacius 1.

385 *the holy martyrs Martha and Mary*: These two martyrs should not be confused with Mary and Martha from the gospels (for example, Luke 10:38–42).

They crucified . . . Lykarion: In the longer passion for these martyrs, which survives in a single manuscript and still requires a printed edition, Lykarion is crucified with Martha and Mary. After three days, all three are hacked with swords, but no one is decapitated. The virgins' mother also plays a significant role in the text. She holds up her daughters' feet while they are on the cross, and she exhorts all three to remain steadfast. See *Passion of Martha, Mary, and Lykarion,* Jerusalem, Patriarchal Library, Panaghiou Taphou 1, fol. 63v, col. 1, to fol. 64r, col. 1 (*BHG* 2257).

386 *On the same day . . . Philadelphos*: This page is unique in the *Menologion* for having three of the four parts required for a full entry. It has a title, illumination, and decorative initial capital, while lacking the main text. In this case, the initial capital comprised a whole word, "The" (Ὁ). Philadelphos might be associated with the group of martyrs named Alphaios, Philadelphos, Kyrinos, and their companions, who are commemorated on May 10. The illuminator has depicted Philadelphos as young and without a beard. This is consistent with their longer passion, which calls the three "young men" (μειράκια). See *Passion of Alphaios, Philadelphos, Kyrinos, and Their Companions* 4 (*BHG* 57).

387 *held a grudge against him*: The reason for the disagreement between Nikephoros and Saprikios is unclear even in the longer passion. See *Passion of Nikephoros* 1 (*BHG* 1331).

388 *Marcian . . . Philagrios . . . Pankratios*: Marcian plays a prominent role in the *Life of Pankratios,* but the tradition of his life predates this text. For the relationship between the two, see *Life of Pankratios* 13 (*BHG* 1410), and C. J. Stallman, "The Past in Hagiographic Texts: Saint Marcian of Syracuse," in *Reading the Past in Late Antiquity,* ed. Graeme Clarke, with Brian Croke, Alanna Emmett Nobbs, and Raoul Mortley (Elmsford, NY, 1990), 347–65. To my knowledge, Philagrios is not attested outside the synaxarion tradition, but his cult was still active to some degree at the time of the *Menologion*'s composition. For example, there is an extant tenth- or eleventh-century seal with a bust of Philagrios in Harvard's Arthur M. Sackler Museum (BZS.1951.31.5.1331).

389 *the city of Magnesia*: Most likely Magnesia on the Maeander, a city in western Asia Minor some twelve miles southeast of Ephesus and 240 miles south of Constantinople.

390 *The passion . . . women with him*: It has been suggested that the tradition for Blaise's martyrdom is based on the *Passion of Eirenarchos and his Companions* (*BHG* 2204). See CSLA E06648, and entry 212 (November 28).

the two young children: The Greek word βρέφη usually refers to infants. In the longer passion, however, these two are the children of one of the seven women, are old enough to speak to her, and are also called παιδία (children). The accompanying illumination, therefore, is consistent with this tradition by depicting them as children rather than infants. See *Passion of Blaise* 9–11 (*BHG* 276).

391 *On the same day . . . Zechariah*: This entry includes only an illumination with a title. In the wider synaxarion tradition, this saint is usually understood to be Zechariah the father of John the Baptist, not Zechariah the minor prophet. According to the *Protoevangelium of James* 24, Zechariah's body disappeared after his murder in the sanctuary of the temple. The discovery of Zechariah's remains, however, is recorded in the sixth- or seventh-century Armenian text *History of the Albanians.* Unfortunately, the different Greek versions of Zechariah's passion

have not been edited, and their manuscripts are not easily accessible. See *SynaxConst,* col. 458, sec. 3; and CSLA E00134.

392 *Theodora*: On Theodora, see *PmbZ Online,* no. 7286.

Saint Methodios . . . Jannes the Soothsayer: They are Methodios I and John VII Grammatikos, respectively. Methodios was not made patriarch until John was deposed in 843. The *Menologion* calls John "Jannes" (or "Iannes"), which is unique in the synaxarion tradition so far as I am aware, but although other manuscripts in the B* tradition have "John," the naming here is almost certainly intentional. In the *Life of Theodore Stoudios* 22, as in many other Iconophile sources, John is also called Jannes in order to associate him with the biblical Jannes, the traditional name of one of the sorcerers who competed with Moses in Pharaoh's court (compare 2 Timothy 3:8); see Jordan and Morris, *The Life and Death of Theodore,* 94–97. Under this interpretation, John VII becomes another "Jannes the Soothsayer." See *ODCC,* "Jannes and Jambres," and the note below.

she called a holy council . . . iconoclasts: That is, the local Council of Constantinople of 843 CE, in which John was deposed, Methodios was installed as patriarch, and a triumphal procession was made from Blachernai to Hagia Sophia to celebrate the defeat of Iconoclasm liturgically. See *ODB,* vol. 3, pp. 2122–23.

her son Michael: That is, Michael III, who actually overthrew the regency and deposed his mother, Theodora. See *ODB,* vol. 2, p. 1364; and *PmbZ Online,* no. 4991.

393 *called "Bakleas"*: Or "Kauleas" (see *PmbZ Online,* no. 564) in many other sources. Antonios received this name because he was said to be the founder (or restorer) of a monastery called *tou Kaulea* or a similar name. Although it cannot be confirmed, reasonable conjecture has identified Yeni Valide Mosque on the eastern side of the Bosporos as the location for this monastery. See *ODB,* vol. 1, p. 125; and Janin, *Les églises,* 44–46. For sexual innuendo related to the form βακλέας, see Michael Jeffreys and Marc Lauxtermann, eds., *The Letters of Psellos: Cultural Networks and Historical Realities* (Oxford, 2017), 3–5.

once . . . the gold: The details of this episode are slightly confusing

in this compressed entry. In the extant longer *vita,* which was written by Nikephoros Gregoras and postdates the composition of the *Menologion* by centuries, Antonios is upset at the realization that he does not have the means to help the poor, when a mysterious person suddenly appears before him, hands him the gold, and promptly disappears. There is no voice in Nikephoros's account. See *Life of Antonios Kauleas* 9 (*BHG* 139).

394 *entered a monastery . . . tonsured*: In the longer *vita,* her father Eugenios gives all his property to Mary because he intends to enter a monastery. Mary criticizes him for saving his own soul but leaving her to perdition, so he agrees to her plan to disguise herself as a man and enter the monastery with him. See *Life of Eugenios and Mary* 1–4, trans. Nicholas Constas, "Life of St. Mary/Marinos," in Talbot, *Holy Women,* 1–12, at 7–8 (*BHG* 614).

expelled from the monastery: Literally, "thrown outside the gate." Eugenios dies before the accusation of the innkeeper's daughter.

395 *Later on . . . tested again*: After living alone on a small island for six years, a young girl, who was the sole survivor of a shipwreck, came ashore clinging to a wooden plank. Martinianos left her with provisions to last until the customary arrival of the ship carrying his new supplies. Two dolphins then appeared and took him back to the mainland. See *Life of Martinianos,* ed. Paul Rabbow, "Die Legende des Martinian," *Wiener Studien* 17 (1895): 253–93, at 287–89 (*BHG* 1177).

396 *Paul was a leatherworker too*: In Acts 18:3, Aquila and Paul are called tentmakers (σκηνοποιοί), not leatherworkers (σκυτοτόμοι).

mention of them in his letters: See Romans 16:3, 1 Corinthians 16:19, and 2 Timothy 4:19. Priscilla is called Prisca (Πρίσκα) in the letters.

397 *John the Almsgiver*: For John the Almsgiver, see entry 177 (November 12).

After the most holy archbishop Leo had written a letter: This is the *Tome* of Leo, called "the pillar of Orthodoxy," or plain "the pillar" in many sources. For Leo, see entry 412 (February 18),

which includes more details about the contents of this document. The events of the present entry are confused, because it seems to imply that Leo and Eulogios were contemporaries. Leo I was pope of Rome (440–461 CE), while Eulogios was pope of Alexandria (579/80–607 CE). However, this story appears to be based on an account found in John Moschos's *Spiritual Meadow* that correctly observes this chronology. John Moschos first records that Eulogios met the archdeacon Gregory (who possibly later became Pope Gregory the Great) in Constantinople, and they discussed the history and afterlife of Leo's *Tome* in Rome. After that, he narrates how Eulogios's secretary saw Leo in a dream vision coming to thank Eulogios for his support of the *Tome.* See John Moschos, *Spiritual Meadow* 147–48; *ODLA,* "Eulogius"; and CSLA E05330.

a real person: Literally, "human" or "person" (ἀνθρώπῳ).

398 *On the same day . . . Polybotos*: This entry includes only an illumination with a title. John is often commemorated on December 4. See *SynaxConst,* col. 278, apparatus (December 4). The city of Polybotos (modern-day Bolvadin) was in Phrygia, in central Asia Minor, some 190 miles southeast of Constantinople. See *TIB,* vol. 7, pp. 363–64.

399 *the mountain called Oxeia . . . Auxentios*: This mountain is also mentioned in entry 364 (February 1). After this saint it was more commonly called Mount Auxentios, but also Skopa or Skopos. See *ODB,* vol. 1, pp. 236–37.

the Trichinaria Monastery: The monastery, or convent, founded by the saint was for women. A former servant of the empress Pulcheria whose name was Eleuthera was among the first to be tonsured. This monastery was initially called the Gyrita Monastery but was later called the Trichinaria (or Trichinariai) Monastery. Stephen the Younger constructed the first male monastery there in the eighth century. See *Life of Auxentios* 61 (*BHG* 199); CSLA E07025; Janin, *Les églises,* 504; and the note on entry 210 (November 28).

400 *On the same day . . . Gaza*: This entry includes only an illumination with a title. According to pseudo-Dorotheos, Philemon

(the addressee of Paul's letter) became bishop of Gaza (Φιλήμων, πρὸς ὃν καὶ ἐπιστολὴν ἔγραψεν, ὃς καὶ ἐπίσκοπος Γάζης γέγονεν). Earlier in the *Menologion,* however, Philemon and his companion Archippos are said to have suffered martyrdom in Phrygia and in a manner different from what is depicted in the illumination for this incomplete entry. See *Life and Death of the Prophets* 67 (*BHG* 1586), and entry 200 (Archippos and Philemon, November 23).

401 *Saint Paul... Onesimus*: See Philemon 1:10–16. For Philemon and his place in the *Menologion,* see entries 200 (Archippos and Philemon, November 23) and 400 (Philemon, February 14), and their corresponding notes.

402 *On the same day... his daughter*: This entry includes only an illumination with a title. Euphrosyne and her father, Paphnutios, are commemorated on September 25 and sometimes February 15. For the *Menologion*'s complete entry for these saints, see entry 67 (September 25).

403 *arrested in the city of Gaza*: Elsewhere in the synaxarion tradition, Maior belongs to one of the North African peoples known to the Romans as the Mauroi (Μαῦροι) or Moors. See *ODB,* vol. 2, p. 1318; and *SynaxConst,* col. 467, sec. 2.

404 *Pamphilos, Valens, and their companions*: The passion of these martyrs is included in Eusebios's *Martyrs of Palestine* 11 (long recension, *BHG* 1405). See CSLA E00391. All nine martyrs are depicted in the illumination. In the longer account of this passion, there are three additional martyrs, Porphyrios, Theodoulos, and Julian, which makes a total of twelve martyrs (*Martyrs of Palestine* 11.25). However, the passion of these three martyrs is narrated in the following entry here in the *Menologion.* See entry 405, and *SynaxConst,* col. 467, sec. 1.

arrested in the sixth year... Diocletian: Perhaps in 305 CE, before the abdication of Diocletian in May of that year.

405 *companions of Saints Pamphilos, Valens*: For these martyrs and the literary tradition of their passion, see the note on the previous entry.

406 *apokrisiarios*: An *apokrisiarios* was an ecclesiastical ambassador

entrusted with conducting business on behalf of a bishop or a patriarch. See *ODB,* vol. 1, p. 136.

a city . . . Mepherke: Martyropolis lies in southeastern Turkey, the modern-day city of Silvan. See *ODB,* vol. 2, p. 1309.

407 *Theodore Teron*: For the connection between Theodore Teron and Theodore Stratelates, see the notes on entry 383 (February 8). For Theodore of Perge, see entry 55 (September 21).

the division known as the Tironian: *Tirones* (Greek, *terones* or *tyrones*) were recruits in the Roman military. See also the note on entry 55 (September 21).

under Bringas the praepositus: The office of *praepositus* often refers to the chief servant of the emperor's bedchamber (that is, *praepositus sacri cubiculi;* see the note on entry 18), but it could also refer to a commander in the Roman army. See *ODLA,* "*praepositus.*"

Kleonikos standing nearby: The figure standing to Theodore's left in the illumination is likely meant to be Kleonikos, although the reason for the scroll in his hands is unclear. The passion of Kleonikos, Eutropios, and Basiliskos is narrated in a separate text, but because their feast day is March 3, it is not included in the *Menologion.* See *Life of Theodore Teron* 8 (*BHG* 1761); and *SynaxConst,* col. 503, sec. 1.

408 *Saint Philip . . . Hierapolis*: The events pertaining to Philip, Bartholomew, and Mariamne are also narrated in entry 182 (November 14). Mariamne rarely receives extended treatment elsewhere in the synaxarion tradition. See *SynaxConst,* col. 469, sec. 2.

As he was hanging: I have added "as he was hanging" to capture the logic of the compressed Greek here.

swallowed the proconsul and his contingent: In the longer passion, this group included priests and other devotees of the echidna, more than six thousand, excluding women and children. See *Acts of the Apostle Philip* 133 (*BHG* 1525).

Bartholomew . . . died in peace: In the longer passion, Bartholomew goes to Lykaonia, where he was crucified, and Mariamne "gives her body to the Jordan River" (Μαριάμνη τὸ

σῶμα αὐτῆς ἀποτίθεται ἐν τῷ Ἰορδάνῃ ποταμῷ). See *Acts of the Apostle Philip* 137 (*BHG* 1525).

409 *Soloi in Cyprus*: Soloi was a port city on the north coast of Cyprus. See *ODLA,* "Soloi." Auxibios is first attested in the hagiographical record in the seventh century, but he may be based on a historical bishop of the same name from the fourth century. See CSLA E07031.

410 *the heretic Dioskoros . . . his folly*: Flavian was deposed during the Second Council of Ephesus of 449 CE, the so-called "Robber Council." Dioskoros was patriarch of Alexandria following Cyril. He presided over the Second Council of Ephesus before he was exiled, during the Council of Chalcedon (451 CE), to Gangra, where he died. See *ODB,* vol. 1, pp. 632–33, and vol. 2, pp. 789–90.

411 *Maximian Herculius*: Maximian was also known by the nickname "Herculius," after his patron god, Hercules. See *ODLA,* "Maximian."

bishop of Synaos: The location of Synaos is unknown and might be a mistake for Synnada in Phrygia. See CSLA E07081, which also includes a discussion of the complex life and career of Agapetos.

412 *Leo the pope of Great Rome*: That is, Leo I the Great, who was pope from 440 to 461 CE. See *ODB,* vol. 2, p. 1207.

a council . . . power of action: The Council of Chalcedon, convened in 451 CE. The heretical claim concerns, respectively, the θέλησις (will) and ἐνέργεια (power of action) of Christ. Although these two theological terms are not wholly divorced from the contents of Leo's *Tome* and the issues at stake in the Council of Chalcedon, they belong more properly to the discourse on Monotheletism in the seventh century. Albani (reprinted in PG 117:320D–21B) emended these terms to a form of φύσις (nature), which is more relevant to fifth-century theology. See the corresponding Notes to the Text.

they have called this letter the pillar of orthodoxy: This letter, which is usually called the *Tome* of Leo (epistle 29), was sent to Flavian of Constantinople (see entry 410, February 17). Its focus on

Christ's human nature made this document controversial and apt for misinterpretation. Leo later gave a more exhaustive statement of his Christological view in another letter (epistle 165). See *ODLA*, "Tome of Leo."

413 *Maximus and Theodotos*: Maximus and Theodotos are also commemorated with their relative Asklepiodote earlier in the *Menologion;* see entry 39 (September 15). In that entry, they are said to be from Marcianopolis in Thrace and to have lived during the reign of Maximian. A longer passion survives in multiple versions, but to my knowledge, they still required a printed edition.

414 *Sadoch . . . one hundred twenty-eight saints*: It is tempting to identify this group of martyrs with Sadoth and his 120 companions (entry 122, October 19), but the events of their respective deaths have significant differences.

he saw in dreams: The longer Greek passion begins with Sadoch's (or Sadoth's) dream vision; upon awakening, he informs his companions that he will suffer martyrdom that year (the second year of Shapur's persecution). Symeon had been put to death the previous year. There is also an extant Syriac passion (*BHO* 1033), of which the Greek passion appears to be a close translation. See *Passion of Sadoth* 1 (*BHG* 1613).

415 *On the same day . . . Sophronios the bishop*: This entry includes only an illumination with a title. There is another Sophronios, the bishop of Constantia in Cyprus, commemorated in the *Menologion.* It is unclear whether they are the same person. See entry 233 (December 9).

416 *the magician Heliodoros*: In the rich hagiographic tradition of this saint, Heliodoros is an important figure who functions as an evil rival to the saint. Ultimately, Heliodoros is consumed as he walks through a fire, but Leo passes through it unscathed. See *Life of Leo the Bishop of Catania* 34, ed. and trans. Alexakis and Wessel, *The Greek Life of St. Leo Bishop of Catania,* 87–110 (*BHG* 981b).

417 *managed . . . with great distinction*: Most notably, during the Monotheletism controversy, Pope Agatho convened synods in

the West after 678 CE, which confirmed Christ's two wills. He then dispatched a number of delegates to the Third Council of Constantinople (680–681 CE). See *ODCC,* "Constantinople, Third Council of"; and *PmbZ Online,* no. 129.

418 *The twenty-second day . . . Athanasios the Confessor*: This entry includes only an illumination with a title. This is Athanasios of Paulopetrion, who was tortured and exiled by Leo V in 816 CE and is usually commemorated on February 22 (see *SynaxConst,* col. 483, sec. 2). See *PmbZ Online,* no. 678. For more information on Athanasios and the other incomplete entries for an Athanasios in the *Menologion,* see the note on entry 313 (January 12).

419 *John the Theologian*: For John the Theologian (Evangelist), see entry 68 (September 26).

while Boukolos . . . prophesied: For Boukolos and this prophecy, see entry 378 (February 6).

he was perfected by death: Although the organization of this entry is a bit confused, this almost certainly refers to Polycarp's death. Earlier in the *Menologion,* Boukolos is implied as having died peacefully (entry 378), which is also the case in Pionios's *Martyrdom of Polycarp* 20 (*BHG* 1561). This entry seems to have its origins in that version of the martyrdom. The accompanying illumination depicts Polycarp's famous death by fire, which is not narrated here. See the anonymous *Martyrdom of Polycarp* 15 (*BHG* 1557).

420 *When Saint John . . . within Herod's household*: For the episode of John's beheading, see Mark 6:17–29.

Many years later . . . protection: There are varying accounts about the discovery and location of John's head, though most agree that this relic was in Emesa at some point. The Piacenza Pilgrim, for example, states that he venerated John's head there in his travel diary, which was probably composed at the end of the sixth century (*Itinerarium* 46). The *Menologion* entry summarizes the beginning and the end of a series of events, culminating in the relic's translation to Constantinople through the efforts of Michael III, Theodora, and Ignatios. The *Homily of*

the Three Discoveries (*BHG* 841) is probably the text most relevant for comparison with this entry. For Theodora and Michael, see entry 392 (February 11).

421 *Skopelos*: One of the Northern Sporades islands in the northwestern Aegean sea. See *TIB,* vol. 1, p. 258.

the council in Serdica: The Council of Serdica (modern-day Sofia in Bulgaria) was convened by Constans I and Constantius II in 342 or 343 CE to settle some of the fallout after Athanasios was deposed. See *ODB,* vol. 3, pp. 1876–77.

423 *He promulgated . . . seven ecumenical councils*: Tarasios was instrumental in convening the seventh ecumenical council, the Second Council of Nicaea, with the empress Irene in 787 CE, and he coordinated with Pope Hadrian I in these efforts to abolish Iconoclasm. See entry 108 (October 12); *ODB,* vol. 3, p. 2011; and *PmbZ Online,* no. 7235.

a holy monastery . . . other side of the channel: The monastery of Tarasios was on the European side of the Bosporos and north of the Golden Horn ("the channel"), although there is uncertainty among the sources as to its exact location. See Janin, *Les églises,* 497–98.

twenty-two years and two months: In fact, twenty-one years and two months; Tarasios was patriarch between December 25, 784 and February 25, 806 CE.

424 *Porphyrios*: Porphyrios lived between circa 347 and 420 CE.

Praülios the patriarch of Jerusalem: Praülios was patriarch of Jerusalem from 417 to 422 CE.

razed every idolatrous temple: Porphyrios's role in destroying the temples of Gaza, especially the Temple of Marna (or Marnas), is a central event in his *vita* (*BHG* 1570). For more on this Palestinian deity and its connection with the *Life of Porphyrios,* see Edward Lipiński, "Marna and Maiuma," *Latomus* 72, no. 4 (2013): 919–38.

425 *On the same day . . . ta Armatiou*: This entry includes only an illumination with a title. Stephen is said to have been *parakoimomenos* under Justin II (or Maurice), the highest-ranking position given to imperial eunuchs, not dissimilar to the *praepositus*

sacri cubiculi (see note on entry 18). This home for the destitute elderly lay on the south side of the Golden Horn. See Janin, *Les églises,* 565–57.

426 *Prokopios and Basileios*: These two confessors are often commemorated separately, Prokopios on February 27 and Basileios on February 28 (see *SynaxConst,* col. 491, sec. 1, and col. 493, sec. 1), and this is consistent with the wider hagiographical tradition. In the *Life of the Confessor Prokopios of Decapolis* (*BHG* 1583), for example, Basileios is not even mentioned.

427 *the magistrate Irenarchos*: I have rendered the term ἄρχων as "magistrate" here, since, although it is usually translated as "governor," Irenarchos is clearly the subordinate of Publius. In the longer passion, he is identified as a *taxeotes* (ταξεώτης), an official serving a magistrate who sometimes had a military-like role. See *Passion of Nestor,* ed. B. Aubé, "Un supplément aux *Acta sincera* de Ruinart: Actes inédits de l'évêque de Pamphylie Nestor," *Revue archéologique,* 3rd ser., 3 (January–June 1884): 226 (*BHG* 1328); and G. W. H. Lampe, ed., *A Patristic Greek Lexicon* (Oxford, 1969), under "ταξεώτης."

428 *This man was from Cilicia*: The life of Thalelaios is recorded in the *Religious History* by Theodoret, who implies that he met the ascetic personally (*Religious History* 28; *BHG* 1709). However, Theodoret does not mention that Thalelaios came from Cilicia, only that he lived near Gabula. It is possible that this detail became associated with this saint from the martyr Thalelaios of Cilicia who is commemorated on May 27 (see *BHG* 1707–8; and *SynaxConst,* col. 493, sec. 2).

spent the rest of his life in it: Based on the terminology used here for his abode (ἔγκλειστρον), Thalelaios spent the rest of his life as a recluse. See Alice-Mary Talbot, *Varieties of Monastic Experience in Byzantium 800–1453* (Notre Dame, IN, 2019), 134–36.

429 *Marana and Kirra*: Like Thalelaios from the previous entry, the lives of these women are recounted by Theodoret (*Religious History* 29; *BHG* 1025), who attests that he visited them many times.

Berroia in Cilicia: Syrian Berroia is modern-day Aleppo. See *ODB*, vol. 1, p. 283.

430 *On the same day . . . Domnina*: Domnina is usually commemorated on March 1, not February 28. See *SynaxConst*, col. 499, sec. 3.

the city of Cyrrhus: Like the previous two entries, Domnina's life is recorded by Theodoret (*Religious History* 29; *BHG* 563), who was himself bishop of Cyrrhus, a city in northwestern Syria, some sixty miles northeast of Antioch.

Bibliography

Editions and Translations

Albani, Annibale, ed. *Menologium Graecorum jussu Basilii [II] imperatoris.* 3 vols. Urbino, 1727. Reprinted, PG 117:14–614.

Further Reading

D'Aiuto, Francesco, ed. *El "Menologio de Basilio II": Città del Vaticano, Biblioteca apostolica vaticana, Vat. gr. 1613; Libro de estudios con ocasión de la edición facsímil.* Vatican City, 2008.

Efthymiadis, Stephanos, ed. *The Ashgate Research Companion to Byzantine Hagiography.* 2 vols. Farnham, UK, 2011–2014.

Hägg, Tomas. "The *Life of St Antony* between Biography and Hagiography." In Efthymiadis, *Ashgate Research Companion,* vol. 1, pp. 17–34.

Kaldellis, Anthony. *Streams of Gold, Rivers of Blood: The Rise and Fall of Byzantium, 955 A.D. to the First Crusade.* Oxford, 2017.

Lampadaridi, Anna, Vincent Déroche, and Christian Høgel, eds. *Byzantine and Medieval History as Represented in Hagiography.* Studia Byzantina Upsaliensia 21. Uppsala, 2022.

Luzzi, Andrea. *Studi sul Sinassario di Costantinopoli.* Testi e Studi Bizantino-neoellenici 8. Rome, 1995.

———. "Synaxaria and the Synaxarion of Constantinople." In Efthymiadis, *Ashgate Research Companion,* vol. 2, pp. 197–208.

Papaioannou, Stratis, ed. *The Oxford Handbook of Byzantine Literature.* Oxford, 2021.

Ševčenko, Ihor. "The Illuminators of the Menologium of Basil II." *Dumbarton Oaks Papers* 16 (1962): 243–76.

Ševčenko, Nancy P. *Illustrated Manuscripts of the Metaphrastian Menologion.* Chicago, 1990.

———. "The Imperial Menologia and the 'Menologion' of Basil II." Chapter 2 in *The Celebration of the Saints in Byzantine Art and Liturgy.* Farnham, 2013.

Entries in Calendar Order

September 14

35 The remembrance of the Exaltation of the Cross
36 The passion of the martyr Papas

September 15

37 The passion of the martyr Niketas
38 The commemoration of Philotheos the Wonderworker
39 The passion of the martyrs Maximus, Theodotos, and Asklepiodote
40 The commemoration of Martin, the pope of Rome
41 The passion of the martyr Porphyrios
42 The passion of the martyr Melitene

September 16

Omitted (entries 40 and 42 are usually commemorated on this date)

September 17

43 The passion of the three virgins and sisters, Pistis, Elpis, and Agape, and their mother Sophia
44 The passion of the martyr Agathoklia
45 The passion of the martyrs Lucia the widow and Geminianus, her spiritual son

September 18

46 The passion of the martyr Symeon, the bishop of Jerusalem
47 The commemoration of Eumenios the Wonderworker, the bishop of Gortyna
48 The passion of the martyr Ariadne

September 19

49 The passion of the martyrs Trophimos, Dorymedon, and Sabbatios
50 The passion of the martyr Januarius, the bishop of Benevento, and his companions
51 The passion of the 150 martyrs, Neilos, Peleus, Elias, and their companions

September 20

52 The commemoration of the martyr Susanna

53 The passion of the martyr Eustathios and his wife Theopiste, and their children Theopistos and Agapios

September 21

54 The commemoration of Isaakios and Meletios, the bishops of Cyprus

55 The passion of the martyr Theodore in Perge in Pamphylia

56 The passion of the martyr and apostle Kodratos, the bishop of Magnesia, and his companions

57 The passion of the martyr Priskos

September 22

58 The passion of the martyr Phokas, the bishop of Sinope

59 The commemoration of the prophet Jonah

60 The commemoration of Jonah, the father of the confessors Theodore and Theophanes

September 23

61 The conception of Elizabeth, when she conceived John the Baptist

62 The passion of the martyr Iraïs

63 The commemoration of Xanthippe and Polyxena

September 24

64 The passion of the protomartyr Thekla

September 25

65 The remembrance of the great earthquake and of the levitation of the child into the air

66 The passion of the martyr Paphnutios

67 The commemoration of Euphrosyne, who adopted the name Smaragdos

September 26

68 The departure of John the Theologian and Evangelist

September 27

69 The passion of the martyr Epicharis

70 The passion of the martyr Kallistratos and his 184 companions

88 The commemoration of the hierarch Hierotheos
89 The passion of Dometios the Persian
90 The commemoration of Amun the Egyptian

October 5

91 The passion of the martyr Mamelktha
92 The passion of the martyr Charitine

October 6

93 The passion of Thomas the apostle
94 The commemoration of Niketas the Confessor

October 7

95 The passion of the martyrs Sergius and Bacchus
96 The passion of the martyr Pelagia

October 8

97 The commemoration of another Pelagia, the virgin from Antioch
98 The commemoration of Pelagia the courtesan

October 9

99 The passion of the martyrs Juventinus and Maximus
100 The commemoration of Poplia the deaconess
101 The passion of Dorotheos, archbishop of Tyre
102 The passion of James the apostle, the son of Alphaios

October 10

103 The passion of the martyrs Eulampios and Eulampia
104 The commemoration of Bassianos
105 The commemoration of James the Ascetic

October 11

106 The commemoration of Zenaïs and her sister Philonilla
107 The commemoration of the apostle Philip (from the Acts of the Apostles)

October 12

108 The remembrance of the seventh holy council of the 367 holy fathers
109 The passion of the martyrs Probus, Tarachos, and Andronikos

October 22

129 The commemoration of Aberkios, the bishop of Hierapolis
130 The passion of the martyr Alexander and his companions, Herakleios, Anna, Theodote, and Glykeria

October 23

131 The passion of the martyr and apostle James, the brother of the Lord
132 The passion of the martyrs Theodote and Socrates the priest
133 The remembrance of the appearance of the seven holy youths in Ephesus
134 The commemoration of Ignatios, the patriarch of Constantinople

October 24

135 The passion of the martyr Arethas and his companions
136 The commemoration of Proklos, the patriarch of Constantinople

October 25

137 The passion of the martyrs and notaries Marcian and Martyrios
138 The passion of the martyr Varus and the seven saints with him

October 26

139 The passion of the martyr Demetrios
140 The passion of the martyrs Mark, Soterichos, and Valentina
141 The passion of the martyr Nestor
142 The remembrance of the great earthquake

October 27

143 The passion of the martyr Capitolina and her slave Eroteïs

October 28

144 The passion of the martyr Kyriakos, who revealed the precious cross during the time of Helena
145 The commemoration of John of Choziba

October 29

146 The commemoration of Abramios

147 The passion of the martyrs Claudius, Asterios, Neon, and Theonilla

October 30

148 The passion of the martyr Epimachos

149 The passion of the martyr Eutropia

October 31

150 The passion of the martyr Zenobios and his sister Zenobia

151 The commemoration of the apostles Stachys, Amplias, Urban, and their companions

November 1

152 The repose of Cosmas and Damian the *Anargyroi,* the sons of Theodote

153 The passion of the martyrs Kyriaina and Juliana

154 The passion of the martyrs John the bishop and James the priest, who was called "the Zealot"

November 2

155 The passion of the martyrs Akindynos, Pegasios, Aphthonios, Anempodistos, Elpidephoros, and their companions

156 The passion of the martyrs Attikos, Eudoxios, Agapios, and their companions

November 3

157 The passion of the martyrs Akepsimas the bishop, Joseph the priest, and Aeithalas the deacon

158 The commemoration of Ioannikios the Wonderworker

November 4

159 The passion of the martyr Porphyrios

160 The commemoration of the apostles from the seventy, Patrobas, Hermas, Linus, Gaius, and Philologos

November 5

161 The passion of the martyrs Galaktion and Episteme

162 The passion of Domninos and those with him, Theotimos, Timotheos, Philotheos, Dorotheos, Karterios, and Silvanus

November 6

163 The passion of Paul the Confessor, the patriarch of Constantinople

164 The remembrance of the dust that fell from the sky

November 7

165 The passion of the martyrs Antonios and his parents Melasippos and Kasina

166 The passion of Hieron and the thirty-two martyrs with him in Melitene

167 The passion of the martyrs Auktos, Taurion, and Thessalonike

November 8

168 The assembly of the archangels

169 The commemoration of Matrona

November 9

170 The passion of the martyr Alexander of Thessalonike

171 The passion of the martyr Antoninos

172 The passion of the martyr Orestes

November 10

173 The passion of the apostles from the seventy, Olympas, Rhodion, Sosipater, Tertius, Erastos, and Quartus

November 11

174 The passion of the martyrs Menas, Victor, Vicentius, and Stephanis

175 The commemoration of Theodore, the abbot of the Monastery of Stoudios

November 12

176 The commemoration of Martin, the bishop of Francia

177 The commemoration of John the Almsgiver, the patriarch of Alexandria

November 13

178 The remembrance of the exile of John Chrysostom

179 The passion of the martyrs Miles the bishop and his disciples, Ebores, Papas, and Seboes the deacon

180 The passion of the martyrs Antoninos, Nikephoros, Germanus, and their companions

November 14

181 The repose of Hypatios the Wonderworker, the bishop of Gangra

182 The commemoration of Philip the apostle (one of the twelve apostles)

November 15

183 The passion of the confessors Gurias, Samonas, and Abibos, who were martyred in Edessa

184 The passion of the martyr Demetrios, who was martyred in Dabude

185 The murder of James, the brother of John the Theologian

November 16

186 The commemoration of the apostle and evangelist Matthew

187 The passion of the martyr Barlaam

November 17

188 The commemoration of Gregory the Wonderworker, the bishop of Neocaesarea

November 18

189 The passion of the martyr Plato

190 The passion of the martyr Romanos and the child with him

November 19

191 The passion of the martyr and wonderworker Azes

192 The commemoration of the prophet Obadiah

November 20

193 The passion of the martyr Dasios of Dorostolon

194 The passion of the martyrs in Persia, Narses the bishop and Joseph his disciple

November 29

213 The commemoration of John of Damascus

214 The passion of the martyr Philoumenos

November 30

215 The passion of the apostle Andrew, the brother of Peter

December 1

216 The commemoration of the prophet Nahum

217 The passion of the martyr Ananias

December 2

218 The commemoration of Philaretos the Merciful

219 The commemoration of the prophet Habakkuk

220 The passion of the martyr Abibos

December 3

221 The passion of the martyr Theodore, the bishop of Alexandria

222 The commemoration of the prophet Sophonias

223 The commemoration of Theodoulos

December 4

224 The passion of the martyr Barbara

December 5

225 The commemoration of Sabas

December 6

226 The commemoration of Nicholas, the archbishop of Myra in Lycia

December 7

227 The commemoration of Ambrose, the bishop of Milan

December 8

228 The passion of the martyr Athenodoros

December 9

229 The conception of Anna, the mother of the Theotokos

230 The commemoration of John, who was first a bishop and later lived as a hermit in the Lavra of Saint Sabas

December 23

269 The passion of the ten martyrs on Crete

December 24

270 The passion of the martyr Eugenia and those with her

December 25

271 The remembrance of the birth of our Lord Jesus Christ

272 The adoration of the Magi

273 When Joseph, the betrothed of the Virgin, was warned by the angel

December 26

274 When the Theotokos fled to Egypt

December 27

275 The passion of the protomartyr and archdeacon Stephen

December 28

276 The passion of Theodore the Branded

277 The commemoration of Theodore, the archbishop of Constantinople

278 The passion of the martyrs Indes and Domna

279 The passion of the twenty thousand martyrs

280 The passion of the martyrs from the senate and who were not in the fire

December 29

281 The slaughter of the infants in Bethlehem

282 The commemoration of Markellos of the Akoimetoi Monastery

December 30

283 The passion of the martyr Anysia

284 The passion of the apostle Timon, one of the seven deacons

December 31

285 The commemoration of Melania of Rome

286 An unnamed prophet (probably Obadiah, illumination only)

January 1

287 The remembrance of the circumcision of our Lord and God Jesus Christ

288 The commemoration of Basil, the archbishop of Caesarea in Cappadocia

289 The passion of the martyrs Theopemptos and Theodote (title and illumination only)

January 2

290 The passion of the martyr Basileios

291 The commemoration of Silvester, the pope of Rome

January 3

292 The passion of the martyr Gordios

293 The commemoration of the prophet Malachi

January 4

294 The passion of the martyr Theagenes, the bishop of Parium

295 The passion of the martyr Theopemptos and the martyr Theonas

296 The passion of Zosimos the monk and Athanasios the *commentariensis,* who were martyred in Cilicia

297 The commemoration of Synkletike

January 5

298 The commemoration of the prophet Micaiah

January 6

299 The baptism of our Lord Jesus Christ

January 7

300 The assembly of the prophet John the Baptist

January 8

301 The passion of the martyrs Theophilos the deacon and Helladios a layperson

January 9

302 The passion of the martyr Polyeuktos

303 The commemoration of Theoktistos the martyr and confessor (title and illumination only)
304 The commemoration of the prophet Ahijah

January 10

305 The commemoration of Gregory, the bishop of Nyssa
306 The commemoration of Dometianos, the bishop of Melitene
307 The commemoration of Marcian, the priest and steward of the Great Church
308 The commemoration of Domnika

January 11

309 The passion of the martyr Peter
310 The commemoration of Theodosios the Koinobiarches

January 12

311 The passion of the martyr Tatiana
312 The passion of the martyr Meortios
313 The passion of Athanasios the Confessor (title and illumination only)

January 13

314 The passion of the martyrs Hermylos and Stratonikos

January 14

315 The passion of the martyrs on Mount Sinai
316 The commemoration of the martyrs on the same mountain who were slaughtered by the Blemmyes during the reign of the emperor Diocletian
317 The commemoration of the thirty-three martyrs who were slaughtered in Rhaithou by the Blemmyes
318 The commemoration of Theodoulos
319 The commemoration of Stephen, who founded the Monastery of Chenolakkos
320 The commemoration of Athanasios (title and illumination only)

January 15

321 The repose of Paul of Thebes
322 The commemoration of John Kalybites
323 The passion of Charitine

January 30

358 The passion of the martyr Barsimaios, the bishop who baptized Sarbelos

359 The passion of Theophilos the Younger

January 31

360 The passion of the wonderworkers Cyrus and John

361 The passion of the martyr Victorinus and the six saints with him

362 The passion of the martyr Tryphaina

362a Blank page

February 1

363 The passion of the martyr Trypho

364 The commemoration of Bendimianos, the disciple of Auxentios

February 2

365 The presentation of our Lord Jesus Christ, when Symeon received him

366 The passion of Perpetua, Satyros, Rheukatos, Satornilos, Secundus, and Felicity

February 3

367 The commemoration of Symeon, who received the Lord, and of Anna the prophetess

368 The passion of the martyrs Adrianos and Euboulos, who died in Caesarea

February 4

369 The passion of the martyrs Papias, Diodoros, and Claudian

370 The commemoration of Claudius (title and illumination only)

371 The commemoration of Isidore of Pelousion

372 The passion of the martyr Abramios the Persian

February 5

373 The passion of the martyr Agatha

February 6

374 The passion of the martyr Julian of Emesa

375 The passion of the martyr Fausta and her companions Euilasios and Maximus

376 The passion of Silvanus the bishop, Luke the deacon, and Mokios the lector

377 The commemoration of Faustus the bishop (title and illumination only)

378 The commemoration of Boukolos, the bishop of Smyrna and disciple of John the Theologian

February 7

379 The passion of the 1,003 martyrs who died in Nikomedeia

380 The commemoration of Parthenios, the bishop of Lampsakos

381 The commemoration of Arion, the bishop of Cyprus (title and illumination only)

February 8

382 The commemoration of the prophet Zechariah (one of the sixteen prophets)

383 The passion of the martyr Theodore Stratelates of Euchaneia

384 The commemoration of Theodosios

385 The passion of the martyrs Martha and Mary, who were sisters, and Lykarion the monk

386 The passion of the martyr Philadelphos (title, illumination, and initial capital only)

February 9

387 The passion of the martyr Nikephoros

388 The commemoration of Marcian the bishop of Sicily, Philagrios the bishop of Cyprus, and Pankratios the bishop of Taormina

February 10

389 The passion of Charalampes, Porphyrios, Dauktos, and three women

February 11

390 The passion of the martyr Blaise and the holy women with him

391 The discovery of the remains of the prophet Zechariah (title and illumination only)

392 The commemoration of the empress Theodora who restored orthodoxy

February 12

393 The commemoration of Antonios, the archbishop of Constantinople

394 The commemoration of Mary, who changed her name to Marinos

February 13

395 The commemoration of Martinianos

396 The passion of Aquila and Priscilla

397 The commemoration of Eulogios, the bishop of Alexandria

398 The commemoration of John, the bishop of Polybotos (title and illumination only)

February 14

399 The commemoration of Auxentios

400 The passion of Philemon, the bishop of Gaza (title and illumination only)

February 15

401 The passion of the martyr Onesimus, the disciple of Paul the apostle

402 The commemoration of Paphnutios and Euphrosyne, his daughter (title and illumination only)

403 The passion of the martyr Maior

February 16

404 The passion of the martyrs Pamphilos, Valens, and their companions

405 The passion of the martyrs Porphyrios, Julian, and Theodoulos

406 The collection and commemoration of the relics of the martyrs in Martyropolis and of Marouthas the bishop

February 17

407 The passion of the martyr Theodore Teron

408 The commemoration of Mariamne, the sister of Philip the apostle

409 The commemoration of Auxibios, the bishop of Soloi in Cyprus

410 The commemoration of Flavian, the archbishop of Constantinople

February 18

411 The commemoration of the wonderworker Agapetos, the bishop of Synaos

412 The commemoration of Leo the pope of Great Rome

February 19

413 The passion of the martyrs Maximus and Theodotos

February 20

414 The passion of the martyr Sadoch the bishop and the 128 saints with him

415 The commemoration of Sophronios the bishop (title and illumination only)

416 The commemoration of Leo, the bishop of Catania in Sicily

February 21

417 The commemoration of Agatho, the bishop of Rome

February 22

418 The commemoration of Athanasios the Confessor (title and illumination only)

February 23

419 The passion of the martyr Polycarp, the bishop of Smyrna

February 24

420 The remembrance of the discovery of the head of the Forerunner

421 The passion of Rheginos, the bishop of Skopelos

February 25

422 The passion of the martyr Alexander who died in Thrace

423 The commemoration of Tarasios, the archbishop of Constantinople

February 26

424 The commemoration of Porphyrios, the bishop of Gaza

425 The commemoration of Stephen, who founded the home for the elderly of *ta Armatiou* (title and illumination only)

February 27

426 The commemoration of the confessors Prokopios and Basileios

February 28

427 The passion of the martyr Nestor

428 The commemoration of Thalelaios

429 The commemoration of Marana and Kirra

430 The commemoration of Domnina

Index

An * after a number indicates that the entry commemorates the person(s) or event.